南宋四明史氏家族研究

Research on the Shi Family in Siming in the Southern Song Dynasty

夏令伟 著

科学出版社
北京

内 容 简 介

本书以南宋四明史氏家族为研究对象，对其历史、政治、文学、文献等方面的问题加以探讨，重点揭示了其作为政治家族与文学家族的重要特征。本书认为南宋四明史氏家族确实在整个宋代家族中具有典型意义，不但发展迅速，政治地位与成就冠绝一时，而且在文化建设上也自有特色，涌现出一批以学术或文学见长的代表人物，对四明乃至全国都有着深刻而持久的影响。

本书可供历史学、文学等相关专业师生阅读和参考。

图书在版编目（CIP）数据

南宋四明史氏家族研究/夏令伟著. —北京：科学出版社，2018.11
ISBN 978-7-03-059406-8

Ⅰ. ①南… Ⅱ. ①夏… Ⅲ. ①家族-研究-中国-南宋 Ⅳ. ①K820.9

中国版本图书馆 CIP 数据核字（2018）第 252671 号

责任编辑：任晓刚 / 责任校对：王晓茜
责任印制：张克忠 / 封面设计：无极书装

科学出版社出版
北京东黄城根北街 16 号
邮政编码：100717
http://www.sciencep.com

北京凌奇印刷有限责任公司印刷
科学出版社发行 各地新华书店经销

*

2018 年 11 月第 一 版 开本：720×1000 1/16
2018 年 11 月第一次印刷 印张：26 1/4
字数：450 000

POD定价： 108.00元
（如有印装质量问题，我社负责调换）

国家社科基金后期资助项目
出版说明

后期资助项目是国家社科基金设立的一类重要项目，旨在鼓励广大社科研究者潜心治学，支持基础研究多出优秀成果。它是经过严格评审，从接近完成的科研成果中遴选立项的。为扩大后期资助项目的影响，更好地推动学术发展，促进成果转化，全国哲学社会科学工作办公室按照“统一设计、统一标识、统一版式、形成系列”的总体要求，组织出版国家社科基金后期资助项目成果。

全国哲学社会科学工作办公室

序

彭玉平

令伟君的《南宋四明史氏家族研究》原是 2009 年通过答辩的博士论文，经过近十年的修订补充，终于要付梓了。一本书被悄然打磨了十年，这在一个快速甚至飞速发展的时代，未免节奏太慢。但如果以十年之思求得“放心”，我觉得还是值得的。因为在漫长的学术史年轮中，十年几乎是一个可以被忽略的数字。也许当今之世，很多事情要讲“效率”，而学术原本是素心人深思独想之事，需要经过咀嚼含玩，才能出以纯净之思。我一直认为，如果把学术简单地与“效率”挂钩，这样的学术难免令人担忧。

令伟的博士生导师是邓乔彬先生，不用说，这篇序最合适的作者也应该是邓先生。但此时此刻，邓先生已入幽明境中半年多了。此情此景，每思及此，辄生悲凉之心。邓先生从上海来到岭南比我晚了数年，或许是因为同研词学之故，邓先生慨然许我以忘年，我们除了在广州的博士论文答辩、学术会议频繁相聚之外，私下的宴聚也不算少。听邓先生说词学发展，讲学界典故，臧否各色人物，都曾是我饶有兴趣的事。但这样的时刻最终停在了 2018 年 1 月 30 日，邓先生因病于上海溘然去世。2017 年 10 月 28 日，也就是在邓先生去世前三个月，我曾借在复旦大学参加“第二届中华诗词古今演变学术研讨会”之机，去上海第一人民医院看望过他。据说当日正值邓先生农历生日，来病房探望之人穿梭不息，因佩戴呼吸机，体质极为衰弱，邓先生面对人来人往，始终未发一语，甚至未有任何表情。而在我去到他病床前，握手问安时，邓先生居然难得地露出了笑容，这让围在他病床边的学生们很是惊讶和惊喜。其实我还感受到邓先生握手时的一点微弱力度。邓先生这艰难的一笑和勉力的一握，自此便永久地镌刻在我的心里了。

听令伟说起过，本书的最初起因与史浩的大曲有关，也得到了邓先生的大力支持。由对史浩大曲的研究进而推广至对其整个家族的研究，这也可以说是从文学到史学研究的自然过渡。在整个宋代家族中，四明史氏家族确实非常显赫，除了一门三相（史浩、史弥远、史嵩之）这种非凡的政治地位，在文学、学术史上，史氏一门也是名家辈出，其影响也由四明一地而辐射全国。若研究南宋的文化，史氏家族的代表性是毋庸置疑的，而且政治与文学也必然构成其家族研究的两条主线。

全书除绪论、结语、附录之外，凡四章，分别就家族发展、家族政治、家族文学与家族文献展开。各章较多新文献、新论题，诸多新论之处，读者可自行翻检相关章节。我还是回到大曲的主题。因为长期阅读王国维著述之故，我注意到王国维的《唐宋大曲考》一文曾对史浩《鄮峰真隐漫录》中的《太清舞》《花舞》《渔父舞》诸曲是否属于大曲提出过质疑。质疑的理由是这些曲目均为叠加数曲而成，而缺乏大曲体制中应有的排遍、入破之名。一直以来，我的研究重点在词学一途，然而对大曲的体制尤其是体制的变化实际上所知不多，因此也就无法判断王国维之质疑究竟能否成立，但自认为应该涉及大曲的尊体与破体问题。今细读令伟之书，方知他追源溯流，已霍然可释王国维之疑。若《太清舞》之曲，其中《太清歌》《道引曲子》《破子》《步虚子》四曲，当为大曲之摘遍；《花舞》一曲，除了《蝶恋花》一调外，主要采用大曲《折花三台》；《渔父舞》的形式与转踏为近，但所用词调《渔家傲》亦可用于大曲如《采莲舞》中。凡此种种情况都表明，随着宋代教坊用乐的简化与俗化，以及宫廷乐舞表演范式的变化，南宋大曲已经在体制上呈现出以摘遍为大曲、以词调入大曲的重要变化，属于比较典型的破体。而史浩生活的时代正是宫廷应制之风盛行的高宗、孝宗时代，他早年所历官职也需多撰应制文字，而以宰相身份参与宫廷宴会，自然对大曲体制的新变了然于心，这也是他笔下的大曲不同寻常的原因所在，这是特定时代造就的文学性的政治和政治性的文学。令伟君在知人论世的基础上，考察大曲的源流变化，将现象性的梳理与理论性的思考融为一体，相信他的结论是经得住学术史检验的。

我还要特别拈出此书在文献上的诸多贡献。史氏家族虽当时声名远扬，但其家族文献其实散失严重，少人问津。令伟君旁采逸搜，一方面查阅史氏档案；另一方面并就其题跋、碑碣墓志、《鄮峰真隐漫录》等做了辑录或考论，附录两种《宋元四明史氏碑碣墓志汇辑叙录》《史浩〈周礼天官地官讲义〉辑录》即可见其文献搜罗与考订之功。我一直认为，凡学术研究，若无新文献或新观点，勿刻意为文，因为既不能自作主张，又不能随意虚构，自然难成自家篇章。但有了新文献，也须有大眼界，才能照出文献的光彩。我在《倦月楼论话》中曾说：“新文献乃学者寤寐思服者，然亦可遇而难求，至少难以一求再求。故觅得一节珍贵文献，岂容易哉！若无深远之眼界，新文献亦难当其用，甚者才见天日，又蒙尘埃矣。盖人苦求文献，文献亦待沽于人。若新文献欣欣然而至，尔却只顾以一瞥，甚至懒予理会，随意放过，亦真如暴殄天物、全无心肝者。”我引录这一段语言，意在说明，令伟笔下的文献往往能闪着理论与思想的光芒，有的更是“才见天日”即放光芒。这种兼重文献与理论的学思，相信能引领着他在学术上走得更稳健、更高远。

此书在史实考订上用力甚勤，新的见解亦多，但关于文学的考量我还是读得不尽兴。这大概也是“文学”二字未能题在书名上的原因所在。但以令伟君的理论眼光，若有更多的文学作品进入他的视野，他应该也会有更多的体悟和发现。但那会不会是另外一部著作的主题呢？我突生异想——当然也只是纯粹的想想而已。

目　录

绪　论

一、史氏概况与研究意义

四明，即今宁波。春秋时属越国，后为楚国辖地。秦以来，隶属会稽郡。唐玄宗时设明州，因境属四明山区，故名。入宋后沿袭不改，至宁宗即位，始升为庆元府。明初改称宁波府。虽名称屡有废革，但自唐以至清末，人们习惯以四明称籍，故本书沿用之。四明一地，得益于独特的地理环境，经济文化自有特点，宋代方万里、罗濬纂《宝庆四明志》云：

> 隋地理志曰：会稽数郡，川泽沃衍，有海陆之饶，珍异所聚，故商贾并凑。其人君子尚礼，庸庶淳庞，故风俗澄清。而道教隆洽，亦其风气所尚也。……明得会稽郡之三县，三面际海带江汇湖，土地沃衍，视昔有加。古鄮县乃取贸易之义，居民喜游贩鱼盐，颇易抵冒，而镇之以静，亦易为治。南通闽广，东接倭人，北距高丽，商舶往来，物货丰溢。出定海，有蛟门虎蹲，天设之险，实一要会也。高宗驻跸吴山，明为甸畿。孝宗命元子保厘，礼俗日盛。家诗户书，科第取数既多，且间占首选，衣冠文物，甲于东南。①

明代王士性《广志绎》亦云：

> 宁、绍盛科名逢掖，其戚里善借为外营，又佣书舞文，竞贾贩锥刀之利，人大半食于外。②

可见，因“三面际海带江汇湖”，便于对外联系之故，四明之人极富外向发展性。途径有二：一借科举儒业而求政治成功。二以贾贩商贸而得经济之利。这一趋势在宋室南渡后更加明显，所谓“衣冠文物，甲于东南”正是南宋四明经济、文化空前发展的结果。其中，衣冠世族的大量涌现尤

---

① （宋）方万里，罗濬纂：《宝庆四明志》卷一《风俗》，中华书局编辑部编：《宋元方志丛刊》第五册，北京：中华书局，1990 年，第 4998—4999 页。

② （明）王士性：《广志绎》卷四《江南诸省》，北京：中华书局，1981 年，第 67 页。

为引人注目。清代全祖望《甬上族望表》卷上曾排列史氏、楼氏、丰氏、郑氏、汪氏等数十家，足见当时四明衣冠之盛。在这些家族中，全祖望又以史氏居首：

> 史氏本居城中西湖之上，至八行先生诏始居东湖。及子孙贵，城外东湖之七十二山，城中西湖之十洲，归史氏者皆十七焉。史氏一门宰相三人，执政二人，视执政恩数大臣三人，侍从二人，卿监四人，其余不能悉数也。而不列于望者，则别有取焉：八行先生诏第一；忠定推荐乾、淳诸大儒，有功儒林，第二；和旨先生不受忠定推恩之官，父子甘于隐退，第三；忠宣如荆公之有魏公，不阿其兄，第四；独善先生第五；自乐先生足与独善齐名，第六；文靖不护其子，第七；鸿禧君不阿其祖，第八；璟卿争夺情，以身殉之，第九；果斋先生力绍朱子之学，第十。诗人则友林先生，文人则蓬庐。共十二望。①

这里所说“城外东湖之七十二山，城中西湖之十洲，归史氏者皆十七”的情况道出了史氏家族的繁盛一面，而人物辈出的景象，也显示出史氏家族的发展成就与显赫地位。下面笔者依据不同表现，将其分为三类。

（一）政治型人物

此指官高位显者，全祖望所谓“史氏一门宰相三人，执政二人，视执政恩数大臣三人，侍从二人，卿监四人，其余不能悉数也”，即属此列。不过，这份名单并非全祖望所创，而是取自元代袁桷。

> 丞相三人：浩、弥远、嵩之；执政二人：才、宅之；视执政三人：弥坚、宇之、岩之；侍从二人：弥大、弥忠；待制二人：弥正、宽之；卿监四人：弥忞、望之、定之、宣之。进士二十六人：才、浩、弥大、弥远、弥忠、弥悆、弥逊、弥谨、弥忞、弥应、弥巩、岩之、嵩之、佺之、望之、及之、本之、能之、胄之、俊卿、有之、常之、即之、介之、蒙卿、唐卿。②

---

① （清）全祖望著，朱铸禹汇校集注：《全祖望集汇校集注》，上海：上海古籍出版社，2000年，第2639页。

② （元）袁桷纂：《延祐四明志》卷五《节妇》之《冀国夫人》，中华书局编辑部编：《宋元方志丛刊》第六册，北京：中华书局，1990年，第6217—6218页。

不但具言官位、姓名，而且又备“进士”一项，在标榜史氏家族政治人物之盛的同时，尚能揭示其成功之源途。当然，袁桷所列亦有缺漏，如言“侍从二人：弥大、弥忠”，而据《宝庆四明志》卷一〇“兄弟侍从：史弥大、弟弥坚；史宅之、弟宇之”[①]，则史宅之、史宇之兄弟亦尝居于侍从之列。因此，上述名单应有进一步增补的空间。

（二）道德型人物

又可分为两类言之：其一，独善其身与不附权贵者。这是一个问题的两面，皆避于政治权势，而有不同侧重。前者以史诏、史涓与史弥林（和旨）父子、史弥巩（独善先生）、史弥应（自乐先生）五人为代表，后者包括史弥坚（忠宣）、史弥忠（文靖）、史守之（鸿禧君）、史璟卿四人。其二，潜心学术与有功儒林者。这以史浩（忠定）、史蒙卿为代表。两人于朱学或举荐其人，或授受其学，故受到全祖望的肯定。实际上，史氏家族以学术立名者大有人在，今翻检《宋元学案》一书，即有史简、史诏、史浩、史弥忠（史渐附）、史弥坚、史弥巩、史弥林（史涓附）、史守之、史定之、史宾之、史蒙卿等十余人名列其中。他们作为史氏家族的表率，一方面学习、推扬乡贤之学、陆学或朱学（史简学于王致，史诏学于楼郁，史浩学于张九成，史弥忠至史定之等六人学于杨简，史宾之学于丘密，史蒙卿宗朱学、传于程端礼和程端学兄弟）；另一方面则积极建构、传承家学（如所谓“史氏家学”“八行家学”“沧州家学”等）[②]，体现出学术立身、传家的用心。

（三）文学型人物

全祖望共提及两人：一为诗人史弥宁（友林先生）。二为文人史公珽（蓬庐）。

史弥宁有诗集《友林乙稿》传世，全祖望云：“今读其集，萧然物外，不能见其为阀阅家儿，其亦同叔、南叔之亚也欤。”[③]可见，全祖望在这里仍持道德眼光，较少言及史弥宁的诗才、诗艺。相比之下，其他人所评更

① （宋）方万里，罗濬纂：《宝庆四明志》卷一〇《衣冠盛事》，中华书局编辑部编：《宋元方志丛刊》第五册，北京：中华书局，1990年，第5126页。

② 参见黄宗羲著，全祖望补修《宋元学案》（北京：中华书局，1986年）中有关史氏的记载，分见于该书卷六《士刘诸儒学案》、卷四〇《横浦学案》、卷七四《慈湖学案》、卷七九《丘刘诸儒学案》、卷八七《静清学案》等处。

③ （清）全祖望著，朱铸禹汇校集注：《全祖望集汇校集注》，上海：上海古籍出版社，2000年，第1378页。此条引文中，“其亦同叔、南叔之亚也欤”，同叔指史弥远，南叔指史弥巩，两者行实不侔，将之并列比拟，当误。

侧重于其诗人角色，如钱大昕云："诗虽不多，颇有佳句，如'云峦著色四时画，石濑有声千古诗''一毛不拔管城子，冷眼相看石丈人'，置之涪翁集中，莫能辨也。"[①]四库馆臣云："集中近体诗居多。其《诗禅》一首云：'诗家活法类禅机，悟处工夫谁得知。寻著这些关棙子，国风雅颂不难追。'观其持论，似亦以妙悟为宗，与严羽之说相近。然命意遣词务取鲜新，乃往往伤于纤仄，无所谓镜花水月之意。则所谓妙悟者，特一韵之奇、一字之巧而已。特其点缀映媚，时亦清警，沙中金屑，要不可谓之非宝。"[②]对于史弥宁诗歌的特点及缺陷，把握十分到位。

对于史公珽，全祖望以其为文人，可参照《万姓统谱》中的一段记载：

> 史公珽，字搢叟，鄞人。丰姿秀爽，词气温恭，早志于学，通诸经子史，尤邃于《易》。延祐间，诏郡守举行堂试法，公珽方弱冠，屡占前列。家居教授生徒，务底于成。程端学荐于甬东书院主奉，即弃去。游西州，陶写性情。论宋季台阁故事，亹亹终日，及忠臣义士死节者，必慷慨流涕。广平李尧民七丧不举，公珽解囊，中半赒之，且为著哀词，告其常所往还者。自号蓬庐处士，所著有《蓬庐稿》《易演义》及《象数发挥》若干卷。[③]

则史公珽已为元人，行事为文可谓有古风。

以上是对全祖望《甬上族望表》中所列"西湖史氏"人物所做的一点类析，区分依据乃是这些人物的主要活动领域。不过，应该说明的是，这些人往往兼有数长，并不能作简单的归类划分。如史浩不仅位至宰相，著述亦有多种，涉及学术、文学等多个领域，表现均很出色。只是由于家族存在与发展的根本乃在于人，所以，由单一到多样，由个别到群体，上述区分虽不甚严格，但依然可以帮助我们把握南宋史氏家族的个性特征与整体面貌。事实上，人们常以这种方式相观照，以下数家之见值得重视。

其一，以德行称许史氏家族。前引全祖望所取史氏十二望，着眼于德行、文章一面，政治则次之。若以此而论，史氏家族当为道德文化之家。全氏这一态度不难理解，作为清代大儒、浙东史学大家，道德标准自然居

---

① （清）钱大昕：《嘉定钱大昕全集》第9册，南京：江苏古籍出版社，1997年，第528页。

② （清）永瑢等：《四库全书总目》卷一六三《〈友林乙稿〉提要》，北京：中华书局，1965年，第1397页。

③ （明）凌迪知：《万姓统谱》卷七四，《中华族谱集成·万姓统谱》第2册，成都：巴蜀书社，1995年，第96页。

于人物评判的首要位置；又因其为四明人，故有强烈的推尊乡贤之意。其《答九沙先生问史学士诸公遗事帖子》云："史文惠教诸子孙，从游于杨、袁二先生之门，又延沈先生之弟季文于家，故其诸子孙虽有大堕家声者，然亦多以不附宗衮有声者。《宋史》罣漏，漫无考索，故如固叔、南叔、定叔风节一例而不能备录，为可惜也。"①责史氏"大堕家声者"而誉"不附宗衮有声者"，鉴于"《宋史》罣漏"，故对后者表而出之。

其二，以政治评论史氏家族。宋代黄震在咸淳四年（1268）为史浩曾孙史猷夫作《宝善堂记》，中云："我朝蝉联赫奕，钟鼎相辉，孰有如君家之盛！世或以其太盛也而掩其善，不知其所以能盛者，正以其善尔。是岂容于不宝哉！"②虽将"善"作为史氏"蝉联赫奕，钟鼎相辉"的原因，仍坠于道德眼光，但如此解释，本身就说明了作者对史氏政治之盛的感叹。元代戴表元则将史氏与韩氏、吕氏两家相门相提并论。

> 宋时，宰相世家多言韩、吕。二氏之盛皆蔓延至今，然问其人之贤，必多言吕氏。夫吕氏岂能皆贤而无过哉？君子爱之也，从而为之辞。至于韩氏，忠献之后一跌而不可支，遂使不得容于世论，他有令善者亦若分受其辱。余尝疑之。盖韩也多敏于才，吕也多逊于学。逊而学者，人常进之；敏而才者，人常退之。此人事，亦天道也。渡江以后，世家之盛独在史氏，遂欲与韩、吕为三。文惠开国，淳风粹猷，载在方册。生其门者，人怀卿辅之望，两制以下，或所不屑。③

对南宋史氏相门的崛起做了揄扬，其中所谓"生其门者，人怀卿辅之望，两制以下，或所不屑"，则可看出史氏家族成员对于政治地位的强烈追求。后人亦多如戴表元一样言及史氏相门，但常见批评，如清代史学家赵翼。

> 宋则有三世为相者。吕蒙正相太宗，其侄夷简相仁宗，夷简子公著，哲宗时亦为相，传赞谓世家之盛，古所未有。南宋则史浩相孝宗，其子弥远相宁宗、理宗，浩孙嵩之（弥远之侄），理宗时亦为相。其

① （清）全祖望著，朱铸禹汇校集注：《全祖望集汇校集注》，上海：上海古籍出版社，2000年，第1728页。

② （宋）黄震：《黄氏日钞》卷八六《宝善堂记》，《景印文渊阁四库全书》第708册，台北：商务印书馆，1986年，第904页。

③ （元）戴表元：《剡源集》卷一八《跋史和旨诗卷》，《丛书集成初编》第2057册，北京：中华书局，1985年，第278页。

> 再世为相者：韩琦历相仁、英、神三帝，其子忠彦，徽宗时亦为相。按琦固名相，忠彦亦不失父风。史氏则弥远擅废立为无君，嵩之谋起复为无父，家门虽盛，而名节有亏。若吕氏奕世勋猷，辉映史册，可谓极盛矣，而公著于重圭袭组之后，不以门阀自高，益能守正不挠，为时名相，尤不可及也。[①]

赵翼认为，史氏虽与吕氏并为“三世为相”，但“史氏则弥远擅废立为无君，嵩之谋起复为无父，家门虽盛，而名节有亏”，终落一等。虽然遭受到了批评与苛责，但史氏家族在政坛上的地位，以及对南宋政治的影响却是无法忽略与抹杀的。从这个意义上来讲，将史氏家族看作政治家族并不过分。

其三，以文学观照史氏家族。如张剑、吕肖奂在《宋代的文学家族与家族文学》一文中，就将“鄞县史氏（史浩、史涓、史弥巩、史弥逊、史弥宁、史嵩之）”作为宋代文学家族之一[②]。与之相比，周芬、张如安的《论宋代鄞县史氏家族的文学创作》一文则在肯定史氏家族政治成就的前提下，关注其文学成就。

> 史氏家族不仅权倾朝野，而且作家辈出，还是一个罕见的文学家族。只是他们的政治地位绝对性地压倒了其他方面，人们更多关注他们的历史功过，而很少注意到这一家族的文学创作方面。而后人也因为史书上对这一家族政治上所做出的一些负面评价，因人废言，导致了整个家族诗文作品的大量失传，以至于清人编辑《史氏世宝集》和宗谱，收录的诗文也极为有限，而这又反过来严重影响了人们对史氏家族文化成就的深入探究。[③]

他们认为史氏家族还是一个罕见的文学家族，并从政治角度分析了史氏家族文名不显的诸多原因，可谓灼见。

综合成员的表现及人们的评价来看，南宋四明史氏家族确实在整个宋代家族中具有典型意义，不但发展迅速，政治地位与成就冠绝一时，而且在文化建设上也自有特色，涌现出一批以学术或文学见长的代表人物，对

① （清）赵翼著，王树民校证：《廿二史札记校证》，北京：中华书局，1982年，第557页。

② 张剑，吕肖奂：《宋代的文学家族与家族文学》，《文学评论》2006年第4期，第129页。

③ 周芬，张如安：《论宋代鄞县史氏家族的文学创作》，《宁波服装职业技术学院学报》2004年第4期，第60页。

四明乃至全国都有着深刻而持久的影响。鉴于这种多样个性与特殊地位，本书即以史氏家族为研究对象，对其历史、政治、文学、文献方面的问题加以探讨。

二、研究综述与研究展望

如果从20世纪70年代后期美国学者戴仁柱（Richard L.Davis）从事这一家族研究算起，学术界对于南宋四明史氏家族的研究已有40多年。在此期间，相关研究论著甚多。这从张如安编的《宁波古代历史文化研究资料索引（1900—2008）》[①]和他编著的《宁波古代历史文化研究资料索引续编（1900—2014）》[②]两书之“史浩”“史弥远”“史嵩之”“史氏家族”“东钱湖考古与文物”诸条下所收的研究论著情况中即可窥见。检视这些论著，可见40年来南宋四明史氏家族研究呈现出以下三个特征：（1）以研究时间、地点来看，它滥觞于海外，先影响及我国台湾，后鼓荡于我国其他地区。（2）以研究方式来看，综合研究与个体研究相互映衬、相互融合，家族史的勾勒离不开对代表成员的重点探究，而代表成员的个体研究往往又需要置入宏阔的时代、政治背景中才能有所创新。（3）以研究内容来看，家族文献、家族史、家族政治、家族文学等都受到一定关注，跨学科研究趋势明显。基于深化研究的需要，本书拟对南宋四明史氏家族研究进行学术史梳理，并就此提出一些研究体会与设想。

（一）多重学术背景下的南宋四明史氏家族研究

南宋四明史氏家族研究风气的形成与发展，有着多重国内外学术背景。统而言之，约有以下数端。

（1）宋代家族研究风气使然。宋代社会流动是美国宋史界的一个重要议题，而家族无疑是探讨社会流动的最佳标本。戴仁柱的研究就是在此背景下展开的，他对史氏家族兴衰史的描述正说明了这一点。其后，我国港台史学界受到美国史学界这一研究风气的影响，对宋代家族的关注逐渐增多，如黄宽重在有意开展宋代四明地区家族研究时，为了不与戴仁柱的研究重复，“就避开史氏家族，转而从袁氏家族入手”[③]。对于黄宽重的研究，张邦炜在《黄宽重〈宋代的家族与社会〉读后》一文曾有评说。他借

① 张如安编：《宁波古代历史文化研究资料索引（1900—2008）》，北京：海洋出版社，2011年。

② 张如安编著：《宁波古代历史文化研究资料索引续编（1900—2014）》，杭州：浙江大学出版社，2015年。

③ 黄宽重：《宋代的家族与社会·序》，北京：国家图书馆出版社，2009年。

评论该书之机，对宋代家族研究的历史得失做了总结，认为宋代家族史研究可从以下三方面进行拓展："进一步凸现地域个性""进一步把握时代共性""进一步做长时段研究"[①]。当然，张邦炜一文的意见是基于已有宋代家族研究的成果提出来的，从马雪、吉成名的《1991年以来宋代家族史研究述略》[②]、粟品孝的《宋代家族研究论著目录》[③]及《宋代家族研究论著目录续一》[④]等文所收罗的成果来看，宋代家族研究作为宋史研究中的一个重要方面，确实达到了相当高的水准。

（2）宋代家族文学研究风气的影响。家族文学研究是宋代文学研究的新风气，在此方面，张剑《宋代家族与文学——以澶州晁氏为中心》[⑤]可谓开风气之先。彭玉平《宋代家族与文学关系研究的拓荒之作——评张剑〈宋代家族与文学——以澶州晁氏为中心〉》一文曾谈到该书对于宋代文学研究的意义。

> 作为中国文学史的重要一翼，家族文学与地域文学、性别文学等一样，研究空间十分巨大。虽然魏晋和唐代家族文学研究已有一定之规模，但空白和缺失仍多。至于宋代家族文学的研究，则尚处于起步阶段。相信随着学术界研究格局的调整和关注中心的转移，宋代家族文学这一广袤而丰富的宝藏会越来越广泛、越来越深度地进入研究者的视野。而张剑博士的澶州晁氏家族文学研究，是这一领域最初的一个亮点，其学术理念和研究模式，可能也会对此后的同类研究给予启迪。[⑥]

在此之后，张剑、吕肖奂、周扬波的《宋代家族与文学研究》接续前书关注领域，视野更加开阔，可视为宋代家族文学研究领域的典范之作[⑦]。他们从文学角度切入史氏家族研究，无疑受到了这一研究风气的影响。

（3）地域文化研究风气所致。史氏家族作为宁波历史上的望族，对

① 张邦炜：《黄宽重〈宋代的家族与社会〉读后》，《历史研究》2007年第2期。

② 马雪，吉成名：《1991年以来宋代家族史研究述略》，《中国史研究动态》2007年第4期。

③ 粟品孝：《宋代家族研究论著目录》，《宋代文化研究》第八辑，成都：巴蜀书社，1999年。

④ 粟品孝：《宋代家族研究论著目录续一》，《宋代文化研究》第十三、十四辑，成都：四川大学出版社，2006年。

⑤ 张剑：《宋代家族与文学——以澶州晁氏为中心》，北京：北京出版社，2006年。

⑥ 彭玉平：《宋代家族与文学关系研究的拓荒之作——评张剑〈宋代家族与文学——以澶州晁氏为中心〉》，《北京大学学报》（哲学社会科学版）2008年第1期。

⑦ 张剑，吕肖奂，周扬波：《宋代家族与文学研究》，北京：中国社会科学出版社，2009年。

它进行研究是地域文化研究的重要组成部分。不少研究者如张如安、俞信芳等人生活在宁波，很多研究工作如俞信芳的两项史浩研究都获得了浙江省市两级社会科学界联合会的立项资助，而陈恩黎与郑传杰、郑昕的相关研究成果则由宁波出版社予以出版，由此可见地域文化研究与史氏家族研究的联系所在。

（4）宗族文化研究风气的影响。在南宋四明史氏家族研究中，史氏后人起到了重要作用。史美露、史美珩等史氏后人将对祖先的怀念融入具体的研究工作之中，一些网站如史氏春秋网也对推动史氏家族研究起到了良好的作用。

（二）南宋四明史氏家族的材料整理与研究

材料是研究工作的基础，王国维在《古史新证》中曾提出著名的二重证据法，主张“纸上之材料”与“地下之新材料”之间要相互参证；对于“材料”的搜集与使用常常决定了研究的广度、深度与可靠性。南宋四明史氏家族的材料整理与研究主要从以下四个方面展开，其中不乏新材料与新见解。

（1）著述。南宋四明史氏家族著述虽然丰富，但流传至今的仅有史浩的《鄮峰真隐漫录》《尚书讲义》及史弥宁的《友林乙稿》三种。《鄮峰真隐漫录》为史浩文集，有四库全书本、清乾隆四十二年（1777）刻本等。《宋集珍本丛刊》第四十二、四十三册影印该书，是以清乾隆四十二年（1777）刻本为底本的。今人俞信芳从事该书校点工作，以乾隆四十二年（1777）刻本为底本，校以清抄本、明抄本、四库本、永乐大典等，并“所辑佚文、佚诗，计五十二篇”（《史浩集·前言》）。此点校本《史浩集》三册已由浙江古籍出版社2016年出版。《尚书讲义》共二十卷，有四库全书本。陈良中《史浩〈尚书讲义〉思想研究》一文对于此书的成书、流传及价值有详细讨论[①]。

（2）家谱。如《四明古藤史氏宗谱》《萧山史氏宗谱》等谱牒文献一向为研究者所看重，为勾勒史氏家族世系变化提供了重要依据。史美珩《中华姓氏谱·史姓卷》以之为主要基础，在宏观描述史姓历史的同时，尤详于宋代四明史氏[②]。该书第三章专论四明史氏，对其世系迁徙情况、兴衰过程及原因进行探究，而其他各章则论述了史氏家族代表人物（史浩、史

① 陈良中：《史浩〈尚书讲义〉思想研究》，中国历史文献研究会编：《历史文献研究》第33辑，上海：华东师范大学出版社，2014年。

② 史美珩：《中华姓氏谱·史姓卷》，北京：华艺出版社，2002年。

弥远、史嵩之、史宇之等）及史氏家训。

（3）遗物。《史家祖宗画像、传记及题跋》包括31位史氏家族代表人物的画像及传记，亦有若干清人题跋，原藏于宁波史家祠堂，由宁波市江东区档案馆于1992年征集收藏，直到2004年始由该馆刊行。对此遗物，学界比较重视，杨古城《南宋史氏祖像的绘制年代与冠服考》一文认为，这些画像乃“宋元初绘，明清重绘”，并据之探讨了南宋衣冠服饰制度①。刘恒武、王力军《宁波〈史家祖像、传记及题跋〉探析》一文的看法有所不同。他们认为，“《传记》底本以及大部分《祖像》属明代成化至万历之间作品，其援引资料丰富，叙述客观周全，可补正史、方志史氏文献之不足，具有很高的史料价值。《史家祖像》中24帧明代旧作画功精湛，笔道纯熟，不仅极具文物艺术价值，而且是明代浙东画史研究的珍贵资料”②。

（4）遗迹。史氏家族墓葬、石刻散见于宁波东钱湖周围，20世纪90年代初，宁波市鄞州区文物管理处陈万丰及当地的艺术史专家曹厚德和杨古城曾着手编辑相关遗迹目录。1994年，曹厚德与杨古城以《林染桥史氏家乘》和《四明古藤史氏宗谱》为依据，辑成《东钱湖南宋史氏望族职官、墓葬情况简表》③，从文献上勾勒了史氏家族成员的葬地、寺庵、墓志等情况。陈锽则在1996年进行了实地考察，并相继写成《浙江鄞县东钱湖南宋神道石刻调查》④、《鄞县东钱湖南宋神道石刻艺术初探》⑤等文。2001年6月，东钱湖南宋石刻成为国务院公布的第六批全国重点文物保护单位之一，并由此建成了东钱湖南宋石刻博物馆。目前，对于史氏家族墓葬、石刻最为全面的介绍见于周时奋《略谈东钱湖石刻》⑥一文，共计20多处。

除上述研究情况外，对史氏家族材料整理贡献最大者，当属史美露女士。她于2001年编成《四明史氏》一书（未公开发行），汇辑史氏资料，颇为丰富。如该书第二部分“史氏资料汇辑”收有历代史氏谱牒序跋、人物传记、敕命记序等125篇，第三部分“史氏画册光芒永存”收有《史家祖宗画像、传记及题跋》，第四部分“宁人研究四明史氏”，收录今人曹厚德、杨古城两人的史氏研究文章十余篇，第五部分“四明史氏遗迹实物佐

---

① 杨古城：《南宋史氏祖像的绘制年代与冠服考》，《浙江纺织服装职业技术学院学报》2007年第1期。

② 刘恒武，王力军：《宁波〈史家祖像、传记及题跋〉探析》，《南方文物》2008年第2期。

③ 史美露：《四明史氏》，内部资料，2001年；仇国华主编：《宁波东钱湖历史文化·四明史氏篇》，香港：天马出版有限公司，2011年。

④ 陈锽：《浙江鄞县东钱湖南宋神道石刻调查》，《南方文物》1998年第4期。

⑤ 陈锽：《鄞县东钱湖南宋神道石刻艺术初探》，《东南文化》1999年第5期。

⑥ 周时奋：《略谈东钱湖石刻》，《故土家园》下册，上海：上海社会科学院出版社，2013年。

证”收有史氏遗迹文物考证之文居多。此后，史美露在该书基础上又续有搜罗，撰成《南宋四明史氏》[①]一书。与前书相比，《南宋四明史氏》的资料搜集更为丰富，如增加了《历代史氏现存谱目》，专门介绍历代史氏谱牒编撰及现存情况，又增加今人研究论文多篇，极大地便利了南宋四明史氏家族研究。

（三）南宋四明史氏家族综合研究

所谓综合研究，是指从整体上把握史氏家族的历史及特征的研究，既可以是线性的史实描述，也可以是涉及该家族某一方面的专题研究。在综合研究方面，美国学者戴仁柱是开风气之先者。早在20世纪70年代后期，戴仁柱即以史氏家族为研究对象，完成了博士学位论文，并于1986年以《中国宋朝（960—1279）的宫廷与家族：明州史氏的政治成就与家族命运》为题由杜克大学出版社出版。2014年，戴仁柱的《丞相世家：南宋四明史氏家族研究》一书由中华书局出版。该书是戴仁柱前书的中译本，做了一定删节。它分阶段描述史氏家族的兴衰过程，注重从社会流动的角度发掘兴衰原因；在每一阶段又以代表成员作为叙述重心，并辅论其他同代成员。这使得该书在史氏家族综合研究上颇具开创性与代表性。

进入21世纪以来，南宋四明史氏家族综合研究进一步得到加强，主要表现为以下三个方面。

（1）专题学位论文的涌现。如叶伟华《南宋四明史氏家族研究》采用了与戴仁柱相类似的论述策略，聚焦于史氏家族代表成员，注重家族代系梳理，借以呈现四明史氏的兴衰历程及其原因[②]。蔡如意在《南宋明州史氏家族文学与文化研究》中梳理了史氏家族各辈成员的文学作品情况，论述了史氏家族（主要是史浩与史弥宁）的文学创作，以及该家族与地域文化、佛教文化、士绅群体文化的关系[③]。郑国画《南宋四明史氏三相政治活动及其比较研究》着重分析了史氏三相的政治活动，并通过比较来显示个人在整个家族和社会发展中的实际作用、地位和影响[④]。夏令伟《南宋四明史氏家族及其文学研究》则对史氏家族的历史、政治与文学等问题做了论述[⑤]。

① 史美露主编：《南宋四明史氏》，成都：四川美术出版社，2006年。
② 叶伟华：《南宋四明史氏家族研究》，广州：华南师范大学硕士学位论文，2007年。
③ 蔡如意：《南宋明州史氏家族文学与文化研究》，南京：南京师范大学硕士学位论文，2009年。
④ 郑国画：《南宋四明史氏三相政治活动及其比较研究》，宁波：宁波大学硕士学位论文，2009年。
⑤ 夏令伟：《南宋四明史氏家族及其文学研究》，广州：暨南大学博士学位论文，2009年。

（2）家族传记性书籍的出现。陈恩黎《四明史氏家族》[①]与郑传杰、郑昕《史氏家族》[②]两书皆以史家三相作为叙述重心，勾勒了史氏家族的历史。

（3）专题研究领域的拓展。如黄敏枝《南宋四明史氏家族与佛教的关系》一文从寺庙坟观与高僧的关系入手，讨论了史氏家族与佛教的关系。文末附有《史氏家族功德坟观寺表》《现存史氏家族坟墓表》，为史氏家族研究提供了一个新的视角[③]。周芬、张如安《论宋代鄞县史氏家族的文学创作》一文则全面论述了史氏家族的文学创作成就，是史氏家族文学研究的拓荒之作[④]。

（四）南宋四明史氏家族个体研究

个体研究，指的是对史氏家族代表成员的具体研究。它既存在于一些通论性著作中，如何忠礼、徐吉军《南宋史稿》一书分专节讨论了史浩与张浚的争论、史弥远的废立与擅权、史嵩之拜相等问题[⑤]。张如安《汉宋宁波文学史》一书分别以“史浩诗歌的贤相风范与‘真隐情趣’”“史弥宁诗的天机妙悟与诚斋风貌”两节论述了史浩、史弥宁的文学成就[⑥]。更多的个体研究则以专论形式呈现，枚举于下。

1. 史浩研究

由于史浩为史家三相之首，且相关文献较多，价值较大，目前对他的研究最为深入。

（1）著作方面。蒋义斌《史浩研究——兼论南宋孝宗朝政局及学术》是最早专门研究史浩的著作。该书原为作者硕士学位论文，完成于 1980 年，2009 年由台北花木兰文化出版社出版。该书旨在借史浩研究，窥探南宋孝宗朝政局与学术之大要，共分九章，论述了史浩的生平、交游及著述。俞信芳《帝师丞相史浩》从近百部古文献尤其是《鄮峰真隐漫录》中征引材料，对史浩的生平行实进行了细大不捐的排比、考证，既依据时间线索梳理史浩的一生，又以专题形式突出史浩的宗教观念、文学艺术成就等，

① 陈恩黎：《四明史氏家族》，宁波：宁波出版社，2010 年。

② 郑传杰，郑昕：《史氏家族》，宁波：宁波出版社，2011 年。

③ 黄敏枝：《南宋四明史氏家族与佛教的关系》，漆侠主编：《宋史研究论文集——国际宋史研讨会暨中国宋史研究会第九届年会编刊》，保定：河北大学出版社，2002 年。

④ 周芬，张如安：《论宋代鄞县史氏家族的文学创作》，《宁波服装职业技术学院学报》2004 年第 4 期。

⑤ 何忠礼，徐吉军：《南宋史稿》，杭州：杭州大学出版社，1999 年。

⑥ 张如安：《汉宋宁波文学史》，北京：中国文联出版社，2001 年。

使得该书性质介于年谱与传记之间，具有独特意义[1]。

（2）学位论文方面。赵晓涛在《史浩其人其词初探》中评述了史浩的出处行实、文学思想及词作[2]。乔东山在《南宋名臣史浩研究》中则分析了史浩的政治活动及政治思想[3]。王东在《史浩〈鄮峰真隐漫录〉中的表演文体研究》一文中将史浩《鄮峰真隐漫录》中的大曲、致语口号、上梁文、撒帐文等归入表演文体进行研究，认为只有《采莲（寿乡词）》可以称为大曲，或者更准确地说是曲破。他又认为，"史浩创作中被朱祖谋归入大曲的《采莲舞》《太清舞》《柘枝舞》《花舞》《剑舞》《渔父舞》等作品是队舞歌辞"[4]。

（3）论文方面。数量甚多，可以分为以下三类：①事实证补。如庄剑《〈四库全书总目提要〉订误三则》[5]、汤梓顺《南宋名臣周必大、史浩、虞允文及第年月考》[6]，都对史浩考中进士的时间做了考订；曾维刚在《史浩诗辑佚四首》中辑补了四首《史浩集》之外诗歌[7]。②事迹评述。这方面的论文有俞信芳《鄞籍中兴宰相史浩二三事》[8]、何忠礼《试论南宋孝宗朝初年与金人的和战——兼论对张浚和史浩的评价》[9]、诸葛忆兵《老成谋国的南宋宰相史浩》[10]、汪圣铎和乔东山《史浩与宋金和战——以德顺之败和隆兴北伐为中心》[11]、武锋《史浩父子所睹普陀山观音灵异事件探微》[12]等。③文学研究。依文体不同，又可分三类：其一，史浩词作研究。赵晓岚《论史浩的词》全面评述了史浩的词作[13]；而张如安、周芬《关

---

① 俞信芳：《帝师丞相史浩》，宁波：宁波出版社，2009年。

② 赵晓涛：《史浩其人其词初探》，武汉：湖北大学硕士学位论文，2001年。

③ 乔东山：《南宋名臣史浩研究》，保定：河北大学硕士学位论文，2012年。

④ 王东：《史浩〈鄮峰真隐漫录〉中的表演文体研究》，成都：四川师范大学硕士学位论文，2012年。

⑤ 庄剑：《〈四库全书总目提要〉订误三则》，《河北学刊》1990年第5期。

⑥ 汤梓顺：《南宋名臣周必大、史浩、虞允文及第年月考》，《河南大学学报》（社会科学版）1998年第2期。

⑦ 曾维刚：《史浩诗辑佚四首》，《江海学刊》2012年第3期。

⑧ 俞信芳：《鄞籍中兴宰相史浩二三事》，《宁波师院学报》（社会科学版）1991年第3期。

⑨ 何忠礼：《试论南宋孝宗朝初年与金人的和战——兼论对张浚和史浩的评价》，《浙江学刊》1998年第6期。

⑩ 诸葛忆兵：《老成谋国的南宋宰相史浩》，《文史知识》1999年第11期。

⑪ 汪圣铎，乔东山：《史浩与宋金和战——以德顺之败和隆兴北伐为中心》，《浙江学刊》2011年第2期。

⑫ 武锋：《史浩父子所睹普陀山观音灵异事件探微》，《浙江海洋学院学报》（人文科学版）2013年第5期。

⑬ 赵晓岚：《论史浩的词》，《词学》第13辑，上海：华东师范大学出版社，2001年。

于史浩词与道教关系的若干问题》则对前文的疏失做了辨析[①]。其二，史浩大曲研究。一是关于史浩大曲的体制问题。赵晓岚《论史浩〈鄮峰真隐大曲〉及唐宋宫廷大曲之别》一文认为，“史浩七套大曲多为‘曲’（歌舞）的表演，其文字载体则是词牌的反复吟唱，故又可定为词。在‘曲’向‘词’渐变之时，叙事性渐为主位，虽未入于‘代言体’之戏剧，作为‘大曲’之‘曲’的嬗变，却是歌舞‘声容’之‘曲’向叙事‘代言’之‘曲’转化的表现，从表演艺术言，可谓转移；从叙事文学言，可谓发展”[②]。夏令伟《王国维论史浩大曲辨——兼论两宋大曲之变》一文认为，史浩大曲是宋代以摘遍为大曲、以词调入大曲的结果和表现[③]。二是关于史浩大曲的俗字谱考译问题。吴文光、赵晓楠《关于大曲〈柘枝令歌头〉、〈柘枝令〉俗字谱及其考、译》对《鄮峰真隐漫录》的各种版本及记载的俗字谱进行了考、译[④]。刘崇德则提出了对该文考译部分的不同看法[⑤]。三是关于史浩大曲的艺术问题。杜兴梅《〈采莲舞〉的多圆结构》一文就史浩《采莲舞》所显现的舞蹈文化由个体回旋到整体圆场的突破、舞场上循弧道圆的圆场原理、音乐流程的回归等多圆结构与多元文化的构成进行了探微[⑥]。其三，其他文体研究。如朱燕青《史浩〈昌国保墙青词〉和〈昌国保墙道场疏〉摭谈》[⑦]一文的着眼点为史浩的两篇道教文体作品。

2. 史弥远研究

研究者对于史弥远的研究并未局限于人物专论，而是常将其与南宋后期的政局联系起来加以考察。这方面的代表作有杨宇勋《史弥远年谱——以宫廷政争、宋蒙金三国关系、崇扬道学为中心》[⑧]、徐美超《史弥远的政治世界：南宋晚期的政治生态与权力形态的嬗变（1208—1259）》[⑨]、林

① 张如安，周芬：《关于史浩词与道教关系的若干问题》，《宁波大学学报》（人文科学版）2005年第3期。

② 赵晓岚：《论史浩〈鄮峰真隐大曲〉及唐宋宫廷大曲之别》，《文学遗产》1999年第5期。

③ 夏令伟：《王国维论史浩大曲辨——兼论两宋大曲之变》，《黄钟·武汉音乐学院学报》2011年第1期。

④ 吴文光，赵晓楠：《关于大曲〈柘枝令歌头〉、〈柘枝令〉俗字谱及其考、译》，《中国音乐学》2000年第4期。

⑤ 刘崇德：《燕乐新说》上编第四章第三节，合肥：黄山书社，2003年。

⑥ 杜兴梅：《〈采莲舞〉的多圆结构》，《文艺研究》2001年第5期。

⑦ 朱燕青：《史浩〈昌国保墙青词〉和〈昌国保墙道场疏〉摭谈》，《浙江海洋学院学报》（人文科学版）2014年第2期。

⑧ 杨宇勋：《史弥远年谱——以宫廷政争、宋蒙金三国关系、崇扬道学为中心》，《文史论集》1990年创刊号。

⑨ 徐美超：《史弥远的政治世界：南宋晚期的政治生态与权力形态的嬗变（1208—1259）》，上海：复旦大学硕士学位论文，2014年。

啸《史弥远与南宋中后期政局》[1]等。三者皆注重从南宋中后期的政局来观照史弥远。

关于史弥远的评价问题，历史上颇有争议，史美珩《是奸相还是能臣：史弥远历史真相研究》一书针对《宋史》《宋史纪事本末》《续资治通鉴》等史书记载的失实之处，就史弥远诛韩、抗金、废立等问题做了系列辨析，有一定参考意义[2]。

3. 其他成员研究

（1）史嵩之研究。史美珩《史嵩之起复问题探》对史嵩之因起复而受到的清议指摘问题做了辨证[3]；魏峰、郑嘉励《新出〈史嵩之圹志〉、〈赵氏圹志〉考释》一文对新见史嵩之资料做了考释，很见力度[4]。

（2）史宅之研究。着眼点主要在于其与吴文英的交游，有吴蓓《吴文英与史宅之关系考论》[5]、孙虹《吴梦窗与史宅之交游辨证》[6]等。

（3）史弥宁研究。张如安在《论史弥宁的〈友林乙稿〉》一文中对史弥宁的诗歌思想与创作艺术进行了论述[7]。

（五）目前研究所存在的问题及研究展望

就目前已有的研究成果来看，南宋四明史氏家族研究存在以下三个方面问题。

（1）材料运用问题。①存在重正史、家谱而轻文集、笔记的情况，史浩《鄮峰真隐漫录》的价值有待进一步发掘。②一些新材料如《史家祖宗画像、传记及题跋》尚未被充分运用到研究中来。③对于史氏家族墓志的辑录与研究有待加强。

（2）研究深度问题。由于对学术史了解不够，重复性研究较为严重，尤其体现在对四明史氏家族史的研究上。此外，描述性的研究较多，而专题性的深度研究需要加强。

（3）研究规范问题。个别研究违背学术规范，有意回避已有研究，或将别人成果据为己有，不做任何说明。

那么，如何避免以上问题而推进四明史氏家族研究呢？在笔者看来，

---

① 林啸：《史弥远与南宋中后期政局》，杭州：杭州师范大学硕士学位论文，2015年。

② 史美珩：《是奸相还是能臣：史弥远历史真相研究》，太原：山西人民出版社，2010年。

③ 史美珩《史嵩之起复问题探》，《宁波大学学报》（人文科学版）2003年第4期。

④ 魏峰，郑嘉励：《新出〈史嵩之圹志〉、〈赵氏圹志〉考释》，《浙江社会科学》2012年第10期。

⑤ 吴蓓：《吴文英与史宅之关系考论》，《词学》第21辑，上海：华东师范大学出版社，2001年。

⑥ 孙虹：《吴梦窗与史宅之交游辨证》，《词学》第28辑，上海：华东师范大学出版社，2012年。

⑦ 张如安：《论史弥宁的〈友林乙稿〉》，《浙东文史论丛》，北京：中国文联出版社，2000年。

有以下三个方面可供开拓。

（1）进一步搜求家族文献。如史浩的经学文献中除《尚书讲义》现存外，其他皆已散佚，笔者即从《周礼订义》《钦定周官义疏》引文中辑得《周礼天官地官讲义》三百余条，若联系史浩的侍讲经历，这些材料便非常重要；又如新出土四明史氏家族墓志甚多，若将之搜集起来，与《史家祖宗画像、传记及题跋》进行对比研究，必将有助于史氏家族研究的深入。

（2）政治与文学的通观研究。戴仁柱认为，"最近的三十年，我仍然坚信政治史是其他所有研究的基础，尤其是研究史氏这样的政治家族"①。目前来看，从政治角度切入史氏家族研究的做法较为常见，而文学的视角也为史氏家族研究提供了另一个维度，但是运用政治视角解析史氏家族的文学却较为少见。在笔者看来，史浩的诗词、大曲等创作皆有一定的政治因素，循此而观，能对其文学作品做出开创性阐释。此外，史弥远与江湖诗案、滑稽戏的关系也要从政治视角出发，才能发掘出深刻意蕴。

（3）拓展研究视野，确立问题意识。如在家族史的研究中，史浩对家族的作用需要进一步发覆；史弥远与清议的关系也可从胡梦昱案及江湖诗案中见斑窥豹。

综上所述，南宋四明史氏家族研究在家族史、家族政治、家族文学、家族文献等方面已取得了巨大进展，也形成了较为成熟的研究策略与研究范式。通过反思这些研究的得与失，对于笔者接下来的研究必将大有助益。

三、研究设计与研究建树

（一）研究思路与研究方法

从上文的梳理中可见，以往的研究对于史氏家族的历史与人物用力较多，形成了若干研究热点，本书对此并不回避，而是补充新材料，以出新观点，同时努力探求前人尚乏问津的研究盲点，借以深化与拓展史氏家族研究。针对研究对象的独特性质，本书拟采用以下三个层面、四个板块的研究路径与撰述形态：三个层面为社会层面、家族层面与个体层面，分别以家族外部、家族本身与家族成员为论述对象；四个板块为家族历史、家族政治、家族文学与家族文献，在书稿中立为四章。三个层面的论述在各章常兼而有之。

在材料运用上，笔者广泛搜罗有关史氏家族的材料，包括各类记载、

① （美）戴仁柱著，刘广丰、惠冬译：《丞相世家：南宋四明史氏家族研究》，北京：中华书局，2014年，第6页。

后人评论及今人论述等，尤其重视新材料如《史家祖宗画像、传记及题跋》等运用。对于这些材料，特别是学术界未加注意者，笔者努力发掘其价值，在引用中也不惮其繁，如胡知柔所编《象台首末》一书对于揭示史弥远为相期间的舆论斗争十分重要，笔者即以之为主，详加引用。

在研究方法上，本书努力践行以下四点。

（1）注重理论的阐释与规律的探寻，力图做到史论结合。比如提出宋代大曲之变（“以摘遍为大曲”“以词调入大曲”）的理论并以之观照史浩大曲。

（2）重视文献学的方法。这不仅体现在专设一章考论史氏家族的文献，在其他章节的论述中也注重新材料如《史家祖宗画像、传记及题跋》等运用。

（3）坚持微观研究为基础，适度中观，谨慎宏观，反映到本书上，即从个体、家族与社会三个层面展开论述。本书以论述史氏家族代表人物的政治或文学表现为主，对史氏家族史也有论述，至于对史氏相权与宫廷及公议之关系的论述则属于宏观研究。

（4）在宋代社会史、政治史与文学史的整体格局中观照研究对象，坚持家族—政治—文学的通观视野。抓住政治这一关键，融入对史氏家族的研究之中。如史氏兴衰与政治起伏密切相关，史浩诗词、大曲的特质也可做一定程度的政治性阐释。

（二）创新之处与研究价值

本书在已有研究成果的基础上，揭示了史氏家族作为政治家族与文学家族的双重特征，并由此梳理了它的发展历史，论述了它的政治与文学表现，并对相关文献进行了汇辑考论。创新之处主要体现为以下四个方面。

（1）厘清了史氏家族的发展阶段及关键人物的贡献。将史氏家族历史分为三期五段，并对关键人物如叶夫人、史浩、史弥远对家族的独特贡献进行了详细论述。

（2）解开了史氏家族政治崛起的“密码”，梳理了史氏相权与公议之间的复杂关系。史氏一门三相的根本原因在于以藩邸旧臣身份与赵室皇权建立起来的特殊关系；通过史浩与张浚之争、王十朋论史浩、胡梦昱案、江湖诗案等专题论述探讨了史氏相权与公议之间的关系。

（3）对史浩诗词、大曲做了独特的政治性解读，涉及的政治制度有王府学官制度、休沐制度、史浩早年所历官职职责、宋代宰相予宴仪式等。

（4）对一系列史氏家族文献进行了辑录考论。如本书重点关注史氏家族档案及档案题跋，搜集了29篇史氏家族碑碣墓志并予以综论，论述了史浩《鄮峰真隐漫录》的成书年代及价值；对史志传记与笔记小说中的史氏评论材料也进行了梳理、论述。

本书的研究价值体现在以下几个方面。

（1）宋代家族研究是国内外宋史界的热门话题，本书是对宋代家族所做的个案研究，立足四明地区，绵延整个南宋，所做论述对于宋代家族研究有一定参考意义。

（2）以张剑、吕肖奂、周扬波《宋代家族与文学研究》为代表的宋代家族文学研究方兴未艾，本书运用家族文学的理论与方法，对于宋代家族文学研究进行了有益探索。

（3）本书对于宁波地方文化研究与史氏宗族文化研究具有一定价值。史氏作为宁波历史上的望族，是地域文化研究的重要组成部分，所取得的一些成果为一些网站如史氏春秋网所收录。

第一章　史氏家族历史论

有宋一代，望族林立，而四明史氏家族以独特的政治个性名列其中。不过，其地位与个性的形成并不是一蹴而就的，而是伴随着整个宋代历史尤其是南宋历史的进程，经由数代人的探索与努力，才逐渐实现的。其中，家族内部价值观念的树立与传承，同家族外部社会环境的需求与变化之间相互交织、彼此影响，在这一发展过程中起到了重要作用，为我们勾勒四明史氏家族的发展历史提供了一个角度。在相关研究中，对于史氏家族历史的探究已从多方面展开。如戴仁柱《丞相世家：南宋四明史氏家族研究》依据方志、家谱等文献，采取代际递嬗的方式展开史氏家族史的叙述。在每一代的叙述中，不但重点介绍代表成员，也以相当笔墨分述其他人物，脉络谱系较为清晰。戴仁柱的这一论述方式对后来的史氏家族史研究有不小影响，叶伟华的《南宋四明史氏家族研究》[①]即为一例。本章试图在学界已有研究成果的基础上来讨论四明史氏家族的历史，在资料运用上多取资于史美露主编《南宋四明史氏》中所载之新材料，在具体论述上则聚焦于四明史氏家族史上的关键人物对于家族文化的贡献与影响。

第一节　概观：从门族之微到相门之盛

四明史氏家族的发展，以靖康之变为界，经历了一个从一介寒族到地方望族再到相门之家然后渐趋衰落的过程。

1127年，靖康之变爆发，北宋灭亡。随后，在金军的步步紧逼中，南宋王朝艰难建立。这次事变对宋代社会的影响十分广泛，其中之一便是造成了望族格局的变化。一方面，北方政治家族如相州韩氏（韩琦等人）、东莱吕氏（吕夷简、吕公著等人），文学家族如澶州晁氏（晁迥、晁宗悫、晁说之、晁补之、晁冲之等人），都为战火所迫而有南迁之举。虽然进入南宋之后，这些家族依然不乏闻人，如韩侂胄以韩琦五世孙拜相，吕本中以吕夷简玄孙承继家声，吕本中之侄孙吕“祖谦之学本之家庭，有中原文献之

---

① 叶伟华：《南宋四明史氏家族研究》，广州：华南师范大学硕士学位论文，2007年。

传”①，而晁公遡、晁公武、晁公迈等人学术造诣亦为突出，但是相对南迁之前，毕竟有所逊色。另一方面，一些南方家族则利用宋室南渡带来的政治、经济、文化上的新形势而积极发展、趁机崛起，以四明一地而言，则有史氏（史才、史浩、史弥远、史弥忠、史嵩之、史宅之等人）、袁氏（袁毂、袁燮、袁甫等人）、楼氏（楼郁、楼琚、楼钥等人）、汪氏（汪思温、汪大猷等人）、高氏（高闶、高文虎、高似孙等人）等家族。这些家族“经由教育、科举的途径，取得功名，晋升为地方名族，到南宋中期，相继成为对朝政乃至学术都有极大影响力的全国知名望族”②，四明也因此成为南宋望族的分布重心之一。

四明地区的家族自北宋时就有所发展，如陈氏家族“世喜藏书。谧之亡，舒中丞亶作挽章，有曰：‘尘埃满匣空鸣剑，风雨归舟只载书。’曦复为《藏书记》以告其后，俾勿坠素业”③。又如楼氏家族，楼郁“主郡庠十余年，为州县士子师，前后凡三十余年，号楼先生。四明五先生，某其次也。成就一时人物甚众”④。其后楼琚、楼钥等，皆能世其家声，楼钥曾言：“吾门自高祖先生（楼郁）以儒学起家，衣冠六世。仕者以清白相传，学者以诗礼相勉。门内雍穆，虽总角之童，亦恂恂自守家法，遂为四明望族。”⑤其他家族如袁氏、丰氏（丰稷等人）、郑氏（郑清之等人）、王氏（王应麟等人）……都渊源有自，家法自守，列名于四明望族。在四明家族群落中，北宋时期的史氏家族人丁稀少、家寒位卑，并不突出，但在进入南宋以后却迅速崛起，成为四明望族之冠。如清代叶熊所言：“吾郡有宋丰、楼、史、郑四大姓，惟史氏代有闻人，迄国朝犹为望族。”⑥而望族地位的确立正在南宋时期，并与“闻人”的涌现密不可分。对于史氏家族的地位变化与闻人表现，南宋楼钥在嘉泰三年（1203）为史浚所做的墓志铭中说：

> 四明衣冠之族，绍兴以来，莫盛于史氏。自八行先生（史诏）以纯德奥学、积善余庆，是生枢密公（史才）。吾乡之登政地者，实自

① 《宋史》卷四三四《吕祖谦传》，北京：中华书局，1977年，第12872页。

② 黄宽重：《宋代的家族与社会》，北京：国家图书馆出版社，2009年，第4页。

③ （宋）方万里，罗濬纂：《宝庆四明志》卷八《陈禾传》，中华书局编辑部编：《宋元方志丛刊》第五册，北京：中华书局，1990年，第5085页。

④ （宋）楼钥：《攻媿集》卷八五《高祖先生事略》，《丛书集成初编》第2017册，北京：中华书局，1985年，第1151页。

⑤ （宋）楼钥：《攻媿集》卷七九《咏归会讲说》，《丛书集成初编》第2016册，北京：中华书局，1985年，第1069页。

⑥ 《史家祖宗画像、传记及题跋》，史美露主编：《南宋四明史氏》，成都：四川美术出版社，2006年，第81页。

公始。枢密兄之子，是为太师、会稽郡王、文惠公（史浩）。位极人臣，而史氏益大。故君之高、曾，皆重叠追赠者。四十年不惟赏延、繁衍，而决取世科者，累举不乏人，其兴又未艾也。①

其后，开禧二年（1206），楼钥又有《跋叶氏夫人墓志》，所跋对象为其祖父楼异约于宣和元年（1119）所作的《叶太君墓志》②。在该文中，楼钥更为详细地介绍了史氏家族的崛起历程、关键人物及原因。

四明衣冠虽盛，自开国以至绍兴，曾未有仕登两府、恩及三世者。二十四年，岁在甲戌，史公才始为端明殿学士、签书枢密院事兼参知政事，赠三世，为东宫三少。隆兴元年，从子浩为参知政事。未几，为尚书右仆射、同中书门下平章事。至淳熙五年，再为右丞相。其后位极人臣，生为太师，赐第行在所，玉带金鱼，勋名富贵，康宁寿考，为近代臣子之冠。子孙繁衍，不惟为吾乡衣冠盛事，四方缙绅亦莫不歆艳企慕。而求其源流之所自，则出于八行之一人。又溯而上之，则八行之母叶氏夫人流庆也。……（楼异所作叶氏夫人）碑中五子（当为孙），一尚幼者，后名光。七（曾）孙：若讷，即文惠王之旧名；若愚，后名渊，终朝奉郎、知江阴军；若谷，后名溥，终湖州通判；若朴，名源，为曹娥监场；涓，以删定官为南康军签判；浚，为婺州通判，是时犹未生也。元孙今数十人：弥大为礼部侍郎、敷文阁待制；弥正，两浙东路提刑；今弥远方为起居郎，弥坚方为枢密院检详。弥字一行登科者已六人，其余名荐书、游贤关以赏延登膴仕者，未易缕数。况其子孙承上世积善之庆，大率性行端良，相勉于学，以是益知史氏之兴未艾，而吾大父之言于今已为明验矣。③

① （宋）楼钥：《攻媿集》卷一〇五《朝请大夫史君墓志铭》，《丛书集成初编》第2021册，北京：中华书局，1985年，第1479页。

② 关于《叶太君墓志》一文，史美露主编的《南宋四明史氏》第185页有收录，作者题为楼郁。今据张如安《略论北宋"庆历五先生"对宁波的文化贡献》（《中共宁波市委党校学报》2008年第2期，第115页）所作考辨："史美露主编《南宋四明史氏·庆传源流》有楼郁《叶太君墓志》一文，文中提到'政和七年'，楼郁的卒年不可能下延至政和年间，此文显然是伪托，据此落款，当为楼异作。楼郁的生卒，此据俞信芳先生从《鄞塘楼氏宗谱》中披露的资料。"又，《古藤四明宗谱》卷一亦录此墓志，落款即为楼异。楼异，楼郁之孙，楼钥祖父，曾拜徽猷阁直学士，累赠太师、齐国公。

③ （宋）楼钥：《跋叶氏夫人墓志》，《攻媿集》卷七四，《丛书集成初编》第2015册，北京：中华书局，1985年，第1005—1006页。

在上引两条材料中，楼钥宣称“四明衣冠之族，绍兴以来，莫盛于史氏”，可见，史氏家族是在宋室南渡之后才获得了飞跃性发展，并确立了其在四明望族群中的领先地位。从楼钥的叙述中，这一过程及关键人物的表现如下：（1）叶氏夫人将遗腹子史诏养育成人，“流庆”所致，渐兴史氏一脉。史诏“以纯德奥学、积善余庆”奠定良好家风，并为家族赢得最初声誉。（2）史才于绍兴二十四年（1154）授端明殿学士、签书枢密院事兼参知政事，被楼钥认为是“吾乡之登政地者”之先导；史浩“位极人臣”，被朝廷“重叠追赠”其高、曾祖，实现了“史氏益大”。（3）史氏人口“繁衍”增多，且“赏延”不绝，又能“决取世科者，累举不乏人”，故被楼钥认为“其兴又未艾”。当然，此处“其兴又未艾”的预言虽符合史氏家族后来的发展情况，但因楼钥于开禧二年（1206）作《跋叶氏夫人墓志》时，“（史）弥远方为起居郎”，次年才拜右丞相兼枢密使，故并未言及史弥远独相宋宁宗后期至宋理宗前期长达 26 年的情况，更不用说再下一代史宅之出任执政、史嵩之拜相的后话了。所以应予说明的是，仅就楼钥所言并不能完整勾勒史氏家族的发展历程。实际上，正是史弥远、史嵩之的相继拜相，才使得史氏家族最终完成了从门族之微到相门之尊的蜕变，从而以政治世家的姿态出现在南宋历史之中。

在我国历史上，相门是一种独特的现象，指某个家族二世或数世有人官居宰相。孟尝君曾对其父曰：“文闻将门必有将，相门必有相。”[①]此后，“相门有相”更被作为谚语，道出了人们对相门政治人才不断涌现的期许。有宋一代，相门亦有数家，《古今事文类聚新集》载：

> 宋朝再世父子宰相二家：吕许公，申公；韩魏公，仪公。（《朝野杂记》）又三世宰相：吕文穆公、从子文靖、从孙正献。近时史越王浩、子卫王弥远、孙嵩之，三世为相。[②]

其中，四明史氏家族与东莱吕氏家族是整个宋代仅有的“三世为相”的相门之家，地位确实非同一般。而在历史上，人们也习惯于将“三叶宰相”作为史氏家族政治成就的一种标志，如元代袁桷云：

> 四世宰执：史才，枢密；侄浩，丞相、越王；子弥远，丞相、卫

① 《史记》卷七五《孟尝君传》，北京：中华书局，1959 年，第 2353 页。
② （元）富大用：《古今事文类聚新集》卷七“再世三世为相”条，《景印文渊阁四库全书》第 928 册，台北：商务印书馆，1986 年，第 92 页。

王；从侄嵩之，丞相、永国公。

父子宰相：史浩、子弥远。①

明代彭大翼云：

宋孝宗朝，史浩，字直翁；宁宗朝，浩子弥远；理宗朝，弥忠子嵩之：三叶皆为相。②

元代《排韵增广事类氏族大全》载：

史浩，孝宗朝；史弥远，宁宗朝；史嵩之，弥远（忠）之子，理宗朝：三叶宰相。春帖云："一门三宰相，四世八公卿。"③

所谓"一门三宰相，四世八公卿"，较为准确地道出了史氏家族的相门本色，而这也标志着史氏家族的发展进入全盛时期。至于个中原因，可据前引楼钥所言总结如下。

（1）家族人口繁衍增多。楼钥在《跋叶氏夫人墓志》中指出，叶夫人有一子史诏，孙辈则有五，曾孙辈有七，元孙辈则数十人。此外，还有尚未出生及辈分更晚的家族成员。不过，仅就楼钥所列而言，史氏家族各代人口迅速增加，从而为家族兴盛提供了重要保证。

（2）良好的门风增强了家族的向心力。楼钥对史氏家族兴盛之源做了追溯，"求其源流之所自，则出于八行之一人。又溯而上之，则八行之母叶氏夫人流庆也"。也就是说，自叶夫人、史诏起，史氏虽然族小门微，却营造了良好的门风与传统，使得"子孙承上世积善之庆，大率性行端良，相勉于学"，推动了家族的崛起。

（3）政治号召力与影响力。首先，相门的出现，改变了"四明衣冠虽盛，自开国以至绍兴，曾未有仕登两府、恩及三世者"的局面，确立了史氏家族在四明地区的望族地位。其次，科举热情高涨，中举人数增多。

① （元）袁桷：《延祐四明志》卷六《衣冠盛事》，中华书局编辑部编：《宋元方志丛刊》第6册，北京：中华书局，1990年，第6222页。

② （明）彭大翼：《山堂肆考》卷八二"三叶宰相"条，《景印文渊阁四库全书》第975册，台北：商务印书馆，1986年，第541页。

③ 佚名：《排韵增广事类氏族大全》卷一三"三叶宰相"条，《景印文渊阁四库全书》第952册，台北：商务印书馆，1986年，第388页。

如楼钥所言："决取世科者，累举不乏人"，"弥字一行登科者已六人"，都可体现出这一点。[①]最后，相门的出现使得政治援引成为可能，史氏家族以荐举、恩荫入仕者甚众，如楼钥所言："弥字一行……其余名荐书、游贤关以赏延登膴仕者，未易缕数。"对于史氏受恩荫的情况，叶伟华统计有史渊、史溥、史源、史涓、史浚、史弥正、史弥远、史弥坚、史弥邵、史弥广、史弥宁、史弥隆、史弥亮、史弥年、史弥茂15人[②]，人数不可谓不多。

以上就楼钥所言简略分析了史氏家族兴盛的原因。总之，自史师仲这一辈以下，"子孙蕃衍，一门三相，再世二王，官太史者九。至于执政台谏、备侍顾问、部属分符者，不可枚举。吁！史氏之族于此盛欤！"[③]不过，盛极而衰，史弥远任相时，家族内部已出现分裂。其后，"之"字辈中，虽有史宅之官拜执政、史嵩之出任宰相，但家族内外皆已矛盾重重，危机暗生。到了更晚的"卿""孙"字辈，能重振家声的关键人物更不一见。在这种情况下，南宋史氏家族也就渐渐衰落了。下面笔者分为三个阶段来详细论述史氏家族的这一发展历程及关键人物的表现。

第二节　发轫期：寒素之家的艰难探索

四明史氏，自初祖史惟则始，经第二代史成、第三代史简（1035—1057）及其妻叶氏夫人（1033—1117），至第四代史诏（1057—1130）止，活动范围基本都在北宋。在这期间，史氏家族成员有限，经济较为窘迫，仕宦亦为沉寂，属于寒素之家；然而崇学尚孝的家风开始孕育，社会声誉也初步建立，故可将这一时期视为史氏家族的发轫期。

对于史氏家族第一代史惟则与第二代史成的情况，我们所知甚少。事实上，史浩对于他们的情况也不甚了解。淳熙五年（1178），史浩拜相，得以追封五代，却因先世墓葬无考，仅能葬以衣冠。其所作功德疏云："尝走

---

① 自史才成为史氏家族第一位进士之后，接踵者甚多。叶伟华曾有统计："南宋时期明州考上进士的人共计782人，在这782位进士当中，四明史氏家族就有25位，占了3.2%。"据其所列，这些人分别是史浩、史弥大、史弥远、史弥忠、史弥悆、史弥逊、史弥谨、史弥应、史弥忞、史弥巩、史岩之、史嵩之、史佺之、史望之、史及之、史本之、史能之、史胄之、史俊卿、史有之、史即之、史常之、史介之、史蒙卿与史唐卿。当然，这份名单尚不包括赐同进士出身的史宅之、史宇之兄弟。参见叶伟华：《南宋四明史氏家族研究》，广州：华南师范大学硕士学位论文，2007年，第33—34页。

② 叶伟华：《南宋四明史氏家族研究》，广州：华南师范大学硕士学位论文，2007年，第36—37页。

③ （元）危素：《四明节行史氏族谱序》，吴之才主修，史济铿纂修：《四明古藤史氏宗谱》卷一，民国十八年（1929）八行堂木活字本。

里闾，遍询耆老，谓吾先系实起自寒乡，故其令终，适从于火葬。”[①]而《五祖堂记》言之稍详，则云：“一世祖讳惟则，集贤院待制、直学士，世居江南溧阳，宦游四明，上宅于城中洗马桥，行阴德以闲化，配余氏夫人。二世祖讳成，累赠太子少保，元配陈氏，赠南昌郡夫人，继配任氏，赠咸宁郡夫人。此五祖者因兵火之后，未详葬所，遍走闾里，询诸耆老，无从查察。”[②]较之前文，仅是增加了一点行迹、赠官而已。史氏先祖脉系资料之所以匮乏，固然是因为年代久远，又经战火毁坏，无从查考，更重要的是与起自寒乡有关。所谓“寒乡”，既指家境窘迫，又指仕宦不显。因此，这一阶段的史氏在四明的影响相当微弱，故数世之后，旧闻不传，史浩遍询耆老，所得亦为有限。

不过，上述史浩对于史氏家族脉系的追溯也是值得怀疑的。戴仁柱根据欧阳修《集古录跋尾》卷六的记载，认为史惟则是唐代的一位书法家，“是宋朝史氏草率地把这个名号拉过来，无意间将一个8世纪的人物搬到了10世纪”[③]。他又认为史成的生平事迹尽管为后世所知不多，但他“是明州史氏的始祖”[④]。对于戴仁柱的这些意见，笔者是赞同的。那么，在事实如此不确定的情况下，史浩为什么还做这种家族脉系的错误追溯？或者说，这种做法有无积极意义？在笔者看来，此举不仅使追封五代的诏命落到了实处，更昭示了一种慎终追远的古老信念，为家族文化传统的梳理与树立提供了可能。在史悠晋纂《浦桥史氏宗谱》（1925年木刻活字印本）中，便存有清代雍正四年（1726）所绘的史惟则与史成的画像及宋人所作的像赞，前者像赞为南宋王应麟所作。

> 弃轩冕之荣而甘心野服，乐邱园之素而矢志忠贞。惟嘉言懿行开导乡党，是为里正；而倾囊倒箧周恤困穷，大洽人情。历世三十，肇基四明。缯兹遗像，永垂令名。[⑤]

① （宋）史浩：《鄮峰真隐漫录》卷二三《葬五祖衣冠招魂功德疏》，舒大刚主编：《宋集珍本丛刊》第43册，北京：线装书局，2004年，第103页。

② （宋）史浩：《五祖堂记》，史美露主编：《南宋四明史氏》，成都：四川美术出版社，2006年，第122页。

③ （美）戴仁柱著，刘广丰、惠冬译：《丞相世家：南宋四明史氏家族研究》，北京：中华书局，2014年，第41页。

④ （美）戴仁柱著，刘广丰、惠冬译：《丞相世家：南宋四明史氏家族研究》，北京：中华书局，2014年，第42页。

⑤ （宋）王应麟：《三十世四明始祖史惟则像赞》，史美露主编：《南宋四明史氏》，成都：四川美术出版社，2006年，第3页。

赞扬史惟则安贫乐道的精神与教化乡里的业绩，指出他肇基四明、开史氏一脉的家族史地位。后者有南宋楼钥所作的像赞：

> 绍学士公之潜德，则为象贤。开冀国公之令绪，自有家传。仰公高节，愿为执鞭。瞻公遗像，心向往焉。[①]

指出了史成上绍史惟则、下开史简（被追封为冀国公）的家族史地位。这两篇像赞代表了后人对于史氏先祖的看法，虽多为想象之辞，但与后来四明史氏家族的文化传统相合，则这种想象也是其来有自。因此，从家族文化传统的生成与建构这层意义上来说，尽管史浩等人对于史氏家族脉系的部分追溯是错误的，本书仍沿用这一做法，目的在于超越单纯的代系划分，而着眼于史氏家族文化传统的抽绎。

第三代乃史简，年仅 23 岁而卒。其做过郡吏，留给家族的最大记忆便是孝亲与耿直。

> （史简）事继母任夫人至孝。鄞邑俗于端阳节为竞渡戏，母老，欲往观之。公时为郡吏，质吏服以具酒果，奉母欢。太守卒呼，无服，久之始见，守怒。先是守受赇，杖平民，公悯之，阴令五日毁其杖以进，至是为所觉，益怒，遂斥罢之。归数日，愤悒卒。[②]

从抵押吏服贷钱以奉母欢的行事来看，谓其“至孝”诚为不虚，而违背郡守之意而有毁杖救民之举，则表现了他的良善、耿直。对此，南宋陈康伯称赞道：“迹公孝行，较闵子而弥彰。考公阴德，比王氏而愈光。”[③]不过，史简“质吏服以具酒果”的行为，也从侧面反映了史氏家境的贫困程度。而在史简“愤悒卒”后，史氏一脉便面临山穷水尽的危机，只是由于史简之妻叶氏的坚持与勤俭，才使得史氏家族得以延续、发展乃至壮大。对此，楼异所作墓志记述颇详。

---

① （宋）楼钥：《三十一世少保史成像赞》，史美露主编：《南宋四明史氏》，成都：四川美术出版社，2006 年，第 4 页。

② 《史家祖宗画像、传记及题跋》之《史简传》，史美露主编：《南宋四明史氏》，成都：四川美术出版社，2006 年，第 6 页。

③ （宋）陈康伯：《三十二世冀国公史简像赞》，史美露主编：《南宋四明史氏》，成都：四川美术出版社，2006 年，第 4 页。

叶氏自幼静深婉淑，年十九，归同里史简。其夫端方儒雅，廉谨有余，不幸蚤死。萧然四壁，而有弱子幼女。未几，子又丧。夫人时方二十五岁，日夜抱幼女而泣，尚冀遗腹生男子，庶几有托。已果如所欲，毅然有不可夺之志。或谓夫人曰："寡居生事窘甚，将孰依？一襁褓之子，讵可保乎？"夫人曰："固哉！然再嫁，非女子所宜，宁死耳。况熟视儿眉目精爽，异日当起家，吾岂不安于命？"吁！昔共姜守义以自誓，若夫人者，似之矣。逾数年，夫之伯叔析居家，第期，曰："儿女俱幼，且寇至谁御？吾将奈何？"子长，勉从乡先生游，自少嶷然有立志。恶衣菲食，杜门守义，勤于纺绩，而教子读书，人不堪其忧，益自若也。迨其子律身甚严，事母极孝，夫人诫之曰："纵观圣贤之书，操笔作语，为士者，孰不能！要当慕古人行己为贵耳！汝父早丧，吾忧患困穷，甘心于不可处之时，以有汝在。其勉之！"其子愈自克励，遂以文学、德业为士大夫称述。夫人年弥高，娶子妇徐氏，侍养弥谨，不敢一日去左右，曰："岂遗甘旨而远游以求富贵乎？"夫人乃得以忘家，怡然自适，虽家资衍而益务俭约，曾无形于色。①

前文提到，叶夫人被楼钥认为是史氏家族发展历程中的关键人物，其"流庆"所及，不止一代。在其丈夫史简死后，叶氏面临着巨大困难：一是经济困难，"萧然四壁"，无可凭之资。二是仅有"弱子幼女"，而"未几，子又丧"，接连遭受打击，所幸生有遗腹子史诏，但一时尚无可借之力。三是"夫之伯叔析居家"，令其陷于孤立难保之地。在这种情况下，叶氏本着"毅然有不可夺之志"，尽管"恶衣菲食"，却能"杜门守义，勤于纺绩，而教子读书"，并终于"起家"。不但其子史诏"愈自克励，遂以文学、德业为士大夫称述"，而且"家资衍"，经济状况得到了改观。对于叶氏的贡献，朱熹云："恭惟夫人，立我史氏。柏舟之节，共姜媲美。俎豆之教，孟母是俪。诗书起家，世登显仕。"②其中，将叶氏守节比于共姜，教子之举比于孟母，显见推崇之意。的确，正是在叶氏的培育下，史氏才渐渐得以"诗书起家，世登显仕"，开始由吏而官，由普通市民之家转变为士绅、官绅之家。在这一转变中，叶氏之子史诏是另一个关键人物。其传记云：

① （宋）楼异：《宋累赠冀国夫人叶太君墓志》，吴之才主修，史济锵纂修：《四明古藤史氏宗谱》卷一，民国十八年（1929）八行堂木活字本。

② （宋）朱熹：《祭冀国夫人叶太君文》，吴之才主修，史济锵纂修：《四明古藤史氏宗谱》卷二，民国十八年（1929）八行堂木活字本。

> 公颀秀丰下，少有立志，从乡先生大理楼公郁，与丰清敏、舒中丞同砚席，以孝行闻于乡。遇大比，辄引避，尝曰："无母之节，已无史矣。"誓终身母子不相离。或云："取荐于乡，亦所以荣母也。"公曰："朝廷设科，冀获其用，敢窃之为己荣乎？设与计偕，则初志丧矣。忘亲欺君，所不为也。"大观二年，诏举八行，乡人以公应命，遂与母避于县东大田山。郡守迹所往，迫使就道，公立誓固辞，终居此山焉。乡人至今以八行先生称之。①

从这段记载中，可以看出史诏对于史氏家族的意义所在。首先，以学行扬名乡里，为家族赢得声誉。师从四明五先生之一的楼郁，学问有成。且"以孝行闻于乡"，及"诏举八行（指孝、友、睦、姻、任、恤、中、和），乡人以公应命"。虽然史诏未能应命，但却被"乡人至今以八行先生称之"，可见乡人对他的认可。其次，以孝事亲，奉养备至，成为家族后代学习的模范，其孙史浩也是如此。"会洪夫人属疾，（史浩）思归，力丐祠，不允，乃许谒告迎侍。未几，罹内艰。公性至孝，平日奉母甚周……至是悲毁骨立，忍哀举葬，纤悉周备，世所难及"②。最后，不恋官位，甘于隐退，为家族后代所效仿。面对朝廷征召，史诏固辞而"避于县东大田山"，原因在于"忘亲欺君"，非其所为。不过应当注意的是，史诏此举另有一个原因，即出于对时事的顾虑。其时，宋徽宗在位，奸佞当道，朝局纷乱，史诏因目睹"鄞进士王莘坐上书诋诬，下有司拘收入自讼"一事，而有"时事若此，而应此举乎"的感叹。于是，他将游学于京师的三子史师仲、史才、史师木"尽呼之归"，并说"时事日非矣，归守坟墓犹可"③。由此可见，其对时局洞若观火，所做选择亦体现了"天下无道则隐"的传统观念。这种对待富贵的态度为后代或多或少地加以继承，如史浩累章求退，史守之退隐碧沚，史宇之隐退而不谈世事等，背景、内涵或有不同，但都彰显了一种颇有渊源的家族隐退之风。总之，史诏作为史氏家族发轫期的重要人物，增强了史氏家族的影响，推进了家族文化传统的树立，在他之后，随着子孙后代登科入仕者越来越多，史氏家族终于由清寒之家转变为煊赫之

① 《史家祖宗画像、传记及题跋》之《史诏传》，史美露主编：《南宋四明史氏》，成都：四川美术出版社，2006年，第10页。

② （宋）楼钥：《攻媿集》卷九三《纯诚厚德元老之碑》，《丛书集成初编》第2018册，北京：中华书局，1985年，第1283页。

③ （元）危素：《宋八行先生赠太师追封越国公墓表》，吴之才主修，史济铿纂修：《四明古藤史氏宗谱》卷一，民国十八年（1929）八行堂木活字本。

极的官绅之家。

第三节　兴盛期：官绅之家的傲然树立

史氏家族的兴盛期，主要以官绅之家的面貌出现，若以北宋政和八年（1118）史才考中进士为始点，大致跨越师、水、弥、之四代，止于史宅之去世的淳祐九年（1249），共130余年。当然在这一时期的开端，史才考中进士时，其父史诏尚未去世，家族转型尚未完成，因此与发轫期有一定的重合。

关于四明史氏家族的兴盛原因，笔者曾在本章第一节依据楼钥所言做了一定说明。今人史美珩亦有所述：

> 四明史家在南宋150多年的时间里，经历了师、水、弥、之、卿、孙六代人。在人口与政治上真正获得飞跃发展，甚至可以说是“核爆炸式”的发展，是从史诏的孙子“水”字辈这代人开始的。他有孙子13人：其中史浩与史澄二人进士，史浩在孝宗时官至宰相。曾孙“弥”字辈这一代41人，其中史弥远在宁宗、理宗两朝当宰相26年，达到权力的顶峰。玄孙这代“之”字辈81人，其中史嵩之在理宗时又位居宰相。这就是著名的“一门三宰相，四代两封王”，人称“满朝文武，半出史家”“七十二进士”的显赫鼎盛的南宋宁波史家。南宋灭亡，史家在政治上的权势随之湮灭。[①]

从人口“爆炸”与政治崛起两个方面来说，将这四代归入史氏家族发展的兴盛期是有据可依的。下面笔者根据这一时期史氏家族的政治发展轨迹及关键人物的表现，再分初盛、复盛、极盛三阶段论之。

一、初盛阶段及其关键人物——史才

史诏有五子，分别是史师仲（1083—1124）、史才（1084—1162）、史师木（1086—1129）、史师禾与史师光（1113—1178）。这一代人之间的年龄差距很大，其中，史师禾生年不详，但从史乘中常将其与史师光相提并论的做法来看，当与后者年龄相去不远。而史师光小长兄史师仲30岁，甚

---

① 史美珩：《中华姓氏谱·史姓卷》，北京：华艺出版社，2002年，第103页。其谓史澄亦中进士，不知何据。

至比史师仲之子史浩都要小 7 岁。由于这一代人中，史才被楼钥认为是开“吾乡之登政地”者，地位十分重要，所以对于初盛阶段的划分不妨以史才的仕履为依据，始于其中进士的政和八年（1118），止于其罢参知政事，彻底退出政治舞台的绍兴二十四年（1154）。

这一代人对于家族的贡献有三：一是继承其父史诏所立的传统，励志问学，诗书起家。如史师仲“美丰姿，七岁能属文，时有警策语，播士大夫口。未冠游太学，籍籍有誉。洎一贡不第，即拂袖东归”[①]。史师仲文才“播士大夫口”“籍籍有誉”，足见其学而有成。又如史师光亦“自幼警悟，善记诵，累贡不第。郡守闻其贤，庀职郡庠，凡十有五年。未尝见喜愠，不以阀阅骄人”[②]。若非才德过人，何以充职郡庠？史师仲、史师光虽有才学，但并未中第，而史才却于政和八年（1118）中进士，成为史氏家族第一位进士，顺利进入仕途。不仅如此，他更于绍兴二十四年（1154）被授端明殿学士、签书枢密院事兼参知政事，位至执政之列，从而开史氏家族政治崛起之先河。

二是和睦亲族，培育后代。这以史师木最为典型，据载：“建炎三年，金虏陷四明，公（史师木）具舟奉父合姻族二百五十余口，避于海，廪饷皆仰焉。虏摽掠过公里居，问所俘曰：‘此何人家？’俘曰：‘史孝子家也。’虏以蜃灰书其门曰：‘勿犯善人家。’寇退而归，诸姓悉免于难。”[③]携族避难、金人不犯等事，一方面展现了史师木主于孝、睦于亲的道德修为；另一方面也可看出他在维护家声方面所做的努力。史浩则力赞史师木“孝于父母”“友于昆弟”“信于州里”“耽于典籍”“美于词翰”等数德，虽“不阶贵位”，但道德、学问、文章皆有所成。[④]事实上，史浩从史师木那里受益良多，不仅生活上得其接济（从史浩所作祭文中“我父云没，实赖以济”一语可见），学问上亦受其指点，“叔父木优于学，浩以为师，朝夕质问疑义，反覆切到”[⑤]，就说明了这一点。所以，在家族事务方面，史师木发挥了重要作用。

---

① 《史家祖宗画像、传记及题跋》之《史师仲传》，史美露主编：《南宋四明史氏》，成都：四川美术出版社，2006 年，第 12 页。

② 《史家祖宗画像、传记及题跋》之《史师光传》，史美露主编：《南宋四明史氏》，成都：四川美术出版社，2006 年，第 18 页。

③ 《史家祖宗画像、传记及题跋》之《史师木传》，史美露主编：《南宋四明史氏》，成都：四川美术出版社，2006 年，第 16 页。

④ （宋）史浩：《鄮峰真隐漫录》卷四三《祭八十叔父文》，舒大刚主编：《宋集珍本丛刊》第 43 册，北京：线装书局，2004 年，第 218 页。

⑤ （宋）方万里，罗濬纂：《宝庆四明志》卷九《史浩传》，中华书局编辑部编：《宋元方志丛刊》第五册，北京：中华书局，1990 年，第 5094 页。

三是政治经验的积累与传承，以史才最为突出。史才虽先中进士，后至执政，但政绩不显，人品可议。叶伟华认为，“史才虽然做执政的时间不长，而且还是在秦桧手下充当一个类似鹰犬的不光彩角色，甚至在被罢官四年后，即绍兴二十八年（1158）三月还因为‘家贫仰禄，乞在外宫观差遣’，但他在朝做官的经历所积累下来的丰富经验及其在家乡的影响，对整个家族的兴起都起到了促进作用，并会对其后辈，特别是其后进入中央做官的侄子——史浩造成影响。史浩早年以叔父为师，刻苦读书，废寝忘食（笔者按，史浩是以史师木为师，非史才），可以看出史才对史浩的成长道路有着一定的影响”[①]。在此，他既指出了史才的政治品格存有污点，又肯定了史才对于史氏家族政治经验积累与传承的意义。就前一点而言，史才虽无可书之政治品行，但在翻云覆雨的宋徽宗、宋高宗政坛，或事出有因；而对于后一点，史浩确实受到了史才的巨大影响，表现在其接踵史才于绍兴十五年（1145）考中进士之后，又因史才关系受到了秦桧的笼络，在绍兴二十三年（1154），“时仲父才为右谏议大夫，给事中林一飞来致宰相秦桧意，言：‘已留国子监书库官拟令侄矣。’浩白仲父曰：‘秦似难与同处。且浩以省试前十名，于法，今当受教官，可不安分乎？’”[②]史浩的意见得到了史才的认可，并于是年就任温州州学教授。此外，史浩的章表奏论功夫也因常代史才草拟而得到锻炼。今史浩《鄮峰真隐漫录》卷十四、十五存有大量表章，其中如《代叔父谢除谏议大夫表》《代叔父谢签书枢密院事表》《代叔父谢兼权参知政事表》《代叔父谢罢政宫观表》《代叔父再辞签书枢密院事表》《代叔父辞兼权参知政事表》等，都是代史才而作，于此可见史才对于史浩的提携。

二、复盛阶段及其关键人物——史浩

这一时期始于史浩初相的隆兴元年（1163），结于其去世的绍熙五年（1194）。在此期间，史浩以卓越的表现，促进了家族事业的全面发展，成为史氏家族发展中的又一关键人物。下面笔者从三个方面来探讨史浩对于家族的贡献。

（一）独特的政治经验与辐射

绍兴十五年（1145），史浩才考中进士，时年四十，已入不惑之岁。若

① 叶伟华：《南宋四明史氏家族研究》，广州：华南师范大学硕士学位论文，2007年，第10页。

② （宋）方万里，罗濬纂：《宝庆四明志》卷九《史浩传》，中华书局编辑部编：《宋元方志丛刊》第五册，北京：中华书局，1990年，第5094页。

以宋代磨勘之法迁转的话，绝难超越史才的官位。但史浩作为史才之后史氏家族所出的第二位进士，最早继承了上一代的事业，维系了科举起家的希望。在历任余姚县尉、温州教授等地方小官之后，史浩升为朝官，为国子博士，这为其际遇宋高宗、宋孝宗提供了可能。隆兴元年（1163），史浩初次拜相，淳熙五年（1185）复相，“其后位极人臣，生为太师，赐第行在所，玉带金鱼，勋名富贵，康宁寿考，为近代臣子之冠”[①]。这一政治成就对史浩子孙的影响十分深远，笔者将在本书第二章第一节中分“凭借自身在孝宗朝的政治地位，为子孙赢得赐婚或恩荫入仕的机会”“以官王府、东宫际遇储君被视为政治成功之大道，为史浩子孙所传承”“通过精心培养，使子孙政治才干与气量高人一等”三个方面加以详论，此不赘述。

（二）立义田庄，建居住群

父亲史师仲去世之后，史浩只在乡里担任小吏，收入不多，薪俸有限，以至有时陷入困顿之中；只是在中了进士、入仕为官后，经济状况才得以改观。袁桷《书史忠定王贷钱券后》云：

> 当绍兴甲子岁，越国夫人寿周甲子，忠定王假坊钱，为酒食，以合姻族、闾里，礼甚具。坊，故属浙东常平司。至秋七月，不胜输官之苦，留系于越，宿越卖饼汤媪家。是岁乡试期已迫，忠定王不得归里，郁郁怅望。媪微问曰：“秀才何负官逋如是？”遂具以前对。翼日，媪召儿，与共约曰：“我积钱百千，以治终事，今悉与秀才输官。若中秋试，必速偿我，毋惜也。”王归，果与计偕，实绍兴之十四年。至乾道间，王以衮衣偃藩，养越国夫人于越，时媪犹亡恙。王命使者车迎媪坐堂上拜之。欲官其子，媪谢弗受，曰：“愿丞相子孙他日官越，毋忘媪家，时赈与足矣。”后忠献为常平使者，复命驾媪家，拜其像，与其子坐，且遗金帛甚厚。[②]

为了庆祝母亲六十寿辰，史浩乃告贷官府，“假坊钱，为酒食”，虽孝心可嘉，但经济拮据于此可见。而且“不胜输官之苦”，避债越地，有不能参加乡试之虞。幸亏有“卖饼汤媪”倾囊相助，才得以返回乡里参加科举，

---

① （宋）楼钥：《攻媿集》卷七四《跋叶氏夫人墓志》，《丛书集成初编》第2015册，北京：中华书局，1985年，第1005页。

② （元）袁桷：《清容居士集》卷四八《书史忠定王贷钱券后》，《丛书集成初编》第2074册，北京：中华书局，1985年，第810页。

并最终考中进士。史浩入仕尤其初相之后，经济状况大为改观，时常赈济恩人，其子史弥远亦能继承其志，大力抚恤媪之后人。

随着权位日增，史浩亦有能力广布善举。《延祐四明志》载有四明义田庄之设始末：

> 太师史忠定王镇会稽日，捐公帑之金，市田数百亩，名曰义田，凡仕族有亲丧之不能举与孤女之不能嫁者，以其租入差给之。既闲居里闬，端宪沈公焕请曰："吾乡义风素著，相赒相恤，不待甚富者能之，而求者日众，后难继也。举会稽近比行于此，其可乎？"王韪其言，乃与沈及少师汪公暨其子尚书大猷合辞以倡好义者。于是捐己产或输财以广费，积田渐多，郡太守相继辍在官之田若钱。今丞相史鲁公又捐楮券附益之，岁得谷斛六百，米半之，买地作屋十五楹于郡之望京门里，扁曰"义田庄"，择乡之贤有力者掌焉。[①]

首先，史浩"捐公帑之金，市田数百亩"，在会稽创立周济贫者的义田。其次，采纳沈焕的建议，同汪氏一道创立四明义田庄，厉行公益。再次，史弥远亦"捐楮券附益之"，将其父史浩所倡行的慈善事业传承下去。最后，在义田庄的设立过程中，史氏与他人一起"捐己产或输财以广费"，起到了带头作用。

隆兴元年（1163），史浩初次罢相之后，"归乡无屋可居，旅泊山寺，谢绝宾客，罕闻朝政"[②]，很是寒碜；但在淳熙年间退隐之后，则受到宋孝宗父子恩宠，"赐西湖一曲以成其志，斥白金万两以竟其役，而皇太子又大书'四明洞天'并以珠玉妙作为贶"[③]，故史浩始以四明月湖一带为宅，建造四明洞天。自此之后，史氏在月湖一带大兴土木，将多数月湖胜景收归己有，一如清代全祖望所言："城外东湖之七十二山，城中西湖之十洲，归史氏者皆十七焉。"[④]四明洞天的建造带来了家族居住群落的形成。

① （元）袁桷：《延祐四明志》卷一四《本路乡曲义田庄》，中华书局编辑部编：《宋元方志丛刊》第六册，北京：中华书局，1990年，第6343页。

② （宋）史浩：《鄮峰真隐漫录》卷八《论降诏视师札子》，舒大刚主编：《宋集珍本丛刊》第43册，北京：线装书局，2002年，第16页。

③ （宋）史浩：《鄮峰真隐漫录》卷四〇《真隐园铭序》，舒大刚主编：《宋集珍本丛刊》第43册，北京：线装书局，2002年，第205页。

④ （清）全祖望著，朱铸禹汇校集注：《全祖望集汇校集注》，上海：上海古籍出版社，2000年，第2639页。

（三）家族文化的继承与发扬

除政治、经济方面外，史浩对于家族发展的意义更体现在对家族文化的继承与发扬上。这一点尤为重要，因为文化层面的传承，可以确保家族具备凝聚力和生命力，并以独特面貌立足于当时社会之中，赢得社会声誉。史浩作为史氏家族嫡传一系，很早便展现出了处理家族事务的能力。《鄞东下水史氏家乘》卷一《四明史氏谱序》云："初八行（史诏）与八十太师（史师木）终，浩号跌，鬻先畴，尽送终之礼，两丧如一。事长抚幼，均给衣食，一门数百指无闲言。营度皆已就绪，而遂昌丞（史才）始归。人已觇浩致远而光耀史氏门户。复立教育，第十三人多成材，皆浩之力也。"[①]史浩敬事丧礼、和睦家族及复立教育三事，皆为致远而光耀史氏门户之举，这可以从以下两个方面来论述。

1. 撰修族谱，订立家训

关于史氏一姓的发展，史美珩将杜陵史家、江苏溧阳史家、浙江宁波史家作为"史氏的三大发散中心"[②]。其中，江苏溧阳乃吴、越史氏发源之地，故为郡望所在。南宋以来，随着吴、越史氏的崛起，族谱撰修开始盛行。先是，史浩于乾道七年（1171）刻成越中派谱，而次年"（史）正志予门下士梓其宗谱，别其派为吴中，庶几明其源、晰其流"[③]，这样，"吴中之谱、溧阳之谱、越中之谱皆系出于壮侯，并谱三宗者合。吴中自为谱，溧阳自为谱，越中自为谱，各谱其所亲者。合也则仍别也，此吴中派谱所由辑也"[④]。也就是说，无论越中派谱还是吴中派谱，虽能昭示渊源所自，归于一宗，但更是"自为谱""各谱其所亲者"而自成体系。这也体现了史浩编撰族谱的一种思路，即自我作祖，详载当下。周必大在为《史氏宗谱》所作序中曾予以揭示："史氏惓于谱牒之是辑也，自宋大丞相直翁。公以莫纪，欲仿前代狄先生遗意，不妨自我作祖，爰及后人，统厥祖而谱焉。因思世远族滋，倘后之人莫为稽考，则此一举，诚要典也。"[⑤]这里道出了史浩对于史氏谱牒编撰的发轫作用，他为了避免祖先事迹无传、"莫纪"，敢于自我作祖，详载当下，以备后人稽考。可是，史浩的这一思路为何也为

---

① 转引自史美露主编：《南宋四明史氏》，成都：四川美术出版社，2006年，第184页。

② 史美珩：《中华姓氏谱·史姓卷》，北京：华艺出版社，2002年，第7—8页。

③ （宋）虞允文：《宋乾道年吴中派谱原序》，史美露主编：《南宋四明史氏》，成都：四川美术出版社，2006年，第159页。

④ 史美露主编：《南宋四明史氏》，成都：四川美术出版社，2006年，第161页。

⑤ （宋）周必大：《宋淳熙年史氏宗谱序》，史美露主编：《南宋四明史氏》，成都：四川美术出版社，2006年，第177页。

吴中派谱所效法呢？这当从史浩与史正志的密切关系中寻找答案。在修谱之前史浩初次拜相时期，两人已过从甚密，王十朋曾抨击道："浩与正志姓同而族异，拜浩而父事之，在浩之门最为用事，故士论有亲侄之嘲。"[①]虽不免愤激夸张，但史浩与史正志存有同宗之谊，则不为虚。因此，史浩的族谱编撰思路亦为史正志所恪守，是顺理成章的事情。

史正志主持的《吴中派谱》修成之后，史浩曾有序，阐释了撰修族谱的目的与意义。

> 予惟夫家之有谱，犹国之有史也。史所以纪兴废，详刺讥，使君若臣览之，以探至治之原。而谱者，所以序昭穆，彰劝戒，使子若孙观之，以为从善之本。故谱牒之作有关于家道人伦，匪渺小也……今子亨按源据委复修而刻之，盖使祖德宗功并炳若日星河汉，且勉子孙以从善，以永其水木本源欤。予实有同心也，于是乎书！[②]

将族谱与国史对举，足见史浩对谱牒价值的重视。在他看来，谱牒既可"序昭穆"，彰显祖宗功德，又可"彰劝戒"，教化后代，可谓事关"家道人伦"之大。史浩撰修越中派谱，曾拟定名（师水弥之卿，孙公祖必仕，本立自元孝，起宗在节义）、字（道翁叔子景，甫叟可均国，世贵端良彦，德及忠厚嗣）、第（亿万千百再，行友庆新宝，冀越齐鲁卫，夏殷周楚永），从取字法中不难看出史浩"序昭穆"，使长幼有序及"彰劝戒"，以孝义忠良传家的用心。

此外，史浩亦有其他团结、凝聚家族成员之举。淳熙五年（1178），史惟则等史氏先祖受到追封，史浩以衣冠葬之，并呼吁道："昭回潜德兮交相发明，佑我后人兮绵百亿。"[③]追述先祖功德，并为后人祈福。同时，史浩又受敕命建有家庙以供奉五祖。敕词云："敕建庙制之次，敷陈殷荐，供祀神灵，宜懋阴德之隆，愈扬朝廷之盛。"[④]

绍熙二年（1191），史浩又撰有家训，以祖宗及自身的品行为榜样，教

① （宋）王十朋：《论史正志札子》，《王十朋全集》，上海：上海古籍出版社，1998 年，第 618 页。

② （宋）史浩：《宋乾道年吴中派谱序》，史美露主编：《南宋四明史氏》，成都：四川美术出版社，2006 年，第 160 页。

③ （宋）史浩：《鄮峰真隐漫录》卷四一《葬五世祖衣冠招魂辞》，舒大刚主编：《宋集珍本丛刊》第 43 册，北京：线装书局，2004 年，第 212 页。

④ 《右丞相越王祭五祖建家庙敕命》，史美露主编：《南宋四明史氏》，成都：四川美术出版社，2006 年，第 113 页。

育子孙要坚守儒业、不坠家声。做到敬长慈幼、信友和邻、勤俭持家和不废农作。至于嫁娶祭丧，则求尽礼、尽诚，务为俭约。这些训示既是史浩基于家族崛起历史的经验之谈，又饱含着对子孙未来健康发展的殷切期待，用意不可谓不深远。并且通篇文字能以情动人，“在利害关系中渗透着浓厚的亲情”，被认为“是史氏的家训之祖”[①]。

2. 重视教育，成就后人

史浩对于后代的教育问题十分重视，有一套极具特色的教育理念。

其一，创作《童丱须知》，重视童蒙教育。宋人重视童蒙教育，根据儿童学习特点，有较为成熟的主张。如杨亿所说：“童稚之学，不止记诵。养其良知良能，当以先人之言为主。日记故事，不拘今古，必先以孝悌忠信、礼义廉耻等事，如黄香扇枕、陆续怀橘、叔敖阴德、子路负米之类，只如俗说，便晓此道理，久久成熟，德性若自然矣。”[②]以目的言，“记诵”之外，重在“养其良知良能”；以内容言，强调道德教化之言、事；以方式言，主张“俗说”，潜移默化。这些见解较为贴合儿童的接受心理，为人所惯用。如陈淳的《小学诗礼》《训蒙雅言》，朱熹的《童蒙须知韵语》《童蒙须知》等，皆用韵语而寓以伦理道德之教，堪称童蒙教育的典范。淳熙八年（1181），史浩作有《童丱须知》两卷，其小序云：

予起身寒微，颇安俭素。非官至，未尝陈觞豆。退处率多暇日，间口占数语以训儿孙，使知事君事亲、修身行己之要。录之几百篇，目曰《童丱须知》。不敢以示作者，姑藏于家。欲其易晓，故鄙俚不文，然比之嘲风弄月，则有间矣。留心义方者，有取于斯焉。淳熙辛丑下浣真隐居士书于清凉境界。[③]

---

① 史美珩：《中华姓氏谱 · 史姓卷》，北京：华艺出版社，2002年，第260页。

② （清）张伯行：《小学集解》卷五，《丛书集成初编》第983册，北京：中华书局，1985年，第94页。

③ （宋）史浩：《鄮峰真隐漫录》卷四九《童丱须知》，舒大刚主编：《宋集珍本丛刊》第43册，北京：线装书局，2004年，第252页。（清）永瑢等：《四库全书总目》卷一五九《〈鄮峰真隐漫录〉提要》云：《童丱须知》“自署辛丑，为淳熙八年，盖其罢官以少傅侍经筵时所著云”（北京：中华书局，1965年，第1367页）。此云：“其罢官以少傅侍经筵时所著”失考，理由有二：（1）史浩《童丱须知序》言作于“退处”之时，当已辞去任何官职，而淳熙八年（1181）八月史浩即已退居四明乡里，故《童丱须知》当作于这之后。（2）又署“书于清凉境界”，而清凉境界乃史浩四明居所，如《鄮峰真隐漫录》卷四〇《不欺堂铭序》末云：“淳熙戊申元夕书于四明里舍之清凉境界”，（舒大刚主编：《宋集珍本丛刊》第43册，北京：线装书局，2004年，第206页）即可证。

据此可知，史浩作《童丱须知》的目的是使儿孙“知事君事亲、修身行已之要”，内容自是道德教化之类，而形式上“欲其易晓，故鄙俚不文”，与前面杨亿的主张基本吻合。《四库全书总目》认为该作“所言皆治家修身之道，而谐以韵语。乃录之家塾以训子孙者”[①]，基本概括了史浩《童丱须知》的特色。

史浩的《童丱须知》在子孙教育上发挥了一定作用，宋人黄震在为史浩玄孙史猷夫所作的《宝善堂记》中云：

> 我朝蝉联赫奕，钟鼎相辉，孰有如君家之盛！世或以其太盛也而掩其善，不知其所以能盛者，正以其善尔。[②]

黄震将史氏兴盛之因归结为一个“善”字，而善之源尤重于史浩的善行，其中便有对子孙的教育一项。

> 作《童丱须知》，切切然，训迪其子若孙，饮食衣服莫不有戒，殆亦无愧《颜氏家训》之意。[③]

将《童丱须知》比于《颜氏家训》，正是看到了史浩以之“训迪”子孙的殷切用心与巨大成效。

其二，聘请名师讲学书院，并使家族形成了崇尚学术研究的气氛。史浩之学源自其叔父史师木，但内容为何，并不可知。今考史浩的学术著作有《周礼天地二官讲义》（十四卷）、《论语口义》（二十卷）、《尚书讲义》（二十二卷）三种，仅后者由四库馆臣从《永乐大典》中辑出，保存至今。《周礼天地二官讲义》乃是“卫（魏）王之书，孝宗为建王时，在讲筵分讲”[④]，而《尚书讲义》则曾进献于孝宗，《四库全书总目》云：

> 案宋《馆阁书目》云：“淳熙十六年正月，太傅史浩进《尚书讲

---

① （清）永瑢等：《四库全书总目》卷一五九《〈鄮峰真隐漫录〉提要》，北京：中华书局，1965年，第1367页。

② （宋）黄震：《黄氏日钞》卷八六《宝善堂记》，《景印文渊阁四库全书》第708册，台北：商务印书馆，1986年，第904页。

③ （宋）黄震：《黄氏日钞》卷八六《宝善堂记》，《景印文渊阁四库全书》第708册，台北：商务印书馆，1986年，第905页。

④ （清）全祖望著，朱铸禹汇校集注：《全祖望集汇校集注》，上海：上海古籍出版社，2000年，第1178页。

> 义》二十二卷，诏藏秘府。”盖本当时经进之本，故其说皆顺文演绎，颇近经幄讲章之体。其说大抵以注疏为主，参考诸儒而以己意融贯之……《朱子语类》尝称“史丞相说《书》亦有好处，如‘命公后’，众说皆云命伯禽为周公之后，史云成王既归，周公在后，看‘公定予往矣’一言，便见得周公且在后之意”云云，其后命蔡沈订正《书传》，实从浩说。则朱子固于此书有所取。孙应时《烛湖集》有《上史越王书》云：“《书传》多所发明帝王君臣精微正大之蕴，剖抉古今异同偏见，开悟后学心目，使人沛然饱满者，无虑数十百条。”又云：“欲以疑义请教者，一一疏诸下方。”则浩此书实与应时商榷之，亦非率尔苟作矣。①

这里既云《尚书讲义》“本当时经进之本”，则有为政治服务之意，同史浩的侍读经历关系甚大。该书对《尚书》学有一定的贡献，朱熹言该书亦有好处，且“固于此书有所取”，都可说明《尚书讲义》的价值。四库馆臣又认为，“浩此书实与应时商榷之，亦非率尔苟作矣”。据此可知，史浩的学术观点亦得益于同理学家孙应时的商榷。孙应时少时曾从陆九渊问学，后举进士，出任黄岩尉，有德政，为理学家朱熹所爱重，因此孙应时的学问出于陆、朱两位先生，为当时理学名家。大概出于此种背景，史浩曾邀请孙应时讲学四明以教育其子史弥远、史弥坚等，“淳熙甲辰，史忠定王延致先生，讲道东湖，今丞相鲁国公昆弟实从之游”②，说的就是这个情况。除孙应时外，史浩还邀请多人讲学东湖。全祖望云：

> 史忠定王归老，御赐竹洲一曲，寿皇为书“四明洞天”之阙以题之，即所称真隐观者也。忠定最与端宪（沈焕）厚，故割宅以居之。而征君（沈炳）亦授徒于忠定观中，于是端宪兄弟并居湖上。③

全祖望又云：

---

① （清）永瑢等：《四库全书总目》卷一一《〈尚书讲义〉提要》，北京：中华书局，1965年，第91—92页。

② （宋）孙应时：《烛湖集》卷首司马述序，《景印文渊阁四库全书》第1166册，台北：商务印书馆，1986年，第523页。

③ （清）全祖望著，朱铸禹汇校集注：《全祖望集汇校集注》，上海：上海古籍出版社，2000年，第1042页。

文元（杨简）之讲学于碧沚，以史氏也。先是，史忠定王馆端宪（沈焕）于竹洲，又延文元于碧沚，袁正献公（袁燮）时亦来预。湖上四桥，游人如云，而木铎之声相闻。忠定既逝，端宪、正献亦下世。忠定之孙子仁（史守之），不满其叔弥远所为，退居湖上，复请文元讲学，故其居碧沚也甚久……子仁受文元之教，终身不应召命。[①]

沈焕、杨简、袁燮私淑陆九渊，是将陆学传播于四明的关键人物。史浩推崇学术，为三人设立书院，礼遇备至，史氏子孙从中受益良多，道德、学问之尚更加突出。如史守之“受文元之教，终身不应召命”，恬退之举甚至受到了皇帝的肯定，“嘉定十七年，起倅嘉禾，力辞不就。上嘉其恬退，制曰：‘睠乃烈祖，勋在王室，侑食清庙。尔父潜心圣道，发藻儒林，而尔也淘沐大醇，克修前绪，抗忠励行，不求闻达，若将终身焉。……’”[②]此外，其学问也是大放异彩，如史守之有《世学》（二十四卷）、《心易龟鉴》两种，皆是学术著作。全祖望曾在列举史氏著述之后感叹道：“当时以三宰相、两执政重圭累衮之势，而各肆力于撰述，亦正有不可及者。”[③]

以上分别讨论了史浩对史氏家族发展所做出的重要贡献。除史浩外，史才之子史浚亦有不小的贡献，楼钥云：

取司马公《家范》、书《仪约》，为冠婚丧祭之礼，行于家。子弟有惰容，必正色以临之，童稚笑语，亦不敢妄。衣服器用，不追逐时好，家人俱不敢为华靡之饰……淡然一室，无他嗜好，惟取《礼记》“檀弓”“学记”“中庸”“大学”“祭义”“祭统”“儒行”“表记”等篇、《通鉴》、《唐鉴》，朝夕从事。尤笃于教子，招延名士。宗族子弟之愿学者，皆预勉以修身之要，不徒望其取青紫也。长子中第，又二子入太学，未尝以为喜，盖所期望者不止此。夜课童幼《语》《孟》，为之讲大义，每曰：“雒诵之声，贤于丝竹远矣。”庄谈梵帙，深究理趣。病中区处家事，秩秩有条，医至，嬉笑待之，呼诸子曰：“我无所憾，惟汝祖隐德实行，太史纪载甚略，我死则汝辈不复知矣。”口

① （清）全祖望著，朱铸禹汇校集注：《全祖望集汇校集注》，上海：上海古籍出版社，2000年，第1046页。

② 《史家祖宗画像、传记及题跋》之《史守之传》，史美露主编：《南宋四明史氏》，成都：四川美术出版社，2006年，第42页。

③ （清）全祖望著，朱铸禹汇校集注：《全祖望集汇校集注》，上海：上海古籍出版社，2000年，第1377页。

授数千言。[①]

立家礼，戒子弟，尚俭素，教后辈，作家传，皆是维护家族良性发展之举，史浚对史氏家族的贡献于此可见一斑。

三、极盛阶段及其关键人物——史弥远、史嵩之与史宅之

史浩去世之后，史氏家族的发展并未停歇，而是随着“弥”“之”字辈的崛起进入了极盛时期。这里所谓的极盛，主要指史氏家族巨大的政治成功，并以下面三人为关键人物：（1）史弥远。他自嘉定元年（1208）至绍定六年（1233）独相宋宁宗后期至宋理宗前期达26年之久，权倾朝野。（2）史嵩之。他自嘉熙三年（1239）正月拜右丞相兼枢密使，直到淳祐六年（1246）十二月始罢，将近7年，盛极一时。（3）史宅之。他自淳祐八年（1248）七月拜同签书枢密院使事，后改同知枢密院事，位居执政之列，至淳祐九年（1249）十二月卒于位上，凡一年有余。此后，由于史弥远所产生的政治影响渐趋弱化，四明史氏家族的极盛时期也随之结束。总体来看，史氏家族的极盛期基本以“弥”“之”两代为主，史美珩曾对他们的科第、仕宦情况做有统计，较能说明情况，兹引之于下。

“弥”字辈41人，进士13名，其中“三考”出身的12名，当官或安排工作29人名（笔者按，“人”字衍），身居州郡以上要职的14人。

宁波史家“之”字辈81人，进士30名，其中“三考”出身的10名；当官或安排工作的56名，其中靠祖泽安排的17名（在宋代，特设“通判”之职，号称监州官，实际上是州、郡最重要的职务）。身居州、郡以上要职的有30人。[②]

由此数据可见，此时的史氏家族在政治上的确有了充分发展。除政治盛极一时之外，史氏也极力依仗手中权力增强自身的经济实力。这从俞文豹《吹剑四录》所载一事中可见：

绍定间，赵静乐善湘留守建康，急于财赋，不时差官下诸邑，孔

① （宋）楼钥：《攻媿集》卷一〇五《朝请大夫史君墓志铭》，《丛书集成初编》第2021册，北京：中华书局，1985年，第1484—1485页。

② 史美珩：《中华姓氏谱·史姓卷》，北京：华艺出版社，2002年，第105页。

> 粒以上，根括无遗。溧阳宰陆子遹，放翁子也，窘无所措，乃以福贤乡围田六千余亩，献时相史卫王，王以十千一亩酬之。子遹追田主索田契，约以一千二亩，民众相率投词相府，诉既不行，子遹会合巡尉，持兵追捕，焚其室庐，众遂群起抵拒，杀伤数十人。始则一豪妇为之倡，势既不敌，遂各就擒，悉寘囹圄，灌以尿粪，逼写献契，而一金不酬，就名福贤庄。自监官以下，皆四明人，贩鬻酤卖，翕然成市。乡民安之，乃与县道立敌。以桥为界，家家门首列置枪刃。擒得邑人，则活烹碎脔。癸巳冬，卫王薨，会金坛王侍郎遂在台察，素怀此忿。田主十六，复合词赴诉，行下江东漕司，送本县。时邑宰徐进斋两以史云麓（指史宅之）所馈却还，令田主各且管业收租，候上司行下。时欲归之安边所，或欲以佐和籴，议久不决。越六年，史子申（指史嵩之）入相，田遂归焉。[①]

上述引文所载史弥远兼并福贤乡围田一事，牵涉面广，持续时间长，在史氏的经济活动中较具代表性。其中，有三种矛盾值得注意：其一，赵善湘与陆子遹的矛盾。赵善湘（1170—1242），字清臣，鄞县人。濮安懿王五世孙。绍定元年（1228）兼江东转运副使。在任期间，“急于财赋”，狠于搜刮，致使属官陆子遹“窘无所措”，无法应对赵善湘的差使。于是，陆子遹“以福贤乡围田六千余亩，献时相史卫王”，通过转公田为史弥远私田的办法以避免赵善湘的“根括”，确为上策。因史弥远乃当朝权相，赵善湘自然不敢侵犯。况且赵善湘本身即为史弥远一党，“善湘季子汝楳，丞相史弥远婿也”[②]。此外，赵善湘如此“急于财赋”，尚有更进一步之想。史载：“赵善湘以从官开阃，指授之功居多，日夜望执政。弥远曰：‘天族于国有嫌，高宗有诏止许任从官，不许为执政。绍熙末，庆元初，因汝愚、彦逾有定策功，是以权宜行之。某与善湘姻家，则又岂敢。’”[③]虽然为史弥远所忌，未能进拜执政，但赵善湘所为本身却有讨好史弥远的意思。因此，赵善湘与陆子遹的矛盾在史弥远那里是可以调和的，只能算是献田事件的导火索而已。

其二，田主与邑宰的矛盾。前后冲突有两次：第一次是田主与陆子遹之间的冲突。福贤乡围田本属福贤民众所自有，但史弥远为了兼并这六千余亩围田，采取赎买之策，“以十千一亩酬之”，企图从民众手中获取田契。

---

① （宋）俞文豹著，张宗祥校订：《吹剑录全编》，上海：古典文学出版社，1958年，第114页。

② 《宋史》卷四一三《赵善湘传》，北京：中华书局，1977年，第12401页。

③ 《宋史》卷四一四《史弥远传》，北京：中华书局，1977年，第12418页。

但陆子通却大肆压低收购价格，引发田主的不满，群相投诉，继而“抵拒，杀伤数十人”，但却遭到陆子通的残酷镇压，最终“逼写献契，而一金不酬”，所有围田立为福贤庄，变作史弥远的私田，由四明人直接管理，不受县道约束。在这次田主与陆子通的冲突中，“民众相率投词相府，诉既不行”，反映了宰相史弥远的态度，即镇压田主而默许陆氏，从而使得这次土地兼并充满了血腥色彩。第二次冲突则发生在田主与徐进斋之间。史弥远死后，田主在台谏王遂的支持下，诉讼成功，而徐进斋却还行文，“令田主各且管业收租，候上司行下”，采取拖延之策。果然，“议久不决”，六年之后才由史嵩之出面将这围田由史氏私田归于安边所，平息了纷争。而徐进斋之所以敢于敷衍塞责，原因在于“两以史云麓所馈”，收受了史宅之的贿赂。综合来看，这两次矛盾表面上是田主与邑宰的冲突，背后潜藏的却是田主与史氏之间对于土地权的争夺，这才是该事件的本质所在。

其三，台谏官与史氏的矛盾。实际上，史弥远执政期间，台谏多为其所控制，故异议不闻。及史弥远死后，宋理宗亲政，实施端平更化，起用了一批不满史氏的台谏官，其中就有王遂。王遂一直不满史氏强行侵占福贤乡围田之事，故利用台谏之权力，对田主再次诉讼的行为予以支持。不过，由于宋理宗依然眷顾史氏，故未能彻底改变围田现状，而六年之后史嵩之归田的做法只是迫于舆论压力所做的妥协而已。总之，台谏官与史氏的矛盾说明这次围田事件并不纯粹是经济问题，而是关联着许多政治因素。

通过以上分析，可以看出史氏家族攫取经济利益的一些手段。通过将六千余亩围田据为已有，一定程度上壮大了这一时期史氏家族的经济实力。应该说，类似的情况应当有很多，只是限于史料匮乏，笔者难以展开说明。不过，史氏功德寺的数量之多，亦能说明史氏家族经济实力的提升。我国台湾学者黄敏枝曾有论述：

> 根据记载，史氏家族的功德坟寺就有十所，加上坟观三所，共计十三所之多，这些坟寺观分别属于史浩、史弥远、史弥正、史弥坚和史嵩之等人。史家坟寺观似乎都是家族自置，而不是指射有额的寺观，甚或指射一些名刹巨寺为家族的坟寺，所以就这一点来说史氏家族算是遵守朝廷的规定。其次，这些坟寺的设立基本上也需要相当的财力来支持，因为除了要兴建堂皇的殿堂房舍之外，以及寺观所需的各种宗教文物，还要供应僧众的日常所需，长久维持下来，这些费用应该是一笔庞大的开销，只有财力雄厚的家族才能办到。但是在所知道的记载中，十三所中有寺田山的却只有四所，其他的九所都没有寺田或

山；那么，如何来维持寺观的正常运作？实在令人好奇。[①]

这段论述证明了史氏家族在极盛期的经济状况。根据该文附录一《史氏家族功德坟寺观表》的统计，十三所坟寺观中，仅有两所属于史浩，其余十一所皆为“弥”“之”字辈所有，原因在于此时史氏家族的财力雄厚，有相当的财力来支持这些寺观。至于该文所存的如何来维持寺观的正常运作的疑问，可从以下两个方面来回答：其一，从前面所言史弥远兼并围田一事来看，史氏的租赋收入足以支撑寺观的正常运作。其二，应从政治上加以考察。黄敏枝虽言史家坟寺观似乎都是家族自置，但并不能排除史氏有利用手中权力侵占公有寺院之举。明代彭大翼《山堂肆考》载有一事：

宋丞相史弥远欲占育王寺作坟，众僧俯首，莫敢谁何。有一小僧曰：“我有一策阻之。”作偈曰：“寺前一块地，常有天子气。丞相要作坟，不知主何意？”因题于通衢，史意遂寝。[②]

史弥远有占育王寺作坟之意，只是碍于偈语关系重大，未能实现，但足以说明史弥远有化公有坟寺观为私有之意，因而也就不能排除史弥远所占坟寺观有取之公家者。

这一时期，史氏家族的极盛还体现为价值观念的多元化发展。史氏家族热衷仕进之人甚多，这已见前述，但勇于隐退、学行兼著者亦不乏人，李慈铭在阅读《宋元学案》所做的笔记中曾将两者对比言之：

（《宋史》）既不以史弥远入《奸臣传》，谓其反韩侂胄所为，颇优容道学也。然弥远之弟弥坚官至资政殿学士，为杨慈湖高第弟子，以清退著，卒谥忠宣，自宜附见其父浩传。史嵩之奸险不亚于弥远，以其为帅守有功，亦不入《奸臣传》，且称其为将才。而其祖渐为浩之弟，亦贤者，其父弥忠官至福建提举常平，尤以儒学清节称，早岁归田，以嵩之贵加官至资政殿学士，卒赠少师，谥文靖，自宜著之嵩

① 黄敏枝：《南宋四明史氏家族与佛教的关系》，漆侠主编：《宋史研究论文集——国际宋史研讨会暨中国宋史研究会第九届年会编刊》，保定：河北大学出版社，2002年，第566—567页。

② （明）彭大翼：《山堂肆考》卷三〇“占育王寺”条，《景印文渊阁四库全书》第974册，台北：商务印书馆，1986年，第506页。

之传，乃略不一及，其疏甚矣。[①]

在这段引文中，李慈铭提及史弥远与史弥坚、史嵩之与史弥忠两组对立性的人物，基本否定前者而肯定后者。从此态度出发，他自然不认同《宋史》的说法。我们且不论史弥远及史嵩之的政治评价问题，单看李慈铭对史弥坚、史弥忠的态度。史弥坚"以清退著"，史弥忠"尤以儒学清节称"，都体现了史氏家族人物于仕进之外的价值取向。此外，史弥巩先后避嫌于史弥远、史嵩之，为人所称，"真德秀尝曰：'史南叔不登宗衮之门者三十年，未仕则为其寄理，已仕则为其排摈，皭然不污有如此。'"[②]史肯之"忠孝纯实，早岁以文学称，壮年以事功奋，晚节以寿考终"[③]。史守之"又有《升闻录》者，盖规谏忠献书也。忠献或自失，必曰：'十二郎莫知否？'故贤士大夫多赖公扶植之"[④]。因此，明代文学家文征明称许其为"清修好学之士"[⑤]。上述数人或尚学，或重行，展现了史氏家族的多元价值选择，并为史氏家族赢得了历史赞誉。

以上是史氏家族极盛期的大致情况。但是在此兴盛情况下，史氏家族的衰败之势亦随之潜伏，主要表现在权势太盛，为公议所不容，而家族内部则分歧日多，矛盾日增。最能说明这一点的是史嵩之的起复问题。周密《癸辛杂识》言之甚详：

淳祐初年，乔行简拜辨章，李宗勉为左相，史嵩之督视荆、襄，就拜右揆。既而二公皆去位，嵩之独运化权，癸卯，长至雷，三学生上书攻之。明年，徐霖伏阙上书，疏其罪。是岁仲冬，嵩之父弭中（弥忠）殂于家，不即奔丧，公论沸腾。未几，御笔嵩之复起右丞相，于是三学士复上书，将作监徐元杰、少监史季温、右史韩祥皆有疏，言其不可。于是范钟拜左，杜范拜右，尽逐嵩之之党金渊、濮斗南、刘晋之、郑起潜等。当时又为诗诮之者曰："嵩之乃父病将殂，多少恰人尽献谀。元晋甘心持溺器，郑。良臣无耻扇风炉。施。起潜秉烛封行

① （清）李慈铭：《越缦堂读书记》，上海：上海书店出版社，2000 年，第 471 页。

② 《宋史》卷四二三《史弥巩传》，北京：中华书局，1977 年，第 12637—12638 页。

③ 《史家祖宗画像、传记及题跋》之《史肯之传》，史美露主编：《南宋四明史氏》，成都：四川美术出版社，2006 年，第 58 页。

④ 《史家祖宗画像、传记及题跋》之《史守之传》，史美露主编：《南宋四明史氏》，成都：四川美术出版社，2006 年，第 42 页。

⑤ （明）文征明：《甫田集》卷二二《跋宋通直郎史守之告身》，《景印文渊阁四库全书》第 1273 册，台北：商务印书馆，1986 年，第 157 页。

李，郑。一荐随司出帝都。陈。天下好人皆史党，不知赵鼎有谁扶。”嵩之之从弟宅之，卫王之长子也，与之素不咸。遂入札声其恶，且云：“先臣弥远晚年有爱妾顾氏，为嵩之强取以去。乞令庆元府押顾氏还本宅，以礼遣嫁，仍乞置嵩之于晋朱挺之典。”及丙午冬，终丧，御笔史嵩之候服阕日除职，与宫观，于是台臣章琰、李昂英及学校皆有书疏交攻之。御笔始有史嵩之特除观文殿大学士，许令休致。……明年三月，忽有京学宾贤斋朱振者独上一书，以荐嵩之，于是台臣周坦、叶大有、陈求鲁、陈垓备论其无忌惮而罪之。①

关于史嵩之独相、奔丧、起复、休致诸问题，以台谏官、三学生为主导的公议力量展开了对史嵩之的一系列攻击，致使“（史）嵩之为公论所不容，居闲十有三年”②。而在攻击史嵩之的浪潮中，史宅之“与之素不咸。遂入札声其恶”，亦暴露了史氏家族内部的分裂。

第四节　衰落期：权势之家的风流云散

从淳祐九年（1249）史宅之卒于同知枢密院事位上开始，四明史氏家族的发展进入了衰落期，最主要的表现便是政治上的全面失势。虽然史嵩之以故相身份直到宝祐四年（1256）才去世，他曾荐举、提携的吴潜、董槐等人一度居于相位，但并未改变史氏家族在政治上的颓势。随着贾似道的上台，这种颓势更加明显，直至宋亡，史氏家族再未有在朝廷担任要职者。元代戴表元曾感叹道：“几聚衣冠块作土，当年歌舞醉如泥。”③衣冠已逝，歌舞不再，曾经的相门煊赫转瞬间便成为过眼云烟。

关于四明史氏家族的衰落之因，学术界多有讨论。史美珩说：

在南宋后期，已经显示出由盛至衰的迹象。这一方面，表现为社会心理已很难承受，即一个家族的人士长期位居显要，必然引起社会心理的失衡，嫉恨四伏，这到史嵩之这代已暴露无遗。另一方面，则表现在自己家族内部已产生心理失警，“生于患难，死于安乐”的生

① （宋）周密撰，王根林校点：《癸辛杂识》别集下“史嵩之始末”条，上海古籍出版社编：《宋元笔记小说大观》第六册，上海：上海古籍出版社，2001年，第5882—5883页。

② 《宋史》卷四一四《史嵩之传》，北京：中华书局，1977年，第12427页。

③ （元）戴表元：《剡源集》卷二九《东湖第三溪上皆史氏故第》，《丛书集成初编》第2060册，北京：中华书局，1985年，第453页。

> 存规律正逐渐在起作用。宁波史家“弥”字辈41人中13个进士，12个是“三考”出来的；而“之”辈81人中30名进士，“三考”的就降至10名；到“卿”字辈135人中进士17名，“三考”的仅3名；“孙”字辈145人中进士5名，“三考”出来的只有一个了。这个统计生动地表明，宁波史家的后裔家风在变。读书的越来越少，靠自己本事考上进士的越来越稀。一个家族的兴衰，归根结底是个人才问题。放弃了自力更生与艰苦奋斗，依赖祖宗的福荫享清福，必然走向没落。即使不是南宋灭亡，这个家族的显荣实际上也难以为继了。①

叶伟华则将衰落之因总结为两方面：一为涉入政治过深。二为家族成员不和。②在笔者看来，史、叶两人从外在生态与内部变化着眼分析史氏家族的衰落之因是可行的。本书在论史氏家族极盛期时也提出了“权势太盛，为公议所不容”及“家族内部则分歧日多，矛盾日增”两个原因，可与史、叶两人所论相互参证。不过，四明史氏家族衰落的根本原因更应着眼于政治方面，其中最为直接的因素是以贾似道开庆元年（1259）独相专权为界，南宋晚期政治生态发生较大改变。在此之前，由于史弥远的积极援引，四明之人几乎充斥朝野，刘克庄云：“宝、绍间，一相擅国，所拔之士，非鄞则婺。”③张端义亦载：“史同叔为相日，府中开宴，用杂剧人，作一士人念诗曰：‘满朝朱紫贵，尽是读书人。’旁一士人曰：‘非也。满朝朱紫贵，尽是四明人。’自后相府有宴，二十年不用杂剧。”④通过伶人谐语可知当时在朝廷为官者多来自四明，这样做的后果便是官员进退取决于宰相，而才学也让位于地缘因素。在拜相之后，鉴于四明人把持朝政的局面，贾似道对四明人大力排挤，遂使“满朝朱紫贵，尽是四明人”的盛况不复存在。袁桷曾言及这一变化：

> 吾乡盛时，比屋皆故家大官。咸淳，贾相擅国，绝恶四明，由是衣冠皆为月集，悉不敢议时事，卒至国亡，无卖降于外者。当至元末年，诸老先生犹无恙，时则有深宁王先生师表模范，世伦雅集，犹有

① 史美珩：《中华姓氏谱·史姓卷》，北京：华艺出版社，2002年，第109—110页。

② 叶伟华：《南宋四明史氏家族研究》，广州：华南师范大学硕士学位论文，2007年，第40—45页。

③ （宋）刘克庄：《后村先生大全集》卷一四一《丁给事神道碑》，舒大刚主编：《宋集珍本丛刊》第82册，北京：线装书局，2004年，第418页。

④ （宋）张端义撰，李保民校点：《贵耳集》卷下，上海古籍出版社编：《宋元笔记小说大观》第四册，上海：上海古籍出版社，2001年，第4322页。

> 洛社耆英之遗意。甫三十有四年，风尘变更，乘虬上征，无有一人在者。[①]

又云：

> 贾相尝曰："浙东唯温处士可任事，四明士不宜用。"于时高公衡孙、赵公汝楳以户部待郎，汪之林以汀洲，陆合以军器少监，章士元以太常少卿，赵孟傅以赣州，合执政官至守倅，凡六十余人，皆家居，月为一集，约讨论先哲言行，不得议时事。[②]

可见，由于贾似道"绝恶四明"，造成了四明人生态与心态的改变。不仅"合执政官至守倅，凡六十余人，皆家居"，不复仕宦，而且慑于贾似道之威，"不敢议时事"，只能"月为一集""讨论先哲言行"而已。可以说，由贾似道主导的政治生态的改变，直接决定了四明衣冠的政治命运，史氏家族的政治失势即源于此。在这方面，史宇之的表现最为典型。史宇之（1216—1293），字子丛，号谦斋，史弥远季子。绍定五年（1232），赐同进士出身。其"奉祠垂十载，若未始有轩冕者。德祐之变，阖门养疾，人希识面……详具王深宁尚书撰墓志"[③]。史宇之虽为史弥远季子，但在南宋晚期仕宦不显，甚至"奉祠垂十载"，并经历了"德祐之变"，亡国之痛，由弃臣而变为遗民，与大多数四明衣冠的人生轨迹相同。而"若未始有轩冕者"的韬晦之策、"阖门养疾，人希识面"的避隐之举，亦与四明衣冠的心态相仿。上述引文渊源自被袁桷许为"师表模范"的王深宁所作的墓志，大概也道出了四明衣冠的共同心声。

如前所论，贾似道的政策改变了四明人的政治生态，史氏家族也不例外。在这种情况下，史氏家族的成员并没有因此消沉，而是努力践行着政治之外的价值观。兹举数人略加说明。

（1）以读书为乐者。史吉卿（1239—1292），自景尹，号敬斋，史宇之长子。"生重圭累衮之门，嗜学不舍昼夜，萃类群书，手抄数百帙。及解

---

① （元）袁桷：《清容居士集》卷五〇《书世伦堂雅集诗卷》，《丛书集成初编》第2075册，北京：中华书局，1985年，第852页。

② （元）袁桷：《清容居士集》卷三三《先大夫行述》，《丛书集成初编》第2071册，北京：中华书局，1985年，第566—567页。

③ 《史家祖宗画像、传记及题跋》之《史宇之传》，史美露主编：《南宋四明史氏》，成都：四川美术出版社，2006年，第50页。

组奉亲，掩扉却扫，优游于图书之府二十年。”①

（2）以学术见称者。史蒙卿（1247—1306），字景正，号果斋，又号静清，史弥忠之孙，史肯之之子。“咸淳元年进士，调江阴军教授，蚤受业色川阳恪，为学淹博，著书立言，一以朱熹为法。”②“值德祐之变，虽罹厄穷，讲道不辍，得紫阳朱子道统之传焉。侨居天台八年，从者益众，每议及秦桧误国，必反掌据床，忠义之气形于颜色。”③史蒙卿还有编撰宗谱之举，其作于咸淳五年（1269）的宗谱序云：“旧谱残缺失次，不能考阅，蒙卿惧久而无闻，于是求诸遗编，因故辑新，以藏于家。盖欲后之子孙读书尚礼，恒存乎水木本源之意也。”④

（3）以文学扬名者。史徽孙（1234—1306），字猷父，史弥正之曾孙，史实之之孙，史显卿之子。袁桷称其“少孤，祖母严氏躬教督，具讽先训感悟。于时史氏极贵盛，寿春癯然整修，奋弃子弟玩习，搜绍渊懿。族祖文靖公见之，曰：‘儿当以文名吾门。’”“有诗文若干卷。晚读陶靖节诗，语近意远，视世德吻合，深自慕拟。平居无愠忤色，笔墨清艺，觞至辄就，放邵子《观物》，为诗数十篇，久更困约，益以理自得。清日危坐，道旧事，缓语不绝口，乡党赖焉。”⑤

上述人物以各自价值追求为南宋四明史氏家族的发展画上了一个句号。尽管他们都经历过宋元易代，某种程度上来说已经身为元人，但作为相门之后的身份记忆还在，甘于隐退的品行依然呼应着家族的文化传统，这不能不算是宋代史氏家族历史的另一种延续。

---

① 《史家祖宗画像、传记及题跋》之《史吉卿传》，史美露主编：《南宋四明史氏》，成都：四川美术出版社，2006年，第62页。

② 《宋史》卷四二三《史弥巩传》，北京：中华书局，1977年，第12638页。

③ 《史家祖宗画像、传记及题跋》之《史蒙卿传》，史美露主编：《南宋四明史氏》，成都：四川美术出版社，2006年，第64页。

④ （宋）史蒙卿：《宋咸淳年明州史氏谱序》，史美露主编：《南宋四明史氏》，成都：四川美术出版社，2006年，第178页。

⑤ （元）袁桷：《清容居士集》卷三〇《史猷父葬记》，《丛书集成初编》第2071册，北京：中华书局，1985年，第526页。

第二章　史氏家族政治论

史氏家族被视为政治家族，政治性是其最主要的特征。这不仅表现为史氏家族出现了“一门三宰相，四世八公卿”等影响南宋历史进程的政治代表人物，还表现为时人与后人对它的评论常是围绕着和战或用人等政治议题展开的。目前，史氏家族政治研究依然是热点，所关注的问题包括史浩的政治思想与政治施为、史弥远的独相及评价、史嵩之的起复等。因此，要研究史氏家族，政治话题是绕不开的。本章试图先从史氏家族与南宋宫廷的关系出发，揭示史氏家族政治崛起的根本原因，接着对史浩、史弥远为政期间的若干问题加以探析，意图揭示史氏相权与公议之间的复杂关系。

第一节　史氏相权与赵室宫廷

宋代宰相位高权重，一门之中能数世为相者并不多见，元代富大用曾有所举：

> 宋朝再世父子宰相二家：吕许公，申公；韩魏公，仪公。(《朝野杂记》）又三世宰相：吕文穆公、从子文靖、从孙正献。近时史越王浩、子卫王弥远、孙嵩之，三世为相。①

其中，只有南宋史氏继北宋吕氏而起，三世为相。对于北宋吕氏而言，吕蒙正相宋太宗、宋真宗，吕夷简相宋仁宗，吕公著相宋哲宗，三世相继，可谓盛事。究其原因，家学传统不可忽视。吕蒙正在应对宋真宗“卿诸子孰可用”之问时，以侄子吕夷简乃“宰相才”为对，遂使后者“由是见知于上”②。而吕公著“幼嗜学，至忘寝食。父夷简器异之，曰：‘他日必为公辅。’”③所以，以宰相才位相期可视为流淌着吕氏家族代际间的政治血

① （元）富大用：《古今事文类聚新集》卷七“再世三世为相”条，《景印文渊阁四库全书》第928册，台北：商务印书馆，1986年，第92页。

② 《宋史》卷二六五《吕蒙正传》，北京：中华书局，1977年，第9148页。

③ 《宋史》卷三三六《吕公著传》，北京：中华书局，1977年，第10772页。

液。对于南宋史氏而言，史浩相宋孝宗，史弥远相宋宁宗、宋理宗，史嵩之相宋理宗，地位、权势较吕氏有过之而无不及，其成功之道何在？在笔者看来，最重要的因素莫过于史氏同赵室宫廷的特殊关系。这种关系自史浩际遇宋高宗、宋孝宗[①]而奠基，经史弥远等人的培育达到顶峰，至史宅之、史嵩之作一结响，代际相传，牢不可破。对此，学界早已有所论述[②]，本节即通过梳理史氏代表人物“结缘”赵室宫廷的途径、过程、特点来详细探讨这种关系对于史氏家族政治崛起、发展以至拜相的作用与意义，以突出史氏家族独特的政治传统与文化。

一、藩邸旧臣与史浩初相

为了维护皇权，宋代皇帝专以文人士大夫为宰相，“这些文人士大夫出身寒微，没有世家势力作为社会背景，故也没有深厚的社会根基和实力，其荣辱盛衰皆掌握在帝王手中，即使位极人臣，也不会对赵宋王朝构成潜在威胁”[③]。这一事实表明宋人的拜相必须建立在皇帝的信任之上，而出任嗣君的藩邸属官无疑是取得皇帝信任而拜相的“终南捷径”。如“仁宗即位，章献明肃太后奉遗诏权听政……（晏殊）迁右谏议大夫兼侍读学士，太后谓东宫旧臣，恩不称，加给事中”[④]，晏殊东宫旧臣的身份显然帮助了他的升擢；又如“仁宗出阁，帝（真宗）选僚佐……于是（张士逊）以户部郎中直昭文馆，为寿春郡王友，改昇王府谘议参军，迁右谏议大夫兼太子右庶子，改左庶子”，及宋仁宗亲政，张士逊先后三次拜相[⑤]；“（宋）光宗自东宫朝，顾见（留）正，谓左右曰：‘修整如此，其人可知。’乃请于上，兼太子左谕德。”[⑥]后来，留正遂被宋光宗擢为相；郑清之早年“兼魏惠宪王府教授”[⑦]，宋理宗亲政后，便拜其为相。由以上事例可见藩邸

① 本书涉及宋孝宗登基之前的封号如普安郡王、建王等，为行文方便，皆以宋孝宗称之（特殊情况除外）。另如对景献太子询、济王竑、宋理宗等人的指称亦同于此。

② 代表性专著有：Richard L.Davis，*Court and Family in Sung China，960-1279：Bureaucratic Success and Kinship Fortunes for the Shih of Ming-chou*，Durbam：Duke University Press，1986；史美珩：《中华姓氏谱·史姓卷》，北京：华艺出版社，2002年；论文则有俞信芳：《鄞籍中兴宰相史浩二三事》，《宁波师院学报》（社会科学版）1991年第3期；诸葛忆兵：《老成谋国的南宋宰相史浩》，《文史知识》1998年第11期；叶伟华：《南宋四明史氏家族研究》，广州：华南师范大学硕士学位论文，2007年等。上述著述对该问题多有涉及，但就文献梳理与论证的程度而言，可加强之处甚多。

③ 诸葛忆兵：《宋代宰辅制度研究》，北京：中国社会科学出版社，2000年，第57页。

④ 《宋史》卷三一一《晏殊传》，北京：中华书局，1977年，第10196页。

⑤ 《宋史》卷三一一《张士逊传》，北京：中华书局，1977年，第10217页。

⑥ 《宋史》卷三九一《留正传》，北京：中华书局，1977年，第11973页。

⑦ 《宋史》卷四一四《郑清之传》，北京：中华书局，1977年，第12419页。

旧臣的身份对于宋人拜相的重要意义，而史浩拜相亦得益于此。

> 史文惠初为学官，以论储副事受知高皇，遂谕大臣令除馆职，且曰："此乃是一人才也。"后四日，又兼二王府教授。及阜陵封建王，文惠为王草乞扈从视师奏疏，语在阜陵继统事中。高皇问知其奏出于史公，语大臣曰："此真王府官矣。"未几，阜陵受禅，文惠自宗正少卿不半年而拜相，盖本朝所未有也。①

这段引文谈到了史浩自学官至初相的三个阶段：先是"以论储副事受知高皇"，并因之由学官而授馆职，进而兼二王府教授；然后，任职期间表现出色，被宋高宗誉为"真王府官"；最后，随着"阜陵受禅"，史浩"不半年而拜相"，升擢之快，打破了"本朝所未有"的局面。实际上，史浩在这期间的政治表现一定程度上奠定了其个人乃至整个家族的政治基调，对于史氏家族政治传统的形成具有重要意义。下面笔者对上述三个阶段及其相关问题作一讨论。

（一）受知高皇

前文言及史浩"以论储副事受知高皇"，《宋史·史浩传》也延续了这一看法，但清代四库馆臣在考察了史浩《鄮峰真隐漫录》之后提出了不同见解。

> 至本传称浩因专对，请于普安、恩平二王内择立一人为皇子，高宗亟称为有用之才。而集中《论对有司不能推广恩意札子》下注云："见知高宗，只因此札子。"事当在请定继嗣之先，而本传顾未之及。集为门弟子编排，所言当必有据。是亦足与史相参考也。②

实际上，进呈《轮对有司不能推广恩意札子》与"请定继嗣"一事在时间上并不冲突，或都为同次轮对之行为。《建炎以来朝野杂记》引史弥大《世家》语云：

① （宋）李心传撰，徐规点校：《建炎以来朝野杂记》乙集卷八"史文惠以论储副受知"条，北京：中华书局，2000年，第626页。

② （清）永瑢等：《四库全书总目》卷一五九《〈鄮峰真隐漫录〉提要》，北京：中华书局，1965年，第1367页。

> 二十九年六月丁酉，国子博士史浩转对内殿，将退，复奏曰："小臣敢冒万死以毕愚忠，普安、恩平王皆聪明，宜择其贤者，浸别异之，以系天下之望。"高宗颔之。浩退，高宗目送焉。[①]

据此可知，"请定继嗣"之事是在此次轮对行将结束之际，而轮对之初必有奏札进呈，则此奏札很可能就是《轮对有司不能推广恩意札子》。今考《史浩集》中唯有该札乃轮对宋高宗之作，且云："臣愚欲望圣慈特降睿旨，应绍兴二十九年正月一日庆寿恩合封祖父母、父母，诸州已具闻见，下部未施行者，并乞于今年九月明堂大礼赦内该载放行，所贵破有司拘碍之文，全陛下罔极之报。"[②]轮对时间正处于所言之事的期限内，所以该札于此次轮对进呈的可能性较大。又，该札所论乃是高宗推恩"耄耋"而"有司奉行，不体上意，拘以岁月之限，间有阻抑"的问题[③]，其亲亲之意，与"请定继嗣"的用意颇相契合，因此"见知高皇"是成立的。总之，正是此次轮对的出色表现赢得了宋高宗的认可，并由后者亲擢，破例出任王府官。

（二）真王府官

史浩先后兼任二王府教授、建王府直讲、宗正少卿等职，既居师傅之尊，又为府僚之从，在宋孝宗受教与受禅上起到了巨大作用，表现在以下两个方面。

1. 扶日之功

史浩"在太子家号为智囊"[④]，其所做谋划最终帮助宋孝宗顺利受禅，荣登大宝。有二事可见：

其一，张端义载："孝皇同恩平在潜邸，高庙乃书《兰亭序》二篇赐二王，依此样各进五百本。孝皇书七百本上之，恩平卒无所进。高庙赐二王宫女各十人。普安问：'礼之当何如？'史浩云：'当以庶母之礼待之。'高庙问二王待遇之状，言普安加礼，恩平无不昵之者。大计由此而决。"[⑤]

---

① （宋）李心传撰，徐规点校：《建炎以来朝野杂记》乙集卷一"壬午内禅志"条，北京：中华书局，2000年，第504页。

② （宋）史浩：《鄮峰真隐漫录》卷七《轮对札子》，舒大刚主编：《宋集珍本丛刊》第43册，北京：线装书局，2004年，第9页。

③ （宋）史浩：《鄮峰真隐漫录》卷七《轮对札子》，舒大刚主编：《宋集珍本丛刊》第43册，北京：线装书局，2004年，第9页。

④ （宋）周密撰，王根林校点：《癸辛杂识》别集上"史浩传赞"条，上海古籍出版社编：《宋元笔记小说大观》第六册，上海：上海古籍出版社，2001年，第5846页。

⑤ （宋）张端义撰，李保民校点：《贵耳集》卷上，《宋元笔记小说大观》第四册，上海：上海古籍出版社，2001年，第4265页。

孝宗按照史浩的建议，顺利地通过了宋高宗的考验，从而在同恩平郡王的竞争中胜出，“大计由此而决”。

其二，楼钥云：“完颜亮南牧，边廷用兵，建王抗疏请为前驱，誓不与贼俱生。公方以疾移告，闻之，亟往问：‘孰为大王计，误矣！国步方艰，父子岂可须臾离？使唐肃宗能随明皇幸蜀，安得有灵武事？’建王大悔，立俾公草奏，请扈跸以供子职，辞意恳到。高宗闻议出于公，叹曰：‘真王府官也。’庙堂方议以建王督师，由是不果。遂从视师之行，而内禅之意决矣。”[①]在这次危机化解中，史浩不仅代作《建王免出征先行札子》直接上奏宋高宗，辩白“前言之失”，强调宋孝宗应“尽人子之义”[②]，做到了“辞意恳到”，而且采取曲线救国之策，代建王上书皇后，希望“妈妈圣人周旋保庇”[③]，方式极为妥当，矛盾的最终化解也足以看出史浩所起到的作用。

以上所举之事皆与宋孝宗受禅密切相关。在史浩的谋划下，宋孝宗很好地调整了自己与宋高宗及其后宫的关系，为荣登大宝扫清了障碍。在这些问题的解决中，史浩所坚持的孝亲原则意义重大，不但赢得了宋高宗的赞许，而且得到了宋孝宗的恪守，成为史浩处理两宫关系的一大法宝，影响甚为久远。此留待后文续论。

2. 劝导之绩

史浩曾为宋孝宗进讲《周礼》，据载：“一日，浩讲《周礼》至《酒正》，因言‘膳夫掌膳羞之事，岁终则会，惟王及后，世子之膳羞不会。至酒正所掌饮酒之事，岁终则会，惟王及后之饮酒不会，而世子不与焉。以是知世子之膳羞可以不会，而世子之饮酒不可以无节也。’王作而谢曰：‘敢不佩服斯训。’”[④]在此，史浩借讲《周礼·酒正》之际，特意申说“世子之饮酒不可以无节”，意在劝导宋孝宗。而宋孝宗亦虚心接纳，并以之自律，及其受禅之后，他曾对胡铨说：“朕在藩邸时，养得性定。今或饮酒过度，未尝不悔。”[⑤]由此可见史浩的劝导之绩。不仅如此，史浩的劝导还影响到宋孝宗对后代的教育，成为皇帝“家学”，史载：

---

① （宋）楼钥：《攻媿集》卷九三《纯诚厚德元老之碑》，《丛书集成初编》第2018册，北京：中华书局，1985年，第1278—1279页。

② （宋）史浩：《鄮峰真隐漫录》卷二一《建王免出征先行札子》，舒大刚主编：《宋集珍本丛刊》第43册，北京：线装书局，2004年，第93页。

③ （宋）史浩：《鄮峰真隐漫录》卷二一《又上皇后札子》，舒大刚主编：《宋集珍本丛刊》第43册，北京：线装书局，2004年，第93页。

④ （宋）李心传：《建炎以来系年要录》卷一八五，赵铁寒主编：《宋史资料萃编》第二辑，台北：文海出版社，1980年，第6060页。

⑤ （元）佚名著，李之亮校点：《宋史全文》卷二四上，哈尔滨：黑龙江人民出版社，2005年，第1640页。

（木）待问奏："近者因讲《周礼·太府》一节，论国家用度当与百姓同其丰歉，皇太子曰：'人君但当以节俭为本。'此乃言外之意，非人思虑所及者。……"上曰："学问过人如此，诚社稷之福。"待问奏："皆此自陛下家学中来。"上曰："东宫亦自俭约，宫中受用凡百技间，无他嗜好，又谦和慈祥。朕常语之曰：'德性自已温粹，须是广读书，济之以英气，则为尽善。'"①

木待问汇报太子读《周礼》时所作"人君但当以节俭为本"的发挥，得到了宋孝宗的肯定。在木待问看来，太子此言乃宋孝宗"家学"所致，虽不无谀饰之处，但若从宋孝宗对太子所作"德性自已温粹，须是广读书，济之以英气，则为尽善"的日常诫谕来看，正与前引其对胡铨所说"养得性定"之法相通，谓其为宋孝宗"家学"当无不可。

乾道八年（1172），宋孝宗在一次问对中对史浩的功绩做了充分肯定。

公自言："臣何功德，叨此眷宠？"孝宗指心而言曰："于此甚有功。朕学力坚固，心术明正，皆卿之力也。"②

"皆卿之力"正是指史浩在培养宋孝宗"学力""心术"上所做出的功绩，可谓言简意赅，一语中的。

（三）不半年而拜相

如前所论，史浩任职王府、东宫期间所主张的孝亲原则，对宋孝宗顺利受禅起到了巨大作用。然而对于宋孝宗来说，初登皇位并不意味着大权在握，皇位已固，不用再顾及高宗；相反，他必须继续处理好同太上皇宋高宗的关系，以确保皇权与皇极之间的和谐统一。对此，史浩仍以孝亲原则来调和两宫，楼钥所言数事可证。

（1）"高宗将过德寿宫。公（史浩）议嗣皇当乘马扶辇，高宗谕公曰：'执鞚前导，不足为法。'公对曰：'臣于肃宗何取？父行而子随，万世不易之道也。'孝宗竟用公议，高宗数遣使邀还，出皇城门而止。"③史浩此

① （元）佚名著，李之亮校点：《宋史全文》卷二七上，哈尔滨：黑龙江人民出版社，2005年，第1860—1861页。

② （宋）楼钥：《攻媿集》卷九三《纯诚厚德元老之碑》，《丛书集成初编》第2018册，北京：中华书局，1985年，第1283页。

③ （宋）楼钥：《攻媿集》卷九三《纯诚厚德元老之碑》，《丛书集成初编》第2018册，北京：中华书局，1985年，第1279页。

议发生于宋孝宗受禅之初，通过“嗣皇当乘马扶辇”的主张，实际上向宋高宗传递了宋孝宗的孝亲之意，足令宋高宗放心交权，安心归养。

（2）“康伯乞罢政，孝宗批问：‘恩礼已尽，当与何职？’意盖属公也。公即奏：‘康伯前朝老臣，不可不留以为重。若其请未已，必得德寿圣谕，可安其意。’是日，高宗赐以御笔，康伯乃安职。”[①]此事的处置显示出史浩的政治智慧。因陈康伯乃前朝老臣，宋高宗在禅让之前，曾有意安排他为顾命大臣，“会左仆射陈康伯乞去位，高宗曰：‘更待三数月。’康伯喻意，不复言。既而，高宗益倦勤，康伯密赞大议”[②]。由此可知，陈康伯是宋高宗亲信，其所进退自然应顾及宋高宗的意见。而宋孝宗在准备答应陈康伯求退之请而“意盖属”史浩之时，显然没有想到这一层，故史浩认为对陈康伯应留以为重，逼不得已，当“得德寿圣谕，可安其意”，筹划不可谓不缜密。

（3）“袁孚罢右正言。公曰：‘初政而遽去谏官，何耶？’孝宗曰：‘妄言德寿宫有私酤。’公曰：‘陛下事亲，可谓曲尽，然宫中左右皆阉官，有何知识？若非言路时以正论折其萌，则将有甚此者。’上怒少霁。又奏：‘谏官无故而罢，天下必以为疑。若暴其罪，恐启两宫之间，愿少须之，使其引去。’寻除直秘阁、知温州。自是益无纤芥之隙。”[③]此事发生于史浩拜相之后，其做法既使天下无疑，又避免了两宫之间产生矛盾，实属两全其美之策，而“自是益无纤芥之隙”的两宫关系正是史浩着意调和的结果。

以上三件事说明了史浩在调和两宫关系上以孝亲为原则所起到的独特作用，也可视为史浩“不半年而拜相”的原因所在。隆兴元年（1163）正月，史浩得以初次拜相，前引宋孝宗“意盖属公”已可见新君对史浩的奖掖之意，及至拜相，太上皇宋高宗所肯定的正是其作为藩邸旧臣所做出的辅导效果。“（史浩）尝对德寿宫。高宗曰：‘皇帝诚孝，卿辅导之效居多；今又得卿佐之，朕心亦安。’又曰：‘卿为皇帝亲臣，凡有规正，不可回忌，赖卿悉力调护。’”[④]从这番话中，不难看出史浩初次拜相是深得宋高宗之心的。

---

① （宋）楼钥：《攻媿集》卷九三《纯诚厚德元老之碑》，《丛书集成初编》第2018册，北京：中华书局，1985年，第1279页。

② （宋）李心传撰，徐规点校：《建炎以来朝野杂记》乙集卷一“壬午内禅志”条，北京：中华书局，2000年，第508页。

③ （宋）楼钥：《攻媿集》卷九三《纯诚厚德元老之碑》，《丛书集成初编》第2018册，北京：中华书局，1985年，第1280页。

④ （宋）楼钥：《攻媿集》卷九三《纯诚厚德元老之碑》，《丛书集成初编》第2018册，北京：中华书局，1985年，第1279页。

二、皇帝亲臣与史浩再相

史浩对宋孝宗灌输的孝亲原则化解了两宫之间的嫌隙，得到了两宫的许可。不过影响并不止于此，楼钥云：

> （史浩）因奏："陛下躬行三年之丧，复见尧舜三代之盛。"孝宗曰："此皆卿平昔所以语朕者，今日得以行之。正如滕文公尽哀戚之情而吊者大悦，实自然友反命之一言。"盖公平时专以忠孝二者发明圣学，谓父子天伦虽自有至性，亦宜先意承志，曲尽诚心。后又屡奏："欲报莫大之恩，惟应尊事不倦，使慈孝两尽，为万古父子之懿范。垂之子孙，永永无极。"故孝宗不忘此言。[①]

宋孝宗为宋高宗行三年之丧的古礼，一定程度上是史浩辅导教育的结果。所谓"平昔所以语朕"，其核心观念在楼钥看来乃是"忠孝二者"，而"孝宗不忘此言"，故有是举。从言谈中，可见宋孝宗对史浩的感激与推重。事实上，宋孝宗的这种心态对史浩后期的政治发展至关重要，可从以下三个方面加以说明。

（一）再相之耀

史浩于淳熙八年（1181）再次拜相，原因之一在于宋孝宗用人思想的改变。岳珂云："光尧既与子孝爱日隆，每问安北宫，间及治道。时孝宗锐志大功，新进逢意，务为可喜，效每落落。淳熙中，上益明习国家事，老成乡用矣。"[②]可见宋孝宗即位之初，多用"新进"，以助"大功"，但随着阅历渐富，"老成乡用"。再相之时，史浩已七十六岁了，世事阅尽，可谓老成，其得以再相自与此有关。

史浩再相的另外一个原因则是"师傅之旧"的特殊身份。"史公以师傅之旧，去十四年而再相，相八阅月而罢"[③]，说的就是这一点。其再拜制词有云："东学翼天飞之运，中阶符帝赉之详（笔者按：当为"祥"之误）。

① （宋）楼钥：《攻媿集》卷九三《纯诚厚德元老之碑》，《丛书集成初编》第 2018 册，北京：中华书局，1985 年，第 1286 页。

② （宋）岳珂撰，黄益元校点：《桯史》卷五"宸奎坚忍字"条，上海古籍出版社编：《宋元笔记小说大观》第四册，上海：上海古籍出版社，2001 年，第 4372 页。

③ （宋）李心传撰，徐规点校：《建炎以来朝野杂记》乙集卷八"孝宗初政命相多不以次"条，北京：中华书局，2000 年，第 627 页。

自弼亮于初元，即宜昭于美业。”[①]便提到了史浩作为藩邸旧臣及初相期间所立下的功劳。对其再相，宋高宗、宋孝宗都极为许可。

> 既再相，孝宗曰：“自叶衡罢，虚席以待丞相久矣。”与执政入谢德寿宫，高宗曰：“卿再入相，天下之幸也。”[②]

由此可见，作为“师傅之旧”的史浩于早年建立的同宋孝宗、宋高宗的特殊关系是促成其再相的重要因素。

（二）宠遇之荣

史浩自淳熙四年（1177）再召入京，直至绍熙五年（1194）去世，期间宠遇不衰，略言数事以明之。

1. 加封

淳熙八年（1181），“五月，始许归，除少师，进封鲁国公”，其进封制词道出了宋孝宗对他的宠遇之由：“念感会之有初，阅老成之无几。朝批章而太息，暮览奏以长思。重违乃情，图畀厥宠。”[③]因曾经追随宋孝宗的老臣所剩无几，故有格外恩宠之意。

淳熙十年（1183），“请老，除太保致仕。公尝历永、卫、鲁三国公，于是进封于魏，仍如曾公亮例，入谢。明年，先降旨候至国门，百官郊迎。见毕，对御赐宴，用文彦博故事”[④]。不仅晋封为魏国公，而且与名臣曾公亮、文彦博等同，援例甚高。

淳熙十四年（1187），“年八十，又加器宝，两宫使命相望。高宗再举庆典，诏公随班上寿，进太傅，赐玉带金鱼，逾月乃东”。淳熙十六年（1189），“上皇御极，进太师”[⑤]。生前得拜太师，这在宋代并不多见。

> 国朝自建隆至绍、淳，宰臣生拜太师者五人尔。赵韩王普，文潞

① （宋）徐自明：《宋宰辅编年录》卷一八，赵铁寒主编：《宋史资料萃编》第二辑，台北：文海出版社，1967年，第1591页。

② （宋）楼钥：《攻媿集》卷九三《纯诚厚德元老之碑》，《丛书集成初编》第2018册，北京：中华书局，1985年，第1284页。

③ （宋）徐自明：《宋宰辅编年录》卷一八，赵铁寒主编：《宋史资料萃编》第二辑，台北：文海出版社，1967年，第1596页。

④ （宋）楼钥：《攻媿集》卷九三《纯诚厚德元老之碑》，《丛书集成初编》第2018册，北京：中华书局，1985年，第1285页。

⑤ （宋）楼钥：《攻媿集》卷九三《纯诚厚德元老之碑》，《丛书集成初编》第2018册，北京：中华书局，1985年，第1286页。

> 公彦博，蔡鲁公京，秦申王桧，史会稽王浩。惟蔡、秦二人以相臣特拜，其它皆还政加恩云。[①]

2. 赐书

楼钥云："公晚治第西湖之左，裒两朝所赐御书，建阁以奉之。因奏闻，孝宗书'明良庆会'之阁以赐，公谢不敢当。孝宗曰：'古人愿为良臣。卿辅朕之久，日闻忠言，深悟朕心，尚何慊乎？'敕后苑造扁榜，命中使驰赐之。上尝以'旧学'二字即政事堂赐公，同列咸曰：'自古际遇，莫盛于此。请镵诸石，为省中荣观。'公又谢不敢。既归，以名其堂。"[②]从宋孝宗的回复中可知赐书的缘由在于"辅朕之久""深悟朕心"，从同列的赞叹中可见史浩所受到的宠遇之荣。

关于这些赐书，史浩《鄮峰真隐漫录》卷三六有《跋御书明良庆会之阁》《跋御草书旧学二字》《跋御真书旧学二字》等文详记其经过，感戴之心，斑斑可见。如此宠遇亦很难得，多为贵极一时者。

> 宣、政间，大臣赐书阁，多得御笔阁名。若蔡京曰"君臣庆会"，王黼曰"得贤治定"是也。绍兴初，高宗以平江朱勔南园赐韩忠武，题其赐书阁曰"懋功"。后秦申王阁曰"一德格天"，杨和王阁曰"风云庆会"，史会稽王阁曰"明良庆会"云。（皇甫坦赐书阁，名"绍兴焕文"。）[③]

3. 赐诗

宋孝宗现存诗作中赐予史浩者颇多，这对于封建社会的臣子来说是无上之光荣。史浩不但对宋孝宗所赐之诗加以追和，而且有大量序、跋以记其事，其集中所在多有。对此，笔者将在第三章第一节中详细讨论，此处从略。

综合上述三件事，足以说明史浩晚年所受到的宠遇十分突出，究其原因，宋孝宗"旧学"的身份无疑起到了关键作用。

---

① （宋）李心传撰，徐规点校：《建炎以来朝野杂记》甲集卷九"宰臣生拜太师"条，北京：中华书局，2000年，第171页。

② （宋）楼钥：《纯诚厚德元老之碑》，《攻媿集》卷九三，《丛书集成初编》第2018册，北京：中华书局，1985年，第1285—1286页。

③ （宋）李心传撰，徐规点校：《建炎以来朝野杂记》甲集卷九"大臣赐书阁名"条，北京：中华书局，2000年，第170页。

（三）权势之盛

除了再相之耀、宠遇之荣外，最能昭示史浩此时政治地位的莫过于权势之盛，这集中体现在以下两个方面。

1. 逼近之嫌

淳熙四年（1177）以后，史浩经常被召入京，此举在时任大臣看来有逼近之嫌，如《宋史·龚茂良传》载：

> 茂良之以首参行相事也，逾再岁，上亦不置相，因谕茂良："史官近奏三台星不明，盖实艰其选耳。"淳熙四年正月，召史浩于四明，茂良亦觉眷衰，因疾力求去。上曰："朕以经筵召史浩，卿不须疑。"①

自淳熙三年（1176）叶衡罢相之后，龚茂良"以首参行相事"，历时颇久，孝宗却无意拜其为相，盖有所待。待史浩被召，大有拜相之势，故龚茂良感受到了史浩对其权位的威胁，"因疾力求去"。对此，孝宗做了"朕以经筵召史浩，卿不须疑"的勉慰，但结合前引史浩拜相之后孝宗所说的"自叶衡罢，虚席以待丞相久矣"的话来看，孝宗的这一勉慰显然是托词。

又如《四朝闻见录》载：

> 祖宗盛时，故相或居辇下，时召入问事。间遇朝会则立旧班之下。国有大议亦得可否，郊禋则陪，无所嫌也。阜陵庆上皇八帙，参用故典，召故相陈福国、史越王陪位。陈力以疾辞，史闻命，绝江。祠既竣事，以史旧学，曲为勉留。时相疑其迫己，风言者去之。陈闻史入，谓客曰："史真翁只好莫去。"陈之多智，此其一也。②

淳熙十三年（1186）正月，"阜陵（孝宗）庆上皇八帙"，特意召大臣"陪位"。史浩大概出于报答宋高宗知遇之恩的目的，故应诏前来。"祠既竣事，以史旧学，曲为勉留"，这本是因循"故典"之举，"无所嫌"，但是却令"时相疑其迫己，风言者去之"，足证史浩晚年的政治权势之盛。

2. 废黜之议

李妃乃宋光宗之妻，后为宋光宗皇后。但在宋光宗未及位之前，却与

---

① 《宋史》卷三八五《龚茂良传》，北京：中华书局，1977年，第11845页。

② （宋）叶绍翁撰，尚成校点：《四朝闻见录》卷二"越王陪位"条，上海古籍出版社编：《宋元笔记小说大观》第五册，上海：上海古籍出版社，2001年，第4910页。

宋孝宗及成肃皇后生有嫌隙，宋孝宗曾意图将其废黜，并同史浩商议。

> 慈懿李皇后，安阳人，父道本，戚方诸将，故群盗也。后天姿悍妒，既正椒房，稍自恣。始，成肃谢后事高宗及宪懿圣甚谨，至后颇偃蹇。或乘肩舆直至内殿，成肃以为言。后恚曰："我是官家结发夫妻。"盖谓成肃自嫔御册立也。语闻，成肃及寿皇皆大怒，有意废之。史太师已老，尝诏入见北宫，密与之谋，浩以为不可，遂已。宫省事秘，莫得详也。其后益无忌惮。①

宋孝宗曾就废黜李妃一事将史浩"诏入见北宫，密与之谋"，在如此重要之事上听取他的意见，足见宋孝宗的倚重之意。而且更为重要的是，"浩以为不可，遂已"，其意见影响到了最终的结果。关于"浩以为不可"的理由，可从《延祐四明志·史弥坚传》的一段记载中找到答案。

> 忠定召赴庆寿班，退朝有忧色。弥坚时侍侧，问其故，忠定愀然曰："李妃悍恶，上欲废之，念未有以对。"即应曰："嘉王即位，母子位号必改正，今所言议者当执咎。"忠定愕然曰："计得矣。"翼日见上，议遂寝。②

史弥坚所虑可谓深远，若史浩赞同废黜李妃，则其子嘉王即后来的宋宁宗必然会在即位之后对"今所言议者"秋后算账，因此史浩才有了恰当的对策，"议遂寝"的结果也佐证了史浩对于宋孝宗决策的影响力。

史浩晚年的政治发展状况大抵见于上述。在这一阶段，他不仅再度拜相，宠遇不衰，而且权势较盛，甚至影响到了宋孝宗的部分决策。不过，史浩这些成绩的取得都是同赵氏宫廷紧密联系在一起的，凭借早年同东宫、皇宫所建立起来的特殊关系，史浩才得以迎来政治生涯的第二个春天，这是应予说明的。

三、终南捷径与史浩子孙

史浩有子四人，长子史弥大官至礼部侍郎，次子史弥正官至两浙东路

---

① （宋）周密撰，王根林校点：《齐东野语》卷一一"慈懿李后"条，上海古籍出版社编：《宋元笔记小说大观》第五册，上海：上海古籍出版社，2001年，第5565页。

② （元）袁桷：《延祐四明志》卷五《史弥坚传》，中华书局编辑部编：《宋元方志丛刊》第六册，北京：中华书局，1990年，第6212页。

提点刑狱公事，三子史弥远则位居相位达26年之久，堪称史氏政治的顶峰，而四子史弥坚亦曾官拜开府仪同三司，煊赫一时。在其孙辈中，史定之、史守之等也有相当的政治表现。在笔者看来，所有这些在很大程度上要归功于史浩的政治影响。他提供给子孙许多进入南宋政治核心层的机会与经验，可视为通往政治成功的“终南捷径”。这可从以下三个方面加以说明。

（一）凭借自身在孝宗朝的政治地位，为子孙赢得赐婚或恩荫入仕的机会

赐婚方面，有史弥坚。据载：

> 上问忠定：“卿幼子当已择婚对。”忠定谢：“臣子弥坚幼未知学，何敢议姻事？”上曰：“朕兄女年相若，朕定议成之。”“兄女”，崇宪靖王伯圭女也。[①]

崇宪靖王赵伯圭乃宋孝宗同母之兄，因宋孝宗过继给宋高宗，名分有别，但血亲无改，故受到宋孝宗及宋光宗的恩宠，地位十分尊崇。而史弥坚得以同赵伯圭之女结成连理，无疑是极为荣耀的。此外，宋孝宗还有恩赐，元代袁桷云：

> 忠定越王淳熙中召赴德寿庆寿班，孝宗曲宴，问曰：“太傅幼子，今何姻？”忠定谢不敢。孝宗曰：“吾为太傅成之。”是时崇宪靖王伯圭女方笄，即封新安郡主，以嫁忠宣。[②]

宋孝宗不仅“议成”了这桩婚姻，还特意将赵伯圭之女“即封新安郡主，以嫁忠宣”，可谓设想周到，令婚姻双方皆有光彩。

恩荫方面，宋代宰相享有较大权力。诸葛忆兵认为，“荫补制度最大的受惠者是宰辅，他们在职期间乃至去职以后，子弟、门人都从这项制度中获得了极大的好处”[③]。史浩子孙自然也受到了这项制度的恩惠，如史弥正并不曾高中进士，却得以出仕，原因当是史浩恩荫所致。及其罢两浙东路提点刑狱公事，喻良能曾有《勿言鲁酒薄为诗端叔作也端叔同僚于越

---

① （元）袁桷：《延祐四明志》卷五《史弥坚传》，中华书局编辑部编：《宋元方志丛刊》第六册，北京：中华书局，1990年，第6212页。

② （元）袁桷：《先夫人行述》，《清容居士集》卷三三，《丛书集成初编》第2071册，北京：中华书局，1985年，第575页。

③ 诸葛忆兵：《宋代宰辅制度研究》，北京：中国社会科学出版社，2000年，第162页。

未终更求奉中都祠归丞相侍傍作是诗以送之》一诗，诗中表达了对史弥正的赞扬："君侯宰相子，风度何翩翩。四偕计吏贡，春铨复袖然。……君才若杞梓，真能世其家。"①实际上，史弥正之所以"四偕计吏贡，春铨复袖然"，被视为"真能世其家"，才华只是原因之一，更大的因素乃是作为宰相之子所获得的巨大恩荫。

又如史定之，"忠定王之孙也。常侍忠定造朝，孝宗奇爱之，以祖泽补官"②。其随祖父史浩得见宋孝宗并引发后者"奇爱之"，至于"以祖泽补官"，自是顺理成章之事。

再如史守之，"忠定王孙，献文侯子也。淳熙十一年，祖泽补官"③。以"祖泽补官"发生于淳熙十一年（1184），恰是史浩后期宠遇正盛之时，史浩对其子孙入仕所创造的良好条件正类于此。

以上只是就现有资料列举受恩荫者三人而已，实际数目自不止此，姑以见斑窥豹。

（二）以官王府、东宫际遇储君被视为政治成功之大道，为史浩子孙所传承

史浩同宋高宗、宋孝宗之间的关系，已见前论。此外，史浩与宋孝宗三子庄文太子愭、魏惠宪王恺及宋光宗之间也关系密切。早在担任二王府教授期间，诸位皇子曾受其教诲，"每诣府讲书，普安王必召三王子入阁侧听"④。不仅如此，他们在此期间还有诗歌唱和之举，今史浩《鄮峰真隐漫录》卷二存有《次韵皇孙所和二诗》可证。所以，担任王府、东宫官职对于建立同皇帝、储君的良好关系十分重要，史浩的此种经历因而被视为"家法"，为其子孙所遵守，并由此取得了更大的政治成功。

最先踵继史浩出任东宫官职的是史弥大。杨长孺云：

淳熙乙巳，史方叔侍郎既以敷文阁待制奉祠，于是东宫阙侍读一员。一日詹事余处恭、葛楚辅白梁丞相，以诚斋为荐。乃定议以吴春卿、陈蹇叔、胡子远、何一之及诚斋凡五人，连名进拟。八月初八日

① （宋）喻良能：《香山集》卷二，舒大刚主编：《宋集珍本丛刊》第 56 册，北京：线装书局，2004 年，第 87 页。

② 《史家祖宗画像、传记及题跋》之《史定之传》，史美露主编：《南宋四明史氏》，成都：四川美术出版社，2006 年，第 44 页。

③ 《史家祖宗画像、传记及题跋》之《史守之传》，史美露主编：《南宋四明史氏》，成都：四川美术出版社，2006 年，第 42 页。

④ （宋）方万里，罗濬纂：《宝庆四明志》卷九《史浩传》，中华书局编辑部编：《宋元方志丛刊》第五册，北京：中华书局，1990 年，第 5095 页。

> 早进呈上阅，至胡子远，云“也得”。又阅至诚斋，云“遮个好也么？”遂得旨，以诚斋兼侍读。命既下，初九日，余、葛二公与谕德沈虞卿、侍讲尤延之上讲堂，皇太子问云：“新除杨侍读，得非今日上封事极言者乎？”余处恭对曰：“是也，其人学问过人，操履刚正，甚诚实，尤工于诗。”太子曰：“极好。”……太子即光宗皇帝。史名弥正[①]、梁名克家、余名端礼、葛名邲、吴名燠、陈名仲谔、胡名晋臣、何名万、沈名揆、尤名袤……后四十有八年，绍定壬辰正月十八日，男长孺谨识。[②]

杨万里能够出任东宫侍读一职，是在史弥大以敷文阁待制奉祠导致东宫侍读阙员的情况下实现的。史弥大，“字方叔，号朴夫……明理经邦之学，无不通究。乾道五年，登进士第。淳熙三年，累迁秘书丞。轮对上疏，帝每称善。十有二年，领玉隆万寿祠归东，特赐金带。自是常在亲侧”[③]。作为史浩长子，“轮对上疏，帝每称善”，说明史弥大才识受到了宋孝宗的肯定。结合前引杨万里出任东宫侍读一职要经由宋孝宗与太子的首肯来看，史弥大此任亦当有宋孝宗亲命。至于其任东宫侍读同太子关系如何，因没有相关材料，只能存疑，但通过其在礼部侍郎任上的行实来看，颇为值得称道，李心传载有一事：

> 《中兴礼书》者，淳熙中所上也。绍兴间，太常少卿赵子昼采渡江以来所行，为《续因革礼》三十卷。其后礼官踵为之，然未上也。淳熙十二年春，史弥大方叔权礼部侍郎，乃言：“此书一朝大典，如内禅、庆寿等礼，皆历代所未尝行，乞下礼官宣取以进，仍不必推恩。”上许之。其书凡八百余卷。方叔，文惠王长子也，后终敷文阁待制。[④]

史弥大在《中兴礼书》的奏论中特意说明“此书一朝大典，如内禅、庆寿等礼，皆历代所未尝行”，显然同宋孝宗一朝最为重要的政治典仪有莫大关

① 笔者按：此云“弥正”，当为杨长孺误记，应为“弥大”，因史弥大字方叔，且于该年以礼部侍郎奉祠，行实正合。

② （清）翁方纲：《跋宋光宗书诚斋字》引杨长孺《东宫劝读录·跋》，（清）翁方纲著，沈津辑：《翁方纲题跋手札集录》，桂林：广西师范大学出版社，2002年，第176页。

③ 《史家祖宗画像、传记及题跋》之《史弥大传》，史美露主编：《南宋四明史氏》，成都：四川美术出版社，2006年，第26页。

④ （宋）李心传撰，徐规点校：《建炎以来朝野杂记》甲集卷四“中兴礼书”条，北京：中华书局，2000年，第113页。

系，可谓抓住了要害。

史弥大担任东宫侍读仅是史浩“家法”的最初传承，等到了史弥远这里，就得到了充分运用，成为其发动政变、排除异己、独擅相位的重要手段与保证。

1. 史弥远与景献太子询

景献太子询，初名与愿，年六岁，养于宫中。嘉泰二年（1202），赐名曮，拜威武军节度使，封卫国公，听读资善堂。开禧三年（1207），立为皇太子。嘉定元年（1208），“诏御朝太子侍立，宰执日赴资善堂会议”。不久，出居东宫，更名询。嘉定十三年（1220）薨，谥景献。[①]景献太子是宁宗皇帝的储君，地位之重要，自不言而喻。而史弥远被视为景献太子的亲党，原因在于其先后担任后者的藩邸僚属，今据《宋史·史弥远传》载其藩邸履历如下。

> 庆元二年，复为大理司直，寻改诸王宫大小学教授。
>
> （开禧）二年，兼资善堂直讲。
>
> （开禧三年）询立为太子，兼詹事……拜同知枢密院事兼太子宾客，进封伯。
>
> 嘉定元年，迁知枢密院事，进奉化郡侯兼参知政事，拜右丞相兼枢密使兼太子少傅，进开国公。丁母忧，归治葬，太子请赐第行在，令就第持服，以便咨访。二年，以使者趣行急，乃就道，起复右丞相兼枢密使兼太子少师。四年，落起复。[②]

由上可见，史弥远先后担任诸王宫大小学教授、资善堂直讲、詹事、太子宾客、太子少师等职，较早地建立了同景献太子的特殊关系，从而为其早期政治活动的发展提供了可靠保证。下面从三个方面加以说明。

（1）诛韩之变。韩侂胄作为宋宁宗前期的权相，于开禧二年（1206）发动北伐，结果导致各方矛盾激化。一场针对韩侂胄的政变于开禧三年（1207）十一月发生，周密曾记载其过程。

> 于是杨次山与皇后谋，俾皇子荣王曮入奏，言“侂胄再启兵端，谋危社稷”，上不答。皇后从旁力请再三，欲从罢黜，上亦不答。后

① 参见《宋史》卷二四六《景献太子询传》及《续编两朝纲目备要》卷十、卷一一所载。

② 《宋史》卷四一四《史弥远传》，北京：中华书局，1977年，第12415—12417页。

惧事泄，于是令次山于朝行中择能任事者。时史弥远为礼部侍郎、资善堂翊善，遂欣然承命。钱参政象祖，尝以谏用兵贬信州，乃先以礼召之。礼部尚书卫泾、著作郎王居安、前右司郎官张镃，皆预其谋。议既定，始以告参政李壁。[①]

从这段记载来看，诛韩之议的最初发起者乃是杨皇后兄妹，荣王曮（即景献太子）乃奉命而行，史弥远则因时任礼部侍郎、资善堂翊善，同荣王关系密切、利益一体而被委以事任。对此，史弥远欣然承命，原因当是史、韩政见不同所致，据《宋史·史弥远传》载："韩侂胄建开边之议，以坚宠固位，已而边兵大衄"，史弥远即不顾个人安危加以反对，并云："时事如此，言入而益于国，利于人，吾得罪甘心焉。"[②]在这次诛韩谋议中，史弥远对荣王的影响很大。"开禧元年，时边事益急，金人请诛首谋用兵者，曮用翊善史弥远计，奏韩侂胄轻起兵端，上危宗社，宜赐黜罢，以安边境。"[③]由此可见，"能任事"的史弥远确实在诛韩过程中发挥了重要作用。

（2）排挤政敌。据前引周密所言，这次诛韩之变，除史弥远外，"钱参政象祖……礼部尚书卫泾、著作郎王居安、前右司郎官张镃，皆预其谋"。政变成功之后，政变者内部旋因争权夺势而出现了分裂，最终的结果却是史弥远击败多个地位比他高的政敌而大权独擅。论其原因，要归结于东宫之助。在这场政变中，张镃所起作用甚大，却也因此招致史弥远的疑忌。《四朝闻见录》载：

镃始预史议诛韩，史以韩为大臣，且近戚，未有以处。张谓史曰："杀之足矣。"史退而谓钱、卫曰："镃，真将种也！"心固忌之。至是镃赍伐自言，史昌言于朝："臣子当为之事，何为言功？"遂讽言者贬镃于霅，自是不复有言诛韩之功者矣。[④]

在史弥远对韩侂胄"未有以处"之时，张镃提出了杀之的意见。虽然史弥远宣称张镃"真将种"，但对他的残忍"心固忌之"，故趁张镃"赍伐

① （宋）周密撰，王根林校点：《齐东野语》卷三"诛韩侂胄本末"条，上海古籍出版社编：《宋元笔记小说大观》第六册，上海：上海古籍出版社，2001年，第5465页。

② 《宋史》卷四一四《史弥远传》，北京：中华书局，1977年，第12416页。

③ 《宋史》卷二四六《景献太子询传》，北京：中华书局，1977年，第8734—8735页。

④ （宋）叶绍翁撰，尚成校点：《四朝闻见录》丙集"虎符"条，上海古籍出版社编：《宋元笔记小说大观》第五册，上海：上海古籍出版社，2001年，第4927页。

自言”之际，将他贬官，杀一儆百，致使“不复有言诛韩之功者”，手段可谓高明。当然，史、张两人的争斗并未因“贬镃于雪”而停止，其后斗争复炽。

> 镃后以旨放还，因史变柏法，又欲谋史，故贬置象台。①
>
> 功甫于诛韩有力，赏不满意。又欲以故智去史，事泄，谪象台而殂。②

果不出史弥远所料，张镃后“欲谋史”，又欲“以故智去史”，结果棋差一招，被贬而死。不过，史弥远何以能有如此之力量，通过发动台谏攻击政敌，甚至贬之于远方呢？这可以从他同卫泾的斗争中找到答案。《四朝闻见录》载：

> 公（卫泾）俱既（引者按：他本作“既俱”，当是）史相诛韩，旋用故智，又欲去史。史为景宪太子旧学，太子知其谋于内，遂以告史。御史中丞章良能弹公。良能，公所厚也，疏入犹未报，章用台吏语缄副疏以示公。公车至太庙下得章所缄语，谓使曰：“传语中丞，我今即出北关矣。”史以公宿望不敢贬置，唯佚（引者按：他本作“秩”，当是）以大阃，不复君（引者按：他本作“召”，当是）矣。钱召文象祖以史故，于广座中及公云：“初谓卫清叔一世人望，身为大臣，顾售韩侂胄螺钿髹器。”然则公之罪亦微矣。③

卫泾“旋用故智，又欲去史”，不料却为史弥远占尽先机，指使御史“弹公”，虽因其“宿望”，史弥远“不敢贬置”，但“秩以大阃，不复召”，使卫泾远离了权力中心。史弥远之所以能先发制人，原因在于史弥远为景宪太子旧学，太子知其谋于内，遂以告知史弥远，可见旧学身份在其排击政敌中所起到的巨大作用。另一政变参与者钱象祖忌惮史弥远的势力，特意贬低卫泾，颇有落井下石的味道，这也反映出当时史弥远借助东宫之助在排击政

① （宋）叶绍翁撰，尚成校点：《四朝闻见录》丙集“虎符”条，上海古籍出版社编：《宋元笔记小说大观》第五册，上海：上海古籍出版社，2001年，第4927页。

② （宋）周密撰，王根林校点：《齐东野语》卷二〇“张功甫豪侈”条，上海古籍出版社编：《宋元笔记小说大观》第六册，上海：上海古籍出版社，2001年，第5684页。

③ （宋）叶绍翁撰，尚成校点：《四朝闻见录》甲集“卫魁廷对”条，上海古籍出版社编：《宋元笔记小说大观》第五册，上海：上海古籍出版社，2001年，第4868页。

敌中建立了强大的威慑力。

（3）起复拜相。诛韩事变之后，史弥远于开禧三年（1207）十一月由礼部侍郎擢为礼部尚书，次月，同知枢密院事。接下来的嘉定元年（1208），随着四月景献太子参议朝政，史弥远也因旧学而在仕途上扶摇直上，六月兼参知政事，十月则进拜右丞相。不过，在接下来的十一月，史弥远母亲去世，按制当丁忧三年，故而去位，但这并没有妨碍史弥远的仕途，“癸亥，皇太子请赐弥远第于行在，令就第持服，许之。弥远赐第，亦许之。明年二月壬辰，遣内侍趣弥远还行在赐第”[①]。至嘉定二年（1209）五月，乃起复右丞相。至此，史弥远可以说是独享了诛韩之变的政治成果，并同太子建立了更加紧密的联系，为其独相专权提供了保证。

2. 史弥远与皇子济王赵竑及贵诚

如果景献太子顺利即位的话，史弥远自然高枕无忧，但是景献太子却于嘉定十三年（1220）去世，在这之后，如何调整和维系同新的皇位接班人的关系，就成为史弥远独相固权所不得不考虑的问题。通过废济王、立宋理宗一事，可见他在这一问题上的诸多应对。《延祐四明志》载：

> 十五年（引者按：当为十三年），皇子荣国公薨，立济国公竑为皇子。时弥远相已久，皇子在府中与左右阴言：“丞相辅政有不便。”语寖闻，丞相恶之。乃密以越州宗室子与莒为沂王后，更名贵诚，援高宗立普安、恩平二王故事，将复立为皇子。十七年八月，会宁宗大渐，亟白皇后，言：“贵诚贤德，皆先帝犹子。”遂宣遗诏立为皇太子，即帝位，是为理宗。复为相十年。[②]

这段文字大致勾勒了史弥远废济王赵竑、立宋理宗一事的背景、经过及结果。因景献太子死后，作为最有可能继承皇位之人，济王赵竑的态度关系到史弥远的政治前途，史弥远曾予以侦探。

> 竑好鼓琴，丞相史弥远买美人善鼓琴者，纳诸御，而厚廪其家，使美人瞷竑，动息必以告。美人知书慧黠，竑嬖之。宫壁有舆地图，竑指琼厓曰：“吾他日得志，置史弥远于此。”又尝呼弥远为“新恩”，

① （宋）佚名编，汝企和点校：《续编两朝纲目备要》卷一一，北京：中华书局，1995年，第201页。

② （元）袁桷：《延祐四明志》卷五《史弥远传》，中华书局编辑部编：《宋元方志丛刊》第六册，北京：中华书局，1990年，第6206页。

以他日非新州则恩州也。弥远闻之，尝因七月七日进乞巧奇玩以觇之，竑乘酒碎于地。弥远大惧，日夕思以处竑，而竑不知也。①

通过安插眼线，史弥远探知了济王赵竑欲掌权之后流放自己的想法，同时通过"进乞巧奇玩以觇"济王赵竑的态度，而"竑乘酒碎于地"，故意表达了对史弥远的不满。在这种情况之下，史弥远大惧，日夕思考如何除掉济王赵竑，其方法便是通过立赵与莒为沂王后，更名贵诚，援宋高宗立普安、恩平二王故事，将其立为皇子，为嗣君提供另一种选择。

为了确保这一同自身命运息息相关的选择不出纰漏，史弥远可谓煞费苦心。他先是派其门客搜寻可塑之才，《宋史 · 余天锡传》载：

余天锡……丞相史弥远延为弟子师，性谨愿，绝不预外事，弥远器重之。是时弥远在相位久，皇子竑深恶之，念欲有废置。会沂王宫无后，丞相欲借是阴立为后备。天锡秋告归试于乡，弥远曰："今沂王无后，宗子贤厚者幸具以来。"天锡绝江与越僧同舟，舟抵西门，天大雨，僧言门左有全保长者，可避雨，如其言过之。保长知为丞相馆客，具鸡黍甚肃。须臾有二子侍立，全曰："此吾外孙也。日者尝言二儿后极贵。"问其姓，长曰赵与莒，次曰与芮。天锡忆弥远所属，其行亦良是，告于弥远，命二子来。保长大喜，鬻田治衣冠，心以为沂邸后可冀也，集姻党且诧其遇以行。天锡引见，弥远善相，大奇之。计事泄不便，遽复使归。保长大惭，其乡人亦窃笑之。逾年，弥远忽谓天锡曰："二子可复来乎？"保长谢不遣。弥远密谕曰："二子长最贵，宜抚于父家。"遂载与归。天锡母朱为沐浴、教字，礼度益闲习。未几，召入嗣沂王②。

史弥远密遣其器重之弟子师余天锡寻求"宗子贤厚者"以为沂王后，而余天锡也不负所托，引赵与莒、赵与芮来见，"弥远善相，大奇之"。但"计事泄不便，遽复使归"，次年，令赵与莒"宜抚于父家"，终被"召入嗣沂王"，为其继位宋宁宗奠定了第一步。接着，他请郑清之按照储君标准培育贵诚（笔者按：立为皇子后改名为赵昀）。

---

① 《宋史》卷二四六《镇王竑传》，北京：中华书局，1977 年，第 8735 页。

② 《宋史》卷四一九《余天锡传》，北京：中华书局，1977 年，第 12551—12552 页。

> 一日，弥远为其父饭僧净慈寺，独与国子学录郑清之登惠日阁，屏人语曰："皇子不堪负荷，闻后沂邸者甚贤，今欲择讲官，君其善训迪之。事成，弥远之坐即君坐也。然言出于弥远之口，入于君之耳，若一语泄者，吾与君皆族矣。"清之拱手曰："不敢。"乃以清之兼魏忠宪王府教授。清之日教昀为文，又购高宗书俾习焉。清之上谒弥远，即以昀诗文翰墨以示，弥远誉之不容口。弥远尝问清之："吾闻其贤已熟，大要竟何如？"清之曰："其人之贤，更仆不能数，然一言以断之曰：不凡。"弥远颔之再三，策立之意益坚。清之始以小官兼教授，其后累迁，兼如故。①

让郑清之出任魏忠宪王府教授，目的是对赵昀"善训迪之"，以备取代济王赵竑。郑清之也善于事任，"以昀诗文翰墨以示，弥远誉之不容口"，使赵昀得到了史弥远的认可。而在得到了郑清之"不凡"的肯定回答后，"弥远颔之再三，策立之意益坚"。及至宋宁宗驾崩，济王赵竑被废，赵昀即位，史弥远亦得以再相十年，究其成功之因，则离不开其同储君的特殊关系。

（三）通过精心培养，使子孙政治才干与气量高人一等

楼钥曾云："弥大、弥远，皆登进士第；弥正、弥坚，亦累举春官。人以是服公之教子也。"②史浩四子皆致通显，楼钥归于"公之教子"之功。有一事可见史浩教子有方。

> 史弥远，字同叔。忠定罢相归东湖，与弟弥坚先后生。忠定深器之，尝曰："吾以不言兵，后必有为宰相者。二子优劣，吾未能审也。"一日，携客游湖寺，二子从。忠定阴戒从者进食逾晡时。弥远独凝坐，绝怒色，忠定始肯之。③

以宰相期许史弥远、史弥坚二子，并设一事加以考验，因史弥远能"独凝坐，绝怒色"，表现出宰相气度，故史浩"始肯之"，至为推许。这同吕夷简推许其子吕公著"他日必为公辅"正出一意。不仅史浩如此推许史弥远，

① 《宋史》卷二四六《镇王竑传》，北京：中华书局，1977 年，第 8736 页。

② （宋）楼钥：《攻媿集》卷九三《纯诚厚德元老之碑》，《丛书集成初编》第 2018 册，北京：中华书局，1985 年，第 1286 页。

③ （元）袁桷：《延祐四明志》卷五《史弥远传》，中华书局编辑部编：《宋元方志丛刊》第六册，北京：中华书局，1990 年，第 6206 页。

他人亦有同见，如宋孝宗：

> 淳熙十四年，登进士第，孝宗临轩嘉叹曰："史太傅晚年有子，足慰老怀。"[①]

再如京镗：

> 丞相京镗屏左右曰："君他日功名事业过镗远甚，愿以子孙为托。"[②]

上述两段引文都对史弥远赞誉有加。这种表现自然离不开史浩的培育之功，他曾聘请当时名儒对这二子加以教育，如孙应时，"淳熙甲辰，史忠定王延致先生，讲道东湖，今丞相鲁国公昆弟实从之游"[③]。又如陆九渊的弟子杨简。虽然后来史弥远的擅权行为并不为杨简所认同，俞德邻《佩韦斋辑闻》载：

> 穆陵继统，实史弥远拥立之功。杨文元公简，史之师也，以列卿召对，上从容问曰："闻师相幼尝受教于卿。"简对曰："臣之教弥远者不如此。"上曰："何谓也？"对曰："弥远视其君如弈棋。"上默然罢朝。上以语弥远，弥远对曰："臣师素有心疾。"[④]

杨简将史弥远所为归为"视其君如弈棋"，显然是不满之辞。"弈棋"二字自不是施教者本意，却足以说明史弥远具有高超的政治手腕，这同史浩的培养不能说没有一点关系。

以上是就史浩对子孙的政治影响所做的三个方面的探讨。总体来看，史浩子孙多有所作为，且同赵室宫廷的关系亲密而特殊，其中又以史弥远最为突出。史弥远独相 26 年，为宋代之最。其少年期间，受到了良好教育，显示出了与众不同的政治素质，深为史浩所期许。及至后来，他亲自或命亲信担任王府或东宫官职，建立了同储君的特殊关系，最终为拜相固权提

---

① 《史家祖宗画像、传记及题跋》之《史弥远传》，史美露主编：《南宋四明史氏》，成都：四川美术出版社，2006 年，第 30 页。

② 《宋史》卷四一四《史弥远传》，北京：中华书局，1977 年，第 12415 页。

③ （宋）孙应时：《烛湖集》卷首司马述序，《景印文渊阁四库全书》第 1166 册，台北：商务印书馆，1986 年，第 523 页。

④ （元）俞德邻：《佩韦斋辑闻》卷三，《丛书集成初编》第 323 册，北京：中华书局，1985 年，第 24 页。

供了保障。当然，史弥远尚同以杨皇后为代表的后宫建立了密切关系，从诛韩之变开始，到废济王、立宋理宗之事中，二者可谓相互依存，牢不可破，这在前面所引的材料中或多或少可以得到证明。可以说，这是同赵氏宫廷除储君、皇帝之外的又一层重要关系，为史浩所不曾有。只是因相关可靠材料不多，笔者就不拟讨论了。

四、余论：史弥远的政治遗产

史氏家族至史弥远时，一举登上了政治权力的高峰。不过这对于史氏后人来说却是利弊并陈。有利的是，一些后辈凭借史弥远留下来的政治资源，得以在宋理宗的庇护下继续占据高位，甚至官拜执政、丞相；不利的是，公议力量对史弥远的政治清算波及了这些人，致使他们始终处于舆论的漩涡而不能持久掌权，家族政治权势也随之走向衰落。下面笔者对此来做一简要的论述。

史弥远带给其子孙亲近以巨大的政治权益，可谓盛极一时，主要有以下三个方面。

（一）优礼

《宋史·理宗本纪》载：

> （绍定六年十月）诏："史弥远有定策大功，勤劳王室，今以疾解政，宜加优礼。长子宅之权户部侍郎兼崇政殿说书，次子宇之直华文阁、枢密院副都承旨，长孙同卿直宝章阁，次孙绍卿、良卿、会卿、晋卿并承事郎，女夫赵汝禖军器少监，孙女夫赵崇梓官一转。"[①]

在史弥远解政之前，宋理宗特别将其子史宅之、史宇之"并赐同进士出身"，为他们进入仕途扫除了障碍。及史弥远解政，则遍封其子孙亲近，史宅之擢为权户部侍郎兼崇政殿说书，史宇之直华文阁、枢密院副都承旨，而这离他们被赐同进士出身尚不满一月，由此可见宋理宗的"优礼"之意。

（二）保全

史弥远死后次年，宋理宗亲政，一些前次被斥之人如真德秀、魏了翁、王迈、王遂等被擢用，一时之间，他们展开了对史氏党羽的弹奏，如李知孝、梁成大等都遭到了贬谪。不过对于史弥远及其子孙，宋理宗则多方回

① 《宋史》卷四一《理宗本纪》，北京：中华书局，1977年，第798—799页。

护、保全，不容攻击。《齐东野语》载：

> （王迈）为正字日，因轮对，及故相擅权。理宗宣谕曰："姑置卫王之事。"迈即抗声曰："陛下一则曰卫王，二则曰卫王，何容保之至耶？"上怒不答，径转御屏，曰："此狂生也。"①

王迈攻击故相史弥远擅权，理宗则保之甚极，所谓"姑置卫王之事"，显然意在回避，而王迈却步步紧逼，无奈之下，宋理宗仅以狂生搪塞过去。这也反映了在史弥远死后的舆论形势极不利于史氏，所幸有宋理宗的保全方才无虞。

宋理宗保全史弥远之泽亦及其子孙。当时，传宋理宗有御笔保全之举，袁甫风闻此事，即上书加以反对。

> 臣窃见近者中外惊传陛下特形御笔，谓："朕欲全功臣之世，而人言不已，戒饬史宅之等安分畏法，益加戒谨。仍令自今中外臣僚奏章毋得捃摭，务存大体，以副朕终始元臣之意。"万一有此，深为陛下惜之。

其理由如下：

> 方近又并命二相，作新庶政。乃于此时降禁遏忠言之手札，以消天下谠直敢言之气，传之中外，其谓陛下何？
>
> 陛下欲全史氏一门，则当使之常有忌惮公议之心，如一撤其闲，将以爱之，适所以祸之也。况宅之兄弟久处富贵，涉历未深，正当左右诗书，遵蹈绳检，不致贻讥清议，乃可植立门户，故御札未必能福史氏，而公议乃可以全史氏也。②

魏了翁则进呈宋理宗《奏乞收回保全故相史弥远御笔》，他直言："御笔若未行，即速已之；或已行出，却乞收回删去前后数语，以为史宅之兄

① （宋）周密撰，王根林校点：《齐东野语》卷四"潘庭坚王实之"条，上海古籍出版社编：《宋元笔记小说大观》第五册，上海：上海古籍出版社，2001年，第5480页。

② （宋）袁甫：《蒙斋集》卷五《论史宅之奏》，《丛书集成初编》第2034册，北京：中华书局，1985年，第63—64页。

弟之警，乃所以保全其家而训天下之为人臣者。”①不过，宋理宗并没有接受袁甫、魏了翁的意见，仍然将保全御笔付出，方大琮曾见过该御笔。

> 恭睹二年七月御笔，有曰：“卫王功茂，深欲保全其家。”又曰：“札付宅之兄弟，自今臣僚，无复掊摭。”

对此，他极为不满：

> 丁宁覆护，如抚爱子，何其厚于保奸孽之家。②

将史氏斥为奸孽，可见出语激愤之至。而所谓“丁宁覆护，如抚爱子”，则形象地揭示了宋理宗对于史弥远子孙的保全之意。

（三）重用

从宋理宗对史宅之的奖掖可以看出这一点。据载：“宅之幼习明国家之典制，理宗入继大统，宅之甫弱冠，预其议，后官至同知枢密院事。为户部尚书，括浙右田，虚籍几百万，理宗大悦。后按其田，皆诸道旧隶，始罢征。”③史宅之得以重用，与其参与宋理宗之立有关。而其括田之举，“虚籍几百万”，表面上是这一巨大成效使宋理宗大悦，但实际上宋理宗大悦更有深层之意，周密有所揭示：

> 史宅之字子仁，号云麓，弥远之子也。穆陵念其拥立之功，思以政地处之，然思不立奇功，无以压人望。会殿步司狱芦荡以为可以开为良田，裨国饷。时宅之为都司，遂创括田之议，一应天下沙田、围田圩、没官田等并行拨隶本所，名“田事所”。仍辟官分往江、浙诸郡，打量围筑。时淳祐丁未，郑清之当国时也，遂以宅之为提领官……行之期年，有扰无补。朝廷亦知其不可行。乃以赵与膺为浙西宪司嘉禾提领江浙田事，陈绮为淮西饷置司会陵提领江淮田事，宅之遂除副

① （宋）魏了翁：《鹤山集》卷二〇《奏乞收回保全故相史弥远御笔》，《景印文渊阁四库全书》第1172册，台北：商务印书馆，1986年，第264页。

② （宋）周密撰，王根林校点：《齐东野语》卷一四“巴陵本末”条，上海古籍出版社编：《宋元笔记小说大观》第五册，上海：上海古籍出版社，2001年，第5603页。

③ （元）袁桷：《延祐四明志》卷五《史弥远传》，中华书局编辑部编：《宋元方志丛刊》第六册，北京：中华书局，1990年，第6206页。

枢……后一年，宅之终于位。[①]

宋理宗有意“以政地处”史宅之，遂令其提领浙右田以立奇功，以“压人望”，结果却“有扰无补”，并无成效，但这并没妨碍史宅之升官，也足见宋理宗对他的重用之意。只是由于“后一年，宅之终于位”，寿命不永，才没能更进一步。不过，其族兄史嵩之却得以拜右丞相兼枢密使，成为史氏家族的最后一位宰相。对于史嵩之的成长，史弥远显然有先见之明与奖拔之功，据载：

忠献当国日，待族党加严，犹子嵩之子申，初官枣阳户曹，方需远次，适乡里有佃客邂逅致死者，官府连逮急甚，欲求援于忠献，而莫能自通，遂夤缘转闻，因得一见。留饭终席，不敢发一语。忽问：“何不赴枣阳阙？”以“尚需次”对，忠献曰：“可亟行，当作书与退翁矣。”（陈晐时为京西阃）子申拜谢，因及前事，公曰：“吾已知之，第之官勿虑也。”公平昔严毅少言，遂谢而退。少间，公元姬林夫人因扣之，公曰：“勿轻此子，异日当据我榻也。”其后信然。[②]

史弥远不仅化解了史嵩之的为难之事，还为其作书赴职，加以奖掖。在他看来，史嵩之有朝一日会官拜宰相之位，其言与史浩对他的期待正相一致，个中意思颇耐人寻味。

以上探讨了史弥远对史氏后辈政治方面的有利影响，当然，不利的一面也很明显，那就是史氏后辈往往为公议所不容，这在前面论史宅之时已有所涉及，而“（史）嵩之为公论所不容，居闲十有三年”[③]，更是显而易见。关于史嵩之同公议之间的斗争，沈松勤《南宋文人与党争》一书有详细讨论，读者可参看[④]。对此，笔者不再赘述。

---

① （宋）周密撰，王根林校点：《癸辛杂识》别集下“史宅之”条，上海古籍出版社编：《宋元笔记小说大观》第六册，上海：上海古籍出版社，2001年，第5885页。

② （宋）周密撰，王根林校点：《齐东野语》卷一八“前辈知人”条，上海古籍出版社编：《宋元笔记小说大观》第五册，上海：上海古籍出版社，2001年，第5658页。

③ 《宋史》卷四一四《史嵩之传》，北京：中华书局，1977年，第12427页。

④ 沈松勤：《南宋文人与党争》，北京：人民出版社，2005年，第140—148页。

第二节　史浩与张浚之争

史浩与张浚之争发端于绍兴三十二年（1162）六月宋孝宗即位之后，结束于隆兴元年（1163）五月。在此期间，历任翰林学士、参知政事、右仆射兼枢密使的史浩同都督江淮军马的张浚在一系列问题上展开了激烈争论，堪称宋孝宗主政初期的重要政治事件。学术界对此较为关注，如何忠礼先生的《试论南宋孝宗朝初年与金人的和战——兼论对张浚和史浩的评价》[①]、史美珩先生的《评为岳飞平反的宰相——史浩》[②]等论文，都对这一事件有所涉及。不过，二文立足于史浩的是非评价问题，对史、张之争的内涵与本质关注不多，故本节试图从以下三个方面论析这一问题，并对这场争论对史浩的影响略做探讨。

一、国是之争

国是指一个国家的基本政策，宋代政治发展的多数时期都就国是产生过激烈争论。沈松勤先生曾专门探讨过南宋前期的国是之争，并总结道：

> 南渡以后的“国是”说盛行于高宗朝，并经过了从以和战为内涵到以整个治国方略为内涵的发展历程；而其形成和发展的前提，则在于事关国家和民族存亡的主战与主和之争。和战之争表现最为激烈的当推高宗建炎至绍兴前期与孝宗即位的初期两个时期。第一时期论争的结果是以和议为“国是”，确定了“绍兴和议”；同样，第二时期也制定了继“绍兴和议”之后的又一以和议为“国是”的“隆兴和议”。[③]

上述论断准确地概括了南渡以后国是内涵的变化，从和战到整个治国方略，显示出时人争论的不同侧重。这里，沈先生将宋孝宗即位的初期作为和战之争表现最为激烈的两个时期之一，可谓慧眼独具，这从下面所引的材料中便可得到证明。

> 时孝宗屡易相，国论未定，（王）质乃上疏曰：“陛下即位以来，

① 何忠礼：《试论南宋孝宗朝初年与金人的和战——兼论对张浚和史浩的评价》，《浙江学刊》1998年第6期。

② 史美珩：《评为岳飞平反的宰相——史浩》，《浙江师大学报》（社会科学版）2001年第6期。

③ 沈松勤：《南宋文人与党争》，北京：人民出版社，2005年，第169页。

慨然起乘时有为之志，而陈康伯、叶义问、汪澈在廷，陛下皆不以为才，于是先逐义问，次逐澈，独徘徊康伯，难于进退，陛下意终鄙之，遂决意用史浩，而浩亦不称陛下意，于是决用张浚，而浚又无成，于是决用汤思退。今思退专任国政，又且数月，臣度其终无益于陛下。夫宰相之任一不称，则陛下之志一沮。前日康伯持陛下以和，和不成；浚持陛下以战，战不验；浚又持陛下以守，守既困；思退又持陛下以和。陛下亦尝深察和、战、守之事乎……使臣为陛下谋，会三者为一，天下乌有不治哉？”①

在此疏中，王质列举了宋孝宗初期大臣先后被罢的情况，叶义问、汪澈、陈康伯、史浩、张浚等都未能久任，究其原因，乃在于宋孝宗在和、战、守三者之间的摇摆不定，也就是史臣所说的国论未定。为此，王质主张“会三者为一”，根据形势的变化统筹运用和、战、守三策。然而，由于当时宋金形势变化多端，难以把握，加之各方政治主张的交相碰撞，王质的调和之论并不能使宋孝宗衷于一是，从而改变国论未定的局面。显然，宋孝宗屡次易相的原因乃在于当时激烈的国是之争。

史浩与张浚之争正是发生在这一时期，作为当时国是之争的一部分，具有一些自身的特点。与后来的张浚、汤思退的国是之争相比，史、张之争中的国是内涵并不仅限于对金是守、战还是和，而是以前文引沈松勤先生所说的整个治国方略为主。先看史浩的国是主张，其云：

惟陛下少稽锐志，以为后图。内修政事，外固疆圉，上收人才，下裕民力，乃选良将，练精卒，备器械，积资粮，十年之后，事力既备，苟有可乘之机，则一征无敌矣。②

又云：

方今立国之道，贵在得人，曰财曰兵，以次举行。使足食足兵，何患狂虏之跳梁哉！自陛下即位以来，凡臣之建议，莫不以自治为先。深恐好名之士袒持异论，以挠初谋，锐意之士不恤大计，以成轻脱，

① 《宋史》卷三九五《王质传》，北京：中华书局，1977 年，第 12055—12056 页。

② （宋）史浩：《鄮峰真隐漫录》卷七《论未可北伐札子》，舒大刚主编：《宋集珍本丛刊》第 43 册，北京：线装书局，2004 年，第 13 页。

是以拳拳之念，蚤夜不敢忘。[①]

再云：

臣顷因陛下即位之初，尝陈今日御戎之计，谓："藩篱不可不固，扃鐍不可不严。藩篱固，则内之政事可修；扃鐍严，则外之奸细难入。先为守备，是乃良规。若夫议战与议和，则亦在彼不在此。彼战则战，彼和则和。和不忘战，姑为雪耻之后图；战不忘和，乃欲缓师而自治。此度今年之事力，故立一时之权宜。"[②]

从这些言论来看，史浩为宋孝宗所开出的"整个治国方略"，重心乃是"内修政事""以自治为先"。围绕这一重心，他在对内问题上主张"收人才""裕民力""选良将，练精卒，备器械，积资粮"，旨在做到"得人"与"足食足兵"，只有如此，才能"以为后图"，等待"可乘之机"而"一征无敌"。而在对外问题上，史浩主张"先为守备""外固疆圉"，为自治创造安定的外部环境。所以，他特别反对"好名之士""锐意之士"积极主战的要求，认为这有"轻脱"之弊，非"恤大计"之举。他说："议战与议和，则亦在彼不在此。彼战则战，彼和则和"，看似将同金或战或和的主动权交给了对方，有畏敌示弱之嫌疑，但却是在"度今年之事力"的基础上所做出的决定，其仍然从属于史浩"以自治为先"的"整个治国方略"。

与史浩不同，张浚整个治国方略的重心乃在于主战，他在隆兴元年（1163）三月被召赴京途中的上奏中云：

今之议者，孰不持战守之说？其下则欲复遵旧辙，重讲前好。以臣观之，战守之说是也。然而战守之道，本于庙胜。君天下者，诚能正身以正朝廷，正朝廷以正百官，正百官以正万民，用之战则克，用之守则固，理有决然者矣。今德政未洽于人心，宿弊未革于天下，揆之庙算，深有可疑。臣愿陛下发乾刚、奋独断，于旬月之间，大布德章，一新内外，尽循太祖、太宗之法，使南北之人知有大治于后。人

① （宋）史浩：《鄮峰真隐漫录》卷七《再论山东札子》，舒大刚主编：《宋集珍本丛刊》第43册，北京：线装书局，2004年，第11页。

② （宋）史浩：《鄮峰真隐漫录》卷八《回奏条具弊事札子》，舒大刚主编：《宋集珍本丛刊》第43册，北京：线装书局，2004年，第15页。

心既孚，士气必振，于以战守，何往不济？①

这里，张浚也是将战守之议纳入到整个治国方略之中加以考虑的，并注意到了修“德政”、革“宿弊”在同金国战守中的重要性，将之作为“庙胜”的筹码。不过，这种主张明显偏重对外问题，因此也就没有提出切实可行的内修政策，其急于成功的意思也比较明显。

正是由于两人在国是主张上的侧重不同，史、张之争也就不可避免。下面就其争论的具体内容加以分析。

（一）战守之争

这是两人争论的中心问题。张浚求战而史浩主守，前后至少有以下三次冲突。

1. 要不要进兵山东

朱熹云：

> 公于（绍兴三十二年）九月中尝具奏，以谓：“近闻吴璘之兵在德顺曾未几月，与虏大战，不可不为之深思也。使此虏得志于西，则气焰必炽，胁制蕃汉，聚兵边陲，迫我臣属，事固难处。今持久不决，有大利害存焉。倘坐视不问，贻忧异时，非计之得也。当令两淮之师虎视淮堧，用观其变，而遣舟师自海道摇山东，及多遣忠义结约中原，疑惑此虏，使有左顾右眄之虑。而德顺之师知我有牵制之势，将士当亦贾勇自奋。”至是复令俊卿等力言之。时浩已发诏，命璘弃德顺。盖浩志专欲亟和，以自为功，谓德顺既弃，则非徒璘无能为，亦固挠公之谋矣。②

张浚认为进兵山东，可与在西线作战的吴璘遥相呼应，起到牵制金兵的作用。为此，史浩以《论未可用兵山东札子》《再论山东札子》来加以反对。他认为，“宿师于外，守备先虚。我犹知出兵山东以牵制川陕，彼独不知警动两淮荆襄以解山东之急耶？为今之计，莫若戒敕宣抚司以大兵及舟

① （宋）朱熹：《晦庵先生朱文公文集》卷九五下《少师保信军节度使魏国公致仕赠太保张公行状下》，《朱子全书》第25册，上海、合肥：上海古籍出版社、安徽教育出版社，2002年，第4423—4424页。

② （宋）朱熹：《晦庵先生朱文公文集》卷九五下《少师保信军节度使魏国公致仕赠太保张公行状下》，《朱子全书》第25册，上海、合肥：上海古籍出版社、安徽教育出版社，2002年，第4422页。

师固守江淮，控制要害，为不可动之计”[①]。可见，两人之分歧在于一方主于战，一方则主于守。

这次争论中的德顺问题，史浩主张弃之。朱熹谓此举乃“(史)浩志专欲亟和，以自为功，谓德顺既弃，则非徒璘无能为，亦固挠公之谋矣”，将之定为求和之举，似未能体察到史浩保守川蜀之初心。不过是否应弃德顺，固有可议，时人虞允文就极力反对，《宋史·虞允文传》载之甚详。

> 孝宗受禅，朝臣有言西事者，谓官军进讨，东不可过宝鸡，北不可过德顺，且欲用忠义人守新复州郡，官军退守蜀口。允文争之不得，吴璘遂归河池，盖用参知政事史浩议，欲尽弃陕西，台谏袁孚、任古附和其说。允文再上疏，大略言：“恢复莫先于陕西，陕西五路新复州县又系于德顺之存亡，一旦弃之，则窥蜀之路愈多，西和、阶、成，利害至重。”前后凡十五疏，且移书陈康伯，康伯牵于同列，不能回也。上将召允文问陕西事，执政忌其来，以显谟阁直学士知夔州，寻又命奏事。隆兴元年入对，史浩既素主弃地，及拜相，亟行之，且亲为诏，有曰：“弃鸡肋之无多，免狼心之未已。”允文入对言：“今日有八可战。”上问及弃地，允文以笏画地，陈其利害。上曰：“此史浩误朕。”[②]

从这段记载来看，虞允文的意见更值得重视，因为其身处西部抗金前线，对形势利害尤为熟悉，其判断应合乎客观情况。当然也不应因史浩主张弃绝德顺，便认定他有求和之意且为针对张浚之举。若深加考察的话，其出发点仍是固守以自治为先的既定之策。

2. 要不要扫荡边患

朱熹云：

> 时(隆兴元年正月)虏将万户蒲察徒穆及伪知泗州大周仁以兵五千屯虹县，都统萧琦以万余人屯灵壁，积粮修城，遣间不绝。公谓至秋必为边患，当及时扫荡。若破两城，则淮泗可奠枕也。且萧琦素有归我之意，累遣亲信至宣抚司。会主管殿前司李显忠、建康都统制邵

① (宋)史浩：《鄮峰真隐漫录》卷七《论未可用兵山东札子》，舒大刚主编：《宋集珍本丛刊》第43册，北京：线装书局，2004年，第10页。

② 《宋史》卷三八三《虞允文传》，北京：中华书局，1977年，第11795—11796页。

宏渊亦献捣二邑之策，公具以奏上。[①]

面对张浚的主动请战，史浩特对李、邵责之，敲山震虎，反对之意十分明显。

3. 要不要主动北伐

隆兴元年（1163）三月，张浚拜见宋孝宗，先是乞幸建康，史浩陈三说以驳斥之，接着论用兵，史浩接连以《论未可北伐札子》《论用兵札子》等来表明立场，最后，"浚因内引奏曰：'史浩意不可回，恐失机会，乞出英断"[②]，遂有用兵之举。

对于此次用兵，反对者多有，如"武锋军都统制陈敏曰：'盛夏兴师，恐非其时。兼闻金重兵皆在大梁，必有严备。万一深入，我客彼主。千里争力，人疲马倦。劳逸既异，胜负之势先形矣。愿少缓之。'"另如韩元吉、唐文若、陈俊卿等都不赞成用兵[③]。由此可见，张浚的用兵主张并不可行，后来的符离之败也印证了这一点。

（二）归正人拒纳之争

归正人指由金入宋者，既有官员、兵将，也有流民。其乘宋金兵兴之际，纷纷南来，在如何对待这些人的问题上，张浚主张接纳，而史浩主张绝之，为此争论不已。楼钥述其前后云：

浚又奏："归正人当优待之。"公以为不可。浚、康伯俱曰："彼以善心至，安可拒乎？"公又两入奏，其一曰："敌日为奸谋以挠我，纵流民以困我，而沿边方以招徕为功。数年之后，蚕食既多，国用益乏，彼将反有怨悔之心，可不远虑乎？固不可绝其内向之意，其有至者，当谕之使安土以俟恢复。彼且无所归怨，而敌亦知国之有人，岂应先为自蹙之计？"其二曰："弃实而务名，舍近而谋远，见利而忘害。愿弃名取实，以集大勋；先近后远，以安边鄙；见利思害，以杜

① （宋）朱熹：《晦庵先生朱文公文集》卷九五下《少师保信军节度使魏国公致仕赠太保张公行状下》，《朱子全书》第25册，上海、合肥：上海古籍出版社、安徽教育出版社，2002年，第4423页。

② （宋）楼钥：《攻媿集》卷九三《纯诚厚德元老之碑》，《丛书集成初编》第2018册，北京：中华书局，1985年，第1282页。

③ （宋）周密撰，王根林校点：《齐东野语》卷二"符离之师"条，上海古籍出版社编：《宋元笔记小说大观》第五册，上海：上海古籍出版社，2001年，第5451页。

乱萌。”言甚切至。[①]

张浚优待归正人之主张遭到了史浩的反对，并两次入奏宋孝宗，极言毋纳归正人之理由。客观来看，归正人中确实有间谍，且在一定程度上导致了国用虚支、官员滥授、边境不安等问题，对以自治为先的治国方略的顺利实施构成了困难。但是，归正人对于壮大抗金力量，巩固抗金形势，亦有积极作用，张浚所论就侧重这一点。

> 窃惟国家自南渡以来，兵势单弱，赖陕西及东北之人不忘本朝，率众归附，以数万计。臣自为御营参赞，目所亲见，后之良将精兵，往往皆当时归正人也。三十余年，捍御力战，国势以安。今一旦遽欲绝之，事有大不可者。此令一下，中原之人以吾有弃绝之意，必尽失其心，一也。人心既失，变为寇仇，内则为虏用，外则为我寇，二也。今日处分既出圣意，将见淮北之人无复渡淮归我者，人迹既绝，彼之动息无自而知，间探之类，孰为而遣？三也。中原之人本吾赤子，今陷于虏者三十余年，日夜望归，如赤子之仰父母。今有脱身而来者，父母拒户弃绝之，不得衣食，于天理人情皆所未顺，四也。自往岁用兵，大军以奔疲疾疫死亡十之四五。陛下慨念及此，命诸将再行招募。若淮北之人不复再渡，所募之卒何自而充？五也。寻常诸军招江浙一卒之费不下百缗，而其人柔脆，多不堪用。若非取军淮北，则军旅之势日以削弱，六也。若果绝之，人心一失，大事去矣。国家所系，人心为本。惟陛下恢廓圣度，同符天地，信顺获佑，其理必然。[②]

由此观之，张浚所言亦不为妄。所以纳与不纳归正人，都有合理的一面，也势必承担某种风险。究竟如何取舍，关键在于看待问题的着眼点。史浩主守，因归正人会为自治造成困难，故他反对招纳归正人；张浚主战，因归正人有助于军事力量的提升，故他主张招纳归正人。两者冲突之起，势不能免。不过，特别需要说明的是，史浩亦有辩证之举，如在任用归正人一事上，史浩主张区别对待，“时外建都督府，归正人及谍者日众，公虽

① （宋）楼钥：《攻媿集》卷九三《纯诚厚德元老之碑》，《丛书集成初编》第2018册，北京：中华书局，1985年，第1282页。

② （宋）朱熹：《晦庵先生朱文公文集》卷九五下《少师保信军节度使魏国公致仕赠太保张公行状下》，《朱子全书》第25册，上海、合肥：上海古籍出版社、安徽教育出版社，2002年，第4421页。

忧之，而深察其能否，故拔皇甫倜于境外，官胡昉于书生，皆赖其用”[①]，但在整个归正人的问题上，史浩力主毋纳的态度同张浚相去甚远，难以调和折中。

（三）筑城选址之争

筑城防御，史浩认为其址应在瓜洲、采石，以卫长江一线，张浚认为应在泗州，以守两淮，两人所见又不相同。朱熹云：

> 翰林学士史浩建议，欲筑瓜洲采石城，上下公议。公谓："今临淮要地俱未措置，高邮巢县家计亦复未立，而乃欲驱兵卒但于江干建筑城堡，岂不示虏削弱，失两淮之心，堕将士之气？或有缓急，谁肯守两淮者？不若先城泗州便。"上以公言为然。浩已为参知政事，力主初议。[②]

而史浩则曰：

> 两坞如成，国家之福，丞相之功亦不细矣。须委师臣，令择吉日，视地势顺便，为经久安居之计可也。东西关事甚善，丞相勉之。惟自家藩篱固，则外可以拒敌，出门而战，退而坚守，若蛟龙之在渊，庶几无失。[③]

从两人的主张来看，史浩显然接受了完颜亮入侵南宋的教训，以长江防务为重，认为如此方能战守自如，庶几无失。张浚则希望通过城泗州来收两淮之心，鼓舞将士之气，为牵制金国兵力甚至进取恢复作张本。

以上谈到了史、张两人国是之争中的三个重要方面，此外，两人在遣使通金、海上防务等问题上也存在着严重分歧，兹不赘述。

---

① （宋）楼钥：《攻媿集》卷九三《纯诚厚德元老之碑》，《丛书集成初编》第2018册，北京：中华书局，1985年，第1280页。

② （宋）朱熹：《晦庵先生朱文公文集》卷九五下《少师保信军节度使魏国公致仕赠太保张公行状下》，《朱子全书》第25册，上海、合肥：上海古籍出版社、安徽教育出版社，2002年，第4420页。

③ （宋）史浩：《鄮峰真隐漫录》卷三一《答宣抚张丞相议攻取札子》，舒大刚主编：《宋集珍本丛刊》第43册，北京：线装书局，2004年，第156页。

二、职权之争

隆兴元年（1163）正月，宋孝宗对执政成员做了调整，“以史浩为尚书右仆射、同中书门下平章事兼枢密使，张浚进枢密使，都督江淮东西路军马”①。史、张两人各有所任，但也因此而产生冲突，除前文所言国是之争外，亦涉及二府与督府之间的职权之争。

宋代制度，中书门下为最高行政机构，由宰相出任长官，享有极大权力，所谓“佐天子，总百官，平庶政，事无不统”②，便指出了宰相有权处理内政外交诸多事务。而枢密院作为最高军事机构，“掌军国机务、兵防、边备、戎马之政令，出纳密命，以佐邦治”，故与中书对持文武二柄，号为“二府”③。因此，枢密使作为枢密院最高长官，亦被视为执政。本来枢密使之设有平衡相权之意，但在特殊情况下，宰相亦兼任枢密使。早在拜相之前，时任参知政事的史浩就提出了宰相兼任枢密使的建议，《宋宰辅编年录》载：

> 十二月乙丑常朝，史浩论枢密院合使宰相兼使事，因引富弼对仁宗皇帝故事。上曰：“正合朕所见。”陈康伯力辞，上曰：“此不易之论，毋多逊也。”诏宰相今后依旧兼枢密使。④

宰相兼枢密使可以将行政权、军事权集中起来，有利于行政与军事上的统筹安排，并最大限度地加强二府的权威，保证中央政策的贯彻执行。时任参知政事的史浩作此建议正是为了及时、有效地应对当时复杂多变的宋金战争形势，及其拜相，亦遵循惯例兼任枢密使，掌握了二府的领导决策权。

不过，二府的权威很快受到了来自都督府的挑战。本来，都督军马是负责沿边战守的军事长官，虽然有都督行府这样的办事机构，但必须听命于中央二府，并且根据实际情况时设时废，李心传对其历史沿革有所探讨。

> 都督，古官也，晋、宋间有之，自唐以来不置。绍兴初，吕元直

① 《宋史》卷三三《孝宗本纪》，北京：中华书局，1977年，第621页。

② 《宋史》卷一六一《职官志》，北京：中华书局，1977年，第3773页。

③ 《宋史》卷一六二《职官志》，北京：中华书局，1977年，第3797—3798页。

④ （宋）徐自明：《宋宰辅编年录》卷一七，赵铁寒主编：《宋史资料萃编》第二辑，台北：文海出版社，1967年，第1488页。

> 复相，谋进取，秦会之亦欲夺其权，乃共议令元直以左仆射都督江、淮、荆、浙诸军事，置司镇江。元直觉之，遽归，而命孟富文以参知政事权同都督，已而落“权”字。四年，赵元镇自知枢密院事为川陕宣抚处置使，元镇以与吴玠共事为嫌，乃改都督川陕、荆襄诸军事。五年春，元镇与张德远并相，遂带兼都督诸军马入衔。七年秋，德远将罢，先废都督府。隆兴初，德远再入，乃命以枢密使都督江、淮军马焉。二年，德远去位，都督府复废。其秋，纥石烈志宁入寇，诏汤进之以左仆射为之。进之逗遛不行，乃命王瞻叔以参知政事为同都督，瞻叔亦丐免，于是遂命和义王杨存中代为都督。非宰相而为都督，自存中始。①

由此可见，南宋都督之设，既是抗金斗争之需，亦与政治权力之争有关。设立之后，多以宰相兼任，故地位较为尊隆，职权较为重大，并设有都督行府作为办事机构，但这一机构并非恒定不变，而是常常出现都督罢免而都督府随之亦废的情况。在这方面，张浚关系最大，先是“七年秋，德远将罢，先废都督府”，接着“（隆兴）二年，德远去位，都督府复废”，从中可见都督与都督府之间休戚与共的密切关系。那么，为什么会出现这种情况呢？李心传给出了答案。

> 张魏公之为都督也，以行府为名，凡事干朝廷，则关会三省、枢密院。孟富文时在政府，大不平，曰：“三省、密院，乃奉行行府文书邪？”因称疾求去。隆兴初，魏公再为都督，时宰相陈鲁公、汤庆公皆主和议，故朝廷所行多与都督府异。魏公乃言：“臣节制江、淮军马，其进退调发当从督府取旨施行。近日主兵官及帅守、监司，辄以军期事务，径申朝廷，乞札下依本府指挥，仍取当行人责军令状外，谨具奏知。”上曰：“岂有不申朝廷之理。”十月辛巳，乃诏：“江、淮军马调发应援，从督府取旨施行。其余事务，并令申奏如旧。”②

这段话点出了张浚控制下的都督府越权、不受二府节制的情况。其一，都督府“凡事干朝廷，则关会三省、枢密院”。对于都督府这种将二府作为

---

① （宋）李心传撰，徐规点校：《建炎以来朝野杂记》甲集卷十“都督军马”条，北京：中华书局，2000年，第198页。

② （宋）李心传撰，徐规点校：《建炎以来朝野杂记》甲集卷十“都督行府”条，北京：中华书局，2000年，第198—199页。

“奉行行府文书”的执行机构的做法，孟富文强烈不满，“大不平”“因称疾求去”，原因即在于都督府的强权竟然凌驾于二府之上。其二，二府与都督府的主张不同，“故朝廷所行多与都督府异”，因此，都督府的存在一定程度上妨碍了朝廷的政令畅通，容易造成政出多门、令人无所适从的混乱情况。其三，都督府试图扩大自主权与管辖权的意图，引起了朝廷的不满。张浚认为身为都督，“节制江、淮军马，其进退调发当从都督府取旨施行”，而不应“辄以军期事务，径申朝廷”，意在加强督府的权力。而从宋孝宗“岂有不申朝廷之理”的反应来看，他因朝廷权威受到挑战而产生的不满之意显而易见，故没有对张浚所请予以满足。上述三个方面都说明了都督府同二府之间的矛盾所在，而这也成了都督府屡被废置的主要原因。

前引材料中，明言宰相陈康伯、汤思退同都督张浚之间存在冲突。实际上，史浩位居二府期间，都督府亦有越权行为，与二府发生了严重冲突。且看楼钥《纯诚厚德元老之碑》中所载的三则材料。

> 大将李显忠、邵宏渊奏乞进兵，公又奏：“二将辄乞战，岂督府之命令不行耶？”
>
> 督府乏用，欲取之民。公曰：“未施德于民，遽重征之，恐外贼未必至，民贫将自为盗。”康伯与公相顾，同奏曰：“必欲取于民，臣等皆当丐退。”上为之给虚告五百道以赓费。
>
> 浚因内引，奏曰：“史浩意不可回，恐失机会，乞出英断。”既而省中忽得宏渊出兵知禀状，始知不由三省，径檄诸将。公语康伯曰：“吾属俱兼右府，而出兵不得预闻，则焉用相哉！”由是求去不已。[①]

第一则材料谓大将径直言求战，违背了武将不得干政的宋代政治传统，因此史浩怀疑此乃都督府故意指使而为，故有都督府之命令怎么能不执行的斥责。第二则材料是因都督府乏用，欲取之于民而引起了二府的激烈反对，究其原因，不在于是否取之于民，而在于宰相欲先内治但都督府却思进兵的意见分歧。第三则材料中的“出兵不得预闻”，说明了二府的尴尬处境，史浩“求去不已”的做法反映了二府与都督府的矛盾升级。

不唯上述冲突，实际上，史、张国是之争所涉及的问题都可以放到二府同都督府的关系视野中加以考察。基于总体的把握，出任二府长官的史

① （宋）楼钥：《攻媿集》卷九三《纯诚厚德元老之碑》，《丛书集成初编》第2018册，北京：中华书局，1985年，第1281、1282、1282页。

浩在对待战守、归正人或筑城选址等问题时，往往并不停留在这些问题本身而要兼顾其他方面，而负责都督江淮军马的张浚则显然更关注问题本身，这种区别的产生与两人所处的位置有一定关系。

三、处事之争

宋人论政，多依经学，强调经世致用。如王安石以“新学”变法，司马光以“朔学”更化，而二程倡“洛学”，苏轼本“蜀学”，都以各自学说影响时政，致君为用。对于这一现象，沈松勤认为，“北宋儒学的影响，也不仅在人伦日用和维护社会秩序上，同时还在经世治国之中。但汉代儒学定于一尊后，儒者恪守师法，复古守成，思想僵化，而北宋则学派纷呈，议古，疑经，疑传，发明义理，观点不一，主张有异，当其用作经世，特别是与政见相左、各不相能的朋党之争合力共振时，儒者抑此伸彼，唯胜是求，为了求胜，‘强经以从己’，相互争夺经典的解释权，以圣人对抗圣人，以儒学排斥儒学”[①]。不仅北宋士人如此，南宋士人亦重视学术的经世治国之用，史、张之争之所以产生，同两人的学术不同有莫大关系。

史浩上承家学，于学术有一己之得，史载：“浩少卓荦有大志，敏悟绝人，力学至忘饥渴寒暑。叔父木优于学，浩以为师，朝夕质问疑义，反复切到。读书一经目，终身不忘，自经史百家至浮图、老子之书，靡不通贯。”[②]从“自经史百家至浮图、老子之书，靡不通贯”的说法来看，史浩并没有专主一是，而是博求众学，力求贯通。这种学术特点对史浩处理政事的能力与方式有较大影响，楼钥总结道：

> 公智虑深长，临机辄断，平居若不胜衣，而剸裁勇决，毅然不可回。推究经旨，多先儒所未发，引经处事，动中要领。[③]

智虑深长是谓其处事之宏远，临机辄断和剸裁勇决是谓其处事之果敢，毅然不可回则是谓其对自己判断力的自信与坚持。这种处事原则与态度则得益于史浩“推究经旨，多先儒所未发”，即在学术上有诸多成就，因

① 沈松勤：《北宋文人与党争——中国士大夫群体研究之一》增订本，北京：人民出版社，2004年，第87页。

② （宋）方万里，罗濬纂：《宝庆四明志》卷九《史浩传》，中华书局编辑部编：《宋元方志丛刊》第5册，北京：中华书局，1990年，第5094页。

③ （宋）楼钥：《攻媿集》卷九三《纯诚厚德元老之碑》，《丛书集成初编》第2018册，北京：中华书局，1985年，第1278页。

此才能“引经处事，动中要领”。事实也正是如此，史浩曾进读《尚书》，所用讲义几经删改后，成《尚书讲义》一书，其中的学术思想可以用来观照史浩的政治主张，《四库全书总目》云：

（《尚书讲义》）盖本当时经进之本，故其说皆顺文演绎，颇近经幄讲章之体。其说大抵以注疏为主，参考诸儒而以己意融贯之。当张浚用兵中原时，浩方为右仆射，独持异论，论者责其沮恢复之谋。今观其解《文侯之命》一篇，亦极美宣王之勤政复仇而伤平王之无志恢复，则其意原不以用兵为非，殆以浚未能度力量时，故不欲侥幸尝试耶。①

《尚书》被视为封建社会的政治哲学经典，既为帝王必习之书，又为士人必读之册。《尚书讲义》虽然“大抵以注疏为主”，但无疑凝聚了史浩对于《尚书》中的政治、道德、伦理诸多问题的思考与认识，为其引经处事提供了学术资源。基于此，四库馆臣通过列举《尚书讲义》对用兵问题的解释来反观史浩的独持异论，的确接近史浩原意，有助于了解史、张之争的学术根源。

史浩不仅引经处事，还善于引史处事，这在史、张之争中表现得比较明显。如其《论归正人札子》云：

臣闻古之得天下者，皆由小以致大，若汤以七十里，文王以百里，是也。汤之一征，天下始信，故东征西怨，南征北怨，怨者徯其来而不至也。是故师至其国，若时雨降，非谓四方之民先归汤之国也。文王三分天下，有其二者，有其心也。是故至武王时，始殷商之旅，其会如林，非谓使天下之民先归文王之国也。若使民先归其国，则七十里之亳，百里之丰，何以容东西南北之人？而所谓亳与丰之地方且疲于赡养，日益穷蹙，又何暇修文德以格远人之心耶？②

他引用商汤、文王之例来说明不纳归正人的合理性，既将宋孝宗比作前代贤王，恭维了皇帝，又强调了内修然后安人的重要性，颇具说服力。

---

① （清）永瑢等：《四库全书总目》卷一一《〈尚书讲义〉提要》，北京：中华书局，1965年，第91页。

② （宋）史浩：《鄮峰真隐漫录》卷七《论归正人札子》，舒大刚主编：《宋集珍本丛刊》第43册，北京：线装书局，2004年，第11页。

这种引史处事的方法自然同史浩靡不通贯的知识结构密切相关，也在一定程度上弥补了引经处事的虚泛，做到了相得益彰。实际上，这两种处事方法一直贯串到史浩后来的政治生涯，“浩又罢相，在经帏尝书《车攻》诗序，陈述孟轲乘势待时之说，以赞恢复之图。又书唐太宗语‘治安中国而四夷自服，岂非上策’，复陈其说，愿以治安中国为本，则复中原如运诸掌”①。由此可见，史浩内修待时以求恢复的主张是一以贯之的，且有其学术上的依据。

张浚在学术上亦有较大成就，杨万里云：“浚之学一本天理，尤深于《易》《春秋》《论语》《孟子》。奏议务旦明，不为虚辞，口占成文，不易一字。有《绍兴奏议》《隆兴奏议》各十卷、《论语解》四卷、《易解》并《杂说》共十卷、《春秋解》六卷、《中庸解》一卷、《书诗礼解》又三卷、《文集》十卷藏于家。”②其中，《易解》及《杂说》被收入《四库全书》，“其书立言醇粹，凡说阴阳动静皆适于义理之正”③。张浚同样主张治国以经，杨万里记一事曰：

> 召浚赴行在所，赐手书。未至国门，遄趣三四。既见，上改容曰：“久闻公名，今朝廷所恃唯公。”赐坐，降问再三。浚言：“人主以务学为先，人主之学以一心为本，一心合天，何事不济。所谓天者，天下之公理而已。人主之心，一为嗜欲私溺所乱，则失其公理矣。必兢业自持，使清明在躬，则赏罚举措无有不当，人心自归，丑虏自服矣。”上竦然曰：“当不忘公言。”④

张浚向宋孝宗的进言大谈人主之学，并解释为以一心为本，而心须合乎天，合乎天下之公理，不为嗜欲私溺所乱。由此可见，张浚亦有引学术而治国的意图。不过，这一说法旨在使“人心自归，丑虏自服”，乃是其为用兵张本。当时，“自金人渝盟，兵革不得休息，民之创痍日甚。会天子新立，谓‘我家有不共戴天之仇，朕不及身图之，将谁任其责？’乃奋志于

---

① （宋）方万里，罗濬纂：《宝庆四明志》卷九《史浩传》，中华书局编辑部编：《宋元方志丛刊》第5册，北京：中华书局，1990年，第5101页。

② （宋）杨万里：《杨万里集》卷一一五《张魏公传》，季羡林总编：《传世藏书》集库别集第6册，海口：海南国际新闻出版中心，1996年，第613页。

③ （清）永瑢等：《四库全书总目》卷二《〈紫岩易传〉提要》，北京：中华书局，1965年，第8页。

④ 杨万里：《杨万里集》卷一一五《张魏公传》，季羡林总编：《传世藏书》集库别集第6册，海口：海南国际新闻出版中心，1996年，第610—611页。

恢复。由是天下之锐于功名者，皆扼腕言用兵矣”[①]。张浚所谓“公理”，目的即在于此。从下面所引的材料可见史、张两人引史处事而得出的不同结论。

> （浩）又与浚言：“平时愿执鞭而不可得，幸同事任，而数日议论不同，不惟为社稷生灵计，亦为相公计。相公养成名望，一旦失利，岂不有损威重？”浚曰：“公言良是，但浚老矣！”公曰：“杜预辈有平吴之功，而晋归功于羊祜，以祜立规模而预竟其功。相公若先立规模，后使人藉是有成，亦相公之功也。何必身自为之？”浚因内引奏曰：“史浩意不可回，恐失机会，乞出英断。”[②]

史浩举“祜立规模而预竟其功”之例，企图说服张浚毋轻易用兵而为长远之计，可谓善于引史处事；然而张浚并不为所动，而竟然乞求宋孝宗出兵，可见两人对待经、史之用的不同态度。陈郁曾就史、张之争评论道：“余谓浚非不忠也，特太急耳！浩可谓责难于君者矣，可谓见远识微之士矣，可谓得镇抚四夷之体，是可为师出无名之戒云。”[③]史浩之所以能责难于君与见远识微，同他客观地引经处事、引史处事是分不开的。与之相反，张浚非不能引经处事，却稍显空疏、主观，且不能以之为鉴。这是史、张之争产生的根源之一。

四、影响简论

此处论史、张之争的影响，主要侧重对史浩的影响方面，主要有以下三点。

（一）导致了史浩的迅速罢相

徐自明云：“浩自是年（隆兴元年）正月拜右仆射，至五月罢，入相四月，以不与出师之议，力丐免，御史王十朋亦有言也。”[④]史浩为相未及

---

① （宋）叶绍翁撰，尚成校点：《四朝闻见录》丙集“张史和战异议”条，上海古籍出版社编：《宋元笔记小说大观》第五册，上海：上海古籍出版社，2001年，第4934页。

② （宋）楼钥：《攻媿集》卷九三《纯诚厚德元老之碑》，《丛书集成初编》第2018册，北京：中华书局，1985年，第1282页。

③ （宋）陈郁：《藏一话腴》外编卷上，《丛书集成续编》第88册，上海：上海书店出版社，1994年，第735页。

④ （宋）徐自明：《宋宰辅编年录》卷一七，赵铁寒主编：《宋史资料萃编》第二辑，台北：文海出版社，1967年，第1501页。

五月，原因即在于“不与出师之议”与“御史王十朋亦有言”。不过，此是二而一的问题，所谓出师之议乃是史、张之争的核心问题，而王十朋亦有言则指王十朋基于是张非史的立场而对史浩所做出的弹奏行为，反映了公议在史、张之争中所起的巨大作用，对于这一问题，本书将于下节详论。

（二）造成了史浩的心理缺憾

由于宋孝宗意向北伐，史、张之争的结果以史浩罢相告一段落，但随着隆兴元年（1163）五月北伐遭遇符离之败，张浚的主张完全破产，史浩对此深感遗憾。他在罢相之后，看到宋孝宗因兵败而下的罪己诏时，“伏读流涕，以谓陛下即位之始，与臣言曰：‘内修外攘，期以必可恢复，当须少忍，无求欲速。’前者陛下念祖宗之故疆，列圣之陵寝，安得不俯从其请？今既主帅失策，岂陛下之过？”[①]他对于张浚之“失策”和自己与宋孝宗既定之国是主张没能得到贯彻而深感遗憾。

不过，史浩这种遗憾之情并没有随着时间的推移而消逝，反而被一再触及。乾道四年（1168），“孝宗见公，首曰：‘卿前所奏陈如龟兆数计，无一不验。’从容赐坐，访以治道。公以‘求治太速，听言太杂’为对”[②]。时过五年之后，君臣再聚首，提及旧事，孝宗不无悔悟。而史浩所答八字，“求治太速”仍是基于自己求事功于“十年之后”的主张所做的判断，“听言太杂”则直指孝宗对国是的莫衷一是。史美珩先生对此分析道：“看起来史浩对当年孝宗不听他的劝告的事还耿耿于怀。从这简短的八个字里，我们可以强烈地感受到这人刚直不阿的气质。”[③]诚如是言。

淳熙十一年（1184），史浩年已 79 岁，仍不能平复自己的这种心情。其作于是年的《跋御笔奖谕诏》在缕述自己在史、张之争时的主张之后说：“盖以臣望轻德浅，不足以服众心；材拙谋疏，不足以回众论。十年之约，遂成空谈。臣罪当万死，故因敬刻诏旨，并状臣罪，亦以明前日群臣失谋之误，非陛下之素志也。”[④]所谓“十年之约，遂成空谈”，流露出自己与宋孝宗的成约未被贯彻到底的遗憾之情，而“亦以明前日群臣失谋之误”，

① （宋）史浩：《鄮峰真隐漫录》卷八《论降诏视师札子》，舒大刚主编：《宋集珍本丛刊》第 43 册，北京：线装书局，2004 年，第 16 页。

② （宋）楼钥：《攻媿集》卷九三《纯诚厚德元老之碑》，《丛书集成初编》第 2018 册，北京：中华书局，1985 年，第 1283 页。

③ 史美珩：《评为岳飞平反的宰相——史浩》，《浙江师大学报》（社会科学版）2001 年第 6 期，第 38 页。

④ （宋）史浩：《鄮峰真隐漫录》卷三六《跋御笔奖谕诏》，舒大刚主编：《宋集珍本丛刊》第 43 册，北京：线装书局，2004 年，第 177 页。

则不无对张浚力主北伐而未成功的微词。

（三）影响了对史浩的公正评价

南宋中后期，人们对史浩的评价多有不公之处，原因之一即在于对史、张之争的认识出现了偏差。如朱熹在其为张浚所作的《少师保信军节度使魏国公致仕赠太保张公行状》中明确是张非史，甚至将史浩列入主和派而大加攻伐。这篇行状造成了广泛影响，史浩因之不胜委屈，史载："有示以张浚行状者，浩曰：'此心天实知之，主上实知之，不恤后世之无闻也。'"[①]史浩无从辩解的心情，只有寄希望于后世。显然，对史、张之争的认识不清，一定程度上导致了人们是张非史的不公评价。

第三节　王十朋论史浩

有关史、张之争的本质与影响，笔者已于上节做了论述。在这场论争中，史浩与张浚固然是主角，但尚有其他人员参与进来并起到了十分关键的作用，王十朋便是其中的一位。他在积极向宋孝宗陈说恢复之谋，力赞张浚进兵之议的同时，两论史浩，使之罢相、奉祠，从而改变了战守双方的力量对比，导致了史、张之争的失衡。而在这一系列活动中，王十朋"挺张倒史"的凭借与动因何在？《论史浩札子》有无虚而不实之处？其行为又当如何认识与评价？本节即就这些问题加以讨论。

一、时议所归，坚决主战

上节在第四部分论述史、张之争对史浩的影响时，曾引徐自明《宋宰辅编年录》所载，将御史王十朋亦有言作为史浩罢相的原因之一，并认为"王十朋亦有言则指王十朋基于是张非史的立场而对史浩所做出的弹奏行为，反映了公议在史、张之争中所起的巨大作用"。与"倒史"相对，王十朋则力赞张浚，在对待史、张二人的态度上，呈现出巨大反差。而究其凭借与动因，可从以下三个方面来看。

（一）台官身份

隆兴元年（1163）五月，王十朋为侍御史。对此，宋孝宗与胡铨有一番问对："上曰：'潜邸亦有不当用者。如十朋，非朕私之，其人实可用也。

① （宋）方万里，罗濬纂：《宝庆四明志》卷九《史浩传》，中华书局编辑部编：《宋元方志丛刊》第5册，北京：中华书局，1990年，第5101页。

近日除台官，外议如何？’铨曰：‘外人鼓舞，谓陛下得人。’上曰：‘卿与十朋，皆朕亲擢也。’”[①]这说明王十朋能为台官，乃宋孝宗亲擢所致，并符合外议。对于此举，宋孝宗言谈之中不无得意之情。然而令宋孝宗没有料到的是，王十朋上任不久，就发起了对右仆射史浩的弹奏，而后者方以藩邸旧臣由宋孝宗一手提拔至宰相之位仅四个月有余。那么，王十朋缘何敢于弹奏宰相呢？凭借之一便是其台官身份。

就一般情况而言，宋代台谏地位较为尊崇，多由皇帝选任，宰相无权干涉。而这一做法的目的，可从宋哲宗时权通判通远军李深的进奏中窥见一斑：“祖宗故事，凡进退言事官，虽执政不得与闻，盖以杜绝台谏私于宰执也。”[②]将台谏任免的权力归于皇帝，以便杜绝台谏私于宰执，以台谏制约、平衡相权的意图十分明显。因此台谏被赋予了广泛的监察权力，“御史台掌纠察官邪，肃正纲纪。大事则廷辨，小事则奏弹”[③]，而谏官“凡朝政阙失，大臣至百官任非其人，三省至百司事有违失，皆得谏正”[④]。所谓“纠察官邪”，亦包含宰相在内。

不仅台谏可以纠弹宰相，对其加以制约，公议也能起到类似作用，北宋苏辙云：

> 臣窃见仁宗皇帝在位四十余年，海内乂安，近世少比。当时所用宰相二三十人，其所进退，皆取天下公议，未尝辄出私意。公议所发，常自台谏，凡台谏所言，即时行下。其言是，则黜宰相；其言妄，则黜台谏。忘己而用人，故赏罚之行，如春生秋杀，人不以为怨。终仁宗之世，台谏不敢矫诬，而宰相不敢恣横，由此术也。[⑤]

宋仁宗进退宰相皆依据天下公议而不是私意，足以说明公议的重要性。这源于宋仁宗对公议的一贯重视，邵博《邵氏闻见后录》载：“韩绛又言：‘天子之柄，不可下移，事当间出睿断。’仁皇帝曰：‘朕不惮，自有处分，深恐未中于理，有司奉行，则其害已加于人，故每欲先尽大臣之虑而行

---

① （元）佚名著，李之亮校点：《宋史全文》卷二四上，哈尔滨：黑龙江人民出版社，2005年，第1632页。

② （宋）李焘：《续资治通鉴长编》卷四九一，北京：中华书局，2004年，第11669页。

③ 《宋史》卷一六四《职官志》，北京：中华书局，1977年，第3869页。

④ 《宋史》卷一六一《职官志》，北京：中华书局，1977年，第3778页。

⑤ （宋）苏辙著，陈宏天、高秀芳校点：《苏辙集》第2册《栾城集》卷三七《乞责降韩缜第八状》，北京：中华书局，1990年，第661页。

之。’呜呼！与世主事无细大当否，类出手敕，用压外庭公议者，异矣。”[①]韩绛进言“事当间出睿断”，是希望宋仁宗改变“每欲先尽大臣之虑而行之”的做法，增加个人决策的专断独裁以突显天子权威，但宋仁宗认为一己之决定，可能难以保证决策的正确性，故博采众议，不欲压制公议。然而，从苏辙所说的“公议所发，常自台谏”的话来看，主导公议的乃是台谏，因此，重视公议便是重视台谏，二者在一定程度上是趋同的。北宋林旦也说：“公议之所在者，天下也。道天下之公议者，谏官、御史也”[②]，也道出了公议与台谏的这种密切关系。在制衡相权上，它们存在一致性。

具体到王十朋弹奏史浩一事上，王十朋为宋孝宗亲擢而任侍御史，无疑确保了其独立的监察地位，令其敢于纠弹言事；同时，又因王十朋深符外议，有公议力量的支持，故有条件弹奏史浩并最终获得了成功。

（二）公议地位

前面谈到台谏对于公议具有主导作用，反过来，公议对于台谏官员的任免、职责的实施亦有重要影响。王十朋之所以被擢为侍御史，原因之一就在于他的“声名节行，为时论所归”。对于自己所做的这个评价，朱熹用了极为感性的笔触进行了解释。他说：“当是时，听于士大夫之论，听于舆人走卒之言，下至于闾阎市里、女妇儿童之聚，亦莫不曰天下之望，今有王公也。已而得其为进士时所奉大对读之，已而得其在馆阁时上奏事读之，已而得其为柱史、在台谏、迁侍郎时所论谏事读之，已而又得其为故大丞相魏国公之诔文及《楚东酬唱》等诗读之，观其立言措意，上自奏对陈说，下逮燕笑从容，盖无一言一字不出于天理人伦之大，而世俗所谓利害得丧、荣辱死生之变，一无所入于其中。”[③]在此，朱熹谈及当时社会各阶层对于王十朋的推崇，足以说明“为时论所归”一说之不虚，而为王十朋赢得这一公议地位的，则是他仕宦退居的各个阶段所做的奏论唱和文字及其中所昭示的天理人伦之大。司马光云：“凡择言事官，当以三事为先：第一不爱富贵，次则重惜名节，次则晓知治体。”[④]从王十朋出任侍御史之前的仕宦行迹来看，其离司马光所列的言官标准并不太远。

首先，绍兴二十五年（1155），秦桧去世之后，政治高压有所松动，“太

---

① （宋）邵博：《邵氏闻见后录》卷一，北京：中华书局，1983年，第4页。

② （宋）李焘：《续资治通鉴长编》卷三七五，北京：中华书局，2004年，第9101页。

③ （宋）朱熹：《晦庵先生朱文公文集》卷三七《与王龟龄》，《朱子全书》第21册，上海、合肥：上海古籍出版社、安徽教育出版社，2002年，第1612页。

④ （宋）司马光：《传家集》卷四二《举谏官札子》，《景印文渊阁四库全书》第1094册，台北：商务印书馆，1986年，第389页。

上皇帝躬揽权纲，更新政事。绍兴二十七年策进士于廷，诏：'对策中有指陈时事鲠亮切直者，并置上列。无失忠谠，无尚谄谀，称朕取士之意。'既而考官以公所对进，上临定其文，以为'经学淹通，议论纯正，可第一'。及唱名，则公也。士论翕然称惬。诏益严销金铺翠之禁，且以交阯所贡翠羽焚于通衢，实自公发之"①。王十朋因"经学淹通，议论纯正"而被高宗亲擢为状元，遂使"士论翕然称惬"，其所论之事也得到施行，这是他为时论所归的第一步。

其次，自绍兴三十年（1160）正月至三十一年（1161）五月任职秘书省期间，王十朋亦屡有奏言。"自桧扼塞言路，士风寖衰，及太上总揽万机，激厉忠谠而余习犹未殄，朝士多务缄默。至是百官转对，公（李浩）与王十朋、冯方、查籥、胡宪始相继有所开陈。闻者兴起，太学之士至为《五贤诗》以述其事。"②王十朋被列为"五贤"之一而被太学生加以歌颂，足见其"有所开陈"的行为得到了公议的认同。

最后，绍兴三十一年（1161）五月，王十朋因得罪权贵而遭罢黜，此事却为其赢得大名。史载："大臣有不乐者，公亦数求去，除著作佐郎，罢其兼职。公以求去得迁，力辞，不许。久之，除大宗正丞，仍待次，寻得请主管台州崇道观。"③这里所谓"大臣有不乐者"是指朱倬，《齐东野语》记载：

> 绍兴三十二年六月十一日内禅，前一日宰相朱倬罢。倬字汉章，三山人，登宣和第……最恶王十朋，其在台，尝风陈丞相康伯去之。陈以告汪圣锡，汪曰："彼为中司，胡不自击之？"陈曰："畏公议也。"汪曰："彼且畏公议，相公独不畏公议乎？"既而十朋不自安，请外，将予郡，倬又曰："颠人如何作郡？"乃得外大宗丞。公论大喧，然上眷殊厚。④

这段文字颇有意味。朱倬未任宰相之前，曾历任右正言、侍御史、御

① （宋）汪应辰：《文定集》卷二三《龙图阁学士王公墓志铭》，《景印文渊阁四库全书》第1138册，台北：商务印书馆，1986年，第810页。

② （名）张栻：《新刊南轩先生文集》卷三七《吏部侍郎李公墓铭》，舒大刚主编：《宋集珍本丛刊》第60册，北京：线装书局，2004年，第216页。

③ （宋）汪应辰：《文定集》卷二三《龙图阁学士王公墓志铭》，《景印文渊阁四库全书》第1138册，台北：商务印书馆，1986年，第811页。

④ （宋）周密撰，王根林校点：《齐东野语》卷一一"朱汉章本末"条，上海古籍出版社编：《宋元笔记小说大观》第五册，上海：上海古籍出版社，2001年，第5563页。

史中丞等言官职务，却畏公议，不敢直接弹奏为时议所归的王十朋，企图假陈康伯之手去之。及王十朋京官外调时，朱倬将其称为“颠人”，予以贬斥，果然致使公论大喧，从中可见王十朋深符公议的情况。

总之，王十朋在擢为侍御史之前，已经赢得了公议的认可，及宋金形势发生变化，宋孝宗受禅，王十朋便顺理成章地得拜台官。“公素以刚毅正直称天下，至是人皆曰‘真御史’矣。”[①]可以说，为时议所归的声名节行实在是帮了他的大忙。

（三）主战立场

王十朋为侍御史之后，“益自任以当世之重，大抵以定国论、正人心为本，而去其害治者，不屑于细故也”[②]。所谓定国论、正人心，是指反对和议，力主报仇雪耻，去其害治者则隐含攻击反对用兵的宰相史浩及其党羽的活动在内，这自然同王十朋的主战立场密切相关。

在符离之战失败后，面对汤思退用事、张浚被贬的情况，王十朋进有《自劾札子》，其中谈到了自己主战立场的形成过程：“自从总角，身在草茆，闻丑虏乱华，中原陷没，未尝不痛心疾首，与虏有不共戴天之仇。”接着，他回顾了支持张浚的前前后后。先是，“前年（绍兴三十一年）备员馆职，尝因轮对，首言虏必败盟，乞用浚等，太上皇不以为罪”；接着，“去年（绍兴三十二年）十一月被召至阙，首以恢复大计，仰赞圣断，又乞陛下不惑群议，委浚以图成功”；然后，劝陛下破群议而用张浚，赞其北伐之议。及张浚北伐失利，王十朋又“与一二谏臣，常奏一胜一负，兵家常势之说，劝陛下以刚大为心，毋以惊忧自沮”[③]。可以说，王十朋是坚定的主战派，其所作论奏对于张浚用事和北伐起到了推波助澜的作用。

与力赞张浚相反，王十朋认定史浩主和，故在排击史浩及其党羽上颇为用力。他作有《论史浩札子》《再论史浩札子》《论史正志札子》《再论史正志札子》《论林安宅札子》《再论林安宅札子》等论奏弹奏史浩，并将史正志与林安宅视为史浩之党，“并疏其罪。皆罢去”[④]。这样，他通过一系列“挺张倒史”的论谏活动，致使当时战守之争的力量对比很快发生了变化，客观上推动了张浚的仓促北伐，对后来的符离之战兵败应当负有一定

---

① （宋）汪应辰：《文定集》卷二三《龙图阁学士王公墓志铭》，《景印文渊阁四库全书》第1138册，台北：商务印书馆，1986年，第812页。

② （宋）汪应辰：《文定集》卷二三《龙图阁学士王公墓志铭》，《景印文渊阁四库全书》第1138册，台北：商务印书馆，1986年，第812页。

③ （宋）王十朋：《自劾札子》，《王十朋全集》，上海：上海古籍出版社，2012年，第634页。

④ 《宋史》卷三八七《王十朋传》，北京：中华书局，1977年，第11885页。

的责任。

二、论浩八罪，虚实互存

王十朋既为台官，“因论史浩八罪，曰怀奸、误国、植党、盗权、忌言、蔽贤、欺君、讪上，上为出浩知绍兴府。十朋再疏，谓：‘陛下虽能如舜之去邪，未能如舜之正名定罪。绍兴密迩行都，浩尝为属吏，奸脏彰闻，亦何颜复见其吏民。’遂改与祠”[①]。他先上奏《论史浩札子》，列史浩八罪，使之罢相，又上奏《再论史浩札子》，使之奉祠，不过这两封奏疏又以前者最值得注意，因为其中所言虚实互存，不容不辨。下面笔者将王十朋所言史浩八罪归为三个方面加以析论。

（一）主和拒战

这是王十朋攻击史浩的重心所在。先将其说法罗列于下。

（1）藏奸。其谓史浩在宋孝宗即位之初，就提出罢兵之言，专主和议，以拒大计，目的是“踵秦桧之态，为固宠之身谋”[②]。

（2）误国。其谓“浩既主和，惧吴璘进取”，故令尽弃已复秦、陇故土，而此举乃是弃民、弃信，是售一己之私，而不顾国家之大计。

（3）蔽贤。其谓史浩与张浚冰炭不同，且惧其成功，凡有奏请，必多端拒之，并以史正志所为为例。

在王十朋看来，这三点都足以揭示史浩主和拒战的立场和本质。不过，史浩在对金问题上并非主和，而是主张内修，反对轻战，这在上节《史浩与张浚之争》中已做论述。因此，王十朋断定史浩主和一说便不无可议之处。其言令吴璘回师一事，史浩认为，“此在庙堂为之奕秋，审其大势，急其所急，缓其所缓，以指诲之”，判定吴璘此举不合大势，一是“今兵渐出三路，万一虏试奇道，横截要害，使吾退不能保险，虽有智巧，何所用之？”二是“德顺之捷，乃其自去”，故有金“谋在淮南荆襄，是有意于溃我腹心”与“谋在两蜀，是有意于孤我边角”的担心[③]。在这种判断下，其代作的《赐四川制置使沈介诫谕诏》云：“比来进取议论，乃有不与闻者，朕问之不知，良非本意。卿可与国相体商订，务为尽善，于璘有助可也。李师颜之在兴元，王彦之在金州，皆可倚仗，赖璘与卿悉调护之。兵势稍强，民

---

① 《宋史》卷三八七《王十朋传》，北京：中华书局，1977年，第11885页。

② （宋）王十朋：《论史浩札子》，《王十朋全集》，上海：上海古籍出版社，2012年，第612页。

③ （宋）史浩：《鄮峰真隐漫录》卷三一《论吴璘攻取上宰执札子》，舒大刚主编：《宋集珍本丛刊》第43册，北京：线装书局，2004年，第155页。

力稍裕，恢复之举，当自西陲始。”[①]而其代作的《赐四川宣抚使吴璘回师秦陇诏》则云：“今若并力德顺，虏或遁去，进前所得不过熙原，恐将卒疲弊于偏方，无益恢复。以朕料之，若回师秦陇，留意凤翔、长安，乃为大计。”[②]都是基于总控全局、内修国政以后图谋的立场。

至于所谓凡有奏请，必多端拒，史浩所拒张浚者，是其用兵一议，并非意气用事。楼钥曾为之辨云：“初，浚措置万弩营，及他所建请，公应之如响。或问之，公曰：‘事力未备，故止其进兵。若边防捍御，安可不从？’公既去，其所奏请，多不以时报，浚亦悔之。呜呼!公本欲修政固圉、裕民练兵，虽不求近功，而规模甚远。议者不察，以为独无意于事功，惟知之者乃信其非苟为异也。”[③]这里的“议者不察”，显然包括王十朋在内。在此，王十朋仅从主战立场出发，便否定了史浩，将其施政所为归为主和拒战，显然歪曲了史浩的本意。

（二）结党擅权

这是王十朋攻击史浩的又一重点，其说云：“植党。”其谓史浩“取国家名器为一已私恩，躁进之徒，翕然合为一党，门阑可以炙手，士论为之沸腾，至有嫡子嫡孙之号，亲侄过房之称，有号密传心印者，有号正法眼藏名者，名居宗派布在朝列者，纷如也”。其谓浩党“纷如”，显系夸张之辞，根据王十朋的其他弹劾奏疏，被指为浩党的仅有史正志与林安宅两人。

先看史正志。王十朋两上弹章，首谓：“浩与正志姓同而族异，拜浩而父事之，在浩之门最为用事，故士论有亲侄之嘲”[④]，又谓：“前宰相史浩之恶不减王叔文，其党与之盛不止八司马，虽非天下奇才，至于挠节以附匪人，怀奸以害公议，则一而已。如正志者，在浩党中尤为亲密，出入门阑，踪迹诡秘，人皆呼之曰继拜公，又榜之曰亲侄”[⑤]。这里，对史正志党附罪名的认定是基于“士论”“公议”，从而使得这种认定具备了不容置疑的合理性。

后看林安宅。王十朋亦上两次奏章，首论“安宅出入史浩、龙大渊之

① （宋）史浩：《鄮峰真隐漫录》卷六《赐四川制置使沈介诫谕诏》，舒大刚主编：《宋集珍本丛刊》第43册，北京：线装书局，2004年，第4页。

② （宋）史浩：《鄮峰真隐漫录》卷六《赐四川宣抚使吴璘回师秦陇诏》，舒大刚主编：《宋集珍本丛刊》第43册，北京：线装书局，2004年，第5页。

③ （宋）楼钥：《攻媿集》卷九三《纯诚厚德元老之碑》，《丛书集成初编》第2018册，北京：中华书局，1985年，第1283页。

④ （宋）王十朋：《论史正志札子》，《王十朋全集》，上海：上海古籍出版社，2012年，第618页。

⑤ （宋）王十朋：《再论史正志札子》，《王十朋全集》，上海：上海古籍出版社，2012年，第619—620页。

门，其在都司也，进则见浩，退则见大渊，天府之除，不由正道，物议咸鄙薄之，有从何处来之语。浩与大渊结为死党，及二人反目，浩托安宅和之，安宅既欲效勤于浩，又欲献佞于大渊，遂造其室，为奴颜婢膝之态，士夫传以为笑”[①]，复论“欲乞陛下深察安宅奸邪交结之罪，亟赐窜逐，以慰公议”[②]，所持利器仍是“物议”“公议”。

不可否认，史正志、林安宅两人品行皆有可议之处，如前者之滥为，《建炎以来朝野杂记》载：

> 乾道六年，虞丞相当国，三月，奏复发运司，以户部侍郎史正志为江、浙、京、湖、淮、广、福建等路都大发运使。朝论不以为宜。汪圣锡、黄通老二尚书言之尤力，执政皆不之听。然正志实无能为，但峻督诸司、州郡多取羡财而已。其年十二月，正志以奏课诞谩贬。[③]

后者之倾险，《贵耳集》载：

> 叶丞相颙与林安宅最厚，尝有简往来。丞相之子用林简粘于壁，林后谒丞相，见之不乐而去。林后除察院，首章论丞相，由是去国。疏上，事以风闻。彼时君臣得以自通，叶抗章自辨。寿皇付棘寺穷究。林之所言，乃是叶衡丞相之事。林以诬罔得谪，叶再相。[④]

从上述引文反映的品行推测，两人谄事史浩应该是存在的，但若因此而判定史浩“植党”却有些武断。从史浩为相期间的用人来看，其所荐举多为正人，“前言辛次膺、张焘，人望所属，即日召还。又荐周葵、任古、胡铨、张戒、王十朋等，以次收用。公平时咨问天下人物，有所闻，密疏其实，且识言者，录为一编，皆于此乎取。又得金安节、王大宝、周必大等三十五人，各书所长以闻，并为时用”[⑤]。今观史浩《荐潜邸旧臣札子》

① （宋）王十朋：《论林安宅札子》，《王十朋全集》，上海：上海古籍出版社，2012 年，第 625—626 页。

② （宋）王十朋：《再论林安宅札子》，《王十朋全集》，上海：上海古籍出版社，2012 年，第 627 页。

③ （宋）李心传撰，徐规点校：《建炎以来朝野杂记》甲集卷一一“发运使”条，北京：中华书局，2000 年，第 223—224 页。

④ （宋）张端义撰，李保民校点：《贵耳集》卷上，上海古籍出版社编：《宋元笔记小说大观》第四册，上海：上海古籍出版社，2001 年，第 4265 页。

⑤ （宋）楼钥：《攻媿集》卷九三《纯诚厚德元老之碑》，《丛书集成初编》第 2018 册，北京：中华书局，1985 年，第 1279 页。

云："臣等晚备诵说，圣质已成，初无涓尘裨益，而猥蒙厚恩，先诸旧学，心实不安。此而不言，使陛下未发晋文求介推、世祖召严光之令，臣实有佻功蔽贤之罪。欲望圣慈特降明诏，凡曾侍潜邸臣僚，依累朝故事，第加恩典。"[①]则推功潜邸官僚之意已明。朱熹曾云："史丞相好荐人，极不易；然却有些笼络人意思，不佳。"[②]肯定了史浩喜好荐人的一面，而"却有些笼络人意思"，也许正是史浩招致结党一议的原因所在。

王十朋又言史浩盗权，表现之一是"视宰相若无人，待同僚为不物"。表现之二乃是"官爵科第，轻以与人，进退百官悉自己出"。此两者都属于党同伐异之举，然而此说大有可议。史浩与张浚乃属政见之争，并无盛气凌人之举。楼钥作史浩墓志云："(张)焘又尝语人曰：'参政，今之贤辅，不可妄议。向来柄臣得君，多以威严胁人，史则不然，事多迎刃而解，志于宽厚，上前别白是非甚明，宰相器也。'"[③]如果参照史浩所进战守奏议，楼钥所引张焘之言是可信的。至于谓史浩"官爵科第，轻以与人，进退百官悉自己出"，与其任用史正志、林安宅不无关系，前已论其得失，不赘。

(三)压制言论

如前所论，宰相与公议之间常常存在着某种对立关系。为了维护庙堂权威，保证政策的推行，宰相有时会采取措施压制某些不利言论，而这极易成为言官抨击的口实。在王十朋的这篇奏疏中，至少有三处论及这一点，分别是：

(1)"忌言"。一是孝宗"首下求言之诏"，而"浩抑谠直之言，不使上达"。二是"陛下取士之始，而浩首禁程文"。

(2)"欺君"。理由则是"浩凡与同列奏事，未尝不留身，退则妄称圣旨以诳之"。

(3)"讪上"。即"浩乃为已恩，务在笼络，已而闻诸生议己，遂深疾之，复加沮抑。尝于稠人中言太学有风波"，并声称"浩善则称己，过则称君"。

从这三个罪名来看，压制言论无疑是王十朋论奏的重心所在。由于缺乏其他材料相佐证，笔者无法还原当时情况，故这里只就太学生一事略加

① (宋)史浩：《鄮峰真隐漫录》卷七《荐潜邸旧臣札子》，舒大刚主编：《宋集珍本丛刊》第43册，北京：线装书局，2004年，第10页。

② (宋)朱熹：《朱子语类》卷一三二《中兴至今日人物下》，《朱子全书》第18册，上海、合肥：上海古籍出版社、安徽教育出版社，2002年，第4133页。

③ (宋)楼钥：《攻媿集》卷九三《纯诚厚德元老之碑》，《丛书集成初编》第2018册，北京：中华书局，1985年，第1279页。

说明。众所周知，太学生作为特殊群体，常常通过上书或议论干预庙堂决策，成为公议阵营中的重要力量。但是太学生的这些举动乃是越权行为，故不为当政者所提倡，如《宋史全文》载：

> （隆兴二年十一月）时参知政事周葵实行相事，闻诸生有欲相率伏阙者，奏以黄榜禁之，略云："靖康军兴，有不逞之徒鼓唱诸生伏阙上书，几至生变。若蹈前辙，为首者重置典宪，余人编配。"黄榜出，物论哗然，于是太学生张观、宋鼎、葛用中等七十余人上书言汤思退、王之望、尹穑钩致敌人，宜斩之以谢天下。书略曰……上怒，欲加重辟。晁公武及右正言龚茂良同入对，上怒稍霁，之望亦为之救解，乃止。[①]

这次上书发生在符离之败后主战派失势而主和派掌权的时候，显然触动了当政者的神经，勾起了靖康之变期间"诸生伏阙上书，几至生变"的记忆，故而出黄榜以止其萌，及其发生，"上怒，欲加重辟"，体现出当政者的禁止态度。从这件事情可以看出，太学生多持主战立场，与史浩的意见并不一致，在这种情况下，作为宰相的史浩为了推行既定政策，而对太学生的言论有所干预应属可能，同时也为宋代制度所允许。由于王十朋同公议的密切关系，其为太学生代言而攻击史浩当是出于斗争的需要，并不能将之一一落于实处。

以上是对王十朋《论史浩札子》的基本内容所做的一些辨析，其所言八罪可谓虚实互存。不过，由于王十朋"论事取极己意，然其规抚宏阔，骨格开张，出入变化，俊伟神速，世之尽力于文字者，往往反不能及"[②]，所以这封奏疏颇有鼓动性，一定程度上模糊了人们对其真实性的考察，影响了人们对史浩的认识与评价，主要有三个方面：（1）言史浩为主和派，错判其本来立场与主张。如《宋史・史浩传》云："史浩宅心平恕，而不能相其君恢复之谋。"[③]所谓"不能相其君恢复之谋"，显然流于俗见。（2）言史浩"植党"，令其蒙受政治污点，故再相时不得不特意向宋孝宗表明立场，以消除影响。《宋史全文》载："（淳熙五年五月）庚子，右丞相史浩奏：

① （元）佚名著，李之亮校点：《宋史全文》卷二四上，哈尔滨：黑龙江人民出版社，2005年，第1661页。

② （宋）朱熹：《晦庵先生朱文公文集》卷七五《王梅溪文集序》，《朱子全书》第24册，上海、合肥：上海古籍出版社、安徽教育出版社，2002年，第3642页。

③ 《宋史》卷三九六《史浩传》，北京：中华书局，1977年，第12081页。

'臣蒙恩俾再辅政，唯尽公道，庶无朋党之弊。'上曰：'宰相岂当有朋党？人主亦不当以朋党名臣下。既已名其为党，彼安得不结为朋党？朕但取贤者用之，否则去之。'"[①]宋孝宗所谓宰相岂当有朋党，何尝不是对史浩的一种警告？（3）言史浩压制太学生，对抗公议，使史浩处于不利的舆论地位。如"莫济作詹事王十朋行状，诋毁尤甚。公荐济掌内制，孝宗曰：'济非议卿者乎？'公曰：'臣不敢以私害公。'遂除中书舍人、兼直学士院，待之如初。盖公之宽厚类此"[②]。虽然史浩宽厚，不以私害公，极力推荐莫济，但"莫济作詹事王十朋行状"却未能客观地评价史浩，只是诋毁尤甚，显然持是王非史的立场。

三、刚而不中，有未纯处

隆兴元年（1163）五月，史浩罢相不久，张浚北伐遭遇符离之败，给南宋政坛带来极大的震动，《龟鉴》对此评论道：

> 王师偶失小利，而幸灾乐祸者纵横纷起矣。且符离之役，李显忠、邵宏渊进兵淮北，藉令溃散，不过失其所下之城邑，何至张皇如是耶？嗟夫！宣、靖以来，为敌所欺、为和所误、为奸臣所罔，曾不一悔，而一欲用兵，少有丧败，上下翕翕以为危亡之必至，不独为之罢大臣、咎论者，朝廷之议，又为之一变矣。甚矣人臣任责之难也！[③]

这里，《龟鉴》显然低估了符离之败所造成的损失，却正确地说出了它所产生的影响。所谓"朝廷之议，又为之一变"，即主和之说占据上风，主和派如汤思退拜相，王之望任谏官，尹穑、洪遵等亦得重用；与之相反，主战派却遭受严重打击，所谓"罢大臣"即指张浚于隆兴二年（1164）四月的致仕，而"咎论者"则是指主战派言官的纷纷失势。在这种形势下，宋孝宗对待主战派言官态度的转变亦值得注意，《建炎以来朝野杂记》载：

> 隆兴初，汤庆公复除右仆射，王谏议大宝上章论列。不从。奉祠去。

---

① （元）佚名著，李之亮校点：《宋史全文》卷二六下，哈尔滨：黑龙江人民出版社，2005年，第1823页。

② （宋）楼钥：《攻媿集》卷九三《纯诚厚德元老之碑》，《丛书集成初编》第2018册，北京：中华书局，1985年，第1287—1288页。

③ （元）佚名著，李之亮校点：《宋史全文》卷二四上，哈尔滨：黑龙江人民出版社，2005年，第1651页。

自是台、谏多引退者。张忠简阐时为工部尚书，因奏事，面请增台、谏员。上曰："士大夫多卖直，故难其选。"忠简曰："直言，士之所尚，陛下开纳则有益于国家。"胡忠简铨时为左史，因造朝，以张公之语质之。上曰："此语非也。朕以张阐所言，谓台、谏论事当辨曲直，非谓卖直也。"明日，张公请对，又论台、谏一空。上曰："卿与胡铨，昨日议论一同，得非傅会？朕止欲辨所论曲直，非恶直也。"忠简曰："陛下当受垢纳污，若校曲直是非，便是拒谏。"上改容纳之。隆兴时主圣臣直，盖如此。①

汤庆公指汤思退，其于隆兴元年（1163）七月擢为右仆射，十二月升左仆射，在这期间和战形势变化剧烈，双方对言论权的争夺从上引君臣的对话中就可以看出来。本来如张阐所言："直言，士之所尚，陛下开纳则有益于国家"，这是台谏的传统，而宋孝宗却谓其"卖直"，显然否定了台谏秉直弹奏的权力，因此胡铨"以张公之语质之"，宋孝宗虽为之辩解和掩饰，却在次日同张阐的问对中就"卿与胡铨，昨日议论一同"的行为提出了"得非傅会"的质疑和警告。其中，宋孝宗"谓台、谏论事当辨曲直"的说法显然是他在符离之败后对言官的新要求，说明孝宗对于之前言官所论开始有所怀疑、警惕和反省，而不再一味盲从，这也是导致出现"上章论列。不从""自是台、谏多引退者"等情况的原因。

与这种转变相一致，宋孝宗对于王十朋的言行也有所反省，认为"其有未纯处"，《鹤林玉露》载：

南轩以内机入奏，引至东华门。孝宗因论人才，问王十朋如何，对曰："天下莫不以为正人。"上曰："当时出去，有少说话待与卿说。十朋向来与史浩书，称古则伊、周，今则阁下是何说话？"对曰："十朋岂非谓浩当伊、周之任而责之乎？"上曰："更有一二事，见其有未纯处。"对曰："十朋天下公论归之，更望陛下照察主张。臣父以为陛下左右岂可无刚明腹心之臣，庶几不至孤立。"上曰："刚患不中，奈何？"对曰："人贵夫刚，刚贵夫中。刚或不中，犹胜于柔懦。"上默然。盖史直翁与张魏公议论不同，梅溪则是张而非史者也。故上因直翁之说而有是言。上又尝曰："难得仗节死义之臣。"南轩对曰："陛

① （宋）李心传撰，徐规点校：《建炎以来朝野杂记》甲集卷五"隆兴台谏"条，北京：中华书局，2000年，第125页。

下欲得仗节死义之臣，当于犯颜敢谏中求之。”亦指梅溪而言也。[①]

此次宋孝宗同张栻的问对发生在隆兴元年（1163）八月[②]。此前侍御史王十朋因符离之败上书自劾，被任为权吏部侍郎，不拜，于六月十九日去国，无奈离开了权力中枢。及至张栻入对，宋孝宗再次论及王十朋，显然有“秋后算账”的意味。在这次谈话中，宋孝宗认为王十朋“有未纯处”，依据有二：（1）言论前后矛盾，先是“十朋向来与史浩书，称古则伊、周，今则阁下”，后则攻击史浩甚力。（2）刚而不中，虽肯定其敢言之行为，却认为其言过其实。对于宋孝宗的质疑，张栻做了辩解，回护之意十分明显。下面笔者仅就宋孝宗的两个质疑略加分析，以还王十朋本来面貌。

（一）言论不一

宋孝宗未受禅之前，王十朋与史浩同为秘书省及东宫官员，多有诗词唱和、书信往来。其《与直讲史侍郎》谓：“某辄有少禀：皇子初建，天下拭目以观盛德。郎中直讲以正人端士居师友之职，宜以经术正其心，以古今治乱兴亡之迹为之劝戒，养成器业，以副一人付托之意。如作诗一事，乃书生气习，于道德亡补，姑可置之。旧日篇章，尤不宜播之于外，恐为人所议。凡百要须慎重，庶无悔吝。某蒙建王顾遇不浅，且辱郎中厚知，辄献区区，幸恕狂妄冒渎之罪。”[③]这里称史浩为“正人端士”，且云“辱郎中厚知”，对建王“作诗一事”提出了劝诫。由这封书信来看张栻对“十朋向来与史浩书，称古则伊、周，今则阁下”的言论所做的“十朋岂非谓浩当伊、周之任而责之”的解释，是有一定说服力的。

---

① （宋）罗大经撰，穆公校点：《鹤林玉露》丙编卷六“南轩辨梅溪语”条，上海古籍出版社编：《宋元笔记小说大观》第五册，上海：上海古籍出版社，2001年，第5384页。

② 关于这次入对的时间，据罗大经《鹤林玉露》丙编卷四“中兴讲和”条载：“南轩以内机入奏，引见德寿宫，时卢仲贤使金回，高宗问：‘曾见仲贤否？’对曰：‘臣已见之。’又问：‘卿父谓如何，莫便议和否？’对曰：‘臣尝谓金人必衰败，国家必隆兴。”（上海古籍出版社编：《宋元笔记小说大观》第五册，上海：上海古籍出版社，2001年，第5355页）则知该次入对发生在卢仲贤使金和议之际，高宗特意向张栻询问其父张浚的态度。考杨万里《诚斋集》卷一一五《张魏公传》载：“（隆兴元年）八月，有旨复浚都督。虏元帅仆散忠义贻书三省、密院，欲索四郡及岁币……时汤思退为右相，急于求和，遂遣卢仲贤持书报虏。浚言：‘仲贤小人多妄，不委信。’已而仲贤果以许四郡辱命。朝廷复建遣王之望为通问使，龙大渊副之，浚争不能得。未几，召浚赴行在奏事，至镇江，以论议不合，乞罢机政。”（《杨万里集》，季羡林总编：《传世藏书》集库别集第6册，海口：海南国际新闻出版中心，1996年，第611页）是知卢仲贤使金乃在八月，其时，高宗意向和议，汤思退为右丞相，“急于求和”，而张浚虽不欲主和，但处于符离之败后的舆论涡旋之中，威信受损，并“乞罢机政”。

③ （宋）王十朋：《与直讲史侍郎》，《王十朋全集》，上海：上海古籍出版社，2012年，第934页。

至于诗词唱和，今考《史浩集》中有《次韵王龟龄赠韶美》一诗，乃次韵王十朋赠刘韶美之诗，今《梅溪集》后集卷五《刘韶美辞试馆职》《再用前韵赠韶美》即是原作。此外，史浩《鄮峰真隐漫录》卷四尚有《次韵王龟龄校书梅花二首（十朋）》，从中可见史、王两人之间的交游甚密，彼此都较为了解。

但是在史、张之争中，王十朋却放弃了之前对史浩品行的肯定而肆意攻击，除前文所论八罪外，尚有一事为王十朋攻击不已，其云："尚书右仆射史浩人品凡下，天姿险奸，昔为士人，以榷酤犯罪，身几不免；及试吏州县，奸赃狼藉，恶声播闻。"[①]及史浩罢相，出知绍兴府，王十朋又论："况绍兴密迩王都，最为大府，浩昔尝为属吏，奸赃著闻，亦何面目见其吏民耶？"[②]由于材料匮乏，笔者难以证实王十朋所言史浩之罪，但其言浩"恶声播闻""尝为属吏，奸赃著闻"似乎夸大其词，因为当时史浩曾得名臣张九成赞赏并举荐，《清波别志》载：

> 史魏公分教永嘉日，张无垢为守。一日语次，谓史曰："某未尝轻荐士，今以浼公，可乎？"词曰："识超几先，经传语外。"且云："杼思三日，方得此八语。"士夫闻之，皆曰："若此，方可名知己。"史初尉余姚，尝却帅曹泳之荐，当其怙势，谁敢为此举？宜其无垢以国士待之。[③]

张九成推许史浩，以国士待之，足见史浩的"识超"不凡与"却帅曹泳之荐"的不屈气骨。而王十朋所言虽未必为无有，但其前后言论不一自是有之，难怪宋孝宗会提出类似的质疑。

（二）言过其实

"刚"是说言官敢任言事之责，无所畏忌，而"中"则指所言公正合理，不为意气左右。在宋孝宗看来，若勇于进言却言过其实，亦不值得提倡，王十朋在论史浩的问题上即有刚而不中、言过其实的问题存在。如史浩在对金问题上多持"老成谋国之见"[④]，而王十朋一概否定，并将其打

① （宋）王十朋：《论史浩札子》，《王十朋全集》，上海：上海古籍出版社，2012年，第612页。
② （宋）王十朋：《再论史浩札子》，《王十朋全集》，上海：上海古籍出版社，2012年，第615页。
③ （宋）周煇：《清波杂志（附别志）》，《丛书集成初编》第2774册，北京：中华书局，1985年，第159页。
④ （清）永瑢等：《四库全书总目》卷一五九《〈鄮峰真隐漫录〉提要》，北京：中华书局，1965年，第1367页。

入主和派，显然有失公允，之后的符离之败也说明了史浩的正确性。及至乾道四年（1168），史浩"改知绍兴府，两浙东路安抚使。孝宗见公，首曰：'卿前所奏陈如龟兆数计，无一不验。'从容赐坐，访以治道，公以'求治太速，听言太杂'为对。至镇，为民兴利除害，可不缕举。越人至今德之"[①]。在此，宋孝宗重新肯定了史浩的意见，正是现实验证的结果，而史浩在绍兴府任上的治理业绩，也反衬了王十朋言论的失实。

当时王十朋誉满天下，能给予其客观评价的并不多见。朱熹年轻时曾作《与王龟龄》一信给予其热情赞扬，但随着阅历增多，后来的评价亦有所保留："王龟龄学也粗疏。只是他天姿高，意思诚悫，表里如一，所至州郡上下皆风动，而今难得此等人。"[②]依然肯定了其气节风采，但也指出了他"学也粗疏"的缺点，这是难能可贵的。

以上是对宋孝宗的质疑所做的一点分析。不可否认的是，王十朋的确"有未纯处"，这是在对其评价时所不应忽视的。总之，在史、张之争中，王十朋利用其言官身份、为时议所归的公议地位及主战立场，通过《论史浩札子》《再论史浩札子》等奏疏，一举使史浩罢相、奉祠。但是，其论史浩的言论虽在当时产生了极大的舆论影响，但却虚实互陈，甚至涉及人身攻击，这就损害了他的公议地位，并在符离之败后引起了宋孝宗的质疑，离职去国。所以客观地考察王十朋论史浩的表现及缺憾，对于正确评价这场争论乃至看待宋代台谏之作用都极为重要。

第四节　史弥远与胡梦昱案

史弥远是继其父史浩之后史氏家族所出的第二位宰相，在位 26 年，历经宋宁宗、宋理宗两朝，为南宋著名的也是争议极大的权相之一。目前，学界对他的研究已取得了若干成果，如何忠礼、徐吉军的《南宋史稿》以"史弥远擅权""理宗之立——史弥远的又一个大阴谋""'湖州之变'与济王被杀""史弥远擅权的继续"为题评述了史弥远的相关政治问题，较为全面[③]。再如史美珩《南宋史家三相的国家战略思想》[④]、杨成鉴《千载争议

---

① （宋）楼钥：《攻媿集》卷九三《纯诚厚德元老之碑》，《丛书集成初编》第 2018 册，北京：中华书局，1985 年，第 1283 页。

② （宋）朱熹：《朱子语类》卷一三二《中兴今日人物下》，《朱子全书》第 18 册，上海、合肥：上海古籍出版社、安徽教育出版社，2002 年，第 4135 页。

③ 何忠礼，徐吉军：《南宋史稿》，杭州：杭州大学出版社，1999 年。

④ 史美珩：《南宋史家三相的国家战略思想》，《浙江师范大学学报》（社会科学版）2007 年第 6 期。

史忠献（弥远）》[①]、茅冥家《南宋丞相史弥远》[②]等论文则就史弥远的政绩及历史评价做了剖析与论述，颇有启发性。但总体看来，由于资料相对匮乏，若想进一步深化对史弥远的研究，尚存在较大难度。基于此，本节试图通过发掘一些不为论者所注意的文献资料来讨论史弥远的若干政治问题。这里拟以《象台首末》一书为中心。

《象台首末》五卷，有《四库全书》本。四库馆臣述其大概云：

> 宋胡知柔编。知柔父梦昱，字季昭，号竹林愚隐，吉水人。嘉定丁丑进士，官大理评事。以论济王事贬死象州。宝庆元年，追赠员外郎[③]。咸淳三年，追谥刚简。……知柔于宝祐四年编其奏疏遗文。后又益以谥议及诸家赠答题跋之作，以成此书，而弹文亦具载焉。其编次颇无法度，如第一卷《封事》及《上史弥远书》之下，忽搀以李孝先、梁成大纠弹梦昱二疏及徐瑄《救梦昱书》。其下又为梦昱《祭弟文》一篇。其下又以追复省札之类。共为一卷。第二卷告词行述之下，忽搀以梦昱所进札子四篇。其下又赘以赵文等所作《梦昱水石图赞》五首。共为一卷。第三卷诸人赠诗十八首之下，忽搀入梦昱《自咏步王卢溪韵诗》二首。再寄二首。其下又载他人诗七首。共为一卷。梦昱《自咏榕阴图》一首。其下又载他人诗十六首，共为一卷。第四卷为诸家哀词、祭文、题跋。而第五卷省札、谥议反居其后。末附像赞六首，又与《水石图赞》各编。而《出身印纸题跋》亦与《封事题跋》各编。均庞杂无绪。又其书作于宋理宗时，安得载及元、明人诗文，殆必其后人所窜乱，非知柔之旧矣。徒以梦昱气节足重，故流传至今。而《宋史》梦昱无传，所载亦不免阙漏。今特著之录，以示表章之义焉。[④]

---

① 杨成鉴：《千载争议史忠献（弥远）》，史美露主编：《南宋四明史氏》，成都：四川美术出版社，2006年，第269—273页。

② 史美露主编：《南宋四明史氏》，成都：四川美术出版社，2006年，第274—284页。

③ （宋）胡知柔编：《象台首末》卷二《行述》云："端平更化，收召正人，而物故以众，上甚怜之。侍御史王公遂因奏乞还黄干易名之典，厚李燔、娄昉、李道传、陈宓饰终之恩，复徐瑄与公在身之官，优加褒赠，录用其子，仍札本贯存恤其家。丞相郑公清之乃奏赠公员外郎，与一子恩。训词云……当笔者，中书舍人洪咨夔也。"（《景印文渊阁四库全书》第447册，台北：商务印书馆，1986年，第20页）由此可知，胡梦昱被追赠员外郎是在端平元年（1234），而非宝庆元年（1225），《四库全书总目》失考。

④ （清）永瑢等：《四库全书总目》卷五七《〈象台首末〉提要》，北京：中华书局，1965年，第516页。

由上述四库馆臣的分析可知,《象台首末》始编于宝祐四年（1256）,上距胡知柔之父胡梦昱“以论济王事贬死象州”的宝庆二年（1226）已达30年之久。该书不但收有胡梦昱的奏疏遗文，还“益以谥议及诸家赠答题跋之作”“而弹文亦具载焉”，其所萃集不可谓不丰富，但却有编次颇无法度和庞杂无绪之弊，对此，四库馆臣具体分析了该书各卷所收文字的内容，予以说明与佐证。更甚者，该书“载及元、明人诗文，殆必其后人所窜乱，非知柔之旧”，足见其成于众人之手，有失宋本原貌。虽然该书有上述不足，但出于表彰胡梦昱气节的目的，仍被《四库全书》收入。所以对于该书是否具有其他价值，四库馆臣没有涉及，也不看重。

这种意见影响到了后人对于《象台首末》的价值判断，胡思敬在其所编集的《豫章丛书》中收有胡梦昱《竹林愚隐集》一卷，仅是从《四库全书》本的《象台首末》中抄录“札子四首，封事一首，书一首，祭文一首”而已，并且认为“其余省札谥议，以及诸家赠送哀祭题跋之类”“殊无意味”[①]，从而予以摒弃。在笔者看来，胡思敬此举有买椟还珠之嫌，因为《象台首末》包括其所摒弃的内容在内至少具有以下三个方面价值：(1）胡梦昱案的来龙去脉及性质、特征。(2）该案作为典型个例所彰显出来的相权与公议之争。(3）由此案造成的对于胡梦昱与史弥远不同评价的影响。因胡梦昱案是史弥远为相时期较具代表性的谪案之一，故厘清与之相关的诸多问题，有助于史弥远研究的深入。本节即依据《象台首末》及其他一些材料，对此加以讨论。

一、胡梦昱案的背景与过程

胡梦昱案是在史弥远废济王、立宋理宗的大背景下发生的。史载，嘉定十七年（1224）九月，史弥远为了继续擅权，乘宋宁宗升遐之际，联合杨皇后，废掉不利于己的济王赵竑，而立自己一手培养起来的赵昀，是为宋理宗。不久，史弥远便将济王放逐湖州，使之远离政治中心。然而，事与愿违，宝庆元年（1225）正月却发生了太学生潘甫、潘壬、潘丙等人起兵拥立济王、声讨史弥远的政变，即“霅川之变”。事平，史弥远特意派门客秦天锡逼死济王，以永绝后患，一手炮制了轰动一时的济王之案[②]。于

① 陶福履，胡思敬:《豫章丛书》集部四《竹林愚隐集跋》，南昌：江西教育出版社，2004年，第618页。

② 关于史弥远废立一事，宋周密《齐东野语》卷一四“巴陵始末”、佚名《宋季三朝政要》卷一、元刘一清《钱塘遗事》卷二“济王”、《宋史》卷二四六《镇王竑传》、明陈邦瞻《宋史纪事本末》卷二四《史弥远废立》等笔记、史籍均有记载，可参看。

是，朝野之士纷纷上奏，声言济王之冤，将矛头直指史弥远，遂导致了公议与相权之间的严重对立。先是，“在廷之臣真德秀、魏了翁、洪咨夔、胡梦昱等每以竑为言，弥远辄恶而斥远之”①；接着，“台谏李知孝、莫泽奉承风旨，凡平日睚眦之怒，悉指以从伪，弹劾无虚日，朝野为之侧足”②，将镇压活动进一步升级；后来，“越再岁，忽颁宽恩，或谓史揆尝有所睹而然”③，因反对浪潮过于猛烈，史弥远不得不对公议有所妥协，一定程度上缓和了二者之间的矛盾。下面通过数人的抗议行为及其遭遇来分析一下当时的对立形势。

（一）真德秀

《宋史·真德秀传》载：

> 理宗即位，召为中书舍人，寻擢礼部侍郎、直学士院。入见，奏：“三纲五常，扶持宇宙之栋干，奠安生民之柱石。晋废三纲而刘、石之变兴，唐废三纲而安禄山之难作。我朝立国，先正名分。陛下不幸处人伦之变，流闻四方，所损非浅。霅川之变，非济王本志，前有避匿之迹，后闻讨捕之谋，情状本末，灼然可考。愿讨论雍熙追封秦王舍罪恤孤故事，济王未有子息，亦惟陛下兴灭继绝。”上曰：“朝廷待济王亦至矣。”德秀曰：“若谓此事处置尽善，臣未敢以为然。观舜所以处象，则陛下不及舜明甚。人主但当以二帝、三王为师。”上曰：“一时仓猝耳。”德秀曰：“此已往之咎，惟愿陛下知有此失而益讲学进德。”次言：“霅川之狱未闻参听于公朝，淮、蜀二阃乃出于佥论所期之外。天下之事非一家之私，何惜不与众共之。”……德秀屡进鲠言，上皆虚心开纳，而弥远益严惮之，乃谋所以相撼，畏公议未敢发。给事中王塈、盛章始驳德秀所主济王赠典，继而殿中侍御史莫泽劾之，遂以焕章阁待制提举玉隆宫。谏议大夫朱端常又劾之，落职罢祠。监察御史梁成大又劾之，请加窜殛。上曰：“仲尼不为已甚。”乃止。④

针对济王死后的处置问题，真德秀希望宋理宗能“讨论雍熙追封秦王

① 《宋史》卷二四六《镇王竑传》，北京：中华书局，1977年，第8737页。

② （宋）周密撰，王根林校点：《齐东野语》卷一四“巴陵本末”条，上海古籍出版社编：《宋元笔记小说大观》第五册，上海：上海古籍出版社，2001年，第5602页。

③ （宋）周密撰，王根林校点：《齐东野语》卷一四“巴陵本末”条，上海古籍出版社编：《宋元笔记小说大观》第五册，上海：上海古籍出版社，2001年，第5602页。

④ 《宋史》卷四三七《真德秀传》，北京：中华书局，1977年，第12961—12963页。

舍罪恤孤故事”，为济王“兴灭继绝”，而当宋理宗提出异议表示反对时，真德秀又为之辨析，并径直质疑“雪川之狱未闻参听于公朝，淮、蜀二阃乃出于佥论所期之外”的专断做法，提出分享议事、决策权的要求，隐约对史弥远的威权发起了挑战，致使“（史）弥远益严惮之，乃谋所以相撼”，不过因真德秀较高的公议地位而“未敢发”。但是真德秀最终也没有逃过一劫，终致落职罢祠。及至梁成大“请加窜殛”，仅因宋理宗的保护，“乃止”。

（二）魏了翁

《宋史·魏了翁传》载：

> 属济王黜削以死，有司顾望，治葬弗虔。了翁每见上，请厚伦纪，以弭人言。应诏言事者十余人，朝士惟了翁与洪咨夔、胡梦昱、张忠恕所言能引义劘上，最为切至。而了翁亦以疾求去。右正言李知孝劾梦昱窜岭南，了翁出关饯别，遂指了翁首倡异论，将击之，弥远犹外示优容。……初，了翁再入朝，弥远欲引以自助，了翁正色不挠，未尝私谒。故三年之间，循格序迁，未尝处以要地。①

魏了翁论济王事，“引义劘上，最为切至”，并“以疾求去”，表示抗议。更难能可贵的是，在胡梦昱远谪岭南之际，他亲自饯行，用实际行动表示了支持。只是因为史弥远的“优容”，方才免于李知孝的劾奏，但“未尝处以要地”，并未受到重用。

（三）洪咨夔

《宋史·洪咨夔传》载：

> 会诏求直言，慨然曰：“吾可以尽言寤主矣。”其父见其疏，曰：“吾能吃茄子饭，汝无忧。”史弥远读至“济王之死，非陛下本心”，大恚，掷于地。转考功员外郎。转对，复言李全必为国患。于是台谏李知孝、梁成大交论，镌二秩。②

洪咨夔可谓史弥远的死对头，其一生讽言史弥远之事甚多，如《说郛》所载：“洪平斋新第后，上卫王书，自宰相至州县，无不指摭其短，大概云：

① 《宋史》卷四三七《魏了翁传》，北京：中华书局，1977年，第12968页。

② 《宋史》卷四〇六《洪咨夔传》，北京：中华书局，1977年，第12265页。

‘昔之宰相，端委庙堂，进退百官；今之宰相，招权纳贿，倚势作威而已。’凡及一职，必如上式，末俱用‘而已’二字。时相怒，十年不调。洪有《桃符》云：‘未得之乎一字力，只因而已十年闲。’”①又如《鹤林玉露》所载：“绍定辛卯临安之火，比辛酉之火加五分之三，虽太庙亦不免，而史丞相府独全。洪舜俞诗云：‘殿前将军猛如虎，救得汾阳令公府。祖宗神灵飞上天，可怜九庙成焦土。’时殿帅乃冯榯也，人言籍籍，迄今不免责。”②由此可见，洪咨夔指责时政的勇气是一以贯之的。此次其言：“济王之死，非陛下本心”，将问责矛头直接对准了史弥远，虽然他未立即受到处罚，但在“转对，复言李全必为国患”之时，终于受到了弹劾，被“镌二秩”。

（四）张忠恕

《宋史·张忠恕传》载：

> 宝庆初，诏求直言，忠恕上封事，陈八事：……五曰陛下于济王之恩，自谓弥缝曲尽矣。然不留京师，徙之外郡，不择牧守，混之民居，一夫奋呼，阖城风靡，寻虽弭患，莫副初心。谓当此时，亟下哀诏，痛自引咎，优崇恤典，选立嗣子，则陛下所以身处者，庶几无憾，而造讹腾谤者，靡所致力。自始至今，率误于含糊，而犹不此之思，臣所不解也。……疏入，朝绅传诵。始魏了翁尝勉忠恕以“植立名节，无隤家声”。及是叹曰：“忠献有后矣！”真德秀闻之，更纳交焉。忠恕又因轮对，引以伯父栻告孝宗之语曰：“当求晓事之臣，不求办事之臣；欲求伏节死义之臣，必求犯颜敢谏之臣。”语益剀切。忠恕自知不为时所容，力请外补，遂以直秘阁、知赣州。抵郡才两月，言者指为朋比，落职，降两官，罢。③

张忠恕乃张浚之孙，其“上封事”，言及济王，建议“优崇恤典，选立嗣子”，与真德秀等人意见相同，故“朝绅传诵”，魏了翁也赞赏有加。不过他十分清楚自身的处境，“自知不为时所容，力请外补”，意图避祸，结果却枉然，“言者指为朋比，落职，降两官，罢”，从中可见史弥远对异己异论的残酷打压。

---

① （元）陶宗仪：《说郛》卷二五上”桃符“条，《景印文渊阁四库全书》第877册，台北：商务印书馆，1986年，第409页。

② （宋）罗大经撰，穆公校点：《鹤林玉露》丙编卷二“辛卯火”条，上海古籍出版社编：《宋元笔记小说大观》第五册，上海：上海古籍出版社，2001年，第5332页。

③ 《宋史》卷四〇九《张忠恕传》，北京：中华书局，1977年，第12329—12331页。

以上四人皆是负朝野之望者。当济王案发生后，他们敢于抗议当时宰相史弥远，形成了一场挑战相权的公议洪流。虽然他们都受到了台谏的弹奏及程度不同的惩罚，却赢得了公议的许可，并为《宋史》特意表而出之。四人之外，胡梦昱亦参与了这次抗议风潮，与前述诸人相比，虽然其官位及公议地位都较低，但言辞却更激烈，祸端也更严重。更可叹的是，《宋史》并未因此而为胡梦昱立传，遂使其人其行易为后世所忽视。那么，胡梦昱到底是怎样的人？其案原委又是如何呢？《象台首末》卷二存有《行述》一篇，有较为详细的记述。

> 宝庆天子之即位，是当嘉定之甲申，封皇兄于济，赐第霅川。妖民妄图，王坐此死。执政因穷治其事，转相诬引，多所连逮。少卿徐公瑄实莅其狱，公谓徐曰："为逆人而伸理，岂得已哉？乖陛下之至仁，是吾忧也。"徐即举公，充所知，有"勤拳忧国，慷慨敢言；引经决疑，近古遗直"等语。未几，议夺王爵而废其祀事，且下廷尉约法。公诣徐，请曰："身为法官，何忍坐视人侮法于帝兄而不救？"时方下诏求直言，公遂应诏上书，大略以为……反复极论，且辩济王之不幸，其事与管、蔡、秦邸不同。乞隆追赠褒崇之典，降存亡继绝之诏，岁时遣使致其祭祀，抚其家属，厚其赉予。又贻书丞相史弥远，以为："公论在天下，未有久而不明；冤抑在天下，未有久而不伸。此论不早明，他日必有反复；此抑不早伸，他日必有厉阶。"丞相得书大怒，于是御史李知孝承风旨，劾公党附叛逆，与洪公咨夔并逐，而公则有削籍羁管象郡之命，盖宝庆乙酉九月己未也。广西帅臣钱宏祖欲杀之，赖运判陈公汶左右得免。在象，扁所寓室曰"凉馆"，读书其中。尝因拾皂角，有词云："飒飒秋风飞起，瘴岭黄尘扑地。铁汉尽禁当，不比冰肌细腻。纵来擦洗，也只是本来肤体。""羊角因风晚树，自是秋来气数。入药不和同，瞑眩得人嫌恶。只宜将去，净洗人间垢污。"其寓意坚确如此。未几，又为御史梁成大所劾，再徙宁越，未及行，以痢疾卒，盖宝庆丙戌九月丙申也。又七年，遭遇庆霈，始得归骨。端平更化，收召正人，而物故以众，上甚怜之。侍御史王公遂因奏乞还黄干易名之典，厚李燔、娄昉、李道传、陈宓饰终之恩，复徐瑄与公在身之官，优加褒赠，录用其子，仍札本贯存恤其家。丞相郑公清之乃奏赠公员外郎，与一子恩。训词云……当笔者，中书舍

人洪咨夔也。[①]

这段文字完整地揭示了胡梦昱案的来龙去脉，其过程可以分为以下三个阶段。

（1）初贬阶段。在这一阶段，胡梦昱担任大理评事一职，与大理少卿徐瑄一道坚持公正执法，不曲附于史弥远穷治其事的意旨；之后，他应诏上书，又贻书丞相史弥远，反对他议夺王爵而废其祀事，且下廷尉约法的做法，导致丞相得书大怒，于是御史李知孝承风旨，劾公党附叛逆，与洪公咨夔并逐，而公则有削籍羁管象郡之命，遭遇了第一次被贬。

（2）再贬阶段。这一阶段起于宝庆乙酉（1225）九月，终于宝庆丙戌（1226）九月。在此期间，“广西帅臣钱宏祖欲杀之，赖运判陈公汶左右得免”，可谓险象环生，但胡梦昱初衷不改，其“净洗人间垢污”的决心通过皂角词表现得淋漓尽致。然而，“未几，又为御史梁成大所劾，再徙宁越，未及行，以痢疾卒”，终致陨故。

（3）平反追赠阶段。绍定六年（1233）十月，史弥远死，宋理宗亲政，言禁得以松弛。次年，因侍御史王遂的平反奏议，“复徐瑄与公在身之官，优加褒赠，录用其子，仍札本贯存恤其家”，而“丞相郑公清之乃奏赠公员外郎，与一子恩”，并由洪咨夔作训词，极尽颂美，盖棺定论，为胡梦昱案画上了句号。

二、胡梦昱案的特征与性质

从上述分析来看，胡梦昱案主要是一场言祸，体现了以部分在朝官员为主导的公议力量同宰相主导下的台谏势力之间对于话语权的争夺。此外，胡梦昱案尚牵涉司法与诗，因此又可同刑事案与诗案联系起来。下面笔者试对此详加分析，以还原胡梦昱同史弥远产生冲突的诸多事实。

（一）“穷治其事”与秉直断狱的冲突

霅川之变对史弥远的震动是巨大的。因变乱者“揭李全榜于州门，声言史丞相私意援立等罪”[②]，大张旗鼓，有勾结强敌之嫌，故引起了史弥远的深重疑虑。李全乃江淮流域一支重要武装力量的首领，时叛时降，极

① （宋）胡知柔编：《象台首末》卷二《行述》，《景印文渊阁四库全书》第447册，台北：商务印书馆，1986年，第19—20页。

② （宋）周密撰，王根林校点：《齐东野语》卷一四“巴陵本末”条，上海古籍出版社编：《宋元笔记小说大观》第五册，上海：上海古籍出版社，2001年，第5600—5601页。

为难制。早在嘉定十二年（1219）前后，时任淮东制置使的贾涉就曾向史弥远提出警告："昔之患不过亡金，今之患又有山东忠义与北边，宜亟图之"，并认为"盗贼血气正盛，官职过分，将有后忧"①。对此意见，史弥远没有听从；相反，仍对李全采取绥靖政策，并将其升为京东路总管、保宁军节度使，予以重用与笼络。②但也正是在这种毫无防备的情况下，李全参与此次变乱的消息不啻晴天霹雳，"朝廷得报，谓出山东谋，史揆惧甚。既而事败，李全亦自通于朝，以为初不与闻，疑虑始释"③。尽管排除了李全参与霅川之变的可能性，但谓史弥远疑虑始释则不尽然，因为在他看来，这次事变尚有许多责任人需要追究，前引《行述》所言："执政因穷治其事，转相诬引，多所连逮"正是谓此。不过史弥远穷治其事的意图，受到了大理少卿徐瑄与大理评事胡梦昱等司法官员的强烈抵制，其武器之一就是秉直断狱的原则。对此，魏了翁在为徐瑄所作的墓志中对此事有详细介绍。

> 明年正月，湖州民潘甫与弟丙、壬聚亡命数十为乱，夜入州劫济王，寻败，甫死于兵，丙磔于市，壬逸去，余党就擒。守臣谢周卿、通判张宗涛以下悉付大理狱，诏以公（即徐瑄）鞫其事。公矢其僚曰："国体、民命为重，身为轻，不可为利害。怵幽有鬼神，吾侪谨之。"先是寺之推鞫或付胥徒，公偕二丞，日躬讯之。时壬未就逮，蔓及亡辜，猥至数十百人。公诘其尤冤者，全活十六七。朝廷捕壬急，时宰疑壬之本生父匿之，命公织成其罪，公弗听。未几，得壬于楚州。时宰面授风旨，又数以手简罗致不附己者，且谕公可立致贵显。公语诸子曰："王忠嗣，唐武将也，且不肯以人命易官，吾忍以讼受服乎？"吏有希旨摘壬词，谓"他日伪拟某人为某官者"，公手裂之。吏为危语，公曰："吾代诸贤受祸，弗恤也。"狱具，腾书于朝曰："唐天宝之乱，陈希烈等将抵死。李岘独曰：'衣冠奔亡，各顾其生，可尽责耶？'彼罪状显著，岘欲脱之，矧变生仓卒，迹涉疑似者乎？湖之守贰不能死，犹曰可罪，谓与闻，谓故从，不已过乎？"又论许泽等六人罪不当死，诏徐焕、沈源不贷，余悉原之。公复执论数四，不报。壬党有偶同姓名传之死议者，公竟出之。从政郎周成子坐与潘交，时宰疑檄出其手，验治亡状，公以数百言争之。一日，保章氏奏："荧

① 《宋史》卷四〇三《贾涉传》，北京：中华书局，1977年，第12209页。

② 何忠礼，徐吉军：《南宋史稿》，杭州：杭州大学出版社，1999年，第268—274页。

③ （宋）周密撰，王根林校点：《齐东野语》卷一四"巴陵本末"条，上海古籍出版社编：《宋元笔记小说大观》第五册，上海：上海古籍出版社，2001年，第5601页。

> 惑犯左，执法廷尉当之。”公曰：“吾宁以身易人之死也。”会胡梦昱应诏言事，例借印长官，或怖公勿与，公曰：“吾位亚卿，无能建明，而又沮同僚之言乎？”[①]

这段文字力言徐瑄抵制史弥远穷治其事的种种行为，其“偕二丞”，亲自推鞫变乱余党如“守臣谢周卿、通判张宗涛以下”，并提出国体、民命为重，身为轻，不可为利害的判案原则。从后来的施行看，徐瑄基本贯彻了这一原则，表现在以下两个方面：（1）重视民命。他不顾史弥远的授意，“全活”牵连之人十之六七，并救潘壬之父，“又论许泽等六人罪不当死”，替“时宰疑檄出其手”的周成子辩解，“以数百言争之”等，都可看出这一点。（2）不顾利害。面对“时宰面授风旨，又数以手简罗致不附己者，且谕公可立致贵显”的诱惑，徐瑄不为所动；而当“吏为危语”“保章氏奏”及“胡梦昱应诏言事，例借印长官，或怖公勿与”等情况出现之时，徐瑄又无所畏惧，体现出了一名法官秉直断狱的精神。

胡梦昱作为徐瑄下属，亦参与了这些案件的处理。“因断谢周卿等案，颇知底蕴”，故得出了“济王僭伪，委非本心”[②]的结论，从中可见他并没有屈从于史弥远所施加的压力。不仅如此，他还本着自己所做出的司法结论上书皇帝及史弥远，声言济王之冤，这就比真德秀、魏了翁、洪咨夔、张忠恕等人的言论更有司法依据，而不是停留在一般的道德说教层面。综合来看，徐、胡两人作为法官，自有处理霅川之变一案的原则即重视民命、不顾利害，因此也就不会屈从于史弥远穷治其事的压力，而做出有违司法公正的判断与结论。但是徐、胡两人的断狱原则与做法，显然同史弥远的期望正相抵牾，无疑会触怒后者，为他们招致了后来的处罚与迫害。

（二）言论禁忌与“慷慨敢言”的冲突

胡梦昱案主要是一场言祸。前引《行述》言徐瑄荐举胡梦昱语中有“慷慨敢言”之谓，考《象台首末》卷二收有“轮对札”四篇，其中，作于宋宁宗嘉定十五年（1222）的《嘉定壬午六月五日轮对第一札》希望宋宁宗“爱惜日力，而以慊然不自足之心应之”[③]，尚属泛论，锋芒无多。而作

① （宋）魏了翁：《鹤山集》卷八六《大理少卿赠集英殿修撰徐公墓志铭》，《景印文渊阁四库全书》第1173册，台北：商务印书馆，1986年，第306—307页。

② （宋）胡知柔编：《象台首末》卷一《上丞相史弥远书》，《景印文渊阁四库全书》第447册，台北：商务印书馆，1986年，第8页。

③ （宋）胡知柔编：《象台首末》卷二《嘉定壬午六月五日轮对第一札》，《景印文渊阁四库全书》第447册，台北：商务印书馆，1986年，第21页。

于同年的《第二札》则认为“国家之患，终不在心腹。臣之所患者，则山东归附之众是也”，认为应对山东归附之众加以“提防”“操纵”①。其后作于1224年的《嘉定甲申正月二十二日轮对第一札》及尚未进呈的《甲申拟对第二札》都重点谈到了这一问题。所谓山东归附之众乃指以李全为首的归附南宋的武装力量。前文提到史弥远对李全采取的是绥靖政策，胡梦昱的立场与观点与之可谓大相径庭，因此胡梦昱所论不免有些针对宰相史弥远施政主张的意味，可当“慷慨敢言”之评。

本此精神，在史弥远推行议夺王爵而废其祀事，且下廷尉约法和实行禁言的情况下，胡梦昱毅然应诏上书言济王之冤，反对当政者的强加之罪，其言：“自济邸之讣既传，闻者莫不悲之，往往谓：‘狂狡妄图，守贰不武，苟能夤夜剿除，岂至诘朝僭伪？济王果何罪而至此极耶？’人心之愤惋，勃勃如也。自封驳之说既行，闻者莫不恨之，往往谓：‘是特故彰济邸之恶以戢讹言耳！以止谤议耳！欲加之罪，其无辞乎？’人心之愤惋，则犹故也。”②他认为济王之冤无法洗刷，而封驳之说更是别有用心的不当行为，这些都使得人心之愤惋，公议郁结不得发泄，从而危及统治。指陈之直切，语气之锋利，于此可见。胡梦昱的这些言论虽然有理有据，但毕竟触犯了史弥远的既定之策，矛盾冲突在所难免。

此外，胡梦昱还径直上书史弥远，对其进行了一系列质问：“乃者霅川之变实出于济王之不幸，闻其死，莫不悲之。主上存恤之意始于厚，终于薄，追赠之典始于涣汗，终于反汗，立敬之道未免缺然，则大丞相开导之功无乃犹有慊欤？”“公论之在天下，未有久而不明者。大丞相能逆料此事他日必无反复否欤？冤抑之在天下，未有久而不伸者，大丞相能逆计此事它日决不为国家之厉阶否欤？”③在胡梦昱看来，济王存恤太薄，赠典不厚，责在史弥远；公论不明，冤抑不伸，责亦在史弥远。其不满之意、愤怒之情，显而易见。对于胡梦昱这些奏议的意图与效果，元代袁桷有所揭示：

> 桷幼岁尝读曾大父枢密越公家乘，言：宝庆改元九月旦，胡评事

① （宋）胡知柔编：《象台首末》卷二《第二札》，《景印文渊阁四库全书》第447册，台北：商务印书馆，1986年，第22页。

② （宋）胡知柔编：《象台首末》卷一《宝庆乙酉诏求直言八月二十二日应诏上封事》，《景印文渊阁四库全书》第447册，台北：商务印书馆，1986年，第2页。

③ （宋）胡知柔编：《象台首末》卷一《上丞相史弥远书》，《景印文渊阁四库全书》第447册，台北：商务印书馆，1986年，第6—7页。

> 进对，首言济邸死非上指使，当立孤以明本意。于时，相臣震怒，入对两宫，乞黜。未几，御史李知孝希旨具疏，削籍度岭。[①]

由此可知，胡梦昱认为济王之死非宋理宗本意，乃史弥远指使所为，其立孤之请、厚恤之说，只会彰显史弥远之恶。本来，史弥远借宋理宗之威极力掩盖派人毒死济王一事的真相，并希望通过压制言论达到息事宁人的效果，但胡梦昱的奏议彻底揭穿了事实真相，直指史弥远这个幕后主宰，可谓有的放矢，正中要害。而“相臣震怒，入对两宫，乞黜”，说明史弥远意识到了胡梦昱奏议的巨大影响，故做出了如此激烈反应。在这种情况下，“御史李知孝希旨具疏”，特别就胡梦昱奏论加以指责，其云：

> 梦昱素不能文，且无所见，突然上书言济王事，狂悖缪戾，字字倾邪，朝列切齿，以为怪异。如曰沈伯括等所供，就使有之，合在赦宥之域。夫伯括所供事实、所索案卷，皆大逆不道之事，身为法官，岂不晓法？安有恶逆而可以赦原乎？观其下语，详其用意，考其引援，皆其愤詈咒诅之语。此必藩贼余党潜伏出入，共成此书。二人者，同于党恶，而党恶之辞则有轻重；同为狂谬，而狂谬之语亦有浅深。臣欲望圣慈特赐睿断，将咨夔镌罢，梦昱追官落籍，窜之海外州军，庶几中外悚动，知有君臣上下之分。[②]

上述李知孝对胡梦昱言论的分析不无牵强揣测之辞，如谓此必藩贼余党潜伏出入，共成此书，就是如此。不过他认为胡梦昱的言论较之洪咨夔的更狂谬，正是在清醒地意识到胡梦昱奏论的危害性之后所做出的判断。他认为应当严惩胡梦昱，杀一儆百，使“中外悚动，知有君臣上下之分”，不敢再触犯言禁。

对于李知孝的指责，徐瑄曾上书宰相予以辩解，其云：“瑄职在法守，偶与胡梦昱同寅，见其披阅谢周卿等案牍，有感于中，欲退而草封事久矣。”说明胡梦昱奏疏的由来，与藩贼余党无关，并非党恶之辞。其又言：“丞相光辅圣主，广开众正，期年之间，凡所以奖拔善类，激昂士气，扶植祖宗，以祈天永命者，无所不用其至。而首以直言罪一职事官，窃为丞相惜之，

---

① （宋）胡知柔编：《象台首末》附录《胡梦昱印纸识语》，《景印文渊阁四库全书》第 447 册，台北：商务印书馆，1986 年，第 48 页。

② （宋）胡知柔编：《象台首末》卷一《监察御史李知孝章疏》，《景印文渊阁四库全书》第 447 册，台北：商务印书馆，1986 年，第 7 页。

恐自是中外之人皆以言为讳，其于丞相二十年涵容之美意、辅赞之大业，所损多矣。”[①]他认为以直言罪一职事官会造成以言为讳的局面，有损史弥远自身的威望。其实，徐瑄也知道史弥远严惩胡梦昱，正是为了造成以言为讳的现实，才有利于掩盖济王之死的真实情况，从而免于公议指责，维护其相权。

（三）“以言为讳”与诗词异论的冲突

史弥远对胡梦昱做出削籍、羁管象郡的处罚，本来是为了杀一儆百、压制公议，造成“以言为讳”的局面，结果却事与愿违。一方面，胡梦昱不仅没有妥协，反而频频通过诗词宣示自己的坚定立场，其《自咏步王庐溪韵》云：

> 新来时事不相关，赢得蛮荒日月闲。存取丹心照碧汉，任他黄口闹清班。非求美誉传千古，不欲浮生愧两间。天亦而今无奈说，秀才且荷肯相还。
>
> 瘴地人忧我莫支，人虽危我我何危。元来忧国不怕死，非为捐身要出奇。肯怨江山千里远，幸逢天地一时知。孔光张禹人无笑，禄位输他善保持。[②]

从“存取丹心照碧汉，任他黄口闹清班”“元来忧国不怕死，非为捐身要出奇”等言语所表露出来的坚贞态度和批判精神来看，这与前文《行述》所载皂角词的意旨正相一致。因此，初次被贬并未令胡梦昱改变立场，有所妥协，相反却挫而弥坚，锋芒愈盛。另外，令史弥远更不满的是，贬斥胡梦昱引发了又一轮的公议抗议浪潮，表现在以下两个方面。

（1）徐瑄、蒋岘、傅伯成等人纷纷上书相救，争论日盛。魏了翁云：“梦昱坐夺官，窜象州。公（徐瑄）上书时宰，争之不可，公亦镌二官罢。已而直舍人院王塈再论公，故出死罪，又镌三官，道州居住。始至州，监察御史梁成大论公不已，更追三官，徙象州。”[③]徐瑄上书之观点前文已述，结果非但没有收效，反而一再被贬，罪名之一便是梁成大所说的极力怂恿

① （宋）胡知柔编：《象台首末》卷一《大理少卿徐瑄上史丞相书》，《景印文渊阁四库全书》第447册，台北：商务印书馆，1986年，第11页。

② 胡知柔编：《象台首末》卷三《自咏步王庐溪韵》，《景印文渊阁四库全书》第447册，台北：商务印书馆，1986年，第10页。

③ （宋）魏了翁：《鹤山集》卷八六《大理少卿赠集英殿修撰徐公墓志铭》，《景印文渊阁四库全书》第1173册，台北：商务印书馆，1986年，第307页。

胡梦昱之狂悖诬谤，且根据“其举梦昱为贤能才识”的荐词断定“梦昱狂悖诬谤之章必与瑄合谋共议而为之”[①]。对此，蒋岘曾为胡、徐两人开脱，并遭贬逐。

> 大理评事胡梦昱以言被窜，岘独曰：“梦昱所言果有益于朝廷，虽直，庸何伤？不必论及举主也。”弥远怒黜岘临安府城南监厢，迁知安康军。[②]

这里，蒋岘为胡梦昱及徐瑄做了回护，遭到了史弥远的贬黜，可以视之为胡梦昱案的连环案。此外，为胡梦昱申言的尚有傅伯成。《宋史·傅伯成传》载：

> （傅伯成）闻大理评事胡梦昱坐论事贬，蹙然语所亲曰：“向吕祖俭之谪，吾为小臣，犹尝抗论。今蒙国恩，叨窃至此而不言，谁当言者。”遂抗疏曰：“……今上疏者非可愈比，然在列之臣，无一为言者，万一死于瘴疠，陛下与大臣有杀谏者之谤，史册书之，有累圣治……”不报。[③]

基于无一为言的局面，傅伯成希望不以言论罪臣下，否则有杀谏者之谤，所言虽有道理，但“不报”的结果令人无可奈何。

（2）胡梦昱被贬，多有送行赠诗者。前文提到魏了翁曾出关饯别胡梦昱，此外，“翁定、杜丰（笔者按：《象台首末》卷三作‘杜耒’）、胡炎，皆有诗送之”[④]，对其行为极尽颂美。当然，赠诗者不止以上三人，据《象

---

① （宋）胡知柔编：《象台首末》卷一《司谏梁成大章疏》，《景印文渊阁四库全书》第447册，台北：商务印书馆，1986年，第10页。

② 光绪《奉化县志》卷二三《蒋岘传》，《中国方志丛书·华中地方》第204号，台北：成文出版社，1975年，第1219页。据《宋季三朝政要》卷一载：嘉熙元年（1237）“六月，行都大火，由巳至酉，延烧居民五十三万家。士民上书，咸诉济王冤者。侍御史蒋岘，史党，独唱邪说，谓：‘火灾天数，何预故王事？’遂劾万文琮、王逸、刘克壮鼓扇异论，同日去国，并斥进士潘昉，姓同逆贼，语涉不顺，皆论以汉法。自后群臣无敢言者”。（王民信主编：《宋史资料萃编》第三辑，台北：文海出版社，1981年，第54页）这里因贬斥万、王、刘等“诉济王冤者”而被视为“史党”，与前引《奉化县志》所载为胡梦昱、徐瑄辩护之举似相矛盾，但揆之以蒋岘这两次的不同言论，皆可谓之公允，故不宜将其目为“史党”而加以否定。

③ 《宋史》卷四一五《傅伯成传》，北京：中华书局，1977年，第12443—12444页。

④ （宋）周密撰，王根林校点：《齐东野语》卷一四“巴陵本末”条，上海古籍出版社编：《宋元笔记小说大观》第五册，上海：上海古籍出版社，2001年，第5601页。

台首末》卷三所载赠诗考之，尚有杨长孺、谢郛、戴栩、李元实等人。这些人通过诗歌发表对胡梦昱被贬的看法，热情地肯定了胡梦昱的行为，舆论效应极大，而这恰是史弥远所始料未及、也不愿看到的局面。为了彻底打消公议对胡梦昱案的议论，史弥远发动了对赠诗者的惩罚，制造了一些诗案，可考者有以下两个。

（1）杨长孺诗案。杨长孺乃杨万里之子，其有两首送胡梦昱的诗：

> 新来消息使人疑，一网如何尽去之。元祐只今为绍圣，姬周嫠妇谩深悲。
>
> 世事昏昏酒正酣，苦言难药盗言甘。李庭男子真奇绝，便是吾乡小澹庵。①

杨长孺这两首诗抨击相臣希望一网打尽异党异论的行为，他认为世事昏昏，胡梦昱的“苦言”注定难以战胜权相史弥远的“盗言”，但胡梦昱也因此可同敢于抨击奸相秦桧的名臣胡铨相媲美。他将胡梦昱比于胡铨，隐然将史弥远同秦桧相提并论，其言不可谓不犀利。杨长孺即因为此诗遭到梁成大的弹劾。

> 臣闻其人故态不改，颠怪自如，形之诗咏，公肆讥讪。其送胡梦昱行诗之末句云‘便是吾乡小澹庵’者，前朝名臣胡铨也。今长孺乃以梦昱况铨，流传道路，有识骇愤。方且以辞逊自高，对客昌言略无忌惮。臣谓长孺之所为，若使立朝必党和邪说，簧鼓在列，或叨外任，必复行怪政，贻害士民。长孺之一身进退，初无系于轻重，第恐中外观望，相师成风，崇诡尚异，波流莫返，必致是非混乱，分义不明，他时复费朝廷区处，臣实忧之。臣欲望陛下特颁睿旨，收还长孺召命指挥，仍畀祠禄，勒令闲住，俾知循省，以正人心，以厚风俗，以为诡僻狂悖之戒。②

送胡梦昱诗被视为杨长孺的一大罪状而为梁成大极力论列。在他看来，通过处罚杨长孺，可以避免“中外观望，相师成风，崇诡尚异”与“是非混

① （宋）胡知柔编：《象台首末》卷三《东山杨长孺》，《景印文渊阁四库全书》第447册，台北：商务印书馆，1986年，第27页。

② （宋）胡知柔编：《象台首末》卷一《司谏梁成大章疏》，《景印文渊阁四库全书》第447册，台北：商务印书馆，1986年，第9—10页。

乱，分义不明”的情况，从而“以正人心，以厚风俗，以为诡僻狂悖之戒”。由此可见，相党兴起诗案的真实用意乃在于制造以言为讳的局面，控制不利于自己的公议风向。

（2）戴栩诗案。戴栩送胡梦昱诗云：

> 古郡荒凉象迹新，君行况是去装贫。此愁欲别柳边雨，明日初程桂外人。从古不多如意事，加餐宜惜未归身。春风未必天涯尽，木斛花开瘴水深。①

戴栩这首诗多作宽慰之语，批判精神较杨长孺逊色不少，但仍因此遭到了贬斥，这从戴栩所作祭文中可见一斑：“自君之行，逐客相继。沈预议而遭弹，余赠吟而同祟。自叹数奇，不诿君累。”②所谓“余赠吟而同祟”正指因前引赠诗而遭惩罚的情况，而“逐客相继”的惨况可见当时相权同公议之间的巨大矛盾与激烈冲突。

实际上，在这场斗争中，江湖诗案亦卷了进来。当然，江湖诗案未必同杨长孺诗案、戴栩诗案那样与胡梦昱案有密切的关系，但就济王之死引发的公议抗议浪潮来看，其发生背景则是一致的。对于江湖诗案，本书第三章第三节有专门讨论。

三、胡梦昱案的影响与评价

本部分从两个层面论述人们对胡梦昱与史弥远的不同评价，以见胡梦昱案的影响。

（一）官方

如前所述，胡梦昱因言获罪，在当时即有较大影响，不仅徐瑄直接上书史弥远为之解救，魏了翁、翁定、杜耒、胡炎、杨长孺、戴栩等人或送行、或赠诗，亦有声援之举，而这些都可以视为当时公议力量对史弥远惩罚胡梦昱的抗议。这一舆论倾向影响到了其后对胡梦昱的官方评价。

首先，绍定四年（1231），“尚书省奉敕勘会，胡梦昱昨因臣僚论列，谪处遐方，今已身故，该遇庆霈，须议指挥。七月十六日三省同奉圣旨，

---

① （宋）胡知柔编：《象台首末》卷三《永嘉戴栩》，《景印文渊阁四库全书》第 447 册，台北：商务印书馆，1986 年，第 28 页。

② （宋）胡知柔编：《象台首末》卷四《祭胡梦昱文》，《景印文渊阁四库全书》第 447 册，台北：商务印书馆，1986 年，第 35 页。

胡梦昱特与放令归葬”[①]。因为胡梦昱已经身故，故许以归葬，虽未为之平反，但多少算是对郁结已久的公议所做的一点交代。

其次，端平元年（1233）即史弥远死后的次年六月，侍御史王遂有奏疏云：“胡梦昱为大理评事，义不诡随，奋然上疏，剖析是非，辞直理明。”故应“复瑄、梦昱在身之官而优加褒赠，录用其子，仍札下本贯，存恤其家”，这样做可“使后世知畴昔权臣之擅命非出于陛下之本心，而天下之公议不掩于陛下之闻见。忠臣义士虽死之日，犹生之年也”[②]。他将胡梦昱归入忠臣义士，而将济王之冤归咎于权臣之擅命，一举为官方评价定下了基调。

最后，胡梦昱被采择入史并从祀学宫，官方地位正式确立。《象台首末》卷二《行述》云：

> 平章事乔公行简监修《宁宗皇帝实录》，行下本贯取索奏议、行实，修纂立传。其从祀县学官，则邑令陈君元普；其从祀郡学官，则太守从林李公义山；其从事（疑“祀”误）象学官，则广漕比林罗公愚也。[③]

乔行简监修《宁宗皇帝实录》，特意索取胡梦昱的奏议、行实，以备修纂立传，自是因其上章直论之行可光后世。此外，胡梦昱也因之受到推崇而得以从祀县学宫、郡学宫及象学宫，邹济认为徐瑄、胡梦昱从祀象学宫可“高山仰止，嘉与学者共之”[④]，李义山则认为从祀县学乃“从澹翁之俎豆，垂乡社之仪刑”[⑤]，都以官方姿态肯定了胡梦昱的节行。

相对于胡梦昱，史弥远则不为清议所贷，生前已受訾议，这已见前文所述。及其死后，虽宋理宗许之为“公忠翊运，定策元勋”，但修史者却不以为然，杜范、高斯得等人任史官，曾对宋宁宗朝国史妄加篡改删削，郑清之曰：“臣尝观时政记，无一语及当日时事，为之短气拂膺而冲冠也。”

---

① （宋）胡知柔编：《象台首末》卷一《归葬省札》，《景印文渊阁四库全书》第 447 册，台北：商务印书馆，1986 年，第 14 页。

② （宋）胡知柔编：《象台首末》卷一《殿中侍御史王遂奏札》，《景印文渊阁四库全书》第 447 册，台北：商务印书馆，1986 年，第 15 页。

③ （宋）胡知柔编：《象台首末》卷二《行述》，《景印文渊阁四库全书》第 447 册，台北：商务印书馆，1986 年，第 21 页。

④ （宋）胡知柔编：《象台首末》卷四《象州学祠堂奉安文》，《景印文渊阁四库全书》第 447 册，台北：商务印书馆，1986 年，第 36 页。

⑤ （宋）胡知柔编：《象台首末》卷四《吉水县学祠堂奉安文》，《景印文渊阁四库全书》第 447 册，台北：商务印书馆，1986 年，第 36 页。

并要求“取嘉定末年国史从公厘政，以正春秋谨始之元，以图绍兴诬上之祸”[①]。郑清之“为之短气”是因为史臣对宋理宗即位过程的记述并不确切，对史弥远亦批评太甚，故而才有上《乞将史卫王配享宁宗奏札》之举，以为史弥远正名。

元代史臣修《宋史》时，虽未对史弥远做太多诛伐，但实属事出有因，清人赵翼曾予以辨析。

> 至其拥立理宗一事，则隐讳更甚。宁宗自皇子询薨后，即养宗室子贵和为皇子，赐名竑。弥远买美人善琴者纳之，使伺皇子动静，竑嬖之。一日，指舆地图曰：“此琼、崖州，他日当置弥远于此。”又尝书几曰：“弥远当决配八千里。”美人以告，弥远乃阴谋立沂王子贵诚，使郑清之傅之。宁宗崩，弥远在禁中，宣贵诚至柩前，举哀毕，然后召竑，封为济王，出居湖州。夫以先帝预立之储君，擅敢废罢，而所立者并非先帝所识之人，虽以唐宦官之“定策国老，门生天子”，尚不至如此之恣横，则弥远之罪上通于天，无可讳饰者。乃《宁宗本纪》并不著其废立之罪，但云，帝崩，史弥远传遗诏，立侄贵诚为皇子，更名昀，即皇帝位，封皇子竑为济阳王，出居湖州。一似仓猝之际，宁宗别有遗命，而弥远奉行者。盖其时弥远正柄政，史馆实录皆所监修，故书法本是如此。而《弥远传》则后人所修，应无所忌，乃亦只以“宁宗崩，拥立理宗”七字了此公案，而此等奸谋逆节绝无一语载入。益可见宋旧史皆本各家表志、行状据以立传，而元人修史，又悉仍其旧，略无订正也。[②]

赵翼所言才是官方正史对于史弥远的基本评价。当然，这种评价并不全由胡梦昱案所致，这是应该说明的。

（二）民间

与官方评价相比，民间对胡梦昱的推许，集中通过《象台首末》一书中的“诸家赠答题跋之作”（前引《四库全书总目》语）体现出来。这些赠答题跋先由胡知柔编入，流传至明代，后人胡禄续有所增，并捐俸付梓，予以版印，目的乃是“藏之于家，以免誊写之劳，且俾凡为吾胡氏后者皆

① （宋）郑清之：《安晚堂集》辑补《乞将史卫王配享宁宗奏札》，《丛书集成续编》第 106 册，上海：上海书店，1994 年，第 319 页。

② （清）赵翼著，王树民校证：《廿二史札记校证》，北京：中华书局，1984 年，第 504—505 页。

知先公仗节死义，凛然犹有生气，务思修身慎行以求无忝”[①]，旨在推尊先祖，并教化后人。因此，“赠答题跋之作”的“诸家”，既有胡梦昱同时代者，也有其身后宋、元、明诸朝之人，而这些人及他们的评价可视为胡梦昱其人其行在民间的传播，这可从以下两个方面来看。

1. 赠诗、题诗与哀词、祭文

胡梦昱被贬往象州，时人多有赠诗送行，前文已有所述。及其在象州，与之诗歌酬唱者亦不乏人，从《象台首末》卷三所收之诗考之，至少有以下数人：李伯圭、宋自适、曾梦选、罗存甫、刘梦才、罗茂良。在他们的赠诗中，既有推许：“事当言路官无小，理未安时心肯休。千古纲常增砥柱，一身去就等虚舟”（同邑李伯圭）；“当为天下奇男子，肯学人间小丈夫”（印山罗存甫）；“论事直须殚恳切，立朝端不忍阿谀”（安城刘梦才）。又有宽慰：“天定从来人可胜，著书消日海西头”（同邑曾梦选）；“长相思外加餐饭，记取承君旧话头”（竹谷罗茂良）。这些赠诗反映了当时人们对于胡梦昱的支持与肯定。

胡梦昱去世后，时人或后人如宋代丁黼、罗閮、曾宏甫、李庭芝、李伯圭、杨宾言、叶梦得、林经德、林起鳌，元代李处敬、萧太登等都有题诗，试看风山曾宏甫的一首：

> 湘山冷焰冰四海，寒蔽天晴日昼阴。朝路偷生尽缄口，瘴乡投死犹甘心。里闾节义绍襄简，史册姓名光古今。天定胜人公议在，褒忠录后上恩深。

该诗首联暗示济王事变后的恐怖气氛，矛头直指史弥远。颔、颈二联颂扬胡梦昱的敢言精神与行为，足令其死而不朽，留名青史。尾联则感慨公议不泯，胡梦昱沉冤得雪。

除赠诗、题诗外，《象台首末》卷四有哀词、祭文数篇，如罗幼明的哀词，罗居义、戴栩的祭文等，在对胡梦昱加以推扬之余，又深叹其陨落。

2. 像赞与题跋

《象台首末》卷五有后人所作像赞六篇，亦是推扬之音。试看钱习礼所作：“蕴纯正之学，负方刚之气。侃侃立朝，屡陈谠议。其欲厚者，昆弟之大伦；其所切者，邦国之重计。竟致忤于权奸，甘远被于播弃。正类抑

---

① （宋）胡知柔编：《象台首末》附录《书象台首末后》，《景印文渊阁四库全书》第447册，台北：商务印书馆，1986年，第52—53页。

于当时，公论伸于后世。如公者，信所谓世之伟人、国之令器也！”①

至于题跋，主要是就胡梦昱的封事与考功印纸而发的。前者乃后人所作的胡梦昱《宝庆乙酉诏求直言八月二十二日应诏上封事》的题跋，有宋人王遂、罗愚、史绳祖、陈彬、章鉴、董朴及元人吴澄、厉一鹗、徐明善等人。这些题跋多论及该封事的精神实质及地位，如董朴所谓：“理评胡公陈大义于宝庆之初，一字一言皆赤心片片中流出，视澹庵斩桧之疏，不可优劣。”②就将该疏同胡铨“斩桧之疏”相提并论，评价之高，于此可见。后者所谓“考功印纸”，乃胡梦昱所幸存的档案资料，为后人宝藏，题识甚多，试看明代杨士奇所作：

> 士大夫以道事君，责难陈善，身不暇恤，其暇恤名哉！刚简公以忠被斥，至追毁出身以来文字，陋哉，小人之为也！公身没而名愈彰，天下公议自不可泯，后之袭为小人者，不可以鉴乎？因拜观公考功历于胡氏之后宗训所，谨识于后。泰和杨士奇书。③

杨士奇在呵斥追毁（胡梦昱）出身以来文字的同时，指出其身没而名愈彰的一面，并认为天下公议自不可泯，可谓振聋发聩。而这种态度也普遍存在于其他题跋之中，兹不赘述。

以上通过时人与后人的赠答题跋分析了民间对胡梦昱的态度，既有歌颂与赞扬，又有感叹与惋惜。与之相反，民间对史弥远的认识与评价则多为讽刺与批判。除济王之冤使他备受指责之外，与杨皇后的关系也招致议论纷纭，如《贵耳集》载：“天宝间，杨贵妃宠盛，安禄山、史思明之作乱，遂有杨安史之谣。嘉定间，杨太后、史丞相、安枢密，亦有杨安史之谣。时异事异，姓偶同耳。”④虽然以“时异事异，姓偶同耳”加以回护，但史弥远为公议所訾，却是事实。

又如《钱塘遗事》载：“弥远出入宫禁，外议哗然，有诗曰：‘往来与

---

① （宋）胡知柔编：《象台首末》卷五，《景印文渊阁四库全书》第447册，台北：商务印书馆，1986年，第46页。

② （宋）胡知柔编：《象台首末》卷四《跋封事后》，《景印文渊阁四库全书》第447册，台北：商务印书馆，1986年，第38页。

③ （宋）胡知柔编：《象台首末》附录《印纸题跋》，《景印文渊阁四库全书》第447册，台北：商务印书馆，1986年，第51页。

④ （宋）张端义撰，李保民校点：《贵耳集》卷下，上海古籍出版社编：《宋元笔记小说大观》第四册，上海：上海古籍出版社，2001年，第4309页。

月为俦侣，舒卷和天也蔽蒙。’盖以云讥弥远也。”[①]该诗似出于刘克庄的《云》诗：“农家望汝卜年丰，似絮如峰陟不同。纵有浓阴工阁雨，略无定态喜随风。往来与月为仇敌，舒卷和天尽蔽蒙。安得竦身腾汗漫，叫开阊阖扫长空。”[②]通篇来看，此诗不无寄托讽刺之意，但是否讽刺史弥远与杨皇后则难以确定。不过，后人却明显将二者关系视为实情而横加议论，如明代杨慎所言：

> 弥远之比周于杨后也，出入宫禁，外议甚哗。有人作咏云词讥之云：“往来与月为俦，舒卷和天也蔽。”宋人言其本朝家法最正，母后最贤，至杨后则荡然矣。[③]

其又作《宝庆相》，小序云：

> 咏史弥远也，杨铁崖有此篇。余读之，恨其深文隐语，不足以诛奸谀，且舍弥远而旁罪余天锡、梁成大与赵葵，谚所谓：“无奈冬瓜何，捉著瓠子磨”也。重赋此首。

诗云：

> 宝庆相臣大商贾，不贩海货贩宋主。昼化飞燕啄皇孙，夜驾老蟾嫔月母。（弥远表里杨后，遂有三思之宠。有作乐府“咏云”以讥之，云：“往来与月为俦，舒卷和天也蔽。”）四十一年富且融，格天偃月将无同。老死牖下犹未艾，生魂归来称鬼雄。君不见井研谏臣邓若水，一疏弹奸澹庵比。拾星漏曦非良史，续宋纲目者谁子。[④]

元代杨维桢曾有讽刺史弥远之作，但在杨慎看来，其深文隐语，不足以诛奸谀，故重作此题，以诛奸谀。该诗不仅涉及史弥远出入宫禁之事，而且

---

① （元）刘一清：《钱塘遗事》卷二“史弥远”条，《景印文渊阁四库全书》第408册，台北：商务印书馆，1986年，第979页。

② （宋）刘克庄：《后村集》卷四，《景印文渊阁四库全书》第1180册，台北：商务印书馆，1986年，第45页。

③ （明）杨慎：《词品》卷五“咏云词讥史弥远”条，唐圭璋：《词话丛编》，北京：中华书局，1986年，第519页。

④ （明）杨慎：《升庵集》卷二五《宝庆相》，《景印文渊阁四库全书》第1270册，台北：商务印书馆，1986年，第191—192页。

还言及其废济王、立理宗一事，并以邓若水的抗议行为相对照，所谓“一疏弹奸澹庵比”，在肯定邓若水的同时，对史弥远痛加挞伐。杨慎未评及胡梦昱的抗议行为，但从对邓若水的评价可类推之，自当归入“澹庵比”的行列。由此可见，民间对于胡梦昱与史弥远的评价是大为不同的，这同胡梦昱案的影响有一定关系。

第三章　史氏家族文学论

除政治个性尤为突出外，四明史氏亦被一些论者视为文学家族。对此问题，笔者已在绪论部分有所论述。在文学领域，四明史氏确实涌现出了一批颇有建树者，著名的如史浩、史弥宁等人，皆有声当时。时人名棫者为史弥宁《友林乙稿》所作的序云：

> 太师文惠魏王先生帅闽，域以庠序诸生蒙晒睐宠甚，侍立函丈，饱聆博约。诗埒黄陈，词轹晁晏，片文单字，脍炙士林。域时年二十有一，于甲午僭赓灯夕所和《宝鼎现》词以献，最沐称赏。先生今在天，为修文郎久矣。纭纭人间，无复声容。不自意后四十年，堕影湘南，乃得亲炙春坊领阁公之幕下，摛文琢句，追古作者。“惟其有之，是以似之”，郁然伯父风烈，典刑固存。凡两霜侍席，掇拾友林诗稿，得百七十首。明作莫传，士争借录，腕为之脱。稿，窃命工锓之。[①]

以“诗埒黄陈，词轹晁晏”来称赞史浩的诗词创作，虽有过誉之嫌，但谓其得晏氏词之富贵态却是有些道理的。该序云其有“和《宝鼎现》词”之举，今史浩原作仍存，序云：“昔姑苏士人系图圄，元夕以词求免。守一见，破械延之上坐。至今乐府多传之。惜其止叙藩方宴游之盛，而不及皇都。真隐居士用韵以补其遗。”[②]而词则以赋笔谱写“圣主有乐升平意”，若参以史浩师相之身份，则史浩词的独特意蕴不难体察。至于其赞史弥宁“郁然伯父风烈”，尽管试图追踪史氏家族在文学上的前后传承，但就诗风来看，史弥宁所作类于“诚斋体”的清新活泼，而史浩的诗歌却是率易浅近，风格并不相类。两人之外，“史氏群从多工吟咏，尚有弥巩者，有诗见

---

① 舒大刚主编：《宋集珍本丛刊》第 70 册，北京：线装书局，2004 年，第 730 页。关于该序作者，序中仅署其名“棫”，全祖望《题史秦州友林集》云：“今乙稿序亦失其首叶，吾友厉征君鹗定为郑棫作。”参见（清）全祖望著，朱铸禹汇校集注：《全祖望集汇校集注》，上海：上海古籍出版社，2000 年，第 1378 页。厉鹗定为“郑棫”，仅为猜测之辞，尚待确考。

② （宋）史浩：《宝鼎现序》，唐圭璋：《全宋词》，北京：中华书局，1965 年，第 1269 页。本文所引史浩词及大曲皆据唐编《全宋词》。

《景定建康志》中而全稿已佚，所存独弥宁此集耳”[①]。由于其集未见流传，故难以对史弥巩的文学成就予以评价。

除了文学人才群出之外，史氏家族的文学活动也很丰富。以诗社言，全祖望有所列举：

> 吾乡诗社其可考者……乾道、淳熙之间，丞相魏文节公杞、史文惠公浩并归田，张武子、朱新仲、柴张甫皆其东阁之彦，寓公则王季彝、葛天民之徒预焉。绿野、平原，篇什极盛。庆元、嘉定而后，杨文元公、袁正献公、楼宣献公，寓公则吕忠公，多唱和于史鸿禧（守之）碧沚馆中，顾诸公以道学为诗，不免率意，独宣献不在其例耳。同时高疏寮、史友林别有诗坛，则从事于苦吟者也。史枢密宅之兄弟，偕郎婿赵侍郎汝楳辈，在湖上又为一社。[②]

可见史氏家族组织或参与诗社者凡四，史浩、史守之、史弥宁、史宅之兄弟，各居其一。这对于四明地区的诗歌繁荣无疑大有裨益。

应当注意的是，史氏家族的文学创作与活动具有鲜明的政治性。一方面，得益于与赵氏宫廷的特殊关系，史氏家族的文学创作在影响宋代宫廷文学发展的同时，也体现出了强烈的应制色彩与富贵气质。如史浩与宋孝宗之间多有酬唱交流，对宋孝宗的诗歌创作有所启发，而《史浩集》中的诗词及大曲又多能从政治及有关制度的层面加以解读；另一方面，在贵为宰相的情况下，史氏极易成为文学关注的对象，或赞扬，或讽刺，一定程度上影响到了文学的内容与主题。同时，作为统治者，出于一定目的或喜好而做出的决策往往影响到了文学生态，左右了文学的走向。这一方面表现得最为典型的是史弥远。其本身并无任何文学建树，但作为执政长达26年之久的权相，其对文学发展的影响不容忽视。如南宋嘉定以后，博学宏词科的衰落，就与“时相不喜此科”[③]有关。祝尚书在《宋代词科制度考论》一文中引用叶绍翁《四朝闻见录》及罗大经《鹤林玉露》中的有关材料，对史弥远不喜此科的原因有所分析，认为“这里有深刻而微妙的政治

① 《〈友林乙稿〉提要》，《景印文渊阁四库全书》第1178册，台北：商务印书馆，1986年，第95页。

② （清）全祖望著，朱铸禹汇校集注：《全祖望集汇校集注》，上海：上海古籍出版社，2000年，第1233页。

③ （宋）陈振孙：《直斋书录解题》卷一五“宏辞总类”条，《丛书集成初编》第47册，北京：中华书局，1985年，第427页。

背景”，即因为真德秀的关系，遂对博学宏词科不喜欢。而“词科的式微，标志着南宋曾一度辉煌过的四六文也随着衰落”。[①]可见四六文的衰落有史弥远排斥词科的间接影响存在。四六文之外，史弥远为了镇压因废济王、立宋理宗所造成的舆论抗议浪潮，大肆打击江湖诗人，厉行诗禁，也在一定程度上桎梏了该时期的诗歌创作。

总之，将史氏家族视为文学家族固然是顺理成章之事，但若从政治角度切入的话，无疑更有利于发掘出史氏家族的文学成就及其影响。基于这种认识，根据现存文献资料，笔者拟分三节讨论史氏家族的文学创作及影响，前两节论述史浩的诗词及大曲，后一节在相权与公议之间的复杂关系下来观照史弥远与江湖诗案的关系。

第一节　史浩的诗词

史浩存诗五卷，近 200 首；词曲四卷，《全宋词》辑得 182 首，数量不少。至于其思想艺术，相对而言，并未达到较高水准，但自有其认知价值。对此，学术界已从多种角度进行了论述。有从佛儒文化与地域文化进行观照的，如蔡如意《南宋明州史氏家族文学与文化研究》[②]对史浩的文学部分进行了讨论；有从道教文化进行讨论的，如赵晓岚《论史浩的词》认为其部分词与道教关系密切，“成了南宋至金元道教词的先驱”[③]。这些研究都从不同角度揭示了史浩诗词的价值。与之不同，本节并不打算进行全面论述，而是选取史浩诗词中较有独特意义的三类加以阐释。

一、史浩的宫廷供奉诗

本书所论宫廷供奉诗自有其含义：就供奉对象言，并不限于皇帝一人，尚包括王宫、后宫之人；就供奉方式言，除了常见的应制之外，自主进献、代主而作等亦被考虑在内。因此，相对一般的应制诗提法，宫廷供奉诗的范围更广，更能反映出诗人同宫廷的全面联系。有宋一代，宫廷的文艺需求旺盛，供奉诗也应运而生，如“真宗皇帝听断之暇，唯务观书。每观一书毕，即有篇咏，命近臣赓和……可谓好文之主也”[④]，这就道出了供奉

① 祝尚书：《宋代科举与文学考论》，郑州：大象出版社，2006 年，第 166—168 页。

② 蔡如意：《南宋明州史氏家族文学与文化研究》，南京：南京师范大学硕士学位论文，2009 年。

③ 赵晓岚：《论史浩的词》，《词学》第 13 辑，上海：华东师范大学出版社，2001 年。

④ （宋）陈岩肖：《庚溪诗话》卷上，《丛书集成初编》第 2552 册，北京：中华书局，1985 年，第 1—2 页。

诗的产生过程。除宋真宗之外，宋代其他“好文之主”与近臣的诗歌交流亦十分活跃，宋孝宗之于史浩就是其中一例。

史浩现存宫廷供奉诗多达46首，具体篇目见表3-1。

表3-1 史浩宫廷供奉诗具体篇目情况一览

卷数	篇目	备注
卷一	和建王雨中闻戒酒之什	
	上建王生辰四首	
卷二	上建王生辰四首（辛巳）	
	上赐御制新秋雨过书怀诗且令属和	
	进锡宴澄碧殿诗	史浩有《跋御制曲宴澄碧殿诗》
	恭和御制长春花诗	史浩有《跋御制长春花诗》
	又恭和二首	
	恭和御制翠寒堂诗	
卷三	次韵恩平郡王	
	次韵恩平郡王游山登寺中小阁	
	和建王明远楼	
	次韵皇孙所和二诗（二首）	
	进明堂庆成诗	
	经筵读正说终篇恭进谢恩感遇诗（淳熙八年四月二十九日）	
	拟进讲筵尚书终篇锡宴诗二首	
卷四	和普安郡王桂子	
	次韵恩平郡王丹桂	
	代恩平郡王赋董氏园亭	
	上普安郡王生辰四首	
	和建王雪	
	和建王颐真庵	
	次韵建王秦府有感	
	恭和御制秋晚曲宴诗	
	恭和圣制秋日秘阁观图书宴群臣诗	
	显仁皇太后挽辞二首	
	高宗圣神武文宪孝皇帝挽辞（五首）	
卷五	次韵恩平郡王晚步	
	和建王春晚园中赏玩	
卷二一	普安郡王上皇太后生辰诗	

资料来源：（宋）史浩：《鄮峰真隐漫录》，舒大刚主编：《宋集珍本丛刊》第42—43册，北京：线装书局，2004年

这些供奉诗的具体供奉对象、方式及数量情况则见表3-2。

表 3-2　史浩的宫廷供奉诗情况一览

对象		恩平郡王	宋孝宗			显仁太后	高宗	皇孙	合计
			普安郡王	建王	皇帝				
方式	进献		4	8	4	2	5		23
	赓和	4	1	6	6			2	19
	代作	1	1			2			4
合计		5	6	14	10	4	5	2	46

资料来源：（宋）史浩：《鄮峰真隐漫录》，舒大刚主编：《宋集珍本丛刊》第 42—43 册，北京：线装书局，2004 年

下面对表 3-2 略做分析：（1）从数量上看，46 首宫廷供奉诗相对史浩整个诗歌数量来说不算很多，但放到宋代所有宫廷供奉诗中来看，这一数量之多亦不常见。（2）从对象上看，宋孝宗自然是史浩供奉的主要对象，在孝宗身份由普安郡王转变为建王、皇帝的三个主要阶段中，史浩都创作了不少的供奉诗。此外，他的宫廷供奉诗亦涉及其他重要宫廷人物，如宋高宗、显仁太后、皇孙等，足见史浩同赵室宫廷的广泛联系。（3）从方式上看，代作只有 4 首，而进献与赓和的数量大致相当，虽然进献与赓和有自觉与被动的区别，但都是基于创作者特殊身份的诗歌创作行为，反映了史浩在宋孝宗时期的特殊地位。因此综合这三个方面来看，史浩的宫廷供奉诗自有其价值，可视为宋孝宗时期政治文化的某种标本。

而从作者的角度来看，这些宫廷供奉诗出现在史浩从普通官员到王府教授、宰相、侍读的整个过程，在不同的阶段呈现出不同的面貌，具有不同的政治内涵和意义。下面根据创作时期的不同，对其宫廷供奉诗分三个阶段来加以论述。

（一）阶段之一：1159 年六月—1160 年二月

这一阶段自绍兴二十九年（1159）六月至三十年（1160）二月。在此期间，史浩任秘书郎，兼二王府教授。所谓二王，指普安郡王与恩平郡王。前者于绍兴二年（1132）被选入宫并于绍兴十二年（1142）二月封普安郡王，时年十六岁；后者则在绍兴四年（1134）选自宗室而“十五年二月，制加璩检校少保，封恩平郡王，出阁就外第，号东、西府。八月，初命馆职二员并兼普安、恩平二王府教授”[①]。可见二王府教授作为王府学官，一般由馆臣兼任，直接负责皇帝候选人的教育工作。

① （宋）李心传撰，徐规点校：《建炎以来朝野杂记》乙集卷一“壬午内禅志”条，北京：中华书局，2000 年，第 503 页。

对于二王的教育问题，宋高宗一直较为关注。早在绍兴五年（1135），宋高宗就开始着手对普安郡王的培养，《建炎以来朝野杂记》载：

> 高宗又谓鼎曰："此子天资特异，俨若神人，朕自教之读书，性极强记。"鼎先得旨，于行宫门内造书院一区，欲令就学，至是成。高宗曰："只以书院便为资善堂，俟除授讫，命儒臣为直讲、翊善，悉如资善故事。"己亥，遂降制授保庆军节度使，封建国公。以宗正少卿范冲为徽猷阁待制、提举建隆观兼资善堂翊善，起居郎朱震兼赞读……六月己酉，建国公出资善堂，高宗命见冲、震皆设拜，宰执得旨依故事谒见。又诏建国公禄赐比皇子。冲、震皆一时名德老成。冲，祖禹子，尤有家法，每因笺疏，导以经术仁义之言，辄标轴藏之，时一展玩。①

最初，宋高宗亲自教之读书，而普安郡王记性好，深得宋高宗之心。接着，命赵鼎为皇子读书建造书院，并为其择名德老成的范冲、朱震为师，可谓设想周全。然后，宋高宗命普安郡王见冲、震皆设拜，尊师重傅之意极明。在宋高宗如此支持之下，师者"每因笺疏，导以经术仁义之言"，得因势利导之法，而王者"辄标轴藏之，时一展玩"，悉心向学之态宛见。故《东宫备览》云："国朝东宫多用老成，既已严师傅之择，见辄设拜，又必重尊崇之礼，则固宜仁庙、孝庙皆为圣天子也。"②可谓名师贤王，教学相长。

史浩亦"老成"之人，颇为宋高宗所赏识，由国子博士擢为二王府教授。《建炎以来朝野杂记》载：

> 二十九年六月丁酉，国子博士史浩转对内殿，将退，复奏曰："小臣敢冒万死以毕愚忠，普安、恩平王皆聪明，宜择其贤者，浸别异之，以系天下之望。"高宗颔之。浩退，高宗目送焉。翌日，命除秘书郎。甫四日，兼二王府教授。③

① （宋）李心传撰，徐规点校：《建炎以来朝野杂记》乙集卷一"壬午内禅志"条，北京：中华书局，2000年，第499页。

② （宋）陈模：《东宫备览》卷二"师傅"条，《丛书集成初编》第683册，北京：中华书局，1985年，第6—7页。

③ （宋）李心传撰，徐规点校：《建炎以来朝野杂记》乙集卷一"壬午内禅志"条引史弥大《世家》语，北京：中华书局，2000年，第504—505页。

绍兴二十九年（1159），史浩五十四岁，学识修为已较为成熟。虽然不比范冲“尤有家法”，但史载“浩少卓荦有大志，敏悟绝人，力学至忘饥渴寒暑。叔父木优于学，浩以为师，朝夕质问疑义，反复切到。读书一经目，终身不忘。自经史百家至浮图老子之书，靡不通贯”[①]，可知经过长期的努力，史浩的学问已达靡不通贯的地步。此说虽不无夸饰，但史浩的人格气质因此而圆融老成却属可能。表现在这次转对上，便是见识高人一等，行为却谨而得体。立储本是敏感问题，论奏不当，足以招致不测之祸。史浩不惮于官职之卑，确可见其见识之高、处心之忠。而“将退，复奏”的进谏方式，恰到好处地体现了史浩的“老成”之态。不过，宋高宗选拔王府教授更有政治上的考虑。《宋宰辅编年录》卷一六载有一事：

> 先是，新除校书郎赵逵家尚留蜀，秦桧欲以白金助逵以家来，逵不答。桧怒，人颇为逵危之。二十五年十一月，以校书郎赵逵为著作佐郎，又令兼恩平、普安二王府教授。引对，上曰：“卿乃朕自擢。秦桧日荐士，曾无一言及卿，以此知卿不附权贵，真天子门生也。两王方学诗，冀有以切磋之。”[②]

绍兴二十五年（1155），赵逵兼任二王府教授，除了学问突出，可以同二王“有以切磋之”，其乃宋高宗自己选拔，“不附权贵，真天子门生”，更是主要原因。由此可见，宋高宗在选拔二王府教授上力避权贵干扰以维护皇权的既定用心。对于史浩而言，转对之前的仕履较为简单，无论余姚尉，还是学官如温州教授、太学正、国子博士等，都属于位浅职轻之官，除了教育训导经验丰富之外，政治上绝无党附权要之忌，亦可谓真天子门生，若为宋高宗所用，必然尽心皇权而无二心。况且史浩亦有不附权贵之举，史载：

> （史浩）任满，诣行在。时仲父才为右谏议大夫，给事中林一飞来致宰相秦桧意，言：“已留国子监书库官拟令侄矣。”浩白仲父曰：“秦似难与同处。且浩以省试前十名，于法，今当受教官，可不安分

① （宋）方万里，罗濬纂：《宝庆四明志》卷九《史浩传》，中华书局编辑部编：《宋元方志丛刊》第五册，北京：中华书局，1990年，第5094页。

② （宋）徐自明：《宋宰辅编年录》卷一六，赵铁寒主编：《宋史资料萃编》第二辑，台北：文海出版社，1967年，第1448页。

乎？”[①]

史浩不受秦桧拉拢、力劝叔父史才辞谢乃是深思熟虑后的举动，“安分”二字看似一无所求、无所作为，其实却是在辨明利害关系后所做出的睿智选择，可视为“老成”的外露。当然，宋高宗也许并不知道史浩力拒秦桧一事，但擢其为二王府教授，显然出于破除朋党以维护皇权的既定用心。所以当“大臣奏：‘王府教授必召对，乃除。’上曰：‘朕已见其人矣。’”[②]联系前文所述王府教授选拔的政治标准，宋高宗的独断不难理解。

由上面的论述可知，政治可靠、品学老成，是皇帝选择王府教授的两个标准。符合了这些标准，王府教授才有资格担任教育皇帝接班人的重任。除教官的选拔十分严苛外，王府教育的内容与方式也有特别规定。首先，就内容而言，道德培养被放在了首位，其次，便是周知古今治乱之道，至于文艺之事，往往不为所重。《东宫备览》先载二事：

> 本朝艺祖皇帝尝问王宫侍读曰：“秦王学业何如？”对曰：“近日所作，甚好文辞。”艺祖曰：“帝王家儿何必要会文章，但令通晓经义，知古今治乱尔。”
>
> 大中祥符九年，以张士逊、崔遵度充寿春郡王友。士逊尝谒王旦，称王学书有法。旦曰：“公为王友，职止于是耶？”士逊愧谢。

然后，加以评论曰：

> ……若夫文辞，乃学业之余。书，特六艺之一。而后世疲神竭意其中。艺祖皇帝（谓）王官侍讲“但令通晓经义”，王旦谓张士逊“王友之职”非止于学书，宜矣！[③]

可见，重德轻艺，是教授内容的特征之一。在此要求下，先经而后史，便成为王府教授的普遍方式，如《东宫备览》又谓：“东宫讲读之官，莫备

① （宋）方万里，罗濬纂：《宝庆四明志》卷九《史浩传》，中华书局编辑部编：《宋元方志丛刊》第五册，北京：中华书局，1990年，第5094页。

② （宋）方万里，罗濬纂：《宝庆四明志》卷九《史浩传》，中华书局编辑部编：《宋元方志丛刊》第五册，北京：中华书局，1990年，第5095页。

③ （宋）陈模：《东宫备览》卷三“广诲”条，《丛书集成初编》第683册，北京：中华书局，1985年，第13页。

于本朝。而其所讲读，亦未有不先经而后史也。真宗皇帝尝作《元良述》以示太子，其略曰：欲全其德，在修其身；欲修其身，在勤于学。所以勤于学者，必首及于读《易》、读《书》、阅《诗》、观《礼》，而遗编旧史则次之。"[①]当然，经史之讲，并非纯粹说教，而是常常寓诫于读，委婉讽喻，以收潜移默化之效。前引范冲、朱震"每因笺疏，导以经术仁义之言"，正是这种教育目的与方法的具体实践。实际上，王府教授在选拔机制、教育职责与教育方法上的这些特点对王府供奉诗的影响十分明显。下面以史浩任二王府教授期间的作品加以说明。

第一，"老成"是史浩被选为二王府教授的原因之一。如前所述，这是一种建立在年龄基础之上由学识、经历以至气貌等因素综合起来的沉稳、内敛的气质特点，反映到供奉诗中，诗风往往精粹练达、雍容和平。如《次韵恩平郡王》云："彤庭秋晚宴，和气与春同。寿酒千钟绿，宫花万叠红。金羁鸾仗底，赤乌玉阶中。归路闻人语，关雎诵国风。"虽以宴饮为题，却着意寿酒、宫花、金羁、鸾仗、赤乌、玉阶等华贵之物的客观再现，诗人情感的起伏变化无从寻觅。尾联虽涉"人语"，但仅为《国风》之《关雎》，不离温柔敦厚的诗教精神。而在遣词设色上，"彤""绿""红""金""赤"等皆具光明正大、温润和煦之感，与诗人的老成正相一致。

第二，史浩为宋高宗亲擢于浅位，可谓有再造之命、知遇之恩，故他对宋高宗的忠忱之心、感戴之情十分强烈，如作于宋孝宗淳熙十四年（1187）的《高宗圣神武文宪孝皇帝挽辞五首》之一云："念昔延英对，皇心眷琐材。翻身辞璧水，举武上蓬莱。日毂扶今圣，槐庭上亚台。大恩无路报，泪血溅余哀。"声声如泣，字字带哀，真挚之情溢于言表。所谓爱屋及乌，史浩的这种忠忱之情也言及整个皇权，从而使得他的某些颂谀诗往往真情流露。这一阶段，史浩有代《普安郡王上皇后生辰诗》，在极度称美皇后"赤伏扶东汉，清风表内朝。诗书勤有味，俭朴富无骄"的功劳品行之后，发出了"瑶觞称万寿，岁岁拱岧峣"的真诚祝愿。当然，这一时期，表露感戴之情的诗作留存极少，而到了后来，则较为突出，如《上建王生辰四首》云："天子历无疆，王亦千万寿"，所颂对象并不限于建王，而且兼及宋高宗。

第三，王府教育重德轻艺，道德修为乃是首选，而文辞，乃学业之余，不受重视。这种观念对史浩供奉诗的创作影响很大，具体说来有四点：（1）创作数量较少，以这一阶段言之，仅有 11 首，一定程度上反映了王府诗歌

① （宋）陈模：《东宫备览》卷二"讲读"条，《丛书集成初编》第 683 册，北京：中华书局，1985 年，第 8 页。

创作不受重视的地位。（2）创作方式多为赓和（5 首）与代作（2 首），唯一进献的 4 首，乃是组诗，为普安郡王生日所作。史浩很少主动作诗的情况表明，诗歌实在被视为道德之余事。（3）就诗歌内容而言，由于重视道德教育，以诗箴讽，合于正统思想的作品成为主流，而很少有声色之娱的描写。从这一阶段的 11 首供奉诗来看，游赏而无奇可纪，饮宴而无乐可书，都归入温柔敦厚之旨。（4）因文辞不为所重，故史浩的王府供奉诗的语言风格并不华丽奇险而略显质朴雅淡，如《次韵恩平郡王晚步》云："步履蘅皋取次游，日华清淡雨云浮。天公不喜烧银烛，乞与归途玉一钩。"以淡语写清丽之思，即是如此。

第四，王府教授方式常是寓诫于读，与之相应，诗以箴讽之意十分明显。且看两首赓和之作：

银潢滚滚碧流长，洗出清秋百种芳。着蕊半殷生桂子，离群独立有天香。仙人剥啄遥相过，野老婆娑日在傍。正喜奇姿媚霜露，不随时世学新妆。

——《次韵恩平郡王丹桂》

常娥屑玉酝旃檀，乞与人间秋后看。已向水边吟月晓，却来花下立更残。西风把酒休催菊，南国行歌不赋兰。何必秾香千万斛，鼻端须此百忧宽。

——《和普安郡王桂子》

二诗皆为咏桂。前诗由桂的"离群独立有天香""奇姿媚霜露"，而感叹其"不随时世学新妆"的精神内涵，后诗由桂与菊、兰的对比，直言"何必秾香千万斛，鼻端须此百忧宽"，大有"弱水三千，只取一瓢而饮"之意。诗以见志，唱和之间，箴讽之意表露笔端。

（二）阶段之二：1160 年二月—1162 年五月

这一阶段始自绍兴三十年（1160）二月，迄于绍兴三十二年（1162）五月。在此期间，史浩先后担任建王府直讲、宗正少卿等职。同前一阶段相比，这一阶段史浩的职责有所变化，除了担任直讲、讲读经典之外，亦为建王出谋划策，从而"上以浩辅导皇子裨益良多，特迁宗正少卿"，又在化解建王奏请将兵前驱所造成的危机后，"上大喜，语大臣曰：'史浩真王府官也。’”①

这一时期史浩所作的供奉诗多是咏物、纪胜、祝寿之作，其旨多不出颂扬与箴讽，如《和建王春晚园中赏玩》曰：“燕闲未省忘稽古，始信贤王宝寸阴。”赞扬了建王的好学、惜时，而这何尝不是一种委婉的箴讽？又如《和建王雪》云：“梁苑词华萃文杰，笑渠楚国赋阳台。”化用与侯王有关的两个典故，歌颂了建王的好文与词采，委婉有致。再如《次韵建王秦府有感》云：“世间谁不有兴亡，堪叹伊人事最彰。诗礼未闻传似续，楼台先欲茈淫荒。自从冠履归泉下，无复轮蹄塞柳行。富贵由来保勤俭，高危满溢岂能长。”从历史兴亡的慨叹中，发出了“富贵由来保勤俭，高危满溢岂能长”的规谏之语，意味深长。

前文提到教授方式有寓诫于读一途，史浩在讲读《尚书》时颇重此法。

> 建王以内知客龙大渊、曾觌善饮酒，多置酒会之。浩因讲《周官·酒正》曰：“《周官》一书，大抵于财无不会者，独于膳羞曰‘惟王及后，世子不会’，及酒则曰‘惟王及后不会’，不言世子，盖世子之饮亦在所会也。何者？酒所以为礼，亦所以为祸，世子奉君则当忠，奉亲则当孝，苟以狂药动荡其心，于忠孝能勿愆乎？彼方求其主鬯以奉宗庙，元良以正四方，酒正于此，安得不节之以数而会之于岁终也？”建王瞿然起曰：“谨受教。”自此节饮。②

针对建王饮酒无节，故在讲解《周官》之际，深刻剖析，晓以忠孝大义，诫以酒可致祸，循循善诱，使建王幡然领悟。与之相应，诗亦用以箴讽，史浩《和建王雨中闻戒酒之什》一诗就将戒酒之意发之于诗。“终规聊见志”的意思表达得十分明白。

> ……七碗有余清，一觞成径醉。倒着白接离，飘萧新出笥。客有可人姿，终规聊见志。乐饮虽及辰，沉酣非所恣。主人云梦胸，绰有容物智。温颜起谢客，博哉斯言利。平生千金躯，于此肯尝试。逡巡扫巨篇，华衮酬一字。观者嗟贤王，不以儒为戏。

① （宋）方万里，罗濬纂：《宝庆四明志》卷九《史浩传》，中华书局编辑部编：《宋元方志丛刊》第五册，北京：中华书局，1990年，第5095页。

② （宋）方万里，罗濬纂：《宝庆四明志》卷九《史浩传》，中华书局编辑部编：《宋元方志丛刊》第五册，北京：中华书局，1990年，第5095页。

虽然史浩这一阶段的供奉诗不出颂扬、箴讽的范围，但也有了某些新质，这就是真性情、真思想的流露。如《和建王〈颐真庵〉》就与史浩一贯的真隐思想已相去无几。

蒙示《颐真庵》诗，窃窥渊雅，有心融自得之妙，循是而往，太古之音不难也。钦羡之余，辄次韵奉勉。

夫君锦绣里肝肠，思涌秋涛溢海塘。曾向囊中明的砾，却来句里得清凉。妙因目击初无语，神与天通自发光。欲识至音还太古，湖江道术两相忘。

抒情言志的加强，对建王是有所影响的。《庚溪诗话》载："今上皇帝以英睿之资，宸文圣作，涣然超卓。方居王邸时，从太上皇帝视师江左，经由京口，题诗金山曰：'屹然山立枕中流，弹压东南二百州。狂虏来临须破胆，何劳平地战貔貅。'辞壮而旨深，已包不战而屈人兵之意矣。"[①]建王作此诗时，正处于因绍兴三十一年（1161）完颜亮南侵而导致的宋金形势恶化的困境之中。"上幸江上视师，建王从行，浩与之俱。"[②]在这种情况下，年轻的建王意气风发，吟出了这首辞壮而旨深的诗歌，水准之高，当得益于此前与史浩的诗歌唱和活动所积累起来的创作经验。从驾建王期间，史浩与皇孙亦有唱和之举，且看两首和作：

锦绣环清跸，祥云捧日华。千官鹓鹭集，万骑虎貔夸。余孽皇威远，中原望眼赊。遥怜太液水，波暖欲生花。

岁晚垂弧旦，雍容从北征。龙舟瞻日表，兔苑足诗情。况有流霞美，何辞醉玉倾。祝君无限寿，烟阁寄功名。

——《次韵皇孙所和二诗》

两首和作通过描写出征的时辰、祥瑞、规模以及目的，着意刻画皇权的高贵与威仪，深寓歌颂之旨，用语雍容华贵，契合其属官身份。其"祝君无限寿，烟阁寄功名"，则微见老夫聊发少年狂的轻波微澜。此诗题为《次

① （宋）陈岩肖：《庚溪诗话》卷上，《丛书集成初编》第2552册，北京：中华书局，1985年，第3页。

② （宋）方万里，罗濬纂：《宝庆四明志》卷九《史浩传》，中华书局编辑部编：《宋元方志丛刊》第五册，北京：中华书局，1990年，第5095页。

韵皇孙所和二诗》，当是史浩首唱，皇孙有和作，然后史浩再和。早在史浩任二王府教授时，与皇孙已多有接触，“浩常力勉二王以孝。每诣府讲书，普安王必召三王子入阁侧听（长，庄文太子愭；次，魏惠宪王恺；季，光宗皇帝）”[①]。陈岩肖谓：“当今皇太子，夙禀岐嶷之资，笃日就月将之道。方其处恭邸时，在三王中，阅经史、习艺业为最多，每为诗篇，辞语高妙。”[②]皇太子的诗“辞语高妙”，离不开史浩的教育之功。

（三）阶段之三：1163 年一月—1183 年八月

这一阶段从隆兴元年（1163）到淳熙十年（1183），时间跨度颇长。这一期间，史浩两任右相，地位较为特殊。在该阶段，史浩的供奉诗计有 17 首，多为应制之作，或应宋孝宗之命而赋，或和宋孝宗之作而作，因此，结合宋孝宗原作及作诗缘起来论述这些供奉诗，就十分必要。宋代君主好文，多有制作。如《玉海》云：

> 治平元年五月十一日丁未，命天章阁待制吕公著修起居注，邵必编集仁宗御制。公著等奉敕悉发宝文旧藏而编次之。二年十月甲寅，编成一百卷以进。英宗御延和殿服靴袍观书，两府皆侍。诏以御集藏于宝文阁……英宗制序曰：“叙禋祀飨，升歌乐章，藏于有司，荐于郊庙者多矣。而登临游赏之适，割鲜献获之乐，前世所夸者，未始一及焉。万几之暇，泊然凝神，不见所好，惟躬阅宝训，陈经迩英，究钟律之本元，训师兵之武略，披图以监古，铭物以自戒。从事于清闲宴息之余者，不过此类……”[③]

这里值得注意的是宋英宗为《仁宗御制》所作的序，该序点明了《仁宗御制》的内容、特点与用途。首先，“叙禋祀飨，升歌乐章”是指“荐于郊庙”，用于颂扬的仪文赞诗，其体风雅醇和、凝练典重。其次，“登临游赏之适，割鲜献获之乐”是指旨在怡情乐性的闲适之作，而宋仁宗基本没有涉及。再次，“躬阅宝训，陈经迩英，究钟律之本元，训师兵之武略，披图以监古，铭物以自戒”，所有这些“从事于清闲宴息之余者”，都是与道德修养有关

① （宋）方万里，罗濬纂：《宝庆四明志》卷九《史浩传》，中华书局编辑部编：《宋元方志丛刊》第五册，北京：中华书局，1990 年，第 5095 页。

② （宋）陈岩肖：《庚溪诗话》卷上，《丛书集成初编》第 2552 册，北京：中华书局，1985 年，第 4 页。

③ （宋）王应麟：《玉海》卷二八“治平仁宗御书”条，南京、上海：江苏古籍出版社、上海书店，1987 年，第 547 页。

的活动，与之相关的作品可谓“思无邪”。不过，宋英宗大概为尊者讳，言宋仁宗于“登临游赏之适，割鲜献获之乐”“未始一及焉”，则未免失实。《续诗话》云：“先朝春月，多召两府、两制、三馆于后苑赏花钓鱼赋诗。自赵元昊背诞，西陲用兵，废缺甚久。嘉祐末，仁宗始复修故事，群臣和御制诗。是日微阴寒，韩魏公时为首相，诗卒章云：‘轻云阁云迎天仗，寒色留春入寿杯。二十年前曾侍宴，台司今日喜重陪。’时内侍都知任守忠尝以滑稽侍上，从容言曰：‘韩琦诗讥陛下。’上愕然，问其故。守忠曰：‘讥陛下游宴太频。’上为之笑。”[①]由此可见，宋仁宗亦曾举办赏花钓鱼会，并作御诗，群臣有和，但是应予说明的是，该会出于“为修故事”的目的，具有很强的仪式性，不能仅仅视为追求闲适之乐。宋仁宗御制诗的适用范围及内容具有典范性，有宋一代，皇帝的御制作品多不出这三个方面，宋孝宗自然也不例外。

现存宋孝宗的诗作基本可分为题画、御赐、咏怀等三类。题画诗产生于“披图以监古，铭物以自戒”的行为之中，乃自适心理在诗中的表达；御赐诗的对象多是元老大臣，类似于“升歌乐章”，昭示着对臣下的特殊恩宠，具有某种象征意义；咏怀诗并不是“登临游赏之适，割鲜献获之乐”等闲情的表达，而是通过“躬阅宝训，陈经迩英，究钟律之本元，训师兵之武略，披图以监古，铭物以自戒”来展示对治国之道、人格修炼的追求。当然，御赐与咏怀并不仅仅是皇帝的个体行为，它们还具有群体性意义。因为上命下应、上唱下和，常常会促生一批唱和之作，从而使应制诗的内容与风格多不出御制的范围，形成一种群体趋同的现象。下面笔者从君臣互动性方面来分析一下史浩的供奉诗。

1. 锡宴

前文言及宋仁宗赏花钓鱼会乃“修故事”，宋孝宗举办宴会亦有如此之寓意。《宋史全文》卷二五下载：“上（孝宗）宣谕曰：‘祖宗时数召近臣为赏花钓鱼宴，朕亦欲暇日命卿等射弓，饮一两盅。’虞允文等奏：‘陛下昭示恩意，得瞻近威颜。从容献纳，亦臣等幸也。’上曰：‘君臣不相亲则情不通。早朝奏事止顷刻间，岂暇详论治道？故思欲卿等从容耳。’”[②]效法祖宗故事，借此宣扬文治，昭示太平之象，自是宋孝宗锡宴的目的之一。此外，和睦君臣，详论治道，也是宋孝宗希望通过饮宴所达到的目的。故

① （宋）司马光：《续诗话》，《景印文渊阁四库全书》第1478册，台北：商务印书馆，1986年，第262页。

② （元）佚名著，李之亮校点：《宋史全文》卷二五下，哈尔滨：黑龙江人民出版社，2005年，第1738—1739页。

而他于锡宴所作御诗，宣命臣下属和，并观诗言志。对于臣子来说，锡宴是皇帝示恩的重要表现，能够参加是特别荣幸的事。所以在应制诗中虽有箴讽言志之意，但更多的则是感恩、颂圣之语。

史浩作为藩府旧臣，得兼宰相、侍读，在调和两宫关系上做出了重要贡献，深得宋孝宗器重，其《跋御制曲宴澄碧殿诗》云：

> 皇帝陛下践位之十六载，臣蒙恩再侍经幄，赐召见，眷礼益隆。乃九月丙辰，锡宴澄碧殿。酒半，陛下举玉趾，临清激，臣获从游。山光水声，互相发越，恍然如在蓬莱、方丈间。从容谈道，赐杯无算。抵暮，诏宿玉堂之直庐，顾谓臣："此会不可以无纪。"臣钦承睿命，斐然成诗，叙所以感遇之意以进。陛下继锡宸章，俯同其韵。日星昭回，下贲芜类，华衮之宠，奚啻一言，皆非臣不肖所宜蒙也。臣下拜跪诵，仰见圣学高明，文章焕发，旋乾转坤，工极造化，一篇之中，屡致志焉。曰："治道贵清净，圣言有深旨。"又曰："跻民期仁寿，讵肯中道止。"此则有志于自治也。曰："东都会诸侯，宣王昔于是。"又曰："都护万年觞，何当至庭所。"此则有志于服远也。夫内而自治，外而服远，二者不本之从谏，未有能致之者。曰："虚心欲受人，忠言资逆耳。"又曰："期尔罄嘉谋，使我勋业起。"大哉言乎！臣于此乃知陛下深得致斯二者之本也。昔傅说告高宗曰："惟木从绳则正，后从谏则圣。"高宗听之，遂能克鬼方，隆商祚。是知自古圣君立志有为，未尝不以从谏为先务。今陛下既已明示厥旨，岂惟臣愚愿殚一得仰报毫分？抑中外济济之士或谋猷之已告，或策画之欲陈，莫不益思展尽以辅成圣志。则陛下是诗之作，其功用不既大矣乎！中兴跂可俟也。直笔以记，臣虽衰老，尚幸见之。谨奉圣制，勒之乐石，垂训万代。又刻臣鄙句于下方，庶昭宸章之工，侈非常之赐云。淳熙四年，岁在丁酉十月丁卯朔吉，具位臣史某拜手稽首恭书。[①]

淳熙四年（1177），史浩召为侍读。九月锡宴，应制而作《进锡宴澄碧殿诗》，"叙所以感遇之意以进"。该诗叙写锡宴经过甚详，"预令扫玉堂，深夜备栖止""从游至清激，锡坐谈名理"，可见君臣相得之情，以致史浩发出了"尧舜禹汤文，前身无乃是"的赞叹，并认为"臣言匪献谀，道实

---

① （宋）史浩：《鄮峰真隐漫录》卷三六《跋御制曲宴澄碧殿诗》，舒大刚主编：《宋集珍本丛刊》第43册，北京：线装书局，2004年，第178—179页。

由心起”，故而“归途感恩荣，占写忘觳觫”，表达了感遇之意。而宋孝宗“继锡宸章，俯同其韵”，亦作有《和史浩曲宴澄碧殿诗》[①]，内容一如史浩跋文所析，出于“亦屡引公卿，对此谈政理”的锡宴用心，而“文章藉老手，直笔中兴纪”则是对锡宴应制诗内容的规定和期待。

周必大亦作有《恭和御制赐史浩古诗》，表达了与史浩相同的思想倾向，即“南山竹易殚，陛下功难纪。儒馆谩献歌，将奈词之觳”。该诗应宋孝宗之命而作，《周益公文集》载：“朕和史浩诗，待录示卿也。和以进，此学士职也。”[②]由此可见，宋孝宗有意通过锡宴来讨论政事，通过君臣唱和来记录恩典，表达中兴之望。

除《进锡宴澄碧殿诗》之外，史浩供奉诗中与锡宴有关的尚有《恭和御制秋晚曲宴诗》《恭和圣制秋日秘阁观图书宴群臣诗》《拟进讲筵尚书终篇锡宴诗》《经筵读正说终篇恭进谢恩感遇诗》等。关于前二首，宋孝宗尚有原作留存。且看第一首：

> 昊穹垂祐福群生，凉德惟知监守成。禾黍三登占叶气，箫韶九奏播欢声。未央秋晚林塘静，太液波闲殿阁明。嘉与臣邻同燕乐，益修庶政答丕平。
>
> ——宋孝宗《九月二十二日晚秋曲宴》[③]
>
> 清时睿泽浸函生，和气熏陶万宝成。乃即上林开特宴，更容广乐奏新声。奉觞剑履风云合，立仗旌旗日月明。兴国旧仪欣再读，愿观混一致升平。
>
> ——史浩《恭和御制秋晚曲宴诗》

宋孝宗诗前六句写尽太平气象，尤其“未央秋晚林塘静，太液波闲殿阁明”一联，颇有晏殊“梨花院落溶溶月，柳絮池塘淡淡风”的“富贵”“气象”[④]，而尾联“嘉与臣邻同燕乐，益修庶政答丕平”则透露出宋孝宗“为修故事”，和睦君臣，并期待中兴的良好愿望。而臣下的和章自然不

---

① 北京大学古文献研究所编：《全宋诗》第四十三册，北京：北京大学出版社，1998年，第26866页。

② （宋）周必大：《周益公文集》卷一七五《淳熙玉堂杂记》卷中，舒大刚主编：《宋集珍本丛刊》第50册，北京：线装书局，2004年，第584页。

③ 宋孝宗：《九月二十二日晚秋曲宴》，北京大学古文献研究所编：《全宋诗》第四十三册，北京：北京大学出版社，1998年，第26864页。

④ （宋）吴处厚：《青箱杂记》卷五，上海古籍出版社编：《宋元笔记小说大观》第二册，上海：上海古籍出版社，2001年，第1658页。

免感遇、赞谀之语，如史浩和诗前六句堪称善于粉饰太平，尾联则长于歌功颂德，其“兴国旧仪欣再读，愿观混一致升平”，与《拟进讲筵尚书终篇锡宴诗》中的“神驰帝乐翔云海，恩逐天香到酒觥”“明兼舜目超唐汉，宴锡需云法祖宗”诸句立意正同，都旨在颂扬孝宗追修故事，优礼大臣的行为，感遇之意十分突出。宋人葛立方云：“应制诗非他诗比，自是一家句法，大抵不出于典实富艳尔。”[①]上引史浩之诗的风格亦皆不出“典实富艳”的范围。

2. 咏怀

宋孝宗咏怀之作颇多，《庚溪诗话》云：“今上皇帝躬受内禅，践阼以来，未尝一日暂忘中兴之图，每形于诗辞。《新秋雨过述怀》有曰：‘平生雄武心，览镜朱颜在。岂惜常忧勤，规恢须广大。’如《春晴有感》曰：‘春风归草木，晓日丽山河。物滞欣逢泰，时丰自此多。神州应未远，当继沛中歌。’观此，则规恢之志大矣。”[②]宋孝宗《新秋雨过述怀》全篇如下：

> 雨声乱秋声，驱暑逾南海。凉月倍清辉，细云变文彩。长空肃无限，远山青不改。沉吟感素商，凄清鸣万籁。平生雄武心，览镜朱颜在。岂惜常忧勤，规恢须广大。[③]

该诗前八句紧扣诗题，写新秋雨过的景色与感受，“长空肃无限，远山青不改”一句颇具宏壮气象。末四句表现“中兴之图”“规恢之志”，沉郁之中，自有昂扬向上之势。整首诗颇得古诗风致，慷慨任气，质朴简练。宋孝宗的这种作诗法旨直接导引和规范了赓和之作，《庚溪诗话》载：“当今皇太子……赓主上《新秋雨过述怀》诗，有曰：‘中兴日月异，王气山河在。万物饰昭回，稽首王言大。’其辞如是，其旨宏远矣。”[④]“其辞”“其旨”与宋孝宗原作一脉相承。

史浩亦有和作，《上赐御制新秋雨过书怀诗且令属和》云：“畏景却余威，飙驭临寰海。一雨濯寥空，晴光露精彩。乾坤陟清凉，居然神观改。俯听林麓间，万汇喧天籁。便当置蒲葵，暍者得自在。此恩夷夏均，圣德

① （宋）葛立方：《韵语阳秋》卷二，《丛书集成初编》第2553册，北京：中华书局，1985年，第14页。

② （宋）陈岩肖：《庚溪诗话》卷上，《丛书集成初编》第2552册，北京：中华书局，1985年，第3页。

③ 宋孝宗：《新秋雨过述怀》，北京大学古文献研究所编：《全宋诗》第四十三册，北京：北京大学出版社，1998年，第26865页。

④ （宋）陈岩肖：《庚溪诗话》卷上，《丛书集成初编》第2552册，北京：中华书局，1985年。

如天大。”此诗作法基本不出宋孝宗原作的范围，前十句述及景物与感受，颇有闲适散淡之风。最后两句乃歌功颂德之语，所谓“此恩夷夏均”亦是合于宋孝宗的“规恢之志”的。

史浩赓和宋孝宗的咏怀之作尚有《恭和御制长春花诗》三首、《恭和御制翠寒堂诗》等。其中，《恭和御制长春花诗》“一经圣品题，贵名何日已”借咏长春花而暗表自己的知遇之情，“况复屡褒嘉，载赓宁但已”一句则对宋孝宗的一再赐诗、赓和表达了感激之情。其后作于淳熙十一年（1184）的《跋御制长春花诗》记述此次君臣唱和的过程甚详，并表达了“归美之报”①的心情。

综合来看，前文所言作于锡宴或用以咏怀的供奉诗，其意义有两个维度：对于君主而言，通过君臣赓和，不但可以重修故事，昭示文治，而且在对大臣显示优宠的同时，自我感情也做了宣泄；对于臣下而言，赐宴、赐诗可作为自身功成名就的象征，传之后世。史浩《跋御制东归送行诗》说得明白：“臣伏见在太宗皇帝、神宗皇帝时，有若韩王赵普、潞公文彦博之将退也，皆尝赐御诗而不闻出于宸翰；在仁宗皇帝时，有若许公吕夷简、邓公张士逊之告老也，皆尝赐御书而未尝形于圣作。岂繄具臣绩用勿昭，顾乃蒙被恩荣，超冠古昔？震悸陨越，不遑夙夜。窃不自揆，敢昧死用普、彦博、夷简、士逊前比。摹刻琬琰，传示无极，庶几万邦黎献咸知圣主眷礼臣下如此。”②史浩以名相重臣相比，尽见圣主眷礼臣下之意，而史浩创作供奉诗，亦可视为投桃报李之举。

二、史浩的酬唱诗及其意义

史浩《鄮峰真隐漫录》存有诗歌五卷，既有纪游纪胜、咏物咏怀之作，又有祝寿赠别、进献进呈之篇，题材内容较为广泛。纪游纪胜、咏物咏怀等作虽侧重个体行为或情感的表达，但在史浩手中却多用于唱和，这可从这些诗作题目常常标以“次韵”“用前韵”“依前韵”等字样得到证明；而祝寿赠别、进献进呈的作品多用于社会交际，所以总体来看，史浩的诗绝大多数属于酬唱诗。

史浩一生宦隐不居，经历颇为起伏。先是年届四十始中进士，得以充任地方小官，又十七年，方升为太学正、国子学教授，进入中央政府的外

① （宋）史浩：《鄮峰真隐漫录》卷三六《跋御制长春花诗》，舒大刚主编：《宋集珍本丛刊》第43册，北京：线装书局，2004年，第179页。

② （宋）史浩：《鄮峰真隐漫录》卷三六《跋御制东归送行诗》，舒大刚主编：《宋集珍本丛刊》第43册，北京：线装书局，2004年，第180页。

围；接着遇到宋高宗，被擢为王府教授，并伴随着宋高宗内禅、宋孝宗即位而升居相位，实现了人生的重大转折。不过，好景不长，从隆兴元年（1163）罢相之后，直至淳熙四年（1177）再召为侍读之前，史浩多在地方为官，或者隐居在家。淳熙四年（1177）之后直到淳熙十一年（1184）的七年间，史浩再为侍读，复又拜相，达到了个人政治生涯的顶点。之后致仕家居，留有最后的绚烂。终其一生，酬唱诗的创作都一直进行着，但就整体来看，则以担任学、省、王府官及从宋高宗亲征两个时期所作最为集中与突出。本节即分别以西湖酬唱诗与从驾酬唱诗命名之，并加以论述。

（一）西湖酬唱诗

史浩一生数度到访、为官临安，而作于此地的酬唱诗作却基本集中在绍兴二十六年（1156）九月至三十一年（1161）十二月之间。在此期间，史浩先后任职国子监、秘书省、二王府，所到之处，皆有与同僚的唱和之作。之所以会造成这种集中之状况，在笔者看来，有以下三个因素。

1. 西湖胜景的吸引

自古以来，杭州享湖山之胜，“谚曰：‘天上天堂，地下苏杭。’”[①]而文人、隐士的觞咏赞叹则为西湖注入了浓厚的人文气息，如苏轼的“淡妆浓抹”之诗，林逋的“梅妻鹤子”、隐居孤山之举，一洒脱、一恬淡，成为后世文人景仰追摩的典范。对于史浩而言，他在未入杭州之前，已遍游四明山水，体现了强烈的览胜之好。作于绍兴十年（1140）的《东湖游山》乃其集中篇幅最长之诗，模写东湖景致，追记游览之踪，颇为细腻。首言“四明山水天下异，东湖景物尤佳致。古来奇处芜没多，极目空余老苍翠”，为自己寻“奇”探“翠”埋下伏笔；接着点出自己所居之所，乃在“风物人情更淳美”的“下水”，居“萧然”之“茅屋”而得以“终日倚阑干，眼界峨峨碧玉攒”。然后，开始游览山水，“随清湲”“攀萝直上上水去”，经“僧家路”“白云庵”，访“韩岭”村、“徐王旧隐居”，过“莲塘十里”“抵青山寺”，正是“周游几十里，此兴犹未已”，只好“归来模写笔不停”，将游览之兴寓于笔下。在这篇纪游诗中，史浩用奇异之笔刻画了游览所见景色，如“龙藏虎蛰天地宽，陟岵欹嵚空堕泪”“霞屿峥嵘出秀杰”“截山突兀起六堰，百尺花蹊金石牢”“过客谁知此地灵，只闻静夜生龙吼”诸句，用语险怪生硬，意在突出一“奇”字。而在这奇景之中，作者念念不忘的却是“绿蓑青笠若忘归，细雨斜风浑不管”的渔隐之乐，是“紫衣道士氏

① （宋）范成大：《吴郡志》卷五〇，中华书局编辑部编：《宋元方志丛刊》第一册，北京：中华书局，1990年，第1027页。

曰朱，高论山前结草庐。客至石坛无俗物，横琴数曲酒一壶”的道家风流，是“金襴禅老今大颠，坏衲蒲团日坐禅。我行不问西来意，消息还将方寸传”的禅宗之思。在这首诗中，虽然史浩的思想尚未见圆融为一，但好奇尚隐的山水审美意识已趋于定型。

西湖风景为天下之胜，史浩自然爱之有加。其《次韵洪景庐雪》诗，自注云：“时约往玉壶观雪，因余诗罢会。”此处所言“玉壶”乃“玉壶园，在钱塘门外。本鄜王刘光世园，后属之临安府”[①]，吴自牧《梦粱录》将之列为“湖边园圃”胜景之一。[②]因此，于名园雅集赏雪，自是风流胜事。虽“因余诗罢会”，但无掩史浩的好胜之情。又如《次韵唐太博重过西湖　尧封嘉猷》：“红尘汩汩解穷年，试说西湖思豁然。上下层楼涵倒影，联翩飞鸟没寒烟。未须梅萼催诗兴，长见春风在日边。安得扁舟去招隐，云窗相对听鸣泉。”（《鄮峰真隐漫录》卷四）因“说西湖”，即“思豁然”，而“春风”“梅萼”催动“诗兴”，赏云听泉，自是极乐，可见西湖山水给予史浩的诗情诗意。

2. 休沐制度的影响

休沐即休假，官员于休假日洗沐，故名。宋高宗重视休沐：“（绍兴元年正月）丙辰初，许百司每旬休沐。宰执因奏事，上曰：‘一日休沐不至废事，使一月间措置得十事，虽二十日休沐，何害？若无所施设，虽穷朝夕，何补也？’”[③]而宋高宗一朝的不定期休沐亦多，如“（绍兴五年二月）壬午，御舟至临安府行宫，留守孟庾率京官、小使臣以上迎于五里外。上乘辇还行宫，赐百官休沐三日”[④]，又如“（绍兴七年二月）辛未，上次建康府，赐百司休沐三日”[⑤]。休沐的推行带来的一个结果便是官员之间私人交往的增多。绍兴二十七年（1157）五月，“诏两省官并禁出谒，遇休沐及赐告，许见客，用两省请也”[⑥]。这表明正常办公期间，官员交往受到谒

① （宋）潜说友：《咸淳临安志》卷一三“玉壶园”，中华书局编辑部编：《宋元方志丛刊》第四册，北京：中华书局，1990年，第3492页。

② （宋）吴自牧：《梦粱录》卷一二“西湖”条，（宋）孟元老等：《东京梦华录（外四种）》，北京：文化艺术出版社，1998年，第216页。

③ （宋）李心传：《建炎以来系年要录》卷四一，赵铁寒主编：《宋史资料萃编》第二辑，台北：文海出版社，1980年，第1485页。

④ （宋）李心传：《建炎以来系年要录》卷八五，赵铁寒主编：《宋史资料萃编》第二辑，台北：文海出版社，1980年，第2711页。

⑤ （宋）李心传：《建炎以来系年要录》卷一〇九，赵铁寒主编：《宋史资料萃编》第二辑，台北：文海出版社，1980年，第3475页。

⑥ （宋）李心传：《建炎以来系年要录》卷一七七，赵铁寒主编：《宋史资料萃编》第二辑，台北：文海出版社，1980年，第5714页。

禁限制，而休沐时则较为自由。所以每逢休沐，京城官员之间的交往酬唱便变得频繁起来。

史浩在国子监、秘书省为官，日常为谒禁所约束，自然难有交游唱和的举动。而到了休沐之日，情况则有了改变。现存史浩西湖酬唱诗中，标明作于休沐日的有两首，一为《次韵游西湖·李知已国录》（“官闲到休日，清浅寻幽香”），一为《游西湖分韵得要字》（“试因休沐许寻盟，洗尽缁尘一登眺”），直接展现了休沐与他的酬唱诗的关系。事实上，史浩其他的西湖酬唱诗亦多作于休沐日，其一些特点受到了休沐制度的影响。

其一，史浩有些酬唱诗也是节序诗，如《次韵刘国正立春》《次韵周祭酒所和馆中雪诗三首》《次韵何国博春日隔年》等。之所以如此，与宋代节日多休沐、官员得以燕集游赏有关。

其二，这些诗在体物写景上多和旭祥瑞，抒情命意上则雍正和雅。这与休沐并不限于“洗沐”，还象征着天下无虞、君臣同乐。试看两例：

> 同云收万里，爱日已三竿。见晛将潜迹，无风特地寒。晴檐如下雨，槁涧忽鸣湍。渐觉山河复，方知世界宽。
>
> ——《雪消得寒字》
>
> 今宵文会友，作句擅清新。始也诗言志，终焉笔有神。既无折角者，宁有面墙人。只待逢真主，艰难七月陈。
>
> ——《诗社得神字》

前首着眼于雪融之后的物态描写，虽然阳光“潜迹”、天气特别寒冷，使人倍感寥落，但眼见屋檐流水，涧溪又满，不由得“渐觉山河复，方知世界宽”，做了思想上的升华。后首直言诗社唱和，“作句擅清新”，秉承诗教传统，而期待赋诗言志，进谏君王。二首诗虽然艺术上表现平平，但其中所流露出来的雍正和平之思却是十分突出的，可说是“治世之音安以乐，其政和”。

3. 诗社同僚的交往

西湖文人诗社较盛，耐得翁《都城纪胜》云：“文士则有西湖诗社，此社非其他社集之比，乃行都士夫及寓居诗人。旧多出名士。”[①]从中可知，西湖诗社的人员构成为“行都士夫”与“寓居诗人”，属于知识阶层。史浩

---

① （宋）耐得翁：《都城纪胜》“社会”条，（宋）孟元老等：《东京梦华录（外四种）》，北京：文化艺术出版社，1998年，第87页。

为宦临安，亦可称行都士夫，其所积极参与的西湖学官诗社①，也属《都城纪胜》所谓的诗社类型。史浩对于这一诗社十分着迷，甚至颇为调皮地做出了“莫嗔爱入西湖社”的表白。该句出自《次韵周祭酒所和馆中雪诗三首》，乃诗社酬唱之作，全诗如下：

不作当年行路难，平明下马趁朝班。欢声渐入玉连锁，瑞气先凝金博山。曾说岁穰占腊里，更传天喜见颜间。归来乞与新诗句，清绝何人许共攀。

造化工夫正不难，幻成梅柳已班班。清吟且可对冰柱，烂醉未应颓玉山。鹤冷风亭来砌下，雁迷烟渚骇云间。不移跬步居银阙，仙驭何劳着手攀。

风急何辞上阁难，且来共住玉京班。一蓑已得诗中画，万叠休传海外山。未放微阳穿日脚，少留清影在窗间。莫嗔爱入西湖社，夫子龙鳞正许攀。

这三首组诗，相互关联，颇具匠心。首诗点明自己乃次韵而作，“归来乞与新诗句，清绝何人许共攀”，故而多有颂美之辞，清雅得体，而不涉谀；次首乃扣题而言雪，以己之“清吟”“烂醉”以及鹤来、雁迷烘托，明丽雅致，谐和雍容；末首兼写雪之“清影”与人之腾达，突出己之“莫嗔爱入西湖社”的心情。除这三首诗可确定作于西湖学官诗社外，用该诗韵的尚有《梅花借喜雪韵三首》《次韵刘国正再赋》，亦与这一诗社有关，兹不赘述。

除了任国子博士期间参加诗社之外，史浩任职秘书省时与同僚亦多有唱和。当时秘书省内人才济济，史浩有所罗列：“文章典雅，进止雍容，则有秘书丞虞允文；词气森严，学术淹贯，则有校书郎洪迈；吐词温润，遇事详明，则有校书郎王淮；文学深淳，气节直亮，则有校书郎任质言；操履端方，辞华绚采，则有正字林之奇；诗文清古，议论高明，则有正字刘望之；辞藻英华，学问该洽，则有正字王端朝。”②由此而观，当时秘书省亦可谓“一时人物之胜”。兹举史浩送任古的两首诗如下：

夫子胸中万顷宽，照人英采玉峰寒。难蟠凛凛虹蜺气，易舍峨峨

① 参见本节附录《西湖学官诗社考》。

② （宋）史浩：《鄮峰真隐漫录》卷三一《辞两王府教授上宰执札子》，舒大刚主编：《宋集珍本丛刊》第43册，北京：线装书局，2004年，第152页。

獬豸冠。秋在石渠同过雁，春回江渚却鸣鸾。由来内外俱行道，达者何曾异辙看。

——《送任秘监龙图知洪府　古，信儒》

挂席桅樯倚数寻，小风吹饱思难禁。三千奏牍曾医国，十万兵屯已属心。江路疏梅春意近，楚天孤鹜晓烟沉。是中秀句应无限，着眼归鸿迟好音。

——《次韵任龙图留别》

绍兴二十九年（1159），“九月辛巳朔，秘书少监任古直龙图阁、知洪州，从所请也”[①]，可知二诗作于此时。诗中尽情颂扬任古的内修外美，对其行程与前程做了美好的展望。两首送别诗的意境颇为开阔豁达，在《史浩集》中并不多见。

有些唱和之作则能显示史浩与同僚之间较为一致的政治态度，如围绕着刘韶美不试馆职一事，他们有诗酬赠唱和，对刘韶美不慕名利的行为给予了赞扬。史浩《次韵马德骏赠刘韶美　时不就试》云：“功名不挂达者心，未比即时一杯酒。夫君胸次非不活，就使口占须腕脱。惟其不欲世人夸，辩洽汉董唐刘颜如甲。”王十朋亦有二诗相赠：

学问称博洽，向后无此刘。太一然青藜，迟君天禄游。给札试玉堂，故事久不修。遴选先实才，闻之辄掉头。我乃行秘书，肯随铅椠流。三日扫虚室，伫想心悠悠。张罗君不顾，窃食吾怀羞。西风吹蒹葭，倚玉嗟无由。

——《刘韶美辞试馆职》

平生少相识，摸索能记刘。东南小蓬莱，二年同宦游。濯缨鉴湖水，佩兰以洁修。自倚骯髒门，不撼富贵头。西泛吴江澜，委身谩乘流。回首望故乡，天高路遐悠。慷慨君有喜，伊优吾亦羞。乘桴倘有志，愿言呼仲由。

——《再用前韵赠韶美》[②]

史浩有和作，题为《次韵王龟龄赠韶美》：

---

① （宋）李心传：《建炎以来系年要录》卷一八三，赵铁寒主编：《宋史资料萃编》第二辑，台北：文海出版社，1980年，第5985页。

② （宋）王十朋：《王十朋全集》，上海：上海古籍出版社，2012年，第225页。

奎璧忽堕地，晁董喧炎刘。公生百世后，掉鞅从之游。仙桂满月窟，何事玉斧修。亭亭看直上，高压百花头。昔我登麟阁，正喜挹风流。参辰曳裾日，心旌倍悠悠。纫兰作春佩，采菊供晨羞。相期有义路，岁晚俱能由。

上引史、王二人唱和酬赠刘韶美之诗的结构颇为相似，皆是先概言刘韶美"辞试馆职"的影响，接着谈及自己与刘韶美的交游情况，末为议论，或感慨，或颂扬，或期待。由此一例，即可看出当时秘书省内官员相互酬唱之风甚胜，史浩躬逢其间，其所作西湖酬唱诗自离不了这一背景。

（二）从驾酬唱诗

绍兴三十一年（1161）秋，完颜亮率领金军分四路入侵南宋。作为回应，宋高宗诏告亲征，其路线图为：绍兴三十一年（1161）十二月十日离开临安，建王从行。十四日至平江，二十日至镇江府。次年正月三日离开镇江，往建康府，二月六日离建康，经镇江，同月驾回临安府。①史浩作为从驾官员之一，在这期间作有不少诗歌，据不完全统计，约有24首。其中，有21首乃赓和次韵之作。通观这些诗歌，由于创作背景较为一致，故在思想内容与艺术表达上存在某些共性，具体说来有以下三个方面。

1. 兴亡之感、颂圣之意与功名之想的共存

史浩这些从驾诗的创作地点包括镇江、焦山、瓜洲、蒋山、赏心亭、雨花台、甘露寺等，所经之处，多属战略要地，亦具有丰富的历史文化内涵，登临于此，难免有兴亡之感。但由于此行乃随皇帝亲征，作者得以亲身参与这样一场盛大的仪式，内心的振奋之情可想而知，因此便冲淡了兴亡之感而震撼于眼下的皇威浩荡，由此生发了建功立业的念头。如《次韵马（冯）圆中郎中游甘露寺》：

试凭古刹俯江城，追思孙权共孔明。三国有人成底事，六朝何代不交兵。中原天子今恢复，北塞胡儿始削平。附翼攀鳞真际会，小臣亦解说功名。

首联、颔联追思三国六朝的历史而生兴亡之感，但这种兴亡之感很快被"中原天子今恢复，北塞胡儿始削平"的丰功伟绩所驱散，取而代之的

① （宋）周必大：《周益公文集》卷一六三《亲征录》，舒大刚主编：《宋集珍本丛刊》第50册，北京：线装书局，2004年，第402—404页。

是油然而生的豪情，遂有尾联所言攀附际会，建功立业的自我期许。

2. 眼前之景、往昔之事与此刻之势的转换

登临之作，多由眼前之景展开联想，或入历史旧事，或绾现今形势，在辗转腾挪之中实现多个场景的转换，情景相济，虚实相发。史浩深谙此道，在创作中，写景、记事转换自如，逻辑脉络深藏不断。且看《辛巳腊月休日，绝江至瓜洲观战地，与马德骏、冯圆中二郎中会舟回焦山。德骏令嗣始来侍行，某偶留金山不获与此游，辄和三诗以寄怀。时逆亮初败，驾至镇江》一诗：

> 天地一郛郭，阴阳司启闭。大江蟠其中，滔滔每东诣。弥漫万顷宽，源委众流细。经行到杨子，讵可以里计。颇闻神禹功，设此限地势。群龙沸波浪，风雨杂吞噬。稍非济川手，未免鱼腹瘗。三国分汉鼎，英雄驰乱世。交朋若弟昆，反眼或背戾。各取天一方，巢穴自株柢。唯于阿堵中，快心咸底滞。曹丕亦时杰，弭节悸无际。胡为狼子徒，狂逞倚微毳。笑指铁瓮城，不趐欲睥睨。皇穹佐有德，夺鉴俾昏翳。授首毙胡维，兵威即衰替。我来吊瓜洲，与子若宿契。焦山空在望，我实愧牵制。

前十四句铺陈瓜洲的地理形势，极写其险、其要。中间十四句转入对历史的追忆，三国动荡，曹丕气馁，用笔则拙朴生涩。接着四句写皇帝亲征一展兵威之盛举，为现今之形势。末四句则紧扣题目，表达了未能与友人相会的遗憾。通读全篇，各种场景纷至沓来，令人起兴不已。

3. 昂扬之情、豪迈之气与浑成之风的袒露

宋金交战，形势变化莫测；皇帝亲征，军民士气大作。在这种情况之下，史浩感受到了前所未有的紧张与激动、昂扬与振奋，故而在观照景物、回首历史或展望时事之际往往追求阔大、雄浑、豪壮的气势风格。如《晓起用前韵》：

> 破晓穷幽眺，端如玩月犀。雪消青嶂近，天淡玉绳低。出塞三春翼，嘶风万里蹄。男儿弧矢志，何事饭笼鸡。

该诗写晓起远眺所见、所想之景，有意选取具有宏大意味的物象，在工稳对仗之中，塑造出雄浑之境。尾联则直接抒情，发出从戎立功的呼声，读来令人心潮澎湃。

当然，上述三个特点在史浩从驾酬唱诗中并不是孤立存在的，而是纠结在一起，充满了深刻的主题意义与饱满的情感张力，体现了纯熟的表现手法与浑成的艺术风格。应该说，这些作品在史浩诗中并不多见，其艺术价值也是其他酬唱诗所不能比拟的。最后，再来分析一首从驾酬唱诗，以整体领略史浩从驾诗的艺术价值。该诗题为《陪洪景庐左司，马德骏、薛季益、冯圆中三郎中，汪中嘉总干游蒋山，以三十六陂春水分韵得三字　壬午正月十五日》，全篇如下：

大江汹澎湃，风静星斗涵。截然当地险，界限天东南。金陵帝王都，窟宅何耽耽。龙虎争负恃，盘踞昔所谈。我适访陈迹，策马冲烟岚。蒋山上叠翠，秦淮俯拖蓝。宝公道场主，貌像俨瞿昙。千年窣堵波，倒影落寒潭。共知胜绝处，即是弥勒龛。眷眷足佳致，慨想聊停骖。六朝互兴废，较德同朝三。中原文武境，久困兵贪婪。曾无混一志，溥施鸿恩覃。区区守霸图，局缩令人惭。岂若吾主圣，坐遣凶渠戡。长驱翔灞上，垂拱受朝参。回观兹奥区，脱去如遗簪。小臣执羁靮，喜怿心如炎。再拜觞万寿，恺乐将屡酣。却来寻故栖，了此七不堪。

该诗乃游蒋山之作，按，《景定建康志》据《旧志》云："钟山，一名蒋山，在城东北一十五里。周回六十里，高一百五十八丈，东连青龙山，西接青溪，南有钟浦，下入秦淮，北接雉亭山。汉末有秣陵尉蒋子文逐盗，死事于此，吴大帝为立庙，封曰蒋侯。大帝祖讳钟，因改曰蒋山。按，《丹阳记》：京师南北并连山岭，而蒋山岧峣嶷异，其形象龙，实作扬都之镇。诸葛亮云'钟山龙盘'，盖谓此也。"[①]在宋金战争中，扬州常是双方争夺的焦点，而蒋山"实作扬都之镇"，战略地位十分重要。史浩诸人来此游览赋诗，自然会对蒋山之形胜施以浓墨重彩。他先是采取侧面烘托之法，在宏大背景上定位蒋山。"大江汹澎湃，风静星斗涵。截然当地险，界限天东南。金陵帝王都，窟宅何耽耽。龙虎争负恃，盘踞昔所谈"，长江汹涌，金陵雄奇，然写二者不过为蒋山张本，因为大江之险，蒋山实为界限；金陵虽雄，蒋山却为龙盘。接着采用铺排之法，专力写蒋山之要、之险、之独绝。"蒋山上叠翠，秦淮俯拖蓝。宝公道场主，貌像坚瞿昙。千年窣堵波，

① （宋）周应合：《景定建康志》卷一七"山阜"条，中华书局编辑部编：《宋元方志丛刊》第二册，北京：中华书局，1990年，第1557页。

倒影落寒潭。共知胜绝处，即是弥勒龛”，至此，蒋山之形已被刻画殆尽。然后，作者跳开一步，由眼前之景转入历史往事。“六朝互兴废，较德同朝三”，言简意赅，将三国六朝的兴亡得失一言以蔽之，微露历史感慨。随后，由古而今，旋又入于眼前情形，“中原文武境，久困兵贪婪”，实现了现实与历史、景物与事实之间多个场景的转换。在转换中，作者的情感也波澜起伏，既感叹于雄伟景色，因“春春足佳致”而生“慨想聊停骖”，又感慨于历史的尘烟，面对“区区守霸图”而难抑“蹋缩令人惭”；既有对“岂若吾主圣，坐遣凶渠戡。长驱翔灞上，垂拱受朝参”的颂扬与期待，又有“小臣执羁靮，喜怿心如炎。再拜觞万寿，恺乐将屡酣”的欢欣与祝愿。整体而观，这首诗确实代表了史浩从驾诗的一般特色，值得细加玩味。

（三）余论：酬唱活动之于史浩的意义

史浩西湖酬唱诗与从驾酬唱诗的创作时间基本集中在绍兴二十七年（1157）至绍兴三十二年（1162）之间，亦即史浩 52 岁至 57 岁之间。在此之前，史浩考中进士之时已经 40 岁，又偃蹇十数年才得国子博士一职，后二年，际遇高宗，始得任秘书省官，因此可以说，这一时期正是史浩人生转折中最为华丽的一段，也直接影响了他的心态，令其有“老夫聊发少年狂”的感觉。所以，当他作出“莫嗔爱入西湖社”与“小臣亦解说功名”的诗句时，其中的激扬与喜悦也就不难理解了。当然，由于年事渐高，在这种情绪之下，一种内敛与节制也隐约可见。

另外，这一时期包括酬唱在内的交游活动带给史浩一个最直接的影响就是扩大了他的交际范围，使其在与同僚、朋友的切磋砥砺中开阔了视野，提升了见解，对后来执政、施政大有裨益。“（孝宗）尝问：‘当今施设，何先？’公曰：‘莫如保边境，收人才。’前言辛次膺、张焘人望所属，即日召还；又荐周葵、任古、胡铨、张戒、王十朋等，以次收用。公平时咨问天下人物，有所闻，密疏其实，且识言者，录为一编，皆于此乎取。又得金安节、王大宝、周必大等三十五人，各书所长以闻，并为时用。”[①]当初登大宝的宋孝宗向史浩咨问政策之时，史浩对以“保边境”与“收人才”二策，这也是他终身所奉行的两件事情。史浩如此看重此二事，追根溯源，实得益于其任国子监、秘书省时的交际、游历之功。所谓“保边境”，是指固守两淮之策。其初任相，“张浚屡奏欲取山东。公曰：‘宿师于外，守备先虚。我能出兵山东以牵制川陕，彼独不知警动两淮、荆、襄以解山东之

① （宋）楼钥：《攻媿集》卷九三《纯诚厚德元老之碑》，《丛书集成初编》第 2018 册，北京：中华书局，1985 年，第 1279 页。

急耶？惟当固守要害，为不可胜之计，必俟两淮无致敌之虑，然后可前。若乃顺诸将之锐气，收无用之空城。寇去则论赏于朝，寇至则仅保山寨，顾何益乎！'"[①]而作于淳熙八年（1181）八月的《临陛辞日进内修八事札子》在论"不弛边防"时亦强调了守护两淮之重要："臣尝建议欲选文武通材守荆襄沿淮州郡，俾久其任，专为守御之计。取山水寨总首出作州官，各有所辖。火佃仆隶，皆是用命。"[②]这里，史浩对两淮的重视与其从驾亲征之时对这一地区战略地位的认识有着莫大关系。而"收人才"一策，其所荐之人很多为这一时期的酬唱之友，如任古、王十朋、周必大等。由此可见，史浩在这一时期的酬唱活动对其施政有着深远影响，这是我们讨论其酬唱诗所应注意的。

附录：西湖学官诗社考

关于西湖学官诗社，欧阳光先生在其《宋元诗社研究丛稿》下编《宋元诗社丛考》之"史浩诗社"有所涉及：

> 史浩《鄮峰真隐漫录》卷五《次韵周祭酒所和馆中雪诗》，共三首，其三云："风急何辞上阁难，且来共住玉京班。一蓑已得诗中画，万叠休传海外山。未放微阳穿日脚，少留清影在窗间。莫嗔爱入西湖社，夫子龙麟正许攀。"同集卷三有《诗社得神字》诗，云："今宵文会友，作句擅清新。始也诗言志，终焉笔有神。既无折角者，宁有面墙人。只待逢真主，艰难七月陈。"史浩（1106—1194），字直翁，明州鄞县（今浙江宁波市）人。绍兴十四年（1144）年进士，调绍兴余姚县尉、温州教授，秩满，除太学正，升国子博士。孝宗朝，累擢中书舍人，翰林学士，知制诰，历右丞相，封魏国公，进太师。卒赠会稽郡王，谥文惠。据上引诗意，该诗社之结似在其任国子博士时，时间为绍兴二十年（1150）前后，地点则在临安。[③]

欧阳光先生敏锐地发现了史浩为官临安时曾参加诗社的事实，但其论断多有值得商榷与补充的地方，笔者试述于下。

---

① （宋）楼钥：《攻媿集》卷九三《纯诚厚德元老之碑》，《丛书集成初编》第2018册，北京：中华书局，1985年，第1280—1281页。

② （宋）史浩：《鄮峰真隐漫录》卷九《临陛辞日进内修八事札子》，舒大刚主编：《宋集珍本丛刊》第43册，北京：线装书局，2004年，第23页。

③ 欧阳光：《宋元诗社研究丛稿》，广州：广东高等教育出版社，1996年，第224页。

1. 诗社活动时间

欧阳光先生提出“该诗社之结似在其任国子博士时，时间为绍兴二十年（1150）前后”的推断不确。李心传《建炎以来系年要录》载：绍兴二十七年（1157）十一月“癸未，太学正史浩为太学博士”[①]；绍兴二十九年（1159）六月，“国子博士史浩为秘书郎，兼普安、恩平郡王府教授”[②]。由此可知，史浩担任国子博士至少在绍兴二十七年（1157）十一月之后，而止于绍兴二十九年（1159）六月。

史浩《次韵周祭酒所和馆中雪诗》中的“周祭酒”应是周绾。据载，绍兴二十七年（1157）十月，“右朝议大夫、江南东路转运副使周绾为国子祭酒”[③]，而绍兴二十八年（1158）七月“壬午，国子祭酒周绾权尚书、吏部侍郎”[④]，前后约九个月，在此期间，正是史浩的上司。又因该诗乃缘“雪”而发，结合周、史两人同时任职国子监的时间，则可推知该诗作于绍兴二十七年（1157）与绍兴二十八年（1158）之交。至于其时史浩任太学博士还是国子博士，尚难以确考，但可以肯定的是，这一诗社的活动时间大致应是绍兴二十八年（1158）前后。

2. 成员情况略考

除史浩之外，可以确定为该诗社成员的有以下二人：（1）国子祭酒周绾。《南宋馆阁录》略载其行实：“周绾，字彦约，括苍人，蔡薿榜进士及第。二十八年十月以权吏部侍郎兼（史馆修撰），二十九年三月除集英殿修撰知温州。”[⑤]（2）国子正刘望之。史浩《次韵刘国正再赋》云：“去腊寻幽良独难，杖藜何处见斓班。江村篱落雪晴路，水月池台春近山。纸帐朦胧来醉里，人家依约在林间。西湖处士君今是，月晓多应独自攀。”（《鄮峰真隐漫录》卷四）所用韵与《次韵周祭酒所和馆中雪诗》同。按，刘国正即刘望之。《建炎以来系年要录》载，绍兴二十七年（1157）四月，“左文林郎、达州州学教授刘望之行国子正。望之，成都人。宰臣沈该荐其才，

① （宋）李心传：《建炎以来系年要录》卷一七八，赵铁寒主编：《宋史资料萃编》第二辑，台北：文海出版社，1980年，第2945页。

② （宋）李心传：《建炎以来系年要录》卷一八二，赵铁寒主编：《宋史资料萃编》第二辑，台北：文海出版社，1980年，第3026页。

③ （宋）李心传：《建炎以来系年要录》卷一七八，赵铁寒主编：《宋史资料萃编》第二辑，台北：文海出版社，1980年，第2933页。

④ （宋）李心传：《建炎以来系年要录》卷一八〇，赵铁寒主编：《宋史资料萃编》第二辑，台北：文海出版社，1980年，第2977页。

⑤ （宋）陈骙，佚名撰，张富祥点校：《南宋馆阁录 续录》，北京：中华书局，1998年，第127页。

乃有是命”[①]。绍兴二十八年（1158）正月，“国子正刘望之行秘书省正字”[②]，因此刘国正为刘望之无疑。史浩《鄮峰真隐漫录》卷三尚有《次韵刘国正立春》一诗，亦是作于其任职国子监期间。

另有一些与史浩有酬唱往来但未有直接材料证明参加了该诗社的国子学官，兹列之于下。

（1）国子正陈揆。《鄮峰真隐漫录》卷一有《题陈天予国正借轩》。按，陈天予，名揆，又字季陵。张孝祥《于湖集》卷三有《考试呈周茂振舍人陈季陵国正》，同书卷一五《陈季陵借轩铭》则与史浩此诗有着相同的写作背景。

（2）国子博士何俌。《鄮峰真隐漫录》卷四有《次韵何国博春日隔年》。何国博，即何俌，“字德辅，龙泉人。登绍兴进士，调德清县簿。时和好初成，俌裒少康、宣王、光武、元帝事可施行者，为评议，号《中兴龟鉴》上之。除绍兴府教授，累官工部侍郎”[③]。绍兴二十八年（1158）六月罢国子博士。[④]

（3）太学博士唐尧封。《鄮峰真隐漫录》卷四有《次韵唐太博重过西湖　尧封嘉猷》。唐太博，即唐尧封，字嘉猷，金华人。据周麟之《海陵集》卷一五《唐尧封史浩并除太学博士》可知，其与史浩同授太学博士。绍兴二十八年（1158）九月“辛酉，太学博士唐尧封罢。先是国学私试，第七人诗赋失韵，诸生以为言。侍御史叶义问奏其事，乃罢尧封”[⑤]。

（4）国子学正蒋某。《鄮峰真隐漫录》卷三有《寄题蒋学正三径庵》。蒋学正，俟考。

3. 诗社命名问题

欧阳光先生将该诗社命名为“史浩诗社”，并不妥当。其所依据的材料一为《次韵周祭酒所和馆中雪诗三首》之一。二为《诗社得神字》。对于前诗的作期，本书已做考论，而后诗的作期，则难确考，若据诗中“只待逢真主，艰难七月陈”的意思来看，此时史浩似尚未际遇宋高宗、宋孝宗，

① （宋）李心传：《建炎以来系年要录》卷一七六，赵铁寒主编：《宋史资料萃编》第二辑，台北：文海出版社，1980年，第2914页。

② （宋）李心传：《建炎以来系年要录》卷一七九，赵铁寒主编：《宋史资料萃编》第二辑，台北：文海出版社，1980年，第2956页。

③ （明）董斯张：《吴兴备志》卷七，《丛书集成续编》第49册，上海：上海书店，1994年，第586页。

④ （宋）李心传：《建炎以来系年要录》卷一七七，赵铁寒主编：《宋史资料萃编》第二辑，台北：文海出版社，1980年，第2924页。

⑤ （宋）李心传：《建炎以来系年要录》卷一八〇，赵铁寒主编：《宋史资料萃编》第二辑，台北：文海出版社，1980年，第2982页。

故其很有可能也作于为官国子监期间。因此，二诗所言诗社当为同一个。但是，前首诗的题目表明此诗之作是史浩先作“馆中雪诗”，周绾赓和，然后史浩次其韵而作。今按《史浩集》中用韵与之相同的有《梅花借喜雪韵》三首，则很有可能就是所谓的“馆中雪诗”。此外，上文所录《次韵刘国正再赋》亦是同韵之作，可略见这一诗社的参加人员与唱和规模；后诗的诗题则表明史浩仅是该诗社中的一个成员，因此以史浩命名该诗社，不免以偏概全。若从前文所列成员多为国子监学官来看，不妨将该诗社命名为“西湖学官诗社”更为适宜。

西湖学官诗社的兴起与宋高宗绍兴末年的政治变化有关。“自桧扼塞言路，士风寖衰，及太上总揽万机，激厉忠谠而余习犹未殄，朝士多务缄默。至是百官转对，公（李浩）与王十朋、冯方、查籥、胡宪始相继有所开陈。闻者兴起，太学之士至为《五贤诗》以述其事。”[①]随着政治高压的松动与“五贤”的“开陈”，闻者兴起，士气开始振作起来。在这种情况下，志在有为的“朝士”包括国子学官结社酬唱以相互砥砺，并不单纯为吟风弄月之章。李石《跋西湖唱和诗》云：

> 右临安西湖唱和诗。石向备员学省，率以休沐日，□□（四库本作“独游”）西湖，时有篇什以陶写伊郁，初不敢出以示人。而同舍有知之者，往往假宠教以和章，殆盈卷轴。仓猝罢免，万里以归，水火焚溺，有所不免，仅余此数诗，凡十四人。闲居阅故书得之，因葺北田草屋，刻之屋之壁。虽然石去朝跨九年矣，升沉出处之异用，死生宠辱之殊致，此理之必然者。至于笔势句法，如玉如金，亦足以想见一时人物之胜。[②]

李石，字知己，有《方舟集》。据载，绍兴二十八年（1158）正月，“左迪功郎李石为太学录”[③]，绍兴二十九年（1159）六月，“太学录李石为太学博士”[④]。由该跋可知，《西湖唱和诗》乃是李石“备员学省”即任职国

① （明）张栻：《新刊南轩先生文集》卷三七《吏部侍郎李公墓铭》，舒大刚主编：《宋集珍本丛刊》第60册，北京：线装书局，2004年，第216页。

② （宋）李石：《方舟集》卷一三，舒大刚主编：《宋集珍本丛刊》第43册，北京：线装书局，2004年，第519页。

③ （宋）李心传：《建炎以来系年要录》卷一七九，赵铁寒主编：《宋史资料萃编》第二辑，台北：文海出版社，1980年，第2956页。

④ （宋）李心传：《建炎以来系年要录》卷一八二，赵铁寒主编：《宋史资料萃编》第二辑，台北：文海出版社，1980年，第3026页。

子监时与同僚唱和之作的结集。其“独游西湖，时有篇什以陶写伊郁”，点出了所作诗歌在内容方面的一个重要特色。关于李石“伊郁”之因，可从《建炎以来系年要录》的一段记载中略见：“（绍兴二十九年十一月）丁未，殿中侍御史汪澈言：‘祠部员外郎兼权国子司业张洙神识昏蒙，常如醉梦，于课程规矩，恬不介意；国子博士陈丰素无行检，居官蓄妓，士所不齿；太学博士李石好立邪说，败坏文体，傲视流辈，不安分义；太学正田兴宗操心强狠，使气忽下，今春公试，尝取落韵赋入选，士人至今传笑。’诏并罢。先是武成王庙生芝草，学官白宰相欲称贺，石谓于五行乃金沴木，将为兵兆，执政不乐，故遂罢。”[①]这里汪澈所论张洙、陈丰、李石、田兴宗四人皆为学官，所言各人问题多属欲加之罪。从李石因反对上司颂德之举而得罪执政、遭到罢黜的情况来看，其任国子学官时当对时政多有批评，所秉持之政治精神与前言李浩、王十朋等“五贤”并无二致。联类言之，李石以“一时人物之胜”称赞当时的国子学官，亦可见他们在政治精神上属于志同道合者。

在众多与李石唱和的“一时人物”中，史浩是不容忽视的一位。其有《次韵游西湖·李知几国录》云：“平生林处士，一叶老波光。坐令西湖名，千古磨苍苍。迩来子李子，掉鞅出柴桑。官闲到休日，清浅寻幽香。金风度林麓，野艇生微凉。竹阁寄登览，孤岑水中央。拂石辨奇迹，哦诗味遗芳。归来笔不停，醉墨翻淋浪。他时三贤亭，合著君在旁。只恐作霖雨，幽梦通商王。”（《鄮峰真隐漫录》卷一）该诗写李石因“千古磨苍苍”的“西湖名”而出游，“林麓”“野艇”“竹阁”“孤岑”，一一历遍，且有诗抒怀，“归来笔不停，醉墨翻淋浪”，从而塑造了一位孤高风雅、才华横溢的诗人形象。末二句则表达了对李石前程的期待。作此诗时，史浩已五十多岁，故该诗颇为老成内敛、质朴酣畅。然而，史浩中进士时已经四十岁，又偃蹇十数年而得国子博士一职，这种仕宦经历与绍兴末年的政治氛围相融合，使得他并不一味地内敛、克制，而是如其《次韵周祭酒所和馆中雪诗》所说的“莫嗔爱入西湖社，夫子龙麟正许攀”那样，时常流露出“老夫聊发少年狂”的昂扬向上之气。

4. 诗社余响

由于成员的罢黜或迁转，西湖学官诗社难免发生变化，但这期间所建立起来的酬唱传统与政治精神却被继承下来，或多或少地影响着参与者以

① （宋）李心传：《建炎以来系年要录》卷一八三，赵铁寒主编：《宋史资料萃编》第二辑，台北：文海出版社，1980 年，第 3061—3062 页。

后的生活。以史浩而言，绍兴二十九年（1159）六月，他由国子博士擢为秘书省校书郎，并兼二王府教授。在任馆职期间，他与同僚之间诗歌往还，形成了一个以秘书省官员为中心的唱和圈子。最为突出的是他与陆游、周必大之间的交游。《建炎以来系年要录》载：绍兴三十年（1160）五月，“左从政郎、新绍兴府府学教授徐履、右从事郎陆游并为敕令所删定官”[①]，同年九月“壬寅，太学录周必大、太学正程大昌并为秘书省正字”[②]。史、陆、周三人得以同居百官宅，相得甚欢。陆游《答人贺赐第启》中的“槐花黄而并游，每记帝城之旧”[③]便是其与史浩交往的记录，而史浩作于淳熙十四年（1187）的《贺周右相启》则谈到了他与周必大的交情：“定交于百官直舍之中，引类于一人践祚之始。”[④]至于陆游的《祭周益公文》，则详细回忆了他与周必大的交往：“某绍兴庚辰（三十年），始至行在。见公于途，欣然倾盖。得居连墙，日接嘉话。每一相从，脱帽褫带。从容笑语，输写肝肺。邻家借酒，小圃鉏菜，荧荧青灯，瘦影相对。西湖吊古，并辔共载，赋诗属文，颇极奇怪。”[⑤]所谓“西湖吊古，并辔共载，赋诗属文，颇极奇怪”，史浩亦应参与了进来，由此可见当时士风之一斑。

此外，史浩与其他秘书省官员如洪迈、任古等人的酬唱活动也较为频繁，此已于前文涉及，不再赘述。总之，李石所说的西湖学官诗社中的“一时人物之胜”虽聚合难再，但他们仍在一定程度上延续了诗社的精神，践行着唱和的活动。

三、史浩的退隐生活与其间的诗词创作

在向宋孝宗屡屡请归并终得俞允之后，史浩于淳熙八年（1181）八月得以成行。自此直至绍熙五年（1194）四月辞世，13 年间，除几次短暂进京外，史浩皆退隐于四明故里。在这期间，他借鉴陶潜尤其是裴度的隐居范式，撷取四明地区仙隐传统，建筑四明洞天以亲近自然与神仙、和睦乡友并安居亲人，塑造了独具特色的退隐生活。同时，也创作了不少诗词作品，记录了他退隐期间思想与心情的种种吉光片羽。有鉴于此，本部分即

---

① （宋）李心传：《建炎以来系年要录》卷一八五，赵铁寒主编：《宋史资料萃编》第二辑，台北：文海出版社，1980 年，第 3096 页。

② （宋）李心传：《建炎以来系年要录》卷一八六，赵铁寒主编：《宋史资料萃编》第二辑，台北：文海出版社，1980 年，第 3120 页。

③ （宋）陆游：《陆放翁全集·渭南文集》，北京：中国书店，1986 年，第 37 页。

④ （宋）史浩：《鄮峰真隐漫录》卷二五《贺周右相启》，舒大刚主编：《宋集珍本丛刊》第 43 册，北京：线装书局，2004 年，第 116 页。

⑤ （宋）陆游：《陆放翁全集·渭南文集》，北京：中国书店，1986 年，第 257—258 页。

对史浩的退隐生活及其间所作诗词作品作一论述。

（一）取法陶裴，荣归故里

淳熙五年（1178），史浩因论事不合再次罢相，但仍然得到了宋孝宗的宠幸，不仅擢为侍读，还赐第京师，使之常得亲近。可是史浩却不断上书，坚决求退，原因何在呢？

首先，这是宋人追求进退之节的一种必然。古人讲求出处进退，孔子宣扬“以道事君，不可则止”（《论语·先进》），孟子则赞扬孔子“进以礼，退以义，得之不得曰‘有命’”（《孟子·万章上》）。宋代士人恪守此训，王安石“以道进退”（叶梦得《石林燕语》卷七），司马光“义不可起”（邵伯温《邵氏闻见录》），程颐则屡上《辞免表》，“极论儒者进退之道”（《伊川先生年谱》），由此观之，进退有度成了宋代士人普遍强调的气节追求。史浩也不例外，在他向宋孝宗进奏的乞退札子中，就谈到这一点：“大臣事主，唯有进退两途。进则居廊庙，退则处田里，此万古不易之节也。”①就“进”的方面，史浩一生两为宰相、三侍经闱，已堪称圆满；唯有退隐一事较为急迫。《礼记·曲礼上》云：“大夫七十而致事。”而此时史浩已年过七十，如其所言，“臣孱琐不才，加以衰病，当非其任，朝夕惶惧。夫欲退闲，正祈安适，若惴惴度日，实悖初心。一旦钟鸣漏尽，徒兴大耋之嗟，追悔亦将无及。是以祈哀请命，愿遂亟归，洒扫茔垅，访问医药，少延残息，以乐升平”②，一种光阴催迫之感、气节有失之忧，成了他乞求退隐的动力所在。

其次，与史浩长久以来的真隐思想有关。史浩，自号真隐居士，并以真隐二字名集，显示出他对于真隐生活的心仪。其《真隐园铭》对这种真隐思想做了详细的说明：“予生赋鱼鸟之性，虽服先训出从宦游，而江湖山薮之思未尝少间，故随所寓处，号曰‘真隐’。太上皇帝知之，赐以宸翰，百拜跪受，即有志辟芳园，揭扁榜，以对扬休命，萍梗南北未遑也。”③可见，归隐山林为史浩情性所钟，只是由于“先训”所使，不得已“出从宦游”，但入仕期间并没有丝毫忘怀，而是“随所寓处，号曰‘真隐’”，颇有“大隐隐于市”的味道。而在这种真隐思想的驱动下，当条件成熟之时，

① （宋）史浩：《鄮峰真隐漫录》卷三〇《再乞归乡里札子》，舒大刚主编：《宋集珍本丛刊》第43册，北京：线装书局，2004年，第144页。

② （宋）史浩：《鄮峰真隐漫录》卷三〇《经筵乞归乡里第二札子》，舒大刚主编：《宋集珍本丛刊》第43册，北京：线装书局，2004年，第144页。

③ （宋）史浩：《鄮峰真隐漫录》卷四〇《真隐园铭》，舒大刚主编：《宋集珍本丛刊》第43册，北京：线装书局，2004年，第205页。

功成名就的史浩便做出了“辟芳园，揭扁榜，以对扬休命”的决定。

最后，宋代高官一般享有优裕的退隐生活也是原因之一。宋代皇帝奉行与士大夫共治天下的政策，对待致仕官员一般较为恩宠，在封赠爵位的同时，也厚赐祠禄，从而使他们富贵不衰。史浩于淳熙八年（1181）“五月始许归，除少师，进封鲁国公”，其除封制词云：“敷求前闻，优待耆德。皇祐之诏三老，设几以须；熙宁之遇四臣，赍书而访。”[①]显示了朝廷优待耆德的用心。此后，所受优待依然不绝，“十年请老，除太保致仕。公尝历永、卫、鲁三国公，于是进封于魏……公晚治第西湖之左，裒两朝所赐御书建阁以奉之，因奏闻，孝宗书‘明良庆会’之阁以赐……岁遇诞日，锡以金器者。十四年，年八十，又加器宝，两宫使命相望。高宗再举庆典，诏公随班上寿，进太傅，赐玉带金鱼”[②]。所有这些都为史浩的退隐生活提供了保障。那么，史浩的退隐生活又是如何构建的呢？其诗词做了描绘。

我本飘然出岫云，挂冠归去岸纶巾。但教名利休缰锁，心地何时不是春。　竹叶美，菊花新，百杯且听绕梁尘。故乡父老应相贺，林下今方见一人。

——《鹧鸪天·次韵陆务观贺东归》

后园三径欲重开，一曲新从君赐来。有愧莱公勋业盛，平生无地起楼台。

乞得闲身正首丘，朝猿夜鹤怨皆休。静观心地浑无事，只有君王恩未酬。

钟鼓园林无尽乐，交游息绝到春闲。灵台方寸无偏系，似处陶裴季孟间。

——《还乡后十月作三首》

上引文字透露出史浩退隐生活的某些情况。此次东归乡里，乃是摆脱名利缰锁、赢得闲身无事的归隐之举，所云“似处陶裴季孟间”，以晋之陶潜、唐之裴度相比，足见其隐逸思想和生活的取法对象。其中，多处化用陶潜《归去来辞》中的语句，如“我本飘然出岫云”乃反用“云无心以出岫”之意，“后园三径欲重开”则取自“三径就荒，松菊犹存”，而“交游

① （宋）徐自明：《宋宰辅编年录》卷一八，赵铁寒主编：《宋史资料萃编》第二辑，台北：文海出版社，1967年，第1596页。

② （宋）楼钥：《攻媿集》卷九三《纯诚厚德元老之碑》，《丛书集成初编》第2018册，北京：中华书局，1985年，第1285—1286页。

息绝到春闲”则祖于“归去来兮，请息交以绝游”，由此可知陶潜不慕名利、归于自然的归隐态度对史浩的影响。不过，陶潜的归隐毕竟是个体之于社会的无奈退避，虽然做到了自适其适，但生活却极度贫困潦倒，所以对于享有优裕退隐生活的宋代士人而言，显然很难以贫居相效法。幸运的是，唐代宰相裴度的生活范式弥补了这一缺憾。《旧唐书》载：“度以年及悬舆，王纲版荡，不复以出处为意。东都立第于集贤里，筑山穿池，竹木丛萃，有风亭水榭，梯桥架阁，岛屿回环，极都城之胜概。又于午桥创别墅，花木万株，中起凉台暑馆，名曰绿野堂。引甘水贯其中，酾引脉分，映带左右。度视事之隙，与诗人白居易、刘禹锡酣晏终日，高歌放言，以诗酒琴书自乐，当时名士，皆从之游。”[①]华第美宅、诗友酬和，这种风雅富贵的隐居生活图景为史浩所仰慕。史浩所言的“竹叶美，菊花新，百杯且听绕梁尘”“平生无地起楼台”“钟鼓园林无尽乐”等，在陶潜那里是找不到的，只有在唐朝宰相裴度的隐居生活中才能觅到。当然，这并不意味着其不重视陶潜，只是做了某种程度的舍弃，从其具体的实践来看，史浩显然从陶潜那里学到了摆脱名利羁绊以求内心闲适的态度，又在裴度的示范下，饱餍声色园林之享与诗酒雅集之乐。

（二）自然之亲　仙隐之思

与退隐生活相应，史浩这一时期的诗词创作也呈现出若干主题：自然之亲与仙隐之思，乡友之睦与天伦之乐。本部分先论前两者。

1. 自然之亲

宋代宰相致仕之后，往往寄情山水以摒弃世念，如王安石“晚卜居钟山谢公墩，自山距州城适相半，谓之半山。畜一驴，每食罢必日一至钟山。纵步山间，倦则即定林而睡，往往至日昃乃归，率以为常。有不及终往，亦必跨驴中道而还，未尝已也”[②]。虽然此时王安石的心中尚有抑郁不平之气，“每山行多恍惚，独言若狂者”[③]，但毕竟置身于绝佳山水之中，不免为之移情。这一时期，王安石作有许多描写湖光山色的近体诗，深沉含蓄，被誉为“荆公体”。黄庭坚赞“荆公暮年作小诗，雅丽精绝、脱去流俗，每讽味之，便觉沆瀣生牙颊间”[④]，叶梦得赏“王荆公晚年诗律尤精严，

① 《旧唐书》卷一七〇《裴度传》，北京：中华书局，1975 年，第 4432 页。

② （宋）叶梦得撰，穆公校点：《避暑录话》卷上，上海古籍出版社编：《宋元笔记小说大观》第三册，上海：上海古籍出版社，2001 年，第 2583 页。

③ （宋）邵伯温：《邵氏闻见录》卷一二，北京：中华书局，1983 年，第 128 页。

④ （宋）胡仔纂集，廖德明校点：《苕溪渔隐丛话》前集卷三五，北京：人民文学出版社，1962 年，第 234 页。

造语用字，间不容发，然意与言会，言随意遣，浑然天成，殆不见有牵率排比处”[①]，都点出了这一时期王安石诗歌中的可贵之处。

史浩以故相身份退居四明，其所作诗歌亦见对“荆公体”的追步。《鄮峰真隐漫录》卷五有《和九日赐宴琼林苑》一诗，其下小注云：“自此用王荆公韵，计十三首。”这十三首诗并非作于同一时，有的作于即将退隐之际，如《和答东流顿令罢官阻风》云：“解印今朝去有期，何须更勒北山移。了知风伯遮留意，正是攀辕卧辙时。”归隐之思十分浓郁。多数则作于归隐之后，先看一例，并与王安石诗对观：

幽溪细雨落轻花，无限春锄立岸沙。苦竹黄芦迷望眼，孤烟起处是人家。

——史浩《和钟山晚步》

小雨轻风落楝花，细红如雪点平沙。槿篱竹屋江村路，时见宜城卖酒家。

——王安石《钟山晚步》

史浩这首诗不仅用王安石原诗之韵，即在下字、造境、用意上也紧步追随，用纤细轻柔的笔触，勾勒出一幅新鲜的田园风光，透露出因美好景象而生的淡淡喜悦。所不同的是，史浩的意境带有一点冷的色调，而王安石的更见圆融。

再看一首：

梅花一径万重山，冈外浮云去住间。莫恨寻幽无侣伴，世途能有几人闲。

——史浩《和乌石》

乌石岗边缭绕山，柴荆细径水云间。拈花嚼蕊长来往，只有春风似我闲。

——王安石《游草堂寺》

二诗以云为喻，皆主于“闲”。不过，此“闲”却不可等闲视之，因为此是绚烂之极归于平淡的闲，是人生富贵之中暗生的闲，所谓“世途能

① （宋）叶梦得撰：《石林诗话》卷上，《丛书集成初编》第2551册，北京：中华书局，1985年，第2页。

有几人闲”“只有春风似我闲”，在一片山光水色中，透露出人生的圆满与自矜。由此而观，史浩诗歌中的自然之亲并非是对自然所做的泛泛模写与感悟，而是得益于自身圆满富足的退隐生活，唯有如此生活，方能锻炼出圆融、自足的观物态度，从而赋予其诗作不一般的闲适风雅的色彩。

2. 仙隐之思

四明山水绝佳，自唐以来，诗人常常流连于此，笔触所及，佳篇所在多有，如孟浩然《宿天台桐柏观》记录“高步凌四明，玄踪得三老”的胜游，描摹四明山的神秘、天然，使人仿佛置身于虚无缥缈的仙境。刘长卿《游四窗》则用笔豪纵，出语奇特，“仙风吹佩玉”间，尽是奇景仙气。不过，使这种神仙色彩进一步发扬光大的却是晚唐的两位诗人：陆龟蒙与皮日休。《宝庆四明志》载：

> 四明山……唐末有高士谢遗尘隐于是山之南雷，尝至吴中，谓陆龟蒙曰：“吾山有峰，最高四穴在峰上。每天宇晴霁，望之如户牖，相传谓之石窗，故兹山名曰四明山。中有云二十里不绝，民皆家云之南北，每往来谓之‘过云’。有鹿亭，有樊榭，有潺湲洞，木实有青棂子，味极甘而坚不可卒破，有猿谓之‘鞠侯’。”于是龟蒙与友人皮日休各赋诗九篇传于世。①

针对隐士谢遗尘所言四明胜景，陆、皮两人“各赋诗九篇传于世”，对四明九景大加揄扬，产生了不小的名人效应，成为后人论述的故事。然而，“四明山旧称名胜，而岩壑幽邃，文士罕能周历，故记载多疏”②，导致人们难以按图索骥地找到陆、皮所咏的九景实境，而只能通过他们的诗歌对其作“终隔一层”的想象与体验，于是，虚构的充满神仙色彩的四明九景就逐渐在人们的印象中成型。宋代施宿《嘉泰会稽志》卷七在缕述陆、皮之诗的创作来由之后，点出了这种印象：“然今虽山中居人，皆不知此异境果在何处，与华山之华阳、武陵之桃源无异。盖神仙所居，可闻名而不可到也。”③将四明异境与华阳、桃源相提并论，因为“可闻名而不可到”，

① （宋）方万里，罗濬纂：《宝庆四明志》卷四《叙山》，中华书局编辑部编：《宋元方志丛刊》第五册，北京：中华书局，1990年，第5032页。

② （清）永瑢等：《四库全书总目》卷七六《〈四明山志〉提要》，北京：中华书局，1965年，第644页。

③ （宋）沈作宾修，施宿等纂：《嘉泰会稽志》卷七《余姚县》，中华书局编辑部编：《宋元方志丛刊》第七册，北京：中华书局，1990年，第6821页。

使其更富神秘色彩，激发了后人的神仙之思。

史浩亦曾寻访陆、皮所咏之异境，并在遍访不得之后，索性仿唐代宰相裴度立第集贤里、又起绿野堂之举，将传闻中的异境纳入到自家园林的建造上，名为“四明洞天”。史浩《建新第奉安四明山王并谢遗尘先生神像文》云：

> 某常闻之孙绰曰：“涉海则有方丈、蓬莱，登陆则有四明、天台，皆尘外之窟宅、神仙之所憩息者也。”某生长四明，自谓方丈、蓬莱与夫天台固难即到，四明在吾桑梓咫尺，不知其所，可乎？是故游雪窦，登杖锡，访四明之真境，人莫之知也。意者堕于荒唐，其实无有。晚观《松陵集》，见皮、陆所纪谢先生之词，始知四明真有是境。第无仙风道骨，不能到也，然心常念之不忘。去岁秋八月，得请东归，今储皇赐以“四明洞天”四字，始有意于为圃，揭是扁榜，作为林泉，以彷佛四明之真境，日游息其间。四海名士、方外知识时款吾居，与之共谈名理，且约不以腥秽涴吾胜地。今将落成，命工塑四明山王与先生之像以奉安焉，庶几英灵时一至止以寿我，此山视方丈、蓬莱、天台相与不磨灭也。千秋万祀，永锡我后。香火之奉，罔敢寂寥。①

由上引文字可知，四明洞天乃史浩退隐四明后于赐地月湖所建的别墅，其间依照陆、皮所咏之景而仿造，即将四明“不可得”的“洞天故址”置于别墅之内。这样，四明洞天实际上满足了史浩的多重心愿：第一，使长久以来的真隐思想得以实现，将四明幻境变成现实。第二，可仿神仙居址，与朋友“共谭名理”。第三，通过祭祀山神及谢遗尘，求得其庇护。这三个心愿都渗透着史浩浓郁的仙隐之思。四明洞天落成之后，史浩不仅极尽园林之享，得以随物自适，而且朋友骈集，交游唱和之间，宛若神仙之游。其时的诗词创作也如全祖望所言：“其诗余中，为观作者，凡数十首，而陆放翁来访，为赋《四明洞天》诗，忠定和之。其和郑郎中辈‘赋九题者再，皆观中之九题’，而非四明山中真境也。”②较为集中地展示了他的身心状态，下面分别来论述。

首先，看其追步陆、皮描摹四明九景的两组诗作：一为《走笔次韵张

① （宋）史浩：《鄮峰真隐漫录》卷四二《建新第奉安四明山王并谢遗尘先生神像文》，舒大刚主编：《宋集珍本丛刊》第43册，北京：线装书局，2004年，第216页。

② （清）全祖望著，朱铸禹汇校集注：《全祖望集汇校集注》，上海：上海古籍出版社，2000年，第1084—1085页。

以道》九首，一为《次韵郑郎中作四明谢遗尘九题走笔不工》。这两组诗所咏九景皆同于陆、皮之作，分别为“石窗”“过云”“云南”“云北”“鹿亭”“樊谢”“潺湲洞”“青棂子”“鞠侯”。此处，取其中咏“石窗”的诗作来略加分析，并与陆、皮之诗对观：

尝闻皮陆句，未睹心先降。于今烦鬼工，徙置排金釭。蕙帐拥猿鹤，石磴来旌幢。月明风亦静，篆烟浮四窗。

——史浩《走笔次韵张以道·石窗》

峻极生从地势坤，擎天一柱四窗存。有时空洞来龙驾，列岳灵祇尽骏奔。

——史浩《次韵郑郎中作四明谢遗尘九题走笔不工·石窗》

石窗何处见，万仞倚晴虚。积霭迷青琐，残霞动绮疏。山应列圆峤，宫便接方诸。只有三奔客，时来教隐书。

——陆龟蒙《四明山诗·石窗》

窗开自真宰，四达见苍涯。苔染浑成绮，云漫便当纱。棂中空吐月，扉际不扃霞。未会通何处，应怜玉女家。

——皮日休《奉和鲁望四明山九题·石窗》

陆、皮之作模写四明景致之一的石窗，吞云吐月，颇为神奇。史浩对之早已心生倾慕，故而前首先云“尝闻皮陆句，未睹心先降”，原因即在于皮、陆两人笔下的石窗之奇与神鬼之气。至其用笔，则兼得豪纵与清婉。言鬼言猿言鹤，已极神变莫测、生硬排戛，却又以明月、静风、篆烟结之，由动而静，愈发引人遐思。而后首次韵郑郎中之作则着力于石窗之峻、之险、之奇，拉来龙、灵烘托，颇见艺术张力。如果说陆、皮之作对石窗尚是直笔而赋、平平而言，到了史浩这里，却寄寓了更多的感情色彩，给人以神奇多变的石窗印象，而这种改变，则是附加了仙隐之思的结果。

其次，看其《次韵务观游四明洞天》：

风烟偶尔属吾邦，个个松筠耸碧幢。奎画百函龙作卫，云岑四面石为窗。水边自喜陪振鹭，篱外从渠有吠厖。多谢故人迂五马，清谈剔尽几银釭。

该诗前六句摹刻四明洞天之胜景，以“风烟偶尔属吾邦”起句，自谦之中又见自矜。而四明洞天卓尔不凡，雄奇处有“奎画百函”“云岑四面”，闲淡处有“水边”“振鹭”“篱外”“吠厖”，既有裴度的宰相富贵，又有陶潜的尘外悠远。末联则感谢故人陆游的到访，清谈亹亹，俨然魏晋名士之举，而这也合乎史浩造作是园以使“四海名士、方外知识时款吾居，与之共谈名理”的愿望。

最后，看其“为观作者，凡数十首”的词。从所写内容来看，《喜迁莺·四明洞天》、《水龙吟》(翠空飘渺虚无)、《水龙吟》(平湖渺渺烟波)、《永遇乐·洞天》、《迎仙客·洞天》、《南浦·洞天》、《夜合花》(三岛烟波)、《教池回·竞渡》、《花心动·竞渡》、《扑蝴蝶·劝酒》、《蝶恋花·劝酒》、《临江仙·劝酒》、《粉蝶儿·劝酒》、《瑞鹤仙·劝酒》、《青玉案·劝酒》、《满庭芳·游湖》、《满庭芳·茅舍》等词或写四明洞天之景，或为其间所举行宴会或竞渡之类的活动而发，各具特色。试看《永遇乐·洞天》：

> 鄞有壶天，景传图画，声著海县。四面攒峰，皆七十二，各在窗中见。祥云拥蔽，飞泉缭绕，咫尺似天涯远。如今向、仙家觅得，絜来十洲东畔。　　虚无缥渺，蓬莱方丈，所喜只居隔岸。羽幰垂珠，琼车织翠，长是陪嘉宴。豺狼远迹，风波不作，日月御轮须缓。且衔杯、称贤乐圣，度兹岁晚。

大处着笔，谓“祥云拥蔽，飞泉缭绕”的洞天乃是从“仙家觅得”，人居其间，饮宴享乐，犹如神仙行止。所谓“称贤乐圣，度兹岁晚”，结合史浩退隐之后的闲适生活来看，的确隐隐透出一种富贵气象。

（三）乡友之睦，天伦之乐

本部分论史浩诗词的另外两个主题：乡友之睦与天伦之乐。

1. 乡友之睦

前文提到，史浩营筑四明洞天以使“四海名士、方外知识时款吾居，与之共谈名理”，这种想法实导源于前引《旧唐书》所载的“(裴)度视事之隙，与诗人白居易、刘禹锡酣晏终日，高歌放言，以诗酒琴书自乐，当时名士皆从之游”。及四明洞天成，史浩得以与名士交游唱和，其相得之情往往形诸诗词，遂使乡友之睦成为这一时期史浩诗词创作的又一主题。

史浩以宰相身份致仕家居，从游之客甚众，相互之间得以觞咏唱和，如张良臣、张尧臣兄弟。张良臣，字武子，一字汉卿，号雪窗，有《雪窗小稿》。周必大《张良臣雪窗集序》谈及他同史浩的交游云：“张良臣，字武子，家于四明。笃学好古，擢隆兴进士第，日从魏南夫、史直翁二丞相游。仕宦二十余年，他人朱紫，君困清山；他人钟鼎，君乐箪瓢。方二公荐士如林，君芒鞋藤杖，日与高僧逸人往来莲社间，不复以名官为意。”① 史浩欣赏张良臣不慕荣利、酷好名理的性情，赞云：“夫君胸次炯冰壶，坐受沧溟万壑输”（《次韵汉卿漫赋》），并将其视为知己，向其表达“利锁名缰此幻身，故园一别五经春。而今乞得归来后，夜鹤朝猿不怨人”（《又次韵汉卿》）的欢欣，甚至有《次韵张汉卿梦庵十八咏》与其“共谈名理”。其弟张尧臣，字以道，亦为史浩之客。史浩有《次韵戏酬张以道》《走笔次韵张以道》等诗，表现了两人共同的志趣，展现了宾主相得之情。

这一时期，史浩与方外之士的交游唱和也颇为密切，如《走笔次韵寄平元衡禅老》赞扬僧人平元衡的诗法，“怡云剥啄到云寮，始知春风属此老”，故次其韵而作，又述及自己退隐之后的仙隐之思，“自从得请归吾里，常与鹿豕为群行。有时片月随杖屦，飘飘洒洒欲仙去”，坦言随平元衡而得禅意，“去寻杖锡四明中，听取怡云末后句”，表达了对禅法的倾心。又如《次韵昙师以某焚三代赠黄所示长句》对昙师诗中“健句如柏梁，葩华盈轴艳春阳”做了大肆赞叹。该诗当作于其退隐之后，因为其《又乞归田里札子》云：“伏念臣衰残之迹，去家六年。臣先祖考五蒙优恩，赐之赠典，皆未焚黄。臣必俟躬即松楸，集诸亲旧，省拜展礼以答劬劳鞠育之私。且使子孙知上有赐，誓期忠报，知有先德，永坚孝心，此愿未之获也。”②由此可知“焚三代赠黄”是在退隐之后。

此外，最能体现乡友之睦的是尊老会的出现。欧阳光《宋元诗社研究丛稿》之“史浩四明尊老会”云：

> 《鄮峰真隐漫录》卷四十七录有《满庭芳》词五首，分别题为“四明尊老会劝乡大夫酒”“劝乡老众宾酒”“代乡大夫报劝”“代乡老众宾报劝”“代乡老众宾劝乡大夫”。同卷《最高楼》词小序云：“乡老十人皆年八十，淳熙丁酉三月十九日，作庆劝酒。”可见，此尊老会显然是与耆英会、真率会相类似的怡老诗社活动。③

这里欧阳光先生将史浩所说的尊老会定性为“怡老诗社”，并无确切

① （宋）周必大：《周益公文集》卷五四《张良臣雪窗集序》，舒大刚主编：《宋集珍本丛刊》第49册，北京：线装书局，2004年，第234页。

② （宋）史浩：《鄮峰真隐漫录》卷三〇《又乞归田里札子》，舒大刚主编：《宋集珍本丛刊》第43册，北京：线装书局，2004年，第145页。

③ 欧阳光：《宋元诗社研究丛稿》，广州：广东高等教育出版社，1996年，第240页。

证据，因为该会既没有具体的诗词酬唱行迹，也没有诗词作品流传，而史浩的作词目的仅是劝酒，不属于唱和范畴。倒是周扬波《南宋四明地区耆老会概述》一文的解释更为可取："尊老会是酒会，内容是为高年乡老作庆劝酒，属于广义意义上的会社范畴。该会成员已难详考，由于乡大夫、乡老、众宾等都是古代乡饮酒礼中的角色，劝酒、报劝都是这一礼仪的组成部分，可知该尊老会是四明地区推行乡饮酒礼时，将这一古礼融合进入耆老会的产物。"[①]把史浩尊老会归入"广义意义上的会社范畴"而不是诗社，显然更符合实际情况。而这种性质的尊老会对于和睦乡友、教化乡里都有很大作用，周扬波作有详细论述[②]，兹不赘述。

此外，史浩尚参加五老会、六老会等活动。欧阳光认为，"此五老会、六老会与前述尊老会为同一类型的活动，由参加者的人数不同而名称各异"[③]，依然坚持将其纳入诗社范围。周扬波则对它们做了考证，他认为，"五老会：成员有史浩、魏杞、汪大猷、赵粹中等5人，活动于淳熙年间（1174—1189）"，所据材料乃是《鄮峰真隐漫录》卷三九《五老会致语》。今核对此文，并不见对上述成员及活动时间的记载，不知周文所言从何而来。其又云："六老会由史浩兄弟五人及其一姐组成，与尊老会一样属于酒会。"[④]这一判断则是正确的，但与尊老会的意义又有所不同，这留待下文详述。在此，虽然笔者不同意将尊老会及六老会（五老会究竟是否有诗社性质，因无材料支撑，故存疑）视为怡老诗社，但这些活动反映了史浩退隐生活的一些情况，与之有关的文学作品也具有和睦乡友的意义。如劝酒词《满庭芳·劝乡老众宾酒》：

> 十载江湖，一朝簪组，宠荣曷称衰容。圣恩不许归卧，旧庐中。慨念东山伴侣，烟霞外，久阔仙踪。今何幸，相逢故里，谈笑一樽同。
>
> 吾州真幸会，湖边贺鉴，海上黄公。胜渭川遗老，绛县仙翁。纵饮何辞烂醉，脸霞转，一笑生红。从今后，婆娑化国，千岁乐皇风。

这首词以山阴贺知章归隐镜湖、齐人崔夷隐于夏里为比，表达归隐之

---

① 周扬波：《南宋四明地区耆老会概述》，《宁波大学学报》（人文科学版）2006年第5期，第66—67页。

② 周扬波：《南宋四明地区耆老会概述》，《宁波大学学报》（人文科学版）2006年第5期，第67—70页。

③ 欧阳光：《宋元诗社研究丛稿》，广州：广东高等教育出版社，1996年，第240页。

④ 周扬波：《南宋四明地区耆老会概述》，《宁波大学学报》（人文科学版）2006年第5期，第67页。

乐。因为从此得以与“东山伴侣”“相逢故里”，谈笑醉饮，安享太平，其乡友之睦的意思十分明显。

2. 天伦之乐

退隐之后，史浩尤重亲人相聚之乐。“某挂冠归老，卜筑湖滨，与姊居室相望为邻。良辰聚首，岂乐斯频。谓当期颐，同此燕申。”[①]前言六老会即是史浩本着“良辰聚首，岂乐斯频”的愿望，与姊弟六人的聚会。楼钥《六老图序》云：

> 至淳熙乙巳岁，丞相年登八秩，其女兄八十有三，四弟亦皆六十余矣。一门同气，咸寿而康，举觞相属，朱颜华发，嬉戏如小儿状。乡闾亲识，叹仰盛事，咸请绘而为图。丞相曰：“幸哉！兄弟无故，是吾门之余庆也。”乃大合乐，置酒高会，簪缨樽俎，极一时之盛。以上方所赐金帛香茗以侑酒，作为歌诗，播之乐府。于时风日清美，箫鼓振作，长子礼部侍郎某以次对奉祠，次子都官郎官某入制司议幕，率群从子婿，皆盛服环侍，行酒授饔，躬子弟职，乐饮终日而罢。[②]

淳熙乙巳乃宋孝宗淳熙十二年（1185），是时史浩已归隐四年之久。这次聚会极尽热闹，六老“咸寿而康”，子婿“盛服环侍”，可谓其乐融融。

而在日常生活之中，史浩与子孙安享天伦，至有诗词赓和。其酷赏梅花，《弥坚小圃小春见梅》《水龙吟 · 次韵弥大梅词》《好事近 · 次韵弥大梅花》等展现了父子之间的共同爱好。又次韵其子题咏作《临江仙 · 戏彩堂立石名曰瑞雪弥大作词因用其韵》。

> 曾向泗滨浮玉质，也居十二峰前。飞来苏发尚如卷，郁纷因出岫，巧镂是谁镌。　挈榼凭栏成胜赏，老夫亦自颓然。坐疑靄靄上瑶天，已为苏旱雨，却放老龙眠。

用笔颇为飞动，赓和之间，可见父子之间的诗词相娱之情。其孙史安之将求学于沈焕，史浩亦作诗勉励：“吾孙年甫冠，抗志在青冥。重趼轻千里，求师为一经。功名适来去，器识是丁宁。既得贤模范，归欤喜过庭。”

① （宋）史浩：《鄮峰真隐漫录》卷四三《姊太宜人安厝祭文》，舒大刚主编：《宋集珍本丛刊》第43册，北京：线装书局，2004年，第221页。

② （宋）楼钥：《攻媿集》卷五三《六老图序》，《丛书集成初编》第2012册，北京：中华书局，1985年，第729—730页。

(《送安之往依沈叔晦师席》)充分表露了对史安之的希望与赞赏。

总之，史浩遵循自身的真隐理想，按照儒家进退之节乞求退隐，终得皇帝俞允并褒赠，从而荣归故里。丐退成行之后，他积极汲取前人尤其是陶潜、裴度的隐居范式，撷取四明自古以来的仙隐文化，纳入到自身隐居生活的塑造中。其筑四明洞天以亲近自然与神仙、招待乡友并安居亲人，为自己的退隐生活增加了不少亮点。而所有这些都在他的诗词作品中得到了表现，通过品读，可以收获史浩在退隐期间的思想与心情的种种波澜。

第二节　史浩的大曲

史浩的《鄮峰真隐大曲》是宋代大曲现存作品中体式最为完备的一种，具有重要的标本意义。早在20世纪初，就引起了学者们注意。如朱祖谋对大曲文本的校勘刻印，唐圭璋述其所为：“朱祖谋刻《彊村丛书》，史浩词曲四卷，原据传写四库本，后借缪艺风所藏天一阁底本校勘，始知四库本已经妄人窜改，写有校记一百四十余条。”[①]吴梅则对朱氏此举大加称赞并指出其意义：“彊村先生，词家之南董也，比年校刻宋元诸词，不胫而遍天下。近得此曲，谓足以尽词之变也，为刊而传之。夫词之与曲，犁然为二。及究其变迁蝉蜕之迹，辄不能得其端倪。今读此曲，则江出滥觞，河出昆仑，源流递嬗之所自，昭若发蒙。锡惠来学，岂有既哉。”[②]而王国维对史浩大曲的研究则是在对唐宋大曲、宋元戏曲考察的整体框架下展开的，散见于《唐宋大曲考》《宋元戏曲考》《戏曲考原》等处，吉光片羽，十分珍贵。近些年来，学术界始有专门研究史浩大曲之文，如赵晓岚《论史浩〈鄮峰真隐大曲〉及唐宋宫廷大曲之别》[③]，杜兴梅《〈采莲舞〉的多圆结构》[④]，吴文光、赵晓楠《关于大曲〈柘枝令歌头〉、〈柘枝令〉俗字谱及其考、译》[⑤]分别论及史浩大曲的文化属性、舞蹈特色、乐谱等问题。但更多的研究者则是将史浩大曲作为例证来讨论一些诸如唐宋大曲、教坊燕乐、乐语体制等有关的问题，对史浩大曲本身的探讨有所不足。基于史浩《鄮峰真隐大曲》的重要地位及研究现状，笔者特以专节来加以研究。一是澄清

① 唐圭璋：《史浩词校记》，《全宋词》，北京：中华书局，1965年，第1284页。

② 吴梅：《鄮峰真隐大曲跋》，朱祖谋辑校：《彊村丛书》第1册，扬州：广陵书社，2005年，第529页。

③ 赵晓岚：《论史浩〈鄮峰真隐大曲〉及唐宋宫廷大曲之别》，《文学遗产》1999年第5期。

④ 杜兴梅：《〈采莲舞〉的多圆结构》，《文艺研究》2001年第5期。

⑤ 吴文光，赵晓楠：《关于大曲〈柘枝令歌头〉、〈柘枝令〉俗字谱及其考、译》，《中国音乐学》2000年第4期。

王国维研究中的若干错误，并借此讨论宋代大曲之变的两个特征。二是从史浩的时代与经历出发，分析其撰制大曲的背景与条件。

一、王国维论史浩大曲辨——兼论两宋大曲之变

史浩《鄮峰真隐漫录》卷四十五、四十六收有《采莲》《采莲舞》《太清舞》《柘枝舞》《花舞》《剑舞》《渔父舞》七套作品，皆系于“大曲”目下。近人朱祖谋刻《彊村丛书》，辑为《鄮峰真隐大曲》二卷，唐圭璋据之编入《全宋词》中。这些作品通常被视为宋代大曲的显例，但王国维有不同看法。

> 大曲皆舞曲也。洪适《盘洲集》有《薄媚》舞、《降黄龙》舞，史浩《鄮峰真隐漫录》有《采莲舞》诸名。……然宋时舞曲，不止大曲，凡转踏之类皆是。转踏，据《乐府雅词》所载，只〔调笑〕、〔九张机〕二种。然王灼谓：世有般涉调〔拂霓裳〕，石曼卿取作传踏。而《鄮峰真隐漫录》中之《太清舞》《花舞》《渔父舞》，《太清舞》用〔太清歌〕，《花舞》用〔蝶恋花〕，《渔父舞》用〔渔家傲〕，均叠数曲而成，而无排遍、入破之名，此亦转踏之类。洪适之〔渔家傲〕，则有破子，其字数句法，与本词无异。毛滂《东堂词》之〔调笑〕，破子亦然。以其合数曲而成一曲，故曾慥置之于大曲之后。（今《雅词》虽载在大曲前，然据慥序，则当在后）史浩径编于大曲中，其实与大曲无涉。①

王氏认为，《采莲舞》《太清舞》《花舞》《渔父舞》虽然都是“舞曲”，但前者属于大曲，后三者则因“叠数曲而成，而无排遍、入破之名”，故“亦转踏之类”。那么这一论断能否成立？所作论证是否准确？本部分即对此加以辨析，并试图揭示宋代大曲之变的特征及原因。

（一）以摘遍为大曲

所谓“以摘遍为大曲”，是指宋代大曲之变的第一个特征。关于何为大曲，王国维在遍考前人记载后认为，“自沈约至于两宋，皆以遍数多者为大曲”②。此外，他对遍之意义及各遍之名亦做了详细论析③。就宋代大曲

① 王国维：《唐宋大曲考》，《王国维戏曲论文集》，北京：中国戏剧出版社，1984 年，第 156 页。
② 王国维：《唐宋大曲考》，《王国维戏曲论文集》，北京：中国戏剧出版社，1984 年，第 124 页。
③ 王国维：《唐宋大曲考》，《王国维戏曲论文集》，北京：中国戏剧出版社，1984 年，第 152—154 页。

而言，由于对遍的组合运用不同，其形态又可分为“大遍”与“摘遍”两种。如沈括《梦溪笔谈》云：

> 所谓“大遍”者，有序、引、歌、䬥、嗺、哨、催、攧、衮、破、行、中腔、踏歌之类，凡数十解，每解有数叠者。裁截用之，则谓之“摘遍”。今人大曲，皆是裁用，悉非大遍也。[①]

又，王灼《碧鸡漫志》云：

> 凡大曲有散序、靸、排遍、攧、正攧、入破、虚催、实催、衮遍、歇拍、杀衮，始成一曲，此谓大遍。而《凉州》排遍，予曾见一本有二十四段。后世就大曲制词者，类从简省，而管弦家又不肯从首至尾吹弹，甚者学不能尽。[②]

上引两家所载大遍中的遍名不尽相同，但言“凡数十解”“有二十四段”等，都说明了大遍乃是遍数繁多、体制庞大的大曲，同时他们也指出了宋代大曲由“大遍”而“摘遍”的变化。当然沈括所说摘遍尚指“裁截”大遍中的一遍或数遍而加以独立运用的行为，我们则将它视为这一行为的结果，以与大遍相对，用以指称那些由“裁截”大遍而来的新的大曲形态。在此变化中，虽然大曲之名未见变化，但其体制却急剧缩小，无复旧观。下面不妨对这一变化作一勾勒。

宋代初期，教坊“所奏凡十八调、四十大曲”[③]，尚如王国维所说：“赵宋大曲，实出于唐大曲”[④]，一定程度上延续了唐代大曲的体制、规模。与此同时，摘遍也在广泛运用并逐渐成为宋代大曲的主要形态。其中，最常见的是取入破以为摘遍。《宋史·乐志》云：“太宗洞晓音律，前后亲制大小曲及因旧曲创新声者，总三百九十。凡制大曲十八……曲破二十九……”[⑤]这里的“曲破”，即是摘遍，相当于大遍的入破部分。直到南宋，制作并进呈曲破依然盛行，如周密《武林旧事》所载：淳熙三年（1176）

① （宋）沈括：《梦溪笔谈》卷五，《丛书集成初编》第281册，北京：中华书局，1985年，第29页。

② （宋）王灼著，岳珍校正：《碧鸡漫志校正》卷三，成都：巴蜀书社，2000年，第74页。

③ 《宋史》卷一四二《乐志》，北京：中华书局，1977年，第3349页。

④ 王国维：《唐宋大曲考》，《王国维戏曲论文集》，北京：中国戏剧出版社，1984年，第154页。

⑤ 《宋史》卷一四二《乐志》，北京：中华书局，1977年，第3351—3352页。

五月二十一日宋高宗天申圣节，“教坊大使申正德进新制《万岁兴龙曲》乐破对舞”；同年八月二十一日，寿圣皇太后生辰，“第七盏，小刘婉容进自制《十色菊》《千秋岁》曲破，内人琼琼、柔柔对舞”；同年十月二十二日，宋孝宗会庆圣节，“教坊都管王喜等进新制《会庆万年》薄媚曲破对舞”；淳熙六年（1179）三月十五日御宴，“至第三盏，都管使臣刘景长供进新制《泛兰舟》曲破，吴兴佑舞”。[①]

除入破外，大遍的其他部分也可以摘遍使用。如王灼所说：“《甘州》，世不见。今仙吕调有曲破，有八声慢，有令，而中吕调有象八声甘州，他宫调不见也。”[②]唐代崔令钦《教坊记》所载四十六大曲中有《甘州》一名，但王灼却言“《甘州》，世不见”，说的只是大遍形态的《甘州》未流传下来，而其摘遍形态却普遍存在，从“今仙吕调有曲破，有八声慢，有令，而中吕调有象八声甘州”的说法来看，不仅《甘州》的入破被用作摘遍，其他部分也被用作摘遍。

在推求大曲《甘州》的情况时，王灼采用了引证词调以征大曲本原的方法，这为王国维所继承。他在钩稽宋代大曲的留存情况时，前后论及《梁州》《瀛府》《齐天乐》《万年欢》等五十余曲，便很重视引用宋词中与之相关的引、序、慢、近、令等调以相参证[③]。其中，有部分文字涉及史浩的大曲作品，如论《采莲》大曲云，“宋词有〔采莲令〕，又〔采莲大曲〕延遍以下八遍”，并录史浩《采莲》（寿乡词）为证[④]。史浩此曲有延遍、攧遍、入破、衮遍、实催、衮、歇拍、煞衮八遍，可称得上遍数多者，王国维在《宋元戏曲考》中亦枚举而出之：宋大曲“曲辞之存于今日者，有董颖〔薄媚〕（《乐府雅词》卷上）、曾布〔水调歌头〕（王明清《玉照新志》卷二）、史浩〔采莲〕（《鄮峰真隐漫录》卷四十五）三曲稍长，然亦非其全遍”[⑤]。可见史浩《采莲》仍为摘遍式大曲。又如论《柘枝》一曲，他举史浩《柘枝舞》为例并对所用曲加以分析：

《鄮峰真隐漫录》所载《柘枝舞》，首吹〔柘枝令〕，次吹〔射雕

---

① （宋）周密：《武林旧事》卷七，（宋）孟元老等：《东京梦华录（外四种）》，北京：文化艺术出版社，1998年，第424、425、425、426页。

② （宋）王灼著，岳珍校正：《碧鸡漫志校正》卷三，成都：巴蜀书社，2000年，第82页。

③ 王国维：《唐宋大曲考》，《王国维戏曲论文集》，北京：中国戏剧出版社，1984年，第125—152页。

④ 王国维：《唐宋大曲考》，《王国维戏曲论文集》，北京：中国戏剧出版社，1984年，第136—138页。

⑤ 王国维：《宋元戏曲考》，《王国维戏曲论文集》，北京：中国戏剧出版社，1984年，第33页。

> 遍〕连〔歌头〕，次吹〔朵肩遍〕，次吹〔扑蝴蝶遍〕，次吹〔画眉遍〕。除〔柘枝令〕及〔歌头〕外，均有声无辞。宋词有〔扑蝴蝶〕，或即其中一遍也。〔画眉遍〕或即〔画眉序〕，方成培云：曾见米元晖自书所作〔画眉序〕词真迹，其字句音节，与今南曲〔画眉序〕无异。(《香研居士词麈》卷四）米词未见，今录南曲〔画眉序〕，亦足供参考也。[①]

可见史浩《柘枝舞》所用亦非大遍，而是摘遍。尽管如此，该作仍被视为大曲，显然符合摘遍已经成为宋代大曲主要形态的事实。

但是，王国维并未将这一标准贯穿到史浩的其他作品中，如本节开始所引其说："史浩《鄮峰真隐漫录》中之《太清舞》《花舞》《渔父舞》，《太清舞》用〔太清歌〕，《花舞》用〔蝶恋花〕，《渔父舞》用〔渔家傲〕，均叠数曲而成，而无排遍、入破之名，此亦转踏之类。"实际上，这三曲之中的《太清舞》《花舞》虽"叠数曲而成"，但云"无排遍、入破之名"而将之归入"转踏之类"，便值得商榷，下面笔者对此加以申说。

1. 《太清舞》

史浩《太清舞》开场即有后行吹《道引曲子》，接着后行吹《太清》，又后行吹《太清歌》六次，然后众唱《破子》，最后后行吹《步虚子》两次，累计用曲四种（《太清》与《太清歌》当为一种）。[②]依次来看：

（1）《道引曲子》与《太清歌》。从命名方式来看，两者与沈括所说的大曲遍名颇合，似为摘遍。太清乃是与玉清、上清并称的三清之一，为神仙所居的最高仙境。此二曲可能与道教神仙有关，因无确切记载，尚难以确定，而王国维以《太清歌》并非摘遍之属，不知何据。

（2）《破子》。王国维对《破子》有所解释，本节最初所引王氏文字中有"洪适之〔渔家傲〕，则有破子，其字数句法，与本词无异。毛滂《东堂词》之〔调笑〕，破子亦然"之说。其以洪适《渔家傲》、毛滂《调笑》皆为转踏，故将破子作为转踏体制的一个部分。由此而推，则史浩《太清舞》之《破子》亦当如此。吴熊和则对破子有不同解释：

> 破子是大曲或联章的尾声结曲。《高丽史·乐志》有《抛球乐》大曲一套，末用《清平令破子》，双调，五十二字。又《寿延长》，《五羊仙》大曲两套，都以《破字令》收尾，但两调不同，一为双调五十

① 王国维：《唐宋大曲考》，《王国维戏曲论文集》，北京：中国戏剧出版社，1984年，第146页。
② （宋）史浩：《太清舞》，唐圭璋：《全宋词》，北京：中华书局，1965年，第1254—1255页。

三字，一为双调五十字。洪适《盘州乐章》卷一《番禺调笑》，是一套转踏词。前十首《调笑令》，分咏番禺十景，末以《破子》为尾声，双调，七十六字。又《渔家傲》转踏一套，前十二首《渔家傲》分咏十二月渔家生活，末为《破子》四首，即用本调《渔家傲》的半阕。毛滂《东堂词》有《调笑》转踏一套，用《调笑令》八首分咏崔徽等八个美女，末为《破子》两首，亦用《调笑令》。①

可见《破子》既然可为大曲《抛球乐》《寿延长》《五羊仙》等所用，则并不专属于转踏。今观史浩《太清舞》所用《破子》，字数、句法与《太清歌》词并不一致，说明它与洪适《渔家傲》、毛滂《调笑》所用《破子》之法迥异，故谓此《破子》为转踏而非大曲、中曲，并无确切证据。

（3）《步虚子》。该曲乃咏仙道之曲，与《太清歌》应属同一个曲调系统，《步虚子令》可能与之有关。《钦定词谱》录有《步虚子令》一首，并注云："此宋赐高丽乐中五羊仙舞队曲也，采以备体。"②该曲乃宋廷赐予高丽舞队中曲，则其亦用于宋代宫廷表演无疑。今观宋代队舞有小儿队与女弟子队，其中，后者有"彩云仙队，衣黄生色道衣，紫霞帔，冠仙冠，执旌节、鹤扇"③，或演《五羊仙》。因《五羊仙》乃大曲，《步虚子令》既出于此，便极有可能为摘遍。至于《太清舞》所用《步虚子》与《步虚子令》存在什么关系，尚有待进一步考证，但王国维谓《太清舞》"无排遍、入破之名"，未免武断而令人难以信从。

2.《花舞》

王国维谓史浩《花舞》用〔蝶恋花〕，这固然不错，但却忽略了它主要采用《折花三台》的情况。事实上，从勾队以至遣队，《折花三台》就在《花舞》中反复出现。如后行吹《折花三台》，后行吹《三台》凡十三次，又唱《折花三台》四遍，所用远较词调《蝶恋花》为多。④

关于《三台》一曲，《钦定词谱》引证甚详：

三台，见唐《教坊记》。《唐音统签》云：唐曲有《三台》，急三台、宫中三台、上皇三台、怨陵三台、突厥三台。《三台》为大曲，冯鉴《续事始》曰：汉蔡邕三日之间，周历三台，乐府以邕晓音律，

① 吴熊和：《唐宋词通论》，杭州：浙江古籍出版社，1989年，第106页。
② 《钦定词谱》卷一二，北京：中国书店，1983年，第841页。
③ 《宋史》卷一四二《乐志》，北京：中华书局，1977年，第3350页。
④ （宋）史浩：《花舞》，唐圭璋：《全宋词》，北京：中华书局，1965年，第1256—1259页。

为制此曲。《刘禹锡嘉话录》曰：邺中有曹公铜雀、金虎、冰井三台，北齐高洋毁之，更筑金凤、圣应、崇光三台，宫人拍手呼上台送酒，因名其曲为《三台》。李氏《资暇录》曰：三台，三十拍促曲名，昔邺中有三台，石季龙常为宴游之所，而造此曲以促饮。《乐苑》云：唐《三台》，羽调曲。①

明言《三台》为大曲。王昆吾在《唐代酒令艺术》中则谈到唐代《三台》的变化说：

初唐之时，《三台》已用六言体辞，与《倾杯乐》等同称“艳曲”。六言体实为音乐上的急三拍节奏的文学表现，故采用此种节奏的乐曲多以《三台》为名，例如《突厥三台》《宫中三台》《江南三台》《上皇三台》《怨陵三台》《庶人三台》《皇帝三台》《西河师子三台》等。各种《三台》曲，其传辞均大抵为六言体。盛唐时候，《三台》编入教坊曲，后改制为大曲。据《教训钞》，日本所传大曲《三台》的结构与《倾杯乐》相同：“破”二帖、“急”三帖，每帖十六拍，舞人两人。“破”“急”都是急拍曲，故《三台》又名《急三台》。②

今观史浩《太清舞》，所用《三台》的帖拍结构已难以考证，但用舞人有两人的做法则与唐代《三台》相同，故此《三台》当为唐代大曲之体或之变。又，《词律》云：“(《三台》) 所赋不论何事，咏宫闱者即曰《宫中三台》，亦名《翠华引》，亦名《开元乐》，咏江南者即曰《江南三台》。”③根据这一命名规律，史浩《花舞》所用《三台》因是咏花，故名为《折花三台》。所以史浩《花舞》并非无排遍、入破之名，将之归为转踏有所不妥。然而应该说明的是，《花舞》确有与转踏形式相同之处，王国维所论尚需进一步辨析。对此，我们放到下文与史浩《渔父舞》一起讨论。

（二）以词调入大曲

所谓以词调入大曲，可视为宋代大曲之变的另外一个特征。史浩《渔父舞》通篇用《渔家傲》。《钦定词谱》谓《渔家傲》云：“此调始自晏殊，

① 《钦定词谱》卷三九上，北京：中国书店，1983 年，第 2736—2737 页。

② 王昆吾：《唐代酒令艺术》，北京：中华书局，1995 年，第 49—50 页。

③ （清）万树：《词律》卷一，上海：上海古籍出版社，1984 年，第 67 页。

因词有‘神仙一曲渔家傲’句，取以为名。”[①]不过该曲为晏殊自创之调还是如柳永一样“变旧声作新声”[②]，翻自大曲或其他曲调，则无从查知。一般情况下，《渔家傲》是被作为词调来运用的，这有宋人的众多词作可证。所以王国维认为《渔父舞》无排遍、入破之名是符合事实的，但是能否因此判定《渔父舞》并非大曲而是转踏之类呢？笔者从以下两个方面来讨论。

1. 从用曲上看，《渔父舞》可称为大曲

史浩《采莲舞》乃是大曲，对此王国维未有疑义。该大曲所用有《双头莲令》《采莲令》《采莲曲破》《画堂春》《河传》诸曲，皆为摘遍，符合前文我们做出的以摘遍为大曲的判断。而在这些摘遍之外，《采莲舞》还用《渔家傲》一调，吹奏十次而唱五次，使用频率远高于前述诸摘遍，可视为《采莲舞》的主要用曲。因为《渔家傲》通常被作为词调，而大曲《采莲舞》却将之与摘遍组合使用，这就意味着宋代大曲的另一种变化，即在摘遍之外，亦吸收了某些词调。

除《采莲舞》用《渔家傲》一例外，史浩《剑舞》也涉及这一变化。王国维《宋元戏曲考》云：“宋时舞曲，尚有曲破。《宋史·乐志》：‘太宗洞晓音律，制曲破二十九。’此在唐五代已有之，至宋时又借以演故事。史浩《鄮峰真隐漫录》之《剑舞》即是也。今录其辞如下。(《剑舞》文略）由此观之，其乐有声无词，且于舞踏之中，寓以故事，颇与唐之歌舞戏相似。而其曲中有‘破’有‘彻’，盖截大曲入破以后用之也。”[③]王国维谓《剑舞》所用“曲中有‘破’有‘彻’”，“破”指《剑器曲破》，“盖截大曲入破”用之，为摘遍，而“彻”则非摘遍，不过是《剑舞》里“二舞者同唱《霜天晓角》”中的唱词：

> 荧荧巨阙。左右凝霜雪。且向玉阶掀舞，终当有、用时节。　唱彻。人尽说。宝此制无折。内使奸雄落胆，外须遣、豺狼灭。[④]

这里的《霜天晓角》，宋人通常用为词调，其入于大曲《剑舞》之中，与《剑器曲破》一起使用，方式与《采莲舞》用《渔家傲》正同。至于王国维所说的《花舞》用〔蝶恋花〕也属于这一情况。因此，是否可以认为史浩“《渔父舞》用〔渔家傲〕”虽“无排遍、入破之名”，但恰恰是宋代以

① 《钦定词谱》卷一四，北京：中国书店，1983 年，第 930—931 页。

② （宋）李清照著，王仲闻校注：《李清照集校注》，北京：人民文学出版社，1979 年，第 194 页。

③ 王国维：《宋元戏曲考》，《王国维戏曲论文集》，北京：中国戏剧出版社，1984 年，第 31—32 页。

④ （宋）史浩：《剑舞》，唐圭璋：《全宋词》，北京：中华书局，1965 年，第 1259 页。

词调入大曲的一个极致？

2. 从形式上看，《渔父舞》当归入转踏

关于转踏的形式，清代张德瀛所言甚详。

> 调笑令，创于唐天宝中，一名宫中调笑。戴容州谓之转应词，五代时谓之转应曲，惟三十八字者，只名调笑，初无异称，盖转踏曲也。词前以俪语作引，附古诗八句，多集唐人句。诗繇平至侧，词起句即承诗末两字。附以破子，音响同词。不以诗作引，末以绝句媵焉。毛泽民谓之遣队，洪景伯盘洲集乐章谓之句队，或谓之放队。两宋时多尚此体，亦词之折杨皇荂也。①

由此可见，自唐至宋，《调笑》皆甚为流行，且有定格。张氏所举之例，一为毛滂之《调笑》，一为洪适之《番禺调笑》，体式几乎相同。今以张德瀛所论调笑形式来看史浩《渔父舞》，则正相契合，皆是一诗一词相间形式，诗之末句乃词之首句，词前有俪语勾队，词后有七绝遣队。因此，王国维将《渔父舞》归入转踏亦无不可。

史浩《花舞》在形式上与转踏亦有相同之处，如七言绝句与《蝶恋花》词间用，前有勾队，后有遣队，皆与转踏相同。不同之处乃在于除用《蝶恋花》词调外，尚用《折花三台》，并在遣队之前唱《折花三台》四次，这为转踏所无。这表明《花舞》吸收了转踏的某些体式特征，但又不像《渔父舞》那样在形式上完全同于转踏。

以上是对史浩《渔父舞》《花舞》的用曲与形式两方面的分析。前者更近于王国维所说的转踏之类，后者则在保留了摘遍的基础上，混合了转踏的某些特征。实际上这种现象说明当时大曲与转踏之间并非泾渭分明，而是相互有所借鉴。“凡大曲就本宫调制引、序、慢、近、令，盖度曲者常态”②，说明部分词调是由大曲衍生出来的，是大曲对词调的影响；反过来，基于相近的音乐属性，以词调入大曲，也可视为词调对大曲的影响。在后一种情况下，王国维以无排遍、入破之名来作为判定史浩的《太清舞》《花舞》《渔父舞》非大曲之作的标准，显然会令人忽视当时大曲对于词调的吸收、运用的情况。另外应需说明的是，王国维在判定史浩的上述三曲亦转踏之类时所持的另一个理由是均叠数曲而成，这与他在《宋元戏曲考》

---

① （清）张德瀛：《词徵》卷一“调笑令”条，唐圭璋：《词话丛编》，北京：中华书局，1986年，第4088页。

② （宋）王灼著，岳珍校正：《碧鸡漫志校正》卷三，成都：巴蜀书社，2000年，第82—83页。

中提出的标准有些龃龉："传踏（转踏之别称）仅以一曲反复歌之；曲破与大曲，则曲之遍数虽多，然仍限于一曲。"[①]故谓三曲均叠数曲而成固为不当（《太清舞》《花舞》属于均叠数曲而成，而《渔父舞》则仅以一曲反复歌之），然而当大曲也如转踏一样部分或全部采用词调反复歌之的时候，便突破了仍限于一曲的藩篱，并不宜就其归类遽作结论。

（三）宋代大曲之变的原因

以宋代大曲之变的两个特征来加以权衡，史浩《鄮峰真隐大曲》不但多用摘遍，规模难比大遍，而且多数混合词调使用，个别如《渔父舞》在形式上甚至全同转踏，故谓其为宋代大曲之变的典型，当无不可。关于这些变化的成因，从宋代教坊用乐的变化与宫廷乐舞表演范式两个方面可做出一定说明。

1. 宋代教坊用乐的简化与俗化

教坊是大曲的主要演出机构，有宋一代，其所用燕乐变化极大。

> 古者，燕乐自周以来用之。……宋初置教坊，得江南乐，已汰其坐部不用。自后因旧曲创新声，转加流丽。政和间，诏以大晟雅乐施于燕飨，御殿按试，补徵、角二调，播之教坊，颁之天下。然当时乐府奏言：乐之诸宫调多不正，皆俚俗所传。及命刘昺辑《燕乐新书》，亦惟以八十四调为宗，非复雅音，而曲燕昵狎，至有援"君臣相说之乐"以藉口者。末俗渐靡之弊，愈不容言矣。绍兴中，始蠲省教坊乐，凡燕礼，屏坐伎。乾道继志述事，间用杂攒以充教坊之号，取具临时，而廷绅祝颂，务在严恭，亦明以更不用女乐，颁旨子孙守之，以为家法。于是中兴燕乐，比前代犹简，而有关乎君德者良多。[②]

燕乐乃是用于宴飨之乐，渊源已久。入宋，却总体趋简、趋俗。趋简，表现在教坊规模的缩减甚至裁撤，如"汰其坐部不用"之举；趋俗，即"因旧曲创新声""以大晟雅乐施于燕飨""末俗渐靡之弊，愈不容言"，表现出向俗乐的移位。进入南宋，"蠲省教坊乐，凡燕礼，屏坐伎"，虽然博得了"中兴燕乐""有关乎君德者良多"的赞誉，但比前代犹简却是事实，而间用杂攒以充教坊之号的做法，也必然会导致宫廷用乐的进一步俗化。具体到宋孝宗（1162—1189）年间（《鄮峰真隐大曲》大致创作于此时），教坊

---

① 王国维：《宋元戏曲考》，《王国维戏曲论文集》，北京：中国戏剧出版社，1984年，第36页。
② 《宋史》卷一四二《乐志》，北京：中华书局，1977年，第3345—3346页。

虽一度废置，但用于宫廷表演的乐舞人才并不匮乏。作于端平三年（1236）的《朝野类要》云：

（教坊）中兴以来亦有之。绍兴末，台臣王十朋上章省罢之。后有名伶达伎皆留充德寿宫使臣，自余多隶临安府衙前乐。今虽有教坊之名，隶属修内司教乐所，然遇大宴等，每差衙前乐权充之。不足，则又和雇市人。近年衙前乐已无教坊旧人，多是市井歧路之辈，欲责其知音晓乐，恐难必也。[①]

绍兴末年教坊省罢后，依然有大量的乐舞人员服务于宫廷。优秀者如名伶达伎被编入太上皇宋高宗的私人乐舞队伍，其余人员则隶属于临安府衙前乐，并继续在大宴等场合提供服务。随着“近年衙前乐已无教坊旧人，多是市井岐路之辈”，教坊逐渐名不副实，难以为继。在这种背景下，作为教坊演出中的重要艺术形式——大曲也相应地发生了变化。北宋时期，为了配合宫廷宴飨礼仪，大曲往往遍数繁多，程序谨严，不能轻易改动，如北宋蔡居厚云：

近时乐家，多为新声，其音谱转移，类以新奇相胜，故古曲多不存。顷见一教坊老工言，惟大曲不敢增损，往往犹是唐本，而弦索家守之尤严。[②]

教坊乐工所言指的就是教坊乐工恪守宫廷大曲传统，坚持惯用音谱、奏法的情况。比如，北宋教坊大使葛守成不避繁难“撰四十大曲词”[③]的做法也可视为这一传统的反映。但是随着教坊废置，乐工散佚，前文所引王灼所说的“后世就大曲制词者，类从简省，而管弦家又不肯从首至尾吹弹，甚者学不能尽”的情况便进一步加剧，大曲简化在所难免。另外，随着“市人”与“市井岐路之辈”加入教坊，流行于民间的“新声”被带入宫廷坊乐之中，不能不对大曲间用词调产生影响。这或许便是史浩《鄮峰

① （宋）赵升：《朝野类要》卷一“教坊”条，《丛书集成初编本》第844册，北京：中华书局，1985年，第8页。

② （宋）胡仔纂集，廖德明校点：《苕溪渔隐丛话》前集卷一六引《蔡宽夫诗话》语，北京：人民文学出版社，1962年，第106页。

③ （宋）耐得翁：《都城纪胜》“瓦舍众伎”条，（宋）孟元老等：《东京梦华录（外四种）》，北京：文化艺术出版社，1998年，第85页。

真隐大曲》“以摘遍为大曲”“以词调入大曲”的原因所在。

2. 宋代宫廷乐舞表演范式：慢曲与大曲、唱与舞为一体，重复回环用之

史浩《鄮峰真隐大曲》中为何以词调入大曲，兼用摘遍与词调？这可从宋代宫廷乐舞表演程式上找到依据。先看《都城纪胜》所载：

> 唱叫小唱，谓执板唱慢曲、曲破，大率重起轻杀，故曰浅斟低唱，与四十大曲舞旋为一体，今瓦市中绝无。①

据此可得出以下结论：（1）慢曲（多为词调）与大曲（摘遍）联用，唱与舞融为一体。（2）唱叫小唱仅存于宫廷表演（“今瓦市中绝无”），用于助酒（“浅斟低唱”）。

以上述两点来看史浩大曲，多是如此。如《花舞》用大曲《折花三台》与词调《蝶恋花》，方式如下：凡咏一花，通常是“后行吹《折花三台》。舞（转），取（换）花瓶。又舞上，（次）对客放瓶，念诗……念了，舞”，接以“唱《蝶恋花》，侍女持酒果上，劝客饮酒”。这样重复而为，凡咏牡丹、瑞香、丁香、春兰、蔷薇、酴醾、荷花、秋香、菊花、梅花、芍药等十一花，亦劝酒十一回。②这里的《蝶恋花》应属慢曲，用于唱叫小唱，而《三台》作为大曲主要用于舞，只是在该篇末尾且舞且唱四次。这样，慢曲与大曲便结合起来，舞、唱相连，并依照饮酒次序，构成一种重复回环体。

宫廷宴会所用《三台》亦可参证。《东京梦华录》卷九“宰执亲王宗室百官入内上寿”条载有大宴情形：

> 第一盏御酒，歌板色，一名“唱中腔”，一遍讫，先笙与箫笛各一管和，又一遍，众乐齐举，独闻歌者之声。宰臣酒，乐部起倾杯。百官酒，三台舞旋，多是雷中庆。其余乐人舞者，诨裹宽衫，唯中庆有官，故展裹。舞曲破攧前一遍。舞者入场，至歇拍，续一人入场，对舞数拍。前舞者退，独后舞者终其曲，谓之“舞末”。第二盏御酒，歌板色，唱如前。宰臣酒，慢曲子。百官酒，三台舞如前。……第五盏御酒，……百官酒，乐部起三台舞，如前毕。……第六盏御酒，笙

① （宋）耐得翁：《都城纪胜》“瓦舍众伎”条，（宋）孟元老等：《东京梦华录（外四种）》，北京：文化艺术出版社，1998 年，第 85 页。

② （宋）史浩：《花舞》，唐圭璋：《全宋词》，北京：中华书局，1965 年，第 1256—1259 页。

> 起慢曲子，宰臣酒慢曲子，百官酒三台舞。……第七盏御酒慢曲子，宰臣酒皆慢曲子，百官酒三台舞讫，……第八盏御酒，歌板色，一名“唱踏歌”。宰臣酒慢曲子，百官酒三台舞。合曲破舞旋。……第九盏御酒慢曲子，宰臣酒慢曲子，百官酒三台舞。曲如前。[①]

概言之，每盏御酒或用摘遍，或用慢曲而佐以歌，宰臣酒用慢曲（《倾杯》之类），百官酒则用《三台》并副以舞：从“曲破攧前一遍”，“至歇拍”以至“终其曲”，舞皆有序。在一盏之内，慢曲与大曲联用，唱与舞多间用。而各盏之间并无太大不同，故九盏下来便形成了一种回环重复的结构。大宴之外，“曲宴宰相虽各举酒，通用慢曲而舞《三台》”[②]，也是慢曲与大曲、唱与舞为一体的回环结构。这和史浩《花舞》中舞、唱《折花三台》与《蝶恋花》的回环结构颇为类似，都是建立在宋代宫廷宴会的行酒顺序上的。

除《花舞》之外，《采莲舞》亦可以与宫廷宴飨队舞所用相参证。《东京梦华录》卷九“宰执亲王宗室百官入内上寿”条第七盏有女童队舞《采莲》者：

> 杖子头四人……亦每名四人簇拥，多作仙童丫髻，仙裳执花，舞步进前成列。或舞《采莲》，则殿前皆列莲花。槛曲亦进队名。参军色作语问队，杖子头者进口号，且舞且唱。乐部断送《采莲》讫，曲终复群舞。唱中腔毕，女童进致语，勾杂戏入场，亦一场两段讫，参军色作语，放女童队，又群唱曲子，舞步出场。[③]

这里女童队所舞《采莲》只是大宴中的一个环节，故糅合了杂戏而言，单就《采莲》演出来说，其流程如下：（1）开场，四人簇拥杖子头（即是花心）入场，“舞步进前成列”。（2）“参军色作语问队”，杖子头答问，并进口号。（3）乐部奏乐，舞队“且舞且唱”，直至“乐部断送《采莲》讫，曲终复群舞”。（4）“参军色作语，放女童队，又群唱曲子，舞步出场”，结束。今观史浩《采莲舞》，流程基本类似。其中，“且舞且唱”的特征非常明显。除了舞唱《双头莲令》《采莲令》《采莲曲破》《画堂春》《河传》等摘遍外，中间连续“后行吹《渔家傲》。花心舞上，折花了，唱《渔家傲》”

① （宋）孟元老等：《东京梦华录（外四种）》，北京：文化艺术出版社，1998年，第59—61页。
② 《宋史》卷一四二《乐志》，北京：中华书局，1977年，第3348页。
③ （宋）孟元老等：《东京梦华录（外四种）》，北京：文化艺术出版社，1998年，第61页。

五次。[①]《渔家傲》作为词调，可视为慢曲，用于"唱叫小唱"者。

此外，史浩《太清舞》舞唱《太清歌》，前后六次，《剑舞》舞唱《霜天晓角》等，皆类于此。《渔父舞》则全用《渔家傲》一曲，舞唱相间，反复八次。虽未用大曲，但唱与舞融为一体的精神是一致的。

（四）余论：王氏的三个误断

本节最初所引王国维《唐宋大曲考》的一段话中，尚有三个误断，兹于下文先录其说，再加以辨证。

1. "以其（转踏）合数曲而成一曲，故曾慥置之于大曲之后。（今《雅词》虽载在大曲前，然据慥序，则当在后）"

这里存在着一个误会。王国维认为今本《乐府雅词》大曲在转踏之后并非曾慥本意，二者位置有所互置，依据是曾慥《乐府雅词序》中的"九重传出，以冠于篇首，诸公转踏次之"[②]一句。其以大曲为"九重传出，以冠于篇首"确定无疑。但这并不正确，因为《乐府雅词》在"诸公转踏"之前，尚收有《调笑集句》一种，曾慥所言"九重传出"当是谓此而非大曲。朱彝尊《乐府雅词跋》云："卷首冠以《调笑绝（集）句》，云是九重传出，此大晟乐之遗音矣。"[③]所见甚确。

那么造成如此误会的原因何在呢？除了文本误读外，王国维对于宋代大曲应用场合的判断是重要原因。其云："盖大曲本教坊传习，曾慥所谓九重传出（《乐府雅词》序）者也。其传于民间者，或止一二遍，故文人倚声，恒出于此。"[④]又云："宋之大曲杂剧，用于春秋圣节三大晏（笔者按：上海古籍书店 1983 年《王国维遗书》本作"宴"）。"[⑤]王国维认为，以大遍为存在形态的大曲是"教坊传习"之乐，专门"用于春秋圣节三大晏"，而"传于民间者，或止一二遍"，仅为摘遍，规模甚小。可见由宫廷传于民间是其对于大曲的基本判断之一，上述误会当根源于此。

2. "洪适之〔渔家傲〕，则有破子，其字数句法，与本词无异。毛滂《东堂词》之〔调笑〕，破子亦然。"

关于洪适《渔家傲》的归类问题，王国维以之为转踏，吴熊和亦是如此（见第一部分所引其《唐宋词通论》中语）。实际上洪适《渔家傲》应为

① （宋）史浩：《采莲舞》，唐圭璋：《全宋词》，北京：中华书局，1965 年，第 1251—1254 页。

② （宋）曾慥：《乐府雅词》卷首，《丛书集成初编》第 2634 册，北京：中华书局，1985 年。

③ （宋）曾慥：《乐府雅词》之朱彝尊跋，《丛书集成初编》第 2638 册，北京：中华书局，1985 年，第 337 页。

④ 王国维：《唐宋大曲考》，《王国维戏曲论文集》，北京：中国戏剧出版社，1984 年，第 143 页。

⑤ 王国维：《唐宋大曲考》，《王国维戏曲论文集》，北京：中国戏剧出版社，1984 年，第 157 页。

鼓子词，只不过吸收了转踏或者大曲的某些表现方法。今观欧阳修鼓子词，有《采桑子》十首，分咏西湖之景，词前有《西湖念语》一篇，同于勾队词，词后则无遣队；又有《渔家傲》十二首，分咏一年十二月的景色。欧阳修之后，黄裳亦有两篇鼓子词值得注意。一为《渔家傲·咏月》，凡七首，分咏春月、夏月、秋月、中秋月、冬月、新月与斜月，词前有勾队一篇；另一为《蝶恋花·月词》，共有十首，前有勾队，中间有《劝酒致语》一篇。以上各例可见鼓子词的体制特点多是连用同一词调，并以勾队开篇，共咏一事。以之相衡，洪适《渔家傲》的不同之处仅在于“末为《破子》四首，即用本调《渔家傲》的半阕”（吴熊和语），并有遣队之词。而这相异之处恰恰是《调笑》转踏的特点，故王国维、吴熊和皆将洪适该作归入转踏。但洪适此作与转踏体的最大不同乃在于通篇未用诗歌，与转踏诗词间用全然不同。所以我们不妨说洪适《渔家傲》在调式、形式的主体方面皆在鼓子词的范围之内，但在《破子》与遣队的使用上又受到了转踏或大曲的影响。

3. “史浩径编于大曲中，其实与大曲无涉。”

在这句话中，王国维对于史浩《鄮峰真隐大曲》的编辑情况有所误会。按，史浩文集《鄮峰真隐漫录》五十卷，基本以体分卷，卷四十五、四十六为《鄮峰真隐大曲》。该集“首题门人周铸编，则犹宋时刊行旧式也”①，则史浩大曲的分类责任应归于周铸而不是史浩。至于分类正确与否，前文已论，不赘。

二、史浩撰制大曲的背景与条件

史浩的《鄮峰真隐大曲》是现存宋代大曲作品中体式最为完备的一种，如吴梅所说：“有歌词，有乐语。且诸曲之下，各载歌演之状，尤为欧、苏、郑、董诸子所未及。宋人大曲之详，无有过于此矣。”②所以其在宋代大曲研究中具有重要的标本意义。目前学术界尚未见有人涉及史浩撰制《鄮峰真隐大曲》的背景与条件这一问题，故本书试图从南宋宫廷应制之风的盛行与史浩的仕宦经历着手，予以探讨。

---

① （清）永瑢等：《四库全书总目》卷一五九《〈鄮峰真隐漫录〉提要》，北京：中华书局，1965年，第1366页。

② 吴梅：《鄮峰真隐大曲跋》，朱祖谋辑校：《彊村丛书》第1册，扬州：广陵书社，2005年，第529页。

（一）应制之风盛行与史浩应制之习

史浩大曲的撰制是以南宋宋高宗、宋孝宗年间宫廷应制之风的盛行为背景的。绍兴十一年（1141），绍兴和议签订，宋金对峙局面形成。直到二十年后的绍兴三十一年（1161），金主完颜亮撕毁这一和议，南向侵宋，但很快遭到失败，两国于隆兴二年（1164）重新签订和议。自此之后，宋金之间维持了四十年和平。在此局面下，南宋朝野享乐之风复盛，周密《武林旧事序》云：

> 乾道、淳熙间，三朝授受，两宫奉亲，古昔所无。一时声名文物之盛，号“小元祐”。丰亨豫大，至宝祐、景定，则几于政、宣矣。……既而曳裾贵邸，耳目益广，朝歌暮嬉，酣玩岁月，意谓人生正复若此，初不省承平乐事为难遇也。①

“朝歌暮嬉”之态，“酣玩岁月”之举，是处可见。其中，“两宫奉亲”指的是宋孝宗及其太子奉养太上皇宋高宗之举，而奉亲的方式之一便是宴会的频繁举行，或为寿典，或上尊号，或行家宴，名目繁多，记载不绝。如周密《武林旧事》卷七所载，皆是关于两宫交欢的内容，宴会连绵不断，风气绝胜于民间。

在宴会中，文艺需求旺盛，词臣便应运而生。如宋高宗时期的康与之（字伯可），赵彦卫《云麓漫钞》将其列为秦桧十客之一的“狎客”，并云：“康伯可捷于歌诗及应用文，为教坊应制。秦每燕集，必使为乐语、词曲。”②这里的“秦每燕集”多以教坊燕乐充任，比如“桧每生日，四方献寿者，金玉为不足，至于搜尽世间之希奇以为侑。锡赉踵至，赐教坊乐酒”③，即是如此。所以康与之“为乐语、词曲”，乃是教坊燕乐体系内的文字制作。他不但深得秦桧赏识，也因“捷于歌诗及应用文”而成为宋高宗的御用文人，作有大量应制词曲，罗大经《鹤林玉露》乙编卷四“中兴四策”条云：“秦桧当国，伯可乃附会求进，擢为台郎。值慈宁归养，两宫燕乐，伯可专应制为歌词，谀艳粉饰，于是声名扫地，而世但以比柳耆卿

---

① （宋）周密：《武林旧事序》，孟元老等：《东京梦华录（外四种）》，北京：文化艺术出版社，1998年，第311页。

② （宋）赵彦卫：《云麓漫钞》卷十，《景印文渊阁四库全书》第864册，台北：商务印书馆，1986年，第358页。

③ （宋）李心传：《建炎以来系年要录》卷一五〇，赵铁寒主编：《宋史资料萃编》第二辑，台北：文海出版社，1980年，第4741页。

辈矣。桧死，伯可亦贬五羊。”①

康与之之后，最为宋高宗、宋孝宗亲用的乃是曾觌。曾觌(1109—1180)，字纯甫，号海野老农，开封人。“绍兴三十年，以寄班祗候与龙大渊同为建王内知客”②，成为宋孝宗觞咏唱酬群中的重要成员，并因擅于应制而在高、孝两宫宴会之际大受宠用，《四库全书总目》卷一九八《〈海野词〉提要》云：

> 初，孝宗在潜邸时，觌为建王内知客，常与觞咏唱酬。卷首《水龙吟》后阕有云：“携手西园宴罢，下瑶台、醉魂初醒。”即纪承宠游宴之事，故用飞盖西园故实。以后常侍宴应制，如《阮郎归》赋燕、《柳梢青》赋柳诸词，亦皆其时所作。③

其中，“《阮郎归》赋燕、《柳梢青》赋柳诸词”乃是应制宋高宗之作，周密《武林旧事》卷七载之甚详：

> （乾道三年三月十一日）车驾与皇后太子过宫起居二殿讫，先至灿锦亭进茶，宣召吴郡王、曾两府已下六员侍宴，同至后苑看花……亦有小舟数十只，供应杂艺、嘌唱、鼓板、蔬果，与湖中一般。太上倚阑闲看，适有双燕掠水飞过，得旨令曾觌赋之，遂进《阮郎归》云……即登舟，知阁张抡进《柳梢青》云……曾觌和进云……各有宣赐。④

由此可见，由于宋高宗、宋孝宗时期特殊的政治生态，宫廷宴会被作为孝养的重要内容，而由宴会所带来的文艺娱乐需求，则刺激了词臣的出现，应制之风遂愈演愈烈。实际上，史浩亦是宋孝宗“觞咏唱酬”群中的重要一员，如周密《齐东野语》卷一一“陆务观得罪”条所载：

> 陆务观以史师垣荐，赐第。孝宗一日内宴，史与曾觌皆预焉。酒酣，一内人以帕子从曾乞词。时德寿宫有内人与掌果子者交涉，方付

---

① （宋）罗大经撰，穆公校点：《鹤林玉露》乙编卷四“中兴四策”条，上海古籍出版社编：《宋元笔记小说大观》第五册，上海：上海古籍出版社，2001年，第5277页。

② 《宋史》卷四七〇《曾觌传》，北京：中华书局，1977年，第13688页。

③ （清）永瑢等：《四库全书总目》卷一九八《〈海野词〉提要》，北京：中华书局，1965年，第1816页。

④ （宋）周密：《武林旧事》卷七，（宋）孟元老等：《东京梦华录（外四种）》，北京：文化艺术出版社，1998年，第422—423页。

有司治之。觌因谢不敢曰："独不闻德寿宫有公事乎？"遂已。它日，史偶为务观道之，务观以告张焘子宫。张时在政府，异日奏："陛下新嗣服，岂宜与臣下燕狎如此。"上愧问曰："卿得之谁？"曰："臣得之陆游，游得之史浩。"上由是恶游，未几去国。[①]

这段文字主要叙述陆游去国之因，却从侧面反映了宋孝宗即位之初宫廷觞咏唱酬的某些情况。史浩、曾觌作为藩邸旧臣，最为亲用，故皆参与宋孝宗内宴。酒酣之际，内人乞词，因碍于太上皇宫内之事，故谢绝之。这本是宫廷秘事，而张焘在风闻之后，强烈批评宋孝宗此举，一句"陛下新嗣服，岂宜与臣下燕狎如此"，足见当时宫廷宴会唱和之情形。在这种情况下，史浩与宋孝宗酬唱之作甚多，散见于其文集《鄮峰真隐漫录》中。此外，还可旁证于王十朋在《与直讲史侍郎》中对史浩所做的规劝："郎中直讲以正人端士居师友之职，宜以经术正其心，以古今治乱兴亡之迹为之劝戒，养成器业，以副一人付托之意。如作诗一事，乃书生气习，于道德亡补，姑可置之。旧日篇章，尤不宜播之于外，恐为人所议。"[②]显然，王十朋反对宋孝宗与史浩等人之间的觞咏酬唱，而从"旧日篇章，尤不宜播之于外"的话来看，这种觞咏酬唱的行为已经引起了宫廷外的议论。

在拜参知政事以至宰相之后，史浩的角色有所转变，如楼钥《纯诚厚德元老之碑》所载："（史浩）既参大政，召宴禁中。公奏：'臣顷在翰苑，虽暮夜宣召可也。今居政地，非有中使不敢前。若恃恩弃命，非大臣体。'孝宗深然之。"[③]虽刻意回避了同宋孝宗在宴会中的"觞咏唱酬"之举，但史浩依然有大量机会参与宫廷宴会，如"（淳熙）六年二月，帝幸佑圣观，召宰臣史浩及觌同赐酒"[④]。佑圣观乃宋孝宗潜邸旧居，此次堪称故地重游。又如澄碧殿锡宴，史浩《跋御制曲宴澄碧殿诗》云："皇帝陛下践位之十六载，臣蒙恩再侍经幄，赐召见，眷礼益隆，乃九月丙辰，锡宴澄碧殿。酒半，陛下举玉趾，临清激，臣获从游。山光水声，互相发越，恍然如在蓬莱、方丈间。从容谈道，赐杯无算，抵暮，诏宿玉堂之直庐。顾谓臣此

① （宋）周密撰，王根林校点：《齐东野语》卷一一"陆务观得罪"条，《宋元笔记小说大观》第五册，上海：上海古籍出版社，2001年，第5564页。

② （宋）王十朋：《与直讲史侍郎》，《王十朋全集》，上海：上海古籍出版社，2012年，第934页。

③ （宋）楼钥：《攻媿集》卷九三《纯诚厚德元老之碑》，《丛书集成初编》第2018册，北京：中华书局，1985年，第1279页。

④ 《宋史》卷四七〇《曾觌传》，北京：中华书局，1977年，第13691页。

会不可以无纪，臣钦承睿命，斐然成诗，叙所以感遇之意以进。”[①]不但参与宴会，且作有应制诗歌，而感遇之意正是这类应制作品的主题所在。试举《声声慢》（喜雪锡宴）一首为例：

风收淅沥，雾隐森罗。群山万玉嵯峨。禁街车马，银杯缟带相过。胥涛晚来息怒，练光浮、都不扬波。最好处，是渔翁归去，鼓棹披蓑。

况是东堂锡宴，龙墀骤，貂珰宣劝金荷。庆此嘉瑞，明岁黍稌应多。天家预知混一，把琼瑶、铺遍山河。这宴饮，罄华戎、同醉泰和。

全词紧扣词题，上阕言雪，下阕述宴。雪是祥瑞，故作祝颂之辞；宴是恩赐，故有太平之咏。通篇看来，词藻典雅，风格雍容，感遇欢娱之际，间以渔隐之思，十分得体。与之类似，史浩《鄮峰真隐大曲》也是宫廷宴饮需求的产物，内容上多是祝颂之辞，风格则雍容雅正，一如赵晓岚所论："史浩及其他作者所作多宫廷大曲，只保留沿袭了唐宫廷大曲的颂德内容和仪式意义，却失落了那种浸染胡风、略带原始野性的豪雄气概与浑灏飞动之势，转而为精微深静、幽隽婉约，近返于中原遗音之安澹雅正。”[②]可见，史浩《鄮峰真隐大曲》的撰制实与宫廷应制密切相关。

（二）史浩所历官职与文字擅场之处

史浩早年所历官职多有撰写应制文字（包括与大曲密切相关的乐章、乐语等）的要求，侧面反映出他于此类文字颇为擅长，从而为《鄮峰真隐大曲》的撰制做了必要的技巧准备。关于他的早期仕履，楼钥《纯诚厚德元老之碑》有详细记载。

绍兴二十有九年，太师会稽郡王史浩以国子博士奏事殿中，高宗一见契合，属目送之，谕大臣曰："浩今日有用之才也。"除秘书省校书郎。粤五日，兼普安郡王府教授。受知高宗，被遇孝宗，实昉于此。明年，孝宗封建王，迁司封员外郎兼直讲。又明年，为宗正少卿。三十二年五月，立皇太子，擢起居郎兼左庶子。六月，孝宗受内禅，迁

① （宋）史浩：《鄮峰真隐漫录》卷三六《跋御制曲宴澄碧殿诗》，舒大刚主编：《宋集珍本丛刊》第43册，北京：线装书局，2004年，第178页。

② 赵晓岚：《论史浩〈鄮峰真隐大曲〉及唐宋宫廷大曲之别》，《文学遗产》1999年第5期，第92页。

中书舍人、兼侍读，十日，为翰林学士、知制诰。八月，参知政事。[①]

从绍兴二十九年（1159）际遇宋高宗，到绍兴三十二年（1162）八月出任参知政事，这期间，史浩历任秘书省校书郎、王府与东宫官员、中书舍人、翰林学士等，其中，充任秘书，撰写制表，是很重要的一项职责。这是由宋代职官制度所决定的。

首先，先看秘书省官。宋代费衮《梁溪漫志》卷二“秘书省官撰文字”条云：

> 故事，朝廷有合撰乐章、赞、颂、敕葬、輓祭文、夏国人使到驿燕设教坊白语删润经词及回答高丽书，并送秘书省官撰。盖学士代王言，掌大典册；此等琐细文字，付之馆职，既足以重北门之体，且所以试三馆翰墨之才，异时内、外制阙人，多于此取之。所谓馆职储材，意盖本此。[②]

可见，秘书省官员承担一定的宫廷应用文字的撰写任务，虽然所负责的乃是“琐细文字”，与翰林学士“代王言，掌大典册”不同，但一则示恩，二则辨才，自有其价值。尤当注意的是，在秘书省官员所撰“琐细文字”中有“乐章”及“夏国人使到驿燕设教坊白语”两项。乐章当指郊庙祭祀、大典等场合所用乐辞，《宋史》卷一三二至卷一三九《乐志》中收有“乐章”多种，举凡“郊祀”“祈谷”“雩祀”“五方帝”“感生帝”“明堂大飨”“太庙常享”“祭太社太稷”“朝会”“御楼肆赦”“恭上皇帝皇太后尊号”“闻喜宴”“鹿鸣宴”等皆用乐章。“教坊白语”则指教坊乐语，是在宫廷乐舞开始前或进行当中的祝颂致辞文字，往往由秘书省官员撰写、删改、润色，如李廌《师友谈记》所云：“晁无咎云：‘著作职今不修日历，甚闲，但改教坊判官致语口号等及小祠祭校对祝版尔。’”[③]即是这种情况。

其次，再看王府或东宫官员。属官甚多，多用德才兼具之人，内知客一职即是如此。如王继英“少从赵普给笔札，普自罢河阳，为少保，从者皆去，继英趋事逾谨。普再入相，继英隶名中书五房、院。时真宗在藩邸，

---

① （宋）楼钥：《攻媿集》卷九三《纯诚厚德元老之碑》，《丛书集成初编》第2018册，第1277页。

② （宋）费衮撰，金圆校点：《梁溪漫志》卷二“秘书省官撰文字”条，上海古籍出版社编：《宋元笔记小说大观》第三册，上海：上海古籍出版社，2001年，第3363页。

③ （宋）李廌、朱弁、陈鹄撰，孔凡礼点校：《师友谈记 曲洧旧闻 西塘集耆旧续闻》，北京：中华书局，2002年，第30页。

选为导吏兼内知客事。太宗召见，谓曰：'汝昔事赵普，朕所备知。今奉亲贤，尤宜尽节。'"[①]以擅公文、"趋事逾谨"而际遇宋真宗；又如韩公裔"初以三馆吏补官，掌韦贤妃阁笺奏，寻充康王府内知客"[②]。韦贤妃乃康王（后为宋高宗）生母，韩公裔以掌笺奏见用，又进而成为康王府内知客。

除内知客外，其他属官亦多如此。教授、直讲诸职多以秘书省官员以上兼任，自然德才兼备，方能充任。宗正少卿乃宗正寺官，其长为宗正卿，职责为："卿掌叙宗派属籍，以别昭穆而定其亲疏，少卿为之贰，丞参领之。凡修纂牒、谱、图、籍，其别有五……"[③]亦与文字之事有关。太子"左庶子之职，掌侍从，赞相礼仪，校正启奏，监省封题，中允为之贰。凡皇太子从大祀及朝会，出则版奏，外办中严，入则解严焉。凡令书下于左春坊，则与中允、司议郎等覆启以画诺；及覆下，以皇太子所画留为案，更写令书，印署，注令诺，送詹事府"[④]。所任与章表奏疏之类的应用文字关系甚大。

最后，再看中书舍人及翰林学士。宋制，翰林学士"掌制、诰、诏、令撰述之事"[⑤]，而中书舍人"掌行命令为制词……与学士对掌内外制"[⑥]，二者合称两制。不过翰林学士乃是皇帝亲信之官，兼任顾问与秘书，常常值宿禁中，以备随时宣召，故有"内相"之称，常因之升任宰相，从以下有关周必大的记载中即可领略。叶绍翁《四朝闻见录》乙集"孝宗召周益公"条云：

> 周必大时直宿禁林，（孝宗）夜召周以入，谓必大曰："多时不与卿说话。"赐必大坐……翌日遂拜政地云。[⑦]

张端义《贵耳集》卷上载：

> 周益公以内相将过府，寿皇问："欲除卿西府，但文字之职，无人可代。有文士，可荐二人来。"益公以庞祐甫、崔敦诗荐。上问："曾

① 《宋史》卷二六八《王继英传》，北京：中华书局，1977年，第9228—9229页。
② 《宋史》卷三七九《韩公裔传》，北京：中华书局，1977年，第11703页。
③ 《宋史》卷一六四《职官志》，北京：中华书局，1977年，第3887页。
④ （宋）孙逢吉：《职官分纪》卷二八"左庶子"条，北京：中华书局，1988年，第555页。
⑤ 《宋史》卷一六二《职官志》，北京：中华书局，1977年，第3811页。
⑥ 《宋史》卷一六一《职官志》，北京：中华书局，1977年，第3785页。
⑦ （宋）叶绍翁撰，尚成校点：《四朝闻见录》乙集"孝宗召周益公"条，上海古籍出版社编：《宋元笔记小说大观》第五册，上海：上海古籍出版社，2001年，第4902—4903页。

见他文字否？”公云：“二人皆有所业，内铙歌甚好，可进来。”是年适郊祀，公即日进入。寿皇后与公言：“庞之文不甚温润，崔之文颇得体。”崔自运司斛面官，除秘书省正字，兼翰林权直。权直自崔始。[①]

以上就史浩在拜参知政事之前所任官位的职责做了一定说明。综合来看，皆与宫廷应用文字有较大关系。今《宋集珍本丛刊》本史浩《鄮峰真隐漫录》卷二一所收乃是“王府撰述”，并注云：“此卷不名一体，皆丞相为府僚时所撰。”[②]该卷有贺诗、谢表、札子、笏记、青词等，多是代建王所作之应用文字，可见其擅场之处。

在这些应用文字中，教坊乐语最值得注意。秘书省官员撰写乐语，已见前引费衮所言。至于翰林学士，亦有涉笔：“隆兴元年，翰林承旨洪遵撰《中兴以来玉堂制草》，序云：‘是书自承平有之，南渡以后泮散不属，始命缀缉。凡将相之除拜、后妃之封册、诏旨之敓、乐语之奏、上梁之文、布政之榜，无不备具。惟答诏、青词之烦，不复记也。为六十四卷。’”[③]《中兴以来玉堂制草》是翰林学士院草制的文章总集，根据洪遵序言，则“乐语之奏”亦被视为翰林文字之职，收录在内。今观史浩《鄮峰真隐漫录》卷三七、三八、三九皆为“致语”（宋人常与乐语混用），近五十篇，工丽精当，甚为得体。这些致语一般用于公宴，如《天申节锡宴当筵致语·甲子明州初开乐》、《天申节望阙祝圣致语》（卷三七），或私宴如《待魏丞相汪尚书赵侍郎致语》、《诸亲庆寿致语》（卷三八），与大曲中竹竿子或舞者所言致语、口号用于宫廷宴会不同，但就写作规范与要求而言并无太大差别。因此建立在这种共通的撰制规范上，史浩能撰制出《鄮峰真隐大曲》也就不足为怪了。

（三）宰相予宴仪式与熟于大曲体制

史浩撰制《鄮峰真隐大曲》的另一个条件是居于师相之位，常有机会参加宫廷宴会，乃至负责“进酒”等仪式，故十分谙熟大曲体制。宋代宫廷宴会有大宴、曲宴之分。而其具体流程与文艺表演仪式，《宋史·乐志》载之甚详。

---

① （宋）张端义撰，李保民校点：《贵耳集》卷上，上海古籍出版社编：《宋元笔记小说大观》第四册，上海：上海古籍出版社，2001年，第4264页。

② （宋）史浩：《鄮峰真隐漫录》卷二一，舒大刚主编：《宋集珍本丛刊》第43册，北京：线装书局，2004年，第91页。

③ （宋）王应麟：《玉海》卷六四“嘉祐学士院草录　中兴以来玉堂制草”条，南京、上海：江苏古籍出版社、上海书店，1987年，第1215页。

每春秋圣节三大宴：其第一、皇帝升坐，宰相进酒，庭中吹觱栗，以众乐和之；赐群臣酒，皆就坐，宰相饮，作《倾杯乐》；百官饮，作《三台》。第二、皇帝再举酒，群臣立于席后，乐以歌起。第三、皇帝举酒，如第二之制，以次进食。第四、百戏皆作。第五、皇帝举酒，如第二之制。第六、乐工致辞，继以诗一章，谓之“口号”，皆述德美及中外蹈咏之情。初致辞，群臣皆起，听辞毕，再拜。第七、合奏大曲。第八、皇帝举酒，殿上独弹琵琶。第九、小儿队舞，亦致辞以述德美。第十、杂剧罢，皇帝起更衣。第十一、皇帝再坐，举酒，殿上独吹笙。第十二、蹴踘。第十三、皇帝举酒，殿上独弹筝。第十四、女弟子队舞，亦致辞如小儿队。第十五、杂剧。第十六、皇帝举酒，如第二之制。第十七、奏鼓吹曲，或用法曲，或用《龟兹》。第十八、皇帝举酒，如第二之制，食罢。第十九、用角觝，宴毕。

其御楼赐酺同大宴。崇德殿宴契丹使，惟无后场杂剧及女弟子舞队。每上元观灯，楼前设露台，台上奏教坊乐、舞小儿队。台南设灯山，灯山前陈百戏，山棚上用散乐、女弟子舞。余曲宴会、赏花、习射、观稼，凡游幸但奏乐行酒，惟庆节上寿及将相入辞赐酒，则止奏乐。都知、色长二人摄太官令，升殿对立，逡巡周，大宴则酒、唱遍，曲宴宰相虽各举酒，通用慢曲而舞《三台》。[①]

从上述引文可见，凡节日之庆、外使之来等隆重场合，皆用大宴（“御楼赐酺同大宴”），而曲宴多用于赐请、游幸诸事。二者在规模、性质上存在差异，可从以下两个方面来看。

（1）与宴人数不同，要求各异。大宴参与者有皇帝、百官以及教坊诸伎。《东京梦华录》卷九“宰执亲王宗室百官入内上寿”条列有庆寿宴中与宴人员的位次：“宰执、禁从，亲王、宗室、观察使已上，并大辽、高丽、夏国使副，坐于殿上。诸卿少百官，诸国中节使人，坐两廊。军校以下，排在山楼之后……教坊色长二人，在殿上栏杆边……教坊乐部，列于地山楼下彩棚中……诸杂剧色……自殿陛对立，直至乐棚。”[②]人数众多，进退有度。

曲宴或为皇帝家宴，或为赐大臣宴，参与宴会者皆有限定。周密《武林旧事》卷七载宋高宗、宋孝宗两宫宴会甚多，如乾道三年（1167）三月

① 《宋史》卷一四二《乐志》，北京：中华书局，1977年，第3348页。

② （宋）孟元老等：《东京梦华录（外四种）》卷九“宰执亲王宗室百官入内上寿”条，北京：文化艺术出版社，1998年，第58—59页。

十一日宋高宗德寿宫家宴，除宋孝宗及皇后、太子外，“宣召吴郡王、曾两府已下六员侍宴，同至后苑看花。两廊并是小内侍及幕士”。其中，小内侍“抛彩球、蹴秋千”、为百戏，“供应杂艺、嘌唱、鼓板、蔬果”等，而幕士如曾觌、张抡则应制作诗填词。[①]因多是家人或私人，整个宴会较为轻松、适意。

（2）文艺需求不同，演出不一。大宴文艺演出需要教坊诸部的通力配合。从前引《宋史·乐志》所载十九盏酒中，既用乐舞、杂剧，又用蹴鞠、角觝，形式不一，内容繁复。今观《东京梦华录》卷九“宰执亲王宗室百官入内上寿”条中所载九盏酒，各盏皆用乐舞进酒，此外，第三盏用百戏，第五盏用小儿队舞、杂剧，第六盏用蹴鞠，第九盏用相朴等，正是如此。[②]而表演上述文艺者一般出自教坊各色。周密《武林旧事》卷四“乾淳教坊乐部”录有一份杂剧色、歌板色、拍板色、琵琶色、箫色、嵇琴色、筝色、笙色、觱篥色、笛色、方响色、杖鼓色、大鼓色、筑球、杂班等各类演艺人员的详细名单[③]，依稀可见大宴各类演员相互配合的盛况。

曲宴的文艺需求则有不同，如《武林旧事》卷七所载淳熙十一年（1184）六月初一日，高、孝两宫内宴，“后苑小厮儿三十人，打息气唱道情。太上云：‘此是张抡所撰《鼓子词》。’”此外，“命小内侍宣张婉容至清心堂抚琴，并令棋童下棋，及令内侍投壶、赌赛、利物、则剧”，“并宣押赵喜等教舞水族”[④]。所有文艺活动未见用于大宴，皆嬉戏之类。

总而言之，大宴参与宴会者多却有序，文艺演出繁而不乱，皆有法度、仪式，仪式色彩突出，给人以严肃、庄重之感；曲宴多为皇帝亲信、近臣，文艺需求以怡情悦性为主，更重轻松、亲切氛围。因此可以说，什么样的宴会场合决定了什么样的文艺创作，文艺制作只有与特定的宴会场合相适应，才算得体、有度。不过，这只是相对而言，二者并非判若鸿沟。因为无论大宴还是曲宴，一般都具有某种礼仪象征意味，而文艺创作与演出也都是必须首先服务于皇帝的。试看周密《武林旧事》卷七所载史浩参与宴会之一例：

---

① （宋）周密《武林旧事》卷七，（宋）孟元老等：《东京梦华录（外四种）》，北京：文化艺术出版社，1998年，第422—423页。

② （宋）孟元老等：《东京梦华录（外四种）》卷九“宰执亲王宗室百官入内上寿”条，北京：文化艺术出版社，1998年，第59—61页。

③ （宋）周密：《武林旧事》卷四“乾淳教坊乐部”条，（宋）孟元老等：《东京梦华录（外四种）》，北京：文化艺术出版社，1998年，第367—376页。

④ （宋）周密：《武林旧事》卷七，（宋）孟元老等：《东京梦华录（外四种）》，北京：文化艺术出版社，1998年，第431页。

淳熙五年二月初一日，上过德寿宫起居……上皇因言："多日不见史浩。"命内侍宣召，既至，起居讫，赐坐，并召居广、郑藻初筵。教坊奏乐，呈伎酒三行……又移宴静乐堂，尽遣乐工，全用内人动乐，且用盘架，品味百余种，酒行无算。又宣索黄玉紫心葵花大盏，太上亲自宣劝，史捧觞为两宫寿。时君臣皆已沾醉，小内侍密语史相公云："少酌。"上闻之曰："满酌不妨，当为老先生一醉。"太上极喜，赐史少保玉带一条、冰片脑子一金合、紫泥罗二十匹、御书四轴。史相谢恩而退。①

对于宫廷宴会参与者而言，皇帝以下百官，宰相地位较为特殊：大宴则代百官进酒于皇帝，曲宴则往往为皇帝主宾。这次高、孝两宫内宴，史浩作为时相，因宋高宗特宣而得以参与宴会。席间，宣劝不绝，席终，赏赉甚富，史浩则"捧觞为两宫寿""谢恩而退"，进退之仪，犹如大宴。尤可注意的是，这次内宴所用之乐，既有大宴的繁复，"初筵，教坊奏乐，呈伎酒三行"，亦有曲宴的适意，"又移宴静乐堂，尽遣乐工，全用内人动乐"，可谓两相得兼。由此可见，以宰相身份参与大宴或曲宴的史浩十分谙熟宫廷宴会（包括大曲演出）仪式，这为其创作《鄮峰真隐大曲》提供了不可多得的有利条件。

第三节　江湖诗案中的群体关系及诗的功能转换

江湖诗案②是宋代诗歌发展史上的重要事件，有关记载，仅见于宋元之际的诗话、笔记中，主要有以下三种。

罗大经《鹤林玉露》乙编卷四"诗祸"条云：

宝、绍间，《中兴江湖集》出，刘潜夫诗云："不是朱三能跋扈，

① （宋）周密：《武林旧事》卷七，（宋）孟元老等：《东京梦华录（外四种）》，北京：文化艺术出版社，1998年，第426页。

② 关于这一事件的发生时间、原因、结果及影响等基本情况的研究，以李越深《江湖诗案始末考略》（《浙江大学学报》1987年第2期）、张宏生《江湖诗祸考》（《江湖诗派研究》附录三，北京：中华书局，1995年，第358—370页）二文最为著名，本文所参亦多。又，二文对这一事件的指称不同，本文取"江湖诗案"一名，原因有二：一是这符合宋代文字狱的称谓习惯，可同"乌台诗案""车盖亭诗案"等相提并论。二是与"江湖诗祸"偏指被祸一方不同，"江湖诗案"能兼及施祸与被祸双方，突出其既为文学事件又属政治事件的双重性质，有利于从政治与文学的关系层面对其加以深入研究。

只缘郑五欠经纶。”又云：“东风谬掌花权柄，却忌孤高不主张。”敖器之诗云：“梧桐秋雨何王府，杨柳春风彼相桥。”曾景建诗云：“九十日春晴景少，一千年事乱时多。”当国者见而恶之，并行贬斥。景建，布衣也，临川人，竟谪舂陵，死焉。①

周密《齐东野语》卷一六“诗道否泰”条云：

宝庆间，李知孝为言官，与曾极景建有隙，每欲寻衅以报之。适极有春诗云：“九十日春晴景少，百千年事乱时多。”刊之《江湖集》中；因复改刘子翚《汴京纪事》一联为极诗云：“秋雨梧桐皇子宅，春风杨柳相公桥。”初，刘诗云：“夜月池台王傅宅，春风杨柳太师桥。”今所改句，以为指巴陵及史丞相。及刘潜夫《黄巢战场》诗云：“未必朱三能跋扈，都缘郑五欠经纶。”遂皆指为谤讪，押归听读。同时被累者，如敖陶孙、周文璞、赵师秀，及刊诗陈起，皆不得免焉。于是江湖以诗为讳者两年。其后史卫王之子宅之，婿赵汝梅（楳），颇喜谈诗，引致黄简、黄中、吴仲孚诸人。洎赵崇龢进《明堂礼成》诗二十韵，于是诗道复昌矣。②

方回《瀛奎律髓》卷二〇刘克庄《落梅》诗评则云：

当宝庆初，史弥远废立之际，钱塘书肆陈起宗之能诗，凡“江湖”诗人皆与之善，宗之刊《江湖集》以售，《南岳稿》与焉。宗之赋诗有云：“秋雨梧桐皇子府，春风杨柳相公桥。”哀济邸而诮弥远，本改刘屏山句也。敖臞庵器之为太学生时，以诗痛赵忠定丞相之死，韩侂胄下吏逮捕，亡命。韩败，乃始登第，致仕而老矣。或嫁“秋雨”“春风”之句为器之所作，言者并潜夫《梅》诗论列，劈《江湖集》板，二人皆坐罪。初弥远议下大理逮治，郑丞相清之在琐闼，白弥远中辍，而宗之坐流配。于是诏禁士大夫作诗，如孙花翁惟信季蕃之徒，寓在所，改业为长短句。绍定癸巳，弥远死，诗禁解。潜夫为《病后访梅》九绝句云：“梦得因桃却左迁，长源为柳忤当权。幸然不识桃并柳，

① （宋）罗大经撰，穆公校点：《鹤林玉露》乙编卷四“诗祸”条，上海古籍出版社编：《宋元笔记小说大观》第五册，上海：上海古籍出版社，2001年，第5281页。

② （宋）周密撰，王根林校点：《齐东野语》卷一六“诗道否泰”条，上海古籍出版社版编：《宋元笔记小说大观》第五册，上海：上海古籍出版社，2001年，第5628页。

却被梅花累十年。”又云：“一言半句致魁台，前有沂公后简斋。自是君诗无警策，梅花穷杀几人来。”又云：“春信分明到草庐，呼儿沽酒买溪鱼。从前弄月嘲风罪，即日金鸡已赦除。”时潜夫废闲恰十年矣。[①]

上面三则引文是研究江湖诗案的基本材料。不过，由于这些材料之间存在分歧和抵牾，所以学术界多致力于事实考辨而较少深究这一诗案所蕴含的文化意义。在笔者看来，如同宋代其他诗案一样，江湖诗案不仅是文学事件，更是政治事件。称之为前者，主要因为它的发生、发展以至解除都是围绕着诗这一文学样式展开的，其间伴随着诗人的命运起伏及诗的功能转换；而称之为后者，则是因为史氏相党本着控制舆论的目的，以政治干预的方式，对江湖诗人进行打击和疏导，从而影响和改变了当时政治群体与文学群体之间的关系，构成了相党政治的一个方面。所以，基于这种双重性，应该将江湖诗案置于政治与文学的关系视野中加以考察，进而揭示史氏相党与江湖诗人间的群体分立、冲突以至消解的原因与过程，以及其间诗歌所扮演的角色。

一、群体分立与成员互动

从前文所引的三则材料来看，江湖诗案所涉及的人员较多，既有官员、幕僚，也有诗人、词客；既有施祸者，也有被祸者，还有不属于前两者但与之关系密切的“第三阵营”。不过，尽管他们成分较为复杂，但却能以不同群体来区分。根据所处社会地位及联系媒介的不同，基本可以将之分别归为史氏相党和江湖诗人两个群体。如此，则这两个群体共存于当时社会之中并呈现出不同特征。

（一）史氏相党

这是当时围绕着宰相史弥远而建立起来的政治集团。其“居庙堂之高”，经历了一个依靠诛杀韩侂胄、清除韩氏党羽而起步，进而通过拥立宋理宗、排斥异己达到权力顶峰的发展过程，并在史弥远死后依然保有一定影响，兼具排他性与开放性，是宋宁宗、宋理宗两朝相当长时期内的当权派。下面，我们来看其人员构成。

首先，最核心的自然是史弥远。宋宁宗开禧三年（1207），史弥远联合杨皇后发动政变，诛杀韩侂胄，“既而弥远擅权，幸帝耄荒，窃弄威福。

① （元）方回选评，李庆甲集评校点：《瀛奎律髓汇评》卷二〇，上海：上海古籍出版社，1986年，第843—844页。

至于皇储国统，乘机伺间，亦得遂其废立之私，他可知也。”[①]由于宋宁宗耄荒，故能擅权于宋宁宗后期，并在嘉定十七年（1224），趁宋宁宗去世，废济王而立宋理宗，“得遂其废立之私”。之后，他又独相九年，擅权用事，专任憸壬，而“理宗德其立己之功，不思社稷大计，虽台谏言其奸恶，弗恤也。弥远死，宠渥犹优其子孙，厥后为制碑铭，以‘公忠翊运，定策元勋’题其首”[②]。这里，史弥远之所以能在台谏言其奸恶的情况下依然保持着稳固的地位与权力，固然得益于宋理宗的投桃报李之意，但专任憸壬、积极结党，也是个中原因之一。

其次，由血缘关系建立或延伸出来的亲属层。其人员构成，从宋理宗时的一份封赏名单中可见一斑。史载：“史弥远有定策大功，勤劳王室，今以疾解政，宜加优礼。长子宅之权户部侍郎兼崇政殿说书，次子宇之直华文阁、枢密院副都承旨，长孙同卿直宝章阁，次孙绍卿、良卿、会卿、晋卿并承事郎，女夫赵汝禖军器少监，孙女夫赵崇梓官一转。”[③]这份名单中所提到之人实为史氏相党的重要组成人员，其中，史宅之后官至同知枢密院事，位居执政之列。

最后，朝廷中的亲信层。这是史弥远相党的重要成员。时有“三凶”（梁成大、莫泽、李知孝）、“四木”（薛极、胡榘、聂子述、赵汝述）之目。以梁成大为例，“宝庆初，当国者欲攻去真西山、魏鹤山，朝士莫有任责，梁成大独欣然愿当之。遂除察院，击搏无遗力。当时太学诸生曰：大字旁宜添一点，曰‘梁成犬’”[④]。可见，台谏官员是史弥远排斥异己、组织相党的重要棋子。此外，史弥远还积极培育接班人，如郑清之。郑清之（1176—1251），字德源，初名燮，字文叔，别号安晚，庆元府鄞县人。不仅与史弥远有同乡之谊，亦有亲缘、师缘关系，故能同史弥远定策立宋理宗，并继史弥远之后三任理宗朝宰相，成为史氏相党的重要成员。史弥远还大力提携其他乡党，致使当时有“满朝朱紫贵，尽是四明人”[⑤]的讽语，可见史氏相党遍布朝野。

以上是对史氏相党的人员构成所做的简要概括，其成员自然远不止此。不过，从中亦可看出，血缘、亲缘、地缘、学缘乃至才学等，都是史

---

① 《宋史》卷四〇《宁宗本纪赞》，北京：中华书局，1977年，第781页。

② 《宋史》卷四一四《史弥远传》，北京：中华书局，1977年，第12418页。

③ 《宋史》卷四一《理宗本纪》，北京：中华书局，1977年，第798—799页。

④ （宋）罗大经撰，穆公校点：《鹤林玉露》丙集卷二“大字成犬”条，上海古籍出版社编：《宋元笔记小说大观》第五册，上海：上海古籍出版社，2001年，第5338页。

⑤ （宋）张端义撰，李保民校点：《贵耳集》卷下，上海古籍出版社编：《宋元笔记小说大观》第四册，上海：上海古籍出版社，2001年，第4322页。

弥远结党较为重视的因素，具备了其中一点或几点，常会受到史弥远的青睐。但是，能否最终进入史氏相党的决定因素却并非这些，而是政治性，只有政治立场同史氏保持一致的人，才会受到重用。《荆溪林下偶谈》卷二载有一事：

> 篔窗初入馆，史相极倾慕。未几，意向不合，语人曰："陈寿老好一台谏官，只太执耳！"后又遣所亲谕意，欲以为权直学士院。篔窗答云："某不能以文字与人改，不可为权直。"史闻之不乐，篔窗遂久不迁。盖史当国，凡代言者必进稿本。史或手自涂抹，或令馆人删改。如辛卯火灾，陈立道卓草罪己求言诏，有云："朕为人子孙而不能保守宗庙，为人父母而不能安全井邑。"尽有意味。史恶其太直，不用，再具稿，复不用，至三具稿，复不付出。叩之，则曰："令敷文窜改矣。"敷文，其子宅之也。陈但饮气而已。[①]

陈耆卿（1180—1237），字寿老，号篔窗，台州临海人。博学多闻，曾从叶适学习并得其褒誉："古今文人不多出，元祐惟四建安七。性与天道亦得闻，伊洛寻源未为失。"[②]由此可见，陈耆卿文学、道学俱精，才华丰赡，遂使"史相极倾慕"，意图笼络为己用，但由于陈耆卿"太直"，不肯遵照史弥远的意旨为文行事，所以"史闻之不乐""遂久不迁"，被排除在了相党之外。与之类似，陈卓也因"太直"而受到排挤，"但饮气而已"。这里，"太直"表面上指言谈耿直无隐或文字不够委婉，但本质上却是一种政治定性，即由此判定其人不能党附于己，故为史氏相党所排斥与打压。所以说，政治立场才是史氏结党的最高标准，由此而延伸出来的排他性，恰恰是史氏相党的首要特性。当然，排他性只是施加于反对的声音或举动，是对于异己者而言的。而对于党附者而言，史氏相党又具有一定的开放性。这些人或许并不具备血缘、学缘或者地缘等有利因素，但只要政治立场紧追史氏，亦能免于打压之虞，甚至可以凭借某种条件和路径加入到相党行列。前引梁成大为史弥远所用，就体现了史氏相党的开放性。

---

① （宋）吴子良：《荆溪林下偶谈》卷二"为文须遇佳题伸直笔"条，《景印文渊阁四库全书》第1481册，台北：商务印书馆，1986年，第497页。

② （宋）叶适：《水心先生文集》卷七《送陈寿老》，舒大刚主编：《宋集珍本丛刊》第66册，第430页。

（二）江湖诗人

这个群体的成员多来自士大夫的下层，“处江湖之远”，成分较为复杂。其既以诗为媒，相互交游唱和，构成声气相通之网络，又常以诗为贽，干谒权贵，形成群体互动之势。前者得益于诗可以群，后者则本于诗可以颂。这里，先论江湖诗案所涉及的江湖诗人。然后根据他们的各自表现，分为三类论之。

1. 因诗被祸者

从前文所引罗大经、周密、方回三家之言来看，因诗被祸者有刘克庄、曾极[①]、陈起、敖陶孙、赵师秀、周文璞六人[②]。在这些被祸诗人中，尤以刘克庄、陈起最为重要，前者被视为江湖诗人的领袖，时人已有推许，叶适谓：“今四灵丧其三矣，家钜沦没，纷唱迭吟，无复第叙。而潜夫思益新，句愈工，涉历老练，布置阔远。建大将旗鼓，非子孰当？”[③]林希逸则言：

---

① 曾极《金陵百咏》有《古龙屏风》：“乘云游雾过江东，绘事当年笑叶公。可恨横空千丈势，翦裁今入小屏风。”诗有小序：“宣和旧物，高宗携之渡江，后坏烂。宫官惜之，剪裁背成屏风，立殿上。”（《丛书集成续编》第51册，上海：上海书店，1994年，第719页）可见，该诗乃是通过古龙屏风的命运寄托历史沧桑之慨。不过，对于该诗，张宏生《江湖诗祸考》（《江湖诗派研究》附录三，北京：中华书局，1995年，第362—363页）认为乃讽刺史弥远之作，并认为，“从江湖诗人普遍对史弥远的态度来看，这次诗祸完全是事出有因的。如曾极，据《西江志》卷八十载：‘（极）尝游金陵，题行宫龙屏，忤时相史弥远。’”实际上，张宏生先生的这一分析值得商榷，主要是引文断句有误。今《江西通志》卷八十云：“尝游金陵，题行宫龙屏。忤时相史弥远，谪道州卒。李心传为上言：‘曾极久斥可念。’上曰：‘非为《江湖集》者耶？’有旨归葬。”（《景印文渊阁四库全书》第515册，台北：商务印书馆，1986年，第751页）从整个引文来看，此非谓“题行宫龙屏”导致“忤时相史弥远”，而是谓“忤时相史弥远”导致“谪道州卒”，意思方才连贯。此外，从宋理宗所问“非为《江湖集》者耶”一语可知，曾极得祸是缘于《江湖集》，而曾极该诗并未被收入《江湖集》，故知张宏生所言不确。

② 张宏生《江湖诗祸考》认为，“周密说：‘同时被累者’，尚有赵师秀和周文璞，这一记载却是失实的。”（《江湖诗派研究》附录三，北京：中华书局，1995年，第364页）理由是：赵、周二人皆于诗案发生之前去世。笔者认为，周密所说“被累”之意既谓诗人受到惩罚，亦谓诗人之诗受到禁毁。因这次诗案的一个惩罚措施便是“劈《江湖》版”，则陈起所刻《江湖集》中之诗“被累”便属可能。据《永乐大典》卷三千五载有赵师秀之诗可知，其有诗被收入《中兴江湖集》中；虽无法证实周文璞是否有诗为《江湖集》所收，但《前贤小集拾遗》卷四有其《赠陈宗之》一诗，相从亦密，陈起刻《江湖集》应不遗之。所以，虽然赵、周两人皆于诗案发生之前去世，但其刻于《江湖集》中的诗作受到株连而被毁是必然的，周密所言“被累”当是指此。又，张文认为，“诗祸所涉及的人，似乎还应增补一个赵汝迕”，根据是《永乐乐清县志》卷七《人物志》的记载。但是，因为此条记载后出，且是孤证，所以笔者视为推测性结论，姑且存疑。最后，应予说明的是，张文论“诗祸所涉及的人员”仅局限于因诗被祸者，未及其他，与笔者所言范围不同。

③ （宋）叶适：《水心先生文集》卷二九《题刘潜夫南岳诗稿》，舒大刚主编：《宋集珍本丛刊》第66册，北京：线装书局，2004年，第682页。

“言诗者宗焉，言文者宗焉，言四六者宗焉”[①]，一誉为“大将旗鼓”，一推为“学宗”，刘克庄的地位可见一斑。而陈起则兼具诗人与书商的身份，不仅同江湖诗人有着广泛的联系，还依靠选刊各家诗集获得了极高赞誉，被许为“气貌老成闻见熟，江湖指作定南针”[②]，这次诗案所涉及的《江湖集》就是陈起所刊，可见其于江湖诗人群体的意义所在。

2. 由诗而达者

在这次诗案中，黄简、黄中、吴仲孚等虽为江湖诗人，但同史氏相党关系密切，因诗见赏，由诗而达，成为沟通两个群体的代表人物。下面对他们略做介绍。

黄简，一名居简，字元易，号东浦，建安人。工诗，有诗见收于《江湖集》[③]。陈起所编《前贤小集拾遗》卷四存有黄简的《秋怀寄陈宗之》，中言：“独愧陈征士，赊书不问金”[④]，谈到了两人的交往，也反映了此时的黄简不过是江湖上的一介寒士。只是到了江湖诗案爆发，二者的命运才呈现了不同的面貌。

黄中，号澹翁，婺州人，同江湖诗人施枢有交游[⑤]，至于其干谒史氏相党的情况，因资料不足，难以确定。

三人之中，吴中孚以诗干谒权贵的行迹最为明显。吴仲孚，字惟信，霅川人。有菊潭诗集，《江湖小集》卷二九有著录。其诗为时人所喜，周密《浩然斋雅谈》卷上云：“昔吴中有老糜丈，多学博记。每见吴仲孚小诗，辄惊羡云：‘老夫才落笔，即为尧舜周孔汉高祖唐太宗追逐不置，君何为能脱洒如此哉？’”[⑥]可见吴中孚是以“脱洒”之诗得人赏誉。他同史宅之交游颇密，《江湖小集》卷二九存有其赠史宅之的诗两首，一为《辞史侍郎》云：“事到依人易策勋，合归收拾北山云。春风入手非闲用，种得梅花却寄君。”一为《呈云麓史侍郎》云：“若教尽尽说漂沉，却恐无憀老不禁。百

① （宋）林希逸：《竹溪鬳斋十一稿续集》卷二三《宋龙图阁学士赠银青光禄大夫侍读尚书后村刘公状》，舒大刚主编：《宋集珍本丛刊》第83册，北京：线装书局，2004年，第575页。

② （宋）陈起编：《江湖小集》卷四〇《赠陈芸居》，《景印文渊阁四库全书》第1357册，台北：商务印书馆，1986年，第322页。

③ 张宏生：《〈江湖集〉编者陈起交游考》，《江湖诗派研究》，北京：中华书局，1995年，第392页。

④ （宋）陈起：《前贤小集拾遗》卷四，《丛书集成三编》第34册，台北：新文丰出版公司，1997年，第630页。

⑤ 施枢《芸隐倦游稿》中有《开炉次夕以不禁离抱来访宏庵挑灯细语漏促尚忘归即事有赋时黄澹翁在焉》一诗，可证。（宋）施枢：《芸隐倦游稿》，《景印文渊阁四库全书》第1182册，台北：商务印书馆，1986年，第636页。

⑥ （宋）周密：《浩然斋雅谈》卷上，《景印文渊阁四库全书》第1481册，台北：商务印书馆，1986年，第821页。

拙难随今日巧，一贫方识古人心。牛羊归尽荒郊阔，猿鹤愁多故国深。亦欲以诗为活计，世间何许觅知音。”①诗中自作贫士之声，将史宅之视为“知音”，冀其施以援手之意十分明显，而所谓“以诗为活计”正说明了他以诗干谒的目的所在。

3. 弃诗为词者

这方面的代表人物为孙惟信。孙惟信，字季蕃，号花翁，开封人。刘克庄《孙花翁墓志铭》述及其诗词交游云：“季蕃长于诗，水心叶公所谓‘千家锦机一手织，万古战场两锋直’者也。中遭诗禁，专以乐府行。余每规季蕃曰：‘王介甫惜柳耆卿缪用其心，孙莘老讥少游放泼，得无似之乎？’季蕃笑曰：‘彼践实境，吾特寓言耳。’然则以诗没节，非知季蕃者；以词没诗，其知季蕃也愈浅矣。初季蕃与赵紫芝仲白、曾景建翁应叟诸人善，而余亦忝交游……”②因友人罹祸，故孙惟信弃诗为词，并以之“寓言”，可见诗禁之下文人畏祸噤声的心态。

以上简单讨论了江湖诗案所涉及诗人的大致情况，下面来看这一群体所赖以存在的媒介。

与史氏相党依靠权力纠结在一起不同，江湖诗人群体主要依赖诗歌而存在，“诗可以群”，诗的交际功能在维系这一群体时起到了巨大作用。不过，与先秦群以观志、六朝唐代群以娱乐、元祐诸公群以切磋不同③，江湖诗人赋予了诗可以群以更多功利性色彩。林希逸云：

> 今世之诗盛矣，不用之场屋，而用之江湖，至有以为游谒之具者。少则成卷，多则成集，长而序，短而跋。虽其间诸老亦有密寓箴讽者，而人人不自觉。④

---

① （宋）陈起编：《江湖小集》卷二九，《景印文渊阁四库全书》第1357册，台北：商务印书馆，1986年，第241、243页。

② （宋）刘克庄：《后村集》卷三九《孙花翁墓志铭》，《景印文渊阁四库全书》第1180册，台北：商务印书馆，1986年，第430页。

③ 关于诗可以群问题的研究，可参武汉强：《“诗可以群”的诗学理论与先秦时期的文学活动》，《兰州交通大学学报》（社会科学版）2007年第2期；傅道彬：《乡人、乡乐与“诗可以群”的理论意义》，《中国社会科学》2006年第2期；吴承学，何志军：《诗可以群——从魏晋南北朝诗歌创作形态考察其文学观念》，《中国社会科学》2001年第5期；邓乔彬：《进士文化与诗可以群》，《文学评论》2006年第4期；周裕锴：《诗可以群：略谈元祐体诗歌的交际性》，《社会科学研究》2001年第5期。

④ （宋）林希逸：《竹溪鬳斋十一稿续集》卷一三《跋玉融林镈诗》，舒大刚主编：《宋集珍本丛刊》第83册，北京：线装书局，2004年，第490页。

“少则成卷，多则成集”是说江湖诗人创作之泛滥，“长而序，短而跋”则是江湖诗人借序跋以相推扬之行为，“虽其间诸老亦有密寓箴讽”，但依然无法改变这种现状，究其原因，则在“用之江湖”。所谓“用之江湖”，即诗可以群，诗成为江湖诗人交游唱和以提高声价的工具。从现存江湖诗人的作品来看，几乎人人有贺寿吊丧、赠答送别之作，并借此拓展各自的交游圈子，直至整个江湖诗坛。

更进一步，江湖诗人“至有以为游谒之具者”，意味着他们开始走出自己的圈子，以诗为贽，同权贵阶层发生联系，这是诗可以群的进一步发展。学术界已经认识到了江湖诗人以诗干财的一面，但对以诗求官、谋求进身之阶的一面往往不加重视。在笔者看来，后者才是江湖诗人以诗为贽、干求高官的主要目的。周密所言史宅之、赵汝楳“引致黄简、黄中、吴仲孚诸人”，就是诗的这种功能的具体展现。

由前文可知，史氏相党与江湖诗人两个群体之间虽然存在判然而分的一面，但也有着密切的联系。一方面，当江湖诗人所造成的舆论威胁到了史氏相党的利益时，史氏相党的排他性得以彰显，则两个群体发生冲突，诗人与诗遭祸，诗案爆发；另一方面，江湖诗人调整政治立场，以诗为贽，史氏相党的开放性凸显，则两个群体矛盾消解，诗案解除。在接下来的两个部分中，笔者就着重对两者之间的这种关系加以论述。

二、群体冲突与清议消长

关于江湖诗案所涉及的两个群体的基本情况，已如前论。由各自群体的性质出发，江湖诗人与史氏相党之间的冲突存在一定的必然性。随着史弥远废济王、立宋理宗这一事件的发生，江湖诗人以诗寓意，讥贬时政，遂招致江湖诗案的发生，诗与诗人都受到了来自相党的压制与打击。

不过，在史弥远废立这一事件中，道学人士与史氏相党之间亦发生了激烈的群体冲突。先是，道学人士群相奏言，“起居郎魏了翁、考功员外郎洪咨夔相继言竑之冤，及礼部侍郎、直学士院真德秀入见，奏曰……弥远以笔横抹之”[①]，向史氏相党施加了强大的舆论压力；作为回应，史弥远大肆贬谪朝中以道学人士为主的反对派，“罢工部尚书陈德纲、金部员外郎洪咨夔，以论济王之冤忤史弥远故也”[②]，对道学人士进行了严厉的打击。

一般而言，江湖诗人以诗为媒，道学人士以道相尚，追求、地位并不

① （明）陈邦瞻编：《宋史纪事本末》卷八八《史弥远废立》，北京：中华书局，1977年，第778—780页。

② （明）陈邦瞻编：《宋史纪事本末》卷八八《史弥远废立》，北京：中华书局，1977年，第780页。

相同，但在同史氏相党的群体冲突中，所受打击却非常相似，原因何在？这可从史氏相党与道学人士的冲突中找到答案。

史弥远废立皇位继承人引起了道学人士的不满，真德秀向理宗进奏，认为“霅川之变，非济王本志，前有避匿之迹，后闻讨捕之谋”，应该予以平反。如果仅此而论，真德秀所言尚是有理有据，但是他并没有停留于此，而是进一步提出了对朝廷大政的话语权，因“霅川之狱未闻参听于公朝”，则矛头直指史弥远之专断，接着，提出了“天下之事非一家之私，何惜不与众共之”的要求。[①]这就侵犯了史氏相党的利益，挑战了他们的权力，故受到打击在所难免。宝庆元年（1225）八月，李知孝上有被史家认为是“盖阴诋真德秀等”[②]的奏疏，其云：

> 士大夫汲汲好名，正救之力少而附和沽激之意多，扶持之意微而诋訾扇摇之意胜。既虑君上之或不能用，又恐朝廷之或不能容，姑为激怒之辞，退俟斥逐之命。始则慷慨而激烈，终则恳切而求去，将以树奇节而求令名，此臣之所未解。[③]

在这篇奏疏中，李知孝抨击道学人士的理由便是“士大夫汲汲好名”。那么，何为好名？在李知孝看来，道学人士为“树奇节而求令名”“始则慷慨而激烈”，故作耸人听闻之辞以哗众取宠，“终则恳切而求去”，竟为不恋富贵之态以邀誉清议，便是好名之表现。而其实质却是逞“附和沽激”“诋訾扇摇”之意，几无“正救”“扶持”之益处，不过是道学人士鼓动舆论、结党为非的集中体现。本此认识，他在另外的奏疏中谈到了这一言行的危害及处理办法。

> 近年以来，诸老凋零，后学晚出，不见前辈，不闻义理，不讲纲常，识见卑陋，议论偏诐，更唱迭和，蛊惑人心，此风披扇，为害实深。乞下臣章，风厉内外，各务靖共，以杜乱萌。[④]

所谓“议论偏诐，更唱迭和，蛊惑人心”，即谓道学人士主导清议的一面。在他看来，这种局面“为害实深”，应引起重视，其言“乞下臣章，风厉内

① 《宋史》卷四七三《真德秀传》，北京：中华书局，1977 年，第 12961 页。
② 《宋史》卷四二二《李知孝传》，北京：中华书局，1977 年，第 12622 页。
③ 《宋史》卷四二二《李知孝传》，北京：中华书局，1977 年，第 12622 页。
④ 《宋史》卷四二二《李知孝传》，北京：中华书局，1977 年，第 12622 页。

外，各务靖共”，明确了打击和控制异论的任务与要求，而“以杜乱萌”之言则是排击异党异论的最佳借口。

梁成大则在“好名”外，标举“立异”二字来力言道学人士之伪，以达到排击目的。他说：“大佞似忠，大辨若讷，或好名以自鬻，或立异以自诡，或假高尚之节以要君，或饰矫伪之学以欺世。”①

这里，李、梁二人排击道学人士时所标举的“好名”“好异”二目，并非独创，而是取法于此前韩侂胄为相期间韩氏相党同道学人士之间的斗争策略。当时，韩氏相党亦以“好名”“好异”为武器攻击道学人士，对此，朱熹弟子刘爚曾在嘉定元年（1208）的奏疏中道出了其实质：“有如至诚忧国以为忠，犯颜切谏以为直，臣子常分也。柄臣则以好异诋之，设为防禁，以杜天下欲言之口，于是忠良之士斥而正论不闻矣。正心诚意以为学，修身洁已以为行，士大夫常事也。柄臣则以好名嫉之，立为标榜，以遏天下趋善之门。”②从刘爚的言论中，可以发现相党与道学人士之间争斗的焦点表面在于对“好名”“好异”的不同认识，而本质却是对清议主导权的争夺。从这一点上来看，二者的冲突不可避免。无独有偶，此时的江湖诗人亦“好名”“好异”，对清议风向起到了推波助澜的作用，元代方回曾云：

> 庆元、嘉定以来，乃有诗人为谒客者，龙洲刘过改之之徒不一人，石屏亦其一也……钱塘、湖山，此辈什百为群。阮梅峰秀实、林可山洪、孙花翁季蕃、高菊磵九万，往往雌黄士大夫，口吻可畏，至于望门倒屣。石屏为人则否，每于广座中，口不谈世事，缙绅多之。③

这段文字道出了江湖诗人作为一个群体影响清议的三个特点：（1）就地点看，南宋都城临安乃社会清议的中心。这里既多达官贵人，为江湖诗人从事干谒之举提供了可能；同时又富政治消息，不断发生的朝政大事为江湖诗人的评议、谈论提供了足够的内容。更为重要的是，“此辈什百为群”，容易形成群体传播效应，令信息迅速扩散，从而使临安成为清议的发散地。（2）就内容看，“雌黄士大夫”“世事”实为议论的焦点。江湖诗人以诗结群，品诗自是应有之义，但批评时政，臧否人物，却也成了分内之事。兹

---

① 《宋史》卷四二二《梁成大传》，北京：中华书局，1977 年，第 12620—12621 页。

② （宋）刘爚：《云庄集》卷一七《戊辰四月上殿奏札》，《景印文渊阁四库全书》第 1157 册，台北：商务印书馆，1986 年，第 479 页。

③ （元）方回选评，李庆甲集评校点：《瀛奎律髓汇评》卷二〇，上海：上海古籍出版社，1986 年，第 840 页。

举一例说明之。阮秀实“侨居吴门，豪现一时，游贾似道门最久……号阮怪。平生用似道钱无数，而诋似道不直一钱”①，其狂悖言行正是江湖诗人“雌黄士大夫”的典型表现。（3）就效果看，权贵因江湖诗人“口吻可畏”，不得不赔尽小心，“至于望门倒屣”，一副战战兢兢之态，而对于那些“口不谈世事”的诗人如戴复古则“多之”，格外欢迎，也从反面说明了口谈世事才是江湖诗人的常态。

总之，江湖诗人群体通过左右清议风向，与道学人士合流共振，一定程度上影响了当政者的舆论环境，对相党专权形成了挑战。在这种情况下，相党与江湖诗人的冲突不可避免，江湖诗案只是这种矛盾的集中爆发。从江湖诗案的后果来看，江湖诗案使刘克庄、陈起等人获罪，但更深层也更严重的则是江湖诗人让出了清议地位，开始寻求自保与自适。如高九万，“方诸君子游咏，先生虎视其间，追夫获罪，则超然议论之外”②，转变之迹十分明显。再如“孙花翁惟信季蕃之徒，寓在所，改业为长短句”，弃诗从词，反映了江湖诗人忌言畏祸的心理。又如林可山以主动避让相号召，在其为“山林交盟”所制的章程中，特别有“诗文随所言，毋及外事、时政、异端”③的条款。所有这些表明在江湖诗案发生后，江湖诗人的批判精神与锋芒呈现出一种整体性的退却，这当然是史氏相党愿意看到的情景。

在这一群体冲突中，诗可以怨的功能应引起重视。就江湖诗人而言，他们影响清议的方式不是像道学人士那样直接上奏朝廷来发表意见，而主要是通过诗歌的讽喻精神来表达对政事的态度。这样，儒家诗学传统中的诗可以怨的功能就为他们影响清议提供了依据。虽然《诗大序》说：“上以风化下，下以风刺上，主文而谲谏，言之者无罪，闻之者足以戒”④，但在实际政治生活中，诗以怨刺的结果往往是闻之者大怒，言之者获罪。像乌台诗案，便是比较典型的案例。江湖诗案之发生亦与诗可以怨的功能有关。如开篇所引罗、周、方三家文字中所言之诗皆被指为谤讪，语涉怨刺，故为言官所论列。当然其中有些诗或为当政者的深文罗织⑤，但其中“秋雨梧桐皇子府，春风杨柳相公桥”二句，被认为是“哀济邸而诮弥远”“以

① （元）方回：《桐江集》卷四《跋阮梅峰诗》，《宛委别藏》第105册，台北：商务印书馆，1981年，第258页。

② （清）朱彝尊：《曝书亭集》卷三六《信天巢遗稿序》，《景印文渊阁四库全书》第1318册，台北：商务印书馆，1986年，第60页。

③ （元）陶宗仪：《说郛》卷七四上《山林交盟》，《景印文渊阁四库全书》第877册，台北：商务印书馆，1986年，第183页。

④ （清）阮元校刻：《十三经注疏》，北京：中华书局，1980年，第271页。

⑤ 参见张宏生：《江湖诗派研究》附录三，北京：中华书局，1995年，第362页。

为指巴陵及史丞相”，笔者认为是成立的[①]。诗以怨刺既然是江湖诗人影响清议的合法武器，那么，当江湖诗人利用这一诗歌功能造成了不利于史氏相党的清议时，对这一功能的压制自然是史氏相党所不得不考虑的。江湖诗案针对的实在不是诗，而是清议。

三、群体消解与诗道复昌

关于诗禁解除的时间与前提，前引方回《瀛奎律髓》认为“绍定癸巳，弥远死，诗禁解”，周密《齐东野语》则认为“诗道复昌”，表现在一些江湖诗人因诗为史氏相党所“引致”，而“赵崇龢进《明堂礼成》诗二十韵”，遂使“江湖以诗为讳者两年”的局面得以解除。在笔者看来，所谓“诗道复昌”应包括两个方面：以诗人言，江湖诗人应与史氏相党实现群体消解；以诗言，作诗、论诗不再成为禁忌，诗以致祸的情况得以解除。但是，群体消解并不意味着简单地回复到江湖诗案之前的群体分立状态，诗道复昌也不意味着诗教传统所规定的诗歌各项功能皆能充分发挥，而是因之有所规避和选择，甚至付出某种代价。这可从以下两个方面来论：

（一）诗人畏祸心理加剧，社会批判精神退潮，重又依附于相党

对于此次诗案之后江湖诗人的畏祸心理，学术界多有谈到[②]，一些江湖诗人的诗作中也表现出这一点，如林尚仁《春日偶成》“懒说江湖十年事，近来平地亦风波”[③]，徐集孙《公无渡河》“争如平地有风波，人心之险险

① 关于“秋雨梧桐皇子府，春风杨柳相公桥”一语是否语涉讽刺，张宏生《江湖诗祸考》认为，“陈起的两句，虽难指实其具体作期，但由于《江湖集》刊于宝庆元年之前，则此诗必是是年之前所作。”“因此，这些作品不仅与史弥远废立之事无关，有的或许还作于开禧三年（1207）史弥远控制朝政之前。李知孝等人摘取诸诗作，是为了政治斗争的需要，而进行的肆意诬陷。”（《江湖诗派研究》第362页）笔者认为，此两句并未载在《江湖集》中，应是坊间风传讥讽史弥远之语，为言官所闻，故用以打击江湖诗人。理由如下：（1）据现存资料，该诗作者有四：敖陶孙、陈起、曾极及赵汝迕。若此诗刊于《江湖集》中，作者只能为其中一人，决不能出现作者不定之情况。（2）此二句乃改刘子翚《汴京纪事》“夜月池台王傅宅，春风杨柳太师桥”一联而来，其改作行为本身的自觉性说明所改必是有的放矢，有所针对。至于此二句是何人改作，笔者倾向于无名子嫁名而作，因敖陶孙、曾极、陈起皆有声当时，嫁名于这些人，可产生名人效应，扩大改作之诗的流传度。（3）曾极因有诗“九十日春晴景少，百千年事乱时多”而得罪，陈起因刊刻《江湖集》受到牵连，二人得罪实有征可查。而敖陶孙因韩侂胄时有诗谤讪而致有前科，故将此二句“或嫁‘秋雨’‘春风’之句为器之所作”，亦非无据。（4）就该二句之意象而观，所指甚为明确，正是江湖诗人主导清议的体现，并非“与史弥远废立之事无关”。

② 张宏生：《江湖诗派研究》附录三，北京：中华书局，1995年，第366页；沈松勤：《南宋文人与党争》第十章《畏祸心理与以理遣情：文学命运的走向之二》第一节，北京：人民出版社，2005年，第490—493页。

③ （宋）陈起编：《江湖小集》卷三三，《景印文渊阁四库全书》第1357册，台北：商务印书馆，1986年，第267页。

于河”[①]，周弼《戴式之垂访村居》“獬豸峨冠岂无事，不触奸邪触诗士。虽当圣世尚宽容，滔滔宁免言为讳”[②]等。在这一心理主导下，江湖诗人一改之前“雌黄士大夫”谈世事的风气，开始以言为讳，丧失了社会批判精神。

江湖诗案还造成了江湖诗人的分化，一部分江湖诗人重回以诗干谒的老路，开始向史氏相党妥协，并进而获得了当权者的青睐。前引周密《齐东野语》所言：“其后史卫王之子宅之，婿赵汝楳，颇喜谈诗，引致黄简、黄中、吴仲孚诸人”，表明在这次群体冲突消解过程中，来自史氏相党亲属层的史宅之、赵汝楳起着关键性作用，因他们颇喜谈诗，而江湖诗人如黄简、黄中、吴中孚等又能投其所好，重新开始了群体互动。

在史氏相党的亲信层中，郑清之所起的作用虽未为《齐东野语》所指出，但实在不能忽视。在当时，他是一位同两个群体都有着密切关系的人物。一方面，他是史弥远的亲信，是史氏相党的重要成员；另一方面，他喜作诗歌，交游对象中多有江湖诗人。其有《安晚堂诗集》，对于江湖诗案的化解贡献颇多。早在诗案发生之初，郑清之就已对江湖诗人施以援手，陈起便是其中之一。对此，陈起在《寿大丞相安晚先生》中直言“鲰生戴厚恩，一诗何能酬。拟办八千首，从今岁岁投”[③]，感戴之情真挚而深刻。在祸解之后，陈起同郑清之交往亦密，其友人朱继芳《挽芸居》云：“近吟丞相喜，往事谏官嗔。”[④]“近吟丞相喜”即是说陈起的诗吟受到了郑清之的认可。刘克庄也受益于郑清之的斡旋。他在《与郑丞相》中表达了感激之情：“忆昨试邑建阳，适为要路所嫉，组织言语，横肆中伤，几逮对御史府矣。时大丞相方在琐闼，深惟国体，力解当权，谓文字不可以罪人，谓明时不可杀士，某之所以获全要领，我公之赐也。”[⑤]从上述两个事例中，可见郑清之在江湖诗案发生后群体消解上所起到的特殊作用。

总之，这次群体冲突的消解是建立在妥协之上的，江湖诗人被动地放弃了批判精神，重回以诗为贽的老路，而史氏相党则缘于自身对诗歌的喜

① （宋）陈起编：《江湖小集》卷一六，《景印文渊阁四库全书》第1357册，台北：商务印书馆，1986年，第120页。

② （宋）周弼：《端平诗隽》卷一，《景印文渊阁四库全书》第1185册，台北：商务印书馆，1986年，第528页。

③ （宋）陈起编：《江湖小集》卷二八，《景印文渊阁四库全书》第1357册，台北：商务印书馆，1986年，第233页。

④ （宋）陈起编：《江湖小集》卷三二，《景印文渊阁四库全书》第1357册，台北：商务印书馆，1986年，第258页。

⑤ （宋）刘克庄：《后村集》卷四六《与郑丞相》，《景印文渊阁四库全书》第1180册，台北：商务印书馆，1986年，第499—500页。

爱，“招致”江湖诗人，最终完成了群体之间的消解。

（二）随着江湖诗人的主体精神由批判向妥协转化，其诗歌亦有意规避怨刺而转向颂谀，成为“诗道复昌”的底色

诗以怨刺多少造成了江湖诗案的发生，而诗案之解除则得益于诗可以颂。开篇所引《齐东野语》“洎赵崇龢进《明堂礼成》诗二十韵，于是诗道复昌矣”的话确实透露了个中消息。明堂礼是宋代的一项重要祭礼，“明堂者，仁宗皇祐中始行之，其礼合祭天地，并配祖宗，又设从祀诸神，如郊丘之数”①。一般而言，明堂礼成，多用贺表，如刘克庄《贺明堂礼成表》：

> 奉二卣于明禋，邦仪八举；练中辛之刚日，祀典一新。溥率均欢，显幽并贶。臣中贺：恭惟皇帝陛下遵禹勤俭，法文肃雍。立重屋以飨天，若稽古制；陟茂陵而配帝，盖取圣经。侧身弭云汉之灾，治外严采薇之卫。既交精祲，遂致休嘉。臣阚睇国阳，载驰江左。宣室受厘之问，虽莫奉于末光；清庙显相之诗，亦能形于善颂。②

尽用骈语，语多典诰。亦用贺诗，如方逢辰《庆明堂礼成》：

> 合宫芬郁彻垓埏，治象阳明景烂然。云气朝脐疑欲雨，帝心夕惕即旋乾。皇穹后土实临汝，祖德宗功鉴在天。既灌更祈如未灌，缉熙此福万斯年。③

与贺表一样，该诗尽为歌功颂德之语，为颂谀粉饰之声，与明堂礼祈福求祥瑞的意图相合。在我国古代诗歌传统中，诗以颂谀多用于宗庙诗歌，《诗大序》云：“颂者，美盛德之形容，以其成功告于神明者也。”④赵汝龢《明堂礼成》既然作于祀典场合，故当是颂谀之体，不出刘克庄“清庙显相之诗，亦能形于善颂”的范围。不然，该诗何以能为统治者所认可、采用，从而推动诗道复昌？因此，所谓“诗道复昌”，一定程度上意味着诗

① （宋）李心传撰，徐规点校：《建炎以来朝野杂记》甲集卷二“南北郊明堂”条，北京：中华书局，2000年，第66页。

② （宋）刘克庄：《后村集》卷四二《贺明堂礼成表》，《景印文渊阁四库全书》第1180册，台北：商务印书馆，1986年，第463页。

③ （宋）方逢辰：《蛟峰文集》卷六，《景印文渊阁四库全书》第1187册，台北：商务印书馆，1986年，第548—549页。

④ （清）阮元校刻：《十三经注疏》，北京：中华书局，1980年，第272页。

歌怨刺功能的弱化而颂谀之风的高涨。

综上所述，江湖诗案的发生、发展以至解除的过程，也是史氏相党与江湖诗人之间的群体分立、冲突与消解的过程。在这一过程中，江湖诗人从游走于江湖之间，肆意“雌黄”、议论世事，影响社会清议，到畏祸忌言，与相党妥协，重回干谒老路，命运几经改变。与此同时，在诗可以群的旗帜下，江湖诗人群体得以形成，从怨刺到颂谀，诗歌功能也发生了转换。从这一意义上来说，江湖诗案既是文学事件，也是政治事件。

第四章　史氏家族文献论

家族文献指某个家族产生的或与之相关地承载着这个家族历史文化信息的文献。它既是某个家族在血缘之外获得历史绵延与文化认同的重要保证与依据，也是目前古代文史研究中家族视角或家族研究不可或缺的支点与增长点。可以说，一个家族文化的形成、传承与发扬取决于是，一个家族历史面貌的勾勒、描绘也取决于是。换言之，有深度的家族研究就要对家族文献进行极力地搜求与探究。那么，家族文献包含哪些类型呢？在笔者看来，至少有以下三种：第一，具有原始档案性质的文献，如家族成员的编著、文书档案、行状之类。第二，后人编集或撰作的文献，如家集、家谱等。第三，散见于正史、方志、笔记、小说等著述中与家族有关的记载、评述资料。加强对这些文献的搜集与研究，必将有利于家族研究的深入展开。

基于以上认识，本章拟分四节来论述史氏家族的文献问题，主要包括史氏家族的档案及档案题跋、史氏家族的碑碣墓志、史浩《鄮峰真隐漫录》及史志笔记中所呈现的史氏家族面貌问题。

第一节　史氏家族档案及其题跋的形态与意义

家族档案是家族文献中重要而特殊的部分。在古代文史研究的家族视角或家族研究中，人们重点关注和运用的家族文献有家集（或别集）、墓志、家谱等。这些文献能从不同角度展示某一家族的世系源流、成员构成及文化学术成就等，是家族研究的基本史料。而随着家族研究的深入，档案学的观点与方法无疑应被引入，从而推动家族档案的发掘与解读，拓展家族文献的疆域。因为就史料的原始性与可靠性而言，家族档案都无出其右。本节即试图在全面梳理四明史氏家族档案的基础上，实现家族档案学与具体家族档案研究的双向观照。

一、家族档案形态与史氏家族档案

家族档案指家族成员在日常生活和社会活动中直接形成的具有保存

价值的历史记录，其历史形态有印纸、告身、敕封、书札、画像、契约等。这些档案蕴含着某一家族或其家族成员的历史信息，是其在历史存在中的直接证明，第一手史料价值不言而喻。

一般来说，家族档案有两种存在形态。一种是分散的、个别的，如告身，作为士人仕履的证明文件，宋代现存的尚有《司马光拜相告身》《范纯仁告身》《司马光告身》《司马伋告身》《吕祖谦告身》，以及 2005 年在浙江省武义县发现的徐谓礼随葬文书中的十份告身录文副本[①]。这些档案是证明历史人物的仕履、身份的直接文件，在其身后，常作为遗物而被子孙后代加以珍藏，从而具备家族档案属性。另一种则是集中的、全体的，其中，家谱可谓最能体现这一形态的文献。明清时期家谱一般由谱序、题词、凡例、谱论、恩荣、图、节孝、像赞、考、宗规、家训、祠堂、祠产、坊墓、派语、世系、世系录、传记、仕宦录、志、杂记、文献、修谱姓氏、五服图、余庆录、领谱字号等组成。其中，恩荣也称告身、诰敕、赐谕、公文，像赞则为祖宗画像及赞语，杂记则包括契约、合约、诉讼文书等在内。[②]这两个类目所收档案大多直接反映了家族的祖先记忆、政治荣耀、财富状况及社会地位，因为在家谱中是集中呈现的，所以它们作为整体的家族档案意义更为突出。

家族档案主要有两种流传形态。因家族档案常常是文字的或者图像的，所以需要依附于简牍、纸张、石刻等物质方能流传，但这些物质的保存与流传又有一定的时间限度，这就导致了家族档案在流传形态上存在差异，形成了家族档案的原生形态与次生形态。原生形态指的是以本来面貌流传至今的，而脱离本来面貌，以副本、拓本、抄本或刻本流传下来的则为次生形态。前者是第一手的，后者则在前者的基础上经过了人为的筛选或加工。当然，由于二者之间密切的渊源关系，它们都具有非常高的史料价值。

以上述家族档案形态学的视野来观照史氏家族档案，可发现其丰富性。其中，最具有文物价值的是原生形态的史氏家族档案，主要有两种：一种为上海博物馆所藏之史浩行书《抱疴帖》，纵 30.8 厘米，横 55.6 厘米[③]，乃为答谢友人问安之帖而作的回帖，字体安闲，笔势洒脱；另一种为《史

① 虞云国：《解读两份南宋告身》，《文汇报》2015 年 5 月 22 日，第 T11 版。

② 徐建华：《中国的家谱》，天津：百花文艺出版社，2010 年，第 35—39 页。

③ 中国古代书画鉴定组编：《中国古代书画目录》第 3 册，北京：文物出版社，1987 年，第 2 页。史浩撰，俞信芳点校《史浩集》（杭州：浙江古籍出版社，2016 年）有书前图录，可参看。但该图说明误署为“上海图书馆藏”。

家祖宗画像、传记及题跋》，乃史氏家族档案的瑰宝。对此，留待后文详述。

相对而言，次生形态的史氏家族档案则较多。书帖方面，有史浩行书《霜天帖》，乃史浩因致仕而谢时相“吹奖有素”之帖，见于美国哈佛大学燕京图书馆藏拓本《三希堂法帖》第十七册[①]；敕命方面，以史弥远为例，明初尚有其除拜制词集中流传，郑真《书史卫王除拜词制后》云：“按史卫王除拜词制凡十一篇，其文详赡整蔚，极当时制作之盛。至其褒奖之厚，虽古之周召伊傅，何以加哉！”[②]这些制词目前尚能从宋人文集中搜觅二三，如真德秀文集中即有《史弥远特授正奉大夫依前起复右丞相奉化郡开国公加食邑食实封制》《史弥远特授光禄大夫右丞相兼枢密使兼太子少师加食邑食实封制》《史丞相回授加恩进封永国公加食邑食实封制》等。其他人如史浩、史嵩之等人的除拜制词亦散见于宋代典籍中，所在多有；家谱方面，所收史氏家族档案亦多，仅就民国时期所修《四明古藤史氏宗谱》而言，其凡例之一云：“自原序而外，复于会稽、车厩两谱内择其有关吾宗祖德旧迹者采入补录，以广闻见。”本着彰显祖德旧迹的目的，该谱卷二即收多种家族档案，如敕命类计 13 道，序跋、诗歌文字则有多篇。[③]总之，次生形态的史氏家族档案是非常丰富的，或集中呈现，或散见于各处，若加以搜集，定有补于家族文献。

二、家族档案题跋的功能、性质与史氏家族档案题跋

家族档案题跋是指基于家族档案而作的题跋文字。作为题跋的一种，其与诗文题跋、书画题跋等可同类而观，具有题跋的一般特征。徐师曾《文体明辨序说》云：“题跋者，简编之后语也。……或因人之请求，或因感而有得，则复撰词以缀于末简，而总谓之题跋。……其词考古证今，释疑订谬，褒善贬恶，立法垂戒，各有所为，而专以简劲为主。”[④]而家族档案题跋在创作动机、文体功能与风格上亦不出此范围。只是由于题跋对象受家族档案的限制，这类题跋自然侧重于家族历史文化的诠解与阐发。

---

① 史浩撰，俞信芳点校《史浩集》有书前图录，可参看。史载：“（淳熙）十年六月，浩以太保、保宁军节度使、魏国公致仕。”（徐自明撰，王瑞来校补：《宋宰辅编年录校补》，北京：中华书局，1986 年，第 1240 页）与史浩此帖落款正同，又据帖中“霜天劲凛”语，可知此帖作于淳熙十年（1183）秋；从帖中以“观使大观文丞相”称谓对方来看，此帖当是致当时右丞相梁克家的。

② （宋）郑真：《荥阳外史集》卷三七，《景印文渊阁四库全书》第 1234 册，台北：商务印书馆，1986 年，第 214 页。

③ 吴之才主修，史济铿等纂修：《四明古藤史氏宗谱·凡例》，民国十八年（1929）八行堂木活字本。

④ 吴讷，徐师曾：《文章辨体序说　文体明辨序说》，北京：人民文学出版社，1962 年，第 136—137 页。

从产生机制上来说，家族档案题跋因家族档案而产生，不可避免地具有附属性。这种附属性不仅表现为其在形式上常出现在原生状态或次生状态的家族档案之后，成为“寄生”文体，还特别表现在功能上，它需要紧密围绕着所要题跋的家族档案而进行信息的还原、补充、发挥等，在内容上有规定性。不过，题跋之于家族档案来说也有一定的再造性，可从多个方面揭示家族档案的价值意义，使“死”的家族档案“活”起来。兹举一例说明之。全祖望曾对制词的价值感到困惑，他说：“每读宋人文集，两制文字最多，或疑其无益，不知有补于世家之文献非浅也。”[①]“疑其无益”缘于制词“死”的没有价值的状态，而“有补于世家之文献”则发现了制词“活”的有价值的一面，因此为了阐发家族档案的这一价值，全祖望常撰题跋加以发掘，其《鲒埼亭集》卷三六有“告身跋十一、诗卷跋一、墓石跋四、祭章跋二，计十八首，皆全氏之掌故也”[②]，就运用了题跋钩稽其先祖事迹、德业，对“世家之文献”进行补充。在此，题跋虽依附于家族档案而产生，却是家族档案由“死”而“活”的重要手段，起到了诠释家族档案意义的作用。

不过，在流传过程中，常出现的一种情况是，家族档案失传，而其题跋本身却流传了下来,从而使得家族档案题跋的附属性弱化而独立性彰显。这样一来，大量的家族历史文化信息便借助于家族档案题跋而非家族档案才得以保存、延续。因此，这类家族档案题跋所拥有的独立史料价值便值得重视。

在史氏家族文献中，档案题跋是一个富饶的存在。其中，既有依附于原生形态的家族档案而存在的题跋，如《史家祖宗画像、传记及题跋》中的清人题跋便是附于画像、传记之后，并与之共同装裱在一册，成为一个整体；也有与次生形态的家族档案结合在一起的题跋，如袁桷文集中的《跋外高祖史越王尺牍》便是照录史浩尺牍在前，袁桷所作题跋在后的形式[③]；由于所依附的史氏家族档案早已杳然无存，更多的史氏家族档案题跋则是以独立形态而存在的，兹类甚多，稍加缕述于下。

四明史氏在南宋政治地位崇隆，所得诏敕甚多，除前文已提及的史弥

① （清）全祖望著，朱铸禹汇校集注：《全祖望集汇校集注》，上海：上海古籍出版社，2000年，第688页。

② （清）全祖望著，朱铸禹汇校集注：《全祖望集汇校集注》，上海：上海古籍出版社，2000年，第688页“杨注”。

③ （元）袁桷：《清容居士集》，《丛书集成初编》第2075册，北京：中华书局，1985年，第846—847页。

远除拜制词外，另如史浩“晚治第西湖之左，裒两朝所赐御书，建阁以奉之，因奏闻。孝宗书‘明良庆会之阁’以赐”[①]。对于该阁所藏“御书”，史浩作有不少题跋，其中保存在其文集《鄮峰真隐漫录》卷三六中的有《跋御笔赐母咸安太夫人酒果》《跋御笔奖谕诏》《跋御书圣主得贤臣颂》《跋御制曲宴澄碧殿诗》《跋御制长春花诗》《跋高宗皇帝御笔赐香茶送行》《跋御制东归送行诗》《跋御制入谢送行诗》《跋御书明良庆会之阁》《跋御草书旧学二字》《跋御真书旧学二字》等。后来，明良庆会之阁遭遇火灾，所藏御书被毁，则史浩题跋便具有了不可替代的家族档案意义。

他人所做的史氏家族档案题跋也应时出现，其中，尤以称道史浩荐贤之举者为多。如楼钥《跋史太师答范参政荐崔宫教帖》直叹：“太师魏郡王闻人一善则志之，随时荐用，不遗余力。”[②]又其《跋史文惠公帖》云：“四明沈氏累世为儒，钥幼年犹及识博罗公，是生三子。长字公权，为乡人师表，晚始得官。太师史文惠王笃布衣之交，荐之孝宗，上殿，改秩，为绍兴签判。”[③]陈傅良《跋史丞相祭诸葛梦叟文》云：“梦叟言貌退然，不自表出，声迹不著，丞相乃独得之，何哉？丞相门生故吏满天下，不闻有得此于丞相者，梦叟顾一见得之，又何哉？丞相之取人也，异于今；梦叟之取于人也，尤异于今矣。”[④]真德秀《史太师与通奉帖》云：“方其柄国时，护公道如命脉，惜人材如体肤，在廷诸贤持议间有不同而包涵容养，亡秋毫忿疾意。异时复还宰路，所荐进皆海内第一流，不以同异为用舍。”[⑤]上引四则题跋的对象或是书帖，或是祭文，皆为史浩所作，具有原始档案意义，而题跋内容也是就这些档案来考订史浩荐贤得人的事实，褒奖其爱惜人才之意。从上述题跋所述来看，无论布衣之交，还是声迹不著者，抑或海内第一流之人，史浩皆能包容，荐为时用。这也印证了全祖望在《跋宋史史浩传后》中所做的“其立朝，能力荐贤者”[⑥]的评价。此外，史浩与

① （宋）楼钥：《攻媿集》卷九三，《丛书集成初编》第2018册，北京：中华书局，1985年，第1285页。

② （宋）楼钥：《攻媿集》卷七六，《丛书集成初编》第2015册，北京：中华书局，1985年，第1031页。

③ （宋）楼钥：《攻媿集》卷七七，《丛书集成初编》第2015册，北京：中华书局，1985年，第1053页。

④ （宋）陈傅良：《止斋题跋》卷一，《丛书集成初编》第1568册，北京：中华书局，1985年，第7页。

⑤ （宋）真德秀：《西山先生真文忠公文集》卷三五，舒大刚主编：《宋集珍本丛刊》第76册，北京：线装书局，2004年，第345页。

⑥ （清）全祖望著，朱铸禹汇校集注：《全祖望集汇校集注》，上海：上海古籍出版社，2000年，第1302—1303页。

佛教的关系密切，楼钥《跋史魏公与心闻禅师帖》云："太傅史魏公得法于心闻，爱其子孙，至今不忘。明书记，其从孙也，持魏公书偈来，读之益信二老相得之深。传播丛林，又为裴相国与黄蘗禅师添一重公案。"[①]则为考察史浩的佛禅活动与思想提供了线索。

明初郑真志在搜集四明文献，有《四明文献集》传世，加之其作为史氏女婿的身份，故对四明史氏家族档案格外留心，其所作史氏家族档案题跋甚多，主要有《读史氏手书三朝政要》《书史卫王除拜词制后》《跋史观文与从侄菊屏君帖》《跋史忠清公贻其兄判部尚书墨迹》《跋史越王进陈正言禾四经解札子》《跋史观文贻其从侄司户世卿书》《跋史连州挽诗及书后》《跋史氏父子问遗帖》《跋文林郎史世卿诰》《题史忠清公帖》《跋史氏官诰及忠清公亲帖》等。这些题跋考证相关史氏家族档案所蕴含的历史文化信息，去伪存真，意义不小，兹举一例。郑真撰《故宋文林郎史公墓表》，墓主为史世卿（自号菊屏），其中不少材料即来自史氏家族档案，如他在《跋史忠清公贻其兄判部尚书墨迹》中所提到的两种："某以晚生托婿史氏，得见公（史宅之）所与永国公书及会卿绫诰一通，因著菊屏墓表，特书其事。"[②]所谓史宅之"与永国公书及会卿绫诰一通"所关何事？郑真《跋史氏官诰及忠清公亲帖》有所揭示："忠清欲以其泽与宗侄世卿改奏回授，且奉书丞相永国斡旋成就。"[③]即史宅之意图将其殇子史会卿恩泽改奏回授于史世卿，故作书与郑清之，请其在皇帝面前促成此事。在此，家族档案、家族档案题跋、墓志便形成了一条资料链，对于家族史实的再现有重要意义。

三、《史家祖宗画像、传记及题跋》：史氏家族档案的瑰宝

《史家祖宗画像、传记及题跋》包括31位宋元史氏家族成员的画像、传记，以及19则清人题跋，1992年由宁波市江东区档案馆征集收藏，并于2003年由国家档案局、中央档案馆列入"中国档案文献遗产"。该画像由史义震在清代道光年间从族人处购得，并邀人题跋其后，重新装裱成册。该档案一度被史氏后人视为"族宝"，"以前只有在家族公祭或重要节庆时才开启木箱出示"。[④]目前，已有学者对该档案的创制年代及相关价值做了

---

① （宋）楼钥：《攻媿集》卷七十，《丛书集成初编》第2014册，北京：中华书局，1985年，第939—940页。

② （宋）郑真：《荥阳外史集》卷三八，《景印文渊阁四库全书》第1234册，台北：商务印书馆，1986年，第221页。

③ （宋）郑真：《荥阳外史集》卷三八，《景印文渊阁四库全书》第1234册，台北：商务印书馆，1986年，第225页。

④ 俞珠飞：《史家祖宗画像填补了中国服饰史南宋空白》，《鄞州日报》2017年3月15日，第10版。

探讨①，但对该档案题跋所涉甚少，故本部分重点论之。

史家祖宗画像题跋共19则，作者可分为三类：一是与史义震同里的后进之士，如王德沛、韩崑、徐受荃、王升、张爕、王德洽、董澜、陈铭海、陈权、汤家彦、叶熊、张煊、童槐、张嘉金等，他们与史义震有一定的学缘关系。二是史义震的亲戚，如孙婿王允中、张渠，外甥辈陈仅。三是同僚，有阳羡程璋。这份作者名单显示了史义震当时的交游情况，他们通过史家祖宗画像构建了一种人际关系网络，体现了史氏家族档案对史氏家族自身之外的辐射力。这些人虽然大多名位不显，但皆能通过题跋而对史氏家族文化进行一定发覆。其中值得关注的有以下两点：

其一，重视史氏家族兴起的经学因素。张嘉金所作第19则题跋云：

> 因憬然思非常之流必本非常之源，史氏之勋名事业，其所由来，夫人知之，不待辞赘矣。抑其间尤难者，紫阳朱子所传经义语孟诸解，每每推崇直翁先生论说为大有当，而直翁先生亦竭力援引朱子，俾以寔学，施之经济。及更历六七世，而果斋先生又复上揭紫阳之传，下启孔浦两程夫子之学。②

这一题跋在探讨“史氏之勋名事业，其所由来”时，特别提到了经学因素。据其所言，史浩（字直翁）与史蒙卿（号果斋）为史氏家族经学的代表。前者有《尚书讲义》《周礼天官地官讲义》等，其中某些见解曾为朱熹所称道；后者对于朱学有承传之功。张嘉金在此对史氏家族经学的论说只是概括而言的，事实上，史氏经学人物远不止于此，《宋元学案》就曾将六人列入学案，如史浩入《横浦学案》，而“谢山《学案札记》：‘宰辅家登《学案》者，南宋史忠定王家三世五人。’忠定子忠宣弥坚，从子文靖弥忠、独善弥巩，及忠定孙朝奉守之，并见《慈湖学案》；独善孙蒙卿自为《静清学案》”③。六人中，史浩为学受张九成影响，之后“四明史氏皆陆学，至静清始改而宗朱，渊源出于莲塘㬅氏。然尝闻深宁不喜静清之说《易》，以

① 参见刘恒武：《〈史家祖宗画像、传记及题跋〉年代推考》，《浙江档案》2007年第12期；杨古城：《南宋史氏祖像的绘制年代与冠服考》，《浙江纺织服装职业技术学院学报》2007年第1期；刘恒武，王力军：《宁波〈史家祖像、传记及题跋〉探析》，《南方文物》2008年第2期。

② 《史家祖宗画像、传记及题跋》，史美露主编：《南宋四明史氏》，成都：四川美术出版社，2006年，第86页。

③ （清）黄宗羲原著，（清）全祖望补修，陈金生、梁运华点校：《宋元学案》卷四〇，北京：中华书局，1986年，第1330页。

其嗜奇也，则似乎未必尽同于朱。其所传为程畏斋兄弟，则纯于朱者”[①]，指出了四明史氏的学术异同与学术影响。但就家族学术本身而言，从史浩至史蒙卿，其渊源有自，确是研究史氏家族文化不可忽视的一个议题。

其二，重视全祖望关于史氏家族的研究成果。全祖望为四明人，对史氏家族颇多论述，如《湖语》《真隐观洞天古迹记》《史魏王周礼讲义序》《鄮峰真隐漫录题词》《跋宋史史浩传后》《跋史方叔朴语》《题史秦州友林集》《答万九沙编修问史参政遗事帖子》《答九沙先生问史枢密兄弟遗事帖子》《答九沙先生问史学士诸公遗事帖子》《甬上族望表》等。诸家题跋述及史氏者常引全祖望观点为助，如董澜所作第 8 则题跋云：“昔全谢山先生搜辑四明文献，于史氏四宰执各网罗轶事，以补史乘之阙。其自固叔而下，或以政绩著，或以经术传，或以文章显，皆能一洗宗衮之习。其遗集亦不下数十种，至今读其书，可想见其人。”[②]陈铭海所作第 9 则题跋云：“后读谢山全太史诸集，未尝不推服史氏世德，如冀国太夫人之苦节，八行公之纯孝，直翁之知贤，沧州、独善之品行，碧沚之清格，以及虚舟、果斋之理学，文章政事，伟烈丰功，与南宋相终始，足与万氏相颉颃焉。”[③]张渠第 13 则题跋云：“全太史《四明族望表》，史氏为最。”[④]这些关于史氏家族历史文化的论述基本借鉴了全祖望的研究，则全祖望在史氏家族研究史上的地位应予以充分认知。

上述两点是关于题跋内容的简单发覆，而通观这些题跋，其论述思路并不出于考古证今，即从各角度梳理史氏祖宗的节行、政事、学术等，以见史氏之盛；又发扬题跋立法垂戒的文体功能，赞赏史义震发扬祖德的孝思、孝行，笃信于史氏家族的复兴、光大。这一思路实际上是传统宗族思想的再现，即所谓“积善之家，必有余庆”(《周易・文言》)，强调祖宗之德荫，“昭兹来许，绳其祖武”(《诗经・大雅・下武》)，要求后世子孙不坠宗风。总之，这 19 篇清人题跋的意义当从此角度加以探究。

综上所述，本书主要以四明史氏家族为例，梳理了与之相关的家族档案及其题跋。这些档案及其题跋的形态非常丰富，而其价值与意义也应放

---

① （清）黄宗羲原著，（清）全祖望补修，陈金生、梁运华点校：《宋元学案》卷八七，北京：中华书局，1986 年，第 2910 页。

② 《史家祖宗画像、传记及题跋》，史美露主编：《南宋四明史氏》，成都：四川美术出版社，2006 年，第 74—75 页。

③ 《史家祖宗画像、传记及题跋》，史美露主编：《南宋四明史氏》，成都：四川美术出版社，2006 年，第 76—77 页。

④ 《史家祖宗画像、传记及题跋》，史美露主编：《南宋四明史氏》，成都：四川美术出版社，2006 年，第 78 页。

到家族档案学的视域中方能得到诠解。

第二节　宋元四明史氏碑碣墓志综论

在历史人物研究中，与行状、传记、年谱等一样，碑碣墓志亦具有重要的史料价值与意义。由于碑碣墓志往往围绕着志主而述其世系、生平、功业等，蕴含着丰富的家族史信息，故为研究者所重视。当然，由于志主地位差异，碑碣墓志的形态有所不同，既有竖立在墓前的神道碑、墓表，也有随葬入土的墓志（又称墓记、圹志、幽堂记等）之类。在研究四明史氏家族的过程中，笔者多方搜求史氏碑碣墓志，共得 29 篇，既辑其文为一编外，复将其视为一个整体而论其概貌、特点及价值，以为四明史氏家族研究之一助。

一、宋元四明史氏碑碣墓志的概貌

宋元四明史氏家族究竟有多少成员拥有碑碣墓志？这是一个较难确定的问题。在《史家祖宗画像、传记及题跋》之传记中提到了如下 11 种："（史师仲）事具开封少尹夏承所述墓志。""（史光）事详忠定王撰墓记。""（史渐）详叶公适墓志。""（史弥远）事具国史、神道碑及行状等书。""（史弥坚）事详奉化郡王郑清之撰墓志。""（史弥忠）详资政陈卓撰行状及资政林存撰墓志。""（史宇之）详具王深宁尚书撰墓志。""（史肯之）事详圹记。……袁文公撰墓。""（史吉卿）事详王深宁尚书撰墓志。""（史蒙卿）事详袁文靖公撰墓志。"[①]数量不可谓不多。然而时至今日，有些人如史光、史弥忠、史肯之、史吉卿的墓志尚湮没难寻；而史弥远的神道碑到了乾隆时期编修《鄞县志》时，"碑已仆，正面没土中"[②]，现在更不知去向；有些碑碣墓志的志石虽流传了下来，却受到了损毁，如《纯诚厚德元老之碑》便已严重断裂[③]；有的志石则仅存墓题，如《宋致政枢密史公墓》《有宋九六主人之墓》[④]。因此，仅靠存世志石去判定四明史氏碑碣墓志的数量肯定是不够的。幸运的是，尽管有些碑碣墓志的志石不复存在，但志文却因

① 《史家祖宗画像、传记及题跋》，史美露主编：《南宋四明史氏》，成都：四川美术出版社，2006 年，第 12—64 页。

② 民国《鄞县通志（二）》，《中国地方志集成·浙江府县志辑》第十七辑，上海：上海书店，1993 年，第 638 页。

③ 章国庆编著：《宁波历代碑碣墓志汇编》，上海：上海古籍出版社，2012 年，第 333 页。

④ 章国庆编著：《宁波历代碑碣墓志汇编》，上海：上海古籍出版社，2012 年，第 333—334 页。

被收入文集、家谱中而保存了下来，这也成为辑录四明史氏碑碣墓志的重要来源。综合说来，宋元四明史氏碑碣墓志主要有以下四种存在形态。

（1）现存志石。随着考古工作的进行，史氏碑碣墓志陆续被发现，俞福海主编《宁波市志外编》便据出土墓志全文录有《宋故淑人黎氏圹记》《宋史尧卿墓志铭》2篇[①]；马兆祥主编《碑铭撷英》依据现存四明史氏碑碣墓志录拓本5篇，分别是《宋徐氏夫人墓志铭》《宋故史希道墓志铭》《宋故淑人黎氏圹记》《宋故史茂卿墓志铭》《宋故承事郎史尧卿墓志铭》；另有1篇仅存《宋致政枢密史公墓》的墓题[②]；章国庆编著《宁波历代碑碣墓志汇编》全文所录史氏碑志多达10篇，是目前辑录史氏碑碣墓志最多者。另外，史嵩之及其妻赵氏的合葬墓于2011年被抢救性发掘，出土墓志各1篇，全文目前已由魏峰、郑嘉励整理刊出[③]。

（2）存于家谱。一些史氏碑碣墓志的志文被保存在史氏家谱中，如《四明古藤史氏宗谱》收有叶夫人、史诏及徐夫人的墓志[④]，《鄞东钱堰史氏宗谱》则保存了叶夫人、史师仲及史弥坚的墓志[⑤]。除徐夫人及史师仲外，其他人的碑碣墓志之志石或已不存，其志文依赖家谱方得保存下来。比如《萧山史氏宗谱》《余姚半霖史氏小宗支谱》等皆有史氏墓志，亦值得关注。

（3）存于文集。除存于家谱外，一些史氏碑碣墓志的志文还散存于前人文集中，如楼钥《攻媿集》、叶适《水心先生文集》、王应麟《四明文献集》、袁桷《清容居士集》、元明善《清河集》、郑真《荥阳外史集》等，皆存有数量不等的史氏碑碣墓志。

（4）存于方志。前文提到的史弥远神道碑即收录在民国《鄞县通志·文献编》中[⑥]，殊为珍贵。

应予说明的是，部分史氏碑碣墓志可能有两种存在形态，如前文提到的徐夫人及史师仲的墓志，便既有志石存世，又被收入了家谱之中。此外，同一碑碣墓志处于不同存在形态时可能存在文体上的差异，最突出的例子便是楼钥所续叶夫人墓志。叶夫人墓志原为楼钥的祖父楼异所作，但志石

---

① 俞福海主编：《宁波市志外编》，北京：中华书局，1998年，第874—875页。

② 马兆祥主编：《碑铭撷英》，北京：人民美术出版社，2003年，第22、24—25、42、50、51、53页。

③ 魏峰，郑嘉励：《新出〈史嵩之圹志〉、〈赵氏圹志〉考释》，《浙江社会科学》2012年第10期。

④ 吴之才主修，史济铿等纂修：《四明古藤史氏宗谱》卷一，民国十八年（1929）八行堂木活字本。

⑤ 史悠诚纂修：《鄞东钱堰史氏宗谱》卷一，清光绪三十二年（1906）八行堂木活字本。

⑥ 民国《鄞县通志（二）》，《中国地方志集成·浙江府县志辑》第十七辑，上海：上海书店，1993年，第638—639页。

于建炎三年（1129）被毁，而在开禧二年（1206），该墓志副本被发现，故由史弥忠出面，“致族党之意”，请楼钥为续墓志，并立石。[①]楼钥所续叶夫人墓志的志石业已不存，但志文却被保存在《四明古藤史氏宗谱》卷一中，题为《冀国叶太夫人续墓志》，并且篇末题署为“是岁八月吉日通议大夫奉化郡开国伯食邑八百户楼钥谨识。修职郎前南康军司户参军赵漙敬书。朝请大夫直宝谟阁主管绍兴千秋鸿禧观元孙弥忠立石”[②]，可见这一存在形态尚与志石保持内容上的一致。不过，该墓志尚有另外一种存在形态，即楼钥《攻媿集》卷七四的《跋叶氏夫人墓志》。与存于家谱的不同，《跋叶氏夫人墓志》篇末并未有前引题署，文字差异较大。造成这种差异的原因在于文体不同：史氏家谱视楼钥此文为墓志，而楼钥文集仅将其视为题跋。前者是史氏后人为彰显先人之德而立石的结果，后者则出于“既谨录之，以补家集之阙。又著其说于世，使为善者知劝”[③]的目的。

从上述存在形态，笔者辑录史氏碑碣墓志，共得 29 篇。现将这些碑碣墓志的基本情况列举于下，见表 4-1。

表 4-1　宋元时期四明史氏碑碣墓志的基本情况

序号	墓题	志主	撰者	辑录来源
1	宋累赠冀国夫人叶太君墓志（附楼钥《冀国叶太夫人续墓志》）	叶夫人（史简之妻）	楼异	《四明古藤史氏宗谱》卷一
2	宋八行先生赠太师追封越国公墓表	史诏	危素	《四明古藤史氏宗谱》卷一
3	宋徐氏夫人墓志铭	徐夫人（史诏之妻）	石端中	《宁波历代碑碣墓志汇编》
4	宋故史希道墓志铭	史师仲	夏承	《宁波历代碑碣墓志汇编》
5	纯诚厚德元老之碑	史浩	楼钥	《攻媿集》卷九三
6	史进翁墓志铭	史渐	叶适	《水心先生文集》卷二二
7	朝请大夫史君墓志铭	史浚	楼钥	《攻媿集》卷一〇五
8	宋太师左丞相卫国忠献王神道碑	史弥远	宋理宗	民国《鄞县通志》
9	宋故淑人黎氏圹记	黎妙冲（史弥远之妾）	史弥远	《宁波历代碑碣墓志汇编》

① （宋）楼钥：《冀国叶太夫人续墓志》，《四明古藤史氏宗谱》卷一，民国十八年（1929）八行堂木活字本。

② （宋）楼钥：《冀国叶太夫人续墓志》，《四明古藤史氏宗谱》卷一，民国十八年（1929）八行堂木活字本。

③ （宋）楼钥：《攻媿集》卷七四《跋叶氏夫人墓志》，《丛书集成初编》第 2015 册，北京：中华书局，1985 年，第 1005—1006 页。

续表

序号	墓题	志主	撰者	辑录来源
10	宋赠开府仪同三司忠宣公墓志铭	史弥坚	郑清之	《鄞东钱堰史氏宗谱》卷一
11	史嵩之圹志	史嵩之	史玠卿	魏峰、郑嘉励《新出〈史嵩之圹志〉、〈赵氏圹志〉考释》
12	赵氏圹志	赵师静（史嵩之之妻）	史玠卿	魏峰、郑嘉励《新出〈史嵩之圹志〉、〈赵氏圹志〉考释》
13	宋史岩之墓志	史岩之	史珌卿	《宁波历代碑碣墓志汇编》
14	外祖母张氏墓志	张致和（史宾之之妾）	袁桷	《清容居士集》卷三三
15	故观文殿学士正奉大夫墓志铭	史宇之	王应麟	《四明文献集》卷五
16	史鄂州墓志铭	史育之	工应麟	《四明文献集》卷五
17	故宋文林郎史公墓表	史世卿	郑真	《荥阳外史集》卷四三
18	宋史茂卿墓志	史茂卿	史禧孙	《宁波历代碑碣墓志汇编》
19	宋杨惠冞墓志	杨惠冞（史茂卿之妻）	史公善	《宁波历代碑碣墓志汇编》
20	宋史尧卿墓志	史尧卿	史棣孙	《宁波历代碑碣墓志汇编》
21	袁君夫人史氏墓志铭	史棣卿（史宾之之女）	元明善	《清河集》卷五
22	宋史汲卿墓志	史汲卿	史柏孙	《宁波历代碑碣墓志汇编》
23	元史珌卿墓志	史珌卿	史益伯	《宁波历代碑碣墓志汇编》
24	元史玠卿墓志	史玠卿	史仁伯	《宁波历代碑碣墓志汇编》
25	元鲁十娘子墓志	鲁十娘子（史玠卿次女）	史玠卿	《宁波历代碑碣墓志汇编》
26	静清处士史君墓志铭	史蒙卿	袁桷	《清容居士集》卷二八
27	史景贤墓志铭	史韦卿	袁桷	《清容居士集》卷三十
28	史猷父葬记	史徽孙	袁桷	《清容居士集》卷三十
29	蓬庐处士史公墓志铭	史公珽	郑真	《荥阳外史集》卷四三

表 4-1 涵盖了 29 篇宋元时期四明史氏家族碑碣墓志的基本情况，包括墓题、志主、撰者及辑录来源等。这些信息对于揭示宋元时期四明史氏家族碑碣墓志的特点及价值很有帮助，对此，留待下文详论。

二、宋元时期四明史氏碑碣墓志的特点

如果将 29 篇宋元时期四明史氏碑碣墓志视为一个整体来加以观照的话，则其在志主、撰者、内容及撰作缘由上皆呈现出了一定的特点，下面分别加以论述。

（一）志主特点

此 29 篇碑碣墓志的志主分别是叶夫人，史诏、徐夫人，史师仲，史浩、史渐、史浚，史弥远、黎妙冲、史弥坚，史嵩之、赵师静、史岩之、

张致和、史宇之、史育之，史世卿、史茂卿、杨惠栥、史尧卿、史棣卿、史汲卿、史珌卿、史玠卿、史蒙卿、史韦卿，鲁十娘子、史徽孙，史公珽。宋元时期四明史氏家族的各个代系（史诏之后，凡师、水、弥、之、卿、孙、公七世）都有碑碣墓志。其中，志主既有政治地位崇隆的"一门三相"——史浩、史弥远及史嵩之，也有史氏家族发展史上的关键人物——叶夫人、史诏等，涵括性相当高。

在上述志主中，女性所占比重不小，这是宋元时期四明史氏家族碑碣墓志的一大特点。如叶夫人力保遗腹子史诏而开史氏一脉，自然是家族史上的传奇，为家族所共尊；徐夫人嫁于史诏，力助史氏起家，地位也很重要；其他如黎妙冲、赵师静、张致和、杨惠栥、史棣卿、鲁十娘子等或嫁于史氏，或为史氏所出，对于史氏家族的繁衍壮大、家族关系网络的建立起到了重要作用。女性墓志的涌现，体现了史氏家族对于女性成员特有的敬重之意。

通观这些志主，以下情形值得注意：其一，夫妇志主。如史诏及其夫人徐氏、史弥远及其妾室黎妙冲、史嵩之及其继妻赵师静、史茂卿及其妻杨惠栥等。这反映了史氏家族对于女性成员的重视，部分也是夫妇合葬习俗的自然反映。其二，父女志主。史玠卿墓志今存，而他在次女鲁十娘子逝后，特为之作墓志，直言"父情之所钟，雪涕以志"，寥寥数语，传达了史玠卿既哀且痛的心情，父女情深于此可见。其三，母女志主。史棣卿生袁桷七日后而逝，而史棣卿之母张致和抚养袁桷长大成人。后来，为了表彰史氏母女保育袁氏之功，袁桷为张氏作墓志，又为其母史棣卿作行状，并请好友元明善为之作墓志。

（二）撰者特点

撰者对于碑碣墓志的叙述方式与行文风格常常起决定作用，故碑碣墓志研究需将撰者纳入考察视野。总的来看，此 29 篇宋元时期四明史氏碑碣墓志的撰者可分为以下四类。

（1）本族亲属。有夫撰妇的，如史弥远为其妾室黎妙冲撰墓志；有父撰女的，如史玠卿为其女鲁十娘子撰墓志；而子撰父母的则比较多，如史嵩之及其妻赵氏的圹志由其子史玠卿所撰，史尧卿墓志由其子史棣孙所撰，史汲卿墓志由其子史柏孙所撰，史珌卿墓志由孤子史益伯所撰，史玠卿墓志由孤子史仁伯所撰。一般而言，由于与志主有直接血缘关系，本族亲属所撰墓志对志主的世系、仕履、行实记载较为翔实，但感情表达较为节制，文风类于史册。

（2）外氏亲属。外氏亲属有袁桷、郑真二人。袁桷为元代墓志名手，然其所作史氏墓志，固然与此有一定关系，但更为主要的原因则在于其史氏外甥身份。他为袁韶之孙、袁洪之子，而其母史棣卿乃史弥坚孙女、史宾之之女，而史棣卿“女，长适宋相史庄肃公嵩之之孙似伯……次适宋资政殿大学士史岩之之孙益伯”[①]，可谓累世互为婚姻。郑真为明初名笔，但其史氏女婿的身份显然是更为重要的。其在《蓬庐处士史公墓志铭》中说：“真为史氏门婿，视公（指史公珽，史行可为其子）为外伯父行，且与行可幼同研席，亲契之厚非一日矣，斯文不朽之托可辞耶？”[②]由于与史氏有亲属关系，他们所作墓志中所载史氏先世行实常常有得于亲闻者，如袁桷《外祖母张氏墓志》云：

> 晚岁病瞽，缅缅言外家事曰：“汝外曾祖太傅忠宣公，居东湖沧洲十有四年，不复仕。作书谏兄忠献辞相位不辍。岁赐生日器币，辞一再始受。后数年，不复受。郑忠定丞相，忠宣公塾师也，敷文受学焉。其旧第前为‘旧学’，寿皇书，后为授经郑相书，皆有深旨。”[③]

所言史弥坚故实，其中不断谏言其兄史弥远辞相位一事，亦被袁桷写进《延祐四明志·史弥坚传》：“以兄久在相位，数劝归，不听，遂食祠禄于家十有六年。”[④]《宋元学案》则直录其说。[⑤]

（3）友朋名公。叶夫人墓志乃楼异所作，徐夫人墓志的撰者则为石端中，楼钥为史浩、史涘作碑志，郑清之为史弥坚作墓志，王应麟为史宇之、史韦卿作墓志。这五人或为四明大儒，或为一时显宦，与史氏家族成员的关系在师友之间，所作特为彰显志主的功德业绩，价值颇高。

（4）皇帝。在所有撰者中，宋理宗以皇帝身份堪称最为特殊的一位。其为史弥远撰写墓志，叙述自身登基经过，推扬史弥远的翊戴之功，颇为详尽。

---

① （元）元明善：《清河集》卷五《袁君夫人史氏墓志铭》，《元人文集珍本丛刊》第 5 册，台北：新文丰出版公司，1985 年，第 184 页。

② （明）郑真：《荥阳外史集》，《景印文渊阁四库全书》第 1234 册，台北：商务印书馆，1986 年，第 270 页。

③ （元）袁桷：《清容居士集》卷三三《外祖母张氏墓志》，《丛书集成初编》第 2071 册，北京：中华书局，1985 年，第 578 页。

④ （元）袁桷：《延祐四明志》卷五《史弥坚传》，中华书局编辑部编：《宋元方志丛刊》，北京：中华书局，1990 年，第 6212 页。

⑤ （清）黄宗羲原著，（清）全祖望补修，陈金生、梁运华点校：《宋元学案》卷七四“慈湖学案”之“忠宣史沧州先生弥坚”条，北京：中华书局，1986 年，第 2483 页。

以上是以类来论撰者。从历时性来看，撰者特点亦很明显：早期的史氏家族墓志多是倩人而作，因受制于家族的影响力，撰者的政治地位相对不高，所撰墓志篇幅有限；随着“一门三相”时代的到来，史氏墓志多出自名公显宦之手，不少墓志为撰者受敕命而作，如楼钥撰史浩神道碑、郑清之撰史弥坚墓志等，而皇帝为大臣亲撰神道碑，就整个宋代而言都是绝无仅有的现象；及至世易时移，史氏政治地位衰落，墓志多由子孙后代撰作，虽间有名笔参与，如袁桷、郑真等，但多是缘于他们作为亲属的身份。至于王应麟撰史宇之墓志，绕不开其与志主同为南宋遗民的境遇。

（三）内容特点

墓志作为通行已久的文体，模式化现象较为普遍，这也体现在所辑29篇史氏碑碣墓志中。在宋元时期四明史氏家族后期如史世卿、史茂卿、史尧卿、史汲卿、史珌卿、史玠卿等人的墓志中，基本上只载志主的世系、仕履，而无多少情感评价文字。这些墓志一般由史氏后代亲自撰写，采用当时颇为流行的岁月记的做法，有格套可依，难度也不大。

相对而言，由他人所撰、志主又具有特殊身份和地位的史氏墓志，撰者的主观评价则时时跳跃于文字间。一种态度自然以颂扬为主，如楼异作《宋累赠冀国夫人叶太君墓志》，于叶氏“为史氏立门户、著行若是”的守节、齐家行实三致其意，并预言此种德行必将导致“后必有显者，未易量也”。[①]又如史蒙卿，虽仕宦不显，但学问德行闻名一时，袁桷以外甥身份撰其墓志，对其出处节行大为推赏。

另一种态度则较为特殊，即浓郁着辩的色彩。自来人物评价注重盖棺论定，墓志自然不能回避这一问题。由于位高权重，史浩、史弥远生前皆曾备受争议，而他们的墓志则对这些争议做了不同程度的辩护。史浩在和战、用人等问题上曾受清议非议，楼钥所撰史浩神道碑便对此进行了辩驳，多有不同时俗之见。[②]史弥远废济王、立宋理宗一事是史书无法回避的争议问题。若否定史弥远，则宋理宗继位之合法性便会受到挑战，因此宋理宗亲撰史弥远神道碑，便着重谈论宋宁宗及杨皇后如何属意自己，兼及史弥远的“密赞”“辅德”之功，从而强化自身继位的合法性，充满了不辩而辩的意味。在《录史卫王遗事》中，对于宋“理宗著卫王神道碑铭，论其平生之功”的做法，郑真认为史弥远“功过不相掩”，故“既不为之辨明，

① 吴之才主修，史济锉等纂修：《四明古藤史氏宗谱》卷一，民国十八年（1929）八行堂木活字本。

② 参见本书第二章第二节《史浩与张浚之争》，又见拙文《南宋史浩与张浚之争析论》，《四川师范大学学报》（社会科学版）2010年第4期。

亦不敢为之隐讳，而尤不敢藉是以为褒贬也”。[①]此种搁置争议的做法可以说是比较审慎的。

（四）撰作缘由

墓志之作，是为了彰显前人德行，而求鸿文巨笔来撰作，自然有利于此一目标的实现。《宋徐氏夫人墓志铭》中，石端中自述创作原因云：“予贰郡事，得才属邑中，奇之。既又稔闻夫人之贤，兹获考其所得渊源，有古善知识所难能者，故乐为书其实而系之以铭。”[②]此志之作自然得益于徐夫人之子史才与长官石端中的关系；《朝请大夫史君墓志铭》为楼钥应史浚诸子所请而作，他认可史浚“施于政者皆可为后法”[③]，故详载之。

部分墓志出于敕命或御笔，是为了表彰史氏的政治贡献。史浩之《纯诚厚德元老之碑》乃宋宁宗命词臣楼钥作，而史弥远神道碑则是宋理宗亲作，这与两人位极人臣的政治地位密不可分。而随着政治影响力的下降，史氏墓志则多由其子孙后代亲撰，与前之待遇之隆，形成了鲜明对比。

在史氏家族墓志中，有一种撰作缘由是较为特殊的，即虽是倩名笔而作，但为后世追立而成，其最为典型的便是史诏墓表。该墓表为史诏七世孙史公袭敦请元代名笔危素所作，时隔百年之久，而追述先德，确实是极为特别的。

三、宋元时期四明史氏碑碣墓志的价值

史氏碑碣墓志蕴含着丰富的历史信息，对于宋元时期四明史氏家族研究极具价值，下面笔者试从三个方面对此展开论述。

（一）四明史氏家族史的多维展示

（1）载录了宋元时期四明史氏家族的主要世系。一般而言，世系是墓志的必要构成部分，虽然一篇墓志只涉及志主的世系，但多篇墓志集结起来，则有助于整个家族世系的勾勒。根据所掌握的史氏碑碣墓志，现将29位志主世系列举如下，如图4-1所示。

---

① （明）郑真：《荥阳外史集》，《景印文渊阁四库全书》第1234册，北京：中华书局，1986，第213—214页。

② 章国庆编著：《宁波历代碑碣墓志汇编》，上海：上海古籍出版社，2012年，第132页。

③ （宋）楼钥：《攻媿集》卷一〇五，《丛书集成初编》第2021册，北京：中华书局，1985年，第1486页。

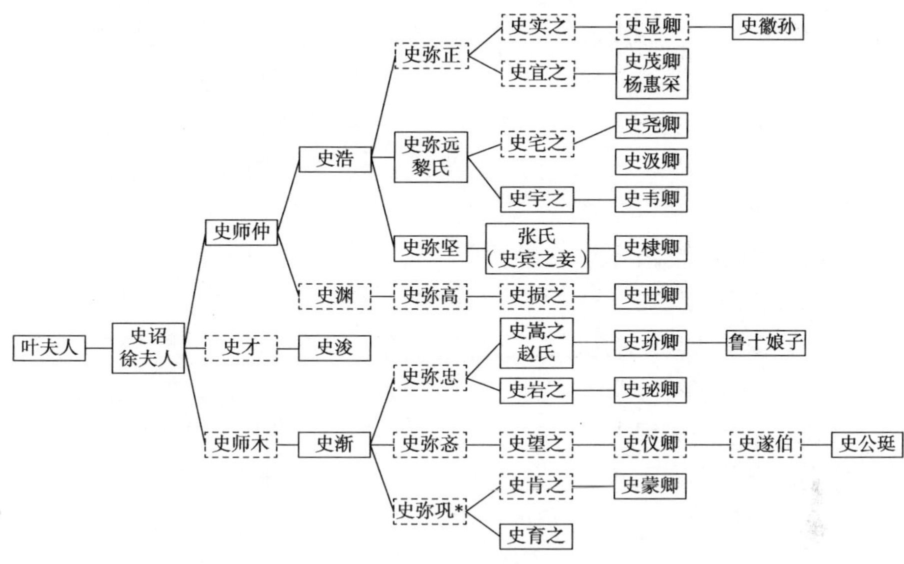

图 4-1　29 位史氏家族碑碣墓志志主世系

注：（1）实线方框标示者为墓志现存之志主（含夫妇同列），虚线方框标示者仅用于世系说明。（2）标*者，史弥巩为史渐子，后为史浤嗣

由图 4-1 可见，宋元时期四明史氏家族共九世，墓志基本集中于史浩、史渐两系，涉及志主最多，世系也最清晰。个中原因，在于这两系突出的政治地位与社会成就。一则史氏三相皆出自这两系，二则也包括了一些有影响的学术人物如史蒙卿等。

（2）展示了史氏家族成员多元化的人生选择。碑碣墓志所展示出的史氏家族成员的人生选择主要有以下数种。

其一，从政固然是史氏家族成员的主要选择，但在政事之中，又有自具特色者。有的明于断狱，如楼钥《朝请大夫史君墓志铭》评史浚云："君资明而健决，两词至前，情伪立见。书判数百千言，反复切当……故一经予决，虽宿奸巨猾，无复异辞。"[①]有的善立规矩，如史弥坚有《禁戢部民举扬知县德政》（署名"沧洲"，乃史弥坚号），入《名公书判清明集》[②]，郑清之《宋赠开府仪同三司忠宣公墓志铭》载："立程度，理放纷，于狱事尤谨。凡有讼，系主囚官，手录事节，而丹书之墨，曹椽传以所当得之罪，

① （宋）楼钥：《攻媿集》卷一〇五，《丛书集成初编》第 2021 册，北京：中华书局，1985 年，第 1483 页。

② 中国社会科学院历史研究所宋辽金元史研究室校：《名公书判清明集》，北京：中华书局 1987 年，第 37—38 页。

职官审覆伸所见，复参众言，眂狱成论决，其式敬若此”[①]，比较可信。

其二，恬于隐退。据郑清之《宋赠开府仪同三司忠宣公墓志铭》载，史弥坚“萧然闲居，不交声利。朱颜绿发，啸歌湖山，若无意人世间，而爱君忧国，至死不渝”[②]；史宇之“明年祈闲，提举洞霄宫，优游里第垂十载。自是闭光弢华，若未始有轩冕。晚岁合门养疾，一榻萧然，人希识其面”[③]。两人之隐退固然有政治原因，但他们先祖史诏不应八行举荐，偕母隐于大田山之举实已导之在先，家族文化的作用于此可见一斑。

其三，以学术自立者甚众。全祖望《甬东静清书院记》先罗列了史氏家族宗陆学者，“吾乡学者，杨、袁之徒极盛。史氏之贤喆，如忠宣公、文靖公、独善先生、和旨先生、鸿禧君、饶州君，皆杨、袁门下杰然者也”；然后特别指出了史蒙卿的学术承传地位：“朱学之行于吾乡也，自静清始，其功大矣。”对袁桷所作《静清处士史君墓志铭》的偏颇之处做了辨证。

> 吾读清容所作静清墓志，于其易代大节，言之已悉，而学统所在，不甚了了。清容文士，其于儒苑窔奥，宜其在所忽也。然清容言静清尝与深宁说经，每好奇，以是多与深宁不合，则又可知静清虽宗主朱学，而其独探微言，正非墨守《集传》《章句或问》诸书以为苟同者。……清容以为好奇，是尤不知静清者也。[④]

在此，全祖望虽然肯定了袁桷墓志对于史蒙卿“易代大节”的详细介绍，但不满于该志对史蒙卿“学统所在，不甚了了”的情况，故特别指出史蒙卿虽出于朱学但又不墨守朱学的可贵之处，表明了史蒙卿独特的学术贡献。

其四，史氏家族也有孜孜于文者。如袁桷《史猷父葬记》载：“（史徽孙）有诗文若干卷。晚读陶靖节诗，语近意远，视世德吻合，深自慕儗。平居无愠怍色，笔墨清艺，觞至辄就，放邵子《观物》，为诗数十篇。久更困约，益以理自得。”[⑤]由此可见史徽孙于诗艺的自觉追求。

---

① 史悠诚纂修：《鄞东钱堰史氏宗谱》卷一，光绪三十二年（1906）刊本。

② 史悠诚纂修：《鄞东钱堰史氏宗谱》卷一，光绪三十二年（1906）刊本。

③ （宋）王应麟：《四明文献集》卷五《故观文殿学士正奉大夫墓志铭》，舒大刚主编：《宋集珍本丛刊》第 87 册，北京：线装书局，2004 年，第 345 页。

④ （清）全祖望著，朱铸禹汇校集注：《全祖望集汇校集注》，上海：上海古籍出版社，2000 年，第 1051—1052 页。

⑤ （元）袁桷：《清容居士集》卷三十，《丛书集成初编》第 2071 册，北京：中华书局，1985 年，第 526 页。

（二）史氏家风的强化

由祖宗开创的行事原则与处世方式为后世子孙所自觉践行，则会形成特殊的家风，成为家族世代延续的保证。在四明史氏碑碣墓志中，祖述家风家范的文字多次出现，体现了追溯祖宗德荫与建构家族传统的用心。其较为典型的家风表述涉及以下两种。

（1）叶夫人守节之事。叶夫人抚育遗腹子史诏而立史氏，成为史氏家族引以为傲且不断祖述的故事之一。据《宋杨惠冞墓志》载，叶夫人守节一事曾为杨惠冞所效法。她在其夫史茂卿去世后，面对“有欲夺其志者，辄语之曰：‘史氏诗书之脉，实冀国叶夫人以身寿之，吾史氏妇，辱冀国可乎？’”[①]这一言论充分体现了其对叶夫人行事的强烈认同感，是家族传统有力辐射的结果。

（2）史浩从政与隐退范式。宋理宗撰史弥远神道碑，将史弥远辅翼自身比于史浩辅翼宋孝宗，认为史弥远所为政，“卒如忠定所教”[②]；郑清之撰史弥坚墓志，提及二事。

> 公见之，思昔忠定帅闽，尝除道八百里，墁以陶石，今废缺不治，是将以遗我。乃出缗钱，畀浮屠能治者庀其役，尽复旧辙。

> 隆兴间，忠定建第于东湖，万山如揖客，一水若悬镜，燕室对屿，匾曰：“湖山胜概，烟雨奇观。”公归，葺新之，游居寝饭其中，日携亲朋泛凌风之舸，聆欸乃之歌，朝霞夕月，相与宾饯于紫翠空蒙之间，觞咏逍遥，不知春秋之代序也。[③]

第一件是史弥坚祖述其父史浩修建闽道故事，“尽复旧辙”。第二件乃史弥坚退居东湖，重启其父史浩的退居模式。这两件事被郑清之刻意写进史弥坚墓志中，目的即是复述史浩故实，塑造史弥坚不坠家风的形象。

又如王应麟撰史宇之墓志，云其“以焕章阁学士知绍兴府、浙东安抚使。惟祖惟兄，遗爱在越，公来镇棠阴，耆老欢迎。念绍先哲，一以宽和，抚柔此民。初，忠定作牧，创义田，为士大夫贤而贫者丧嫁之助。岁久寖

① 章国庆编著：《宁波历代碑碣墓志汇编》，上海：上海古籍出版社，2012年，第324页。

② 民国《鄞县通志（二）》，《中国地方志集成·浙江府县志辑》第十七辑，上海：上海书店，1993年，第638页。

③ 史悠诚纂修：《鄞东钱堰史氏宗谱》卷一，光绪三十二年（1906）刊本。

惠不沾，至是梲弊栉蠹，始复旧规”[①]。史浩、史宅之皆曾知绍兴府，史宇之踵继其后，绍述祖、兄为政“宽和”之法，又恢复史浩所创立的“义田”“旧规”，使史氏从政家风得以继承与发扬。

（三）撰制方志人物传的重要资料依据

四明史氏家族人物为方志采择入传者颇多，如袁桷《延祐四明志》分别为史浩、史弥远、史弥忠、史弥坚、史嵩之五人立传，不过可能由于距离这些传主时间未久，资料易得，故这些人物传并未特别注明资料出处。但到了同治《鄞县志》中，墓志便成为宋元时期四明史氏家族人物传的重要资料依据。兹将该志所设宋元时期四明史氏家族人物传及引证墓志情况列举如下，如表 4-2 所示。

表 4-2 同治《鄞县志》所设宋元时期四明史氏家族人物传及引证墓志情况

所在卷数	传主	传文标明引证的墓志文献及次数（括号内所示）
卷二十六	史诏	夏承撰史师仲墓表、楼异撰冀国夫人墓志（3）、危素撰史诏墓表（10）、揭汯跋史诏墓表、楼钥撰史浚墓志、史师仲墓表（3）、石端中撰徐夫人墓志、楼钥跋叶夫人墓志
	史师木	危素撰史诏墓表（4）、叶适撰史渐墓志（4）、郑真撰史公珽墓志、宣缯撰史浤墓志
卷二十七	史浩	楼钥跋叶夫人墓志、楼钥撰神道碑（24）、楼钥跋叶夫人墓志
卷二十八	史浚	楼钥撰墓志（2）
卷二十九	史弥忠	叶适撰（渐）墓志、楼钥跋叶夫人墓志
	史弥林	
	史弥坚	楼钥撰史浩神道碑文、郑清之撰墓志（11）、史森卿撰父史宾之圹志（3）、元明善作史夫人墓志、史旼孙撰父永嘉公圹志（2）
	史弥宁	
卷三十	史弥应	
	史弥巩	叶适撰史渐墓志、宣缯撰史浤墓志（2）、袁桷撰史蒙卿墓志（3）、王应麟撰（史育之）墓志（2）
	史守之	楼钥撰史浩墓碑
	史定之	史浩墓碑（4）
	史安之	史浩墓碑
	史肯之	袁桷撰史蒙卿墓志（3）
	史宇之	王应麟撰墓志（3）、袁桷撰韦卿墓志（2）

① （宋）王应麟：《四明文献集》卷五《故观文殿学士正奉大夫墓志铭》，舒大刚主编：《宋集珍本丛刊》第 87 册，北京：线装书局，2004 年，第 344 页。

续表

所在卷数	传主	传文标明引证的墓志文献及次数（括号内所示）
卷三十	史璟卿	
	史世卿	郑真撰墓志
	史蒙卿	袁桷撰墓志（4）
	史徽孙	袁桷撰史猷父葬记（3）
卷三十一	史明孙	
	史公珽	郑真撰墓志（2）
	史懋祖	
卷四十六	叶氏	楼异撰叶氏墓志（3）

资料来源：同治《鄞县志》，http://yzsz.nbyz.gov.cn/art/2015/5/11/art_22241_431039.html（2017-07-23）。

由表 4-2 可见，同治《鄞县志》为宋元时期四明史氏家族人物立传者凡 23 人。其中，有 17 人的传文引证了墓志，一些甚至引证频繁，如《史诏传》引证墓志达 8 种 21 次，《史弥坚传》则有 5 种 18 次；而如《史世卿传》所据墓志实为该传唯一的资料依据，则墓志传主被采择入传更具有绝对意义。

另外，表 4-2 中所提到的“宣缯撰史浤墓志”“史森卿撰父史宾之圹志”“史旼孙撰父永嘉公圹志”三种墓志目前尚难以寻获。若同治《鄞县志》未据之为史师木、史弥坚、史弥巩作传，那么这三人的部分生平事迹必将湮没在历史长河之中。从这个角度来说，墓志对于宋元时期四明史氏家族人物传的生成意义无疑是重大的。

综上所述，宋元时期四明史氏家族碑碣墓志具有丰富的历史信息，有助于该家族研究的进一步推进。当然，由于碑碣墓志的文体限制，谀墓之风亦不同程度地存在于这些墓志之中，故而在使用这些资料时应持谨慎态度。随着考古工作的进行，相信不少史氏墓志还有出土问世的可能，因此，对史氏碑碣墓志的搜集工作还应持续下去。

第三节　史浩《鄮峰真隐漫录》考论

史浩《鄮峰真隐漫录》共五十卷，除卷四十四佚失外，其他各卷基本保存完好，是对史浩进行研究不可或缺的原始文献资料。基于这种重要性，本节试图总论该书的编集、版本、特色及价值。

一、编集与流传

由于资料匮乏，研究者对于《鄮峰真隐漫录》的编集情况所知甚少，所作介绍也多雷同之见，如以下三家。

其一，《四库全书总目》卷一五九“《鄮峰真隐漫录》五十卷”云：

> 其集见于陈振孙《书录解题》、《宋史·艺文志》者，皆五十卷。此本卷数并合，而目录别为三卷。首题“门人周铸编”，则犹宋时刊行旧式也。①

其二，祝尚书《宋人别集叙录》卷一九《〈鄮峰真隐漫录〉叙录》云：

> 其文集刊行年代不详。陈氏《解题》卷一八曰：“《鄮峰真隐漫录》五十卷，丞相文惠公四明史浩直翁撰。”《通考》卷二三九、《宋志》卷数同。②

其三，王智勇《〈鄮峰真隐漫录〉影刊说明》云：

> 《鄮峰真隐漫录》虽刊刻具体情况不详，但宋元诸书目如《直斋书录解题》卷十八、《文献通考》卷二百三十九、《宋史·艺文志》著录均为五十卷，盖史氏家族为南宋望族，浩又为孝宗朝重臣，故其门人周铸编集时得以利用各种有利条件全力搜讨，是以收文详尽，后人无以增补删削，遂使诸家著录皆同也。③

上述三家介绍了《鄮峰真隐漫录》在宋代被著录的情况，仅有卷帙一项可寻。至于文集刊行年代或刊刻具体情况，则云不详。但是，《四库全书总目》敏锐地发现了其所依据的浙江范懋柱家天一阁藏本上首题门人周铸编，并据之推断该本犹宋时刊行旧式，则有助于我们进一步了解《鄮峰真隐漫录》的编集情况。

---

① （清）永瑢等：《四库全书总目》卷一五九《〈鄮峰真隐漫录〉提要》，北京：中华书局，1965年，第1366页。

② 祝尚书：《宋人别集叙录》卷一九，北京：中华书局，1999年，第909页。

③ 王智勇：《〈鄮峰真隐漫录〉影刊说明》，舒大刚主编：《宋集珍本丛刊》第42册，北京：线装书局，2004年，第762页。

周铸何许人也？笔者仅掌握两条材料：一条乃《宋史·史弥远传》所载："弥远亲密友周铸、兄弥茂、甥夏周篆皆寄以腹心，人皆谓三人者必显贵，然铸老于布衣，弥茂以执政恩入流，周篆以捧香恩补官，俱止训武郎而已。"[①]周铸为史浩门人，和史弥远亦为亲密朋友，虽老于布衣，不得显贵，但地位特殊，有条件为史浩编集文集。另一条则是《宋史·艺文志》所载："周铸《史越王言行录》十二卷。"[②]从书名来看，该书当是周铸记录史浩言行的集子，类似于《论语》之撰，体现了作为弟子的周铸对于史浩的推崇，亦能说明其以门人身份编集史浩《鄮峰真隐漫录》的可能。

但是，《鄮峰真隐漫录》到底成于何时呢？从楼钥为史浩所做的《纯诚厚德元老之碑》中可得到些许消息。此碑云："公属文多立就，虽老，表章犹自为之。有《文集》五十卷、《外集》二十卷、《论语口义》、《尚书讲义》、《周礼天官地官讲义》传于世，余皆公之细也。"[③]所言《文集》五十卷与宋代书目所载《鄮峰真隐漫录》卷数正合，当指该书无疑。而楼钥此墓志乃奉敕而作，"今皇帝（宁宗）登极，赐谥'文惠'，亲洒宸翰，书'纯诚厚德元老之碑'以赐焉。且命臣钥为之文"[④]。考史浩卒于绍熙五年（1194），而宋宁宗登基亦在是年，由此推知，《鄮峰真隐漫录》的编集完成至少应在史浩生前，即绍熙五年（1194）以前。

当然，这一时间还可向前推。史浩《忠定王家训》云："吾虽老矣，手不释卷。所撰《文集》五十卷、《外集》二十卷、《尚书讲义》、《论语口义》、《周礼天官讲义》等书，敢曰传世，姑以示于来昆云尔……皇宋绍熙二年岁在辛亥孟夏朔旦识。"[⑤]这里，史浩谈到了自己的著述情况，与楼钥所言正合。而该家训末尾署皇宋绍熙二年（1191）岁在辛亥孟夏朔旦识，由此可推知《鄮峰真隐漫录》的编集完成当不晚于绍熙二年（1191）四月。又考该集所收作品的创作时间，以《送孙季和赴遂安序》《送寿居仁序》两文为最晚。据题署，前者作于绍熙辛亥中春朔，后者作于绍熙辛亥二月丙申，这里，辛亥年正是绍熙二年（1191），二文同作于是年二月。因此，可以推定《鄮峰真隐漫录》编定于绍熙二年（1191）二月或三月间，史浩时

① 《宋史》卷四一四《史弥远传》，北京：中华书局，1977年，第12418页。

② 《宋史》卷二〇三《艺文志》，北京：中华书局，1977年，第5117页。

③ （宋）楼钥：《攻媿集》卷九三《纯诚厚德元老之碑》，《丛书集成初编》第2018册，北京：中华书局，1985年，第1288页。

④ （宋）楼钥：《攻媿集》卷九三《纯诚厚德元老之碑》，《丛书集成初编》第2018册，北京：中华书局，1985年，第1278页。

⑤ （宋）史浩：《忠定王家训》，史美露主编：《南宋四明史氏》，成都：四川美术出版社，2006年，第225页。

年 86 岁。

明确了编者情况及编定时间，前引王智勇所作“盖史氏家族为南宋望族，浩又为孝宗朝重臣，故其门人周铸编集时得以利用各种有利条件全力搜讨，是以收文详尽，后人无以增补删削，遂使诸家著录皆同也”的推论便不无可议之处。其一，对于周铸利用了各种有利条件全力搜讨这一点，纯系猜测之辞。其二，所谓收文详尽，后人无以增补删削，也言过其实。曾枣庄、刘琳主编的《全宋文》据《四库全书》本《鄮峰真隐漫录》收录史浩的文章，“另辑得佚文二十六篇”[①]。这些作品就体裁而言，分别属于记、跋、书、诗等，而《鄮峰真隐漫录》乃是依体分卷，每卷一体，故不可能同时存于已佚的卷四四中，因此，其或许为史浩《外集》佚文，也未可知。

此外，笔者在研究史浩的过程中，也发现了他的一则佚文，可补《全宋文》之阙。该文载于袁桷《跋外高祖史越王尺牍》中，兹录于下：

> 某伏以即日毒暑在候，正君子斋戒之时。共惟抚干国录，盛德在躬，默有神相，台候动止，倍介繁福。某归老山林，一念不作，殊觉强健，不足云者。蒙示《张公行状》，可发一笑。识者观之，必有公论。建炎以来，锱积寸累，车马器甲，符离一扫无孑遗。东南膏血，竭于叛亡。目今州郡穷匮，皆由当时不恤国计，以偿功名之心，某所不忍为也。某此心，天实知之，主上实知之，不恤后世之无闻也。吾人以谓如何？竹洲所寓，什物无恙，幸置虑。他觊韬养，以前光大，异时横蜚，尉区区之所期待。幸甚！幸甚！五月日，太傅、保宁军节度使致仕、魏国公史浩札子。[②]

按，袁桷乃元代浙东著名学者，与史浩后人有姻亲关系，故有条件获睹此书。朱熹曾在《少师保信军节度使魏国公致仕赠太保张公（浚）行状》中采取是张非史立场，对史浩大肆贬斥，致使史浩极为委屈与不满，故于该书中有所辩解与澄清。实际上，方万里、罗濬纂《宝庆四明志》卷九《史浩传》亦保留了这封尺牍的部分言辞：“既归，有示以《张浚行状》者，浩

---

① 曾枣庄，刘琳主编：《全宋文》第 199 册，上海、合肥：上海辞书出版社、安徽教育出版社，2006 年，第 82 页。

② （元）袁桷：《清容居士集》，《丛书集成初编》第 2075 册，北京：中华书局，1985 年，第 846—847 页。

曰：'此心，天实知之，主上实知之，不恤后世之无闻也。'"[①]只是由于摘引内容有限，史浩的态度难以细察，而上述尺牍的发现，则有助于我们客观地看待史浩在南宋战守之争中的是非功过问题。以上是对《鄮峰真隐漫录》的编集及佚文情况所做的一点辨析说明，下面对其流传情况进行梳理。

元明以来，《鄮峰真隐漫录》宋代刊本流传不广[②]，书目亦少著录，祝尚书对此作有说明："明《文渊阁书目》卷九、《菉竹堂书目》卷三皆著录'楼叔韫《鄮峰漫录》十册'，疑别是一人[③]。《绛云楼书目》卷三载'史浩《鄮峰真隐漫录》三册'，陈注'五十卷'。今无宋、明旧椠，而以明钞残本为古。明钞残本藏浙江天一阁，仅存卷三三至卷三八，凡六卷。然《四库全书》即著录天一阁本，尚为完帙，盖由明钞传录。"[④]明代仅《绛云楼书目》予以著录，亦失之于简。到了清代，唯存天一阁所藏明钞本，全祖望云："史忠定王《鄮峰真隐漫录》五十卷，天一阁范氏藏本也。"[⑤]此本当即《四库全书》据以"传录"之明钞本。

不仅《四库全书》本传录明钞本而来，《宋集珍本丛刊》（线装书局，2004年）第四十二、四十三册所刊的《鄮峰真隐漫录》的祖本也是明钞本。王智勇云："本丛刊选刊之清刻本，据卷首裔孙史积容《序》，乃'乞假（四库）馆中写得其副'，并于史益三刊刻时，'召族之人莱庭伯、樵阳兄相与校订讹误，重加缮录'。"[⑥]由此可知，在明钞本与清刻本之间，至少还有两个本子，即据明钞本而写的副本与清刻本所用的底本。这两个本子作为清钞本似乎都流传了下来，祝尚书云："四库底本今藏北京大学图书馆，有

① （宋）方万里，罗濬纂《宝庆四明志》，中华书局编辑部编：《宋元方志丛刊》，北京：中华书局，1990年，第5101页。

② 王智勇：《〈鄮峰真隐漫录〉影刊说明》云："盖又因浩力主弃地求和为后人所鄙，故其集不为人所重，流传不广，并在元、明两朝刊刻甚少，遂使宋明旧刻不存。"（舒大刚主编：《宋集珍本丛刊》第42册，北京：线装书局，2004年，第762页）这里将史浩文集流传不广归咎于史浩的"力主弃地求和为后人所鄙"，并不足据。至于何种原因导致流传不广，史无确据，应作存疑。

③ 楼叔韫者，据陈振孙《直斋书录解题》卷八所载"《括苍志》七卷，教授曾贲撰。乾道六年，太守四明楼璩叔韫序。钥之父也"（《丛书集成初编》第45册，北京：中华书局，1985年，第240—241页），知为楼璩，楼钥之父，四明人。楼钥《攻媿集》卷八五《亡妣安康郡太夫人行状》亦云："先君讳璩，曾以军器监丞兼权尚书工部郎官，知处州，终朝议大夫，累赠银青光禄大夫。"（《丛书集成初编》第2017册，北京：中华书局，1985年，第1152页）略载其行履。虽不言楼璩著述情况，但《鄮峰漫录》为楼璩所作，应是事实，祝尚书"疑别是一人"是正确的。

④ 祝尚书：《宋人别集叙录》卷一九，北京：中华书局，1999年，第909—910页。

⑤ （清）全祖望著，朱铸禹汇校集注：《全祖望集汇校集注》，上海：上海古籍出版社，2000年，第1192页。

⑥ 王智勇：《〈鄮峰真隐漫录〉影刊说明》，舒大刚主编：《宋集珍本丛刊》第42册，北京：线装书局，2004年，第762页。

缪荃孙跋，其《艺风藏书记》卷六著录道：‘钞本极旧，内有涂乙，是修四库书时馆臣手笔，惜官印在首册，已失去矣。缺后五卷。’除此之外，今南京图书馆、湖北省图书馆犹藏有清钞本。”①因为笔者没有见到这些钞本，故无法做出判断。

总之，《鄮峰真隐漫录》现存五个版本，分别是：明钞本、清钞本、清刻本、《四库全书》本与《宋集珍本丛刊》本。而在这些版本之中，又以《四库全书》本与《宋集珍本丛刊》本最为常见。因此，本文接下来就讨论一下两者之间所存在的差异。

二、版本差异

如前所述，《四库全书》本②与《宋集珍本丛刊》本皆以天一阁明钞本为祖本，但是在传录或刊刻过程中都进行过改动，致使两者存在一些差异。具体来说，有以下三种情况。

（一）分卷之异

依体分卷是《鄮峰真隐漫录》在编纂时所采取的主要方式。在史浩五十卷的作品中，“凡诗五卷、杂文三十九卷、词曲四卷。末二卷为童丱须知，分三十章，皆以修身齐家之道，次为韵语，盖蒙求类也”③。若谓以诗、杂文、词曲、《童丱须知》四项分卷，尚属泛论。实际上，《鄮峰真隐漫录》区分得更细，如诗有古诗、律诗、绝句、挽词，杂文有制、奏议、表、笺、青词、疏文、启、札子、书、记序、赞、题跋、致语、铭、颂偈、辞、祝文、祭文等，词曲则大曲自为两卷，词自为两卷。本来，若按上述文体来分卷，还是比较合理的。但是，《四库全书》本与《宋集珍本丛刊》本在分卷上并不尽同。

（1）卷数互置。《四库全书》本卷四为绝句，而《宋集珍本丛刊》本则移为卷五；《四库全书》本卷五为律诗，而《宋集珍本丛刊》本则列入卷四。这种差异自有缘由，因为两个版本卷三皆为律诗，所以《宋集珍本丛刊》本卷四续以律诗而将绝句置于卷五，符合逻辑习惯。但是，应注意的是，该卷“律诗”中是附有“挽词”一体的，《四库全书》本明确标目且列入卷五，置于诗卷之末，自有其理由。《宋集珍本丛刊》本则未对史浩所作

---

① 祝尚书：《宋人别集叙录》卷一九，北京：中华书局，1999 年，第 910 页。

② 本小节所作比较之《鄮峰真隐漫录》《四库全书》本乃《文津阁四库全书》本，由商务印书馆 2005 年影印出版。

③ （清）永瑢等：《四库全书简明目录》卷一六《〈鄮峰真隐漫录〉提要》，上海：上海古籍出版社 1985 年，第 664 页。

挽词标目，显然是其失误。

（2）体名有异。如两个版本卷一一所录的《进呈故事》，乃是史浩先引历史故事而后加以申说的供皇帝参考的一些文章。对此，《宋集珍本丛刊》本题以“奏议”，而《四库全书》本未作标识。这一细微差别反映了两个版本对史浩这类作品的文体属性的不同判定，在四库馆臣看来，它似与一般奏议有别，因此不作标识。又如两个版本卷四一所录的《葬五世祖衣冠招魂辞》，《四库全书》本标为“楚辞”，《宋集珍本丛刊》本则为“骚辞”，一字之差，意味却有所不同。按，史浩该文乃仿《楚辞》名篇《招魂》而作，与《离骚》体不同，因此，以“楚辞”标目更优。再如两个版本卷四七，《四库全书》本题为“词曲”，与卷四八同，而《宋集珍本丛刊》本则题为“曲词”，与卷四八异，显然《宋集珍本丛刊》本未做到统一。

（3）归类不同。两个版本卷二一所录的乃是史浩任王府官员时的作品，涉及诗、表、札子、笏记、青词等诸多文体，由此可见该卷并非依体划分，而是从创作时间与背景着眼。在这种情况下，《四库全书》本标为“王府撰述”，应是符合史浩原本面目的。而《宋集珍本丛刊》本却题为“笺，附王府撰述”，且注云：“此卷不名一体，皆丞相为府僚时所撰进，故附于笺。”[①]该卷并无一篇笺体之作，其云附于笺并不妥当。

（二）篇目之异

两个版本之间的篇目也存在着差异，具体情况见表4-3。

表4-3 《鄮峰真隐漫录》之《四库全书》本与《宋集珍本丛刊》本的篇目差异情况一览

<table>
<tr><th>序号</th><th>卷数</th><th>篇目</th><th>《四库全书》本</th><th>《宋集珍本丛刊》本</th></tr>
<tr><td>1</td><td></td><td>《大祀礼成后谢表》《谢赐御书圣主得贤臣颂英杰论表》《知绍兴府谢到任表》《谢除知福州兼改镇崇信军节度使表》</td><td>列于卷六“内制”内</td><td>列于卷一四“表”内</td></tr>
<tr><td>2</td><td>一三</td><td>《高宗皇帝加徽号上寿皇圣帝表》</td><td>未收</td><td>存有</td></tr>
<tr><td rowspan="2">3</td><td rowspan="2">二四</td><td>《贺何将仕漕试得举启》《贺秦枢密加特恩进爵群公启》《贺胡通判除广南提舶启》《贺赵郎中知泉州启》</td><td>存有</td><td>未收</td></tr>
<tr><td>《贺枢密加特进进爵郡公启》</td><td>未收</td><td>存有</td></tr>
<tr><td>4</td><td>二八</td><td>《除太师谢留右丞相启》《谢王知院启》《谢葛同知启》</td><td>存有</td><td>未收</td></tr>
<tr><td rowspan="2">5</td><td rowspan="2">三五</td><td>《洪都道士傅得一求赞淳熙改元四月吉日三山郡斋书》</td><td>置于该卷卷首</td><td>置于该卷末尾</td></tr>
<tr><td>《南湖法智大师像赞》</td><td>未收</td><td>存有</td></tr>
</table>

① （宋）史浩：《鄮峰真隐漫录》卷二一，舒大刚主编：《宋集珍本丛刊》第43册，北京：线装书局，2004年，第91页。

表 4-3 反映了《四库全书》本与《宋集珍本丛刊》本在篇目上的差异，情况有三：一是有些篇目分布的卷数不同，这涉及文体归类，诚如王智勇所说："此本（《宋集珍本丛刊》本）诗文篇目多有调整，如《四库全书》本卷六制类《知绍兴府谢到任表》调整到卷十四表类，其分类更为合理。"①二是有些篇目仅见于其中一个版本，通过比堪，有助于《鄮峰真隐漫录》的辑佚工作。三是某些篇目在两个版本同一卷数中的顺序不同，这是一个小问题，故不予讨论。

（三）文字之异

两个版本文字出入颇大，王智勇认为，"本丛刊选刊之清刻本，据卷首裔孙史积容《序》，乃'乞假（四库）馆中写得其副'，并于史益三刊刻时，'召族之人莱庭伯、樵阳兄相与校订讹误，重加缮录'。又卷首史鸿义《刻鄮峰真隐漫录序》，亦云'浙江采之天一阁钞本转誊而入《四库》馆，字经数写，鱼鲁滋多，爰与莱庭兄暨樵阳师、柘溪侄共相校仇。'此本卷一卷端题'门人周铸编。裔孙鸿义校。廷霖、悠诚重校。'则此本文字又当胜《四库全书》本。"②王智勇所作此本文字又当胜《四库全书》本的结论仅是在对清刻本编刊过程的认识上所形成的，并不是在对清刻本与《四库全书》本作详细比堪之后得出的结果，难以令人信服。因此，笔者选择《四库全书》本与《宋集珍本丛刊》本（此本乃清刻本的影印本）略作比堪，得出了两者文字之异的情况。举例如下。

（1）文字存佚不同。如《四库全书》本卷三二《上知绍兴府俞阁学乞修黄山桥书》"载以巨艑"后阙"恒患覆溺。生全之计，须驾杠梁以济，蔡公然之……伏惟幸赦其狂而进之"，近六百字，而《宋集珍本丛刊》本存有。另如卷三二《寿乡记》、卷三十八《四明尊老会致语》《诸亲庆弥正弥远及贝叔怀恩命复会致语》等，《四库全书》本皆有大段佚文，而《宋集珍本丛刊》本未有阙佚。

（2）小注有无不同。《宋集珍本丛刊》本卷三八有"致语"十七篇，其于每篇之下多加以小注，标明该会的参与者及其情况，如《复明守谢直阁会致语》注有"师稷，务本。淳熙八年四月到任"，《饯明守谢殿撰赴召致语》注有"师稷，淳熙八年四月到任，九年十月赴召"，《待明守杨少卿

① 王智勇：《〈鄮峰真隐漫录〉影刊说明》，舒大刚主编：《宋集珍本丛刊》第 42 册，北京：线装书局，2004 年，第 762 页。

② 王智勇：《〈鄮峰真隐漫录〉影刊说明》，舒大刚主编：《宋集珍本丛刊》第 42 册，北京：线装书局，2004 年，第 762 页。

致语》注有“獬，正伯。淳熙九年十一月到任”，《纳孙妇钱氏亲会致语》注有“定之”，《待明守赵殿撰致语》注有“师夔，汝一。淳熙十一年十月到任”，《婿王肃之就成亲会致语》注有“王樵，字肃之，王丞相淮末子，金华人”等。这些小注均不见于《四库全书》本。类似的情况在卷三九的“致语”中亦为常见，兹不例举。

（3）文字正讹不同。这种情况最为普遍，一卷之中，一篇之中，两本文字多有不同，需要进行正讹甄别。仅以卷一《东湖游山》一诗为例，见表4-4。

表4-4　《四库全书》本与《宋集珍本丛刊》本之《东湖游山》文字比勘情况一览

序号	《四库全书》本	《宋集珍本丛刊》本	不同之处	甄别说明
1	枯节蜡屐随清波	枯筇蜡屐随清湲	“节”“筇”不同；“波”“湲”不同	筇指一种竹子，可作手杖，当是；“湲”为韵角，亦是
2	绿蓑青笠苦忘归	绿蓑青笠若忘归	“苦”“若”不同	据句意，以“若”为是
3	森森松菊蔽村祠	森森松竹蔽村祠	“菊”“竹”不同	既言蔽，当以“竹”为优
4	血食往往长春秋	血食往往长秋春	“春秋”“秋春”不同	为押韵计，以“秋春”为是
5	神仙窟宅合在东南比西陬	神仙窟宅合在东南北西陬	“比”“北”不同	“比”应是传写误
6	周游几千里	周游几十里	“千”“十”不同	此诗乃写实，此次出游似应以“几十里”为宜

三、内容特色

下面从两个方面来看《鄮峰真隐漫录》的内容特色。

（一）突出的应用性

《鄮峰真隐漫录》五十卷，卷帙繁多，但其中大部分作品都意在应用，文学性并不突出，这可分体言之。如前引《四库全书简明目录》所云：“凡诗五卷，杂文三十九卷，词曲四卷，末二卷为《童丱须知》，分三十章，皆以修身齐家之道次为韵语，盖蒙求类也。”诗、词曲、杂文及《童丱须知》作为四大组成部分，各有其应用性。

先论诗、词。《史浩集》中抒发真情实感的诗作不多，而供奉宫廷的应制诗与同朋友赓韵唱和的酬唱诗却比比皆是。词亦如此，大曲之辞自是宴会歌舞表演的底本，而本应吟风弄月的小词在史浩手中却多用于祝寿、助饮、酬唱。所以，史浩诗词以应用性为主，殆无疑义。

再看杂文。这一类中，除奏议、记序、题跋之外，其他如制、表、笺、青词、启、书、赞、致语、铭、祝文、祭文等文体多用四六文，属应用文一类。宋人张侃云：“骈四俪六，特应用文耳，前辈直曰世间一种苛礼，过为谨细。”[①]元人刘埙说得更为全面：

> 宋初承唐习，文多俪偶，谓之昆体。至欧阳公出，以韩为宗，力振古学，曾南丰、王荆公从而和之，三苏父子又以古文振于西州，旧格遂变，风动景随，海内皆归焉。然朝廷制诰，缙绅表启，犹不免作对，虽欧曾王苏数大儒，皆奋然为之，终宋之世不废，谓之四六，又谓之敏博之学，又谓之应用。士大夫方游场屋，即工时文，既擢科第，舍时文即工四六，不者弗得称文士。大则培植声望，为他年翰苑词掖之储；小则可以结知当路，受荐举，虽宰执亦或以是取人，盖当时以为一重事焉。[②]

这段文字概括了宋代四六文的发展，指出了其在宋代政治社会中的广泛应用性。对于史浩而言，其杂文三十九卷，一卷已佚，实为三十八卷。而在这三十八卷中，内外制占一卷、表七卷、笺两卷、青词一卷、疏一卷、启五卷、札子三卷、书一卷、赞三卷、致语三卷、铭偈一卷、祝文一卷、祭文一卷，合三十卷，皆四六文。另外，“王府撰述”一卷多表、青词、笏记等，亦以四六文写成。至于奏议四卷中，亦多有四六文。因此可以说，史浩杂文一类多具应用性。

末看《童丱须知》。据史浩自序，《童丱须知》乃其“退处率多暇日，间口占数语以训儿孙，使知事君、事亲、修身、行已之要”，甚至使“留心义方者，有取于斯焉”[③]。所以，应用性亦是《童丱须知》的特征。

（二）强烈的政治性

我国古代文化属于政治型文化，而“政治型文化必然地带来了对文艺政治功利性的要求。这种政治功利性，从先秦诸子时代已经开始了，到后来则愈甚。其中如唐宋时期，高官又常是优秀的文人和理论家，在其位，谋其政，写其所想，发其议论，很难避免从实践到理论的对文艺政治性、功利性的介人”[④]。史浩的作品自然也不例外，政治性十分强烈。

---

① （宋）张侃：《张氏拙轩集》卷五《跋陈后山再任校官谢启》，《景印文渊阁四库全书》第1181册，台北：商务印书馆，1986年，第426页。

② （元）刘埙：《隐居通议》卷二一《骈俪一·总论》，《丛书集成初编》第214册，北京：中华书局，1985年，第211页。

③ （宋）史浩：《鄮峰真隐漫录》卷四九《童丱须知自序》，舒大刚主编：《宋集珍本丛刊》第43册，北京：线装书局，2004年，第252页。

④ 邓乔彬：《古代文艺的文化观照》，上海：上海教育出版社，2003年，第93页。

其一，史浩同宋代皇室关系密切，相关作品繁多。史浩既曾为王府官员，又两任宰相，与宋高宗、宋孝宗、宋光宗以及其他皇室成员的关系十分密切，很多作品都直接服务于皇室，具有强烈的政治意味。史浩作有大量的宫廷供奉诗，散见于他的文集中。这部分诗歌往往是应制或进呈之作，政治功用远远大于其文学性，这留于后面章节详论。而《鄮峰真隐漫录》卷二一乃“王府撰述”，集中收录史浩任王府官员时的作品，有代贺皇后生辰的诗，有代谢授职的表、札子，也有针对具体问题短小精悍的笏记，从多个方面体现了史浩同皇室的关系，成为其文集的政治特色之一。

其二，史浩多有针对时政问题而作的奏议，凸显了其文集的政治性。《四库全书总目》云：“今考集中如《论山东未可用兵》《论归正人》《论未可北伐回奏条具弊事》诸札子皆极言李显忠、邵宏渊之轻脱寡谋，不宜轻举，而欲练士卒、积资粮以蓄力于十年之后。既而淮西奔溃，其言竟验，不可为非老成谋国之见。虽厥后再秉国政，亦未能收富强之效以自践其言，而量力知难，其初说固有未可深议者。”[①]史浩这些札子根据当时宋金形势，对“未可用兵”“不纳归正人”“未可北伐”等与时局攸关的问题表达了一己之见，观点明确，立场鲜明，而这也成为史浩文集政治性的一种体现。

其三，即使一些闲适文字亦多有政治性的表达。如《鄮峰真隐漫录》卷四六的《渔父舞》本属歌舞娱乐的大曲，但史浩却在其中深寓颂圣之意。开篇“勾队诗”云：“升平一曲渔家傲”，化用了晏词《渔家傲》（画鼓声中昏又晓）中的“神仙一曲渔家傲”一句，但变换两字，则去掉隐逸闲适之意味而陡生歌舞升平之感。末章则云：“莫惜清尊长在手。圣朝化洽民康阜。说与渔家知得否。齐稽首。太平天子无疆寿。”则与渔父生活无关，纯粹是文人士大夫的颂谀之词。[②]

总之，应用性与政治性是史浩《鄮峰真隐漫录》内容上的两大特色。这固然根植于史浩一生的仕宦经历，但与其文学观念也不无关系。《鄮峰真隐漫录》卷一《赠天童英书记》云：“学禅见性本，学诗事之余。”这里，把学诗作为做事的辅助、补充，文学的地位排在事功之后，也就是说，文学不过是事功的补充，本身并不具有独立的价值。因此，《鄮峰真隐漫录》具有较为突出的功利色彩，也就不足为怪了。

---

① （清）永瑢等：《四库全书总目》卷一五九《〈鄮峰真隐漫录〉提要》，北京：中华书局，1965年，第1366—1367页。

② 夏令伟：《宋元文体与文体学论稿》第一章《唐宋〈渔父〉词的文人化发展》，广州：中山大学出版社，2018年。

四、文集价值

此处从三个方面略论史浩《鄮峰真隐漫录》的价值。

（一）家族文献保存价值

史氏乃南宋望族，除政治成就显赫外，著述方面亦有卓越表现。清代全祖望在为史弥宁《友林乙稿》作题识时有详细介绍。

> 史氏家门著作极盛：经苑则文惠有《尚书讲义》（二十二卷）、《周礼天地二官讲义》（十四卷）、《论语口义》（二十卷），弥大有《易学指要衍极图说》，定之有《乡饮酒仪》（一卷）、《太极图论》（二篇）、《易赞蓍说》，嵩之有《周礼讲义》，文卿有《易解》，蒙卿有《易究》（十卷），芳卿有《古易》《学诗题词》《夏小正经传考》，葵卿有《太极图说》，公珽有《易演义》《象数发挥》。史料则弥远有《高宗圣政编要》（二十卷）、《孝宗宝训》（六十卷）、《绍兴求贤手诏》（一卷），忠宣有《书判录》，弥忠有《庐陵教民集》，守之有《升闻录》。传记则文惠有《会稽先贤传》（二卷），定之有《鄱阳志》（三十卷）、《饶州志》（二卷）。象数则守之有《潜虚解》。说林则弥大有《世家》（二篇）、《朴语》（二篇）、《镜庵丛书》，守之有《世学》（二十四卷）、《心易龟鉴》，文卿有《石窗野语》。书学则文惠有《童丱须知》（三卷），弥忠有《历代总括》、《临池笔记》，芳卿有《石鼓文考》。类纂则吉卿有《广事文类聚》。而别集则文惠有《鄮峰真隐漫录》（五十卷）、《直翁外集》（二十五卷），弥大有《朴斋外集》，忠宣有《沧洲诗稿》，弥林有《憸斋集》，弥忠有《自斋集》（五十卷），弥应有《自乐山吟》，弥巩有《独善先生集》（五十卷），宜之有《用拙斋集》，定之有《月湖集》，嵩之有《野乐篇》（百篇），宅之有《云麓集》，安之有《类稿》，憸之有《拙斋集》，蒙卿有《果斋集》，越伯有《云闲集》，徽孙有《观物和陶诗》，公珽有《蓬庐居士集》。大半为经籍志之所未载者。予搜求前辈文献，于《永乐大典》中钞得文惠《周礼》《论语》二种，弥大《朴语》二篇；于天一阁范氏得文惠《漫录》；其余则偶或遇其奇零篇幅，而未能尽也。当时以三宰相、两执政重圭累衮之势，而各肆力于撰述，亦正有不可及者。[①]

① （清）全祖望著，朱铸禹汇校集注：《全祖望集汇校集注》，上海：上海古籍出版社，2000年，第1376—1377页。

其中，史涓一支，“自删定以来，父子祖孙，人人有集”[①]，可谓盛况空前。然而，尽管史氏家族当时著述丰富，但流传下来的绝少，清代时全祖望已费尽搜求之苦，除史浩《鄮峰真隐漫录》《周礼讲义》《论语口义》，史弥大《朴语》及史弥宁《友林乙稿》外，其余则偶或遇其奇零篇幅，而未能尽也。及至今日，所存更少，仅有《鄮峰真隐漫录》《尚书讲义》及史弥宁《友林乙稿》三集而已。而在这三者之中，《尚书讲义》乃学术著作，《友林乙稿》则纯为诗集，只有《鄮峰真隐漫录》为全集性质，因此尤为珍贵。

史氏家族文献严重散佚的情况，对后人追溯、推扬家族文学造成了极大障碍。为弥补这一缺憾，后人在编纂《史氏世宝集》时，便将史浩诗作割裂开来，分给史氏家族其他成员，从而造成了史氏多人有诗流传的假象[②]。这一做法自然不值得推许，但也反映了编者追索先人文献的良苦用心，同时亦可看出史浩《鄮峰真隐漫录》对于家族文献保存与流传的重要价值。

对此，作于乾隆四十二年（1777）的清代史鸿义《刻鄮峰真隐漫录序》说得更加透彻：

> 典籍感人，遗书为甚。片楮有传，音容如见，旷世犹一日也。矧夫文章谟训之昭乘，悬之日月，尤足仰余徽而动追远之思。吾先子端士公志存绍述，笃念先猷，往事传闻，勤于称诵。居恒课读之暇，时取谱牒，指示源流，开陈统绪，俾无忘先世之德，鸿义谨识之于心。顾窃念生于京邸，南瞻乡邑，弗克遄归，一上祖宗坟垄，松楸遗荫，徒梦寐依之。且观谱中所载先代著作甚夥，标目灿然，今求其书而百无一焉，尤用为隐憾。岁乙未始得拜读吾三十五世祖鄮峰府君遗集，盖创睹也。[③]

遗书可使前人音容如见，令后人“尤足仰余徽而动追远之思”，成为

① （元）戴表元：《剡源集》卷一八《跋史和旨诗卷》，《丛书集成初编》第 2057 册，北京：中华书局，1985 年，第 278 页。对于该句的解释，周芬、张如安《论宋代鄞县史氏家族的文学创作》将该句描述的史涓一支的情况等同于整个史氏家族，其云：“与身为政治家的史浩有所区别，史涓曾为删定官，文字功底自然不薄，故史氏‘自删定以来，父子祖孙，人人有集’，文学创作之风日渐浓郁。”（《宁波服装职业技术学院学报》，2004 年第 4 期，第 61 页）而细味戴表元原文，仅指史涓、涓子史和旨、和旨诸孙史景肃兄弟等一支而言，非指整个史氏家族。

② 张如安，傅璇琮：《求真务实 严格律己——从关于〈全宋诗〉的订补谈起》，《文学遗产》2003 年第 5 期，第 140 页。

③ （宋）史浩：《鄮峰真隐漫录》卷首史鸿义序，舒大刚主编：《宋集珍本丛刊》第 42 册，北京：线装书局，2004 年，第 763 页。

文化传承的桥梁。经过两代人的追寻，史浩《鄮峰真隐漫录》终于在后人追求先代著作“而百无一”的情况下出现，故而史鸿义谓之“盖创睹也”。不仅如此，史浩此集亦被镂版印行，“登诸梨枣，颁之同宗，俾各家藏以为世守，庶几遗编具存前徽，可接先德之感，视谱牒而加深。凡属子孙，恍在旧学庭前，聪听府君之彝训，则鸿义之至愿也”[①]。这样，史浩此集就获得了仅次于宗谱的家族文献价值，对于教育、团结史氏后人具有重要的意义。

（二）地方文化传承价值

卷三三至三五的赞是《鄮峰真隐漫录》比较特殊的部分。其中，卷三三、三四为《会稽先贤传赞》，是作者从史传之中辑出的会稽自先秦以来以至宋朝的贤人，分“高尚之士”“列仙之儒”各二十人。据《嘉泰会稽志》卷二载：“史浩乾道四年四月以观文殿大学士、左通议大夫知（绍兴府），六年四月除检校少傅、保宁军节度使再任，六月提举临安府洞霄宫。”[②]在任期间，史浩留心会稽故实，此传赞即作于这一时期。据《宋史·艺文志》“史浩《会稽先贤祠传赞》二卷”[③]的记载，则此传赞又当曾经独立流传。实际上，知府除了行政职务之外，亦担负教化民众之责，通过对历史上贤人名士的揄扬，恰好能起到敦睦乡里、传承文化的作用。

此外，是集卷三五有《四明十二先生赞》，所录之人皆为有宋以来四明地区享有盛誉之人，其中，杨适、王说、王致、杜醇、楼郁号五先生，对四明政教文化影响深远。南宋楼钥认为，“吾乡四明，庆历、皇祐间，杜、杨、二王及我高祖正议，号五先生，俱以文学行谊表率于乡。杜先生又继之，讲明经术。名公辈起，儒风益振。”[④]清人全祖望亦云：“有宋真、仁二宗之际，儒林之草昧也……而吾乡杨杜五先生者，骈集于百里之间，不可谓极盛欤。”[⑤]其实，对这五人地位的肯定与推扬，史浩实功不可没，所作各赞显示了这一点，如云“道契皇王，德参天地，俯仰窥察，出处一致”（杨适），“伊欤高尚，抱道弗违，下视流俗，突梯脂韦”（杜醇），“陋巷箪

① （宋）史浩：《鄮峰真隐漫录》卷首史鸿义序，舒大刚主编：《宋集珍本丛刊》第42册，北京：线装书局，2004年，第763页。

② （宋）沈作宾修，施宿等纂：《嘉泰会稽志》卷二，中华书局编辑部编：《宋元方志丛刊》第七册，北京：中华书局，1990年，第6758页。

③ 《宋史》卷二〇三《艺文志》，北京：中华书局，1977年，第5116页。

④ （宋）楼钥：《攻媿集》卷五一《息斋春秋集注序》，《丛书集成初编》第2011册，北京：中华书局，1985年，第699页。

⑤ （清）全祖望著，朱铸禹汇校集注：《全祖望集汇校集注》，上海：上海古籍出版社，2000年，第1037页。

瓢，王公知已。百世闻风，莫不兴起”（王说），“逮今士子，儒学彬彬，收功贻厥，世有显人”（楼郁），“教育千里，执经满门，天之报施，煌煌后昆”（王致），便开后人推崇风气之先。

除前面所述的侧重承继之外，《鄮峰真隐漫录》之于地方文化的价值也在于文献的传播。历史上，四明文教发达，后人多有辑录前人作品之举，以彰显地方文化。“辑明州诗文者，宋有《鄞江集》，今已失传。王应麟《四明文献集》，亦复佚阙。至明宋士之《四明雅集》二十家，戴鲸之续集六十家，张时彻之《四明风雅》一百二十家，于作者采缀稍广，而源流未备。邺嗣尝撰《甬上耆旧传》，纪其乡先哲行事颇详。文学因即其传中之人搜录遗诗，论定编次，而各以原传系之。始自周文种、汉大黄公，终于明季诸家，凡四百三十人，得诗三千余首，本四十卷。”虽然如此，《甬上耆旧诗》亦有“搜罗未至”[①]的缺憾，史浩《鄮峰真隐漫录》中所存之诗，即不在该书之列。对此，胡文学《甬上耆旧诗》卷二云：“甬上文献至宋而始盛，凡中进士者六百九人，位至执政者十八人，今所录仅二十四家。唯楼宣献公得其选集，薛氏有世编，故录之为详，馀俱从诸旧乘陈言腐什中节取一二而已，其全集俱苦觅未见。”[②]甬上文献虽然至宋而始盛，但是仅有数家文集有传而已，由此可见文集的保存与流传对于地方文化传之久远的重要意义。对于《鄮峰真隐漫录》而言，虽然因流传不广而胡文学未曾寓目，《甬上耆旧诗》未能采录，但其地位自不容抹杀，全祖望云：“吾乡宋人之集，由忠定以前亦皆无传，当以是集为首座矣。”[③]就肯定了《鄮峰真隐漫录》的对于地方文献保存、传承的价值。

（三）文学艺术研究价值

以文艺发展的视野观照《鄮峰真隐漫录》，略谈其价值两端。

其一，文体学价值。如“致语”一体，已引起学术界注意。《鄮峰真隐漫录》卷三七至三九乃史浩所撰“致语”之集合，不仅以小注的形式点明了其应用场合，也通过变化繁多的笔法，展示了致语的创作规范与艺术特色。因此，这些材料对于研究致语一体的发展演变、功能性质以及艺术规范极为重要。

① （清）永瑢等：《四库全书总目》卷一九〇《〈甬上耆旧诗〉提要》，北京：中华书局，1965年，第1732页。

② （清）胡文学：《甬上耆旧诗》卷二，《景印文渊阁四库全书》第1474册，台北：商务印书馆，1986年，第8页。

③ （清）全祖望著，朱铸禹汇校集注：《全祖望集汇校集注》，上海：上海古籍出版社，2000年，第1192页。

其二，文艺史价值。《鄮峰真隐漫录》卷四五、四六乃为“大曲”，是难得的文艺史研究资料。对此，《宋代文学史》云：“大曲和转踏是宋代流行的两种歌舞相兼的表演艺术。除了这两种，在宋代还有一些其他种类的歌舞相兼的表演，如史浩《鄮峰真隐大曲》中所收的《花舞》《剑舞》《柘枝舞》……而大曲与转踏，因当时受到知识分子、封建官僚甚至宫廷帝王的青睐，保存了一些资料，才能流传下来。虽为数不多，其中却有些文学价值。”[①]虽然其中某些意见不无可议之处，但足以说明史浩大曲之于文艺研究的价值与意义。

第四节　文献记载与史氏评价问题

对于宋代史氏人物尤其史氏三相的是非功过，自宋时以至近代，人们关注已久，评论日多。当今学术界亦踵继其后，续有所论，如俞信芳《鄞籍中兴宰相史浩二三事》[②]、何忠礼《试论南宋孝宗朝初年与金人的和战——兼论对张浚和史浩的评价》[③]、诸葛忆兵《老成谋国的南宋宰相史浩》[④]、史美珩《评为岳飞平反的宰相——史浩》[⑤]、杨成鉴《千古争议史忠献（弥远）》、茅冥家《南宋丞相史弥远》、史美珩《将相之才——史嵩之》（以上三文见史美露主编《南宋四明史氏》）等，都力图给予史氏三相以客观、公正的评价。不过笔者注意到，上述诸文所言之话题与所持之观点多与前人之评论有着千丝万缕的联系。基于这种情况，本节以中华人民共和国成立之前的历代史氏人物评论资料为研究对象，从评论主题与评论文体两个方面展开论述，从而勾勒出有关评论的历史发展情况。

一、和战：评论主题之一

纵观历代史氏人物的评论，和战与用人是两大主题。此部分先论和战。

与金、元之间的和战问题是南宋历史发展的一条主线。王夫之云：“宋自南渡以后，所争者和与战耳。”[⑥]宋高宗统治晚期，随着秦桧去世，原先备受压制的主战势力与舆论重新抬头。特别在金主完颜亮南侵及求战心切

① 孙望、常国武：《宋代文学史》，北京：人民文学出版社，1996年，第434页。

② 俞信芳：《鄞籍中兴宰相史浩二三事》，《宁波师院学报》（社会科学版）1991年第3期。

③ 何忠礼：《试论南宋孝宗朝初年与金人的和战——兼论对张浚和史浩的评价》，《浙江学刊》1998年第6期。

④ 诸葛忆兵：《老成谋国的南宋宰相史浩》，《文史知识》1999年第11期。

⑤ 史美珩：《评为岳飞平反的宰相——史浩》，《浙江师大学报》2001年第6期。

⑥ （清）王夫之：《宋论》卷一三《宁宗五》，北京：中华书局，1964年，第234页。

的宋孝宗受禅之后，以张浚、胡铨为代表的主战派受到重用，更使得主战浪潮日盛一日。但是，以老成持重见长的宋孝宗潜邸旧臣史浩在隆兴元年（1163）拜相前后，采取内修以后图的策略，坚决反对张浚轻易开战，遂在一系列问题上同张浚发生了激烈的冲突与矛盾。①而在这场争论中，执清议牛耳的王十朋坚持挺张倒史的立场，先后进呈《论史浩札子》《再论史浩札子》等奏疏，明确将史浩的对金政策定性为主和，予以大肆攻击，致使后者迅速罢相、奉祠，遂开史浩评价中的非史一脉。②自此之后，围绕着史浩、张浚孰是孰非的问题，各家评论竞相迭出，既有针锋相对者，亦有调和折中者，大有你方唱罢我登场之势。虽然众口纷纭、莫衷一是，但究其立场，皆可归入是张非史、为史辩护或史张并斥三个方面。

（一）是张非史

这是历代评论史、张之争时所持的主流态度。宋代以杨万里、朱熹、吕中等为代表，之后沿袭者多有。

1. 杨万里

杨万里为张浚门人，两人相交甚深。罗大经云："杨诚斋为零陵丞，以弟子礼谒张魏公。时公以迁谪故，杜门谢客。南轩为之介绍，数月乃得见。因跪请教，公曰：'元符贵人，腰金纡紫者何限，惟邹至完、陈莹中姓名与日月争光。'诚斋得此语，终身厉清直之操……立朝时，论议挺挺，如乞用张浚配享，言朱熹不当与唐仲友同罢，论储君监国，皆天下大事。"③谨守张浚教诲，以清直为贵，表现在为政方面，便是"论议挺挺"。不过，其"乞用张浚配享"一议，虽然贯彻了这种行为准则，值得肯定，但未免有个人私心存在。《宋史》说得明白：

> 淳熙中，高宗祔庙，翰林学士洪迈言："配食功臣，先期议定。臣两蒙宣谕，欲用文武臣各两人，文臣故宰相赠太师秦国公谥忠穆吕颐浩、特进观文殿大学士谥忠简赵鼎，武臣太师蕲王谥忠武韩世忠、太师鲁王谥忠烈张俊。此四人皆一时名将相，合于天下公论。"议者皆以为宜，遂从之。秘书少监杨万里独谓丞相张浚不得配食为非，争

① 有关史浩与张浚的争论背景、内容与实质，可参考本书第二章第二节《史浩与张浚之争》。

② 有关王十朋论奏史浩的情况，可参考本书第二章第三节《王十朋论史浩》。

③ （宋）罗大经撰，穆公校点：《鹤林玉露》甲编卷一"诚斋谒紫岩"条，上海古籍出版社编：《宋元笔记小说大观》第五册，上海：上海古籍出版社，2001年，第5166册。

之不得，因去位焉。[①]

洪迈所提出的四位配享人员，获得了较为普遍的认可。但杨万里却基于推尊张浚的私心，不顾公议所向而为之争，结果遭到了贬谪。对于杨万里的用意，史浩有所评论。

> 予观此书敷叙条畅，有作者关键，世方宝其文章，予独取其节概。……忠献张公亡久矣，今日忽有一国士报者，可谓凤鸣朝阳。夫张之知杨，不过吹嘘奖进，犹报之如许，使国家而用斯人，肯负吾君乎？此予所以重其节概也。[②]

“文章”与“节概”二端，史浩所取乃在后者，即报恩之举，并许为“凤鸣朝阳”。不过，从该跋来看，恩又有公私之别，若将报私恩之举推之于国与君，方为节概之大。若以此考察，则杨万里尚需更进一境。其云“张之知杨，不过吹嘘奖进”，张浚所予之恩谈不上深，但杨万里“犹报之如许”，出于常情之外，令人赞叹的同时，亦不免流露出一种遗憾。

实际上，推尊张浚，很大程度上意味着毁贬史浩。后之张氏门人如吴猎的所作所为可视为杨万里这一立场的延续。绍熙五年（1094）史浩卒后，受到皇帝追赠。“宁宗登极，赐谥文惠，御书‘纯诚厚德元老之碑’赐焉。”[③]但是，赐谥受到了吴猎的反对，史载：

> 猎既驳史浩谥，又请以张浚配享阜陵曰：“艰难以来，首倡大义，不以成败利钝异其心，精忠茂烈，贯日月、动天地，未有过于张浚也。孝宗皇帝规恢之志，一饭不忘。历考相臣，终始此念，足以上配孝宗在天之意，亦惟浚一人耳。”议皆不合。[④]

这里，吴猎“驳史浩谥”与“请以张浚配享阜陵”的出发点是一致的，都体现了是张非史的基本立场，与王十朋、杨万里并无二致。而吴猎之所以取如此立场，一是由于他有史浩主和而张浚主战的既定之见。二是出于

① 《宋史》卷一〇九《礼志》，北京：中华书局，1977年，第2630—2631页。

② （宋）史浩：《鄮峰真隐漫录》卷三六《跋杨廷秀秘监张魏公配享议》，舒大刚主编：《宋集珍本丛刊》第43册，北京：线装书局，2004年，第183页。

③ 《宋史》卷三九六《史浩传》，北京：中华书局，1977年，第12069页。

④ 《宋史》卷三九七《吴猎传》，北京：中华书局，1977年，第12086页。

他的个人私心立场。“（吴）猎初从张栻学，乾道初，朱熹会栻于潭，猎又亲炙，湖湘之学一出于正，猎实表率之”[①]，则吴猎乃张浚之子张栻的门人，推尊师祖之意不难了解。

除前言“乞用张浚配享”外，能看出杨万里“犹报之如许”的尚有二事。其一，上疏反对宋孝宗对史浩的赏赐。其《旱暵应诏上疏》作于淳熙十四年（1187），是时史浩虽退官家居，却受到宋孝宗的特别优礼，故杨万里于该奏中云：“财之在官者，岂可妄用哉？如往岁之雪寒，如迩日之大灾，陛下皆发帑廪以赐军民，谁不悦服者？至于史浩之赐金至以千计焉，夏侯恪之赐钱以买宅，至以万计焉，途之人皆曰此民之膏血也。是二人者，何功而得此也？’”[②]虽言之有理，但若考察其是张非史的一贯立场，则用心难称公允。其二，在张浚、虞允文等传或墓志中指斥史浩拒战，竟以私意为褒贬。其所作《张魏公传》乃为史传之体[③]，中间有段文字谈及史、张之争。

浩既为参知政事，浚所规画，浩必沮挠。如不赏海州之功，沮死骁将张子盖，散遣东海舟师，皆浩之为也。先是，洪迈、张抡使金，回见浚，具言虏不礼我使状，且令称陪臣。浚请不当复遣使，而浩议遣使报虏以登宝位。浚请毋庸遣，竟遣之，虏责旧礼，不纳而还。[④]

其云“浚所规画，浩必沮挠”，并列数事佐证，借以说明史浩暗中破坏张浚抗金的举动与用心，褒张贬史之态度判然可见。又如其《宋故左丞相节度使雍国公赠太师谥忠肃虞公神道碑》载：

（虞允文）遂复泾、原、熙、巩等十六州。而蜀士杨民望者媢公，沮挠于中，谓宜弃新复州郡而退守蜀之故。封言者信之，大臣史浩主之，公屡争不能得，乃请入见而陈便宜，诏许焉。既见，孝宗问弃地

① 《宋史》卷三九七《吴猎传》，北京：中华书局，1977年，第12088页。

② （宋）杨万里：《杨万里集》卷六二《旱暵应诏上疏》，季羡林总编：《传世藏书》集库别集第6册，海口：海南国际新闻出版中心，1996年，第278页。

③ 杨万里：《答谢提干》云：“但作传之说，若作家传，则家人子之任，非外人事也；若作史传，则合于今上庆元元年日历中某月日书云‘某官谢、某薨’之下书云‘某字某，临江人也’云云，如某修《孝宗日历》作张魏公、钦夫、李寿翁三传是也。”（《杨万里集》卷一一，季羡林总编：《传世藏书》集库别集第6册，海口：海南国际新闻出版中心，1996年，第576页）是知杨万里《张魏公传》乃《孝宗日历》中一种，属史传。

④ （宋）杨万里：《杨万里集》卷一一五《张魏公传》，季羡林总编：《传世藏书》集库别集第6册，海口：海南国际新闻出版中心，1996年，第611页。

得失何如，公以笏画地，具陈形势险要如是而固，吾蜀如是而基进取。上慨然曰："史浩误朕。"公既忤时宰，于是有当涂之命，时隆兴元年春也。①

主张弃地以致虞允文辞任，被视为史浩拒战的罪证，又可见杨万里是张非史的态度。

2. 朱熹

朱熹对待史浩与张浚的态度体现在其为张浚所作的《少师保信军节度使魏国公致仕赠太保张公行状》中。在该文中，朱熹详细列举了史浩同张浚之间的种种争论，并多下断语，如"浩已为参知政事，力主初议，其余公（指张浚）所措置，浩辄不以为是"，再如"凡公所为，动皆乖异，党与唱和，实繁有徒"，又如"时上已有欲幸建康之意矣，而浩殊不以为然"②等，皆反映了朱熹是张非史的立场。

对于朱熹的上述立场，史浩曾在与友人的信中评论道："蒙示张公行状，可发一笑，识者观之，必有公论。建炎以来，锱积寸累，车马器甲，符离一扫无孑遗。东南膏血，竭于叛亡，目今州郡穷匮，皆由当时不恤国计，以偿功名之心，某所不忍为也。某此心天实知之，主上实知之，不恤后世之无闻也。"③揭露了张浚主战的实质乃是"不恤国计，以偿功名之心"，足以驳斥朱熹所作行状中对张浚的溢美之词，而对于自己的无辜受谴，则流露出一种耿介莫辩之气。元代袁桷曾录史浩该书全文并作跋云："朱文公作张忠献行状，一出南轩之笔，不过题官位、姓名而已。后考三败事迹，始悔昔年不加审核，归咎南轩，然亦无及矣……忠定尺牍无一字失实者，此岂私喜怒而为言者欤？"④将朱熹的"不加审核"与史浩"尺牍无一字失实"相互对比，则朱熹应归入"私喜怒而为言"的行列之中。虽然如袁桷所言，朱熹所作张浚行状因为"一出南轩（张栻）之笔"，所以才造成了失实，但人们并不认同这一回护之辞，沈松勤所论十分可取，他说："朱熹

① （宋）杨万里：《杨万里集》卷一二〇《宋故左丞相节度使雍国公赠太师谥忠肃虞公神道碑》，季羡林总编：《传世藏书》集库别集第6册，海口：海南国际新闻出版中心，1996年，第646页。

② （宋）朱熹：《晦庵先生朱文公文集》卷九五下《少师保信军节度使魏国公致仕赠太保张公行状下》，《朱子全书》第25册，上海、合肥：上海古籍出版社、安徽教育出版社，2002年，第4420、4420、4422页。

③ （元）袁桷：《清容居士集》卷五〇《跋外高祖史越王尺牍》，《丛书集成初编》第2075册，北京：中华书局，1985年，第846页。

④ （元）袁桷：《清容居士集》卷五〇《跋外高祖史越王尺牍》，《丛书集成初编》第2075册，北京：中华书局，1985年，第847页。

在作《张浚行状》的过程中，并非因什么也不知而处处陷于被蒙蔽的状态，相反，在大是大非的关节问题上，是一清二楚的，他之所以任张栻‘写来事实做将去’，显然出于‘尊尊亲亲之义’和‘为尊者讳’；‘为尊者讳’则基于现实中的朋党政治，为党争中‘好己之同’‘恶人之异’的党同伐异的政治文化性格所驱使。”[①]这就揭示了朱熹作张浚行状之时实在充斥着一己之好恶，下面这则材料更能说明这一点。

> 因论李德远、黄世永为汤进之所买，云：“他亦是不曾见前辈，前辈皆不如此。汤见人时，一面颜色言语皆买人之物。史直翁亦然，然却较好。史虽主和，然亦有去交结得一人为应者，然许他皆过分数了。诚使彼足以抗虏，此中亦何以处之？其策甚非也。”[②]

他认定史浩主和，并云“亦有去交结得一人为应者”。所谓“一人”，乃指史正志，与其张浚行状中所持立场是一致的。由此可知，朱熹的非史立场，既与其“党同伐异的政治文化性格”有关，又源于其和战主张远于史而近于张。事实上，朱熹的立场在史浩评论史上产生了深远的影响，如其所作的张浚行状成为《宋史·张浚传》的蓝本，使既定之见堂而皇之地进入正史之内。虽然后世学者多有纠正《宋史·张浚传》之偏伪的努力，但事实已成，流播又广，故难以尽去其弊。

3. 吕中

吕中主要活动于宋理宗时，著有《大事记讲义》一书，以类目形式记载北宋诸朝史实，便于学史者使用，故风行于当时。就思想倾向来看，有着浓厚的推崇理学之意。[③]对于史、张之争，吕中作有评述，相应观点为一些史书所引用，故影响尤大。如宋代刘时举《续宋编年资治通鉴》卷八在介绍史、张之争及其他和战讨论后，曾两处引述了吕中的评论。

> 吕中曰……而宰执独无表章以听，谓和之自我耳。史浩立备守之说，不过迁延以就和耳，此张浚之志所以不获伸也。

> 然浚之规模始沮于秦桧，再沮于史浩，三沮于汤思退之徒，至是

① 沈松勤：《南宋文人与党争》，北京：人民出版社，2005年，第313页。

② （宋）朱熹：《朱子语类》卷一三二《中兴至今日人物下》，《朱子全书》第18册，上海、合肥：上海古籍出版社、安徽教育出版社，2002年，第4132—4133页。

③ 张其凡：《大事记讲义初探》，《暨南学报》（哲学社会科学版）1999年第2期，第59—64页。

陈康伯亦主和议，岂非天乎？[①]

与杨万里、朱熹枚举史浩拒战的事实而斥之的做法不同，吕中则直接拿史浩“备守之说”开刀，认为其本质乃“迁延以就和耳”。也就是说，史浩的主张在表面上与秦桧、汤思退有别，但实质却是一样的，故从根本上道出了史浩主和的意图；而对于张浚，吕中则将其塑造为身负抗金重任却为主和群小所羁绊的失意志士。如此对比，如此论断，可谓旗帜鲜明。此外，元代陈栎所撰《历代通略》亦引用了吕中的“浚之规恢复，始沮于秦桧，再沮于史浩，三沮于思退、之望、稽之徒”[②]的观点，不难看出吕中观点的影响之大。此外，类似的观点也出现在何俌《龟鉴》中。《宋史全文》引述其观点云：“寿皇即政之初，即曰张浚入对，遂除江淮宣抚使。上劳之曰：‘久闻公名，今朝廷所恃惟公。’而浚见上英武，力陈和议之非，此与高宗诏用李纲同一义。然纲一出而为汪、黄所沮，浚一出而为史浩所沮，惜乎！”[③]将史浩与汪、黄相拟，与吕中之见相去不远。

以上是对杨万里、朱熹、吕中等人的是张非史立场所做的梳理与辨析。若将之视为源，后来多有承袭其观点者，略引数家言论如下。

（1）魏了翁云：“自吾有金难，其是非利害，果孰在邪？仇耻所当雪，分义所当明，此万世之正理，以是非断也。持此说者，固不为无人，惟宗忠简、李文定、张忠献、胡忠简，实首立正伦之帜而能始终不渝者也。谓宴安可玩，谓屈辱无伤，谓画江可以自全，谓得地不足以守，此一时之私意，以利害言者也。群而和之者，固不为无人，惟耿南仲、秦桧、汤思退、史浩，实倡为邪说之祖而劫以必行者也。”[④]

（2）宋濂云：“夫自奸桧主和议而史浩、汤思退继之，牢不可破。孝宗恢复之志虽上通于天，终莫之遂。不主和者，惟张浚、胡铨、张阐、张震及公（陈良翰）等数人而已。”[⑤]

（3）方孝孺云：“宋之不兴，天实弃之，使孝宗之志不伸者，史浩沮之

---

① （宋）刘时举：《续宋编年资治通鉴》卷八，《景印文渊阁四库全书》第328册，台北：商务印书馆，1986年，第957、959页。

② （元）陈栎：《历代通略》卷四，《景印文渊阁四库全书》第688册，台北：商务印书馆，1986年，第102页。

③ （元）佚名著，李之亮校点：《宋史全文》卷二四上，哈尔滨：黑龙江人民出版社，2005年，第1635页。

④ （宋）魏了翁：《鹤山集》卷五二《虞忠肃公奏议序》，《景印文渊阁四库全书》第1172册，台北：商务印书馆，1986年，第588页。

⑤ （明）宋濂：《文宪集》卷一二《题天台陈献肃公行状后》，《景印文渊阁四库全书》第1223册，台北：商务印书馆，1986年，第690页。

于前，汤思退败之于后。及同甫（陈亮）上书之时，孝宗之初志已衰矣。”[①]

（4）何乔新云：“孝宗志图恢复，贤于高宗远矣。然终帝之世，不能复中原之尺寸，何哉？任贤不专，去邪不果，故耳。夫张浚、刘珙、虞允文、陈俊卿，所谓君子也，帝知其贤而用之矣。用之未久，遽以物议而罢之，君子安得行其志乎？史浩、尹穑、汤思退、王之望，所谓小人也，帝知其邪而黜之矣。黜之未远，寻以人言而复之，小人又安得不售其奸乎？”[②]

总体来看，这些人旨在分析宋孝宗恢复之志难遂的原因，多持君子、小人之辨，极力称颂力主恢复的张浚等人，而将史浩打入主和一派予以贬斥，其中的是张非史之意甚明。但是这些观点并不出王十朋、杨万里、朱熹、吕中等人的范围，因此也就算不上什么新见。

（二）为史辩护

自宋至清，面对是张非史一脉对于史浩的质疑与非难，也有一些人予以了积极的回应与辩护，虽不能全面抗衡，却也一定程度上为史浩做了正名。不妨缕述如下。

最早对非史之见做出回应的似应推楼钥。其在为史浩所作的墓志铭中，就要不要进兵山东、扫荡边患、主动北伐及纳不纳归正人等一系列史、张之间争议极大、史浩也因而备受指摘的问题做了澄清与辩护，持论较为平允。[③]不过，由于楼钥的地位有限，该文也未能一廓杨万里、朱熹等人所造成的不利于史浩的影响。陈郁则在介绍史、张关于“请上幸建康”“取山东”“取费于民”及进兵等问题的不同意见之后，予以评论道：“余谓浚非不忠也，特太急耳。浩可谓责难于君者矣，可谓见远识微之士矣，可谓得镇抚四夷之体，是可为师出无名之戒云。”[④]揭示了张浚轻率而史浩持重的一面。后来之人，遂多有从此角度来评价史、张者，如明代王世贞云：“奕世言恢复，聊尔美其名。开禧大辱国，符离亦无成。孱然史越王，持重见讥评。”[⑤]便将力主恢复之人归于沽名钓誉之辈，既抨击了张浚的符离之败，又对史浩“持重见讥评”的现象表示了不满。清代四库馆臣亦在《四

① （明）方孝儒：《方孝孺集》卷四《读陈同甫上宋孝宗四书》，季羡林总编：《传世藏书》集库别集第8册，海口：海南国际新闻出版中心，1996年，第51页。

② （明）何乔新：《椒邱文集》卷六《帝锐意恢复张浚乞降诏幸建康史浩以为不可王十朋劾浩怀奸误国等罪遂罢》，《四库明人文集丛刊》，上海：上海古籍出版社，1991年，第1294、99—100页。

③ 具体内容，请参考本书第二章第二节《史浩与张浚之争》。

④ （宋）陈郁：《藏一话腴》外编卷上，《丛书集成续编》第88册，上海：上海书店，1994年，第735页。

⑤ （明）王世贞：《弇州续稿》卷四《咏史》第八十九，《景印文渊阁四库全书》第1282册，台北：商务印书馆，1986年，第55页。

库全书总目》中为史浩辩护，多作对比之论，凡有三处：

其一，史浩《尚书讲义》之提要云：

> 当张浚用兵中原时，浩方为右仆射，独持异论，论者责其沮恢复之谋。今观其解文侯之命一篇，亦极美宣王之勤政复仇，而伤平王之无志恢复，则其意原不以用兵为非。殆以浚未能度力量时，故不欲侥幸尝试耶。[①]

针对“论者责其沮恢复之谋”的评论意见，四库馆臣从史浩《尚书讲义》的解辞出发，得出“其意原不以用兵为非”的结论，从而驳斥了“论者”的错误判断，可谓言之有据。

其二，王之望《汉滨集》之提要云：

> 至其论和议之策，以为南北之形已成，未易相兼，惟当移攻战之力以自守，然后随机制变。又以为金人制胜之谋，举无遗策，加以器械之利、形势之便，虽汉唐全盛之时犹未能轻此敌，而况于今日。其斟酌时势以立言，与史浩意颇相近，亦不可谓之不知时务。特其朋比小人，附和权幸，与浩之出于老成忠荩者不同。又汤思退所主者，乃六国赂秦之计，与浩之主于持重俟衅者，亦复迥异。故当时重为人所抨击，而《宋史》亦极不满之诛其心也。[②]

王之望是被是张非史者列为主和投降一派的中坚人物，但四库馆臣依然从其作品出发，联系当时宋金形势，客观地看待其对金主张，肯定其“斟酌时势以立言”的一面，而这点“与史浩亦颇相近”。但是，史浩“出于老成忠荩”“主于持重俟衅”，故又非王之望所能望其项背。这种区别乃是针对前文所述的非史者将史、王同列为主和一派的做法而发，故大有深意。

其三，史浩《鄮峰真隐漫录》之提要云：

> 当孝宗任张浚，锐意用兵，浩独以为不然。遂以论劾罢去。元代史臣作浩传赞，亦颇诋其不能赞襄恢复之谋。今考集中如《论山东未

---

① （清）永瑢等：《四库全书总目》卷一一《〈尚书讲义〉提要》，北京：中华书局，1965年，第91页。

② （清）永瑢等：《四库全书总目》卷一五八《〈汉滨集〉提要》，北京：中华书局，1965年，第1364页。

可用兵》《论归正人》《论未可北伐》《回奏条具弊事》诸札子，皆极言李显忠、邵宏渊之轻脱寡谋，不宜轻举。而欲练士卒，积资粮，以蓄力于十年之后。既而淮西奔溃，其言竟验，不可为非老成谋国之见。虽厥后再秉国政，亦未能收富强之效，以自践其言；而量力知难，其初说固有未可深议者。[①]

这里，先是提出史、张之争的一段公案，接着便依据史浩的作品对《宋史》的“颇诋其不能赞襄恢复之谋”予以批驳，可谓言之有据。此外，针对史浩之说流于空谈的批评也做了回护，亦非无由。所以，四库馆臣所做的老成谋国之见的结论虽同陈郁、王世贞的看法一脉相承，但更加确凿、可信。

在为史浩辩护的一方中，另有一股力量不容忽视，那就是史氏宗谱对于史浩、张浚是非问题的重视。据史美珩先生的意见，表现有二：其一是《古藤史氏宗谱》卷二将文征明的《史张是非辨》一文置于同《忠定王家训》《溧阳家范》并列的地位，可见是张非史者的谬误。其二是清代康熙时纂述的《谱录合编》特意引用了揭傒斯、郭大有、柯维骐等人评价张浚主战之失的话来为史浩辩护。[②]这的确是为史浩辩护中的一大特色。

以上简单列举了为史浩辩护一方的代表性意见。与是张非史一方流于意气之争不同，这一方更具有客观色彩。其或注目于宋金力量的现实对比，或着眼于张浚符离之败所造成的严重后果，或从文献出发来解读史浩主张的真实面貌，从而为史浩做了强有力的正名。虽然带来的影响要逊于是张非史一派，但却似一股清流，令人不能忽视。

（三）史张并斥

在是张非史和为史辩护之外，还有一种特殊的评论意见，这就是史张并斥。如宋代薛季宣云：“前史丞相居可为之地而堕于空无之累，张魏公以将相之重而夺于喜功之心，非徒事无所成，害于今日多矣。”[③]直言史浩“堕于空无之累”，虽不同于是张非史者径直将史浩主张归为“迁延以就和”而将之打入主和一派的做法，但也因其言无实效而对其深为不满。同样，对

① （清）永瑢等：《四库全书总目》卷一五九《〈鄮峰真隐漫录〉提要》，北京：中华书局，1965年，第1367页。

② 史美珩：《不平则鸣，奋起抗争——史氏宗谱的最大特色》，史美露主编：《南宋四明史氏》，成都：四川美术出版社，2006年，第254—256页。

③ （宋）薛季宣：《浪语集》卷一七《与王枢密札子》，《景印文渊阁四库全书》第1159册，台北：商务印书馆，1986年，第287页。

于张浚，薛氏则直斥其“喜功之心”，对其“事无所成”并贻害后世的一面更是愤慨异常。这种史张并斥的立场确实独树一格。明代崔铣也有类似观点，他在《漫记》中对《宋史》之滥多有指责，其中之一云：“宋君厚其臣，臣负其君。国有大政，不务审处而先抗论，不求济事而先洁名。神宗求兴邦，误于安石而南渡；孝宗求复仇，误于张浚而请和。史浩而下，苟延目前；留正而下，有奔而已矣。”①他对张浚、史浩皆不满，认为前者误于“洁名”，后者耽于“苟延”，皆臣负其君的典型。综合薛季宣与崔铣对史浩的指责来看，皆以其主张为迂延空洞之辞，对此，四库馆臣曾予以辨析，前文已引，兹不赘述。

以上列举了史浩、张浚之争引发的三种关于史浩的评论倾向，并略微涉及这三种倾向之间的相互关系。史浩之后，其子孙亦有因和战问题而引发关注者。如史弥大，《万姓统谱》载：“浩在相位，弥大劝其引退。浩主和，弥大主战守，父子异议。”②这表面是对史弥大“主战守”的表彰，其实更是对史浩主和的否定与批判，所持态度值得玩味。除史弥大外，前后为相的史弥远、史嵩之在和战问题上的立场则与史浩基本一致，即忌用兵而务自治。如史弥远于韩侂胄开禧北伐之际即上疏加以反对，主张“毋惑浮言以挠吾之规，毋贪小利以滋敌之衅，使民力愈宽，国势愈壮，迟之岁月，以俟大举，实宗社无疆之福”，与史浩所言如出一辙。及至韩侂胄北伐受阻，他筹划诛韩兵变，并在成功之后，遣使向金求和，提出“缮城堡，葺器械，储糗粮”的建议③。而在之后26年的执政时间里，史弥远基本恪守着这一政策。史嵩之在史弥远执政期间，长期处在抗金前线，对宋金实力对比有着清醒的认识，故慎于用兵。端平元年（1234），在宋理宗、郑清之的主持下，宋军先与元军联合夹击金军，并在灭金之后进兵洛阳。对此，史嵩之认为国力不济而加以反对，遂因意见不合而归养田里。后来，“帝自师溃，始悔不用嵩之言，召见，力辞，权刑部尚书。引见，疏言结人心、作士气、核实理财等事。且言：‘今日之事，当先自治，不可专恃和议。’”④综合来看，无论史弥远还是史嵩之，和战主张皆与史浩一脉相承。虽然如此，两人却没有像史浩那样因这一主张而引起极大的争议，原因在于时势

① （明）崔铣：《洹词》卷一一《漫记》，《景印文渊阁四库全书》第1267册，台北：商务印书馆，1986年，第611页。

② （明）凌迪知：《万姓统谱》卷七四，《中华族谱集成·万姓统谱》第2册，成都：巴蜀书社，1995年，第95页。

③ 《宋史》卷四一四《史弥远传》，北京：中华书局，1977年，第12417页。

④ 《宋史》卷四一四《史嵩之传》，北京：中华书局，1977年，第12424页。

的变化。在史浩之时，人们对靖康之耻正怀恨在心，力量虽有不济，而心力尚在，故主战的呼声一时占据舆论的主导地位。及至符离之败后，主战势力遭受重创，痛定思痛，便将恢复无望的原因归咎于秦桧、汤思退等主和派，而史浩因曾与张浚持有异论，受到牵连，可谓事出有因。不过，随着开禧北伐的失败，南宋主战势力的衰弱，整个社会思潮都陷入偏安以求自保的境地之中，再也无意于用兵以求恢复故土，而史弥远、史嵩之的政策恰好顺应了这一趋势，故异议虽有，影响却小。

二、用人：评论主题之二

用人是宋代相权的重要组成部分，诸葛忆兵先生曾有论述："宋代中央政府的用人权大概可以分为三个层次：皇帝册授高级和要害部门官员、宰相除授朝廷次要官员、吏部差注全国基层官员。……这三个层次用人权的划分，也是言其大概，实际操作中并不能如此界线分明。但无论哪一个层次，宰相或唱主角，或唱配角，都参与其中，而且发挥越来越多的影响，作用越来越重要。"[①]然而，从另一方面来说，因为官员的荐举、选拔与任用往往牵涉不同团体、不同阶层、不同地域的利益，再加之宋代党争频仍，"用人之争是朋党之争的基础或原动力，无论'国是'之争抑或学术之争，其动力都源自用人之争"[②]，故宰相主导下的用人策略与方式常为各方注目而引发争议。在这方面，史氏三相亦引发了不少或疑或叹，或毁或誉的评论，因此，笔者把用人作为历代史氏评论的又一大主题。

（一）史浩：褒多于贬

史浩两任宰相，三赴经筵，既为宋孝宗潜邸旧臣，又居师相之尊，特殊的身份与地位使其在荐人、用人上格外突出。对于具体表现，楼钥在为史浩撰写的墓志中有四处提及，兹引于下。

> （1）（孝宗）尝问："当今施设何先？"公曰："莫如保边境、收人才。"前言辛次膺、张焘人望所属，即日召还。又荐周葵、任古、胡铨、张戒、王十朋等，以次收用。公平时咨问天下人物，有所闻，密疏其实，且识言者，录为一编，皆于此乎取。又得金安节、王大宝、周必大等三十五人，各书所长以闻，并为时用。
>
> （2）引陈襄故事，荐石斗文等五人，皆赴阙。

① 诸葛忆兵：《宋代宰辅制度研究》，北京：中国社会科学出版社，2000年，第135页。

② 沈松勤：《南宋文人与党争》，北京：人民出版社，2005年，第269页。

（3）又荐薛叔似而下十五人。叔似召用，余以次收擢。

（4）孝宗尝谓公曰："卿所荐用人，其间有负卿者，亦知之乎？"公顿首曰："此臣所以报陛下也。臣所荐未尝以语人，亦不受其私谢，故人人自以为得上意。荐贤者，臣之责，用贤者，君之恩也。"尝拟知湖州陈之茂进职知平江，孝宗知之茂尝毁公，曰："卿岂以德报怨耶？"对曰："臣不知有怨。若以为怨而以德报之，是有心也。"莫济作詹事王十朋行状，诋毁尤甚。公荐济掌内制，孝宗曰："济非议卿者乎？"公曰："臣不敢以私害公。"遂除中书舍人、兼直学士院，待之如初。盖公之宽厚类此。①

从以上材料中可以看出史浩荐人、用人的三个特点：第一，思想成熟，做法可取。史浩初次为相，即向宋孝宗传达了较为成熟的用人思想。在他看来，"收人才"与"保边境"同等重要，皆是国家所应首先考虑的问题。在此，史浩实际上是把收罗人才视为内治的重要内容，并服从于其整个治国方略。以此既定思想为指导，史浩不但积极收罗人才，又力行公正无私，所荐未尝以语人，亦不受其私谢，从而归恩于皇帝。所以，如此用人思想与做法既保证了客观公正，又维护了皇帝权威，体现了史浩老成的一面。第二，笃于职事，宽厚待人。用人既为宰相之职责，史浩即奉行不替，所谓"平时咨问天下人物，有所闻，密疏其实，且识言者，录为一编，皆于此乎取"，已能看出史浩的用心。更为可贵的是，史浩不因怨废人，虽陈之茂、莫济对其多有诋毁，却依然荐用不衰，楼钥称之为宽厚，诚为不虚。第三，人才尽出，效果显著。上引前三条材料表明，史浩荐人、用人的次数频繁、来源广泛、规模庞大。第一条所载乃发生在史浩隆兴元年（1163）初次拜相之时，举荐人才众多，有王十朋、周必大等名臣。第二条所载乃发生在史浩淳熙四年（1177）担任经筵之际，除楼钥所列石斗文一人，尚有石斲、陈仲谔、汪义端、沈铢 4 人②。第三条所载则发生在淳熙八年（1181）陛辞之日，除薛叔似外，尚有杨简、陆九渊、石宗昭、陈谦、叶适、崔敦礼、袁燮、赵善誉、张贵谟、胡拱、舒璘、舒烈、王恕、湛循 14 人③。若

① （宋）楼钥：《攻媿集》卷九三《纯诚厚德元老之碑》，《丛书集成初编》第 2018 册，北京：中华书局，1985 年，第 1279、1284、1285、1287—1288 页。

② （宋）史浩：《鄮峰真隐漫录》卷八《经筵荐石斲等札子》，舒大刚主编：《宋集珍本丛刊》第 43 册，北京：线装书局，2004 年，第 18 页。

③ （宋）史浩：《鄮峰真隐漫录》卷九《陛辞荐薛叔似等札子》，舒大刚主编：《宋集珍本丛刊》第 43 册，北京：线装书局，2004 年，第 22 页。

将第四条材料所言的陈之茂、莫济也计算在内，则为史浩前后荐用者，多达 64 人。这些人或为乡里贤达，或为理学名士，一定程度上反映了史浩采择之广、之精。总之，从这些材料中，史浩荐人、用人的情况可以想见，楼钥的推崇之意亦不难体察。楼钥之外，他人亦多角度言史浩之用人，胪列数端于下。

（1）叹其识力者。如叶绍翁载："熊克……暨调余姚尉，史越王尝为是官，适以旧学召入相，道出余姚，熊携行卷诣王舟上谒，王读其文而器之。会上赐曲宴，语王以两制艰其选，王遂亟以熊荐，旋进所投行卷。上即召克诣都省，旋给札中秘，序转校书郎……越王识熊于百僚邸，至以应诏，熊竟至法从。"[①]史浩认为熊克"读其文而器之"，并推荐给宋孝宗，卒为校书郎，可谓善识人者。

（2）赞其重厚者。如李心传载，针对宋孝宗"国朝以来，过于忠厚"而应"懋赏立乎前，严诛设乎后"的用人之见及所造成的"御笔既出，中外大耸"的恐慌局面，史浩上奏予以分辨，而认为祖宗之策，过于忠厚，正属难得，"若欲宣示于外，乞改其政一于忠厚"。对此，李心传称赞道："史公为人重厚，进说上前，务存大体，多所裨益，此其尤粹也。"[②]《宋史》则踵继其说，在《史浩传》中录存此事，以示褒扬。不仅如此，该传还载有前引楼钥所说的史浩荐举陈之茂、莫济之事，从而认为史浩是"喜荐人才"与"宅心平恕"[③]，由此可见史臣对史浩用人一事的赞美之意。

（3）誉其高效者。如《延祐四明志》载，史浩"善荐士，陆游赐进士出身，繇浩力。在经筵尝荐薛叔似、陆九渊、叶适等十五人。又荐金安节、汪应辰三十四人，后皆显达"[④]。《宋史》亦持类似观点，其所荐薛叔似等人，皆一时之选，"后皆擢用，不至通显者六人而已"[⑤]，指出了史浩荐人的高效。

上述所举对史浩用人的评论，皆是褒誉有加。不过，持异议者也大有人在，如王十朋，其在《论史浩札子》一疏中论浩八罪，其三为"植党"，其六为"蔽贤"，皆是就史浩用人而发。虽然所论未必符合事实，但却令史

---

① （宋）叶绍翁撰，尚成校点：《四朝闻见录》乙集"熊子复"条，上海古籍出版社编：《宋元笔记小说大观》第五册，上海：上海古籍出版社，2001 年，第 4909—4910 页。

② （宋）李心传撰，徐规点校：《建炎以来朝野杂记》乙集卷三"孝宗论用人择相"条，北京：中华书局，2000 年，第 546 页。

③ 《宋史》卷三九六《史浩传论》，北京：中华书局，1977 年，第 12081 页。

④ （元）袁桷：《延祐四明志》卷五《史浩传》，中华书局编辑部编：《宋元方志丛刊》第六册，北京：中华书局，1990 年，第 6202 页。

⑤ 《宋史》卷三九六《史浩传》，北京：中华书局，1977 年，第 12069 页。

浩蒙受了朋党、揽权的罪名，影响了世人的认识与判断。[①]除王十朋之外，朱熹的态度最值得玩味。朱熹曾两受史浩荐用，一为"（淳熙）五年，史浩再相，除知南康军，降旨便道之官，熹再辞，不许"。[②]二为绍熙年间，"时史浩入见（孝宗），请收天下人望，乃除熹秘阁修撰，主管南京鸿庆宫。熹再辞，诏：'论撰之职，以宠名儒。'乃拜命"。[③]前次被荐，朱熹曾于淳熙六年（1179）春作有《与史丞相札子》[④]云："所可惜者，明公荐延海内名士，今无得立于朝者，甚或重遭诋毁，被以恶名而去。若又以熹之故重为门墙之辱，则于私义诚有所不敢安者。"[⑤]朱熹有感于史浩所荐"海内名士"陷入政治困境的现实，对自身出仕并不看好，故婉拒史浩美意，结果"不许"。朱熹再次被荐前后，反道学势力风头正劲，道学与道学人士多为掣肘，步履艰难。在此之时，陆学门人孙应时寄望史浩能对道学人士施以援手，并云："惟是道学二字，年来上下公共疾之，无能为明主别白言者……欲望师相特救此事，遂消此名，用贤奖善，付诸公论，天下幸甚！"[⑥]而史浩确也如孙应时所望，利用自己的特殊身份，对道学人士大力举荐，然无奈反道学势力太盛，其所努力收效甚微。在这种情况下，道学人士对待史浩的心态颇为矛盾，一方面对其抱有期待；另一方面又不无观望与担心。如吕祖谦《与朱侍讲》云："史丞相来日渡江，将迎，又一番扰扰也。"[⑦]对史浩被召之"扰扰"颇有微词，但在《答潘叔度》一书却云："史丞相虽为柴端所击，而趣召犹未已，不知果来否？"[⑧]又流露出了一种期待与不安。所以，此时史浩入见宋孝宗，使命重大，故"请收天下人望"而再荐朱熹等。对于史浩的两次荐举，朱熹是心存感激的，故他在答弟子问时十分难得地对史浩有一许可："史老虽如此，然常爱论荐引拔士人，此一节可喜。"[⑨]虽然史浩有如此未明之瑕疵，但对其用人有可喜的肯定，亦属不易。之所

① 本书第二章第三节《王十朋论史浩》有详论。

② 《宋史》卷四二九《朱熹传》，北京：中华书局，1977年，第12753页。

③ 《宋史》卷四二九《朱熹传》，北京：中华书局，1977年，第12763页。

④ 陈来：《朱子书信编年考证》，上海：上海人民出版社，1989年，第157页。

⑤ （宋）朱熹：《晦庵先生朱文公文集》卷二六《与史丞相札子》，《朱子全书》第21册，上海、合肥：上海古籍出版社、安徽教育出版社，2002年，第1140—1141页。

⑥ （宋）孙应时：《烛湖集》卷六《上史越王书》，《景印文渊阁四库全书》第1166册，台北：商务印书馆，1986年，第581—582页。

⑦ （宋）吕祖谦：《东莱集》别集卷八《与朱侍讲》，《景印文渊阁四库全书》第1150册，台北：商务印书馆，1986年，第246页。

⑧ （宋）吕祖谦：《东莱集》别集卷十《答潘叔度》，《景印文渊阁四库全书》第1150册，台北：商务印书馆，1986年，第292页。

⑨ （宋）朱熹：《朱子语类》卷一三二《中兴至今日人物下》，《朱子全书》第18册，上海、合肥：上海古籍出版社、安徽教育出版社，2002年，第4133页。

以认为不易，是因为这种肯定多有保留，这在另一处言论中表现得更为明显："史丞相好荐人，极不易；然却有些笼络人意思，不佳。"[①]虽不知朱熹认为史浩荐人有笼络人之意是出于何种原因，但褒贬参半却是朱熹对史浩用人所持的一贯态度。

最后，来看一下对史浩举荐陆游一事的不同评论。隆兴元年（1163），"史浩、黄祖舜荐游善词章，谙典故，召见。上曰：'游力学有闻，言论剀切。'遂赐进士出身"[②]。但是，陆游不久即被贬，周密曾记其中原委。

> 陆务观以史师垣荐，赐第。孝宗一日内宴，史与曾觌皆预焉。酒酣，一内人以帕子从曾乞词。时德寿宫有内人与掌果子者交涉，方付有司治之。觌因谢不敢曰："独不闻德寿宫有公事乎？"遂已。它日，史偶为务观道之，务观以告张焘子官。张时在政府，异日奏："陛下新嗣服，岂宜与臣下燕狎如此？"上愧问曰："卿得之谁？"曰："臣得之陆游，游得之史浩。"上由是恶游，未几去国。[③]

可以说，无论陆游受知宋孝宗还是被黜，都与史浩有关。所以，当陆游被贬时，时人王质便拿此事来加以调侃。

> 史相力荐放翁，赐第，其去国自是台评。然王景文乃云："直翁自了平生事，不了山阴陆务观。"放翁见诗亦笑云："我字'务观'，乃去声，如何把作平声押了？"[④]

这段文字出自刘克庄的《后村集》。关于史浩去国之由，前引周密所言以为出自皇帝之意，即"上由是恶游"所致，此处刘克庄则归之于"台评"，而王质却归于史浩的救护不力，形之于诗，充满戏谑调侃之意。如果说王质等人尚重在言说陆游的被黜，那么明代程敏政则在陆游被荐之由上别出新见，其《题吴庶子原博所藏放翁帖后》在介绍完陆游事功两项之后，提出

---

① （宋）朱熹：《朱子语类》卷一三二《中兴至今人物下》，《朱子全书》第18册，上海、合肥：上海古籍出版社、安徽教育出版社，2002年，第4133页。

② 《宋史》卷三九五《陆游传》，北京：中华书局，1977年，第12057页。

③ （宋）周密撰，王根林校点：《齐东野语》卷一一"陆务观得罪"条，上海古籍出版社编：《宋元笔记小说大观》第五册，上海：上海古籍出版社，2001年，第5564页。

④ （宋）刘克庄：《后村集》卷一八，《景印文渊阁四库全书》第1180册，台北：商务印书馆，1986年，第185页。

质疑："宋史浩以善词章荐之，岂知翁者哉？"[①]这里，程氏认为"善词章、谙典故"不过是陆游事功之余，史浩却以此举荐，并非善荐者，可谓发他人所未发。

（二）史弥远等：毁过于誉

史弥远依靠诛杀韩侂胄而位至宰相之列，先后相宋宁宗、宋理宗两朝达 26 年之久，为宋代著名的权相之一。以废济王、立宋理宗的宝庆元年（1225）为界，其用人可分为前后两个时期分别来论。

（1）前期。史弥远"雪赵汝愚之冤，乞褒赠赐谥，厘正诬史，一时伪学党人朱熹、彭龟年、杨万里、吕祖俭虽已殁，或褒赠易名，或录用其后，召还正人故老于外"[②]，一改韩侂胄压制道学的做法而对道学颇为优容。其中，因学缘关系，对陆学的贡献更著。元人方回云："前辈袁正献公（袁燮）后出，始专尚象山（陆九渊），而慈湖（杨简）又尝为史弥远师，故一时崇长昌炽，其说大行。"[③]就点出了史弥远的执政对陆学"大行"的作用。但是，时人却大多质疑这些做法，认为有表里不一之处，主要表现为两点。

第一，得君行道为名，结党擅权为实。宋代道学人士的政治理想莫过于得君行道，既严君臣之分，又尽君臣之责。史弥远既以道学相尚，则当循此义而为政，方能名实相副，但观史弥远所为，多是权诈之术，结党擅权而力压君主。对此，王居安曾言之在先，云："大臣公心无党则治，植党行私则乱；大臣正、小臣廉则治，大臣污、小臣贪则乱。如用人稍误，是一侂胄死，一侂胄生也。"[④]是时，史弥远刚诛韩侂胄而掌权不久，王居安已予以警告。之后，史弥远为固权位，更有废济王、立宋理宗之举，可视为他结党擅权本质的逻辑发展。杨简同理宗的一番对话，可看出史弥远的真实面貌，语见俞德邻《佩韦斋辑闻》。

穆陵继统，实史相弥远拥立之功。杨文公元简，史之师也，以列卿召对。上从容问曰："闻师相幼尝受教于卿。"简对曰："臣之教弥远者不如此。"上曰："何谓也？"对曰："弥远视其君如弈棋。"上默

① （明）程敏政：《篁墩文集》卷三七《题吴庶子原博所藏放翁帖后》，《景印文渊阁四库全书》第 1252 册，台北：商务印书馆，1986 年，第 658 页。

② 《宋史》卷四一四《史弥远传》，北京：中华书局，1977 年，第 12417 页。

③ （元）方回：《桐江续集》卷三一《送家自昭晋孙自庵慈湖山长序》，《景印文渊阁四库全书》第 1193 册，台北：商务印书馆，1986 年，第 652 页。

④ 《宋史》卷四〇五《王居安传》，北京：中华书局，1977 年，第 12252 页。

然罢朝。上以语弥远，弥远对曰："臣师素有心疾。"[①]

何为"弈棋"？术之一种，强调的是权谋机变，与道学家所倡导的"理""道"大不相侔。杨简以之来评价史弥远，原因在于史弥远非但不以道待君，反而为谋私权，以术要君，完全背离了儒家原则。

第二，援引道学是假，重用能吏是真。史弥远虽有"召还正人故老于外"之举，但只是为了收买人心，并未委以重任，故为道学人士所不满而以引退相抗争。如真德秀，史载："时史弥远方以爵禄縻天下士，德秀慨然谓刘爚曰：'吾徒须急引去，使庙堂知世亦有不肯为从官之人。'遂力请去，出为秘阁修撰、江东转运副使。"[②]又如魏了翁，"会史弥远入相专国事，了翁察其所为，力辞召命"。"了翁再入朝，弥远欲引以自助，了翁正色不挠，未尝私谒。"[③]

（2）后期。史弥远专任憸壬，"济王不得其死，识者群起而论之，而弥远反用李知孝、梁成大等以为鹰犬，于是一时之君子贬窜斥逐，不遗余力云。"[④]围绕着济王之死，以道学人士、太学生等为主体的"识者群起而论之"，将矛头直指史弥远，对此，史弥远则利用亲信"贬窜斥逐"反对势力，一时之间，双方势同水火。[⑤]就当时的情况，在此引元代刘一清的一段话加以说明。

理宗之立，又独相九年。用余天锡、梁成大、李知孝等列布于朝。最用事者，薛极、胡榘、聂子述、赵汝述，时号"四木"。及上亲政，台谏争言其非，上思其功，不忘复进其侄嵩之。[⑥]

这里，党羽布满朝廷是史弥远又独相九年的一个保证。而在其死后，反史浪潮加剧，表现之一便是台谏争言其非。之所以如此，主要是因为史相党羽先后遭到贬谪，而以道学人士为主的倒史势力纷纷上台，从而控制了话语权，《林下偶谈》载：

① （元）俞德邻：《佩韦斋辑闻》卷三，《丛书集成初编》第323册，北京：中华书局，1985年，第24页。

② 《宋史》卷四三七《真德秀传》，北京：中华书局，1977年，第12959页。

③ 《宋史》卷四三七《魏了翁传》，北京：中华书局，1977年，第12965、12968页。

④ 《宋史》卷四一四《史弥远传》，北京：中华书局，1977年，第12418页。

⑤ 关于当时的斗争情况，可参考本书第二章第四节《史弥远与胡梦昱案》的论述。

⑥ （元）刘一清：《钱塘遗事》卷二"史弥远"条，《景印文渊阁四库全书》第408册，台北：商务印书馆，1986年，第979页。

> 绍定之末，史相薨，圣上亲政，即日梁成大、李知孝出国门。西山在泉闻之，喜甚，曰：“二凶去矣，闽特犬豕，越乃虺蛇。”盖梁闽人、李越人也。未几，并除洪公咨夔、王公遂为察官，西山尤喜曰：“四十年无此矣。”[①]

梁、李之去与洪、王拜官，皆遂真德秀所愿。前两人乃史弥远专权期间用以排斥异论的心腹，后两人在拜察官之前则有过因反对史弥远而被贬斥的经历，一退一进，意味着政局与舆论的发展将不利于史氏及其党羽。[②]

不过，尽管时人对史氏结党、专权多有反对，但也有一些中肯之见值得珍视。如《癸辛杂识》云：“史卫王挟拥立之功，专持国柄，然爱惜名器，不妄与人，亦其所长。”[③]又如《宋史·史弥远传》载：“赵善湘以从官开阃，指授之功居多，日夜望执政。弥远曰：‘天族于国有嫌，高宗有诏止许任从官，不许为执政。绍熙末，庆元初，因汝愚、彦逾有定策功，是以权宜行之。某与善湘姻家，则又岂敢。’弥远亲密友周铸、兄弥茂、甥夏周篆皆寄以腹心，人皆谓三人者必显贵，然铸老于布衣，弥茂以执政恩入流，周篆以捧香恩补官，俱止训武郎而已。”[④]据此也能看出史弥远的“吝惜名器”。史嵩之在荐人上也有可圈可点之处，如《宋史》谓其“荐士三十有二人，其后董槐、吴潜皆号贤相”[⑤]，眼光亦为独到。

三、评论文体的差异与互动

从存在形态来看，史志传记与笔记小说汇集有关史氏家族的评论资料最多。由于两者文体属性不同，故评论的重心与方式、视角与指向往往呈现出不小的差异。但是由于文体之间存在着互动，又一定程度上缩小甚至混同了这种差别。所以，着眼于评论文体的特点及相互关系，有助于对一些有关史氏人物的争议做出澄清。

（一）史志传记

史氏人物传记主要存在于两个系统，一为正史，一为方志。以正史言，

---

① （宋）吴子良：《荆溪林下偶谈》卷四“圣上亲政二事“条，《景印文渊阁四库全书》第 1481 册，台北：商务印书馆，1986 年，第 510 页。

② 有关公议攻击史嵩之、史宅之的情况，见本书第二章第一节《余论：史弥远的政治遗产》。

③ （宋）周密撰，王根林校点：《癸辛杂识》别集下“卫王惜名器”条，上海古籍出版社编：《宋元笔记小说大观》第六册，上海：上海古籍出版社，2001 年，第 5886—5887 页。

④ 《宋史》卷四一四《史弥远传》，北京：中华书局，1977 年，第 12418 页。

⑤ 《宋史》卷四一四《史嵩之传》，北京：中华书局，1977 年，第 12425 页。

元代所修《宋史》分别为史浩、史弥远、史嵩之、史弥巩四人立传，地位最高，影响最著；以方志言，方万里、罗濬所修《宝庆四明志》卷九有《史浩传》，而袁桷所修《延祐四明志》则分别为史浩、史弥远、史弥忠、史弥坚、史嵩之五人立传，规模庞大。这两个系统在传主筛选、行实叙述与功过评定等问题上皆存有争议，颇为耐人寻味。

1. 正史系统

元修《宋史》虽“舛谬不能殚数”[①]，但因后世新修之作在资料的原始性与丰富性上难以望其项背，故其作为二十四史之一的地位并未被取代。这样，其本身的“舛谬”也往往被作为一种正统认识广泛流播开来，“流毒”匪浅。基于此，后世治宋史者多有纠其“舛谬”之举，而所言、所论又一定程度上丰富了正史的话语系统。《宋史》中的史氏人物传记同样引发了不少批评，究其焦点，主要有以下两个方面。

（1）传主的选择与归类。在《宋史》为之立传的四人中，史浩、史弥远、史嵩之三人皆曾任宰相，仕宦显赫，为作传记，有据可依；相较之下，史弥巩仕宦不显，却以不附于史弥远、史嵩之的“异行”“异论”而被采择入传，故其传后史臣论赞云：“史弥巩则弥远之弟……不以私亲而废天下之公论”[②]，即是谓此。由是而观，《宋史》所取史氏四人，行实却是两类，抑扬也各有不同。循此立场，清代全祖望在《跋宋史史浩传后》中又增数人以备史传。

吾乡史氏，一门五宰执。忠定虽以阻恢复事为梅溪所纠，然其立朝，能力荐贤者。乾、淳而后，朱、陆、陈、吕、杨、舒诸公，皆为所罗，而使诸子与杨、舒诸公游，尤可敬，故终当在正人之列。其一参政，二丞相，一枢密皆不免清议。史臣特著独善先生及璟卿、蒙卿三公，世有补《宋宰相世系表》者，史氏可以生色矣。然诸史中，尚多贤者，不只三人而已。文惠少子弥坚，累官潭州安抚使，其平土寇、行义仓，极为真文忠公所称，累劝忠献辞相位，不听，遂食祠禄于家凡十六年，加资政殿学士。吴泳《鹤林集·内制·行词》有曰：“在熙宁则不党于熙宁，如安国之于安石，在元祐则不党于元祐，如大临之于大防。”宁宗御书“沧洲”二字赐之。卒谥忠宣。宋人有《书判清明集》，皆以载能吏之最著者，弥坚豫焉。文惠从子弥应，嘉定七

① （清）永瑢等：《四库全书总目》卷四六《〈宋史〉提要》，北京：中华书局，1965年，第412页。
② 《宋史》卷四二三《史弥巩传论》，北京：中华书局，1977年，第12645页。

年进士，不为诸兄弟所喜，交游之来言时事者，辄退之。陈习庵序其诗曰："余外家赫奕宠荣，蝉鼎相望，独舅氏自乐翁常攞谗退，闭门求志，行吟空山，有诗数卷，宣患难之所志，传逸度于将来。仕终宁海尉。其诗后为宋梅磵所刻，以为耿介拔俗之语，潇洒出尘之作，世所传《自乐山吟》者也。"习庵大儒，许与不苟，则自乐亦史氏之君子也。又朝奉大夫守之，文惠孙也，心非叔父所为，中年避势远嫌，退居月湖之阳，著《升闻录》以寓讽谏，与慈湖诸先生讲肄不倦，宁宗书"碧沚"二字赐之。忠献每有所作，必曰："使十二郎知否？"愚以为当合忠宣、自乐、朝奉为一传，独善与蒙卿为一传，璟卿别为一传，合为一卷。碧梧翠竹，以类相从，庶潜德不终湮，而宗衮亦未尝不籍以吐气也。[①]

在上述引文中，全祖望所列史氏家族最著者多达 11 人，并根据历史载记及相关评论，将之分为三类：其一为史浩，"终当在正人之列"。其二为"一参政（史才），二丞相（史弥远与史嵩之），一枢密（史宅之）皆不免清议"。其三为独善（史弥巩）、史蒙卿，史璟卿，忠宣（史弥坚）、自乐（史弥应）、朝奉（史守之），皆属贤者。这种类别的划分标准源于《宋史》，如前两类侧重仕宦经历，后一类则先隐退不党之节行，与《宋史》用意相去不远。在具体人物评价上，取法《宋史》者亦多，如论史浩，既指出其"以阻恢复事为梅溪所纠"的一面，又能肯定"其立朝，能力荐贤者"的行为，与《宋史·史浩传》所作"史浩宅心平恕，而不能相其君恢复之谋"[②]的赞语是较为一致的。不过，全祖望也难免有标榜太过之弊，如他极力赞扬史弥坚的避嫌与吏能，却有意无意地忽视了史弥坚的另一面。李清馥《闽中理学渊源考》在介绍宋儒黄以宁时，云："通判建宁守史弥坚，弥远介弟，喜事尚威。关决有不可，（黄以宁）引谊力争，守积不能平，嗾台臣劾罢之……端平亲政，忤权臣者皆召，人惜其先卒。"[③]从这段记载来看，史弥坚"喜事尚威"，较为独断，又因个人恩怨而凭借史弥远介弟的身份"嗾台臣劾罢"黄以宁，故谓史弥坚不党似有偏颇。

对于史弥远、史嵩之，全祖望仅以皆不免清议一语搪塞过去而未作深

① （清）全祖望著，朱铸禹汇校集注：《全祖望集汇校集注》，上海：上海古籍出版社，2000 年，第 1302—1303 页。

② 《宋史》卷三九六《史浩传论》，北京：中华书局，1977 年，第 12081 页。

③ （清）李清馥：《闽中理学渊源考》卷一二"通判黄宗一先生以宁"条，《景印文渊阁四库全书》第 460 册，台北：商务印书馆，1986 年，第 206 页。

论，似有回护乡党之嫌。但是，其他学者则直言《宋史》未将两人列入《奸臣传》之失，如钱大昕云：

“宁宗崩，拥立理宗。”按，弥远之奸，倍于侂胄，而独不预奸臣之列；《传》于谋废济王事，并讳而不书，尚得云直笔乎？推原其故，则以侂胄禁伪学，而弥远驰其禁也。弥远得政，只欲反侂胄之局，虽秦桧之奸匿众著，尚且为之昭雪，岂能崇尚道学者？使朱元晦尚存，未必不排而去之。史臣徒以门户之见，上下其手，可谓无识矣。[①]

赵翼则将史弥远与秦桧比较而论之：

统观古今以来权臣当国，未有如二人之专者。然桧十八九年，威福由己，名入《奸臣传》，至今唾骂未已。弥远相宁宗十七年，相理宗又九年，其握权既久于桧，桧仅杀岳飞，窜赵鼎等，弥远则擅废宁宗所建皇子，而别立嗣君，其无君之罪更甚于桧。乃及身既少诟詈，死后又不列奸邪，则以桧仇视正人，翦除异己，为众怨所丛，而弥远则肆毒于善类者较轻，遂无訾之者。然则弥远之黠，岂不更胜于桧哉。[②]

又如李慈铭云：

既不以史弥远入《奸臣传》，谓其反韩侂胄所为，颇优容道学也。然弥远之弟弥坚官至资政殿学士，为杨慈湖高第弟子，以清退著，卒谥忠宣，自宜附见其父浩传。史嵩之奸险不亚于弥远，以其为帅守有功，亦不入《奸臣传》，且称其为将才。而其祖渐为浩之弟，亦贤者，其父弥忠官至福建提举常平，尤以儒学清节称，早岁归田，以嵩之贵加官至资政殿学士，卒赠少师，谥文靖，自宜著之嵩之传，乃略不一及，其疏甚矣。[③]

以上三家，皆以史弥远当入《奸臣传》，原因不外乎“谋废济王”“揽权”等项。对于《宋史》不将史弥远入于《奸臣传》的做法，各家都以其

---

① （清）钱大昕：《廿二史考异》卷八〇“史弥远传”条，《嘉定钱大昕全集》第3册，南京：江苏古籍出版社，1997年，第1497页。

② （清）赵翼著，王树民校证：《廿二史札记校证》，北京：中华书局，1982年，第568—569页。

③ （清）李慈铭：《越缦堂读书记》，上海：上海书店出版社，2000年，第471页。

褒贬失当而提出了强烈批评，如钱大昕谓之“无识”，李慈铭则贬之为“其疏甚矣”。不仅如此，他们还进一步揭示了其原因，即“侂胄禁伪学，而弥远驰其禁”“弥远则肆毒于善类者较轻，遂无訾之者”“反韩侂胄所为，颇优容道学”诸说。若归结到一点，便是“史臣徒以门户之见”而不能别史弥远之伪。除史弥远外，李慈铭对《宋史》未将史嵩之纳入《奸臣传》“且称其为将才”的做法大为不满。作为对照，他认为史弥坚“自宜附见其父浩传”，史渐、史弥忠“自宜著之嵩之传”，但《宋史》“乃略不一及”，实为疏略。

以上所举各家，皆为清人。在此之前，明人的讨论不多，有一家可作代表，那就是王鏊。其读《宋史》多有承袭《宋史》观点者，如“史弥远诛侂胄，遂据其位，权势赫奕。废君立君，比迹伊霍。知公论不与，专任憸壬以居台谏，一时君子贬斥殆尽，其所为又一侂胄也”，与《宋史·史弥远传》较为一致。惟其云：“孝宗隆熙之政差强人意，而史浩、汤思退犹且厕居其间，自余一奸殒，一奸升，率皆冯高肆毒，浊乱国家”[①]，将史浩归于奸邪之辈，既不同于《宋史》，也与上述清代史家的看法有所差别。

（2）传文的剪裁与考订。对于《宋史》史氏四传及他人传记中有关史氏的内容，后人亦多所指责，表现在以下四个方面。

第一，行实缺略。如钱大昕《廿二史考异》卷八〇“史弥巩传”条就《宋史·史弥巩传》中“子能之、有之、肯之俱进士”一语，补以“能之，咸淳初由太府寺丞知常州，撰《毘陵志》三十卷”[②]，更见传记的完整、丰富。

第二，隐讳史实。如钱大昕就《宋史·史弥远传》中“弥远力陈危迫之势，皇子询闻之，亟具奏，乃罢侂胄并陈自强右丞相。既而台谏、给舍交章论驳，侂胄乃就诛”的记载，乃下按语云：“弥远称奉密旨，在十一月甲戌，翌日，侂胄入朝，已为夏震所诛。其时诏旨尚未宣布外廷，何待台谏、给舍交章论驳而始就诛乎？史家欲宽弥远擅杀之罪，故为此语。”[③]指出了《宋史》隐讳史实之处。

第三，捏造事实。如钱大昕对《宋史·赵与懽传》中所言：“时嵩之

① （明）王鏊：《震泽集》卷三三《读宋史》，《景印文渊阁四库全书》第1256册，台北：商务印书馆，1986年，第489—490页。

② （清）钱大昕：《廿二史考异》卷八〇“史弥巩传”条，《嘉定钱大昕全集》第3册，南京：江苏古籍出版社，1997年，第1502页。

③ （清）钱大昕：《廿二史考异》卷八〇“史弥远传”条，《嘉定钱大昕全集》第3册，南京：江苏古籍出版社，1997年，第1496页。

犹子璟卿诵言其过忽毙，而杜范、刘汉弼、徐元杰三贤暴死，人皆疑嵩之致毒”作有辨析：“徐、刘二人暴卒，当时疑嵩之所为，三学诸生上章论列，置狱鞫治，然亦无验。考其时嵩之失权归里已半年矣，鄞与临安相隔又远，谓能肆毒于朝贵，此理之难信者。人云亦云，姑存为莫须有之案可也。若杜范暮年入相，力疾赴召，《本传》于范之薨，初无疑词，以是咎嵩之，未免疾之已甚矣。程公许奏元杰事云：汉弼之死固可疑，范之死，人言籍籍。然汉弼类风淫末疾，范亦尫弱多病，诿曰天命犹可也。则公许于范之死，亦未尝质言也。”[①]足见《宋史》的附会、捏造事实之处。

第四，剪裁失当。对此，王鸣盛有详细辨析，其说有二：一是籍贯署写不一。“《宋史》于《史浩传》既云‘明州鄞县人’，弥远，浩子，应同。《史嵩之传》独云‘庆元府鄞人’，其实当如《史嵩之传》，一律为妙。”即史氏三传在署写籍贯时应统一为“庆元府鄞人”。二是前后立场矛盾。就《宋史·史弥远传》末尾所做的“初，弥远既诛韩侂胄……后一时君子窜逐不遗余力云”一段议论，王鸣盛云：“此一段似是正论，而其通篇但有褒扬，所谓奸恶小人一种患得患失之意，全然不见。自‘诛李全、复淮安’以下，写其慎重名器公正无私之状，宛然一古大臣规模。而其最矛盾者，‘起复右丞相，四年，落起复’下一段云：‘雪赵汝愚之冤……于外’云云，与‘后一时君子窜逐不遗余力’，判然如出两人。”眼光确实独到，而同样的看法亦出现在对《宋史·史嵩之传》的分析中，竟以“自相迕”评之。[②]

综合以上后人对《宋史》史氏传记的两方面批评意见来看，《宋史》确实存在不小的问题。但是，若进一步追究起来，《宋史》并不该承担全部责任，其原因一如赵翼所论。

> 元修《宋史》，度宗以前多本之宋朝国史，而宋国史又多据各家事状碑铭编缀成篇，故是非有不可尽信者。……盖宋人之家传、表志、行状以及言行录、笔谈、遗事之类，流传于世者甚多，皆子弟门生所以标榜其父师者，自必扬其善而讳其恶，遇有功处辄迁就以分其美，有罪则隐约其词以避之。宋时修国史者即据以立传，元人修史又不暇

---

① （清）钱大昕：《廿二史考异》卷八〇“赵与懽传”条，《嘉定钱大昕全集》第3册，南京：江苏古籍出版社，1997年，第1496页。

② （清）王鸣盛：《蛾术编》卷六〇“史浩史弥远史嵩之本贯不同”条，顾廷龙主编：《续修四库全书》第1150册，上海：上海古籍出版社，2002年，第599—600页。

参互考证，而悉仍其旧，毋怪乎是非失当也。[①]

宋人私记（家传、表志、行状以及言行录、笔谈、遗事之类）→宋朝国史→元修《宋史》，这是赵翼所勾勒出来的宋度宗以前《宋史》材料的转化过程。相应地，私记的扬善讳恶倾向也被带到宋代国史之中，又进一步为元修《宋史》所接纳，故造成了是非失当的情况。据此认识，赵翼指出《宋史·史弥远传》讳其擅杀一节，“盖实录书法本如是，不欲以大臣擅杀见朝廷之威柄下移也”，又指出“拥立理宗一事，则隐讳更甚”，原因在于“其时弥远正柄政，史馆实录皆所监修，故书法本是如此”，《宋史》“悉仍其旧，略无订正也”[②]，由此，不难了解《宋史·史弥远传》之失的渊源所在。不过，应该说明的是，元代史臣并非未作任何工作，如前言《宋史》有“剪裁失当”之问题，王鸣盛在《史浩史弥远史嵩之本贯不同》一文中曾指出《史弥远传》有判然如出两人之处，《史嵩之传》亦自相迕，其原因就是史臣在悉仍其旧，略无订正之后，强行加入“论、赞、表、奏”，而这些“皆公（欧阳玄）属笔”[③]，故造成文出二手、行文不统一的问题。所以，若追究《宋史》“史氏传记”的“舛谬”之责，宋朝私记导之在先，宋朝国史继之于后，而元代史臣亦难辞其咎。

2. 方志系统

《宝庆四明志》卷九有《史浩传》，钱大昕《跋宝庆四明志》云：

> 书成于史弥远枋国之日，故其父浩得佳传。浩老成忠厚，不居宠利，在南渡诸相中本自表表，世徒訾其沮张浚用兵一事，不知符离之役，张以轻进而无功，则史之持重为可取。朱文公作《张魏公行状》，颇诋浩，浩不怒而转荐之，其器量更非寻常可及，未可以子之权奸并其父而抑之也。[④]

《宝庆四明志》虽为方万里、罗濬纂修，但主持其事者实为胡榘。因胡榘乃附于史弥远而后被称为“四木”之一，故钱大昕所谓：“书成于史弥

① （清）赵翼著，王树民校证：《廿二史札记校证》，北京：中华书局，1982年，第500—501页。
② （清）赵翼著，王树民校证：《廿二史札记校证》，北京：中华书局，1982年，第504—505页。
③ （元）危素：《危太仆文续集》卷七《大元故翰林学士承旨光禄大夫知制诰兼修国史圭斋先生欧阳公行状》，《元人文集珍本丛刊》第7册，台北：新文丰出版公司，1985年，第564页。
④ （清）钱大昕：《潜研堂文集》卷二九《跋宝庆四明志》，《嘉定钱大昕全集》第9册，南京：江苏古籍出版社，1997年，第495页。

远枋国之日，故其父浩得佳传”，便是指此。不过，钱大昕既云史浩“得佳传”乃是因为其子史弥远的关系，又何以在下文大力表彰史浩的行实？有其自相矛盾之处。此外，其“未可以子之权奸并其父而抑之”一说，虽本是宋代王应麟的意见：“吕文靖（夷简）为相，非无一疵可议，子（公著）为名相，而扬其父之美。史直翁（浩）为相，非无一善可称，子（弥远）为权臣，而掩其父之美。《易》曰：‘有子考无咎。’”[①]但做了更具体的阐释，显示出了求实求真的史学态度。

全祖望则着眼于该传的失实之处，如其谓“独《宝庆志》则多讹谬，如……史忠定《传》谓其仲父签枢罢官在秦桧死后，则并国史《宰执年表》未之考也”[②]。同样的看法亦出现在他对袁桷所修《延祐四明志》的批评中，如其《延祐四明志跋》谓该“志颇有是非失实之憾”[③]，便是如此。其《跋宋史袁韶列传》一文更举袁、史之事加以详论。

> 袁越公韶为执政，世皆指为史氏之私人，而卒以史氏忌其逼已而去。盖尝考其事而不得也。《延祐志》云：“李全反山阳，时相欲以静镇，公言扬失守，则京口不可保，淮将如崔福、卞整皆可用。适崔以阃命来枢府，公夜与同见。故事：相府无暮谒者，公力言崔可用，相疑不悦，卒罢政归。”是传出于越公曾孙清容之手，《宋史》亦本此。及读清容集，则公尹行都，筑射圃，以冯将军射法，每旬校阅，山阳弄兵，公责时相不发兵坐视，以至去国。于时领兵殿岩者，几欲承受风旨，袭夏震事，以报私恩。然则史、袁相逼，更有不可言者，读《宋史》者所不知也。越公少为絜斋之徒，不能承其师传，呈身史氏，以登二府。其晚节思扼其吭而代之，进退无据。虽所争山阳事，史屈袁申，然以越公之本末言之，要非君子也。史、袁卒为婚姻，故亦共讳其事。清容亦欲为祖讳，故言之不尽。予特为著其事，以补史阙。[④]

袁桷所作《延祐四明志》在介绍其祖袁韶与史弥远之间的斗争时言之

① （宋）王应麟著，（清）翁元圻注，栾保群、田松青、吕宗力校点：《困学纪闻》卷一五，上海：上海古籍出版社，2008年，第1216页。

② （清）全祖望著，朱铸禹汇校集注：《全祖望集汇校集注》，上海：上海古籍出版社，2000年，第1479页。

③ （清）全祖望著，朱铸禹汇校集注：《全祖望集汇校集注》，上海：上海古籍出版社，2000年，第1480页。

④ （清）全祖望著，朱铸禹汇校集注：《全祖望集汇校集注》，上海：上海古籍出版社，2000年，第1308—1309页。

不尽，未能深入揭示“史、袁相逼，更有不可言者”，有隐讳之弊。《宋史》亦是未及考证而留有史阙，致使读《宋史》者所不知，可谓关系重大。不过，袁桷该志为史浩、史弥远、史弥忠、史弥坚、史嵩之五人立传，其中，史弥忠、史弥坚两人为其他史志所无，价值尤高。前引全祖望《跋宋史史浩传后》中对史弥坚的介绍便基本出于《延祐四明志·史弥坚传》。因此，全祖望从此书亦有所取，这是应该说明的。

由正史与方志中的史氏人物传记而引发的评论情况已见上述。综合来看，评论的着眼点大致有两端，即立褒贬与辨真伪，而这同史志传记的文体属性有关。一般而言，史志传记应遵循两大原则：一是褒贬，即孔颖达所揭示的春秋笔法：“一字所嘉，有同华衮之赠；一言所黜，无异萧斧之诛。”[①]后世史臣多以“论赞”形式表现这一点。二为直笔，即客观、准确地呈现史事。“况史之为务，申以劝戒，树之风声，其有贼臣逆子、淫君乱主，苟直书其事，不掩其瑕，则秽迹彰于一朝，恶名被于千载，言之若是，吁，可畏乎！”[②]意在通过直笔以寓褒贬。循此两大原则，后世学者在研读《宋史》及四明二志中有关史氏的传记时，便屡有不同意见。当然，受限于落后的史观，其中一些褒贬意见并不能视为定论，但却为讨论史氏人物的功过提供了更加丰富的角度。对此，不妨以史浩为例再略加申论。周密《癸辛杂识》载：

> 尤木石焴修《四朝国史》（高、孝、光、宁），其赞史浩略云：“其在太子家号为智囊，又其当国，多引天下知名之士，朱熹其首也。”然其意以为知名之士皆天所与，蔽而不扬，则是违天，而不问其道之行与否也。因此忤穆陵意，得谴去国，盖专为张魏公地耳。后改，俾别为赞云：“独用兵一事与时贤异，岂非欲先报本而后机会欤？”[③]

尤木石焴作为宋理宗时纂修《四朝国史》的史臣，在作《史浩传》时却“专为张魏公地”，持是张非史的立场，同时对史浩用人一事，所作赞语虽云其多引天下知名之士，但私意却不欲归功于史浩，宋朝国史对史浩的态度于此可见一斑。虽然后来在宋理宗的干预下，对尤木石焴所作《史浩

① 阮元校刻：《十三经注疏》，北京：中华书局，1980年，第1698页。

② （唐）刘知几：《史通》卷七《直言第二十四》，《景印文渊阁四库全书》第685册，台北：商务印书馆，1986年，第56页。

③ （宋）周密撰，王根林校点：《癸辛杂识》别集上“史浩传赞”条，上海古籍出版社编：《宋元笔记小说大观》第六册，上海：上海古籍出版社，2001年，第5845—5846页。

传》有所修改，且在新的赞语中专为史浩用兵一事辩护，但并未做到盖棺定论。元代史臣所做的《宋史·史浩传论》云："史浩宅心平恕，而不能相其君恢复之谋。"[①]虽兼论用人与用兵，但却扬前抑后，一定程度上受到了尤木石蛸的影响。到了清代，王鸣盛则言《宋史》"(史)浩传已多虚美，张浚宣抚江淮，将图恢复，浩与异议，欲城瓜洲、采石，厥后浚符离师溃，恢复之计遂不行，浩与浚两谬"[②]，虽不再如尤木石蛸那样"专为张魏公地"，但也没有改变对史浩的批评。所以，史志中的褒贬立场，对于人物评价来说，是一个饶有兴趣的话题，史氏人物自然也不例外。

（二）笔记小说

除史志传记外，一些有关史氏人物的评论资料也保存在宋代以来的笔记小说中，如宋代陆游的《老学庵笔记》、洪迈的《夷坚志》、岳珂的《桯史》、叶绍翁的《四朝闻见录》、周密的《齐东野语》与《癸辛杂识》，明代吴之鲸的《武林梵志》、田汝成的《西湖游览志余》，清代的《宋稗类钞》等。当然，这里所说的笔记小说主要采取的是清代四库馆臣的意见："迹其流别，凡有三派：其一叙述杂事，其一记录异闻，其一缀辑琐语也。唐宋而后，作者弥繁。中间诬谩失真，妖妄荧听者固为不少，然寓劝诫、广见闻、资考证者亦错出其中。"[③]从这一看法出发，笔记小说与史志传记之间的区别与联系不难揭示：从内容上看，史志传记以事传人，所记之事多关乎道德功业，而笔记小说因人记事，所记之事多杂、异与琐，故后者所寓劝诫之效果不似前者立褒贬之显著，但亦能反映人之一面。从艺术上看，史志传记追求直笔，故多严肃而近于呆板，而笔记小说间有"诬谩失真"甚至虚构之处，故能生动而"妖妄荧听"，所以后者虽未必如前者能反映人之真貌，却易被接受而流传甚广。实际上，利用这种文体上的差异，笔记小说的记载恰恰展现了史氏人物的生动与神秘，在史志传记的严肃与客观之外，体现了另外一种评论倾向。下面笔者从"杂"与"异"两个方面来讨论。

先言"杂"。兹举二例：其一，杂而可资考证者，如陆游所记："史丞相言高庙尝临《兰亭》，赐寿皇于建邸。后有批字云：'可依此临五百本来

① 《宋史》卷三九六《史浩传论》，北京：中华书局，1977年，第12081页。

② （清）王鸣盛：《蛾术编》卷六〇"史浩史弥远史嵩之本贯不同"条，顾廷龙主编：《续修四库全书》第1150册，上海：上海古籍出版社，2002年，第599页。

③ （清）永瑢等：《四库全书总目》卷一四〇《小说家类序》，北京：中华书局，1965年，第1182页。

看。’盖两宫笃学如此。世传智永写《千文》八百本，于此可信矣。”[①]这段记载有助于我们了解史浩在宋孝宗受禅过程中所起的作用。其二，杂而可广见闻者，如周密所记：“近者鉴湖天长观有道士为僧，献杨总摄所，云：‘照得贺知章者，本是小人，倚托史越王声势，将寺改为道观，今欲乞复元寺施行。’杨髡遂从其请，真可发笑也！”[②]因史浩曾为绍兴知府，撰有《会稽先贤祠传赞》，内有贺知章，故后人有附会之举，确可发笑。

再言“异”。如果说前面所举有关史氏的杂事尚能以其真实性而补史志传记之阙的话，那么此处所言的异事则流于荒诞不经，如洪迈《夷坚志》所载：

> 史丞相登科时，年恰四十矣。未策名之时，清贫特甚。尝当岁除之夕，随力享先，既罢，就寝，梦若在都城，二中贵人乘马来，宣唤甚急，遂随入大殿下。王者正坐，左右金紫侍立，容卫华盛。中贵引趋谒，稽首拜舞，类人闲朝仪。殿庭两傍，各设一案，金银器皿，罗陈其上，晶荧夺目。未几，殿上人传呼，奉圣旨赐史某金器若干、银器若干，凡四百七十件。史倥偬骇异，莫之敢承。两青衣掖之使拜，乃跪谢而出。中贵复导之还，过巨川高桥，方陟数板，失足坠水，悸而寤。正旦日，以语其夫人，夫人笑曰：“昨夜大年节，民俗所重，我家尚无杯酒脔肉，虚度岁华，安得有金银如是之富？真是奸鬼相戏侮耳。”史亦为之解颜。已而擢绍兴乙丑第。逾一纪，始充太学官。至己卯岁，自秘书郎除司封郎，为建王直讲。财三岁，际遇飞龙在天之恩，遂跻位辅相，穷富极贵三十余年。计前后锡赉，正与梦中四百七十之数同。一时所蒙，琼绝伦辈，决非偶然，神明其知之矣。[③]

又如陈鹄《西塘集耆旧续闻》所载：

> 绍兴初，日者韩操、曹谷，皆奇术也。汤丞相进之、史丞相二公微时，尝往扣之。一日，调官中都，复同往。韩偶修屋，无延坐处，

① （宋）陆游撰，高克勤校点：《老学庵笔记》卷十，上海古籍出版社编：《宋元笔记小说大观》第四册，上海：上海古籍出版社，2001年，第3544页。

② （宋）周密撰，王根林校点：《癸辛杂识》别集上“贺知章倚史势”条，上海古籍出版社编：《宋元笔记小说大观》第六册，上海：上海古籍出版社，2001年，第5863页。

③ （宋）洪迈著，何卓点校：《夷坚志》甲志卷六《史丞相梦赐器》，北京：中华书局，1981年，第45页。

其家绐云："出去。"韩聋者，闻其声而诧之，亟呼曰："二相公来，岂可不留坐！"后皆如其言。[①]

再如田汝成《西湖游览志余》所载二事：

史弥远，丞相浩之子，鄞人也。初，浩与觉长老善，问觉曰："和尚与我孰好？"觉见其堂奥帘幕，罗绮烂盈，粉黛环列，谩曰："丞相富贵好，老僧何敢比也。"既自省曰："此念一差，积岁蒲团工夫尽废，终当堕落泥滓。"一日，浩坐厅上，俨然见觉突入堂中。使人往寺廉之，则报觉死矣。茶顷，浩后院弄璋。浩默然，知为觉也；遂以觉为小名；及长，名之曰"弥远"。弥远当宁宗朝，韩侂胄以用兵起衅，中外忧恚，弥远遂上疏力诋，帝嘉之。寻又赞废济王、立理宗；理宗德之，宠任日剧，相两朝二十六年，权震海内。时有人作诗规之者曰："前身元是觉阇黎，业障纷华总不迷。到此更须睁只眼，好将慧力运金锟。"[②]

弥远死已久，一夕，其家闻叩门声，曰："丞相归。"举家骇匿。比入门，灯轿纷纭，升堂即席，子妇皆出罗拜，讯慰平生，历历嘱家事，索纸笔题诗云："冥路茫茫万里云，妻孥无复旧为群。早知泡影须臾事，悔把恩仇抵死分。"[③]

以上数事皆为虚构，不足为信，但从中却折射出人们对于史氏极富极贵现象的疑惑与震撼心理，故借因果报应之说加以解释或美化。应该说，这更易引起人们的兴趣，流传也就更广。如明末周清源的拟话本小说集《西湖二集》第七卷《觉阇黎一念错投胎》一篇"全据《志余》（即田汝成《西湖游览志余》）卷五译为白话"[④]，其用意一如文中所言："如今说西湖上一个故事，也是个得道之僧，只因一念差错，投胎托舍，昧了前因，做了个奸顽不肖误国的贼臣，留与千古唾骂，把前功尽弃，岂不可惜？"[⑤]正

① （宋）陈鹄撰，郑世刚校点：《西塘集耆旧续闻》卷七，上海古籍出版社编：《宋元笔记小说大观》第五册，上海：上海古籍出版社，2001年，第4839页。

② （明）田汝成：《西湖游览志余》卷五，北京：中华书局，1960年，第81页。

③ （明）田汝成：《西湖游览志余》卷五，北京：中华书局，1960年，第84页。

④ 戴不凡：《〈西湖二集〉取材的来源》，《小说见闻录》，杭州：浙江人民出版社，1980年，第202页。

⑤ （明）周清源：《西湖二集》第七卷《觉阇黎一念错投胎》，《古本小说集成》，上海：上海古籍出版社，1990年，第243页。

是以虚构形式而寓劝诫，这是不同于史志传记的一个地方。

史志传记与笔记小说在史氏评论中的文体表现已见上述。下面笔者再就这两种文体之间的互动关系对史氏评论中的文史错位现象所造成的影响略作讨论。先看由史而文的一面，《宝庆会稽续志》载一异事：

> 明州定海县补陀洛迦山，盖观音大士示现处，远近致祷，或见善财童子、金刚神达摩等相。绍兴十八年三月，史越王以余姚尉摄昌国盐监，偕鄱阳程休甫泛海诣山，扣宝洞礼谒，无所睹，但感沦茗浮花□□□□，殊不惬。晡时再往，一僧指岩顶有窦，可以下□□□□而上，忽见现金色身，照耀洞府，眉目了然，程所睹亦然，惟公更见双齿如玉。雪天将暮，有一长僧来访云："将自某官历清要，至为太师。"又云："公是一好结果底文潞公，它时作宰相，官家要用兵，切须力谏。后二十年，当与公相会于越。"遂告去，送之出门，俄不知所在。乾道戊子，公以故相镇越。一夕，典客报："有道人称养素先生，言旧与丞相接熟，不肯通剌字，疾呼欲入谒。"亟命延之。貌粹神清，谈论锋起，索纸数幅，大书云："黑头潞相，重添万里之风光；碧眼胡僧，曾共一宵之清话。"遽掷笔，不揖而行。公大骇，遍遣兵吏寻觅，不复见。追忆补陀之故，始悟长身僧及此道人皆大士见身也。相距二十年，淳熙己酉，公正位太师自道本末云尔。[①]

此事为方志所载，然有怪异倾向，虽以史浩"自道本末"而求信于人，但颇类洪迈《夷坚志》一体，难以令人信服。此外，《宝庆四明志》卷二〇亦录有此事，且注云："史越王事见《补陁寺壁记》及《会稽志》。"[②]《延祐四明志》卷一六《观音峰》也录此事，且云："越王尝记所见于寺壁，今摹而刊诸石。"[③]虽言之凿凿，却是以讹传讹，背离史志直笔之原则，入于笔记小说一体。

由文而史的情况亦存在于史氏评论中。近人蔡东藩编成《宋史演义》一书，其自序云："鄙人不敏，曾辑元、明、清三朝演义，以供诸世，世人

---

① （宋）张淏：《宝庆会稽续志》卷七《养素先生》，中华书局编辑部编：《宋元方志丛刊》第七册，北京：中华书局，1990年，第7171页。

② （宋）方万里，罗濬纂：《宝庆四明志》卷二〇《昌国县志·叙山》，中华书局编辑部编：《宋元方志丛刊》第五册，北京：中华书局，1990年，第5248页。

③ （元）袁桷：《延祐四明志》卷一六《观音峰》，《宋元方志丛刊》第六册，北京：中华书局，1990年，第6366页。

不嫌其陋，反从而欢迎之，乃更溯南北两宋举三百二十年之事实，编成演义共百回，其间治乱兴亡，贤奸善恶，非敢谓悉举无遗，而于宏纲巨目，则固已一一揭橥，无脱漏焉。且官稗并采，务择其信而有征者笔之于书；至若虚无惝恍之谈，则概不阑入。阅者取而观之，其或有实事求是之感乎！”[①]可知该历史小说的编纂原则乃是彰显“贤奸善恶”与“务择其信而有征者”，与史志传记的撰写原则如出一辙，则原本以“虚无惝恍之谈”为本的小说之体已入史志一类。不过，该部小说有关史氏的部分并未全部体现其主张，如第八十一回《朱晦翁创立舍仓法　宋孝宗重定内禅议》云：“会孝宗复怀念史浩，如为醴泉观使，兼侍讲，浩欲延揽名人，借塞众口，遂荐熹知南康军……及史浩复入为相，曾觌、王抃、甘昪等，联作党援，招权纳贿，任意黜陟。继而浩亦与抃有嫌，竟至罢相。”[②]因急于贬史，竟多揣测之辞，仍不脱小说家虚构路数。又如同时期许慕羲所撰的《宋代宫廷演义》实为小说一体，却如史志一般作褒贬，如第八十二回《惊溃变符离丧师　通和议燕京订约》云：“廷臣皆主战，独史浩主和。”第九十一回《史弥远姑息养奸　郑清之力主讨贼》云：“真德秀、魏了翁、洪咨夔皆为济王鸣冤。史弥远大怒！遂荐梁成大、李知孝、莫泽同入谏院，当时目为三凶。”第九十三回《赵制使议复中原　蒙古主兵伐南宋》云：“那史岩之，因贾贵妃深得宠爱，正要设法巴结，恃（贾似道）为内援。”第九十四回《贤阃帅延揽人才　太学生维持名教》云：“这篇疏书，洋洋数千言，直将史嵩之奸回心肠，完全抉出。录在下面，阅者看了，就知史嵩之的罪恶，实是不赦。”[③]所有这些都可看出作者向史臣的移位。

---

① 蔡东藩：《宋史演义·自序》，北京：文化艺术出版社，2004 年，第 2 页。

② 蔡东藩：《宋史演义》，北京：文化艺术出版社，2004 年，第 485 页。

③ 许慕羲：《宋代宫廷演义》，西安：三秦出版社，1996 年，第 745、817、837、845 页。

结　　语

“奕世调元贵，东南第一家。”①袁桷的这一说法很恰当地道出了南宋四明史氏家族的地位与特色。通过本书各章的论述也可看到，史氏确实是四明地区乃至全国范围内首屈一指的显赫家族,但这一地位主要不是经济、军事、文学或学术上的，而是源于政治上的贵盛。可以说，政治性才是史氏家族的首要特色、立世根本与影响所在。综合前文所论，史氏家族的政治性主要体现为以下四个方面。

第一，政治权势盛极一时。袁桷云：“鄞史族号相门”②，“鄞史氏，故国世臣”③。即是谓此。其中，史浩、史弥远、史嵩之三世为相，史才、史宅之位至执政，史弥大、史弥坚、史岩之亦居高位，皆是史氏家族政治人物中的佼佼者。其他成员则在他们的恩荫或援引下，为宦中央，出任地方，人数之多，以至民间有“满朝文武，半出史家”的夸张说法。

第二，政治经验传承不替。史氏家族之所以位高权重，独领风骚于南宋政坛，政治经验的摸索、积累与恪守是关键因素。如出任储君从官，建有拥立之功，被作为通往权势的不二法门。先是，史浩事宋孝宗于潜邸而卒拜相，后来，这一成功之道被史弥远奉为圭臬，其先是担任景献太子属官，从而获得诛杀韩侂胄的机会并进而拜相。及至景献太子死后，又废掉不利于己的济王、拥立一手培养起来的宋理宗，在确保自己继续擅权的同时，也泽及后代。又如在和战问题上，史浩坚决反对轻战，主张内治为先。这一策略为史弥远、史嵩之所继承，可视为史氏的政治“家法”之一。

第三，政治因素无所不在。除积极入仕外，隐退亦是史氏家族的普遍追求。两者看似矛盾，其实不然。因为这里的隐退常是出于某种政治目的而做出的选择，如史诏不满宋徽宗时期的黑暗而潜隐大田山，史浩急流勇退而归隐四明，史守之不满史弥远所为而退隐碧沚，史宇之为免于迫害而

① （元）袁桷：《清容居士集》卷一四《史观文》，《丛书集成初编》第2067册，台北：商务印书馆，1986年，第258页。

② （元）袁桷：《清容居士集》卷二八《静清处士史君墓志铭》，《丛书集成初编》第2070册，台北：商务印书馆，1986年，第495页。

③ （元）袁桷：《史景贤墓志铭》，《清容居士集》卷三〇，《丛书集成初编》第2071册，台北：商务印书馆，1986年，第517页。

避隐家中等，都不属于单纯的隐逸行为，而是昭示着某种政治态度，有着特定的政治背景。

第四，清议指责连绵不断。史氏家族位高权重，却备受清议指责。如史浩为王十朋所论，史弥远被道学所攻，史嵩之、史宅之也纷纷受到台谏纠弹，力度之大，影响之久，为其他政治世家所无。其中，尤以史弥远最为突出，王夫之评论道："进李知孝、梁成大于台省以攻真（德秀）、魏（了翁）。而二公之进，弥远固推毂焉。及济邸难行，二公执清议以置弥远于无可自全之地，而激以反噬，祸福生死决于转移之顷，自非内省不疚者，未有不决裂以逞，而非坚持一意与君子为难，无故而空人之国者也。故弥远者，自利之私与利国之情，交萦于衷，而利国者不如其自利，是以成乎其为小人。平情以品骘之，其犹在吕夷简、夏竦之间。以主昏而得逞，故恶甚于吕、夏；乃以视彼三凶者，不犹愈乎？"①

上述四端可略见史氏家族的政治特性。这种认定意义重大，某种程度上可视为史氏家族兴盛的主要标志。关于这一特性的形成条件，本书第二章已经对其复杂性做了论述。以家族内部而言，教育、科举及由此带来的文化积累与飞越至关重要；以外部环境而言，其崛起则离不开宋室南渡后的新形势。此外，个体因素更值得重视，如史浩、史弥远在家族政治崛起中所起的关键作用。

应该说明的是，政治性并不是史氏家族的全部内涵。除此之外，文学性也不容忽视。对此，本书用较大篇幅做了讨论。其中，主要关注的是史浩。史浩文学较有特色，表现为政治色彩浓厚，故笔者多从政治、制度与文学的关系加以考察。如论其早期供奉诗，则从王府、东宫教育制度着眼，结合史浩个人经历，揭示这类诗歌内容重视道德箴讽、风格平淡质朴的形成原因；对西湖酬唱诗，则以休沐制度相观照，探讨了其中的结社因素，诠释了体物写景上多和旭祥瑞，而抒情命意则有雍正和雅之思的原因所在。此外，史浩的诗词创作也有地域文化的色彩。其退隐四明期间，作有大量诗词，自然之亲、仙隐之思尽显笔端，这固然与其荣归故里的特殊身份有关，又明显受到了四明地区隐逸文化的影响。当然，史浩的诗词成就并不甚高，只有《鄮峰真隐大曲》在文艺发展史上占有一席之地，故笔者以专节论之。史浩大曲的形式明显具有以摘遍为大曲、以词调入大曲的特点，这符合宋代大曲的一般特征。另外，笔者从多个角度探讨了史浩、史浩大

① （清）王夫之著，舒士彦点校：《宋论》卷一三《宁宗六》，北京：中华书局，1964年，第236—237页。

曲与宫廷宴飨文化的关系，揭示了《鄮峰真隐大曲》的创作背景、主体条件及艺术特征。

除了史氏家族本身的文学活动与文学创作外，本书尚以史弥远对文学的影响为切入点，探讨史氏家族与文学的关系，重点关注的是江湖诗案中的群体关系及诗的功能变化，一定程度上厘清了史氏家族、宰相政治与文学之间的复杂关系。

在本书的写作过程中，基本以重点人物为中心展开论述，的确很好地抓住了史氏家族的个性特征、发展历程及其对南宋政治、文学的影响。不过，由于学识疏陋，笔者对宋代家族变迁与历史演变的整体把握还很不够，故难以恰当地为史氏家族做出定位。即如在个案研究上，也有继续开拓和深入的必要，如史弥宁以文学擅名，本书仅以少量文字论及，未能在学界已有研究水平基础上更进一步。其他家族成员如史弥巩、史弥应、史弥坚、史弥忠、史璟卿等人的行实与评价，也值得详细探讨。

附录一　《史家祖宗画像、传记及题跋》之题跋辑录

本档案题跋凡 19 则，书体各异，本书遵循以下原则进行整理：其一原本未标序，本节标出之。其二标点并就题跋文字中较重要者略加注释，以提供文献线索为主。

（1）右史氏自冀国公下历代画像并行略，其二十二世孙义震于族中购得之，潢治成册，属沛书者也。史氏由宋迄今七百年来簪缨甲宇内，幽光之发一本顺德，源远者流自长也。义震[①]为县掾吏，好读书论古，邑中士大夫恒乐与游，而家以内雍睦和蔼无间言，则犹然冀国之遗风焉。是册其世宝之。

道光戊子季夏六月乡后进王德沛[②]谨识。

册中有脱字讹句，不敢妄为增改，以存古意。沛又识。

（2）史氏族望冠甬上，自宋代迄今，舄奕簪缨先后辉映，其垂诸史乘者班班可考，顾不得亲炙其人。此册历代遗像全神毕肖，裔孙义震从族中购得之，重为装裱成帙，其行略属王待诏书之，精采一新，孝思有足称者。夙当持以见示，瞻仰之余，肃然起敬，爰识数语于后。戊子立秋前五日里后进韩崑。

（3）史氏为吾甬巨家，代有闻人，凡传诸载记而详于谱乘者，赫赫若前日事。是册画像三十有一，乃其裔孙义震所藏，褒鄂精神，簪缨胄系，一展卷顷，肃敬无量，于以知理学名儒与夫丰功伟绩固自足以不朽，而典型在望，宝同球璧，亦甚赖乎后之贤子孙之有以保守勿失也。同里后学楚香徐受荃敬观并识。

（4）人生晚近，不及见古人。得见古人遗像，若不知爱之重之，况为其子孙者乎？况累世名德如史氏者乎？是册自冀国以下七世凡三十一人，在南宋时簪绂相承，可称极盛。惜宋以后无人续绘之，别为一册。史

---

① 史义震，字春霆，号东农，鄞县县吏，史氏五十三世孙。道光九年曾辑修史氏宗谱（见《四明古藤史氏宗谱》卷一）。

② 王德沛，曾撰史义震之父史节昂《斌野史先生墓表》，该墓表载《四明古藤史氏宗谱》卷二。

氏在国朝，科第不绝，如立庵[①]、慎庵[②]两侍郎清望尤著。慎庵先生为先大母之祖，后人衰替已甚，昇屡至其家，欲睹其遗像不可得，而是册历数百年之久，藻绘如新，当不独世之子孙知所宝贵也已。

道光九年夏四月既望镇海后学王昇谨识。

（5）宋太师越国公事母至孝，以八行征于郡，不仕。其孙真隐先生位丞相，爵列忠定王。嗣是簪笏满门，允称极盛。数百年来，族望遍于各乡，并延外府。唯甬东一支，国初殿撰、翰林相继起，历官至侍郎，人物衣冠至今勿替。史君春霆，其裔胄也。尊大人淳望先生与家君同席研，燮少时得谒见之，因与春霆联世谊者三四十年，兹得至其家，瞻其先世遗像三十一幅，而冀国叶夫人首列焉。八行公为夫人遗腹子，教育贤劳不可没，后合葬于下水山之麓。世所称叶墓，为谢觉斋仙师所扦。读其墓，断发祥之由，应如桴鼓，绘像举可证矣。至云贪狼七十二，一房一甲有名著。元明以后不甚显。国朝屡有达人，七十二贪狼发泄犹未竟也。故其子孙积德深醇，必有应运而兴者。春霆留心于恤嫠育婴及开城渠浚湖，利诸美政，协赞有成。今遗像一轴购诸族人，又加装潢，后人不忘先泽，先泽宁勿眷后人？八行公之脉郁久重辉，此其肇端矣。至当年政绩、文章，具详史志，燮无庸赘一辞焉。

道光已丑小春之吉里后学曙村张燮祇肃仰瞻并撰志，时年七十有六。

（6）右史氏画像，自冀国公下凡三十一帧，帧各有传，其二十四世孙义震得之绿野岙族人者。装潢成帙，悬奉庙中以垂不朽。震之不忘其祖，诚贤乎哉！然亦可见神光大泽，其所留遗者，远也。后学王德洽识。

（7）史氏谱分三宗，自溧阳外，在吾江南者为吴中谱，在浙者为越中谱。余自临海移视鄞篆，得接邑中贤士大夫，实为欣幸。兹复获睹越中所遗先世画像，想见有宋一代经济文章，其欣幸当更何如耶？国朝越中谱自立庵、慎斋两侍郎后，簪缨迭起，近渔村制军开府滇南，积厚流光，殊未有艾。宜乎贤子孙世守厥业，不忘其祖，将有云蒸霞蔚克绍前人光者。余念其娇矢也，用识数语，异日归语吴中诸君，差足证吏治之一得云。

道光九年嘉平上瀚阳羡程璋识。

（8）自冀国公至白山先生，凡遗像三十一幅，此史氏之球璧也。昔全谢山先生搜辑四明文献，于史氏四宰执各网罗轶事，以补史乘之阙。其

① 史大成，字及超，号立庵，鄞县人，顺治年十二年（1655）状元，官至礼部右侍郎。现存《八行堂集约抄》。

② 史在甲，号慎斋，史大成从子，康熙五十二年进士，亦至官侍郎。《四明古藤史氏宗谱》卷二存《通奉大夫礼部右侍郎慎斋公墓志》，为其墓志。

自固叔而下，或以政绩著，或以经术传，或以文章显，皆能一洗宗衮之习。其遗集亦不下数十种，至今读其书，可想见其人。虽然，尚论其人，何如亲炙其人乎？披画像而拜之，肃然起敬焉。是固四明文献之所寄也，岂第史氏之球璧已哉！爰书于尾而归之。道光己丑阳月后学董澜谨跋。

（9）忆昔与绮堂先生同砚席于先君子之门，诵读之暇，绮堂每道及先世功业。时余年方成童，虽不能悉其梗概，然心窃向往之。乾隆戊申，余馆于勉力堂万氏，读其先世文集，仰瞻遗像，忠孝节义萃于一门，文经武纬，以道学，为儒将，与有明一代相终始，不胜惊叹，以为凌铄今古，四明望族无出其右者。后读谢全山太史诸集，未尝不推服史氏世德，如冀国太夫人之苦节，八行公之纯孝，直翁之知贤，沧州、独善之品行，碧沚之清操，以及虚舟、果斋之理学，文章政事，伟烈丰功，与南宋相终始，足与万氏相颉颃焉。其过之、无不及者，不亦后先辉映之哉！今东农先生复出其先世遗像见示，不觉肃然起敬，百世下犹令人景仰若此，而况于亲炙之者乎！东农，绮堂先生之介弟也，虽身隐掾吏而志切民瘼，尤喜与贤士大夫游，而当世诸君子亦乐与之交者，其为人何如也。葺宗祠，修家乘，绘遗像，皆东农之力也。吾知其源远流长，将来簪缨继起，正未有艾。瞻拜之余，谨缀数语于帧末。史氏贤子孙，宜知所宝贵也已。

道光九年十有一月同里后学陈铭海敬观拜识。

（10）东农史君重修宗谱，复得宋时先世图像，重装成册，练日藏之宗祠，以垂永久。余嘉东农之志，又获观前贤丰采仪容，真厚幸也。东农嘱余题识其后，不敢以不文辞，且余为东农之先族兄雪汀先生再传弟子，渊源有自，谨识数语，并录雪汀先生客广陵时柬其族兄方三《祖德歌》[①]并方三答诗各一首遗之，亦足补谱中所未备云。道光九年十一月里后学陈权拜跋。

（11）东农先生，中外父也。家传宋时所遗历世图像三十一帧，命中题其后。七百年来，先哲仪型如亲炙之，幸何如也。谨识数语，用深瞻仰。

道光己丑阳月二十五世孙婿王允中熏沐敬书。

（12）右史氏历代图像，凡三十一幅，遗失既久，东农史君于乙酉夏购得之。希世之宝，殆真有呵护之者！抑东农孝思所积，冥冥中有默相感召者欤！瞻拜再过，为肃然久之。道光九年长至月望浚后学汤家彦拜跋。

（13）全太史《四明族望表》，史氏为最。今在外父雨亭先生家获瞻

① 《雪汀公述祖德歌柬广陵族人方三》，见载于《四明古藤史氏宗谱》卷二。史雪汀与全祖望交游，后者作有《史雪汀墓版文》，见其集中。

世传宋代图像三十一帧，表中诸先哲仪型竟得亲炙，幸何如也。敬识之。

二十五世孙婿张渠拜书。

（14）吾郡有宋丰、楼、史、郑四大姓，惟史氏代有闻人，迄国朝犹为望族。七百年故家乔木，景仰系之。今其裔孙义震集先世白山先生以上画像三十一幅为巨帙，属余题其后。夫郑公之笏，九世宝之，况丹青无恙，晬盎如新，展斯卷者，宜何如动其亲炙之思乎！义震能装池而珍袭之，亦可谓贤子孙矣。戊子秋仲朔日里后学叶熊谨识。

（15）先生功名人也，而不汲汲于功名；学问人也，而不规规于学问。试为之，缅想其生平，效一官，就一职，即此应用无心，已足征出处之正。时纪夏易宗周，味其立言不拔，又堪知涵养之纯，盖先生之字族昭彰，身心卓越，诸君子早有志之明且备者，无烦章赘也。因低徊久之，而不能置，不觉流为歌以寓歆慕之情云。

奕奕高风，苍苍劲质。有汉可遵，有书可述。承先启后，睦族敦伦。像图颇旧，手泽犹新。玉蕴辉含，珠藏神守。不让三槐，直追五柳。善人有后，天道无私。贞元会合，万象重熙。戊子秋仲鲁瞻孔龙章敬观并识。

（16）生平不见古人，得见古人遗像，幸同亲炙。吾鄞史氏自有宋以来代有伟人，迄今犹称望族，其中淑行殊尤，文章勋业历历可指，而像则未尽见也。今秋于其裔孙义震家见之。义震孝友性成，舍梧棬之爱，而追及其先世，自冀国公至白山先生，三十一帧，购诸族人，装池成册，衣冠笑貌，令人穆然神往，吾知义震殆有余慕焉。义震有才禀，而隐于掾吏，然政之裨于乡里者，从事必勤。若育婴、恤嫠以及浚河各务，无不勉赞其成，不欲以先人遗力委诸无用，盖其立心求无忝于祖宗而后已。诗曰：“以似以续，续古之人。”义震其为史氏之贤子孙欤。

戊子冬仲里后学双湖张煊敬观并识。

（17）春霆先生，仅外祖行也。虽屈身邑掾，而疏直伉爽，能急人之急。暇日示仅先世画像一巨帙，薰沐肃瞻，外家弓冶仿佛可追，猗欤盛矣！仅幼而随宦，长复遨游四方。岁丙戌，自赣州旋里，始得一拜祠下。回念髫年失恃，今孤露零丁，荆枝尽丧，而舅氏一支，亦复凋落殆尽，载瞻斯像，不觉涕泗之无从也。戊子小春望日陈仅谨识。

（18）宋世父子为相者三家，鄞史氏居一焉。若其族姓昌阜、巍科膴仕，骈肩累迹，尤莫与比伦。是册画像赫赫照五百载下，古称乘朱轮者十人，珥貂蝉者七叶，视此何如哉！凡为人裔嗣，固应以托华胄为本，矧台衮相望，丹青不渝，四明冠冕，景仰系之矣。载瞻忠定王庞闳淳固，海涵地负，忠献王天挺异表，并称其名德茂绩，当是宋元间名人所绘，自余感不尽。旧本皆奕然有生气，不为凡笔也。至如八行先生躬行实践，贻翼数代，洎静清先生起而绍之，渊源紫阳，上溯洙泗，晬盎之容，信后学所宜矜式也夫。

道光九年岁在己丑暮春既望童槐敬题于古红莲阁。

（19）金自七龄即随先祖父僦居于史氏殿元公之门。公之曾孙体元公，金之姑父也，从而受业焉。明年春，遂得两侍郎公及诸封公之像，瞻拜乎其下，虽幼蠢，窃自幸谓见所未易见也。稍长，上窥史传及本方郡县诸志，乃益耸然。审所谓明州四大姓者，而科名之盛，圭冕之荣，惟史为尤，盖自有宋南渡以还，史氏之鸿功伟业与当代相终始。然虽旧闻，历览未免旷若望洋。今年秋，我姑父之族弟东农先生以嗣修宗谱告成，拜出其所藏自冀国公、冀国夫人以下遗容凡三十有一示余，或松姿柏节，或凤彩虬章，令人目眩心惊，难堪毕述。因憬然思非常之流必本非常之源，史氏之勋名事业，其所由来，夫人知之，不待辞赘矣。抑其间尤难者，紫阳朱子所传经义语孟诸解，每每推崇直翁先生论说为大有当，而直翁先生亦竭力援引朱子，俾以寔学，施之经济。及更历六七世，而果斋先生又复上揭紫阳之传，下启孔浦两程夫子之学。然则史氏非特纯孝贞节在冀国一二世之间，而道学勋猷直节该之，真千古右族而绝无仅有也。觇其像，不愈叹想于无尽哉！金无文，因诸先达之题词，附赘数语以并慕伸蚁慕云。

道光九年己丑岁十一月同乡后学张嘉金敬观拜识。

附录二　宋元四明史氏碑碣墓志汇辑叙录

本部分收录四明史氏碑碣墓志，起于宋，止于元，凡 29 篇。每篇系以叙录，用“叙曰”二字领起，用于介绍志主、撰者及流传情况；复从志石、宗谱、方志、总集、别集等处照录碑碣墓志正文，并于篇末注明出处。

一、宋累赠冀国夫人叶太君墓志

叙曰：志主叶夫人（1033—1117），史简（1035—1057）之妻，史诏之母。叶氏是四明史氏家族延续与发展的关键人物，该志详细叙述了她夫死守节、抚育孤子、勤俭持家的生平事迹。撰者楼异（？—1123），字试可，鄞县人。楼郁之孙，楼钥之祖父。元丰八年（1085）进士。政和七年（1117）知明州，在郡五年。《宋史》卷三五四有传。其祖父楼郁（1008—1077）教授县学、郡学三十余年，被称为“西湖先生”，史诏曾从之学。叶夫人去世后，基于楼、史两家“旧有世契”的关系，史诏向楼异求作此志。

据楼钥《跋叶氏夫人墓志》所载，该志原碑毁于建炎三年（1129）金兵犯明，后开禧二年（1206）始得于故纸中，史弥忠复为立石，今亦不存。基于叶夫人的地位，其志文为多部史氏宗谱如《四明古藤史氏宗谱》《鄞东钱堰史氏宗谱》《鄞东上水横街史氏支谱》等收录。

余记先大父大中昔日语余曰：“吾与史升之家，旧有世契。而其母叶，又吾素所敬焉。故大中每见叶之子孙，必询叶动静安否甚悉。”今亡矣，其子泣而丐余铭，义不获辞，遂书其实，以慰孝子之心焉。夫人生明州慈溪县。叶氏自幼静深婉淑，年十九，归同里史简。其夫端方儒雅，廉谨有余，不幸蚤死。萧然四壁，而有弱子幼女。未几，子又丧。夫人时方二十五岁，日夜抱幼女而泣，尚冀遗腹生男子，庶几有托。已果如所欲，毅然有不可夺之志。或谓夫人曰：“寡居生事窘甚，将孰依？一襁褓之子，讵可保乎？”夫人曰：“固哉！然再嫁，非女子所宜，宁死耳。况熟视儿眉目精爽，异日当起家，吾岂不安于命？”吁！昔共姜守义以自誓，若夫人者，似之矣。逾数年，夫之伯叔析居家，第期，曰：“儿女俱幼，且寇至谁御？吾将奈何？”子长，勉从乡先生游，自少嶷然有立志。恶衣菲食，杜门守义，勤于纺绩，而教子读书，人不堪其忧，益自若也。迨其子律身甚严，事母极孝，夫人诫之曰：“纵观圣贤之书，操笔作语，为士者，孰不能！要当慕古人行己为贵耳！汝父早丧，吾忧患困穷，甘心于不可处之时，以有汝在。其勉之！”其子愈自克励，遂以文学、德业为士大夫称述。夫人年弥高，娶子妇徐氏，侍养弥谨，不敢一日去左右，曰：“岂忍遗甘旨而远游以取富贵乎？”夫人乃得以忘家，怡然自适，虽家赀饶衍而益务俭约，曾无形于色。性不好宴乐，亦不强酒，时或儿孙满前，辄自喜，乃为饮。至于待妯娌和而有礼，御仆妾严而有恩，赒人之急无所吝惜，鞠养遗女凡数人，使之各得其所归。其闺门细行，惓惓尚或能行，乃若达义命，确然不易其操，处富贵，毅然不贰其志，世之学士大夫未必能，然夫人优为之，人所不能为也。呜呼！穷母寡居，守一婴孩，阨穷困苦，殆无生意，众人视之，若将不终日也。至子孙皆越等夷游太学与乡校，藉藉有誉。曾孙众多，而秀颖可喜。三孙婿皆贡士，为乡闾美谈。向使夫人不以节操自持，岂能为史氏立门户、著行若是耶？宜乎其子也孝，其身也康宁，其终也寿考。人皆谓天报施善人在此，而余独以为曷止是哉！盖本固则叶茂，源深则流长，行积德厚矣，后必有显者，未易量也。生平无疾病，华发秀眉，耳聪目明，缝绩之劳至老不辍。诸儿孙妇以次侍饮，罢，归寝，忽语侍儿：“吾将与诸人诀。”举族惊惶，莫知所措。翌日，尚无恙，而自谓无憾，以及见今日为足，都无绪言遗念而卒。其怛化有如此，实政和七年五月二十四日。其寿也，享年八十有五。以宣和元年十一月十八日葬鄞县阳堂乡长乐里之原。子一人曰诏，即升之。先一年，乡人以八行举于郡县，未及仕。孙男五人：师仲、才、木、禾、光。光尚幼。才登上第，调处州遂昌县。曾孙七人：若纳[①]、若愚、若虐[②]、若冲、若谷、若永、若朴。其夫，字廉夫，生于景祐二年三月十九日，卒于嘉祐二年八月廿七日，享年二十有三。初乃火葬，今刻其像于穴之东以附焉。铭曰：

（阙）

朝请大夫秘阁修撰知明州军州管勾神霄玉清万寿宫赐紫金鱼袋楼异撰

朝奉大夫[③]提点西京崇福宫张宏书

朝散大夫提点南京鸿庆宫赐绯鱼袋吴正言篆

录自吴之才主修，史济铿等纂修：《四明古藤史氏宗谱》卷一，民国十八年（1929）八行堂木活字本。

① 笔者按，“纳”，当为“讷”。

② 笔者按，“虐”，当为“虚”。

③ 笔者按，“夫”，原无，据文意补。

1. 冀国叶太夫人续墓志

四明衣冠虽盛，自开国以至绍兴，曾未有仕登政府、恩及三世者。二十四年，岁在甲戌，史公才始为端明殿学士、签书枢密院事兼参知政事，赠三世，为东宫三少。三十二年，从子浩为参知政事。未几，为尚书右仆射、同中书门下平章事。至淳熙五年，再为右丞相。其后位极人臣，为太师，赐第行在所，赐玉带金鱼，勋名富贵，康宁寿考，为近代臣子之冠。子孙蕃衍，不独为吾乡衣冠盛事，四方缙绅莫不歆艳企慕。而求其源流之所自，则出于八行之一人。又遡而上之，则八行之母叶氏夫人之流庆也。夫人以孙曾赠典凡十八封，为冀国夫人。太师文惠王推源本始，追崇祖考之外，上及五世，其叙致积庆之由，可谓极其至矣。然乡人犹未能知叶氏夫人之详也。开禧二年，新监文思院弥忠致族党之意，叩阙而告钥曰："叶氏夫人之志铭碑石既碎于兵火，不知所在，近方得其故书中。始知煨烬之余，仅得断碑，上世能录其旧。虽有阙文，而其志铭则君之大父少师为乡郡时所作也。"呜呼！建炎三年，乡里遭敌祸最酷，我家先世遗文片纸不存，粗能班班见一二，不谓乃有此碑。伏而读之，其叙事委曲，措辞雄赡，览者当自知之，不肖孙不敢为溢美之言。至其言曰："人皆谓天之报施善人若此，而余独以为曷止是哉！盖本固则叶茂，源深则流长，累行积德厚矣，后必有显者，未易量也。"铭词又有曰："天之报施，固未易量。后必有显，以大厥光。"是时枢密方为遂昌丞，而终贰大政。文惠王即夫人之曾孙也。碑中五孙，一尚幼者，后名光；长即文惠王之父；次枢密；次预荐书，三舍法行，贡辟雍，其贤德见于文惠王祭叔父文及王主簿敏所撰阴骘记。余虽不显，然五院子下，皆相继膴仕矣。七曾孙：若纳，文惠王之旧名也；若愚，后名渊，终朝奉郎、知江阴军；若谷，后名溥，终湖州通判；若朴，后名源，终曹娥监场。其后又八人：湛、涓、渐、溶、浚、济、澄、浤。湛，以子预贡籍，该庆典，封修职郎；涓，终南康军佥判；渐，以子登科，该庆典，封承务郎；溶，以子入阁，封承务郎；浚，终婺州通判；济，亦以子与贡籍，该庆典，封迪功郎；余未仕。元孙数十人：弥大为礼部侍郎、敷文阁待制；弥正，终两浙东路提刑；弥远，方为起居郎；弥坚，方以枢密院检详，除直宝谟阁、江南西路运判；其以有例进者，亦或为守。弥字一行登科者已六人，下至六世孙之为倅若令，与夫游贤关、名荐书者，未易缕数。况其子孙承上世积善之庆，大率性行端良，相勉于学，以是益知史氏之兴未艾，而吾大父之言于今尤为明验矣。既谨录之，以补家集之阙。又著其说于世，使为善者知劝。他日有秉彤史之笔为列女传者，当以夫人为称首焉。阙文虽多，当以传疑，不敢以意定也。呜呼！苏文忠公为《三槐堂铭》，有云："善恶之报至于子孙，而定也久矣。国之将兴，必有世德之臣厚施而不食其报，然后其子孙能与守文太平之主共享太平之福。今夫寓物于人，明日而取之，有得有否。而晋公修德于身，责报于天，取必于数十年之后，如持左券，交手相付，吾是以知天之果可必也。"又曰："世有以晋公比李栖筠者，栖筠之子吉甫，其孙德裕功名富贵略与王氏等，而忠恕仁厚不及晋公父子。由此观之，王氏之福，盖未艾也。"钥不佞，于史氏之门亦云。是岁八月吉日

通议大夫奉化郡开国伯食邑八百户楼钥谨识

修职郎前南康军司户参军赵蹲敬书

朝请大夫直宝谟阁主管绍兴千秋鸿禧观元孙弥忠立石

录自吴之才主修，史济铿等纂修：《四明古藤史氏宗谱》卷一，民国十八年（1929）八行堂木活字本。

2. 跋冀国夫人叶太君墓志后

四明史氏之盛，至于一门三相，再世两王，擢高科、登膴仕者不可胜纪，宋东南衣冠之族未有能先之者。推其自，乃始于叶氏。夫人盛年丧其君子，确然自守，保其遗腹之孤而至成立，持其家更至饶衍于旧，为父为母之道皆可师法。享年八十有五，以孙曾赠典，积十八封而至冀国夫人。虽浚其本源，培其根干，亦足以征子孙之贤，而源之深、根之固，实则在于夫人也。伏读墓表，不胜敬叹。

至正乙巳岁仲冬望日豫章揭汯跋

录自吴之才主修，史济铿等纂修：《四明古藤史氏宗谱》卷一，民国十八年（1929）八行堂木活字本。

二、宋八行先生赠太师追封越国公墓表

叙曰：志主史诏（1057—1130），字升之，叶夫人之子，以孝行著于世。从楼郁学，于《三礼》《尚书》有所得，长孙史浩承其家学，有《尚书讲义》《周礼天官地官讲义》等。该志为后人追作，成于元顺帝至正二十四年（1364），距史诏之卒已234年。该志叙述史诏学行甚详，尤推重其八行之德。又详其子孙情况，堪作家谱读。撰者危素（1303—1372），字太朴，号云林，江西金溪人。曾任经筵检讨，主编宋、辽、金三朝史。据志文所言，危素尝承诏修《宋史》，征文献于东南，公之子孙往往能道其先世，或因此而结识史诏七世孙史公袭，并为后者所请而作此墓表。

该志不见于危素《危学士集》。一些史氏宗谱如《四明古藤史氏宗谱》《鄞东上水横街史氏支谱》录有志文。

越史氏数世显荣，胄系繁盛，求之古者，鲜与之俪，论者以为必其先世积累之久而后能致此也。乃若八行太师言行有不可胜书者，抑何其世泽之深长者。公七世孙温州路永嘉书院山长公袭以书抵京师，请表鄞县阳堂乡长乐里之墓，揭德振华，以励后之为善者。素以越巨海以为托，义不可辞。公讳诏，字升之，世居鄞。曾祖维则。祖成，赠太子少保。父简，赠太师、冀国公。初，为郡吏，事后母任夫人至孝。郡人为竞渡戏，任夫人欲观之，兄弟俱贫，冀国公独鬻衣具酒殽以娱亲。郡守召，未遑即至，遂斥罢之，因愤悒以殁。冀国夫人叶氏方娠，父母将夺而嫁之。夫人泣曰："宁死，非所愿。"尚冀遗腹以续史氏之祀耳。越三月，实生公，宋嘉祐二年十一月二十九日也。公颀秀丰采，自少嶷然有立志。同学有亡钗钏，泣不敢还，公以所饰钗畀之曰："第归，毋泣也。"尝解衣以惠饿人，叶夫人闻之曰："吾儿能尔，史氏不坠矣。"长从乡先生楼公游，与丰清敏公同砚席，叶夫人诫之曰："为士者，孰不操笔为文词？要当慕古人行己为先。"公益自策励，严于律身而以孝义闻。大比之岁，三舍法行，辍引避曰："无母之节，安有史氏？尚不自慊，复欲为利达计耶？"誓终其身以致养。或曰："卿荐于乡，亦所以荣亲也。"公曰："朝廷设科，冀获其用，可窃之而为己荣乎？设与贡，则初志爽矣。忘亲欺君，所不可为。"幼习《三礼》，取士礼以为家法。初，叶夫人寡居，饘粥至弗给，攻苦食澹，铢累寸积，资产寖饶，而汲汲以济人为事。尝曰："既已为人，无论已愈，特患力不足而已。"公委曲承顺，营度施予，以承母志。贫不能自给者，岁时周之以为常。故旧子弟教养于家，赖公成立者众。嫁遗女二十余人。丧不能举者，买山葬之。他日适东郭，闻将鬻女偿官、逋悲而泣者，公潜遗之钱，戒家僮勿泄。逾数年，公舣舟其门，女以妨浣濯，诟令移舟。家僮怒，竟以遗钱免鬻事责之。女大惊，同父母罗拜于前曰："今乃知恩人为秀才也。"公谢以为吾仆所妄言。既还，责之曰："吾岂亦此要誉者乎？"政和间，举八行。其乡以公应诏，有旨津遣赴京。公曰："用事者设此科，必为所私地。诸公以某充数，误矣。"乃奉母东走七十里大田山，郡守遣从事趋就道，固辞不赴。崇宁二年，鄞进士王莘坐上书诋诬，下有司拘收入自讼。公闻之，谓所亲曰："时事若此，而应此举乎？"丰公以直道自任，与公独能矫时自立，识者高之。丰公常称公"学类徐仲车，阴德类窦禹钧"，由是世为婚姻。陈忠肃公著《尊尧录》成，以书报公曰："君尘埃物外，四明士惟君可语耳。"及徙天台，赋诗为别。公读《尚书》，谓："'伊尹以太甲昏迷，营宫于桐，以居仲壬之忧'，实未尝放而人犹以为放也。'周公肃承王命，往洛卜宅。

奉图献卜，复命于王’，汉儒复辟之说无据。‘周召同心王室，周公将告老，召公忧难其继。’《召奭》一书，周公勉召公之辞。”时先儒传注未行，公处海隅，无所因袭，得于卓然之见盖如此。建炎四年六月二十五日卒，享年八十有四。以孙曾贵，凡二十一赠，至太师，追封越国公。娶徐氏，追封越国夫人。生五子：师仲、才、木，皆由乡贡游辟雍。公尽呼之归，曰：“时事日非矣，归守坟墓犹可。”徐死，长子师仲闻命即还，后赠太师，追封越国公。才，登政和八年进士，仕至端明殿学士、签书枢密院事，赠金紫光禄大夫。木，以曾孙嵩之入相，赠太师，追封卫国公。女真犯明州，公命木具巨舟，载姻族数百人避海中，给以廪饷。兵至城中，杀戮甚酷，俘指公之庐曰：“史孝子家。”则以蜃灰书于门曰：“勿犯善人家。”公殁之三日，木以过哀卒。次曰禾，曰光。女六，婿贝必先、姚孚、王敏，一为比丘尼，二蚤世。孙男十三人：浩，登绍兴十五年进士，相孝宗，以太师、保宁军节度使致仕，谥忠定，追封越王，配享庙廷；渊，太府寺丞、知江阴军；若冲，宣义郎；溥，承议郎、通判湖州军州事；源，监绍兴府曹娥场，累赠大中大夫；湛，修职郎；涓，承议郎、南康军佥判，主管冲祐观，赠中散大夫；渐，累赠太师，追封齐国公；溶，承奉郎；浚，通判婺州事；济，赠承议郎；澄，累赠朝议郎；浤，赠中散大夫。曾孙男四十有一人：弥大，登乾道十五年进士，仕至礼部侍郎，进少傅、银青光禄大夫，追封奉化郡开国侯，谥献文；弥正，赠少师；弥高，赠奉直大夫；弥明、弥性、弥约、弥焕，俱学士，未仕；弥纶，太子宫准备差遣；弥邵，知邕州；弥文，通直郎；弥年，承节郎；弥广，殿前中军统领；弥彰，海门县主簿；弥茂，修武郎；弥庄，学士，未仕；弥忠，赠太师，追封齐国公，谥文靖；弥逊，台州司法；弥亮，建昌县丞；弥著，登仕郎；弥宁，知泰州。弥迥，知宝庆府；弥恕，赠朝议大夫；弥谦，承信郎；弥隆，枢密院准备差遣；弥久，学士，未仕；弥远，登淳熙十四年进士，仕至太师、右丞相，赠中书令，追封卫国忠献王；弥愈，登淳熙十四年进士，仕至中奉大夫、直敷文阁，赠大中大夫；弥壮、弥晔，俱学士，未仕；弥坚，仕至端明殿大学士、光禄大夫，赠资政殿大学士、太傅、奉化郡开国公，谥忠宣；弥谨，登庆元五年进士，仕至朝奉大夫；弥愿，国学生，未仕；弥遵，学士，未仕；弥进，承务郎，知上饶县丞；弥林，赠朝奉大夫；弥巩，登嘉定十年进士，仕至中奉大夫、直文华阁、少师，封鄞县开国男；弥迈，赠朝奉郎；弥忞，登嘉定七年进士，仕至朝议大夫、直宝章阁，封鄞县开国男；弥炳，知邵武军，赠中奉大夫；弥厚，仕至奉直大夫、知容州；弥应，登嘉定七年进士，仕至朝请大夫；弥赞，从政郎。元孙而下，盖不胜书矣。素尝承诏修《宋史》，征文献于东南，公之子孙往往能道其先世。《易》曰："积善之家，必有余庆。"表公之墓于易世之后，所以昭公论于既往，垂劝戒于将来也。

至正二十四年甲辰八月既望翰林院学士承旨荣禄大夫知制诰兼修国史临川危素表并书

集贤院大学士光禄大夫滕国公致仕清苑张琪篆

录自吴之才主修，史济铿等纂修：《四明古藤史氏宗谱》卷一，民国十八年（1929）八行堂木活字本。

三、宋徐氏夫人墓志铭

叙曰：志主徐夫人，史诏之妻。据志文"年二十，归里士史升之"，"吾缘业所系，为妇为母以至为姑四十六年于此矣"诸语推断，徐氏约生于嘉祐二年（1057），卒于宣和五年（1123）。该志简略介绍了徐氏一生：自嫁史诏，孝敬其姑，持家有道；育成子弟，颇为有劳。其中提及"姑喜佛书，诵《莲经》有常课。夫人日侍左右，遂默记之，且晓大义。久之，通《楞严》《圆觉》诸书，咸诣理致"，后，其孙史浩好佛，堪谓渊源有自。撰者石端中，元符三年（1100）进士（《会稽续志》卷六）。绍兴四年（1134），权知严州；绍兴六年（1136），秩满。（淳熙《严州图经》卷一）其为属吏、徐氏之子史才所请而于宣和五年（1123）作此。

志石现存于宁波市鄞州区东钱湖镇绿野村民居。马兆祥主编《碑铭撷英》（人民美术出版社，2003 年）录有拓本，章国庆编著《宁波历代碑碣墓志汇编》（上海古籍出版社，2012 年）录有全文。《四明古藤史氏宗谱》卷一载该志，题为《赠越国徐太夫人墓志铭》。

宋徐氏夫人墓志铭

朝奉郎通判处州军州同管勾神霄玉清万寿宫兼管内劝农事借绯鱼袋石端中撰

奉议郎知明州奉化县管勾劝农公事兼兵马司公事庄必疆书

从事郎充两浙转运司勾当公事吕夷则篆盖

夫人徐氏，明州鄞县人也。三代皆不仕。父防，有乡里重望，少许可，名知人。夫人蚤慧，常见称赏，每家事疑未决，夫人见辄处可如理。父顾叹曰："而曷不为男子？吾何忧异日谁妇汝？吾意其家庶几乎。"年二十，归里士史升之。升之自龀髫孝爱异常，长以学行闻，慕联姻好者多矣。而母叶夫人少寡，以节行自持，家政肃然，度难其为妇，辄不敢。徐公闻之，喜曰："真吾家偶也。"遂以夫人妻焉。子母妇姑鼎足坐，终日相视怡然。夫人任中馈，临事若不经意，而枚称条举，井井有法，亲戚翕然誉之。姑喜佛书，诵《莲经》有常课。夫人日侍左右，遂默记之，且晓大义。久之，通《楞严》《圆觉》诸书，咸诣理致。生子能言以上，昼抱夙兴，常口授诗书，而时以旨义谕之。比长就学，则先生逸而功倍。诸子彬彬，克嗣家学，膝下之训为多。中外有贫不自给者，第其亲疏，岁时赒之以为常。而嫁遗女十余人，皆得所归。其赖以立家而子弟以儒名者甚众。居一日寝疾，家人辈请所愿，以致祷禳事，夫人笑而不答。疾且剧，复丐其遗言，答曰："吾缘业所系，为妇为母以至为姑四十六年于此矣，尚须今日一句邪？"以宣和五年三月十三日终于室，卜以是年十二月二十三日壬寅葬于县之阳堂乡福泉之原。有子十二人，而夫人出者四男六女。男师仲、才、木、禾，皆举贡士，有美名。才登上舍第。女嫁贡士贝必先、姚孚、温州平阳县主簿王敏，一为比丘尼，二蚤亡。孙男十人，女六人。初，才为遂昌丞也，睦州贼陷衢婺，犯县境，官吏惊溃。才即日集勇士，举兵复邑。贼平，以省侍告于郡，未报。夫人闻之，贻书曰："政须安集，遽遑将母邪？勉就功名，毋为我怀归。"才始安职。其达义命，大体如此。

予贰郡事，得才属邑中，奇之。既又稔闻夫人之贤，兹获考其所得渊源，有古善知识所难能者，故乐为书其实而系之以铭。铭曰：

猗欤夫人，夙著敏德。徐公识鉴，嘉偶是得。子母妇姑，闺门之式。
家政井井，中馈予职。侍观内典，悟理惟默。抱携诗书，教忠弥笃。
赒匮鞠遗，惟姻惟睦。缘尽乃归，喜其奚祝。毋丐绪言，往有遗躅。
植德锡庆，诜诜以续。呜呼夫人！蔚为妇则。伊世哲妇，曰匪我克。
曷谓壶彝，司晨我续。作铭纪实，爰警兹惑。

录自章国庆编著：《宁波历代碑碣墓志汇编》，上海：上海古籍出版社，2012 年，第 131—133 页。

四、宋故史希道墓志铭

叙曰：志主史师仲，字希道，元丰五年（1082）生，宣和六年（1124）卒，年四十三。史诏长子，史浩之父。曾为太学生，不第。娶洪氏。撰者夏承，字符茂，鄞人。入太学上舍，崇宁五年（1106）中第。靖康间，任开封少尹，有节行，事见《宝庆四明志》卷八。该志作于夏承开封少尹任上，基于与志主的朋友关系，他对史师仲的节行处世有独特了解，评价甚高。该志笔墨简洁，但语带感情。

志石现存于宁波市鄞州区东钱湖镇横街村村委会，2001 年出土。马兆祥主编《碑铭撷英》录有拓本,《宁波历代碑碣墓志汇编》录有全文。《鄞东钱堰史氏宗谱》亦存该志,题为《宋赠太师越国希道公墓志铭》。

朝散郎开封少尹夏承撰

朝散郎御史台检法官王庭秀书

从事郎新太学博士郑毂题盖

四明有贤士史君,讳师仲,字希道,年四十有三,宣和六年三月二十三日卒于家,卜以靖康元年十二月十二日癸酉葬于鄞县翔凤乡上水奥之原。友人夏承闻之泣曰:“吾故契也,习知君之贤,谨志其实,且以附名贤者之墓不朽为荣云。”

史氏自卫鰍以直见称圣人,其后以才德显者相踵。四明史氏,世无达官,故其世次不可考。自君祖父讳简蚤丧,祖母叶氏有节行,保遗腹子曰诏,字升之,是为君之父,寿今七十矣,以德行为乡里师表。史氏称望姓,自升之始。

君为儿童,俊爽过人,七岁属文,时有警策语播士夫口。未冠游太学,籍籍有誉。久之,试有司,数不售,一贡下第,拂袖而归。乃放意诗酒,从彩衣之欢,不复以名利介意。君美风姿,善吟咏,喜饮酒,为辈行悦服。宽厚有度,襟怀坦然。有以机变纷twitter乎其前者,心深鄙之,不诘也;后生有清致,或一善可采,则欣然称道,如己有之。居母夫人忧,衰毁过礼,俄感疾不起。

呜呼!人谓希道贤,宜寿且贵,而独不享,疑之。余以为不然。希道少以文学为先生长者器重,长以孝友忠信为亲戚钦爱、乡党信慕。其死也,闻者莫不痛恨。有子皆贤,虽在携抱者,趣貌皆可喜,是可以无憾矣。顾趋趋尘埃,进无长策以优时用、退不能求田问舍以给俯仰者,岂可同日语耶!故余悦其风而著之,以见吾志焉。

希道娶洪氏。生六男,若讷、若愚举进士,若谷、若朴、若冰皆幼。三女,长许嫁进士陈晔,一幼,余早亡。铭曰:

才高而不见于用,学富而不得尽行,孝友忠信而不寿且贵。彼天道乎?夫谁可量!其死也悲,其子也贤,□□□□,何感乎不朽之传!

陈璋镌

录自章国庆编著:《宁波历代碑碣墓志汇编》,上海:上海古籍出版社,2012 年,第 140—141 页。

五、纯诚厚德元老之碑[①]

叙曰：志主史浩（1106—1194），字直翁，鄞县人。绍兴十五年（1144）进士。受知于宋高宗，两次为宋孝宗朝宰相。宋光宗御极，进太师。宋宁宗登极，赐谥文惠，亲题“纯诚厚德元老之碑”以赐。《宋史》卷三九六有传。撰者楼钥（1137—1213），字大防，鄞县人。历官温州教授、吏部尚书、翰林学士等。有《攻媿集》一百二十卷。《宋史》卷三九五有传。该志乃楼钥奉宋宁宗敕命而作，规制宏大，文辞富丽，以史浩与皇帝关系为主线，叙述史浩一生功业，尤详于史浩生平备受非议之事。

该志断碑犹存，惜乎损毁严重。全文载于楼钥《攻媿集》卷九三。

高宗皇帝以孝宗君德日就，将属以社稷，妙选天下学行端粹之士以辅导之。绍兴二十有九年，太师、会稽郡王史浩以国子博士奏事殿中，高宗一见契合，属目送之，谕大臣曰：“浩，今日有用之才也。”除秘书省秘书郎。粤五日，兼普安郡王府教授。受知高宗，被遇孝宗，实昉于此。明年，孝宗封建王，迁司封员外郎，兼直讲。又明年，为宗正少卿。三十二年五月，立皇太子，擢起居郎，兼左庶子。六月，孝宗受内禅，迁中书舍人，兼侍读。十日，为翰林学士，知制诰。八月，参知政事。明年正月，拜尚书右仆射、同中书门下平章事兼枢密使。未几罢政，再典巨藩。淳熙四年春，召为侍读。五年三月，复拜右丞相。十一月，罢，仍侍经筵。八年告归，得请，一再召见，恩赉深渥，每以“老先生”呼之。孝宗移御重华宫，以宴处清闲，思见旧学，太上皇为颁诏谕，赐御札。明年，遣干办御药院杨舜卿抚问趣行，命守臣以礼津发。既入觐，孝宗顾公曰：“卿辅朕初潜，亲遇朕建朱邸，升储宫，登大宝，两居相位，三入经帏，逮今三十余年，君臣相得，殆非他人比也。”五年四月五日，公薨于里第之正寝。讣闻，孝宗上皇震悼，赙赠有加。有旨以公身居极品，又为寿皇潜藩旧学，赠恤之典宜从优异，可特追封。自余赙葬恩数并如陈康伯例。今皇帝登极，赐谥文惠，亲洒宸翰，书“纯诚厚德元老之碑”以赐焉，且命臣钥为之文。臣以末学待罪北门，乃得对扬明命，敷述盛美，以诏不朽，臣虽甚陋，何敢辞！窃伏思自古君臣以遇合为难，而笃眷不替，善始以终，殆千载而不一遇也。方孝宗以艺祖统系之远，承高庙付托之重，时公以所学纠正赞弼，

① 《丛书集成初编》本《攻媿集》卷九三该志题注云：“奉敕撰。[案]标题一作《太师保宁军节度使致仕魏国公谥文惠追封会稽郡王史公神道碑》，据篇中‘亲洒宸翰’云云，则此为当日原题。”

自其缉熙光明，推而至于事亲以孝，事天以诚，兵不轻用，刑不妄施，人才盛多，夷夏乂肃。孝宗继志述事之功，承颜顺色之爱，刑于四海，光于万世，而又惠顾帝师，日笃日亲，胙我太师，福庆流衍，光大显休，追媲典谟。孝宗奄弃慈极，公先六旬以遗表闻。呜呼，岂偶然哉！公讳浩，字直翁，世为庆元之鄞人。曾祖简，祖诏，父师仲，俱赠太师、冀国公。曾祖妣叶氏，祖妣徐氏，妣洪氏，俱赠冀国夫人。曾祖蚤卒，母叶夫人有遗腹，指天自誓，愿得子以续史氏之祧，是生公祖。教之甚严，以八行荐于朝。积德垂祐，寖大其家。仲子才，绍兴二十三年为签书枢密院事。公又继登揆路，衣冠盛事，莫尚焉。公性颖异，记诵绝人，少孤，自力于学，贯穿经史，理致超诣，措词持论，出人意表。年四十，始登进士科，授左迪功郎、绍兴府余姚县尉。寻为温州州学教授。郡守张九成有重名，待以国士，诸生推崇之。以中书舍人吴秉信荐，除太学正，迁博士，改宣教郎。自此六年，以至相位，近世未有也。公智虑深长，临机辄断。平居若不胜衣，而剸裁勇决，毅然不可回。推究经旨，多先儒所未发。引经处事，动中要领。完颜亮南牧，边廷用兵，建王抗疏请为前驱，誓不与贼俱生。公方以疾移告，闻之，亟往问："孰为大王计？误矣。国步方艰，父子岂可须臾离？使唐肃宗能随明皇幸蜀，安得有灵武事？"建王大悔，立俾公草奏，请扈跸以供子职，辞意恳到。高宗闻议出于公，叹曰："真王府官也。"庙堂方议以建王督师，由是不果，遂从视师之行，而内禅之意决矣。高宗将过德寿宫，公议嗣皇当乘马扶辇。高宗谕公曰："执鞚前导，不足为法。"公对曰："臣于肃宗何取？父行而子随，万世不易之道也。"孝宗竟用公议。高宗数遣使邀还，出皇城门而止。既参大政，召宴禁中。公奏："臣顷在翰苑，虽暮夜宣召，可也。今居政地，非有中使，不敢前。若恃恩奔命，非大臣体。"孝宗深然之。尝问当今施设何先，公曰："莫加保边境，收人才。"前言辛次膺、张焘人望所属，即日召还。又荐周葵、任古、胡铨、张戒、王十朋等，以次收用。公平时咨问天下人物，有所闻，密疏其实，且识言者，录为一编，皆于此乎取。又得金安节、王大宝、周必大等三十五人，各书所长以闻，并为时用。尝对德寿宫，高宗曰："皇帝诚孝，卿辅导之效居多。今又得卿佐之，朕心亦安。"又曰："卿为皇帝亲臣，凡有规正，不可回忌。赖卿悉力调护。"公既推谢，次日又因奏事言之。上封事者，多乞减任子。公请岁一试，且损其额。试者必习所业以应诏，既不伤恩，足以激厉。孝宗顾左相陈康伯，议合。公因奏："凡有所陈，皆先与丞相议而后言。"自是臣僚奏请，更改政令，必先以示公，然后施行。尝因谏击鞠事，张焘共政，退而曰："相公爱君至矣。"焘又尝语人曰："参政今之贤辅，不可妄议。向来柄臣得君，多以威严胁人，史则不然，事多迎刃而解，志于宽厚。上前别白是非甚明，宰相器也。”康伯乞罢政，孝宗批问：“恩礼已尽，当与何职？”意盖属公也。公即奏：“康伯前朝老臣，不可不留以为重。若其请未已，必得德寿圣谕，可安其意。”是日，高宗赐以御笔，康伯乃安职。寻密诏公曰：“朕粗勤庶政，然军务民事未得其要。若矿金璞玉，方以卿为良工，其毋怠焉。”公既相，益思所以报上者。首言前宰相赵鼎、参政李光之无罪，大将岳飞之久冤，宜复其官爵，录其子孙。凡坐废者，次第昭雪，悉从之。时外建都督府，归正人及谍者日众。公虽忧之，而深察其能否，故拔皇甫倜于境外，官胡昉于书生，皆赖其用。有滕忠信等八人，还自山东，自言已结集万五千人，可为内应。公诘问再三，皆无其实，语塞汗下而退。初已借閤门宣赞舍人，遂令赴督府。张浚亦以其无证，仅补承信郎而已。燕人刘蕴古该通古今，谈辩如流。一日濠州奏募到北方游手仅万人，欲以营田。蕴古力请以抗敌，时欲许之。公独谓此必奸人，姑欲藉以反其国耳。因诘之曰：“樊哙欲以十万横行匈奴，季布犹以为可斩，君得万人，何以成功？”蕴古错愕不知所对，曰：“此皆无家，必不为朝廷留，不如乘其未定而用之。”公曰：“其家不来，宜无固志，不知君家何在？”蕴古曰：“老幼皆在幽燕。”自知失言，战灼久之。后因刺探事宜，私遣仆归燕，仆以告，遂伏诛。吴璘以兵取德顺，捷至，方议行赏。公奏：“诸葛亮出师必攻陈仓及郿，即今之凤翔，得之则可窥长安。高祖出汉中，正此道也。姜维舍此而多出陇西，狄道、临洮，得之无益。今乃蹈维覆辙，臣恐遂失蜀矣。宜勉谕其归。”登命公即选德殿庐作诏，令撤戍班师，专保蜀口，以俟大举。斯须而就，词旨明畅。孝宗阅之，曰：“他人必不能道朕意，奇才也。”既而吴拱、王彦奏敌已扼璘归路，方募人往报，璘亦势迫，间道以归。袁孚罢右正言，公曰：“初政而遽去谏官，何耶？”孝宗曰：“妄言德寿宫有私酤。”公曰：“陛下事亲可谓曲尽，然宫中左右皆阉官，有何知识？若非言路时以正论折其萌，则将有甚此者。”上怒少霁。又奏：“谏官无故而罢，天下必以为疑。若暴其罪，恐启两宫之间。愿少须之，使其引去。”寻除直秘阁、知温州。自是益无纤芥之隙。张浚屡奏欲取山东，公曰：“宿师于外，守备先虚。我能出兵山东，以牵制川陕，彼独不知警动两淮荆襄以解山东之急耶？惟当固守要害，为不可胜之计。必俟两淮无致敌之虑，然后可前。若乃顺诸将之锐气，收无用之空城，寇去则论赏于朝，寇至则仅保山寨，顾何益乎？”继而大将李显忠、邵宏渊奏乞进兵，公又奏：“二将辄乞战，岂督府之命令不行耶？”浚继请入觐，乞即日降诏幸建康。孝宗以问公，公陈三说，谓：“若下诏亲征，则无故招致敌兵寇边，何以应之？若巡边犒师，则德寿去年一出，州县供亿重费之外，朝廷自用缗钱千四百万，今何以继？若曰移跸，欲奉德寿以行，则未有行宫。若陛下自行，万一敌人有一骑冲突，则都城骚动，何以处之？”孝宗感悟，曰：“都督先往临边，俟有功绪，朕亦不惮一行。”浚言：“陛下当以马上成功，岂可怀安以失事机？”公执不可。退又以诘公，公曰：“帝王之兵，当出万全，岂可尝试而图侥幸？主上承二百年基业之托，汉高祖起于亭长，败亡之余，乌可比也！”寻复论辩于殿上，浚曰：“中原久陷，今不取，豪杰必起而收之。”公曰：“中原决无豪杰，若有之，何不起而亡金？”浚曰：“彼民间无寸铁，不能自起，待我兵至而为内应。”公曰：“胜、广能以钽耰棘矜亡秦。彼必待我兵至，非豪杰矣。若有豪杰而不能起，则是彼犹有法制维持之，未可以遽取也。今不审思，将贻后悔。”又上疏力谏曰：“靖康之祸，臣子孰不痛心疾首，思欲蹀血北廷，以雪大耻？恭想宸衷寝膳不忘。然迩安则可以服远，若大臣未附、百姓不信而遽为此举，安保其必胜？浚老臣，虑宜及此，而溺于幕下新进之谋，眩于北人诳惑之语，是以有请耳。德寿岂无报敌之心？时张、韩、刘、岳各拥大兵，皆西北勇士，燕蓟良马，犹不能进。今欲以显忠之轻率，宏渊之寡谋而取全胜，可乎？惟当练士卒、备器械，固边圉，蓄财赋，宽民力，十年而后用之，则进有辟国复仇之功，退无劳师费财之患。此臣区区素志，实天下之至计也。”督府乏用，欲取之民，公曰：“未施德于民，遽重征之，恐外贼未必至，民贫将自为盗。”康伯与公相顾，同奏曰：“必欲取于民，臣等皆当丐退。”上为之给虚告五百道以庚费。浚又奏归正人当优待之，公以为不可。浚、康伯俱曰：“彼以善心至，安可拒乎？”公又两入奏，其一曰：“敌日为奸谋以挠我，纵流民以困我，而沿边方以招徕为功，数年之后，蚕食既多，国用益乏，彼将反有怨悔之心，可不远虑乎？固不可绝其内向之意，其有至者，当谕之，使安土以俟恢复。彼且无所归怨，而敌亦知国之有人，岂应先为自蹙之计？”其二曰：“弃实而务名，舍近而谋远，见利而忘害，愿弃名取实，以集大勋。先近后远，以安边鄙。见利思害，以杜乱萌。”言甚切至。又与浚言：“平时愿执鞭而不可得，幸同事任，而数日议论不同，不惟为社稷生灵计，亦为相公计。相公养成名望，一旦失利，岂不有损威重？”浚曰：“公言良是，但浚老矣。”公曰：“杜预辈有平吴之功，而晋归功于羊祜。以祜立规模，而预竟其功。相公若先立规模，后使人藉是有成，亦相公之功也，何必身自为之？”浚因内引，奏曰：“史浩意不可回，恐失机会，乞出英断。”既而省中忽得宏渊出兵知禀状，始知不由三省，径檄诸将。公语康伯曰：“吾属俱兼右府，而出兵不得预闻，则焉用相哉！”由是求去不已。孝宗曰：“何苦至是？”公对曰：“道德元老，无如陈康伯。忠义慷慨，无如张浚。臣与之议论俱不合，诸将出兵而臣不知，近习积憾而臣不去，尚何待乎？”因又言：“康伯欲纳归正人，臣恐他日必为陛下子孙之忧。浚锐意用兵，若一失之后，恐陛下终不得复望中原。臣即日去国，遂远清光。然拳拳之忠，不容缄默。”言讫，拜辞而退，遂以观文殿大学士知绍兴府。公力辞，提举临安府洞霄宫以归。未及月而宿州失利，丧士马甚众，军资器械不可计，人心沮丧。上降诏罪已，而浚亦自劾去位矣。初，浚措置万弩营，及他所建请，公应之如响。或问之，公曰：“事力未备，故止其进兵。若边防捍御，安可不从？”公既去，其所奏请多不以时报，浚亦悔之。呜呼！公本欲修政固圉，裕民练兵，虽不求近功，而规模甚远。议者不察，以为独无意于事功，惟知之者乃信其非苟为异也。公卜居东湖之麓，徜徉山水胜绝之地，以奉亲欢。岁时贺表外，不以一字至行在所。后除四川制置使，知成都府，以亲老辞。月余，改知绍兴府，两浙东路安抚使。孝宗见公，首曰：“卿前所奏陈，如龟兆数计，无一不验。”从容赐坐，访以治道。公以“求治太速，听言太杂”为对。至镇，为民兴利除害，可不缕举，越人至今德之。进检校少傅，领保宁军节度使。会洪夫人属疾，思归，力丐祠，不允，乃许谒告迎侍。未几，罹内艰。公性至孝，平日奉母甚周，孝宗素知之。在王府时，得上方珍馔，必以分遗。登位之后，间问动静，以正旦赐酒肴使为寿，特于洪夫人生朝拜公为相。又尝以御笔径赐之曰：“丞相今日正谢赐酒果，为太夫人之庆。”其归自帅阃，旌旄行前，公拥版舆于后，人子之荣极矣。至是悲毁骨立，忍哀举葬，纤悉周备，世所难及。前即吉数日，除知福州，兼福建路安抚使。避魏王同镇，改崇信军节度。入对，赐宴内庭，劳问加优。后三日，除开府仪同三司。公自言：“臣何功德，叨此眷宠？”孝宗指心而言曰：“于此甚有功。朕学力坚固，心术明正，皆卿之力也。”初过越，老稚迎拜拥道，有垂泣者。时方滋为帅，谓公曰：“公去此时，有缗钱十六万，米斛四万，漕司取充羡余，遂为岁例，奈何？”公奏除之。至闽鹜山，路七百余里，葬旅榇以千万计。辟官舍以益贡闱。每事立规，四方传以为式。建、剑四州多不举子，臧获则取于福与漳、泉间。公置田为庄，贫妇孕育，月有所给。既使生齿益繁，又免诱略之害。淳熙元年秋，丐祠，提举洞霄宫。后三年，孝宗问执政：“久不见史浩，无他否？”遂除少保、观文殿大学士，充醴泉观使，兼侍读，颇闻有尼之者。至两降亲批，三遣金字牌，又取尚书省移文封以付，公不得已而后起。抵都城，闻辅臣谪英州，及见，奏曰：“陛下未尝以大臣投岭南，实国家忠厚之意。此门恐不可开。”孝宗唯唯。他日，语近臣曰：“史浩厚德人，盖深知前日事也。”进读《三朝宝训》及《真宗正说》，事关治体及当法祖宗者，必委曲援引，开广上心。尝宴澄碧殿，酒数行，步至清激观机泉，宣劝无算。至二鼓，孝宗携手登桥，又赐三爵，命宿玉堂。夜参半，引双莲烛以送，且曰："此游不可无纪。"是夕，公进古诗三十韵，孝宗和答之。引陈襄故事，荐石斗文等五人，皆赴阙。既再相，孝宗曰："自叶衡罢，虚席以待丞相久矣。"与执政入谢德寿宫，高宗曰："卿再入相，天下之幸也。"公以士夫留滞旅寓者凡八百人，各随其分处之，为之一清。初相时，蜀帅以缗钱献。公谓宜以俭德风天下，请以赐蜀郡，复二税。是年，绍兴所献复倍此，孝宗曰："却之必有散失，姑令封椿，如何？"公对曰："郡方困于和买丁钱，愿以代输其半。"孝宗欣然从之。是年，金历以八月晦为九月朔，或言会庆节使人将先一日入境，请治历官。公曰："天道难测，未知孰是。而遽治历官，是自彰其失也。但当谕接伴使，若使人渡江，则当语以'晦朔尚可议，皇帝生辰则不可改'。先一日，乃是艺祖忌，后若欲行庆礼，当如旧期。"孝宗以为当，后皆如公之言。车驾既幸太学，公因请幸秘书省，三衙皆与坐，乃奏："阁门舍人方以比馆职，亦当列于西庑，崇儒矫弊，皆有深意。"孝宗谓公视文武如一，为得大体。十月，诸军以多阙额，又有逃亡，请得自招捕，许之。而并缘强取，被掠者或至断指以求免，都下汹汹。公飞奏尽释所捕，又禽为首者送棘寺。宣宰辅及枢密都承旨议罪，欲取兵民各一人枭首以徇。公谓未得其平，兵士可斩，百姓陆庆童当坐流罪。上怒，不以为然。公曰："陛下恐军人有语，而百姓为可欺耶？岂不闻等死，死国可乎？此岂是军人语？"上愈怒，曰："是比朕为秦二世也。"同列相顾失色。公徐进曰："如'时日害丧，予及汝偕亡'，岂二世事？"闻者缩颈，而公不为动。议罪既如初，遂日求去位。除少傅、保宁军节度使、醴泉观使兼侍读。后有言庆童之冤者，孝宗曰："史浩盖尝力争，坐此求去，至今悔之。"赐第城中，出御制《长春花》诗酬和至再，以示眷留之意。又荐薛叔似而下十五人，叔似召用，余以次收擢。祐圣观，故建邸也。孝宗尝自北宫临幸，语曰："去此十七年，今得与卿为丰沛故人之饮，可谓盛事。甘盘无此乐也。"公屡求归，时陈俊卿已奉祠。八年二月，除判建康府。公奏俊卿年未及七十而去，臣以七十有六而往，岂不愧见吏民耶？"孝宗尝自拟馆职策，极言取士用人之弊，大要谓国朝过于忠厚，以示公。公读毕奏曰："太祖不忍杀一不辜，以得天下。累朝仁德，至仁宗而大备。夫忠厚岂有过耶？乞改曰'一于忠厚'。"孝宗曰："非卿不能为此言。"五月始许归，除少师。留至八月，陛辞，犹进八事。十年，请老，除太保致仕。公尝历永、卫、鲁三国公，于是进封于魏，仍如曾公亮例入谢。明年，先降旨，候至国门，百官郊迎。

见毕，对御赐宴，用文彦博故事。道中具辞再三，奉俞音乃绝江。公晚治第西湖之左，裒两朝所赐御书，建阁以奉之，因奏闻。孝宗书“明良庆会之阁”以赐，公谢不敢当。孝宗曰：“古人愿为良臣，卿辅朕之久，日闻忠言，深悟朕心，尚何慊乎？”敕后苑造扁榜，命中使驰赐之。上尝以“旧学”二字即政事堂赐公，同列咸曰：“自古际遇莫盛于此。”请镵诸石，为省中荣观。公又谢不敢。既归，以名其堂。岁遇诞日，锡以金器者。十四年，年八十，又加器宝，两宫使命相望。高宗再举庆典，诏公随班上寿，进太傅，赐玉带金鱼，逾月乃东。上皇御极，进太师。降诏求言，首及故老，公上封事数千言，皆当世要务。重华之召，引辞甚切，孝宗诰曰：“今与卿皆闲人，当衣褐见，何必求免耶？”诏乘肩舆入隔门，仍命孙定之扶掖，特改京官。朝退，次诣重华。孝宗从容谓公曰：“与卿复得相见，既无嫌疑，足可为度暑计，毋亟言归。”因奏：“陛下躬行三年之丧，复见尧舜三代之盛。”孝宗曰：“此皆卿平昔所以语朕者，今日得以行之。正如滕文公尽哀戚之情，而吊者大悦，实自然友反命之一言。”盖公平时专以忠孝二者发明圣学，谓“父子天伦虽自有至性，亦宜先意承志，曲尽诚心”。后又屡奏：“欲报莫大之恩，惟应尊事不倦，使慈孝两尽，为万古父子之懿范，垂之子孙，永永无极。”故孝宗不忘此言。再对，奏：“陛下召臣，非徒使沾被宠光，亦恐有一得之愚，少裨继明之治，敢为四说以献。曰立天下之大本，平天下之隐难，收天下之人望，伸天下之直气。”谓教皇子，备夷狄，举人才，受尽言也。太上垂听，慰奖再三。既归之次年，长子弥大以疾不起，公起居寖衰。后感疾，危甚，呼诸子及孙，戒曰：“吾受国厚恩，欲报无所。汝等惟当世竭忠节，以图尺寸。”命左右取手稿遗表，曰：“吾且死，其以是进。”遂瞑。享年八十有九。娶贝氏，追封魏国夫人，先三十九年卒。子四人：弥大，故通奉大夫、充敷文阁待制，新知宁国军府事，赠银青光禄大夫；弥正，朝奉大夫，复直秘阁，主管华州云台观；弥远，朝奉郎，主管建宁府武夷山冲祐观；弥坚，通直郎，两浙路转运司主管文字。弥大、弥远皆登进士第，弥正、弥坚亦累举春官，人以是服公之教子也。女五人：长适朝请郎、新权发遣永州军州事陆杞，次适从事郎、充江淮荆浙福建广南路都大提点坑冶铸钱司检踏官丰谦，次适朝请郎、前通判湖州军州事李友直，次适迪功郎、新荆湖北路提举茶盐司干办公事夏鼎，次适承议郎、签书宁海军节度判官厅公事王槱。孙十二人：宗之，通直郎，改添差沿海制置司干办公事；宜之，宣教郎、知临安府富阳县丞；定之，宣议郎、新知婺州兰溪县；守之，承事郎，前监平江府粮料院；安之，迪功郎、温州瑞安县主簿；实之，修职郎、监绍兴府和旨酒库；宣之、宪之、隽之、宽之、崇之、宾之。孙女十五人：长适奉议郎、新知建康府上元县方叔恭，次适通直郎、新知明州鄞县丞吴朴，次适宣教郎、前知湖州武康县丞秦巨，次适宣义郎、新监临安府仁和县临平镇税胡纲，次适修职郎、新秀州华亭县支盐官王友元，余未行。曾孙八人：唐卿、虞卿、文卿、夏卿、商卿、周卿、汉卿、显卿。曾孙女十人：皆幼。以其年十二月庚申葬公于鄞县翔凤乡吉祥安乐山，合魏国之兆。公盛德绝人，备福无比，盖尝窃窥其大者。性本至孝，有不可解于心，故为士时惟见其事亲事长，笃朋友乡党之义。及出而事君，则尽其忠，谋国则竭其虑，接物则极其宽，临事则务于恕。匹夫孺子不失其欢心，而义有不可，不以死生祸福少变。率自孝道发之，君臣道合，吻然无间，盖近古人主躬行通丧，自孝宗始，而公又以此事之，其能不胶漆而固，岂无所自哉！孝宗尝谓公曰："卿所荐用人，其间有负卿者，亦知之乎？"公顿首曰："此臣所以报陛下也。臣所荐，未尝以语人，亦不受其私谢，故人人自以为得上意。荐贤者，臣之责；用贤者，君之恩也。"尝拟知湖州陈之茂进职知平江，孝宗知之茂尝毁公，曰："卿岂以德报怨耶？"对曰："臣不知有怨，若以为怨而以德报之，是有心也。"莫济作詹事王十朋行状，诋毁尤甚。公荐济掌内制，孝宗曰："济非议卿者乎？"公曰："臣不敢以私害公。"遂除中书舍人，兼直学士院，待之如初。盖公之宽厚类此。人虽有不悦，然无物可以忤，意古人所谓澄之不清，淆之不浊，雷霆破柱而神色不动者，犹未足道也。公既极贵，处乡曲一如布衣时。每以事亲为未足，又推本史氏积德累行之原，自为之文，时节诵于家庙，上以报祖考之施，下以励子孙之习。其用意笃矣。事物之来，不问剧易，虽至难甚冗，或连日夜废寝食，而精神酬应，益有余裕。考其克勤小物，凡事精密，园馆器用动出新意，其在富贵中，望之如神人，而谦虚退然，若无与者，野服萧散，皆不足以累其中。此如万斛之舟，容物有余，不见其多，而经济之业，则用之犹未尽也。而又居权之日少，安佚之日长，故举世无怨无恶，惟以巨公大度推之，生荣死哀，无可憾者。公属文多立就，虽老，表章犹自为之。有文集五十卷，外集二十卷，《论语口义》《尚书讲义》《周礼天官地官讲义》传于世。余皆公之细也，不胜书。铭曰：

于皇高宗，天开中兴。巩宋基业，思永继承。艺祖七世，有孙神武。是用付托，缵宋之绪。高宗曰嘻，帝命不易。我仪图之，谨厥辅翼。孝宗武文，实惟承之。雍雍太师，实维成之。帝咨臣弼，一本于学。缉熙光明，德修罔觉。两辅予政，毋轻黩兵。毋过取民，毋滥用刑。言如蓍龟，靡有差忒。旁招多士，宁我王国。天地清夷，中外晏然。继志述事，二十八年。两宫燕娱，天寿平格。三奉玉卮，四登宝册。

召对德寿，嘉帝之孝。又曰太师，辅翼之效。帝谓圣父，教诲之功。臣亦归美，媚于高宗。天用昌之，耆艾康宁。帝用休之，福禄宠荣。孝宗乘云，太师骑箕。君臣始终，虽恨莫追。有赫景命，汤孙是纂。顾瞻遗烈，于以追远。锡之篆碑，孝宗有臣。报我天子，诏尔后人。

录自（宋）楼钥：《攻媿集》卷九三，《丛书集成初编》第2018册，北京：中华书局，1985年，第1277—1288页。

六、史进翁墓志铭

志主史渐，字进翁，号东皋，绍熙五年（1194）卒，年七十一。史师木之子，史弥忠之父，史嵩之祖父。教子有方，有五子登进士第。撰者叶适（1150—1223），字正则，号水心居士，温州永嘉（今浙江温州）人，历仕孝宗、光宗、宁宗三朝，官至兵部侍郎。

该志志石不存，志文存于叶适《水心先生文集》卷二二。

进翁，史氏，讳渐，明州鄞人。曾祖简，祖诏，赠皆太师，封冀、魏国公。魏公以行举，子孙位执政、宰相。君父木，为中子，贡于乡者再，号贡元。虏尝奄至四明，官吏弃城遁，居民不脱死，独贡元能具舟楫，依而免，逾二千人。君幼孤，育王氏。稍长，还墓行服，哀痛如初丧。入大学，友吴益恭、石天民。论事褒贬，侪辈用为准的。二兄将分异，趣使谒归，谢曰："笔砚不可废，未及返也。"约成，授以载书，颔之而已。间然自念："少而求仕，壮则行于人；壮而失仕，老则行于家。既四十矣，宗伯不以我为材，意者失仕乎！尚漂摇旅寄何益！"始去之。山居，诲其子于学，既厉以古方册事业。或今人有善，不知，必录以劝之；己有不善，不知，必录以惧之。曰："汝谨为此，勿为彼也。"亲党子弟，请并塾同师，有过亦折难无隐，所以广其子之习也。岁时合近比数十家，燕齿酒三酌，父坐子立，至今行之，所以同其子之敬也。甥宣缯，始未知学，衣食训诱，与诸子均。其后两优释褐，为侍从，有名于时。常叹曰："非我敢能，吾舅之思。"盖君八子，弥愿太学生，及弥思早卒，而登进士第者五人，可以为多矣。然世之多者，徒长傲崇侈，使道愈降，俗益薄，其所以得，非所以教也。故教以廉，不营利矣；教以退，不希进矣；教以让，能下人矣；教以见危致命，则临大节而不夺其志矣。非口以率，身化之也。鞠埙母未葬，不得应书，有戚容，君怜之，割所爱山葬其三丧，棺以外皆助之。丰时中死，贫甚，族姻欲葬于火。君曰："礼欤？"其子曰："少迟，铢积而葬可也。"君曰："有山则费减十七。"亦割所爱山，曰："速矣。"二子已仕，颇有余赀，一日，集所亲贫乏者，散之皆尽。初，赁宅富人，异时益子舍，富人忌其方兴，竟不许，君不复较，撤舍止役。其无吝情，无争气，不为机智，屈己伸物，庶几以身化者。故诸子皆平进自守，无过求，诸孙惟以文字相课督，名第累累不绝。然则天偶畀之欤？亦君之所遗宜然也。卒于绍熙五年八月某日，年七十一。娶莫氏，无子，先卒。继室高氏，有家学。子在，母不辍诵。能言，授之书。师之礼币，脱簪珥以质，酒食亲调，尝以进，时享必斋。治丧屏道佛，或以为疑，夫人曰："先侍郎修厚终礼未尝言，岂非不足于礼乎？"侍郎，闶也。然于浮屠空法多悟解。嘉泰二年四月某日卒，年六十七。初，莫氏葬凤翔乡上水寺山，至是三焉。子弥忠，朝奉郎、知吉州；弥恕；弥念，通判江州；弥巩，教授汀州，为从父溶后；弥悫，昌化主簿；弥应，宁海县尉。女嫁臧杓、陈焘、蒋亢宗。孙男嵩之、仝之、峕之，皆发解进士；全之，攸之；岩之，长兴县；巍之，会之，望之，一之，十之。孙女已嫁者，平江粮料院王寓，江淮书写机宜文字李伯木，国子进士臧元坚，里士王兴曾。君去太学二十余年，光宗立，诏录旧人，语故同舍："第勉行，吾老矣。"再封承奉郎，再赠承议郎。莫氏、高氏，安人。铭曰：

以学立子，以子立家。森其成材，舒英擢华。有大之椿，桂也丛生。荫垂东南，永延厥声。

录自（宋）叶适：《水心先生文集》卷二十二，舒大刚主编：《宋集珍本丛刊》第66册，北京：线装书局，2004年，第599—600页。

七、朝请大夫史君墓志铭

叙曰：志主史浚（1129—1203），字尧翁，史才之子。曾知新昌县、通判婺州，皆有惠政。又为家礼，笃于教子。撰者楼钥，已见前述。该志为史浚诸子所请而作，全文载于《攻媿集》卷一〇五。

四明衣冠之族，绍兴以来莫盛于史氏。自八行先生以纯德奥学，积善余庆，是生枢密公。吾乡之登政地者，实自公始。枢密兄之子是为太师、会稽郡王、文惠公，位极人臣，而史氏益大，故君之高曾皆重迭追赠者。四十年不惟赏延繁衍，而决取世科者累举不乏人，其兴又未艾也。盛哉！君，枢密之子也，讳浚，字尧翁，世为明州鄞人，今为庆元府。曾祖简，祖诏，俱赠太师、冀国公。曾祖妣叶氏，祖妣徐氏，皆冀国夫人。枢密讳才，尝任端明殿学士、签书枢密院事，官左朝奉郎致仕，累赠金紫光禄大夫。妣孙氏，封齐安郡夫人，累赠大宁郡夫人。枢密以绍兴二十四年归休，三十年致其事，奏君将仕郎，授右迪功郎，监潭州南岳庙以便养。三十二年，丁枢密忧。服除，引孝宗登极恩，循修职郎，再奉祠。乾道六年，调福州古田县尉。九年，文惠公帅闽，以避亲不赴。崇宪靖王知明州，辟为定海制置使司准备差遣。淳熙四年，秩满，关升从政郎，用举主改宣教郎，知绍兴府新昌县。十三年，差权通判婺州。十六年，光宗覃恩，转朝散郎。绍熙五年，今上覃恩，转朝散大夫，余以年劳积官至朝请大夫。嘉泰元年，引年致仕。三年九月旦，卒于家，享年七十有五。呜呼！君年三十而得官，归自婺女，才六十有三，已无复宦情，其见于施设者止新昌、婺女两任，而所至声绩可纪，其奉亲立身，处家居乡，又皆以古人前辈自期，是亦为政，岂虚语哉！枢密之归，君已壮矣，谓君曰："吾之进退固自无歉，第郊恩不能及汝耳。"公拱而对曰："大人方欲全晚节，岂当以某为念？"枢密喜曰："吾姑试之，而气貌泰然，足以成吾志矣。"参政李庄简公守永嘉，枢密为签幕，待遇极厚。君方就傅，附学郡斋，每旦必束书以俟户外，寒暑如一，李公奇爱之。枢密赴余杭，君侍大宁次长安埭，时有数百艘，相持旬余。公犹总角，为之登岸处分，使往来之舟以叙而行，已舟独殿，不日遂通。枢密被召，将行，吏有以白金遗仆夫者。公侍侧，奋然曰："是将污我，当发之。"枢密喜曰："吾儿可谓清白吏子孙矣。"性笃孝，大宁既下世，枢密年益高，父子相与为命。娱侍左右，药非亲尝不进，未食不敢食，执丧尽礼。既葬，结庐其旁，舍城居而家焉。致敬家庙，旦旦集家人拜谒，风雨不渝。蔬菜之属，未荐者弗敢尝。祭祀备极诚洁，涤濯烹饪，必躬必亲。将奉祀，则衣深衣以寝。讳日先期斋素，哀慕涕洟如始丧。生朝不为宴乐，在官，吏民无知者。同气惟一女兄，适周氏，事之甚笃。见其卜居，以金溪别墅遗之。制幕例得僦直，君曰："吾有先人之故庐在。"仆从亦以乡曲不当用，悉辞之。魏王来镇，君以职事迎谒境上，典客谓当庭拜。君曰："此必非王旨。"揖而出，王首以此见重，遂被论荐。将校捕海寇几百人，吏欲逮治匿赃事，君曰："彼出死力得盗，以赃为赏，亦不为过。若以属吏，是为贼报仇也，谁复用命？"王为宽之，皆感激尽力，海道亦清。幕僚蔡君大成廉明有守，或污蔑之，将寘于法。君力辩其非辜，及出，又厚为之礼。东钱湖积葑胶轕，王欲开治之，有请于朝，欲给钱谷及设酴赏，且以属君。君引嫌，以不敏辞，又白王曰："今为民兴利，所费非不多，水军有舟楫畚臿之属，傥优给军士，当必乐趋。第严为纪律，毋令扰民足矣。请列杙岸旁，取葑积之，日久自成堤矣。若属之官吏，必致烦扰，民疲于奔命，吏急于言功，止得目下弥漫可观，根蔓不除，适滋后害尔。"已而皆如君言。始至新昌，待制朱公熹时为提学，一见如旧，即以滞讼委之。天台有王乌头者，中产之民，以析户交讼三纪矣，案牍山积。君尽召其党谕之曰:“至亲终讼，未有不破家者。我非不能处断，一有胜负，汝必将复诉。”词意愿款，察其感动，遂与酒肴，使交相悔谢。明日俱拜庭下，曰：“今不复讼矣。”朱公深为器重。自是亲戚有讼，率以此处之，或使之拜起揖逊于前而去。得罪于父母者，轻重亦惟父母之听，曰：“吾尽法则伤恩矣。”由是无不感厉自新。盖平时乡邻有失孝弟之义者，必谕之以礼，晓之以法，不悛者或愧辱之，感悟则与以酒食之资，使其奉父兄之欢乃已。其有暴戾恣睢，狠于斗、冒于货者，亦诲之谆谆，俾归于善，故见于政者，专以风化为本也。君于催科不扰而集，尝曰：“宽之于粒米狼戾之时，而迫之于半菽不给之际，是罔民也。”乃为之晓谕，谓及今不即输纳，将来不免追催，谅勤周悉，无虑数百言。读之者虽顽钝之夫，亦知感悟。租赋不待促而办，部使者至以移示旁邑，至今邑人犹传诵之。邑在山间，异时趣办役夫以称过使客，近乡之民一月或至数四。君令乡各置籍，据籍点差，出历为信。自辇输官物之外，一无所役。三年间，户不过再及之，远者或终不及也。大溪自天台而下，溉田甚广，旧有堤以障狂潦而善坏，几无宁岁。君曰：“人力不至尔。”出官钱属耆老督民修筑，民竞劝趋。其他陂埭经君修缮者，无不坚久。乡吏销钞不以时，遇有点追，扰及已输之民者多矣。君深慰劳其人，问其道里期会之费，官为还之，罚吏金以偿官。吏困于输金，其弊遂绝。有士与民讼田，君谓士直而牍未具。士复来谒，君曰：“兹事已决，彼当无辞。今见谕则成请求之私。”移丞佐决之，后无敢有私请者。僧讼一民负钱至数百缗，君疑之，问民妻安在，曰：“近鬻于人矣。”即诘僧曰：“此人甚窭，何屡贷之？汝必私其妻，妻鬻，故讼尔。”僧诎。又有诉僧寺杀其子而尸亡者。君念笋蕨方盛，此必为盗被擒而窜尔，责僧令寻访而宽其期，寻获之，一讯而服。豪民以称贷获利倍蓰，偿者无所出，则以钱百万献于官。公问：“钱安在？”曰：“散于民间，官取之易耳。”君曰：“以此饵我，而欲自为计也。”即受其献，而列名及数悉蠲之，无不称快。或杀人于野而未获，尉两以他盗塞责。君察其非是，皆纵使去。既而真盗乃见，犹微服至其处核之，与狱辞合。县计初无百金之储，而逋负以万计。君考岁入之目，穷蠹耗之原，曰：“吏奸耳，吾能裕之。”先是岁用一吏司出纳，号场典，群吏表里，假贷为奸。君使日一易之，凡一日之入，暮归诸帑，久而寖饶，曰：“此理官钱法也。”规模既立，上下寖以相安，再岁所用益衍。重门颓圮，众以为请。区画自出，一物不取之民。有与官为市及就役者，加与之庸直。有献木者，君曰：“官自足用，此汝先垄中物，或与族党不平，将假手于我耶？”却之。先尝籍诸乡之盗，日伺之而拘焉，民间无复犬吠之警。既数月，相率而诉曰：“某等失业为此，然朝暮惕恐，未尝得饱食安卧如今日也。各已知悔，且望少宽。”许其日就佣役，夜必归宿。及是，皆执役于官。元夕落成，栋宇华焕，乡民不知有役，咸聚观以为神。县庠久敝，欲新之，而前迫于民业，一径几不容车马。君谋辟地，或曰：“其家富饶，未易得也。”君召与议，即以为献，厚偿其直。于是面势轩豁，新殿庑，列棨戟，观者啧曰：“吾邑文风其昌乎！”其后名荐书、取儒科者相踵。元日为叙拜礼，衣冠毕集，为陈尊俎，设介僎，叙长少，献酬雍臾，无敢哗者。且曰：“乡饮之礼，昔固尝行之，未有济济如此者。”耋稚皆相与观礼焉。君资明而健决，两词至前，情伪立见。书判数百千言，反复切当，每曰：“久讼废业，实官司不决之过。惟详尽不可转移，则安居矣。”故一经予决，虽宿奸巨猾，无复异辞。及君将去，念一任所决滞讼幸无翻诉，吾去之后，猾吏或为奸利，则贫弱必受其害，乃许请断由以备。于是请者日至，一一给之，或感泣者曰：“令君为我长虑及此，真父母也。”咸请立生祠，君力止之。既去，民知其不可留，扶老携幼，前期出境数十百里，俟于水滨，泣且拜曰：“不复有此知县矣。”婺遭大水，溪南之民登屋缘木以避者数千计。守倅乘陴，君首募善舟者救之，令曰：“活一人者，给钱五千。”竭贰厅之蓄，继以私帑。到者分处官舍，既饮食之，又列炬通夕，以男女混处，恐其淆杂也，人尤伏其虑深。盗入民舍，觉而遁，隐于桑间。主人访求，盗投以石，几中。主舂以矛，盗坠而殒。吏以盗徒手受矛，当主人以杀人之罪。君诘之曰：“石非仗乎？虽非所持，然中则主人死矣。暗中偶伤于刃，此为登时，勿论可也。”守不能决，交谳以上，棘寺卒从君议。有殴伤保辜，限日未满而殂者，吏坐殴者以重辟。君已知伤者能遨于市，饮啖自若，偶以宿疾发而毙。再讯如所闻，吏民惊伏。盖于狱事尤留意深思，以得其情。平反如此等者非一也。妇人有欲弃其夫者，诬舅以私，舅不承而死于狱。吏白，无所考证，守将从妇。君曰：“使其有之，乱伦之罪固不为轻。使其无之，厚诬其舅，亦当反坐。舅由此以死，妇可已乎？”闻之宪台，遂坐妇罪。里妇独处，恶少谑之，不从，夜诈称夫归。妇痛无以自明，泣告其夫而缢。君闻而为葬之，表曰“义妇冢”，罪其为诈者。君之莅政多此类。尝祷雨于龙潭，冒险亲至其处，肃然若有所感，云出湫中，得神物以归。阴云隐隐，及郡而霈然。作邑时，凡祷皆应如此，岂人力哉！守既行，而新刺史之兵百余人未知所归，君使尽集于庭，探筹分管，随即帖定。三易郡将，备尽礼敬。事有利害，必力争，事已，和好如初。君在州县，一时监司、帅守多名公，相知甚深。然不为苟求，终无有以姓名荐达者。恬于仕进，改秩之初，文惠公在经筵，欲以请于孝宗而君辞焉，曰：

"未更吏事，且欲字民以行志耳。"晚年闲居岁久，祠禄亦不复就。庙堂闻其廉退，亟称之，以厉躁竞者。山居萧然，棋酒自适，不以一事至公庭，乡之太守或欲见而不可得。居官以廉节自厉，俸给之外，凡有例者皆不取，用度一切取赡于家。岁计仅给，均为十二，每月一出之。效东坡段作三十块之说，不治产业，凡货利之事，未尝为也。好仁乐施，闻亲戚之贫乏者以济之。丧不能举，女不能嫁，多为成就。为梁以济涉，解衣以蔽寒，涂潦者予以笠屦，年凶则为粥以饲饿者。疾疫之家既遗以药，至量其所食，昏暮潜送其家，不使知也。亲见义役之便民，及归，见乡邻有以争役破家者，君谓受役之害小，争役之害大，劝率为之。为请于邑大夫，力主其说，今赖其利焉。近山有虎，樵牧失业者几月，募猎者，许以厚赏，猎具入山，虎亦遁去。晚益严重，端庄守礼，语不轻发，居不杂交。亲朋有过，面折之。有一善，则奖借劝勉，如自已出。取司马公《家范》《书仪》约为冠婚丧祭之礼，行于家。子弟有惰容，必正色以临之。童稚笑语，亦不敢妄。衣服器用不追逐时好，家人俱不敢为华靡之饰。或见之，则叹息世态之薄也。尝在众中服布衣，乡先生沈公铢笑其激，君曰："某不知其为陋也。"淡然一室，无他嗜好，惟取《礼记》"檀弓""学记""中庸""大学""祭义""祭统""儒行""表记"等篇，《通鉴》《唐鉴》，朝夕从事。尤笃于教子，招延名士，宗族子弟之愿学者皆预，勉以修身之要，不徒望其取青紫也。长子中第，又二子入太学，未尝以为喜，盖所期望者不止此。夜课童幼《语》《孟》，为之讲大义，每曰："洛诵之声，贤于丝竹远矣。"庄谈梵帙，深究理趣。病中区处家事，秩秩有条。医至，嬉笑待之。呼诸子曰："我无所憾，惟汝祖隐德实行，太史纪载甚略，我死，则汝辈不复知矣。"口授数千言。既革，神观愈清，自书一颂，尤为旷远。又书二纸，戒毋受赙赠，大略言："生无益于亲故，殁可扰之乎？"仍戒毋用缁流。既毕，盥手炷香，奄然而逝。其视死生真若旦昼耶！君娶舒氏，御史中丞亶之曾孙，先君十四年卒，赠宜人。孝敬诚笃，四德全备。枢密方为国子监簿，宜人未嫁，而枢密超迁台谏，大宁喜曰："此妇其昌吾家乎？"未归，登政地，归享上寿，康宁宴衎，宜人未始一日不在侧也。大宁性严，事之至谨，遂信爱之。枢密久未有弄孙之乐，宜人请君置妾。君曰："设心如此，何患不昌？"既而得子。今兹蕃衍，盖不妒忌之效也。新昌相传有白虎神为祟，吏言请避正堂。君弗顾，宜人亦曰："何物小鬼，敢据公宇乎？"不为动，而亦帖然。族妹为邑士之室，始至，遗馈之。及归，则与之酌别。中间不时求见，则谢之，果有私请也。在官未尝问梱外事，俸入亦不举知其目。君之清德，所助为多。凡君所为，极意奉承，君待之如宾，言必称名。有出入，宜人必摄衣揖之。子妇侍侧，雍雍如也。待婢使未尝谴怒，詈言不出诸口。衣必浣濯，不事珠翠绮绣之饰。年才五十有七，卒于婺之官舍，葬于阳堂乡包家山之原。子男五人：弥逊，迪功郎、绍兴府萧山县主簿；弥迥，迪功郎、新台州临海县主簿；弥遵，先卒；弥进，将仕郎；弥逮，太学生；女二人，早夭。孙男十三人：麟之、中之、介之、举之、希之、翚之、阜之、常之、准之、异之、牮之、罴之、彝之。女九人，在室。诸孤将以十二月壬寅奉君之葬，合于宜人之墓，来求铭。钥托契非一日，君之清介实所难及。诸孤录君行实甚详，且其施于政者皆可为后法。又自言其母之贤，尤痛其早没，惧无以显于世，愿并书之。故为具载而系以铭，用慰孝子之思云。铭曰：

史氏之贤，德惟迈种。衣冠之盛，辅相我宋。君生而秀，弱不好弄。
父兄濡染，以义折衷。比宰百里，始见于用。廉白照人，轻徭清讼。
人皆望君，夷庚飞鞚。仅乘贰车，其退甚勇。平生介然，晚益严重。
闺门自养，无所修综。潭府不居，归侍丘陇。家庙时享，极其钦奉。
动循礼度，周施勉中。闺门化之，无敢奢纵。屏绝声乐，喜聆洛诵。
谢去机事，志甘抱瓮。力行所知，不牵于众。谁毁谁誉，终不为动。
老成云亡，乡党所痛。君则了达，如幻如梦。我方卧痾，向风一恸。
诗以扬之，后人其讽。

录自（宋）楼钥：《攻媿集》卷一百五，《丛书集成初编》第2021册，北京：中华书局，1985年，第1479—1486页。

八、宋太师左丞相卫国忠献王神道碑①

叙曰：志主史弥远（1164—1233），字同叔，史浩三子。淳熙十四年（1187）进士。开禧三年（1207），参与诛杀韩侂胄，升任右丞相兼枢密使，独相宋宁宗朝十七年。嘉定十七年（1224）八月，废济王，立理宗。绍定六年（1233）卒，追封卫王，谥忠献。《宋史》卷四一四有传。撰者宋理宗，据《故观文殿学士正奉大夫墓志铭》载："忠献冢木已拱，隧碑未立，论撰先德，属吴公渊状其行，进彻乙览，理宗用至道、熙宁铭两忠献故事，亲制文，题其额曰'公忠翊运定策元勋之碑'，奎藻汉章，贲耀松檟。"理宗之登帝位，朝野颇多非议，但一般将矛头指向史弥远。在此墓志中，宋理宗将主要笔墨用于介绍史弥远拥立自己、调和两宫的勋劳，从而在维护史弥远的同时，

① 民国《鄞县通志·文献志》注云："宋理宗绍定□年"；"宋理宗御制"；"御书并篆额"；"公忠翊运定策元勋之碑"；"篆文"；"在大慈山"；"乾隆县志曰：'碑已仆，正面没土中。'今据郑真《四名文献》采其神道碑文。"

也强化了自身登基的合法性，自有其深意在。

民国《鄞县通志·文献志》存该志，注云："乾隆《县志》曰：'碑已仆，正面没土中。'今据郑真《四明文献》采其神道碑文。"今人俞信芳《帝师丞相史浩》（宁波出版社，2009 年）附录亦录该志。

（碑略曰）尝评越王浩在绍兴辅导我孝宗，自为皇子，以即皇帝位。卫王弥远在嘉定辅相我宁考，暨立朕为皇子，以即皇帝位。再世定策，勋名辉煌。自古乔木世臣未之有比。然孝宗以歧嶷之资，仁孝闻于天下，故高宗揖逊如尧之于舜，则王父之为力也。易朕嗣守宗藩，虽以小心抑畏，士承宁考恭圣之心，然凉菲何敢望孝宗！故先王顾命，如成王之于康王，则王之为功也难。此固天下万世之公言，朕不得而私也。王父子宰相三世，皆至公师。仲子为枢臣，季子今为从臣，有子有孙，衣冠相望者七叶。非但阀阅之盛，实为邦国之光。于是茂实荣华甲于天下，其后将方兴未艾。韩吕父子兄弟，殆不足多也。王乃忠定第三子，山庭渊角，风神高迈，容止雍闲，忠定以为肖己。年十三，当受京秩，乃逊仲父，忠定大奇之。忠定寿考康宁，富贵鼎盛。王敝衣粝食，不啻寒素。耳目不接纷华，独好交当世名□。汲汲学问，专以圣贤为师。读《周礼》则叹曰："此周公致太平之书。苟设官分职，各当其任，政教礼刑各得其宜，何世不太平，岂独在周乎？"读《春秋》曰："此孔子以匹夫行天子之赏罚也。为天子者赏罚之权，必操而在上也。轶而在下，斯为夫子之《春秋》矣。"尤精于典故，议论援古通今，衮衮可喜。忠定每叹曰："异日廊庙器也。"平时从容膝下，随事触物，必教以任天下之重。及为相，天下皆曰："相门之相也。"方事变沓来之日，力排横遏，良、平不敢斗其智，韩、彭不敢角其力，而上焉尊宗庙、安社稷，下焉绥中国、抚四夷。虽当急证危机，众骇失措，独雍容整暇，谈笑而应之，寻亦帖然，如断鳌足立四极。尝曰："我国家圣圣相授，专以务仁义，结人心，兵与刑，非甚不得已，不用。"故当国二纪，兵几寝，刑几措，跻天下于仁寿之域，屹然为一代宗臣。然且能巨而不矜，功崇而不伐，爵禄富贵而不骄不侈，卒如忠定所教。忠定真天人哉！朕在潜邸时，自事亲、讲学之外，无他嗜好，宁宗、恭圣每闻之，辄为喜。即位前一年，一日早朝，宁宗独凝伫朕班退，目逆之没阶。是年唱进士第，恭圣垂帘御屏后，朕与济国俱侍立殿上。少顷，济国趋庑下，入中珰之次，恭圣令小黄门传教旨，命朕面帘正立良久，然后令侧侍如故。盖宁宗、恭圣以朕拜立、步趋颇立礼度，又益喜。乃知宁宗、恭圣之意已深属久矣。所以然者，谅王之密赞也。朕既入翼室，王谆谆劝朕，力行孝道。首命内侍设寝幄于清署楼下以近慈闱，母子之情□得以亲密。依言易审，嫌间不生。恭圣既传正御慈明，朕昏□定晨省必严，每献飨景云宫，出告反面必肃。礼仪机务，余□暇必数请问，用以致天下之养。内廷事，必先取决，宣外之□书，必先陈白。由是怡怡愉愉，恪尽子职。恭圣亦□□□□□抚爱，极其恩慈。宫中每举寿卮，恭圣饮既，间留其余以赐朕，朕拜而尽爵，慈颜益喜。所以然者，又王纳诲辅德，□□□□也。呜呼！宁考留王以辅朕，今宁考不复见，恭圣不复□□慈，又抚王之遗事而饰终焉，此朕所以悲也。昔韩琦定策拥立神宗矣，神宗御制琦碑，有曰："岂特慰公之知，将为天下臣子之劝。"朕示王亦云。铭曰：

鄞山嵯峨，鄞江滉漾。生忠定王，为国基杖。曾未讫施，止足高尚。
而天佑之，王嗣厥响。圣朝贻谋，丰水有芑。相门之相，忠定有子。
开禧陈谟，嘉定改纪。更宝历绍，事业愈伟。王之全才，善藏其用。
渊澄海涵，仁静智动。王之智力，洪毅有勇。山立扬休，载岳不重。
昔者鲧欢，福威玉食。王正邦宪，安我社稷。昔者玁狁，羽书孔棘。
王交邻好，奠我疆场。有盗相挺，其虓其虎。王一发踪，如猕狡兔。
有叛弗廷，其騂如马。王一指授，如磔腐鼠。卫道隆儒，聘迎宿望。
丕开正途，贤俊搜网。录房之后，全实之党。烛冤镜忠，泽贲幽壤。
庆元之禁，涣焉冰释。伊洛之儒，几断复续。问之于民，有丝有粒。
问之于兵，酒醽牛击。乾坤曷清，王涤其秽。日月曷明，王披其翳。
人生斯时，歌舞村市。隆古太平，翘首可冀。宁宗曰噫，恨晚用汝。
庶几乾德，专任一普。元曰元祐，有司马吕。暨予初潜，务学修己。
王为元龟，承先帝意。一旦拥翊，十年毗倚。上公之封，荧煌衮绣。
真王之封，舄奕玺纽。胡不憖遗，与国同寿。冥冥九原，从忠定后。
我思宁宗，凭几顾命。王实相之，付托以定。我思恭圣，垂帘听政。
王实相之，保祐以正。我之孝思，昊天罔极。王于宗社，推忠定策。
周公之勋，伊尹之德。王犹㧑谦，曰非己力。爰法祖宗，论功是酬。
亲制铭文，且篆碑首。勒崇垂鸿，王其不朽。鄞山鄞江，相为长久。

录自民国《鄞县通志（二）》，《中国地方志集成·浙江府县志辑》第十七辑，上海：上海书店，1993年，第638—639页。

九、宋故淑人黎氏圹记

叙曰：志主黎妙冲（1178—1228），字德容，史弥远之妾。在史弥远之妻潘氏去世后，实际主持家政。撰者为史弥远。

志石现藏东钱湖王安石纪念馆。马兆祥主编《碑铭撷英》录有拓本，俞福海《宁波市志外编》第二辑、章国庆编著《宁波历代碑碣墓志汇编》均录有全文。

淑人姓黎氏，讳妙冲，字德容，世为庆元之鄞人。曾祖佚其名。祖诚。考显忠，妣陈氏。淳熙戊戌九月初四日生。幼来予家，以贤德流誉阖门。嘉定初，该遇瑞庆圣节，授冠帔。十四年，以明堂大礼，蒙恩拟封孺人，寻进令人、淑人。绍定戊子三月十四日卒，享年五十有一。圣上特颁御笔，赐赙赠银绢以千匹两。慈明锡赉，视御前半之。七月丁酉葬于鄞县东湖福地李家山之原。

黎氏端靖诚悫，表里如一，承上以敬，接下以温。予之室齐鲁国潘夫人也，有妇道，有妇德，既悼亡，甚以失中馈为忧。黎氏亦能区处家务，井井有条，遵其榘矱，森立轨范，内言不出，外言不入，故予得以国尔忘家者，黎氏与有力焉。虽恩封舄奕，两宫恤礼卓异，可谓生荣而死哀，然痼疾既久，死不得上寿，而又无子。呜呼伤哉！葬日迫，未暇铭其墓，姑识岁月纳诸圹。

少师右丞相兼枢密使提举编修玉牒提举国史实录院提举编修国朝会要提举编修敕令鲁国公食邑二万六千一百户食实封一万二百户史弥远记

陈祥　陈祐刊

录自章国庆编著：《宁波历代碑碣墓志汇编》，上海：上海古籍出版社，2012 年，第 247—248 页。

十、宋赠开府仪同三司忠宣公墓志铭

叙曰：志主史弥坚（1166—1232），字固叔，史浩幼子。屡镇地方，颇有惠政；官至兵部尚书，后乞祠家居。撰者郑清之（1176—1251），字德源、文叔，别号安晚，嘉泰二年（1202）进士。参与史弥远废济王，立理宗之事，在绍定六年（1233）史弥远卒后，累官至右丞相兼枢密使。后退仕隐居，谥忠定，有《安晚集》。《宋史》卷四一四有传。郑清之是史弥远集团的核心成员，与史弥坚熟稔，所作墓志颇有价值，如史弥坚协助史弥远诛杀韩侂胄事，即不见于他处。该志作于“公葬且十年”，约 1242 年之前。

志石不存。志文见录于史悠诚纂辑《鄞东钱堰史氏宗谱》（河北大学图书馆所藏光绪三十二年刊本）卷一。

皇上缵祚之十年，躬万几，甄淑慝，凡四方名人才士，郁于上闻者，不问在亡，悉关聪黈。一日，坐便朝，谂宰执曰：“故尚书史弥坚，朕久闻其贤，曩命召，竟不至。今赠何官？”俱以幽处对，上为动容。越翌日，御封从中下，制曰：“故端明殿学士、赠开府仪同三司史弥坚，先朝从臣，忠绩茂著。以其亲兄秉政，深自退抑，投闲一纪。乃心王室，言论不阿，风采凛凛。朕每想见其人，恨不及用。可特赠资政殿大学士，与执政恩数，依前开府仪同三司，赐谥忠宣。”宸奎舄奕，光烛九原。于是公薨一年矣。褒崇表异，出于圣谟，与范公尧夫同谥，天下荣之。上之知公，公为上所知，其勋节固荦荦在人耳目间。开禧末，太师卫国忠献王奉宁宗皇帝密旨诛韩侂胄，公时为浙漕使者，叶志比力，谋断以定，遄以外府卿尹天府指挥，弹压不动声色。忠献有大勋劳于帝室，公实辅以济。宁宗眷之厚，特旨兼贰夏官，未一月，丐外去。忠献当轴，处中几三十年，公确避荣宠，召，未尝一来。归自长沙，强起守藩者再。萧然闲居，不交声利。朱颜绿发，啸歌湖山，若无意人世间，而爱君忧国，至死不渝。呜呼，其贤哉！公葬且十年，铭文未立，季子屡泣而告曰：“先公之子三人，惟宾之在。敢鞠跽以请。”清之辱从公游久，义勿克辞，谨叙其官治德烈及平生大方，使刻石表于墓。惟史氏食旧德于鄞，叶夫人以妇节著，八行先生以儒行举，厚积丰报，代有显人。父子叔侄继相，政途从橐，袂相属也。门绪赫奕，为中兴最。曾祖、祖考名讳、官赠，具载国史。公，太师越忠定王第四子也，以乾道二年五月甲辰生，讳弥坚，字固叔。公生素贵中，幼岐嶷不好弄。忠定佩服清俭，于子侄如严师，公与忠献丱角而肩差读书，饭蔬粝，视韦布。子叔季竞爽，韵宇不凡，庭闱燕侍，忠定以美言尊行诏之，时举以问，无留答。未弱冠，敏于文，强记博习，遇长者，辩诘酬板，出问表。群居神采端毅，师友不敢以稚年易之。进揖父客如沈公焕、吕公祖俭、苏公训直、陆公游、孙公应时，多海内知名士，得诸磨砻浸灌者尚矣。淳熙九年，忠定该明禋恩，奏补承事郎，试甲吏部，铨授监绍兴府支盐仓。太师崇宪靖王伯圭闻其贤，妻以季女。十二年，特添差两浙转运使干官。公恂恂自持，不为贵习邀放事，为长官邱公崇所知，特疏论荐。益自力于学，既乃与忠献联名锁荐。光宗绍兴[①]元年，差浙东安抚司干官。申所生母陆氏心制，时忠定春秋高，公惧伤王之心也，入则施施娱侍如常时，出则衔恤悲不自胜。四年，差两浙运司主管文字。公方抚盛年，咫尺荣进，而兰陔之思视刻如岁，于是怀檄归省。忠定薨，公孺慕毁瘠，逾禫祭犹疏食。免丧，当宁宗庆元二年，添差通判衢州。郡有名儒祝公圭、张公焘老于学，与公语，辄更仆。衢有刘氏，厚于资，叔侄交讼，台以属公。公呼两造之

① 笔者按，“兴”当为“熙”之误。

隶诘之曰："讼皆若曹为之，当先鞠治。"讼果息。婺有狱成，案上，屡以诋谰变。宪檄公往，一问得其情，折以数语，囚惊曰："若是死无憾。"治有声。衢寄公旧相余公端礼次对，刘公颖交荐公上，得旨与职事官。六年，除籍田令。嘉泰元年，除太府簿。二年，转为丞。居亡何，知嘉兴府。三年，改高邮军。四年，将之任，奏事称旨，宁宗面谕留中，除司农丞，迁大宗正丞。开禧元年，兼右曹郎，又摄礼侍。公立朝侃侃，务一心营职，久近剧易，胥称厥官。当权门如市，一不敢私谒。物望归重，迁将作少监，再迁枢密院检详兼承旨司职事。前时枢府行文书，西曹吏以方寸纸拟定，都承旨兼详，占笔唯谨。公曰："西府本兵地，其重奚若？顾受成吏手耶？且安用我辈？"白庙堂，废吏文属掾，唯否得以手笔抒意，至于今弗改。殿司卒戍边，有旨命公阅视，公就，以犒给请按籍指呼点画，识良窳，诸军罔闻知，疏不任遣者闻于朝。侂胄才公之为，欲任以兵事，公录忠定甲申奏议以警之。侂胄忿其异己，出公九江次。未几，宁宗问宰执："史某，今安在？"除江西运判。二年，改漕两浙。漕惟畿浙，兼总二路，事任雄剧，居然整暇。三年，除太府卿，兼知临安府。侂胄之诛也，忠献谋于公。公悫忠谨密，处分肃然。既事，若不预闻者。得旨，史某洊经烦使，宣劳居多，除权兵部侍郎。寻乞补外。嘉定元年正月，除集英殿修撰，知隆兴府。对便殿，疏论更化风俗，枢机不宜矫枉过直，以生厉阶，志念深矣。改知潭州、湖南安抚使。宁宗面谕曰："天府畿漕，备著贤劳。长沙巨镇，暂烦镇抚。"公曲谢退，特赐带以宠其行。公之未至长沙也，黑风洞罗世传叛，剽湖南。前师调兵讨捕，将恃勇轻进，战不利，贼愈张。公至，则明纪律，厚赏激，士饱马腾，遂决策进讨。公度兵少，益发诸寨卒及义丁合围之，世传可旦暮擒。会江西帅主招降，忌湖南功，白于朝，沮进讨计。下其事湖南，公言："贼果降，实两路幸。今请降而掠地如故，是以计授江西而怠湖南，忧方大。"江西檄世传，果不出，反谓湖南急攻致贼生疑，丐缓师以朝旨。公不获已敛兵，得枢密院官敕，俾授世传，公复命，谓"贼毒湖南，人人欲啖其肉，奈何从帅司官之！且招降非湖南所知"。公又言，"世传之叛也，檄七甲义兵余五千与贼苦战，死山前者多。今世传受赏而置七甲不问，七甲兵械资聚与黑风洞埒，诸李素黠，得众，愿朝廷亟抚怀，否则变叵测。"李元励七甲之雄，始尝助官军讨贼，世传就洞拜官，元励恚曰："为盗得官，为朝廷捕贼无赏，我必也为贼。"倡者遂帅其徒胡元凯、李伯虎与青草洞李尚合势，炽甚。元励叛，公策之久，惜计不用。公亟命许国擒获伯虎及其党数人。漕司废将封彦明执罗帛洞总首项，庭佐诬其通贼，囚以来。族党怨且惊，聚兵起，将趋郡劫庭佐。公知其尝抗贼有功，既至，破械，借补官纵使归，庭佐感泣驰去，贼计解。非公明烛事表，且又生一元励矣。时元励久逋诛，群盗猬奋，朝廷调江鄂大军护两路，江西主招降不置。公交疏力争，谓“世传既降复叛，降不可信甚白。今又欲袭前迹，是诲民为盗也。为今计，莫若倚大军为声援，宥胁从，安反侧，募敢死，入巢穴，歼渠魁，正典刑，此万全策也。或贼首自相擒斩，则受降为有名”。未几，世传之党缚元励生致之，而他盗胡有功取世传首以献，卒如公所料。郡有飞虎军额千七百，旧日镇江移戍，节制不一，公请隶帅司。既请，洗濯淬砺，不数月成胜兵。曩授予粮，私债官刻，至是给散严整，军情惬服。方寇攘，羽书纷委公，治郡事如常日。每称“俗吏所急，在于断狱听讼、期会簿书而已。然今以能吏称者，自巧征豪夺外，于狱讼慢不省。王吉所谓俗吏，正不多得”。于是立程度，理放纷，于狱事尤谨。凡有讼，系主囚官，手录事节，而丹书之墨，曹椽传以所当得之罪，职官审覆伸所见，复参众言，视狱成论决，其式敬若此。公屡丐祠，三年，除宝文阁侍制，提举江西太平兴国宫。六年，起家，知太平州。过阙奉对，改知镇江府。公至，周览江山形势，喟然曰：“京口，古重镇。今为国北门，其地重且急。最重且急者，曰漕运，曰江防，吾顾可忽欤！经画当先渠后江。”即亲履漕渠，知郡境地势中高，水不能蓄，北泄南注，淤日积，舟行以艰。渠自江口达城南几十里，夹以廛肆，水堇若带，然撤蔽疏壅，未易窥度。公竭心为之，期便于国，不厉于民。请于朝，畀泉粟，撙节郡计以佐费，度地立表，鱼贯受功。阅两月，渠溃以成，深丈阔十之袤，一千百八余丈，亘九里。郡无城，古号铁瓮城者，以地形言也。江浒弥望，无横草限。旧有归水澳，横转般仓之北，实障一面，且为漕渠辅，便蓄泄，久寖湮，公还其旧。又自东引水浚濠西，绕出仓背，起北固还至京门，长壕蜿蜒，足依为固。仍取凿壕土筑仓北地而屋之，增厫二十积仓，可居百万斛。浮江之输，达淮之餫，渠壕分受之，饷道无壅。次及缅舟之堤，自城南门至吕城，有二十四里，甃治砥平，积雪流潦，无陷淖者。至于开别浦以风舣舟，拓巨港旁以藏战舰，浚市流如汾绛之疏秽，创津馆仿夷陵之至喜，坝闸高深，桥梁缮饬，皆是役之余功也。渠事毕，选吏按事沿江上下流，图其险要。公时乘单舸，掀舞鲸浪，相攸南北水势曲折以验之。手疏上江防便宜，凡地利险阻，军资用度，舟船规范，如烛照数计，无一不周。大较谓：“京口境内，江之襟喉，东至毗陵之图山，西至建康之炭渚，凡九。其最紧三，曰青沙夹、西津渡、藤料沙。次紧六，曰炭渚、开沙、高资渡、下鼻江、断妖港、石公山。最紧三备各百舟，次紧六各三十舟，通四百八十舟，缓急以六次紧策应。三最紧以一舟为率，篙师战士约五十人，通计二万四千人。其器具可举隅而知。今京口春秋教阅，合二百五十艘，兵合八千三百人，此旧额也，今三亏一焉。舟之腐者、沉者、有不适用者，兵之癃弱者、给使者、不习水流者又半焉。宜多备海舟，多募篙师水手如所陈之数，水战器械悉用更造。”其节目周密备具，难以悉数。政如充国屯田便宜，语语切实，惜其未用而奉祠去矣。十年，起知建宁府。建，忠定帅闽之旧郡，公至，老稚夹道望，而知为越王子也。既开藩，待士以礼不凌节，御军以律不吝赏，抚民以仁不纵恶，理财不啬、去其蠹而已，赋政不矫、当于时而已。凡利病所睹闻，必亟为，为则心诚求之，故虑精而计密。衢陆走建，晴则石啮足，雨则水至骭，负戴有偾倒者。公见之，思昔忠定帅闽，尝除道八百里，墁以陶石，今废缺不治，是将以遗我。乃出缗钱，畀浮屠能治者庀其役，尽复旧辙。北出衢，南入剑，如九轨之途，民由之而不知也。公视尺籍，禁卒仅千人，越晨，阅不满百，讯之，则役于官府私室者什七八，叹曰：“韩退之谓坐坊买饼亦称军人，是由能赡其生，今縻其身，羸其家，岂非堕军实哉！将皆化为穷民矣，郡何赖？”乃按籍归之，徙阅武之场于城外，以其地僦屋，裒其人充射，赏课技能，高下为陟降，而州兵可教战矣。郡试，士逾万人，棘围纷沓，辟而新之，出入如引绳，无嚣者。十二年，丐祠。视郡帑赢旧，为钱五千万。公曰：“献羡余，吾不敢，宁其予民乎！”略仿朱文公社仓，以市沽分籴，置仓诸邑乡，都为米三万石有奇，七邑总一百一十四所仓，以“广惠”名，详见真公德秀之记。公尹天府时，于火政尤密。分散兵，仿八阵法扼火冲冲通，汲道、钩绳、梯、缶器与籍俱随所而办。又置特赏，励先登后行之徒。并其市里为三十六区，疏通条达，火不能灾。十三年，进徽猷阁直学士，召除权兵部尚书，辞弗受。十五年五月，除文华阁学士，提举西京嵩山崇福宫。喜甚，即日登涂。隆兴间，忠定建第于东湖，万山如揖客，一水若悬镜，燕室对屿，匾曰：“湖山胜概，烟雨奇观。”公归，葺新之，游居寝饭其中，日携亲朋泛凌风之舸，聆欸乃之歌。朝霞夕月，相与宾饯于紫翠空蒙之间，觞咏逍遥，不知春秋之代序也。皇上登极，改元宝庆，访落之始，下诏求言。公上疏数国事，无所阿。于是嘉定初甘泉侍从之臣落落如晨星。二年，以刑部尚书召，引辞至五六诏，趣赴阙。三年，上以公辞，召命就赐带与鱼，除徽猷阁学士，知平江府。又力辞。进宝文阁学士，提举南京鸿庆宫。绍定五年，除龙图阁学士，知福州、福建路安抚使。公已属疾，亟上章致事。除端明殿学士，转光禄大夫。公力疾占遗奏，一以忠定告君为法，言不及私。是年闰九月乙卯，公薨。上以不及识为恨，诏赠开府仪同三司，赠银绢匹两各五百，又别赠千匹两以充葬费，特旨令庆元府护葬，皆殊宠也。享年六十有七。

明年二月，葬于鄞县宝华山之原。夫人，新安郡主，讳师昭，先公二十年薨。丈夫子三人：长禂之，奉直大夫，直宝谟阁，知安吉州，先公三年卒；次崇之，朝奉郎，知绍兴府上虞县，先公六年卒；季宾之，朝请大夫，知徽州。女二人：长适朝奉大夫、新知峡州魏崌；次适朝奉郎、前通判吉州田芹。孙男四人：松卿、椿卿、埜卿、森卿。孙女一人，蚤殇。公官至二品，爵奉化郡公，户封若干。公识明量宽，包涵宏大，而综理縻密，所至以治辨闻。其历三郡也，风力凛凛，既足抗一方之任，而栉垢爬痒，动切事宜。以约治繁，吏竦民恬，奸宄无所宿。郡务必身亲，圭洁丝治，鲜能继者。公待人一以诚厚，不设钩鐍。人有毫发欺，靡不镜见。语必周，色夷气和，而诐言不敢进。居家治官，宾接无虚时，对之如光风霁月。仪观闲雅，进止安详，音吐皆成句读，可玩而味也。当暑汗浃，衣冠履袜崭然，常曰："此先公闺门之规，自童丱，安之至今。"立不倚门，行不趋，坐无怠容，书无惰笔，无疾言遽色，无轻喜易愠。人一语当理，自以为弗及。平时雅有鉴裁，前后荐扬，多一时俊彦。自葛公洪、乔公行简而次，皆卓卓有闻。喜作大字，清劲自成一家。无他嗜好，惟嗜书如饥渴食饮，过目辄成诵。山房插架数千卷，有未见者，虽遐僻，必搜致。勉诸子曰："读书植宿业，不可暂忘也。"自少厚于姻族，为漕属时，有未克葬者，祈公书达忠定。公曰："何以累吾亲！"为周之不遗余力。王闻之，喜曰："此吾尧夫也。"仕既通显，多所振德。待故旧，虽庸愚如贤，虽贫贱如贵，无隙末者。居东湖上，凡忠定畴昔经行，拔筇叶艇，无不遍造。有僧壁间题识，陆公游笔也。公援钱文僖《张退传》事赋诗言志，风流蕴藉。山谷谓王谢文献、生长、见闻，于公见之。少日雅意三径，室名"陶乐"，晚事所居曰"沧洲"，宁宗书二大楷以赐，匾于阁，过者戴仰。公服膺家教，如经史格言，每燕语，从容道忠定所以诲，示本末已，乃肃襟，缅怀典型，有感怅色，知其于孝敬最隆也。且盛德宜有后，今季子传德袭训，期以才业世厥家，是真能子矣。铭曰：

于赫我宋，国有世臣。显允孔硕，烨如天人。王勋民庸，暴于宗社。
休有烈光，旗常雅大。维时哲兄，接武盛朝，宫商相宣，韺謌濩韶。
胥勤王家，乃播乃植。协比风霆，屏其蟊螣。既康厥功，褰裳去之。
于浙荆闽，膏泽旱饥。未老而归，可仕可止。驾言沧洲，以远兴寄。
真隐之旧，湖山苍苍。公乎来思，幅巾短床。世方峥嵘，渊名薮利。
视公之为，可不富贵。文昌再命。纳诏以闻。櫜智弢勇。篙烟屐云。
匪弁伊骥，匪櫜斯戟。风雨晦明，忧乐以国。蜺旌龙篆，缟鹤在廷。
御彼六气，位于列星。宸章昭回，勋节有炜。政府视仪，忠宣之谥。

匪我铭公，帝有恩言。裕垂昆仍，世百其传。

魏惠王府学教授晋太傅右丞相兼枢密使郑清之撰

录自史悠诚《鄞东钱堰史氏宗谱》卷一，光绪三十二年（1906）刊本。

十一、史嵩之圹志

叙曰：志主史嵩之（1189—1257），字子申，史渐之孙，史弥忠之子。嘉定十三年（1220）进士。历任襄阳通判、京湖制置使、参知政事等职。嘉熙四年（1240），拜右丞相兼枢密使，都督江淮、京湖、四川军马。淳祐四年（1244）后，为公论所不容，闲居十三年。《宋史》卷四一四有传。撰者史玠卿，史嵩之孤子。

史嵩之与其妻赵氏之墓在今余姚市河姆渡镇五联村史门山上，圹志于2011年抢救性发掘中出土。魏峰、郑嘉励《新出〈史嵩之圹志〉、〈赵氏圹志〉考释》（《浙江社会科学》2012年第10期）录有志文，今据之。

先公观文殿大学士、金紫光禄大夫致仕、永国公、食邑一万七百户食实封三千八百、赠少师、安德军节度使、追封鲁国公，赐谥庄肃，姓史氏，讳嵩之，字子□，庆元府鄞县人。举八行、赠太师、越国公讳诏世孙也。曾祖讳木，乡贡进士，赠卫国公，妣戴氏，赠郑国夫人。祖讳渐，承务郎致仕，赠太师、楚国公，妣莫氏、高氏，俱赠楚国夫人。考讳弥忠，资政殿学士、金紫光禄大夫致仕，赠少师，保宁军节度使，郑国公，谥文靖，累赠太师，追封齐国公，妣孙氏，齐、魏国夫人。先公生于淳熙十六年正月庚申，嘉定十三年擢进士第，授迪功郎、光化军司户参军，十五年以宝玺恩循修职郎，十六年差充京西湖北路制置司准备差遣，十七年升干办公事，宝庆元年关升文林郎，以光化任满赏循承直郎，二年改奉议郎，以经理屯田赏转承议郎，三年升主管机宜文字，十月通判襄阳府，绍定元年以襄汉屯田积谷六十八万有畸，特转朝奉郎，磨勘转朝散郎，以制幕赏，转朝请郎，十一月擢知枣阳军。二年八月除军器监丞兼权知枣阳军、节制屯戍军马，十月兼制置司参议官。三年以制幕赏转朝奉大夫，磨勘转朝散大夫，枣阳屯田成，特转朝议大夫，明堂恩封鄞县开国男、食邑三百户，十二月除直秘阁，京西路转运判官、兼提举常平茶盐公事，仍兼安抚制置司参议官。四年以寿明仁福慈睿皇太后庆寿恩转中奉大夫，十二月除大理少卿、兼京西湖北路制置副使。五年正月除大理卿兼权刑部侍郎、兼京西湖北路制置使、兼知襄阳府，赐便宜指挥。六年以枣阳任满赏转中大夫，六月除刑部侍郎、仍旧职任。端平元年正月破蔡灭金，上降诏奖谕，除户部侍郎、仍旧职任。是月特转太中大夫，以明堂恩进爵为子，加食邑三百户。时朝廷方有事于三京，先公议论不合，累疏乞罢，六月得旨，日下前来供职，是月除礼、兵部尚书，乞奉祠侍养，九月除宝章阁直学士、提举江州太平兴国宫。二年十月，除华文阁直学士、知隆兴府、江西安抚使，令疾速赴行在奏事，十二月便殿引见，除权刑部尚书，明堂恩进爵为伯，加食邑三百户。三年正月，除华文阁直学士、知平江府，累疏力辞，以母病乞归侍医药。二月除宝章阁学士、淮西制置使、兼沿江制置副使、兼知鄂州，令疾速前来伺候，内引奏事讫之任。三月便殿引见，赐便宜指挥，六月兼湖广总领。是月兼淮西安抚使。嘉熙元年三月，特转通奉大夫，除华文阁学士，京西荆湖南北路安抚制置使，依旧兼沿江制置副使、兼知鄂州，节制光、黄、蕲、舒州，四月乞免兼总领，诏从之。十二月，以黄州虏遁围解，上降诏奖谕。二年正月除端明殿学士，依旧职任，恩例同执政，进封奉化郡开国侯，加食邑□百户，食实封一百户，令日下时暂前来奏事。二月除参知政事，督视京西荆湖南北路、江西路军马，鄂州置司，兼督视淮南西路军马，兼督视光、蕲、黄、夔、施州军马，加食邑四百户，食实封一百户，是月同提（举）□□（编修）《经武要略》。三年正月，□□□□□□□□□□□（右丞相兼枢密使），四川、京西湖北路军马，进封奉化郡开国公。加食邑一千户，食实封四百户。提举编修敕令、提举国史实录院、提举编修□□要、提举编修《经武要略》。二月改都督江淮、京湖、四川军马。九月□□明堂恩加食邑一千户，食实封四百户。十二月淮诸郡肃清，上降诏奖谕。四年二月，诏暂赴行在奏事，累疏丐归侍养，上遣中使趣入觐，三月便殿引，再乞祠，不允。四月，特转三官，依前右丞相兼枢密使，加食邑一千户，食实封四百户，累辞不允，□就职，复力辞三官，诏从之。寻提举国史实录院、日历、会要、敕令所及编修《经武要略》。闰月，提举编修玉牒。淳祐二年二月，以进呈安奉《四朝帝纪》《孝宗皇帝经武要略》《宁宗皇帝玉牒》《实录》《会要》《恭圣仁烈皇后圣德事迹》《皇帝玉牒》，转金紫光禄大夫，加食邑一千户，食实封四百户。十月，以明堂恩进封永□□□邑一千户，食实封四百户。四年九月丁文靖公忧，寻有诏起复，上遣中使趣赴阙，先公力乞终丧，疏至六七，上始优诏从之。六年，将服除，亟请休致。十二月，依所请，守本官致仕。十年十月丁齐□□□。宝祐四年正月，除观文殿大学士，加食邑一千户，食实封四百户。十月以两该明堂恩加食邑二千户，实封八百户。五年八月癸巳，以疾薨于里第之正寝，享年六十有九。遗表奏闻，上震悼，辍视朝二日，赠少师、安德军节度使，追封鲁国公，赠谥忠简，以家讳改□□如格。娶陈氏，赠齐国夫人；继赵氏，封魏国夫人。子男三：玠卿，宣义郎、沿海制置大使司干办公事；理卿，承奉郎、两浙西路提举常平司干办公事；璪卿，承奉郎，浔。玠卿俟服阕□出仕与干官差遣。女四：长柔卿，封孺人，适宣教郎、添差通判镇江府程埛；次慧卿，适奉议郎签书宁海军节度判官厅公事宣德莱，先五年卒；次德卿，适迪功郎添差两浙□□□□□□承务郎宣德林。孙男二：仁伯、侃伯，并承务郎。女四。六年十一月丙午，葬于慈溪县石台乡系平之原，遵先志也。持以婿陈若水添差两浙运司干官甥王琛添差浙东安抚使□□□□□□赐缥黝加玉上御宸翰，名其地曰“西天福地”云。孤子玠卿等泣血谨志。

门生资政殿大学士光禄大夫充广南路制置大使兼知静江军府兼管内劝农使兼广南西路□□□□□□百户，实食封三百户李曾伯填讳

录自魏峰，郑嘉励：《新出〈史嵩之圹志〉、〈赵氏圹志〉考释》，《浙江社会科学》2012 年第 10 期，第 146 页。

十二、赵氏圹志

叙曰：志主赵师静（1189—1259），史嵩之的继妻。撰者史玠卿，其子。该志出土于浙江省余姚市河姆渡镇五联村史门山上，魏峰、郑嘉励《新出〈史嵩之圹志〉、〈赵氏圹志〉考释》（《浙江社会科学》2012 年第 10 期）录有志文。

先妣魏国夫人赵氏，讳师静，衢州西安人。曾祖讳令衿，庆远军承宣使，袭封安定郡王，赠少师。祖子觉，朝散郎、通判婺州，累赠金紫光禄大夫。父伯凤，朝奉大夫、广东提刑兼提举。初，燕恭懿王祢太祖皇帝，宫为取贤，其后王子侯率本诗书开迹，与寒畯争雄，垂声迈烈。至少师孝穆嘉国公，义方之训尤著。生男八人，大观二年同登进士第凡四，安定郡王其一也。金紫号雪斋，韵度标格，增美家毡，至今大夫士喜谭嘉道之，与汉东平、河间等。诒谋积庆，麟趾振振，吏课以闻、儒业以隽称者，过庭凡十有五人，广东部使者实居其四，即外祖也。先妣生于淳熙十六年五月辛亥。性冲澹嗜书，凝重寡言笑，女功之外，手不释卷，既笄，雅意在家披缁。外祖尤敬而爱之，媒妁踵接于门，皆不轻许。属先大父太师、节使周国文靖公分教柯山，与外祖相厚善。时先公少师节使丞相鲁国庄肃侍宦笃学，外祖知非凡子，而俶有姻议。既而外祖以蒲谷来莅定川，先大父谂宿诺，遂纳采用币焉。先公既登庚辰科，授光化军司户，明年将至戍，大父命取道于衢，行亲迎礼，时先妣年三十三，与先公实同生于己酉。会

襄汉多事，先公砥砺功名，耕屯战御，崎岖艰崄。先妣相勉以义，跋履风寒，氛祲间卒无惊怖陨获之愆，职此，先公得一忱恂国，靡所牵挠，灭残金，捍狂鞑，出将入相，任愈隆。然自阃以外，毫发事无所干预，讫于先公谢事杜门，惟整斋内助而已。宝庆三年十一月，今上皇帝南郊礼成，先公时以承议郎、京湖安抚制置司机宜该恩，封孺人。绍定三年九月，该明禋，封宜人。五年闰九月，遇皇太后庆寿恩，封恭人。六年，先公以中大夫守大理卿、兼权刑部侍郎、京湖安抚制置使、兼知襄阳府，进封鄞县开国男，以初除，进封令人。端平元年四月，该明禋恩，封硕人。嘉熙元年正月，先公以宝章阁学士、太中大夫制置淮西、沿江、兼知鄂州，进封鄞县开国子，以初除，进封淑人。二年三月，先公除端明殿学士、通奉大夫、京湖安抚制置使，兼沿江制副、兼知鄂州，进奉化县开国侯，特封信安郡夫人。是年七月，先公除参知政事、督视京湖、江西、光、蕲、黄、夔、施州军马，特封饶阳郡夫人。三年六月，以先公拜右丞相，兼枢密使、都督江淮、京湖、四川军马，进封奉化郡开国公，封申国夫人。四年正月，该明禋，特封福国夫人。于是，先公竣事府，归坐庙堂，该明禋，特封益国夫人。淳祐四年九月，先公丁文靖公忧，奔丧归里，寻挂冠，得请以永国公致仕。宝祐四年正月，先公除观文殿大学士，其年十月，以两该明禋恩，特封魏国夫人。五年八月，先公以疾薨于里居，先妣忧毁成疾。六年十一月，玠卿奉母勉襄先公大事虞祔成礼。是岁腊月下浣，先妣疾增剧，更医审药，遍悼神示，竟以开庆元年正月二日薨。二三年间，再罹凶祸，天乎弗吊，酷罚至此，呜呼痛哉！享年七十有一。子男三：玠卿，宣义郎、沿海制置大使司干办公事，得旨服阕，予二令差遣；理卿，承奉郎、两浙西路提举常平司干办公事，得旨服阕予升擢差遣；璪卿，承奉郎，得旨入仕日予干官差遣。女六：柔卿，适宣教郎、干办行在诸军粮料院程埛；慧卿，适奉议郎、新除主管三省架阁文字宣德棻，先五年卒；允卿、孺卿皆未适人而亡。德卿，适迪功郎、两浙转运司干办公事陈若水，淑卿，许嫁承奉郎宣德林。孙男三：仁伯、侃伯、俨伯，并承务郎。女俱尚幼。先妣孝敬得于天资，典刑熟于家训，宽裕不形喜愠之色，服饰常以朴素自安。在父母家，综理家务，纲维井井，昆弟亦籍以植立。舅姑在堂，奉旨甘，问寒燠，夙夜弗懈，始终如一。伯叔娣姒，洎群从子夫，虽孩幼亦见之，周还揖逊孜孜，礼惟谨尔，内外上下无间言。抚子若女，恩斯勤斯，德如鳲鸠，真无愧鹊巢夫人之咏。冢妇、介妇相继受室，礼遇有加于子女，晨昏定省，一笑一言，雝雝如也。岁时享祀，必躬必亲，翟茀苹蘩，执事有恪，虽供给使令之人，亦动容钦叹。施与急义，崇笃亲党，外孙男女，鞠育教诲，招选外傅，与亲子均。每入则课所诵书，戒以勤苦，子女妇孙在前，随事所见，因话所及，辄引《论》而诲警之，惟以孝悌恭俭为先。盖家世有箕裘，德性本诗礼，佩服旨味，躬行自然，其与富贵一毫不以累其心。呜呼贤哉！先公葬于慈溪县系平之原，御书锡名其山“西天福地”。玠卿等不孝忍死以三月癸酉奉柩合葬，即先公治命所卜寿藏也。追惟我慈妣之恩，欲报罔极，淑行懿德，铺叙难穷，未暇请铭于当代鸿笔，姑摭大概，镵石内之幽宫，以写诸孤哀慕之万一。呜呼痛哉！孤哀子史玠卿等泣血谨志。

甥婿朝奉郎直宝文阁新知袁州军州兼管内劝农营田事赵孟傅填

录自魏峰，郑嘉励：《新出〈史嵩之圹志〉、〈赵氏圹志〉考释》，《浙江社会科学》2012年第10期，第146—147页。

十三、宋史岩之墓志

叙曰：志主史岩之（1193—1270），字子尹，号寿乐。嘉定十年（1217）进士。历知绍兴府、潭州，官至吏部尚书。史渐之孙，史弥忠之子。撰者史珌卿，史岩之长子，并存墓志，见后文所录。该志详于史岩之仕履，生平事迹则较少述及。

志石现存，《宁波历代碑碣墓志汇编》录有全文。

先公资政殿大学士、银青光禄大夫，提举临安府洞霄宫致仕，奉化郡开国公，食邑四千三百户，食实封五百户，赠开府仪同三司，姓史氏，讳岩之，字子尹，庆元府鄞县人，举八行、赠太师越国公讳诏四世孙也。曾祖考讳木，乡贡进士，赠太师卫国公；妣戴氏，赠郑国夫人。祖考讳渐，承务郎致仕，赠太师齐国公；妣莫氏、高氏，俱赠齐国夫人。考讳弥忠，资政殿学士，金紫光禄大夫致仕，赠少师保宁军节度使、郑国公，赐谥文靖，累赠太师，追封齐国公；妣孙氏，齐魏国夫人。

先公文靖公第三子，生于绍熙四年十二月甲辰。嘉定十年，登进士第，授迪功郎、安吉州长兴县尉。十五年五月，该宝玺恩，循修职郎。十七年四月，关升文林郎、差监蕲州蕲春监。宝庆元年，该遇理宗皇帝登极恩，循儒林郎。三年十一月，任满，赏循承直郎。绍定元年正月，考举及格，改奉议郎、知安吉州长兴县。三年十月，通判真州。十二月，差充江淮制置大使司主管机宜文字兼通判真州。四年二月，磨勘转承议郎。四月，该遇寿明仁福慈睿皇太后庆寿恩，转朝奉郎。八月，暂权转运真州职事。十月，以仪真守御赏，特转朝奉大夫。十二月，兼权江淮安抚制置大使司参议官。五年三月，除将作监丞兼权知真州，节制本州岛屯戍军马兼权淮南运判，仍兼江淮制置大使司主管机宜文字。八月，除大理寺丞兼权知扬州主管淮东安抚司公事，节制本路屯戍军马兼权淮南运判。九月，兼江淮制置大使司参谋官。十二月，以应办军前赏，转朝散大夫。六年二月，兼管淮东边面职事。九月，磨勘转朝请大夫。十月，以创筑真州南城，赏转朝议大夫。十二月，该明禋恩，封鄞县开国男，食邑三百户。是月，除金部郎官，乞奉祠侍养。端平元年三月，差主管台州崇道观。三年八月，除兵部郎官兼淮西制置司参议官。十二月，除侍左郎官。嘉熙元年四月，除军器监，仍兼侍左郎官。七月，兼国史院编修官、实录院检讨官。九月，除秘书少监，仍兼史馆兼崇政殿说书。十月，以淮东积贮，赏转中奉大夫。十二月，除太府卿兼知临安府。二年正月，除权刑部侍郎，仍兼知临安府。二月，兼领都大兵船职事。三月，兼侍讲。是月，转中大夫。四月，磨勘转太中大夫，经筵进读《三朝宝训》，终篇转通议大夫。七月，除户部侍郎兼权兵部尚书，仍兼知临安府。三年正月，除权户部尚书兼同修国史兼实录院同修撰。四月，经筵进讲《周易》，彻章转通奉大夫。六月，兼侍读。八月，兼吏部尚书。十一月，该明禋恩，进开国子，加食邑三百户。是月，除户部尚书。十二月，升兼修国史兼实录院修撰。累疏丐祠。四年六月，除华文阁学士，知绍兴府浙东安抚使。寻改除敷文阁学士，知江州江南西路安抚使兼提举南康军兵甲公事兼沿江制置副使兼蕲、黄州屯田使。淳祐元年九月，升显谟阁学士，仍旧任。二年二月，召赴行在奏事。三月，除龙图阁学士，知绍兴府浙东安抚使。三年二月，磨勘转正议大夫。八月，该明禋恩，进开国伯，加食邑三百户。四年六月，除端明殿学士，依旧知绍兴府。七月，以文靖公疾，丐归视药，改知福州福建路安抚使。八月，提举南京鸿庆宫。九月，丁文靖公忧。九年十月，丁齐魏国夫人忧。宝祐四年正月，该淳祐八年明禋恩，进封奉化郡开国侯，加食邑三百户。是月，磨勘转正奉大夫。三月，该淳祐十一年明禋恩，加食邑三百户，食实封一百户。十月，知福州福建路安抚使。六年二月，知平江府兼淮浙发运使，恩数视执政。越二日，改知潭州兼荆湖南路安抚使。四月，以政府初除□□开国公，加食邑四百户，食实封一百户。五月，该明禋恩，加食邑三百户。是月，兼权荆湖南路计度转运使。又以该宝祐五年明禋恩，加食邑三百户。开庆元年正月，除资政殿学士，升荆湖南路安抚大使，知潭州，加食邑四百户，食实封一百户。三月，和籴竣事，特转宣奉大夫。六月，依旧职，除沿江制置副使兼知江州江西安抚使，节制蕲、黄兴国军马，提举饶州南康兵甲公事，节制淮西山寨兼屯田使。七月，升江西安抚大使。续被旨，旌异帅潭劳绩，特转光禄大夫，加食邑四百户，食实封一百户。景定元年五月，除资政殿大学士、知绍兴府浙东安抚使，加食邑四百户，食实封一百户。二年三月，提举临安府洞霄宫。四年正月，该明禋恩，加食邑三百户。咸淳元年，今上登极，特转银青光禄大夫，引年乞休，致闰五月，得旨依前资政殿大学士、银青光禄大夫、提举临安府洞霄宫致仕。三年正月，该明禋恩，加食邑三百户。六年十一月辛巳，以疾薨于里第之正寝，享年七十有八。遗奏闻，上震悼，辍视朝，赠开府仪同三司，赙恤有加，官其后如格。

先公娶孙氏，赠河南郡夫人，继赵氏，封吴郡夫人。子男四：珌卿，宣义郎、前沿海制置使司主管机宜文字；瑜卿，故承务郎、监宁国府在城都税务；琏卿，宣义郎、前签书复州军事判官厅公事；璜卿，承务郎。女二：巽卿，适迪功郎、前安吉州归安县主簿吴贲；孚卿，适故修职郎、特添差浙东安抚司准备差遣张因。孙男七：颐伯、升伯，承务郎；复伯，通仕郎；临伯、益伯，拟通仕郎；震伯，拟以遗泽奏；需伯。

珌卿等不孝，忍死以明年十一月甲申奉柩葬于绍兴府余姚县龙泉乡烛溪梅梁山之原，遵治命也。

孤子珌卿等泣血谨识

门生中大夫右文殿修撰提举建宁府武夷山冲祐观鄞县开国男食邑三百户戴埙填讳

录自章国庆编著：《宁波历代碑碣墓志汇编》，上海：上海古籍出版社，2012年，第319—321页。

十四、外祖母张氏墓记

叙曰：志主张致和（1213—1287），湖州德清人。史宾之妾，史棣卿之母。撰者袁桷，乃张致和外甥，得其抚养长大，故作是志以寄追思。志文载于袁桷《清容居士集》卷三三。

外祖母张氏，讳致和，湖州德清人。嘉定六年七月生。父某，事赵崇宪靖王父子，再世部乐伎。年七岁，通音律。桷曾外祖母新安郡主归崇王家，见而爱之，载以归，俾事外祖敷文转运史公。稍长，为侍姬，户室靡密，总核合绳墨。外祖性严急，挈长覆短，使不有忤意。囊箧甲乙，随旨谕，立陈于前。如是逾三十年。生二女：长，和政郡夫人，嫁太尉、昭化军节度使谢堂；次即先妣，会稽郡夫人，归于我先考讳洪，朝列大夫、处州路同知总管府事。二女皆嫁宰辅家。于时谢以后族贵显，先处州官临安，常卑让疏之。外祖母虽久居相门，见谢婿侈靡逾限制，心不乐，而多留处州，以静恬自怡。咸淳二年丙寅夏六月，会稽夫人实生桷，甫七日，洞下遽卒。又未几，先处州病，大热，垂死。咸言不利于母，将及父。谢公愿取己育之，处州在病，摇手不许。外祖母排斥诟詈户之，遂日训饬调适，且祝曰："儿宜为史氏外翁自重。"八年，谢公死，泣曰："吾固审若是。吾尽力抚袁氏外孙，他何之？"讫见桷娶妇生女。至元二十四年二月□□□日卒，年七十有五，葬于先夫人墓左五十武。幼通书算，善心计。处州事有未及，始讽之，终以旧事敷文者言之。晚岁病瞽，缅缅言外家事，曰："汝外曾祖太傅忠宣公，居东湖沧洲十有四年，不复仕。作书谏兄忠献辞相位不辍。岁赐生日器币，辞一再始受。后数年，不复受。郑忠定丞相，忠宣公塾师也，敷文受学焉。其旧第前为"旧学"，寿皇书，后为授经郑相书，皆有深旨。"又曰："音乐，慎勿蓄。今世公卿女乐，皆俚野不足听。惟太傅婿赵崇王悉祖乐髓，景祐谱调八十四，穿心相通，尝曰：'谱与《易》合。'吾不知《易》何图可合，汝识之。"又曰："丁抗掣曳，大住小住，为喉舌纲领，法曲散序，忠宣删正之。曲有均，犹韵也。累累贯珠，韵不绝也。声有尽，拍以度，非句断也。于时周待制邦彦孙璹于太傅为中外表，太师越忠定王尝命谱《清真词》，手笔具在，今付汝，虽不解，慎勿坠也。"旧以恩赐红霞帔，再封孺人。记曰："庶母不祀于孙。"而复曰："祔于庶祖姑。"古不墓祭，昔之大贤尝慊然矣。今夫礼缘于情而义以制者，惧后之昵于私者之过也。先王营丘垄之大小，无贵贱，慎其始。不幸有沮洳崩啮之患焉，其修之也必有道。是则于吾外祖母非有过焉者矣。以孤儿传处州，考其所自，曰外祖母保鞠之恩重。桷二子瓘、瑾，将悚然以加厚外祖母。有田若干，足以治坟垄，奉春秋，刻于碑阴。惧瓘、瑾之子若孙，灭其情义，必曰礼有所不载，遂具昔之训抚行事，立石于墓，俾勿坠。某年某月某日，外孙具官袁桷谨志。

（录自（元）袁桷：《清容居士集》卷三三，《丛书集成初编》第2071册，北京：中华书局，1985年，第578—579页。）

十五、故观文殿学士正奉大夫墓志铭

叙曰：志主史宇之（1216—1293），字子发，史弥远季子。绍定六年（1233）赐进士出身，累官至兵部尚书。咸淳三年（1267）之后，隐退于家。撰者王应麟（1223—1296），字伯厚，号深宁居士，鄞县人。淳祐元年（1241）进士，宝祐四年（1256）复中博学宏词科。官至礼部尚书、中书舍人。入元后，隐居不仕，专意著述二十年。有《玉海》《困学纪闻》等。可能基于相同的遗民心理，王应麟为史宇之之子史嘉卿等所请，为作此志。

该志重点叙述了史宇之的吏事、节行，勾勒其世家传统，颇有意味。

志石不存。后人所辑王应麟《四明文献集》卷五录有全文。

《诗》《书》所称世臣之美，盛矣。惟宋丰芑涵育之仁逾三百年，父子为相者三家，鄞史氏与焉。燕及后昆，茀禄昌衍，盖世德之积也厚，而承德用誉，亦在其子孙。故观文殿学士正奉公，其淳德有常者欤。越在内服，靖共厥位；越在外服，惠政施于民。涉世变，守素履，耄耋弗更，其操近古，所谓吉人长者。公既葬，前进士黄君翔龙纂次行事，子嘉卿等请著石章。应麟尝执事太史，窃观先朝盛际，上以礼义遇其臣，下以忠厚世其家，法宜书。瞻彼乔木，岿然故国，纂乃祖、乃考，铭于烝彝鼎，其可使遗老无传？兹后死者之责，不敢辞。公讳宇之，字子发，世为明之鄞人。高大父诏，以八行举于乡，赠太师、越国公。曾大父师仲，赠太师、越国公。大父浩，相宋孝宗，为太师、保宁军节度使，封越王，谥忠定，侑享庙廷。父弥远，相宁宗、理宗，为太师、保宁昭信军节度使，封卫王，谥忠献。母潘氏，齐、鲁国夫人。公，忠献季子也。粹温端悫，忠献以福艾期之，谓它日亢吾宗。初命承事郎，绍定五年中吏部铨。自宝章阁至右文殿修撰，奉祐神祠，除将作少监，赐同进士出身，迁枢密副都承旨。忠献薨，服关，除司农太府少卿、集英殿修撰，仍畀祐神祠。即家授沿海制置司参议官，进宝章阁待制，赐金带。升华文阁，知处、严、温三州，皆力辞。理宗眷受遗定策之勋，日笃不忘，公兄忠清公宅之既践扬中外，入式枢机，公怡默自将，澹于荣进。上欲试之治民，乃以敷文阁待制守婺，时淳祐八年也。婺比岁旱饥，出橐装籴浙右米三万石往赈贷，民罔捐瘠。易守处州，始至，狱多淹系，阅寔，上部使者谳決，圜扉一清。赋税三年，民苦之，公倚阁其一年。版部期会苛迫，以己俸代民输。未几督趣如故，公以累年之逋一朝求足，民必重困，奏以三十年最高者为数，疲甿感悦。忠清之丧，以在原急难谒告奔赴，得请遂行，耄释遮道攀留。召为兵部侍郎，辞不拜，进待制宝文阁，提举祐神观。擢工部侍郎，权尚书。愿就散秩，陟宝章阁学士，提举万寿观，奉朝请。宝祐二年，召为兵部尚书。以焕章阁学士知绍兴府、浙东安抚使。惟祖惟兄，遗爱在越，公来镇棠阴，耆老欢迎。念绍先哲，一以宽和，抚柔此民。初，忠定作牧，创义田，为士大夫贤而贫者丧嫁之助。岁久寔惠不沾，至是梶弊栉蠹，始复旧规。越为南阳乡，公宽而有制，无所回挠。郡大阅，一夫径造听事，乃卒伍怙王邸势者，公曰："犯阶级有常刑。"执而黥流之，军民慹服，咸曰仁者之勇。甫期，治最转闻，玺书褒美，升徽猷阁学士，因任。寻除工部尚书，五年进长兵部，兼工部。宗祀明堂，为桥道顿递使。礼成，拜端明殿学士。时畀执政恩数，恳避再至，御章批答曰：“卿继忠孝，谨牧养，予维宠嘉之。祖孙父子昆弟先后列政余，惟吕氏暨卿门，式克钦承，以为邦家光。”景定二年，进资政殿大学士、知建宁府。承叶公梦鼎、陈公昉之后，廉明勤俭，遵其成规。南方多岚雾，日高乃视事，公常夙兴见吏民，不以素贵少懈。夏潦，崇安松溪水泛滥，民惩壬子灾厄，携扶入郛，公盛服露祷，为民请命，移时澄霁。桥梁岌焉几坠，民凛凛沈垫，亟募舟筏拯之，有阻渡剽攘者，罚无贷。黎明水退，民以更生胥庆。建俗礼鬼，恶少身殉淫祠，患氓神事之，公捕为首者正其罪。溪流湍悍，竞渡斗争多覆溺，严为科禁，俗遂革。阅岁再召，进观文殿学士，提举万寿观，奉朝请。居生母齐、韩国夫人林氏忧，哀毁过礼。咸淳二年终制，以旧职知宁国府。郡上供米隶淮东、西两饷，俾其属受委输。淮西使者治建康地，追符尤峻，或转馈江北，跋涉耗失，纲欠数十万计，而郡官兵饩廪常不给。公控吁于朝，始得专隶淮东，郡以稍纾。明年祈闲，提举洞霄宫，优游里第垂十载。自是阏光戢华，若未始有轩冕。晚岁阖门养疾，一榻萧然，人希识其面。至元三十年，病革却药，遂不起，春二月十三日也，年七十有九。阶自初命至正奉大夫，爵自鄞县开国至奉化郡公，食邑四千六百，实封户六百。娶洪氏，再娶高平郡主赵氏，皆先卒。子男五：吉卿，承议郎，太府寺丞，知武冈军，先一年卒。沂卿，承事郎，为兄待制后。嘉卿、彭卿，并承事郎。韦卿。女子六。孙男六：辰孙、观孙、景孙、庆孙、憕孙、满孙。孙女四。曾孙男一，公颐。女二。是年四月丁酉葬于鄞县阳堂乡金岙，与高平合兆。公性孝友，敬保先绪，粥粥如弗胜，佩训言罔敢坠。忠献冢木已拱，隧碑未立，论撰先德，属吴公渊状其行，进彻乙览，理宗用至道、熙宁铭两忠献故事，亲制文，题其额曰“公忠翊运定策元勋之碑”，奎藻汉章，贲耀松槚。孝子扬父之美，公有焉。别墅在钱塘西湖，密迩枋臣私第，欲得之，訹以荣利，公以先人旧业，终不与。姊适故户部侍郎赵公汝楳，蚤卒，窆奉化，邻山有讼，公割田易之，争者遂息。乐善不倦，故家流风犹存，名誉以谦，亦允蹈之。处乡党恂恂，似不能言，与人交，臧否不出诸口，而胸中有泾渭。自自菲薄，服用如臞儒。治五郡，护本根，缓茧丝，虽无赫赫名，一念爱民，隐然膏泽之润，纯终领闻，集享备福，克对前人光。于戏贤哉！铭曰：

史以官氏，相肇于唐。迨宋昌大，台绲相望。有若甘盘，有若伊陟。奕叶钧衡，太常纪绩。象贤维公，胙乃旧勋。用彰厥善，不专为恩。佩玉徐趋，翔于常伯。处贵无骄，在丰能约。迪□眷知，职联辅臣。

素有世旧，岂伊异人。公拜稽首，对扬明命。绍闻衣言，秉心无竞。
始政于婺，终政于宣。振乏平赋，民瘼以蠲。禹会价藩，维祖赐履。
憩棠勿剪，二季莅止。爱民厚俗，汉吏之循。安静悃愊，善不近名。
岩居川观，殊庭燕佚。仁者之寿，秀眉华髪。时行则止，脱屣浮云。
一其初终，驹皎鸿冥。嗣守维艰，前修所叹。允矣君子，归飞无憾。
曰晋遗老，曰殷故家，胡不百年，乡闾之嗟。古榻苍苍，视此铭诔。
忠定之孙，忠献之子。

录自（宋）王应麟：《四明文献集》卷五，舒大刚主编：《宋集珍本丛刊》第 87 册，北京：线装书局，2004 年，第 344—346 页。

十六、史鄂州墓志铭

叙曰：史育之，字子报，史弥巩之子。据《史家祖宗画像、传记及题跋》载，史弥巩（1171—1250），字南叔，号独善，“平生不事生产，不改儒素”。曾知婺州。撰者王应麟，因父亲倅婺州，得与史弥巩之子交，故有是志。该志较为简略，除略记史育之的生平外，有“耄矣怀旧，重有感焉”的悼念之语。志文载王应麟《四明文献集》卷五。

鄂州君史育之，字子报，赠少师弥巩公之子。补国学生，以父任知婺州。该遇明堂恩，补通仕郎。铨中，授从事郎、峡州远安县尉。仕至添差通判太平州，改通州、鄂州，转朝散郎，卒于官。居官廉，所至有遗爱。乾淳[①]初，余始第进士，侍先子吏部倅婺。明年少师公来守郡，君侍焉，两家子弟相好也，君二季皆余同年交。耄矣怀旧，重有感焉。铭曰：

一邑之政天下式，涧瀍有训为世则。君才恢恢优治剧，佩玉长裾进匪棘。井渫不食心靡恻，殖丰履歉志弗诎。岩邑嘉庸得目击，我铭表善贻千亿。

录自（宋）王应麟《四明文献集》卷五，舒大刚主编：《宋集珍本丛刊》第 87 册，北京：线装书局，2004 年，第 346 页。

十七、故宋文林郎史公墓表

叙曰：志主史世卿（1213—1286），字景瞻，其世系为史渊—史弥高—史损之。史弥远曾拟立其为长子史宽之后。史宽之，字子德，史弥远长子，年二十四卒。撰者郑真（1332—？），字千之，号荥阳外史，鄞县人。少勤

① 笔者按，“乾淳”当为“淳祐”，因王应麟中进士在淳祐元年（1241）。

学，博览群书，后从杨继桢学。洪武四年（1371）乡试解元，授临淮教谕。有《四明文献》《荥阳外史集》等。其于史公竚（史世卿之孙）为外甥，为其所请，故作是志。其时距史世卿去世已五十余年。

志石不存。志文见于郑真《荥阳外史集》卷四三。

呜呼！是为故宋文林郎史公之墓。宋有天下垂三百年，南渡以后，台衮相继者，鄞史氏为盛。子孙众多，荣爵宠秩，与其国家相为始终。故文林郎史公，其所谓世济其美者欤！公讳世卿，字景瞻，世居鄞。五世祖讳诏，赠太师、越国公，号八行先生。曾祖讳渊，朝奉郎、知江阴军。妣姚氏、李氏，并封恭人。祖讳弥高，赠奉直大夫；妣陈氏，赠恭人。考讳损之，国子监发解进士；妣陈氏。公幼聪悟，生七年失父，十六年失母，从表兄陈习庵先生学，习诗赋，援笔立就。补入太学，朝齑莫盐，视贵游纷华，泊如也。端平二年，公试入等。嘉熙四年，请国子监文解，称进士。永国公在相位，签书同知枢密院。忠清公宅之欲以其子会卿恩保奏回授。淳祐九年，观文殿学士谦斋公宇之以朝议大夫知处州，公始以明堂恩奏补将仕郎。十一年，铨选出官，准告，授迪功郎、黄州麻城县主簿兼酒税，赋政平允，吏民称之。宝祐二年，改授平江府司户参军，治狱明刑，为时称首。举升入格，升朝奉郎、直敷文阁、两浙转运司寄收库，兼提领户部犒赏所钱库引赦文。度宗登极恩，转修职郎。幼主瀛国公登极恩，转从政郎。明年正月，太皇太后有旨，应在朝见任寄居，特与进秩，转从事郎。未几，转文林郎。诰曰："朕为万邦之君，诞膺天命。士自一命以上，莫非王臣。载考彝章，咸增显秩，以昭明初政，以激劝贤劳，王者无私。已悉沾于大赉，善人是听。宜知报于湛恩。"公既拜命，退归清江里第。宋社既墟，绝口不言仕进。自号菊屏，扁一室曰"勤有读书耕田"，优游自适。一日，以疾不起。公生于宋嘉定六年六月六日，卒于有元二十三年五月二十有三日，享年七十有四。以是年九月庚寅葬于鄞县杨堂乡十里下水南畲之原。娶厉氏。子男一，巨伯；女一（阙），适将仕郎杨嚞。孙男六：公顺、公竦、公翊、公竑、公竚、公竬。女三（阙）。公仪观丰伟，言论疏爽，奋然植立，动有志操。丞相忠献卫王尝欲立为长子待制公后，王薨，遂不果。故枢密公、观文公特深念之。理宗眷遇勋臣家，当时以攀附致荣显者不可胜纪，而公谦卑自牧，不以荣贵累心，其过人远矣。世异事殊，丘园肥遁，而老成典刑，蔼然为故家范模，孰不企而仰之。某获登公门，距公之葬已五十余年矣。间尝展敬拜遗像，使人兴起而不已焉者。今公之孙公竚以外舅之好，且使晋拜墓下，流涕言曰："自吾祖若父至于今，三世。吾兄弟六人，死者已过半矣，而吾又无子。吾祖之祀，赖以不绝者，其惟吾亡兄与吾弟之子矣。吾惧后来者之无所征也，子盍为文以表之。”呜呼！孝子慈孙，所以不忘其祖者如此！然则光昭令德，可终已耶？是为表。

录自（宋）郑真：《荥阳外史集》卷四三，《景印文渊阁四库全书》第 1234 册，台北：商务印书馆，1986 年，第 270—272 页。

十八、宋史茂卿墓志

叙曰：志主史茂卿（1210—1244），字景卓，其世系为史浩—史弥正（1137—1195）—史宜之。撰者为其子史禧孙。志文作于淳祐九年（1249），记载志主世系、履历较详。志石现存，《宁波历代碑碣墓志汇编》录有志文。

先君姓史氏，讳茂卿，字景卓，世为明州鄞县人，明今升为庆元府。曾祖讳浩，任太师保宁军节度使、魏国公致仕，追封越王，赐谥忠定，配飨孝宗皇帝庙廷；曾祖妣贝氏，赠魏越国夫人。祖讳弥正，任朝奉大夫、直敷文阁、主管华州云台观，累赠少师；祖妣陈氏，赠秦国夫人。父讳宜之，任中大夫、直龙图阁、鄞县开国男，赠通议大夫；妣厉氏、郑氏，并赠硕人；所生母丁氏，封安人。

先君生于嘉定三年正月初十日。以通议守常州日，遇明堂恩，奏补将仕郎。绍定元年，铨中授迪功郎、监绍兴府萧山县户部临浦犒赏酒库。七月，该进宝恩，循修职郎。八月，该今上皇帝登宝位恩，循从事郎。二年正月，以部钱纲赏，循文林郎。四月，以部米鲟赏，循承直郎。六年八月，丁通议忧。端平三年，服阕，差监江淮、荆浙、福建、广南路都大提点坑冶铸钱司金银铜铁场。十一月，改差监行在太平惠民西扃。嘉熙二年十二月，主管户部架阁文字。三年，特添差两浙转运司主管□司文字。淳祐二年六月，特旨再任。十月，考举及格，改通直郎、差知安吉州乌程县，借绯，未赴任，间改差知处州龙泉县。因从叔同知帅越，引嫌改差知临安府于潜县。五年十一月，转奉议郎。六年正月，特添差两浙西路安抚司主管机宜文字。外祖太师彰信、昭庆军节度使、吴郡王杨谷薨，差充护葬官，特转承议郎。七年十二月，添差通判广德君。是月，转朝奉郎。八年十二月十六日以疾终，享年三十有九。娶孟氏，昭慈圣献皇后曾侄孙女，赠安人，前十七年卒。继杨氏，荣国夫人，恭圣仁烈皇后之侄孙女。男，禧孙，将仕郎。

先君襟度粹夷，世味澹泊。待人以宽，居家从俭。志在学古，尤喜赋诗，纳交多韵人胜士，自号“烟霞子”。入仕以来，受知诸公间，今太师左相魏国郑公、大资枢密陈公、参政应公、资政安抚赵公而次十有四人，以升陟科目改官，咸荐于朝。有志仕官□□□□□迩声色屏去纷□□□□宅，人多称赏。燕居□□□益斋名，窗几明净，书□□右自□□□□□□□□□得风不□□□□□□□□所性之真□□□□□□□之力也□□□□□□□□嗜寡□而存养周，当谓上寿，天遽夺之。呜呼，痛哉！禧孙不孝，忍死以淳祐九年九月庚午遵治命，奉柩合葬于鄞县翔凤乡集云里孟氏安人之兆。葬日薄，未能求铭于当世巨笔，姑叙世次、阀阅、历官、褒奖之岁月，谨纳诸圹。呜呼痛哉！

孤子禧孙泣血谨志

资政殿大学士□□大夫致仕陈（下缺）

录自章国庆编著：《宁波历代碑碣墓志汇编》，上海：上海古籍出版社，2012 年，第 283—285 页。

十九、宋杨惠采墓志

叙曰：志主杨惠采（1221—1274），字德玉，宁宗皇后杨桂枝侄孙女，杨次山孙女，杨谷之女，史茂卿之妻。撰者为其孙史公善。志石现存，《宁波历代碑碣墓志汇编》录有志文。

宋故广国夫人杨氏，讳惠采，字德玉，世家严之淳安，赐第行在所，恭圣仁烈皇后侄孙女也。曾祖渐，赠太师尚书，今追封齐王；妣赵氏、张氏、孙氏，并秦魏国夫人。祖次山，太保安德、昭庆军节度使，会稽郡王，赠太师，追封冀王，谥惠节；妣郭氏、刘氏、卫氏，并齐鲁国夫人。父谷，太傅彰信、昭庆军节度使，吴郡王，赠太师，谥敏肃；妣钱氏，秦越国夫人。

夫人以嘉定十四年九月己巳生。天毓闺秀，雅有嘉则，恭圣爱之笃诞，鞠之宫中。际遇熙明，□眷殊厚。及笄，归于我大父通判架阁。素其俭而行，虽以椒闼之属，宫闱之祐，秋豪声艳非有也。居十年，大父即世。有欲夺其志者，辄语之曰："史氏诗书之脉，实冀国叶夫人以身寿之，吾史氏妇，辱冀国可乎？"又十年长子亡，相倚为命，次子暨一孙尔。而次子又亡。人不堪其忧，夫人能自理释，无少陨获，颐神毕研间，传灯内典晓彻大指。身章头容，靡事华绘。综理微密，克勤于家，□□□□，终岁无辙迹。帝乙归妹，命至在所，参觐盛节，舍馆关外，后第甥室，罕曾过之，恬于世味可知已。岁时奉苹釜，必恭待。姻族和而有制。庄色临下，俨不可撄，中实温以恭。抚养弱孙，视祖母刘过甚。既而遣就外传，入定省，则随事提诲。不肖孤之得以亲君子者，夫人赐也。繇京归里，益务简省，月蔬素强半，游心清静，绝不以俗累萦。甲戌春杪属疾，医禬毕力，疾稍间。夏五，食少骨立，起处犹平常。一日，坐堂皇呼家人来前曰："吾形具而神不偕随，行有日矣。"并药却去，明发气息浸微，翛然而化。其宿植德本，了达昼夜有如此者，其日则咸淳十年六月丁卯也，享年五十有四。呜呼痛哉！

夫人初以宝庆二年恭圣庆典，封令人。绍定元年，撤帘，封淑人。五年，庆寿册宝，封新安郡夫人。端平二年，恭圣祔庙，封荣国夫人。景定二年，周汉国端孝大长公主下嫁夫人之侄，赐燕外馆，赏睐穰渥，遂进今封。子男二：禧孙，迪功郎、监绍兴府余姚县马渚酒库；舟伯，登仕郎。皆先夫人而逝。孙男二：公善，将仕郎；公誉。孙女一。曾孙男，绍祖，俱幼。

公善等忍死以是年十月庚午奉柩窆于庆元府鄞县翔凤山上水之原，祔大父兆域。日薄，未暇乞铭于当世巨笔，姑叙岁月纳诸圹。

孙公善等泣血谨志

眷侄承议郎前知衢州军州兼管内劝农事马元演填讳

王闳茅化龙刊

录自章国庆编著：《宁波历代碑碣墓志汇编》，上海：上海古籍出版社，2012 年，第 324—325 页。

二十、宋史尧卿墓志

叙曰：志主史尧卿（1240—1263），字景夔，史宅之之子。以史棣孙为后。撰者为史棣孙。志石现存，《宁波历代碑碣墓志汇编》录有志文。

宋承事郎，直秘阁，特添差浙西安抚司干办公事讳尧卿，字景夔。史氏□□鄞。曾祖讳浩，太师保宁军节度使，魏国公，追封越王，谥忠定，配飨孝宗皇帝庙廷；妣贝氏，魏越国夫人。祖弥远，太师保宁昭信军节度使，进封会稽郡王，赠中书令，追封卫王，谥忠献；妣潘氏，齐鲁国夫人。考宅之，金紫光禄大夫，守同知枢密院事致仕，奉化郡开国公，赠少师，谥恭惠；妣沈氏，惠国夫人；所生母钱氏。

先君生于嘉熙庚子二月六日。淳祐二年，恭惠奉鸿庆祠，以明禋恩奏补承务郎。九年，以父昨任文昌宰士提领国用所，赏回授，转承奉郎。腊月，恭惠薨，特除直秘阁。十二年，以父任宥府特提举尚书省财用所国课羡加官，移恩转承事郎。宝祐六年九月内忧。景定元年十二月服除，特旨免铨，依旧直秘阁，特添差浙西安抚司干办公事。二年二月到任，四年正月十三日以疾卒于官所，享年二十有四。先皇帝以卫王亲孙、同知长子，特与一子，恩泽遗腹嗣孙。生十阅月而夭。明年六月，尊长观文寿使命，以次弟周卿之次子棣孙为后，授其泽，将仕郎。

咸淳元年闰月甲寅，棣孙禀诸父命，奉柩葬于东湖大慈山秀峰夏家岙之原。未暇匄铭鸿笔，姑叙岁月闷诸幽。

孤子棣孙泣血谨识

朝散大夫新淮东制置使司参议官赵崇祷书讳

叶枝刊

录自章国庆编著：《宁波历代碑碣墓志汇编》，上海：上海古籍出版社，2012 年，第 305—306 页

二十一、袁君夫人史氏墓志铭

叙曰：志主史棣卿（1246—1266），字景华，史弥坚孙女，史宾之之女，袁洪之妻，袁桷之母。撰者元明善（1269—1322），字复初，大名清河（今属河北）人。弱冠游吴中，以文章名于时。元仁宗即位，改翰林待制，与修成宗实录。与袁桷友善，为其所请而作是志。袁桷有《先夫人行述》，为该志撰写时的重要参考。志石不存。志文载于元明善《清河集》卷五。

夫人史氏，四明人。曾大父浩，相宋孝宗，太师、保宁军节度使、魏国公致仕，追封越王，谥忠定。曾祖妣贝氏，齐魏国夫人。从大父弥远，相宁宗、理宗，太师、中书令。大父弥坚，端明殿学士，属兄中书令当国，家居十七年，以资政殿学士、光禄大夫、奉化郡开国公致仕，赠太傅，谥忠宣。祖妣赵氏，新安郡主，封卫国夫人，崇献靖王伯圭之女。父讳宾之，朝请大夫、直敷文阁、荆湖北路转运副使，赠通奉大夫。妣王氏，宋相淮之女孙；叶氏，俱赠硕人。处州姓袁氏，同郡人。曾大父升，赠大师、卫国公。大父韶，同知枢密院事、资政殿大学士、银青光禄大夫、奉化郡公，赠太师、越国公。父讳似道，朝列大夫、知严州军州事。初，敷文每言："吾大父、外大父皆真太师，婚嫁必当吾门。"敷文病，严州日往候之。敷文曰："愿以幼女属公子某。"严州起谢，吉日纳币。既七日，敷文卒，夫人时年六岁。未几，严州亦卒。越十有一年岁辛酉，夫人嫔于袁。夫人讳棣卿，字景华，幼简静有威仪。父卒时，坐床下哭不辍声，强之食，不食，未葬，不少离殡次。服除，尝一至庶母室，至嫁，复一至别之。外庭人不识其面。伯父宾州家法严正，有事于庙，夫人礼相祀事，低首伛立，至彻不少动。既归，处州敬焉。处州少好骑射，夫人正色谏止。交游有至

厅事者，夫人牖屏闲窥，或非清谨士，即掩衾就睡。明日徐曰：“先丞相家恐无此客。”处州亦为之谢绝。中表俱贵家，务相扇以侈。夫人独崇节俭，动遵礼则。岁丙寅某月某日，以疾卒于临安官舍，寿二十有一。是岁冬十一月，葬于鄞县通远乡建奥之原。以宋宗祀明堂恩，追封安人。后三十有三年，处州卒，别葬于桃源乡慈溪奥之原，相望十里外。处州讳洪，字某，清粹雅博，为士林之表。仕宋至朝奉郎，通判建康府事。归圣朝，同知邵武、温州、处州三路总管府事，阶朝列大夫，俱不任。夫人一男三女。男桷，翰林待制、文林郎、兼国史院编修官。女：长适宋相史庄肃公嵩之之孙似伯，前将仕郎；次适宋工部尚书余天任之孙昌期，前通仕郎；次适宋资政殿大学士史岩之之孙益伯，前承务郎。孙男三：瑋，早世；瓘；珖。女四：长适同知余姚州事赵孟贯，余许嫁未行。初，夫人卒，少母张氏，来抚袁氏儿，及见袁氏儿女嫁娶，终于袁氏，处州葬之于夫人茔外。翰林博学能文辞，而学甚正，辞甚古，故家流风，清修可尚，明善友焉。一日，手书其世家以请曰：“桷生七日，先夫人没。先夫人没，由桷之生。生而不识母之音容，何痛似之？愿得君文表墓，使先夫人之世之德，不泯永远，或可以盖桷不夭之罪。再拜。”明善答拜，起读其所书，曰：“夫人出大门，归大门，处州为夫，翰林为子，可谓无憾。虽不永年，得于天者止乎是，又何归咎？”其铭曰：

相彼里仁，有乐维鄞。谁其高闳，奕世相臣。相臣女孙，来嫁于袁。
猗有袁氏，辅宋天子。左阀右阅，联芳对峙。维处州君，士林孤秀。
静女其来，君子是遘。被服闲闲，其仪肃肃。庙祀斯严，膺兹百福。
治尔宫事，莫不柔嘉。内则无违，载宗有家。嗟哉物理，若忌成美。
胡靳大年，廿一而止。昔褓中儿，世业在传。克开厥后，有寿而先。
寿匪自人，夭奚咎天。生也无憾，没不隐贤。身寿不百，名寿逾千。
我铭勒坚，毕世昭宣。

录自（元）元明善：《清河集》卷五，《元人文集珍本丛刊》第 5 册，台北：新文丰出版公司，1985 年，第 183—184 页。

附：先夫人行述

呜呼！桷始生之七日，己不孝罹祸于先夫人，音容永隔，无所容罪。每侍先大夫，尝语曰：“汝生之年，岁大热。丙寅为火，协于支干。临安居民繁湫，坐地沃水，犹喘息不得止。茵席器案如执焦。汝母体素弱，一夕暴泄，辄不可药。目光已离，犹视汝在褓中，复愀然曰‘桷来前’。念至是，曷时可忘耶？”桷泣而记之。又曰：“大父严州与汝外大父敷文公最相好，伏腊治具悉相似，商榷品目，议论好恶，无一不吻合。汝祖母王令人，史太师甥孙，故于敷文通姻好，益密。淳祐辛亥八月，敷文病瘠下，严州日问疾，敷文力疾言：‘吾有二儿二女，皆未姻，愿以稚女属公幼子。’吾时年七岁，汝母年六岁。是月，严州治币问名，阅七日，敷文捐馆。严州岁时往敷文家，抚汝母，候笄期，以主我中馈。又无禄，严州即世，景定辛酉归于我。史氏号大门，伯父宾州严峻，汝母屈意，朝夕承候，无替惰。分至大祭，盛服俟庙门，陈器荐牲馔，低首伛立，终日不少动。性洁静，无华饰。从母广国夫人，为昭化军节度使谢公埜配。贵家竞侈异，独无纤粟模效。每一诣亲党归，悉脱去钿靥。尝言：‘教儿婴孩，必蚤加训整，庶无为父母羞。’余年少时习骑射，必正色切劘，或从厅屏侦，问所与交。有凡近者，即掩被就睡，明日徐曰：‘先丞相家无此客。’”先夫人，少母张夫人所出。张夫人生二女，长适谢公。先夫人既卒，谢公日迎张夫人，张夫人不肯去，泣曰：“吾一外孙，曷忍去？”卒抚字，见桷有室。张夫人言外祖敷文方死时：“汝母坐床下，泣不置，劝之食，不食，终日坐殡次不离。服除，一诣庶母房，至嫁日，始再诣别之，家人莫有识其颜面者。”桷既长，舅氏军器监丞柳州某言：“忠定越王，淳熙中召赴德寿庆寿班，孝宗曲宴，问曰：‘太傅幼子，今何姻？’忠定谢不敢。孝宗曰：‘吾为太傅成之。’是时，崇宪靖王伯圭女方笄，即封新安郡主，以嫁忠宣，是生敷文。敷文长外家，出宰武康县，县满始归里。敷文言：‘吾祖暨外祖，皆真太师。汝曹当谨择婚对。’今甥已克堪问学，慎毋忘外家。敷文尝言：‘而母幼静简，当有成。’竟迄不享年。幸子在，犹能慰吾意。”夫人讳棣卿，字景华，以宋明堂恩，追封安人。谨按《史氏谱》，有举八行者讳诏，赠太师、冀国公，为五世祖。曾大父讳浩，旧学，相孝宗，纯诚厚德，历三公，以太师、保宁军节度使、魏国公致仕，追封越王，谥忠定。妣贝氏，封齐魏国夫人。伯祖讳弥远，相宁宗、理宗，太师、中书令。祖考讳弥坚，资政殿学士、光禄大夫、奉化郡开国公致仕，赠太傅。壮岁尹临安，帅湖南，多异政。中令为相，历年滋多。太傅不复肯仕，家居十余年。端平改元，谥忠宣。妣赵氏，新安郡主，封卫国夫人。考讳宾之，朝议大夫、直敷文阁、荆湖北路转运副使。少事丘文定公崇，以政事称。六为郡太守，赠通奉大夫。妣王氏，恭人，丞相忠定鲁公淮之孙；妣叶氏，恭人；俱赠硕人。丙寅岁冬十一月，葬于鄞县通远乡建奥之原。卒时年二十有一。后三十有三年，先处州不禄，惧体魄之不宁，遂别葬于桃源乡慈溪奥之原。先处州讳洪，朝列大夫、同知处州路总管府事。曾祖讳升，赠太师、卫国公。祖讳韶，同知枢密院事、资政殿大学士、银青光禄大夫、奉化郡公。致仕，赠太师、越国公。父讳似道，朝议大夫、知严州，赠中大夫。男一人：桷。女二人：长适丞相庄肃史公嵩之孙似伯，前将仕郎；次适工部尚书余天任孙昌期，前通仕郎。先大父晚得女一人，适资政殿大学士史岩之孙益伯，前承务郎。孙男二：瓘、瑾。孙女四：长适同知余姚州事赵孟贯；余许嫁未行。私念桷孤苦不自振擢，揆厥有生，与先夫人违弃之日俱积。今宰木已抱，过庭之训，惧无以贻子孙，敢求伟于文词叙而铭之，庶得以永考而有传焉。

录自（元）袁桷：《清容居士集》卷三十三，《丛书集成初编》第 2071 册，北京：中华书局，1985 年，第 574—576 页。

二十二、宋史汲卿墓志

叙曰：志主史汲卿（1249—1268），字景孺，史弥远之孙，史宽之之子，本生父为史宅之。撰者史柏孙，实史汲卿所生，过继给其兄史昭卿，故志中称其为“叔父”。志石现存宁波东钱湖王安石纪念馆。《宁波历代碑碣墓志汇编》录有志文。

叔父讳汲卿，字景孺，姓史氏，世居明之鄞，□□行□赐第。淳祐九年十一月壬辰生，咸淳四年三月辛酉卒。曾祖讳浩，太师、保宁军节度使，魏国公，封越王，谥忠定，配飨孝宗皇帝庙廷。祖讳弥远，太师、保宁昭信军节度使，会稽郡王，赠中书令，封卫王，谥忠献。考讳宽之，待制，中大；本生父讳宅之，金紫光禄大夫、守同知枢密院事，奉化郡开国公致仕，赠少师，谥恭惠；本生母沈氏，惠国夫人；所生母陆氏。

叔父恭惠幼子也，生五日而孤。一岁而叔祖观文命为待制后。是年，以卫王遗霈，奏补承奉郎。穆陵恤勋裔，特旨免铨。咸淳元年，该登极恩，转承事郎。三年三月，添差两浙转运司准备差遣□厘务。八月，阙到未上，丁所生忧。初陆氏生男二，长先君承奉讳昭卿；次叔父。景定五年十一月，先君卒，陆氏过忧，越二年而病，叔父忧所生亦病。陆氏弃养，叔父哀痛委顿，乃迁于西湖水竹坞避灾也。居无所，病革不可治。呜呼痛哉！

叔父性冲约，貌言恂恂。男三，桂孙、柏孙、槐孙。叔父禀叔祖观文命，以柏孙继先君。未几，桂孙、槐孙相继早夭。叔父乃未有嗣。观文命柏孙护柩还里，以次年□月庚寅葬于大慈资福龙山之原，姑叙岁月纳诸圹云。

柏孙谨识

亲末朝奉大夫右文殿修撰主管建康（缺若干字）赵孟传填讳

叶枝刊

录自章国庆编著：《宁波历代碑碣墓志汇编》，上海：上海古籍出版社，2012 年，第317—318页。

二十三、元史珌卿墓志

叙曰：志主史珌卿（1226—1274），字景贤，史岩之之子。仕宦不显。撰者为其子史益伯。志石现存。《宁波历代碑碣墓志汇编》录有志文。

先君子姓史氏，讳珌卿，字景贤，世为鄞人，举八行赠太师越国公讳诏之五世孙。曾祖考讳渐，国学进士，赠太师齐国公；妣高氏、莫氏，并赠齐国夫人。祖考讳弥忠，资政殿学士，赠保宁军节度使、太师齐国公，谥文靖；妣孙氏，齐魏国夫人。考讳岩之，资政殿大学士、银青光禄大夫，赠开府仪同三司；妣孙氏赠河南郡夫人、赵氏吴郡夫人。

先君生于宝庆丙戌十月癸卯。景定四年，以开府该明堂恩，奏补承奉郎。五年，差监嘉兴府浦东盐场不赴。咸淳元年，改差监行在平粜仓，该恩转承事郎。三年，差充沿海制置使司干办公事。四年，磨勘转宣义郎。五年，特添差沿海制置使司主管机宜文字。十年甲戌九月乙亥以末疾卒于正寝，年四十有九。娶关氏。男益伯。孙男三人：长公庆；次公度，为从兄复伯后；次公廙。

先君姿貌颀伟，仪椠修整，为先祖所器。事庭闱无违礼，处族党雍睦，居官廉谨。急于济人，尝书其要者于所居俭斋坐右，将厚其所施而齑志以殁。痛哉！往岁，母氏语益伯曰："汝方髫龀，汝父尝与我言：'吾夫妇未逮事先考开府，时产二男子，曰颐、临，俱未殇而亡。今生益伯，得继世为宗子以祀开府，吾幸矣。吾将冀其有成，然吾年恐不及见。'暨疾革，复曰：'死必葬我于石苍之地。'汝父死，其年，挈汝避地临海，遂浅葬于翔凤之施奥。其地水啮不可久，今我鞠汝至成人，以获奉宗祀。汝能遵父志否？"益伯泣对曰："卜兆未详，先君子体魄其何以安？"乃亟相石苍，遂奉柩以至元壬辰岁正月丙辰迁葬焉。益伯幼孤，不克侍养，攀号陨绝，痛极心膂。追惟先君子之世德未彰，当求文名世者表于墓，日薄未克，谨述母氏训，并叙姓里、官阀、岁月内诸幽堂。昊天罔极，呜呼痛哉！

孤子益伯泣血谨志

嘉议大夫前礼部尚书谢昌元填讳

录自章国庆编著：《宁波历代碑碣墓志汇编》，上海：上海古籍出版社，2012年，第342—343页。

二十四、元史玠卿墓志

叙曰：志主史玠卿（1231—1285），字景方，史嵩之之子。入元后曾任昌国州尹、饶州路总管府判官等。撰者为其子史仁伯。志石现存。《宁波历代碑碣墓志汇编》录有志文。

先君姓史氏，讳玠卿，字景方，世居鄞，举八行赠太师越国公讳诏五世孙也。曾祖讳渐，国学进士，累赠太师楚国公；妣莫氏、高氏，俱赠楚国夫人。祖讳弥忠，资政殿学士，金紫光禄大夫致仕，赠少师保宁军节度使、郑国公，赐谥文靖，累赠太师齐国公；妣孙氏，齐魏国夫人。父讳嵩之，观文殿大学士、金紫光禄大夫，永国公致仕，赠少师安德军节度使鲁国公，赐谥庄肃，累赠太师；妣陈氏、赵氏，俱赠楚国夫人。

先君绍定辛卯三月二十八日生于枣阳军治。丙申，以先庄肃公该明禋恩，奏补承务郎。庚子，以进书赏回授承奉郎。癸丑，铨中差监淮东总领所大军仓。甲寅，以宰执恩回授承事郎。乙卯，请江东漕举。丙辰四月，差充浙东安抚司干办公事。六月，□沿海制置司干办公事。丁巳，以磨勘转宣义郎。八月，丁先庄肃公忧。己未正月，丁楚国赵夫人忧。辛酉，服阕除太社令，寻通判真州，改京湖制置司主管机宜文字。壬戌，制司札诣都堂禀议，就差监行在都奏进院，改湖北安抚司参议官，寻改京西安抚司参议官。甲子，差知汉阳军。乙丑，磨勘转行四官至承议郎，升制置司参议官兼提举京西常平茶盐公事。丁卯，以边赏转朝奉郎、屯田赏转朝散郎。丐祠，主管建昌军仙都观。以制幕赏转朝请郎。己巳六月，丁所生母安人郑氏忧。辛未，服阕。壬申，复丐祠主管华州云台观。磨勘转朝奉大夫。甲戌，差知全州。乙亥，差充两浙镇抚司参议官，带行太府寺簿。至元戊寅，授昌国州尹。庚辰，授承事郎，饶州路总管府判官。甲申，改授婺州路总管府判官。乙酉四月二十八日以疾卒于正寝，享年五十有五。娶赵氏，封安人，先二十六年卒。子男十三：仁伯，前承事郎、监台州在城商税；俨伯，前将仕郎，先六年亡；侣伯，前将仕郎；俦伯，前通仕郎；傅伯，前通仕郎，先二年亡；伊伯、侄伯、亿伯、仅伯、俣伯、佺伯、僣伯、偰伯。女十，早亡者三。采伯适范伟，今中书右丞之子，余幼。孙男八，公堅、公垕、公埴、公壄、公塾、公垔、公垚、公圭。孙女四俱幼。仁伯等忍死将以十月丙午奉柩葬于慈溪县金川乡东麓之原，合先妣兆。呜呼痛哉！

孤哀子仁伯等泣血谨识

眷生朝列大夫同知温州路总管府事袁洪填讳

茅化龙刊

录自章国庆编著:《宁波历代碑碣墓志汇编》,上海:上海古籍出版社,2012 年,第 340—342 页。

二十五、元鲁十娘子墓志

叙曰:志主鲁十娘子(1265—1280),史玠卿次女。撰者史玠卿,其时在昌国州尹任上。志石现存。《宁波历代碑碣墓志汇编》录有志文。

鄞昌国州尹史玠卿第二女鲁十娘子,曾祖弥忠,故前资政殿学士,金紫光禄大夫致仕,赠太师保宁军节度使,追封齐国公,赐谥文靖。祖嵩之,故前右丞相兼枢密使、观文殿大学士、金紫光禄大夫,永国公致仕,赠太师安德军节度使,追封鲁国公,赐谥庄肃。

鲁十娘子生于乙丑岁二月十二日申时,年一十有六,庚辰岁二月二十八日子时以疾卒于室。是岁孟夏壬午葬于慈溪县金川乡太平里东麓之原。父情之所钟,雪涕以志。

录自章国庆编著:《宁波历代碑碣墓志汇编》,上海:上海古籍出版社,2012 年,第 337 页。

二十六、静清处士史君墓志铭

叙曰:志主史蒙卿(1247—1306),字景正,号静清,史弥忠之孙,史肯之之子。有德行,授徒甚众。撰者袁桷,为志主外甥,深受志主器重。据志文,该志约作于至治三年(1223)。志石不存。志文载于袁桷《清容居士集》卷二八。

大德七年,桷官翰林,史先生以书见贻,不获领。后二十年,子璧孙橐其书稿以示,反复痛悼,策励于桷为甚重。今撮要而表之,曰:"斯文剥丧,余数十年。师表郡县,学者应格,则得未尝于其人。后生不说学,亦未尝知学。剔伪务实而挽之古,子宜勉焉,非可以虚谈冀也。"又曰:"吾将死,得子文表于墓。"桷拜手读之,泫然以泣。先生于外家为舅氏,犹记拜先生于独善坊,论宦族,缅属文词,显著独缺。自吴丞相开新河,有相者曰:"迩后当踵有之,甥宜自重。"先生于诸经,穷探微旨,证坠缉缺,不溺于谀闻。剖释正大而折衷,一归于前哲。论古今得失,必探情伪,以暴其罪,正色愤悱,若造庭而受其责也。为文邃古,不杂异说。手抄口讲,更仆不能以尽。孝悌逊让,知其出自然也。先生讳蒙卿,字景正。生而奇颔秀目，七岁善属文。年十二，入国子学，通《春秋》《周官》经，复兼词赋。江文忠公万里、常参政挺，时为大小司成，器待之。咸淳元年，登进士第，授迪功郎、复州景陵县主簿。吕少保文德帅鄂，檄入幕。吕命先生勉蜀帅温和解正阳围，温疑吕，猜阻不肯发。微语撼之，即就道。凡所需器物，一夕以办。温实先公帐下校，却立曰："史监军诚有子！"调穿山盐场，谕义劝输，户不知有棰榎。十年，改江阴教授，复改平江，至是不复仕。故其诗文，多感愤自喻。礼部尚书王公应麟尝勉曰："思深辞悲，学陶靖节，其得之。"维鄞史族，号相门。曾祖讳浤，蚤夭，赠中散大夫。祖讳弥巩，司封郎中，赠少师。司封以儒学致显，当贵盛时，独卑退自持，乡人称为独善先生。妣臧氏，华国夫人。考讳肯之，中大夫、湖北提刑兼知常德府，赠太中大夫。妣赵氏、周氏，硕人。太中熟边事，折冲料变，有大帅才，时宰尼之。太中在湖北时，谒告归省，从巴川阳公岊学《易》《春秋》一年，复归国学，乃中上第。士常患固陋，株守皓首不痞。先生识足以窥渊懿，经纬一原，合师友之旨，老而弥实，确而不懈，故其成就若是。自号静清。晚岁罹厄穷，讲道不辍，从者益众。天台多名山，心乐之，侨居者八年。大德十年七月某日卒，享年六十。疾渐革，语诸子曰："我死，必归葬。不能得资，良累汝。汝有志，其果能成也。"是岁十有一月，柩归祖墓。明年，葬于阳堂乡穆奥之原。娶陆氏，朝请大夫、将作监合之女。子，壁孙、墓孙、坒孙、台孙。女，伯佺，适叶信公梦鼎之孙揆翁。仲忱，适绍兴中书舍人潘公良贵之曾孙世演。二女未行。有《文集》二十卷，《易究》一十卷。托永远于少贱，诚不敢承命。岁月逾迈，而壁孙能遵守不贰，奉遗言以请，曷敢以不腆为辞。铭曰：

贞洁陆沉，志裂金石。秉言无邮，厄则孰职。骥伏于襄，不称其德。
块独结约，忿决胸臆。持丸障澜，尽瘁不休。卒昌者名，屡空靡忧。
生为完人，归藏于丘。有子绍学，曷怨以尤。

录自（元）袁桷：《清容居士集》卷二八，《丛书集成初编》第2070册，北京：中华书局，1985年，第494—496页。

二十七、史景贤墓志铭

叙曰：志主史韦卿（1276—1323），字景贤，史宇之之子。未仕。撰者袁桷（1266—1327），字伯长，号清容居士，鄞县人。任翰林直学士，知制诰同修国史。谥文清。有《清容居士集》《延祐四明志》等。袁桷之父袁洪，娶史宾之之女为妻，故其于史氏为外甥，与史氏子弟多有交往。该志乃志主临终嘱托袁壦转请其父袁桷而作。志石不存。志文载于袁桷《清容居士集》卷三十。

君讳韦卿，字景贤。鄞史氏，故国世臣。太师、丞相、保宁军节度使、越忠定王讳浩为曾祖，妣贝氏，魏越国夫人。太师、中书令、保宁昭信军节度使、卫忠献王讳弥远为祖，妣潘氏，齐鲁国夫人。观文殿学士、正奉大夫、奉化郡公讳宇之为考，妣赵氏，高平郡主。君幼成，合矩度，进退持奉，侍立占对，识者知真王孙。笔墨书史，楚楚自将，皆有法，郡公目送深念之。稍长，铅采自陶，写苍松断崖，昂然有遗世意。宫商敷宣，彩鸾咏而凤幽鸣也。退静韬匿，冥会于千载之上。察其念，良是矣！郡公职二品，君当以京官入仕，生晚，禄弗及。至治三年秋八月，得上气疾，却药，赋诗，出别语于宗亲。桷时官京师，呼桷子瓘立床下，曰："为吾语而翁，求铭以昭吾志焉。"越翌日辛酉，果卒。呜呼！年甫四十有八。章绶积袭，隐显有定数，至于年亦不得永，是可哀也已。维忠定王，桷外高祖，幼习外家献文，世德相业，焯在《宋史》，不敢论，独叙三世寿考，以增君之悲。维忠定以三公居东湖三十年，陪祠庆寿，秀骨山立。多士秉笏交语曰："史太师真寿相。"年八十有九即世。忠献独相二宗二十有七年，总核庶政，烛照薮纳罔有缺，年七十以终。郡公恂退若癯儒，庬眉素毫，冰玉照焜卿党，年七十有九乃终。寿种彰灼若是，君才不得一见施设，年又不能以绍传，是大可哀也已。子一，性孙。女二。将以某年某月葬鄞县阳堂卿金奥之原。铭曰：

> 寥寥东陵瓜圃熟。沉冥里闾企高躅。达人知命化不恧。手持参差入云谷。周公鲁公俨初服。奉蓍以占剥斯复。学诗习礼在嗣续。我铭孔悲辞匪渎。佳城郁苍觇宰木。

录自（元）袁桷：《清容居士集》卷三十，《丛书集成初编》第2071册，北京：中华书局，1985年，第517—518页。

二十八、史猷父葬记

叙曰：志主史徽孙（1234—1306），字猷父，史弥正曾孙，史实之之孙，史显卿之子。曾任寿春推官。撰者为袁桷，此志乃代史徽孙之子作。志石不存。志文载于袁桷《清容居士集》卷三十。

大德丙午九月朔，我先君子寿春推官卒于寝，年七十有三。越十月丙午葬，其地迩高祖越忠定王墓次百步许。先夫人郭氏卒，葬十五年，乃合窆焉。呜呼！先君子讳徽孙，字猷父。少孤，祖母严氏，躬教督，具讽先训感悟。于时，史氏极贵盛，寿春癯然整修，奋弃子弟玩习，搜绍渊懿，族祖文靖公见之，曰："儿当以文名吾门。"稍长，试吏，为诸暨主簿。从政精核，邑长缺，使者俾治，几一岁。入辟淮东，治田事。调扬州司理参军，帅大器重，悉以事付。甫授寿春，帅益取自佐，循承直郎。而先君子不复仕三十有三年矣。有诗文若干卷。晚读陶靖节诗，语近意远，视世德吻合，深自慕拟。平居无愠怍色，笔墨清艺，觞至辄就，放邵子《观物》，为诗数十篇。久更困约，益以理自得。清日危坐，道旧事，缓语不绝口，乡党赖焉。呜呼！公旦等五男子：为从伯父、从叔父后者曰公玉、公謩；次公昼、公亘。女三，已嫁仕族。浙西提点刑狱赠少师讳弥正为曾祖，绍兴监酒、赠朝奉大夫讳实之为祖，朝请大夫、通判处州讳显卿为父。将葬，谨书纳诸圹。

录自（元）袁桷：《清容居士集》卷三十，《丛书集成初编》第 2071 册，北京：中华书局，1985 年，第 526 页。

二十九、蓬庐处士史公墓志铭

叙曰：志主史公珽（1301—1348），字搢叟，号蓬庐处士，其世系为：史简—史诏—史师木—史渐—史弥忞—史望之—史仪卿—史遂伯—史公珽—史行可。撰者郑"真为史氏门婿，视公为外伯父行，且与行可幼同砚席"，故作是志。志文载郑真《荥阳外史集》卷四三。

上在位十有五年，岁在壬戌夏六月，诏前奉直大夫、知北平府涿州事史行可进阶中顺大夫，官山西道提刑按察司副使。行可既拜命，入谢，侍朝三日，面闻圣谕。陛辞上道，过临淮，访真县庠曰："行可荷国厚恩，实先公遗教所及。先公殁，已有三十余年，而墓石未有刻文。失今不图，后将奚及？子其执笔焉！"真退而论次如左。公姓史氏，讳公珽，字搢叟，蓬庐处士其号也，世居鄞之甬东。八世祖简，宋赠冀国公。简生赠太师越国公八行先生诏，诏生赠太师卫国公木，木生赠太师齐国公东皋先生渐，渐生宝章大监鄞县开国男弥忞，公四世祖也。曾祖讳望之，秘阁大理少卿。祖讳仪卿，从事郎，监泰州丁溪盐场。父遂伯，入元，隐德不耀，乡称曰处士。曾祖妣郑氏，丞相安晚魏王玄孙女，特赠硕人。祖妣郑氏，恭人。母卢氏。公本端山先生讳彦伯季子，以从弟遂伯无子，来为之后。公生而秀爽，词气温恭，早志于学，通诸经子史，而尤邃于易。延祐科诏行，郡守举堂课法，公年未弱冠，以书经屡占前列，庠序间名声籍籍。安晚曾孙习斋先生奕夫奇之，愿敦世好，妻之以女。先生素以道学文章自任，述作论撰多俟公鉴定。先生曰："韩昌黎婿李汉，而文誉益振。吾于㨬叟，庶几哉。"公不自矜喜，学日进而德以成。家居教授，从之游者每数十人。诸生范枢、赵景，年贫不能为礼，公不以介意，训迪成立，卒有闻。时方承平，故家子弟多跻仕版，公慨然叹曰："王者之民，皞皞如也。吾得为王者之民，足矣。爵禄如彼何哉！"程先生端礼尝荐为甬东书院主奉，即弃去。两试浙闱不售，绝迹场屋。用意古作者，慕陶靖节之为人，追和其辞，薄游西州，陶写性情，自以为得江山之助。名士大夫若黄公望、柯九思、俞镇与为神交。诗酒从容，俯仰今古，论宋季台阁典故、朝野人物，亹亹终日，至于国亡忠臣义士之死节者，必慷慨流涕。两遭大丧，克尽礼制，每春秋祀享忌日裸荐，哀慕之情，见于颜面。虽家道中微，而田园犹足自给，将芟柞整辑，为终老计，而竟以疾终，惜哉！公生于元大德五年辛丑十月十九日，卒于至正八年戊子八月十六日，享年四十有七，以是年十一月廿五日葬于阳堂乡华奥之先茔。所著有《蓬庐集》若干卷、《易演义象如发挥》三卷。配郑氏，克相其志。子三人：长景祖，即行可，有司奏户籍时，即其字为名；次晟祖；次晏祖，早夭。女二人：长适郑必政；次幼亡。孙男一，必宠，晟祖出也。女二。公性俭素，而好施与不倦。广平李尧民亡丧不举，公赙之累岁，且为著哀辞，告其常往来者。过钱塘西湖，遇老人汤姓，年七十余，盖德祐遗民，知旧事甚悉，公悯其孤贫，解橐中半与之。暨归，无买舟费，徒步不之悔。处心仁厚多类此。一日，语其子行可曰："门户之托，实在汝等。汝及我在，厉志于学，可也。"未几，公即世，行可年方十五，佩服不忘，与其弟晟祖受业先君求我先生。年几二十，大家间左要致之，教子弟有师法。际圣运肇开，以诗经中洪武四年浙江秋试，计偕京师，授承事郎、同知华州。转承务郎，调乐安州同知，升知涿州。奉母以养，人以为荣云。真窃惟史氏自冀国积德累行，历八行至三世，而枢密公才位登两府。自后世相王封父子叔侄，焜耀前后，天下之人歆艳而慕望之。乃若独善文华公以卫国之裔与公高大父大监同母嗣中散讳浤之后，风节行谊，世以甬东读书种称之。独善之孙果斋蒙卿溯考亭正传，从子公琼实学焉。公以本文系序之正学于公瑗，而克嗣其承，信乎文献足征矣！然以运去物改，不得与世禄之盛，岂非命哉！乃今行可踵美世科，所至有声，上膺耳目之寄，相门复兴，其在兹乎！真为史氏门婿，视公为外伯父行，且与行可幼同砚席，亲契之厚非一日矣，斯文不朽之托可辞耶？铭曰：

烈烈四明，有华相阀。公生其间，率履弗越。天地蓬庐，我菑我畬。
仁义蓬庐，我诗我书。上下周流，万化一理。反身归全，孰呼起起。
有子象贤，对扬明廷。绣衣持斧，服兹宠荣。慨思教言，声容如在。

锡类疏封，时其有待。华奥之原，宰木光辉。公侯复始，福履其绥。

录自（宋）郑真：《荥阳外史集》卷四三，《景印文渊阁四库全书》第 1234 册，台北：商务印书馆，1986 年，第 268—270 页。

附录三　史浩《周礼天官地官讲义》辑录

史浩的经学著述有《周礼天官地官讲义》一种，王应麟《玉海》卷三十九云："《周官讲义》十四卷。史浩为建王府直讲时撰。止于《地官·司关》。"[①]该书现存宋刻残本八卷，藏台湾"中央图书馆"。由于该书较难寻获，故人们常从传世文献之征引中对其加以辑录，如俞信芳即从《永乐大典》中辑得史浩《周官讲义序》，又从徐乾学《读礼通考》中辑得佚文 5 则。[②]事实上，此书佚文远不止于此，宋代王与之《周礼订义》征引史浩《周礼天官地官讲义》之说便多达 308 条，"是《周礼订义》征引诸家学说规模较大者，居第 10 位，且全部集中于《天官》《地官》"[③]。笔者即在上述研究的基础上，将这些佚文全部辑出，汇为一编。王与之《周礼订义序目》云："四明史氏：浩，字直翁，有《天地二官讲义》。今作史氏。"故其文中凡引史浩《周礼天官地官讲义》中语，皆标以"史氏曰"三字。笔者辑录史浩该书佚文，除加以点校、注明出处外，《周礼》原文则用黑体字、顶格标识，而史浩释文则以宋体字标识。特此说明。

史浩《周官讲义序》

"唐虞稽古，建官惟百。""夏商官倍，亦克用乂。"至于有周，"六卿分职，各率其属"，总而计之，三百有六十。官各有守，治各有职，铢分毫举，若网在纲。上集唐虞夏商之大成，迄于后世，无以复加。数千百岁，尊为六籍，莫之少贬焉者。以文武周公之用心，与天运行，虽亘万世为之，不磨也。林孝行述曰："续乱不验之书。"何休亦曰："六国阴谋之书。"是皆不知《周官》者。惟郑康成独独明其为周公致太平之迹，且曰："囊括大典，网罗众家者，在于此书。"则《周官》之显明于后世，康成之力居多也。虽然，续《周官》者多矣，徒知其职之所掌，汩汩于物仪事数之间，而不知周公之意者亦多矣。周公之意，不曰以为民极乎？盖极，中也。民受中

① （宋）王应麟辑：《玉海》第 2 册，南京、上海：江苏古籍出版社、上海书店，1987 年，第 740 页。

② （宋）史浩撰，俞信芳点校：《史浩集》下册，杭州：浙江古籍出版社，2016 年，第 910—912 页。

③ 夏微：《〈周礼订义〉研究》，成都：四川大学博士学位论文，2008 年，第 126 页。

以生，苟非人君设官分职以治之，使之抑其过而勉其不及，则纷纷冠履之相望，廪饩之徒縻，何为也哉？周之盛时，六卿皆贤，能体王意，使民不失其中，而国以大治，故周公于六官之首皆致此念。学者当以念会，无徒从事于物仪事数之末，庶足以见成王、周公矣。

见《永乐大典》卷一〇四六〇毛应龙《周官集传·周礼传授训诂》引，北京：中华书局，1986年，第4377页。

"以九职任万民"总论

史氏曰：九职任民，地官之任，大宰掌之，何也？盖大司徒以下能授之职，不能任之，使不失职。使不失职者，大宰之责也。王能用一大宰，使际大所覆，极地所载，上而三农，下而臣妾，间民无不得其所者，可谓任职矣。古之大臣欲遇大有为之君，固非求之爵贵禄富也，诚以悯天下之民不得其所，思辅其君而有为也。

"二曰宾客之式"

〇史氏曰：朝觐聘问之时，待遇宴享之法。

"五曰工事之式"

〇史氏曰：工事不可阙，有法以制之，则无雕镂之饰，淫巧之縻。

以上见（宋）王与之：《周礼订义》卷二，《景印文渊阁四库全书》第93册，台北：商务印书馆，1986年。

"乃施典于邦国，而建其牧，立其监，设其参，傅其伍，陈其殷，置其辅。"

〇史氏曰：建者，必有册命告于祖庙。

〇史氏曰：陈者，设张之。

〇史氏曰：置者，录存之。

"大朝觐会同，赞玉币、玉献、玉几、玉爵。"

〇史氏曰：束帛加璧，玉币也。

〇史氏曰：来献其琛，玉献也。

以上见（宋）王与之：《周礼订义》卷三，《景印文渊阁四库全书》第93册，台北：商务印书馆，1986年。

"执邦之九贡、九赋、九式之贰，以均财节邦用。"

〇史氏曰：周之邦财所蓄，至于不可胜用，岂独冢宰制国用之力？小宰固执其法而不变，乃能用之不匮也。苟执之不固，则始均而终必偏，始俭而终必侈。虽有法，将谁与守？贡赋之入，岁有常数；九式之用，国有定规。彼有余，此不足，小宰均之，以裨不给，则九式不愆于其礼矣。节邦用者，非其式则不之用，而王者之欲不节而自中乎礼仪矣。

“三曰以叙作其事”

史氏曰：有官斯有职，有职斯有事，至于各共其事而不敢怠忽者，有叙以作之也。

“五曰以叙受其会”

○史氏曰：非有叙以受之，则事之繁伙，数之浩穰，不得其要领矣。

“以官府之六属举邦治”

○史氏曰：大事虽略，所系则重，故当从长。小事虽烦，所系则轻，故当专达。

“一曰听政役以比居”

○史氏曰：出则有比，入则有居。以此听政，则力政公；以此听役，则力役省。民之奸伪不行矣。

“七事者，令百官府共其财用，治其施舍，听其治讼。”

○史氏曰：于五礼以法绳其要，于七事以令总其繁。

以上见（宋）王与之：《周礼订义》卷四，《景印文渊阁四库全书》第93册，台北：商务印书馆，1986年。

“三曰司，掌官法以治目。”

○史氏曰：目者，凡之，细治之，枚分条析，皆有其名，不至于茫然无所考也。

“四曰旅，掌官常以治数。”

○史氏曰：数者，目之，细治之，铢校寸积，皆有其数，不至于泛然无纪也。

“五曰府，掌官契以治藏。”

○史氏曰：府者，主藏之吏也。夫苟欲为治，则版图、契券可以得其山川之险易、户口之多寡也。不尔，则将无所稽，虽欲治要、治凡、治目、治数，有不可得。此府所以治藏也。

总论八职

史氏曰：《传》曰：“劳心者治人，劳力者治于人。”自要而总其凡，自凡而总其目，自目而总其数，皆治人者也。至于府史胥徒，治于人者，长贰参佐之执役者也。

“凡失财用物辟名者，以官刑诏冢宰而诛之。其足用长财善物者，赏之。”

○史氏曰：侵，欺也。

○史氏曰：失物，盗也。

“辨内、外而时禁”

○史氏曰：外之入，内之出，不可不辨。

“春秋以木铎修火禁。”

史氏曰：火星三月见于辰，九月伏于戌，修火禁于宫中，必待春秋，顺时令也。

“凡邦之事，跸、宫中、庙中，则执烛。”

〇史氏曰：出入皆跸，禁驰骤而肃喧哗也。祭则执烛，禁昏晦而防不虞也。

“大丧，则授庐舍、辨其亲疏贵贱之居。”

〇史氏曰：禁殽乱而别嫌疑也。

“掌其政令，行其秩叙，作其徒役之事”

史氏曰：凡所施者，皆政。所禀者，皆令。

“授八次、八舍之职事”

〇史氏曰：次、舍必以八者，环八方以卫宸居，如宿之拱极也。职事者，严更击柝，静跸无哗，以躬其劳也。

以上见（宋）王与之：《周礼订义》卷五，《景印文渊阁四库全书》第93册，台北：商务印书馆，1986年。

“凡王之馈，食用六谷，膳用六牲，饮用六清，羞用百有二十品，珍用八物，酱用百有二十瓮。”

〇史氏曰：馈者，储之一岁之间随所欲食而进之，非谓一日之奉而咸备诸物也。周公载之若此之富者以馈，非常御之物，储之未用之时，有时而或进之。

“王齐，日三举”

〇史氏曰：当不饮酒、不茹荤之时，惧其食力之不足，则不能胜祭事，故三举以助之，非谓盛杀而供也。

“掌共六畜、六兽、六禽，辨其名物”

〇史氏曰：此所谓常珍也。若异馔，则不可以为常而嗜之，必有以口腹累四方万里之远者矣。

“凡其死生鲜薨之物，以共王之膳与其荐羞之物及后、世子之膳羞。”

史氏曰：膳，常食也；羞，庶品也。羞出于牲，非常御之物，时乎进之耳。

“共丧纪之庶羞，宾客之禽献”

史氏曰：禽献虽出于掌客，庖人则授其法而视其出。入献者，亨而进之也。

“凡用禽献，春行羔豚，膳膏香；夏行腒鱐，膳膏臊；秋行犊麛，膳膏腥；冬行鲜羽，膳膏膻。”

〇史氏曰：羔，稚羊；豚，稚豕也。方春草生，羔豚美，故用之。腒，干雉也；鱐，干鱼也。方夏暑盛，物易腐，故用之。用犊麛于秋，秋时草物实，犊麛食之而肥也。用鲜羽于冬，冬时阳气伏，鱼潜雁定而肥也。饮食之滋，春膳牛脂曰膏香，夏膳犬脂曰膏臊，秋膳鸡脂曰膏腥，冬膳羊脂曰膏膻，各以其物之所便而调和之也。夫膳食，唯其所嗜而已。必案四时而共之者，一则避其物时之孕育，一则辨其物性之所宜。以是为膳，则养王之形体者至矣。

“王举，则陈其鼎俎，以牲体实之”

〇史氏曰：取牲以实鼎，取体以实俎。

“牛夜鸣则庮，羊泠毛而毳膻，犬赤股而躁臊，鸟皫色而沙鸣狸，豕盲视而交睫腥，马黑脊而般臂蝼。”

〇史氏曰：物之形色，一受天地谬盭之气，则驳而不纯，杂而不精，食之不致疾者几希。

“凡掌共羞，脩、刑、膴、胖、骨、鱐，以待共膳。”

〇史氏曰：骨，体之连骨者也，鱐鱼之已槁者也。

〇史氏曰：凡此七物，又以共庖人焉，故掌共其物以待共膳也。

“凡王之好赐肉脩，则饔人共之。”

〇史氏曰：物之有形，莫不悦生而恶死，及受锋刃，赴鼎镬，恐惧痛楚，无以异于人。人之气体资是以养，不得已而食之。祭祀、丧纪、宾客之燕饮，常日之膳羞，礼有不可缺者。至于好赐之肉修，亦随其所好而予之，非泛泛，然无不得也。古之养老者，曰天子袒而割牲；养贤者，曰庖人继肉，盖以王之所好在此而不可已耳。

“掌外祭祀之割亨。共其脯、脩、刑、膴。陈其鼎俎，实之牲体、鱼腊。凡宾客之飧饔、飨食之事，亦如之。”

〇史氏曰：脯、修、刑、膴，凡祭皆用。陈其鼎俎，兼有鱼腊之实者，以群小祀不用牲者，或用鱼腊也。

“拜飨耆老、孤子，则掌其割亨之事。飨士、庶子，亦如之。”

史氏曰：死事之臣，忠义之家，有亲有子，飨之，致其劝也；王宫之宿卫，亲且近，既已均其秩叙，颁其衣裘，兹复飨之，致其爱也。致其劝，则外之公卿大夫期以死而报上，有国尔。忘家之心，非无家也，知一死之后，家不至于流离也。致其爱，则内之士庶子期以身而徇主，有君尔。忘身之心，非无身也，知此身之生尽出于君上也。

“师役，则掌共其献赐脯肉之事。凡小丧纪，陈其鼎俎而实之。”

〇史氏曰：师以用众役以任众，悯其劳苦，锡之脯肉。献则受之，赐则共之，所以洽其情而励其节。悦以使民，民忘其劳。

史氏曰：小丧纪者，一介之士以死勤事者之死丧，陈其鼎俎如是。为王之臣，孰不知以死为上乎？

“掌共鼎镬，以给水、火之齐。”

〇史氏曰：味以调和为主，镬所以亨煮，鼎所以调味。

“职外，内饔之爨亨煮，辨膳羞之物。”

〇史氏曰：内、外饔之所共广矣，而亨人尽职之。不曰掌而曰职，掌有所兼，职则专之而已。

以上见（宋）王与之：《周礼订义》卷六，《景印文渊阁四库全书》第93册，台北：商务印书馆，1986年。

“掌帅其属而耕耨王藉。以时入之，以共齍盛。”

〇史氏曰：以耒牦地谓之耕，以金耘草谓之耨，孟子曰“深耕易耨”是也。

“共野果、蓏之荐”

〇史氏曰：必于千亩取之者，不唯表王者之勤，亦以见无扰于四方也。

“丧事，代王受眚灾。”

史氏曰：人过曰眚，天降曰灾。国有眚灾，王当祗畏以修德，引咎以归已，故曰受。

“凡兽入于腊人”

〇史氏曰：一为干豆入于腊人也。

“凡田兽者，掌其政令。”

〇史氏曰：其政令有所掌，则其出有时。不戈宿，不掩群，无麛卵，惧其残生伤性以销蚀天地之和气。其意止欲鸟兽之害人者消，是以去之，而兽人因辨其良者以进。非若后世列卒满泽，罗罘满山，使珍怪禽兽充牣其中，以为游观，夸其禹不能名，尚不能计也。

“掌以时渔为梁”

〇史氏曰：鲁隐矢鱼于棠臧，僖伯谏之，不从；鲁宣夏滥于泗渊，里革谏之而止，皆以其非时也。先王设渔人之官，必贵其以时者，盖有生之类皆有孕育之时，不欲并伤其生也。

“掌取互物”

〇史氏曰：渔人所取，皆其乘时而出者，易致之物也。鳖人所取，凡其埋藏沉潜之物也，故所用有待于互物。互者，交互之象，若今之鱼叉是也。凡鱼鳖龟蜃必窟宅于深渊，而埋藏于浅泥，有网罟所不能及者，此叉之所以适用也。

“祭祀，共麠、蠃、蚳，以授醢人。掌凡邦之簎事。”

郑康成曰：蠃，蝛蝓也。〇史氏曰：蠡也。

史氏曰：邦之簎事，凡非网罟可取而器之有类于叉可以得鱼鳖者，皆是也。先王设鳖人之官，非为口腹，为先王寝庙当荐，故终曰祭祀而已。

“腊人，下士四人、府二人、史二人、徒二十人。”

〇史氏曰：凡腊，皆干肉也。田兽之获或有多寡，干豆之物在所先者，故必以为腊焉。

“掌干肉。凡田兽之脯腊膴胖之事”

〇史氏曰：腊有骨脯，去骨，膴全体，胖半体。禽兽之形有大有小，小而全薨，大而半薨，取其易干。

“凡祭祀，共豆脯，荐脯膴胖凡腊物”

〇史氏曰：晏平仲祀其先人，豚肩不掩豆，则脯有时而登豆矣。谓之豆脯，非无所据也。

“宾客、丧纪，共其脯腊凡干肉之事”

〇史氏曰：先王之设腊人意，若曰：“吾不因田之所获以储待之，一有阙焉，使之弋猎以求，则不胜其扰，将人与物俱毙。吾之所享几何？而使寰区之内飞潜蠕动不聊其生哉！”然则储之以待用，所以广王者好生之德。

以上见（宋）王与之：《周礼订义》卷七，《景印文渊阁四库全书》第93册，台北：商务印书馆，1986年。

“凡邦之有疾病者、疕疡者，造焉，则使医分而治之。”

〇史氏曰：腹心四体，其有不康，谓之疾病。附赘痈疽，谓之疕疡。

“岁终，则稽其医事，以制其食。十全为上，十失一次之，十失二次之，十失三次之，十失四为下。”

史氏曰：计其所失为之殿最，则为医者惟恐其失之矣。

“掌和王之六食、六饮、六膳、百羞、百酱、八珍之齐。”

〇史氏曰：和之者，调其滋味之宜，通其寒温之候，辨其物性之相忌、相使，可以进之也。

“凡食齐视春时，羹齐视夏时，酱齐视秋时，饮齐视冬时。”

〇史氏曰：非谓于四时各供其品，言其所宜之气耳。宜温，视春；宜热，视夏；宜凉，视秋；宜寒，视冬。一食之间，具此四气也。

“凡和，春多酸，夏多苦，秋多辛，冬多咸，调以滑甘。”

史氏曰：“非谓四时各专一味。谓之多者，就五味中使一味胜焉，以养其气也。如春则肝用事，用则劳劳，则损损，则四藏胜，而疾生焉。曲直作酸，唯酸为主，可以引诸味以益肝气而使适平。夏之苦，秋之辛，冬之咸，莫不皆然。调以滑甘者，则受。和为五味之本也，在五行曰土，在五常曰信，在五藏曰脾，脾养五藏，土旺四季，而信于四端，无不用者，若甘之总五味也。

“四时皆有疠疾：春时有痟首疾，夏时有痒疥疾，秋时有疟寒疾，冬时有嗽上气疾。”

史氏曰：四时皆有疠气，人感之者谓之疠疾。夫人之一身冲和之气弥满四体，一有亏失，则内气必消，外邪客气乘之以入而疠焉。如置杯于水，外水得入者，内水亏也。故疾医之职必先于调养，其内气消软则伤之者众。冬伤于寒，春必为温；夏伤于暑，秋必为疟。寒气蕴伏，春温激之，故热生焉，此疾必先头痛也。暑气蕴伏，秋凉激之，故寒生焉，疟寒者，脾寒也，言此病必先寒至也。热之余毒客于肌肤而不散，故夏有痒疥之疾；寒之余毒传于华盖而上升，故冬有嗽上气之疾。

“以五味、五谷、五药，养其病。”

○史氏曰：得是病者，必贵急攻。调之使气内正，内正则外邪客气无所容而疾去矣。故五味以滋其气，五谷以荣其血，五药以御其邪，而病不愈者，未之有也。

“两之以九窍之变，参之以九藏之动。”

史氏曰：九窍在外，九藏主之，两之以外，证之变动，参之以九藏之脉息，始能决之。

“掌肿疡、溃疡、金疡、折疡之祝，药、劀、杀之齐。”

○史氏曰：金者，凡锋刃利芒所伤；折者，凡坠压颠覆所致；肿疡，痈而上生疮者；溃疡，痈而含浓血者。

“凡疗疡，以五毒攻之。以五气养之，以五药疗之，以五味节之。”

史氏曰：治疗之序，五毒攻之，利法也。自内作者，血气壅滞，不利，不愈；自外受者，毒必相资，不利，不愈。利已则肠胃虚，以五谷之气补之，以五药之良调之，以五味之中节之，则内和而平，外疾去而支肤全矣。

“凡药以酸养骨，以辛养筋，以咸养脉，以苦养气，以甘养肉，以滑养窍。凡有疡者，受其药焉。”

史氏曰：疡之作，本于壅滞郁结，药之用，专于通利疏导，则疾何由而有？譬之治国，上情下宣，下情上达，无有壅蔽之患，治斯举矣。然则用宣利之药者，瘍医之大法，至于血气之虚，实在乎用药之多寡，如盘走圆，贵乎得其意而已。

“掌疗兽病，疗兽疡”

史氏曰：疾与病一也。分言之，则疾浅而病深。俱治之者，贵人也。至于兽医，则疗兽病而已。不问其疾，彼其口不能言。不食水草而鸣之哀，亦先王之所不忍，医固不可无也。

“凡兽之有病者、有疡者，使疗之。死，则计其数以进退之。”

史氏曰：疾医于人死，则书其所以；而兽医于兽死，则计其数而已。其详略不同，皆先人后物之意。所谓计其数而后进退之者，随其勋效之有无而予夺其食，医师稽其医事以制其食是也。

“掌酒之政令，以式法授酒材。凡为公酒者，亦如之。”

○史氏曰：自王及后、世子之用与凡所以为祭祀、宾客、乡射、燕享之奉者，皆曰公酒。

“辨五齐之名：一曰泛齐，二曰醴齐，三曰盎齐，四曰缇齐，五曰沈齐。”

○史氏曰：沉者，上澄而下浊。

“辨三酒之物：一曰事酒，二曰昔酒，三曰清酒。”

史氏曰：三酒而辨其物者，谓其形已成，兼以共人饮，取其能养阳，能合欢也。

○史氏曰：事者，方有事于糟漉，昔者熟之而可久清者，澄之而可饮。

“辨四饮之物：一曰清，二曰医，三曰浆，四曰酏。”

○史氏曰：四饮辨其物者，取三酒之余，加之以四饮之物而后酿焉。是故未成而曰浆，已成而曰饮，饮不以酒名，取其为酒之贰也。

“掌其厚薄之齐，以共王之四饮三酒之馔，及后、世子之饮与其酒。”

史氏曰：备之三酒，副之四饮，而馔设之味以之共王则然耳。后及世子，酒饮之数未必全共，而馔设之味未必全享。

“共宾客之礼酒，共后之致饮于宾客之礼医酏糟，皆使其士奉之。”

史氏曰：后之宾客，公卿之妻，燕见而饮也。

“掌酒之赐颁，皆有法以行之。凡有秩酒者，以书契授之。”

史氏曰：赐颁者，时有所予之横；赐秩酒者，月有所给之定数也。

“掌为五齐三酒。祭祀，则共奉之，以役世妇。”

史氏曰：五齐三酒，酒正授式法，酒材为者，酒人酝酿之也。

○史氏曰：酒非常用，必祭祀之余，因以为饮。周公诰康叔曰：“祀兹酒。”则祭祀方用酒，明矣。“越庶国饮，惟祀，德将，无醉。”则因祭祀而为饮亦明矣。有奄十人，女酒三十人，奚三百人，其奉酒于内，则受世妇之役，而世妇亦惟祭祀用之而已。

“共宾客之礼酒、饮酒而奉之。”

○史氏曰：礼酒、饮酒多寡异也。夫一献之礼，宾主百拜而酒三行，所以防其多而失礼也。既饮食之，又实币帛以将其厚意，所以致其多而尽欢也。

“掌共王之六饮，水、浆、醴、凉、医、酏，入于酒府。”

史氏曰：酒正言四饮而此云共王之六饮，盖酒正辨其清浊醇醨。六饮之中，唯水为清冷，所以和酒。凉为寒粥，所以投酒。随汲而有，随取而辨，厚薄之齐不必辨，所以不言。

以上见（宋）王与之：《周礼订义》卷八，《景印文渊阁四库全书》第93册，台北：商务印书馆，1986年。

“掌四笾之实”

○史氏曰：笾，以竹为之，所以陈干物。

“朝事之笾，其实麷、蕡，白、黑、形盐、膴、鲍、鱼鱐。”

史氏曰：牒肉为大脔。

“朝事之豆，其实韭菹、醓醢、昌本、麋脔、菁菹、鹿脔、茆菹、麇脔。”

○史氏曰：凡以一物为医，必有一菜以称之，取其味之相宜也。

○史氏曰：麇似鹿而大。

“馈食之豆，其实葵菹、蠃醢、脾析、蠯醢、蜃蚳醢、豚拍、鱼醢。”

○史氏曰：蠃、蠯、蜃、蚳，皆蛤属。

“加豆之实，芹菹、兔醢、深蒲、醓醢、箈菹、雁醢、笋菹、鱼醢。”

○史氏曰：芹与深蒲皆水产，深蒲必深水所出。

○史氏曰：箈与笋皆陆产。

史氏曰：兔醢出于陆，故以水产配之。鱼雁出于水，故以陆产配之。

“羞豆之实，酏食、糁食。”

○史氏曰：食者皆取稻麦为之酏者，以酒酏发之，糁者以肉屑和之。

“宾客之礼，共醢五十瓮。凡事，共醢。”

史氏曰：物以干养气，以湿养血。笾实必干豆，实必湿，湿则滋味具而血荣也。故养人之血气者，豆实为重。观乡饮酒之礼，为养老设也。六十者三豆，七十者四豆，八十者五豆，九十者六豆，不言笾者，所主在湿味也。王者养老，袒而割牲执酱，而馈酱亦醢也，皆豆之实也。醢人之设，王者岂私其口腹乎？

“王举，则共齐菹酰物六十瓮，共后及世子之酱齐菹。宾客之礼，共酰五十瓮。凡事，共酰。”

○史氏曰：宾客之礼杀于王，故共五十瓮。酰人共王、后、世子内羞，不言齐菹，此言齐菹，以其与醢人共掌瓮，菹须酰，故就酰人为言。

“掌盐之政令，以共百事之盐”

〇史氏曰：盐之政令，非独共盐而已。凡出纳煎炼之事皆掌之。

“祭祀，共其苦盐、散盐。”

〇史氏曰：《洪范》曰：“润下作咸。”散者谓咸，末盐也。池水所出，鬻海所成，皆出于润下，是故水入其奥，风凝其华，不须煎炼而自结者。池井之盐，昔晋大夫以郇瑕之地沃饶而近盐是也，划土为场，牢盆为卤，火齐以时，而后成者。鬻海之盐，昔东郭咸阳以治生累万，后世诸侯资其利而富埒天子是也，祭祀则皆共焉。

“掌共巾幂”

〇史氏曰：巾、幂一也。帨手帨爵者，专谓之巾；可以覆物者，谓之幂。幂人共祭祀，以覆物，谓主也。

“祭祀，以疏布、巾幂八尊，以画布、巾幂、六彝”

〇史氏曰：尊之名止六，此曰八尊者，案司尊彝春祠、夏礿献象皆两之，秋尝、冬烝著壶皆两之，四时之闲祀大山皆两之，是知每祀，六尊皆设而为二，尊各加其一焉，故谓之八尊。

“凡王巾皆黼”

史氏曰：非独幂尊彝，凡用帨手覆物者皆是也。

“掌王之六寝之修”

〇史氏曰：余五，小寝曰燕寝，四季居四隅，季夏居中央，栖息之所也。

“四方之舍事，亦如之。”

史氏曰：王巡狩而适四方必有次舍，其所掌亦不外是。居高明，远浊秽，所以养神明而清志虑也。

“为坛壝宫棘门”

〇史氏曰：案《左传》：子都与颍考叔争车，子都拔棘逐之。则知棘即戟也。

“无宫，则共人门。”

史氏曰：帷宫无宫，非舍息之时，王之所在，虽暂驻，亦当设备也。帷宫以彩，为之立旌以为门，无宫以人卫之，亦执干戈以司其出入。

“凡舍事，则掌之。”

〇史氏曰：凡舍皆掌者，非独。时见曰会，殷见曰同，然后为之设舍。在易之豫动卦也，曰“利建侯行师”，明行会同征伐皆为顺动也，其象则曰“重门击柝，以待暴客”，明凡动皆当谨门以备非常，此掌舍所以皆立也。

“凡朝覲、会同、军旅、田役、祭祀，共其帷、幕、幄、帟、绶。”

〇史氏曰：授于掌次而以时陈设之。

“掌王次之法，以待张事。”

〇史氏曰：广狭多寡之制度。

〇史氏曰：张事，设陈之役也。

“王大旅上帝，则张毡案，设皇邸。”

〇史氏曰：张毡于床，以御寒也；设版于屏，以障风也。

“朝日、祀五帝，则张大次、小次，设重帟、重案。合诸侯，亦如之。”

〇史氏曰：诸侯合而助祭，亦以是待之。

“孤卿有邦事，则张幕、设案。”

史氏曰：三孤六卿以公事出境，亦张幕设案，所以尊王命。

“掌凡邦之张事”

史氏曰：谓凡设陈之役。

史氏曰：先王设掌次之官，其意若曰：“帷幕幄帟所用非一处，用罢则彻之，而复用，其为费亦小矣。”后世离宫别馆，竭万家生养之资为一日巡幸之备，呜呼，无惑乎生民息肩之无日也！

以上见（宋）王与之：《周礼订义》卷九，《景印文渊阁四库全书》第93册，台北：商务印书馆，1986年。

“凡颁财，以式法授之。”

〇史氏曰：匪颁，工事所不常用，则以地远而输轻。

“凡式贡之余财，以共玩好之用。”

〇史氏曰：式贡余财，不常有之财也。玩好，难得之货也。彼难得之货，饥不可食，寒不可衣，先王无事于此，故以余财共之，以明无余财则不共。

“内府，中士二人、府一人、史二人、徒十人。”

史氏曰：内府之官最私亵，亦列大府之下，为冢宰之属，与凡治藏者不异，何也？盖王者无外以天下为家，财物之在民间，皆吾府库以养吾赤子者也。不得已而取之于贡赋，所以共经费；不得已而藏之于内府，所以待大用。初无内外之限。

“掌受九贡、九赋、九功之货贿、良兵、良器，以待邦之大用”

〇史氏曰：国家大用莫过于祭祀、宾客、丧纪、会同、军旅，周官乃以是数者著之外府。而此曰凡邦之大用，不知所谓大用者安在哉！自商周而论，成汤之大用在徙亳以从先王居，成王之大用在营洛以奠商顽，民宣王之大用在复文武之境土，会诸侯于东都。历代之王虽无一定之辙，然其存心在此一事，必朝夕于斯。苟未如欲，则一毫之入皆为是积，又安敢以资不给之用乎？彼燕游之奉、市贾之用、赐予之费尤当节约，苟当于理而不出于私意，虽取之外府可也。不然，内府亦民之膏血，人主可妄用乎？

以上见（宋）王与之：《周礼订义》卷十，《景印文渊阁四库全书》第93册，台北：商务印书馆，1986年。

“掌邦之六典、八法、八则、九职、九正、九事邦中之版，土地之图，以周知入出百物”

〇史氏曰：古者有书必有图。案图以知其形，即书以知其数，图、书并用久矣。

“三岁，则大计群吏之治，以知民之财、器械之数，以知田野、夫家、六畜之数，以知山林、川泽之数，以逆群吏之征令。”

〇史氏曰：知民财、器械之数，是欲使其民居而足食、行而足兵也。知田野、夫家六畜之数，是欲使其户口繁富、牛羊被野也。知山林、川泽之数，是欲使其泽梁无禁、材木不可胜用也。故设官分职，以为民极，非止于赋敛而已。

“凡税敛，掌事者受法焉。及事成，则入要贰焉”

〇史氏曰：要者，若今之正本；贰者，若今之副本。书具，则其数不可得而隐。

“掌邦之赋入，辨其财用之物而执其总。以贰官府、都鄙之财入之数，以逆邦国之赋用。”

〇史氏曰：执其总者，以见数之浩穰，苟无所总，何所稽考？惟职内执其数之所入，以是而逆邦国之赋用，以是而书其贰令以受财，以是而逆职岁与官府财用之出，以是而叙其财以待邦之移用皆不出吾所入之数。所谓执其总者，可得其要矣。执者，确然不易之谓。入数既定，但当量所入之多寡以制一岁之用耳。舍此，欲于数外广用，职内所当坚执也。冢宰制国用必于岁之杪者，非职内有以执其总，何所据而为之？

“职岁，上士四人、中士八人、府四人、史八人、徒二十人。”

史氏曰：不谓之职外而曰职岁者，以冢宰制国用必在岁之杪。推一岁之周，乃得而会计，故谓之职岁。

〇史氏曰：职岁之官，当视职内以为低昂。彼职内所入定矣，职岁乃得以式法而用之。其用之多寡，职岁固不敢必。

“王大射，则共虎侯、熊侯、豹侯，设其鹄。诸侯则共熊侯、豹侯。卿大夫则共麋侯。皆设其鹄。”

史氏曰：射有三：曰宾射，曰大射，曰燕射。唯大射择士而与祭，故

《射义》曰“射中者得与于祭”。然必以射择人者，取其内志正，外体直，持弓矢审固，然后可以言中心在焉故也。祭之有求于阴，其心能若射之取中，则神格矣，故祭有取乎射。

“掌秋敛皮，冬敛革，春献之”

史氏曰：皮有三，始折谓之皮，已干谓之革。

“遂以式法颁皮革于百工”

○史氏曰：式法者，有常之数，惧其用之无，艺而取之多。

“共其毳毛为毡，以待邦事”

史氏曰：毳毛之细缛者，缉而为毡，贵其温。

“岁终，则会其财赍”

○史氏曰：岁终，不会其皮事而会其财赍者，皮革既敛，春已献而入于司裘。用之者，司裘耳。至于敛时之财赍，则在掌皮也。其曰财赍，行者有裹囊也，盖禽兽远人，不聚于城郭而息于山林，掌皮之敛，岂敢千里疲人以输送？必使赍其财而市之。其财曰财赍，以明敛者非强取。

以上见（宋）王与之:《周礼订义》卷十一,《景印文渊阁四库全书》第93册，台北：商务印书馆，1986年。

“大祭祀，后祼献，则赞，瑶爵亦如之。”

○史氏曰：瑶玉之次,《公刘》之诗曰“维玉及瑶”，后之爵，降王一等，以瑶为之示，次玉也。

“致后之宾客之礼”

○史氏曰：后之宾客，公卿大夫之妻，而外之命妇亦然。

“凡建国，佐后立市，设其次，置其叙，正其肆，陈其货贿，出其度量淳制，祭之以阴礼。”

○史氏曰：肆铺设。

○史氏曰：市成而祭，后既与焉，谓之阴礼可也。

“上春，诏王后帅六宫之人而生穜稑之种而献之于王。”

○史氏曰：凡穜稑之种，必藉后宫生之者，欲其亦知稼穑之艰难。不然，外庭之臣岂乏司农、司穑，必待出于六宫之手？

“后出入，则前驱。”

史氏曰：前驱者，前呵肃众。

“后有好事于四方，则使往。有好令于卿大夫，则亦如之。”

○史氏曰：后之族有尊，后之族有亲远在四方，岂得恝然不与之接其馈饷问劳之礼乎！故好事，好令，则内小臣得驰传而往焉。其曰卿大夫者，卿大夫之家也。

“掌守王宫之中门之禁”

○史氏曰：中门之禁，亦密于外门，以其过此则是王之宫庭。使内官掌之，谓之阍人，以其所职专在守门，若今所谓司门是也。

“丧服、凶器不入宫，潜服、贼器不入宫，奇服、怪民不入宫。”

○史氏曰：王之大内，常人尚不得入，今此奇服、怪民皆指宿卫之士，非外人也。外朝之宿卫既有宫正去其淫怠与其奇邪之民，兹数者复禁而不入。王及后者虽欲见不正之人，不可得矣。

“凡内人、公器、宾客。无帅则几其出入。”

史氏曰：内人，应役之人；公器，应用之物；宾客，公卿大夫之妻应得入见者。然无帅者，无所将帅，非时而入出者也，故必几察之，防其乘间。

“以时启闭”

○史氏曰：谨其锁钥。

“凡宾客亦如之”

史氏曰：宾客之奉无异宫庙，亦宜肃。

“掌王之内人，及女宫之戒令。相导其出入之事而纠之。”

史氏曰：戒，所以饬其怠；令，所以趣其行。

“掌内人之禁令。凡内人吊临于外，则帅而往，立于其前而诏相之。”

史氏曰：前言戒令，后言禁令。戒者，戒于未然；禁者，禁于已然。先后之序。

○史氏曰：内人吊临于外，非寺人帅之而往，谁与监临？立于前而诏相之，众安敢不肃？

“内竖，倍寺人之数”

○史氏曰：今所谓小黄门是矣。取其轻捷而能传命。

“掌内、外之通令，凡小事。”

○史氏曰：掌王及后之令，故曰内、外。总内及外之传命，故曰通令。

“若有祭祀、宾客、丧祀之事，则为内人跸。”

○史氏曰：跸，所以止行人，肃喧哗。

“王后之丧，迁于宫中，则前跸。及葬，执亵器以从遣车。”

史氏曰：死者不可复生，谓其魂气之无不之也，故必求其生平所近之人、所用之器，觊夫冥漠之间，苟未忘情，庶乎其随之也。故用内竖焉，庶几其以平昔而不忘也。

以上见（宋）王与之：《周礼订义》卷十二，《景印文渊阁四库全书》第93册，台北：商务印书馆，1986年。

“掌妇学之法，以教九御妇德、妇言、妇容、妇功，各帅其属而以时御叙于王所。”

○史氏曰：九嫔受教于内宰，谓之阴礼，故能知内学之法。法者，规矩准绳也。

○史氏曰：教九御，则世妇、御妻、内人皆在。

○史氏曰：《周南》之诗，无非后事；《关雎》首篇，明后妃之德。则德之为本，固可知也。惟其有德，则外之为贤君子，内之为贤妇人，他或未能，不害其为贤。苟无其德，徒有其言，则妇有长舌维厉之阶；苟无其德，徒有其容，则色之蛊媚倾人之国；苟无其德，徒有其功，则“牝鸡之晨，惟家之索”，何足道哉！惟其以德教之于前，则三者自然类进，故为妇道之全此，教之之法，必先于德。

○史氏曰：嫔有九，三倍之为世妇，九倍之为御妻，各帅其属，帅其所分教者以时进御于君，故曰叙。叙者，有节而不乱。盖气血有限而颜色无穷，苟无其节则耗惫随之。

“女御”

○史氏曰：御之为言，如马之在御，必俟人鞭策，然后迟速缓急不失节。外有仆御，内有妇御，皆职之贱。亦有九嫔，教以妇学，使之不失于正。

“以岁时献功事”

○史氏曰：嫔妇化治丝枲女功之常，女御掌献其事，则其勤惰又有劝惩矣。

“凡后之事，以礼从。”

○史氏曰：施之于事曰治内政，考女宫以计曰逆内宫，纪后之命曰书内令，继之以凡后之事，以礼从。则知后之言动，皆当合于礼，是故戒慎于所不睹，恐惧于所不闻，则于礼也庶几其可书矣。

“典妇功，中士二人、下士四人、府二人、史四人、工四人、贾四人、徒二十人。”

○史氏曰：妇人、女子嫉妒、贪鄙、骄奢、淫佚，皆起于饱食终日，无所用心。今使之趋作不倦，则心之所存日在于此，不见异物而迁，正有赖于典妇功。

“掌妇式之法，以授嫔妇及内人女功之事赍”

○史氏曰：授其赍者，给其丝枲之物。

“凡授嫔妇功，及秋献功，辨其苦良，比其小大而贾之物书而楬之。”

史氏曰：辨苦良，工有巧拙也；比小大，功有等差也。贾之者估其直之低昂，书而楬之者，榜其物，以见凡目。

“典丝，下士二人、府二人、史二人、贾四人、徒十有二人。”

史氏曰：天下之丝皆出于蚕。一蚕所吐谓之忽，五忽谓之丝，则一丝之得亦不易矣。后世亲蚕之礼废，衣服悉备于四方之土贡，故取之尽锱铢，用之如泥沙，无一分顾惜，由其不知所自来。典丝之职，亦先王恭俭节用之一助。

“凡祭祀，共黼画组就之物。”

○史氏曰：朱绿玄黄，止为祭服，而不敢他用，知其难得也。

“典枲，下士二人、府二人、史二人、徒二十人。”

○史氏曰：观《葛覃》，后妃在父母家，志在女功之事，以其躬历女功，知其物之难成，则恭俭节用，服浣濯之衣固宜然。言葛不言布者，葛轻布重，举轻以见重，此《葛覃》之诗所以为后妃之本。而典枲之官助先王崇本之治为多。

“掌布缌、缕、纻之麻草之物，以待时颁功而授赍”

○史氏曰：布重而缌轻。

○史氏曰：计其当用之时，授以麻草，使为布缌、缕、苎。

“及献功，受苦功，以其贾楬而藏之，以待时颁”

○史氏曰：楬其贾者，物有等差。时颁者，衣服赐予之时，冬裘、夏葛不可紊也。

“颁衣服，授之。赐予，亦如之。岁终则各以其物会之。”

○史氏曰：岁终之会，各以其物，知其出纳之数。

以上见（宋）王与之：《周礼订义》卷十三，《景印文渊阁四库全书》第93册，台北：商务印书馆，1986年。

“内司服，奄一人、女御二人、奚八人。”

○史氏曰：春官有司服，掌王之吉凶衣服。今掌后之吉凶衣服者，不得不以内司服别之。

“掌王后之六服：袆衣、揄狄、阙狄、鞠衣、展衣、缘衣、素沙。”

○史氏曰：翚与揄，皆雉。取雉者，象德也。夫雉者，其交有时。内之所守者，正其羽，五色，外之所发者，文质素而青，仁义之全。

史氏曰：鞠衣，黄衣。黄者，中也，亲蚕之服，欲天下取中也。展，色纯白。白者，正洁之义。以礼见，王享宾客时服也。谓之展者，展礼所用也。缘衣，纯黑。黑者，至阴之义。至阴不动，燕居时服也。谓之缘衣，太质无华，以缥缘之也。夫天玄地黄，黄者，地道，妻道，天地严凝之气始于西南，盛于西北。白者，西方之色，阴之盛，坎再索而得女正北方之卦。黑者，北方之色，女之位。凡此，皆妇人所用之正色，故鞠衣、展衣、缘衣不独后服之，外、内命妇亦服之。

○史氏曰：妇人以正洁为体，以疏通为用。六服必以素纱为里，素白也，纱疏也，先王为衣服之义，所以寓戒。

总论

史氏曰：诗人以后妃服浣濯之衣为美，今此所用六服之彩绘得无相戾耶？盖六服者，祭祀、宾客、朝王所用，所谓礼服、法服。至其常御者，浣濯之衣可也。

"缝人，奄二人、女御八人、女工八十人、奚三十人。"

○史氏曰：布帛之成可谓难矣，苟剪裁不中度，则弃为无用之物，而纫缝亦倍费力矣。先王知其然，立缝人之官以司之，使之专其职、熟其制，则刀尺针缕之未施，其长短之程度已定于胸中，于是役女御以纫缝，则布帛不费而衣服具矣。

"掌凡内之缝事"

史氏曰：凡内之缝事悉掌之者，知缝人吉凶衣服之制度无不熟。

"凡染，春暴练"

史氏曰：凡染事，所以设色于布帛、线缕以供帷幕、幄帟、衽席、衣服之用，故春云暴练，欲其白而受采。

"掌凡染事"

○史氏曰：天下之染必因草木土石而成，布帛线缕，先王取其色以配四时之宜，以定上下之分，皆所以为礼。然先王取色以为礼，后世因色以起妄，故《传》曰"五色令人目盲"，使知所谓色者出于草木土石，不足为吾损益，则目不盲，而视天下之色，姑以为礼设耳。此周官之意。

"掌王后之首服，为副编次，追衡笄"

○史氏曰：衡其维持冠之带，《传》所谓"衡紞纮綖"是矣。笄其髻之簪礼，所谓女子许嫁，笄而字是矣。

"为九嫔及外内命妇之首服，以待祭祀宾客。"

○史氏曰：祭祀所以见祖庙，宾客所以享所尊，故首服用焉，以明非祭祀宾客，则不用。用之，未必饰。

"丧纪，共笄绖，亦如之。"

史氏曰：《传》曰：屦虽新，不加于冠。古人贱屦而贵冠，所以明上下之分，此屦人必在追师之后。王有弁师，后有追师。王有司服，后有内司服。冠冕衣裳无非各有其司，独于屦人总云者，以为不足烦二官。

"赤繶、黄繶、青句"

○史氏曰：赤繶，所以饰赤舄。赤阳色阳，以纯为贵，男子之服，《诗》

所谓“王锡韩侯……玄衮赤舄”是矣。黄繶，所以饰黑舄。黄地道阴，以黄为贵，妇人之服，《礼》于后之服屦有里舄是也。句，絇也。青絇，所以饰素屦。青阳也，素阴也，阳动阴静，动静不失其节，此足容所以重。

“辨外内命夫命妇之命屦、功屦、散屦”

○史氏曰：功屦以人力为之，若掌裘之功裘是也。散屦不加功饰，所常御及丧屦也。

“掌大丧以冕服复于大祖，以乘车建绥复于四郊”

○史氏曰：人之终也，体魄降于地，魂气无不之，以平时所服之冕服、所乘之车绥呼而复之，觊其魂气之识于物以来，招之以附于形体而复生，非爱其亲者，能如是乎？

以上见（宋）王与之：《周礼订义》卷十四，《景印文渊阁四库全书》第93册，台北：商务印书馆，1986年。

地官司徒上

○史氏曰：《传》曰：“政太察则无徒。”徒者，其民也。民者，司民，而曰司徒，有徒而教之以义也。今谓地官曰民部，或为户部者，以民为主故也。

“而辨其邦国、都鄙之数。制其畿疆而沟封之”

○史氏曰：邦国之数辨矣，然后制其畿以限之，制其疆以守之。深池以为沟，高垒以为封，民受地以居，养生丧死之无憾，所谓先成民也。

“设其社稷之壝，而树之田主，各以其野之所宜木，遂以名其社与其野。”

○史氏曰：不屋而坛。

“一曰山林，其动物宜毛物，其植物宜皁物，其民毛而方。”

○史氏曰：皂物，木实，有毛，若橡栗之属。

○史氏曰：生于山林，得山林之性。林麓阴翳，虽野而充盈也。

“二曰川泽，其动物宜鳞物，其植物宜膏物，其民黑而津。”

○史氏曰：生于川泽，得川泽之性。水气所熏，虽黑而润泽也。

“三曰丘陵，其动物宜羽物，其植物宜核物，其民专而长。”

○史氏曰：专而长者，生于丘陵，得丘陵之性。窟宅所生，虽局而修直也。

“四曰坟衍，其动物宜介物，其植物宜荚物，其民晰而瘠。”

○史氏曰：荚物蔓延，有荚，若荠棘之类是也。

○史氏曰：生于坟衍，得坟衍之性。平土所滋，虽白而癯劲也。

“五曰原隰，其动物宜羸物，其植物宜藂物，其民丰肉而庳。”

○史氏曰：蚓类也。

〇史氏曰：草之丛生，若葭荻之属。

〇史氏曰：生于原隰，得原隰之性。湿气所濡，虽肥而清短也。

“八曰以誓教恤，则民不怠。”

〇史氏曰：誓，所以警戒而归之恤。恤则无慢令致期矣，怠何由而生？

“十有一曰以贤制爵，则民慎德。十有二曰，以庸制禄，则民兴功。”

〇史氏曰：使民兴贤出，使长之；使民兴能入，使治之，则教成矣。

“以土圭之法测土深。正日景，以求地中。日南则景短，多暑；日北则景长，多寒；日东则景夕，多风；日西则景朝，多阴。日至之景，尺有五寸，谓之地中。”

史氏曰：虞以璇玑玉衡齐七政求天之中，周以土圭正日景求地之中。中于天地者，为中国，先王之建国所以致意焉。然必以玉为之，以其温润廉洁，受天地之中气，以类而求类也。

“凡建邦国，以土圭土其地而制其域。”

史氏曰：土圭之法所以测土深、正日景，前言正日景之法详矣。今此言测土深之法，夫地之肥硗，正以深浅言也。凡穿土至深，莫不有沙砾石碛，惟土面有腻土则肥，土肥则所生之物美好丰腴矣。土圭测其深浅而知其肥硗，而为公侯伯子男封疆之等差，下必曰食者，以土之所产言。

以上见（宋）王与之：《周礼订义》卷十五，《景印文渊阁四库全书》第93册，台北：商务印书馆，1986年。

“凡造都鄙，制其地域而封沟之；以其室数制之。不易之地，家百亩；一易之地，家二百亩；再易之地，家三百亩。”

〇史氏曰：封之所以止其窥觎，沟之所以禁其侵夺，然后屋室得以安居焉。

史氏曰：不易者，土力厚，一岁一种；再易者，土力薄，再岁一种；三易者，土力益瘠，率三岁而一种。易者更迭而种也，再易一倍不易之地，三易二倍不易之地，而其所出不过同为百亩之获也。

“乃分地职，奠地守，制地贡，而颁职事焉。以为地法而待政令”

〇史氏曰：政者，上为之章程令者，下得以奉行。孟子曰：“仁政必自经界始。”

“以荒政十有二聚万民”

〇史氏曰：大司徒裂土以封诸侯，度地以授万民，宜先于赋敛而首及于荒政。聚民之教，有以见先王本以恤民为主。

“一曰散利”

史氏曰：民苟离散，则财聚何益？《记》曰：“财聚则民散，财散则民聚。”此荒政所以先于散利。

“十曰多昏”

〇史氏曰：古者国有凶荒，则杀礼而多昏，会男女之无夫家者，所以育人民。

“十有一曰索鬼神”

〇史氏曰：《诗》云：“靡神不举，靡爱斯牲。圭璧既卒，宁莫我闻。”遇灾而索鬼神，所以祈民福也。

“十有二曰除盗贼”

〇史氏曰：《传》曰：牧民如牧羊，当去其败类者。凶荒而除盗贼，防其啸聚为民害也。

“以保息六养万民”

史氏曰：救荒之政，医者之攻疗；保息之政，医者之调养。既有以救之，又有以养之，民不相保而蕃息者，未之有也。

“正月之吉，始和，布教于邦国、都鄙，乃县教象之法于象魏，使万民观教象。挟日而敛之”

〇史氏曰：其曰教象，见乃谓之象也。

“以乡三物教万民而宾兴之”

〇史氏曰：无形无名者，道也；有形有名者，物也。得之于心，为六德；行之于身，为六行；习之于事，为六艺。是三者，有形有名矣，故谓之三物。

“一曰六德：知、仁、圣、义、忠、和。”

〇史氏曰：以其无不通。

“三曰六艺：礼、乐、射、御、书、数。”

〇史氏曰：五礼，所以防其伪。

〇史氏曰：六乐，所以防其情。

〇史氏曰：五射之仪，足以观其德。

〇史氏曰：五御之节，足以观其知。

〇史氏曰：心画见于六书。

〇史氏曰：物变见于九数。

“以乡八刑纠万民：一曰不孝之刑，二曰不睦之刑，三曰不姻之刑，四曰不弟之刑，五曰不任之刑，六曰不恤之刑，七曰造言之刑，八曰乱民之刑。”

史氏曰：五刑之属，三千而罪，莫大于不孝，故八刑之设，以不孝为首，而以其余次序之。若夫造言乱民之罪，既无与于六行，大司徒何与哉？盖造言而不禁，则风波以起众人之疑，簧鼓以惑众人之听，乱民而不禁，则淫侈之行兴，浇诈之风炽，如是而望教之行，不可得也。《王制》曰："析言破律，乱名改作，执左道以乱政，杀。"而孔子数少正卯之罪，亦曰行伪而坚，言伪而辩，学非而博，顺非而泽，然则造言乱民，岂不为害教之大者乎？宜大司徒所终禁也。有宾兴之礼以劝之于前，又有八刑以驱之于后，民若何不归君子长者之途哉！

"凡万民之不服教而有狱讼者，与有地治者听而断之，其附于刑者，归于士。"

○史氏曰：教而不服则有争，争而不已则有言于公，故曰讼。讼而不已则置之狴犴圜扉，以折其愤很之气，须其自怨自艾以服吾之教，故曰狱。

○史氏曰：大司徒不专听断，必与其属共之，不以尊严自居，不以贵势自骄，周流田野，谆谆然教其长老以慈顺，教其子弟以孝悌，使比闾族党灿然有文，欢然有恩，恤其疾隐，致其忠爱，未尝一日不与民接，必使王者之教沾濡浃洽，无有不服然后已。

○史氏曰：《王制》："凡听五刑之讼，必原父子之亲，立君臣之义，以权之；意论轻重之序，慎测浅深之量，以别之；悉其聪明，致其忠爱，以尽之。"此非大司徒不能也。及夫"成狱辞，史以狱成告于正；正听之，正以狱成告于大司寇，大司寇听之棘木之下"，然后告王而制刑，则归之士者，岂得已哉！

"祀五帝，奉牛牲，羞其肆。"

○史氏曰：大司徒为奉牲之长，至是不得不奉牛牲也。

○史氏曰：肆者，解其牲体而陈之于俎。

"大军旅、大田役，以旗致万民，而治其徒庶之政令。"

○史氏曰：军旅所以用众，大田所以简众，大役所以任众。众之所聚，政令行焉。不有旗表其观视，何所趋向哉？

"若国有大故，则致万民于王门，令无节者不行于天下。"

○史氏曰：致民于王门，备不虞也。

"大荒、大札，则令邦国移民通财，舍禁弛力，薄征缓刑。"

○史氏曰：水旱虫螟，谓之荒。

○史氏曰：天行，谓之札。

"岁终，则令教官正治而致事。正岁，令于教官曰：各共尔职，修乃事，以听王命。其有不正，则国有常刑。"

○史氏曰：不曰不共，而曰不正者，以此知先王之教本以正天下也。

以上见（宋）王与之：《周礼订义》卷十六，《景印文渊阁四库全书》第93册，台北：商务印书馆，1986年。

“以稽国中及四郊都鄙之夫家九比之数，以辨其贵贱、老幼、废疾。及征役之施舍”

○史氏曰：国中，王畿也；四郊，畿外也；都鄙，野外也。

○史氏曰：夫谓其身，家谓其居，如止知其居，则土著之民在尔。僦寓转移之民，何自知之？此夫家所以兼言也。

“与其祭祀、饮食、丧纪之禁令”

○史氏曰：众之所聚，不可无禁与令。

“乃颁比法于六乡之大夫，使各登其乡之众寡、六畜、车辇，辨其物，以岁时入其数，以施政教，行征令。”

○史氏曰：物，虽民之物，缓急有用，当辨其可用与否。

“大丧，帅邦役，治其政教。”

○史氏曰：兴土工以为因山之役。

“凡民讼，以地比正之。”

○史氏曰：地比者，相亲相保之法，可以情义断也。

“地讼，以图正之”

○史氏曰：图者，道里疆界之形。

以上见（宋）王与之：《周礼订义》卷十七，《景印文渊阁四库全书》第93册，台北：商务印书馆，1986年。

“以国比之法，以时稽其夫家众寡，辨其老幼、贵贱、废疾、马牛之物，辨其可任者与其施舍者。掌其戒令纠禁，听其狱讼。”

○史氏曰：凡政皆视。小司徒但主一乡之事耳。

“大役，则帅民徒而至，治其政令。既役，则受州里之役要，以考司空之辟，以逆其役事。”

○史氏曰：未役为民，既役为徒。

“岁终，则令六乡之吏，皆会政致事。正岁，令群吏考法于司徒以退，各宪之于其所治之国”

○史氏曰：赞，小司徒也。

○史氏曰：禀令而行也。

○史氏曰：宪之于治群吏，又于乡大夫而取法也。

以上见（宋）王与之：《周礼订义》卷十八，《景印文渊阁四库全书》第93册，台北：商务印书馆，1986年。

“各掌其州之教治政令之法”

○史氏曰：州长非独使之相赒，有教焉，所以笃父子，睦兄弟，钦长上之道详矣。又有治政令之法，所以齐不齐，正不正，驱其不帅教者也。

“三年大比，则大考州里，以赞乡大夫废兴。”

〇史氏曰：不曰诛赏而曰废兴者，乡大夫之教民，兴贤能，废愚不肖而已。至于诛赏，则大司徒诏王之事也。

“一命齿于乡里，再命齿于父族，三命而不齿。”

〇史氏曰：习乡尚齿，仕而反乡曲，虽至王公，安得不与士齿耶？盖周之士大夫仕于其乡，故党正不得不以贵而节文之。仕至三命则不问乡族，皆当临而治之，而与之杂居齐齿，将何以正色而帅乎？下此不当齿之义。

“各掌其闾之征令”

史氏曰：闾胥于民尤近，掌其征令而已，异于师也。征令者，上之所言皆是也。

“凡春秋之祭祀、役政、丧纪之数，聚众庶。既比，则读法，书其敬敏任恤者。”

〇史氏曰：任信于朋友。

〇史氏曰：恤悯其穷困。

“凡事，掌其比觥挞罚之事。”

史氏曰：二十五家之失礼，疑若不足，关于治乱而先王之罚不恕如此，固不以二十五家而废治也。

“比长，五家下士一人。”

史氏曰：民之治自族党，州乡为附庸、为侯邦、为天下，其本则出于此。欲治天下，必行比法可也，是故先王于此尤所致意。虽合为六乡，统为天下，其法亦必以此名之。

“各掌其比之治。五家相受相和亲。有罪奇邪，则相及。”

史氏曰：周之治本于闺门，又以比法辅之，则五家之家法素严矣，其相受相和亲固然也。所虑者，奇邪之民忽生其闲，遂能败群乱俗。同比之民不能绝其萌，相帅于无过之地，至于有罪，岂不相及乎？相及者，若今连坐也。

“若徙于他，则为之旌节而行之。”

〇史氏曰：若徒于他，则不可面相授受。予之旌节以为信，则彼得以受之矣。何者？知其无过也。

“若无授无节，则唯圜土内之。”

〇史氏曰：无授无节，非有过则必其无土著者，彼之得之，宁不呵问？内之圜土者，既防其奸伪，又冀其回心，而止于无过，此先王之仁政也。

以上见（宋）王与之：《周礼订义》卷十九，《景印文渊阁四库全书》第93册，台北：商务印书馆，1986年。

“掌设王之社壝。为畿，封而树之。”

史氏曰：封人掌设坛壝，唯王有社壝，而于国则设社稷之壝也。夫坛也，坛在中而外为埒埒，故谓之壝。举壝，则知有坛矣。畿，封植其所宜木，严其界限，使无犯。

“封其四疆。造都邑之封域者，亦如之。”

史氏曰：封其四疆，为建国设也；封其域，为建都邑设也。

○史氏曰：王社、侯社皆不置稷者，王与诸侯以宝上地为任也；大社、国社有稷侑之者，民以食为天也。

“令社稷之职”

史氏曰：大司徒设属，所以教民者已备，然后得以立社稷之坛壝，奉社稷之牲牢，所谓先成民而后致力于神。然均是神也，曷先于社稷？盖有国有家者当以土地为重，孟子言诸侯之宝必以土地居首，《记》亦曰“家主中溜国主社”，岂非国家所重有在于土地乎？

“凡祭祀，饰其牛牲，设其楅衡置其絼，共其水稿”

○史氏曰：衡，以系其絼也。

“鼓人，中士六人、府二人、史二人、徒二十人。”

○史氏曰：鼓专于阳，金为西方之物，有阴之义。凡进皆鼓，凡节皆金，阴阳之义，不可偏废也。

○史氏曰：声乐之作，缀兆舒疾，以是节之；军旅之起坐，作进退，以是和之；田役之兴，往来甘苦，以是正之。

“以路鼓鼓鬼享”

史氏曰：天神之祀用雷鼓。雷固无形，主乎阳；后土之祀用灵鼓，灵固异神，主乎阴；宗庙之祀用路鼓，路固为大，主乎祖。

“以鼖鼓鼓军事”

○史氏曰：军事，欲与众共闻也。

“以鼛鼓鼓役事”

○史氏曰：鼛，高也。役事，亦欲与众共闻也。

“以晋鼓鼓金奏”

○史氏曰：金奏，编钟。以是发之，乐之始作，进而未已也。

“田役亦如之”

史氏曰：所以作士气也。

“掌教兵舞。帅而舞山川之祭祀，教帗舞；帅而舞社稷之祭祀，教羽舞；帅而舞四方之祭祀，教皇舞；帅而舞旱暵之事”

○史氏曰：帗舞，执五采缯加帗。

〇史氏曰：皇舞，执五色如翟也。

“掌牧六牲而阜蕃其物，以共祭祀之牲牷。”

〇史氏曰：祭祀之牲，贵于牧养。阜蕃者，不以瘠薄待神祇、祖考、圣人之孝心也。

“凡阳祀，用骍牲毛之；阴祀，用黝牲毛之。”

史氏曰：凡祀分阴阳者，以天地，则天阳而地阴；以日月，则日阳而月阴；以宗庙，则昭阳而穆阴。

“凡牲不系者，共奉之。”

〇史氏曰：非时之祀共奉之而已，不暇系于充人也。

“掌养国之公牛，以待国之政令。”

〇史氏曰：祭祀之物牛曰一元大武，以六牲之中牛最大。天地之牛角茧栗，宗庙之牛角握，宾客之牛角尺，则牛者无所不用。

〇史氏曰：政令，凡祭祀所用，无所不掌也。

“凡祭祀，共其享牛、求牛，以授职人而刍之。”

〇史氏曰：享牛，谓所合供者，若牧人时祀之牲。

〇史氏曰：求牛，谓非时而须，若牧人外祭毁事之尨是矣。

“凡宾客之事，共其牢礼、积膳之牛。”

〇史氏曰：既以生馈之，又以熟进之。

“飨食、宾射，共其膳羞之牛。”

史氏曰：飨食、宾射，讲礼之时用也。

“凡会同、军旅、行役，共其兵车之牛与其牵徬，以载公任器。”

〇史氏曰：牵徬，载任，引重致远之时用也。

“凡祭祀，共其牛牲之互与其盆，簝以待事。”

史氏曰：观周官牛人所共，非祭祀，则宾客、燕享、军旅，初非为食用。《礼》曰：“天子无故不杀牛，大夫无故不杀羊，士无故不杀犬豕。”所谓故其祭祀之时欤？

“掌系祭祀之牲牷。祀五帝，则系于牢，刍之三月。享先王，亦如之。”

〇史氏曰：系于牢者，充人所躬亲也。

以上见（宋）王与之：《周礼订义》卷二十，《景印文渊阁四库全书》第93册，台北：商务印书馆，1986年。

“掌邦国、都鄙、稍甸、郊里之地域，而辨其夫家人民、田莱之数，及其六畜、车辇之稽。三年大比，则以考群吏而以诏废置。”

〇史氏曰：夫家人民之增损，田莱之荒辟，六畜之登耗，车辇之备乏，必待三年大比而稽考，于是群吏始从而废置，则其法略于官府乡遂矣。

“乡里之委积，以恤民之艰厄。”

〇史氏曰：方其艰厄，岂暇远诉？即其居而予之，取其近也。

“县都之委积，以待凶荒。”

史氏曰：郊里则远井邑矣，宾客不常至；野鄙则远廛市矣，羁旅不常有；县都则远乡遂矣，凶荒不常见。皆俟时而予之，故云待也。

“凡宾客、会同、师役，掌其道路之委积。凡国野之道，十里有庐，庐有饮食；三十里有宿，宿有路室，路室有委；五十里有市，市有候馆，候馆有积。”

〇史氏曰：劳其饥渴也。

〇史氏曰：备其乏绝。

“凡委积之事，巡而比之，以时颁之。”

史氏曰：不使过数。

“均人，中士二人、下士四人、府二人、史四人、胥四人、徒四十人。”

〇史氏曰：先王立均人，所以均人民。人民所食者在乎地，故地政、地守、地职皆由此均焉。

以上见（宋）王与之：《周礼订义》卷二十一，《景印文渊阁四库全书》第93册，台北：商务印书馆，1986年。

“保氏，下大夫一人、中士二人、府二人、史二人、胥六人、徒六十人。”

〇史氏曰：王者之行，美恶而已。既有师氏以诏美，又有保氏以谏恶，此所以善日加益而不自知。孔子语事君之道，必曰：“将顺其美，正救其恶。”故上下能相亲。此保氏不可不立如此。

“而养国子以道。乃教之六艺”

史氏曰：师氏之德行既根诸内，而保氏所养，养此而已。夫有诸内，必形诸外，则艺也，仪也，人孰患其不习哉！

“凡祭祀、宾客、会同、丧纪、军旅，王举则从，听治，亦如之。使其属守王闱”

〇史氏曰：使其属守王闱，所以几其出入，从而谏也。

“司救，中士二人、史二人、徒二十人。”

〇史氏曰：民之有司谏、司救，犹王之有师氏、保氏，所以使之归美改恶。后世师氏、保氏不立，而以司谏兼司救之职为王补阙而拾遗，民有邪恶过失，不知以威诛让之，以礼防禁之，而一于刑辟先王之意，失矣。

“掌万民之邪恶过失而诛让之，以礼防禁而救之。”

〇史氏曰：诛与让不同，防与禁亦异。心之愧耻因辱而生，辱之则追悔其已往身之犯法。因囚而改，囚之则思，底于自新。

“凡民之有邪恶者，三让而罚，三罚而士加明刑，耻诸嘉石。役诸司空”

史氏曰：让者，切责之罚者，挞击之士，司寇之属。

“凡岁时有天患民病，则以节巡国中及郊野，而以王命施惠。”

史氏曰：天患菑眚，民病札瘥也，以旌节表之，使民知施惠出于王命也。

以上见（宋）王与之:《周礼订义》卷二十二,《景印文渊阁四库全书》第93册，台北：商务印书馆，1986年。

“调人，下士二人、史二人、徒十人。”

○史氏曰：凡人之心，方其有触则怒，怒则争，争则鼎镬在前不顾也。及其怨隙已成，杀伤被执，退省其身，已无生路，追念其父母妻子不可复见，未始不悔悟而恨旁人之不我救止。先王灼知人情之隐，设调人以谐和于始，使不至于此地，忠厚之至也。

“凡和难，父之仇辟诸海外，兄弟之仇辟诸千里之外，从父兄弟之仇不同国。君之仇视父，师长之仇，视兄弟，主友之仇，视从父兄弟。弗辟，则与之瑞节而以执之。”

史氏曰：凡怨仇蓄积于心，不见则已，见则不可已，故和之之法亦在于弗使之见，此谓之辟。

○史氏曰：海外远矣，千里之外次之，不同国又次之。亲疏之义，岂无等差?

“凡杀人有反杀者，使邦国交仇之。”

○史氏曰：杀人者，死。王已杀之，仇家复思报焉，与邦国共弃之。

“凡杀人而义者，不同国，令勿仇，仇之则死。”

○史氏曰：宜杀者，勿使仇，异国而处，息其怨心。若有仇者，是不知上之法禁，杀之可也。

“凡有斗怒者成之。不可成者，则书之。先动者，诛之。”

○史氏曰：斗怒平之，则不至于争。不受平者，为籍以纪，使其不可以再犯。先动者诛，则虽有怒者，不敢先发，以丽于罪。此皆息怨、息讼之要术也。

“掌万民之判”

○史氏曰：《曲礼》曰：“男女非有行媒，不相知名。非受币，不交不亲，故日月以告君，齐戒以告鬼神，为酒食以召乡党朋友，以厚其别也。”盖有判，则有合。

“凡男女自成名以上，皆书年月日名焉。”

○史氏曰：若《春秋》桓六年九月丁卯子同生是也。

“于是时也，奔者不禁。若无故而不用令者，罚之。”

〇史氏曰：纳采、问名、纳吉、纳征、请期、婚礼之当也。当中春之月，而是礼有不备者，皆谓之奔。奔者不禁，听其杀礼而成婚也。内则曰聘曰妻，奔曰妾，先王重聘礼，故有是说。其实皆由媒氏而合，可谓之淫奔乎？国有凶荒，家遇丧祸，必待备礼，男女失时矣，此谓之故。无故而不备礼，其罚也宜矣。

“禁迁葬者与嫁殇者”

〇史氏曰：男女生为夫妇，死则同穴。迁葬者谓以死者求妇，嫁殇者谓以死者求夫，不经之甚。以此坊民，后世犹有苍舒而合葬者。

“以量度成贾而征儥”

〇史氏曰：招诱也。

“以质剂结信而止讼”

史氏曰：质以人证，剂以书约。信要立，则市无争讼矣。

以上见（宋）王与之：《周礼订义》卷二十三，《景印文渊阁四库全书》第93册，台北：商务印书馆，1986年。

“凡治质剂者，国中一旬，郊二旬，野三旬，都三月，邦国期。期内听，期外不听。”

〇史氏曰：市之交易本无可贳，其许贳者必其信结以为先，故立券以贷之。其过期而不偿者，必力屈而无所出矣。使官为听其逾期之讼，则积年之负将不胜其征索，而民亦困矣。期外不听，先王教民以折券弃债也。

“凡珍异之有滞者，敛而入于膳府。”

史氏曰：皮角筋骨非食物也，故敛而入于玉府，所以资百工之器用也。食物之有珍异，屠者资以为生而有滞焉，将腐败而不可食，敛而入于膳府，则民不失财，官得实用，所谓两利。

“贾师各掌其次之货贿之治，辨其物而均平之。展其成而奠其贾，然后令市。”

〇史氏曰：贾之有师，贾之所取法也。各掌其次，则左右有局。各司其局，其曰货贿之治。言所治，无非货贿之事。

〇史氏曰：既辨其物而使均平，既展其成而使贾定，则民之交易无可议于是，而令市，孰有受其饰行儥慝者哉？

“凡天患，禁贵儥者，使有恒贾。”

〇史氏曰：物价翔踊不可禁，禁之则深藏而不出，求者多则贾不得不贵，虽有智巧，何以弭之？先王之市，已先知其货贿多寡有无之所在，故能使其必儥；而市价可使不贰，故曰使有常价。后世无法以处，徒肆其刑威以禁之，虽日挞而求其价之有常，不可得已。

“凡国之卖價，各帅其属而嗣掌其月。”

〇史氏曰：嗣掌其月，若今所谓番直也。

“若不可禁，则搏而戮之。”

史氏曰：先王有心于爱民，故设吏以禁暴。后世有心于取利，故设吏以为暴。民有一物，吏思得之，既不可以自取，必藉奸民以为囊橐。彼或不从，则斗嚣、暴乱、陵犯无所不至，民不得已而予之，吏既受矣，奸民于是愈肆。吏方拱手听命，而敢搏而戮之乎？是以欲行禁暴，当先择吏之良者以处于上，而下之奸民自化矣。

“司稽掌巡市，而察其犯禁者，与其不物者而搏之。”

〇史氏曰：不物，不正之物。奇器淫巧，凡不适于用者皆是也。

“敛其总布，掌其戒禁”

〇史氏曰：总计其数而敛之，以为征税。

〇史氏曰：敛布之戒禁也。

“凡赊者，祭祀无过旬日，丧纪无过三月。”

〇史氏曰：民之急，莫急于丧祭。阙，则贫者号呼乞贷而无所，今也官给其物以应之，立其期，使偿之，初无息。取息于丧祭之家，非仁政也。

“掌其治禁与其征廛”

史氏曰：掌其征榷与其廛积。

以上见（宋）王与之：《周礼订义》卷二十四，《景印文渊阁四库全书》第93册，台北：商务印书馆，1986年。

附录四　南宋四明史氏家族研究论著叙录

本部分汇录相关研究论著，主要包括两类：专著与学位论文。每类之下，分条缕述，先列著述及相关信息，次述内容梗概，末附目次。至于其得失，约略及之。

一、专著

1. Richard L.Davis:*Court and family in Sung China,960-1279: bureaucratic success and kinship fortunes for the Shih of Ming-chou,* Durbam:Duke University Press,1986.

戴仁柱（Richard L.Davis），美国著名中国史研究学者。1951 年出生，美国纽约州布法罗市人。他在普林斯顿大学东亚研究系师从刘子健先生，于 1980 年获得博士学位。2006 年起，任香港岭南大学讲座教授。戴仁柱从事中国史研究，著有《十三世纪中国政治和文化危机》《伶人·武士·猎手——后唐庄宗李存勖传》等。刘晓的《美国学者戴仁柱教授与中国史研究》[①]一文对其研究经历及若干成果做有评价和介绍。

该书是戴仁柱在博士论文的基础上修订而成的。戴仁柱受美国宋史界关于宋代社会流动的研究风气的影响，对史氏家族进行了样本化分析。全书共分五章：第一章介绍了史氏家族的崛起背景，如宋代的选拔制度、经济与政治的转型、教育与政府官位设置等；之后将史氏家族的发展分为孕育、扎根京城、收获及衰败四个阶段，列为四章，以人物为中心进行了论述。结论部分，他总结了史氏家族政治成功的若干因素：科名、恩荫、寿命等，并对宋代家族与政治的关系进行了一定发覆。该书附录多种，其中《史氏世系图》较为详备。

这部书是最早研究史氏家族的专著，对于 20 世纪 80 年代我国台湾地区的宋代家族研究有一定借鉴意义，如黄宽重在打算开展四明地区家族研究时，即“为了避免重复，以致耗力多而所获少，因此只与柳立言兄合写一篇书评，就避开史氏家族，转而从袁氏家族入手”[②]。

---

① 刘晓：《美国学者戴仁柱教授与中国史研究》，《中国史研究动态》1998 年第 2 期。

② 黄宽重：《宋代的家族与社会·序》，北京：国家图书馆出版社，2009 年。

2.（美）戴仁柱著，刘广丰、惠冬译：《丞相世家：南宋四明史氏家族研究》，北京：中华书局，2014 年

该书为戴仁柱前书的中译修订本。在《自序》中，戴仁柱介绍了这本书的修订原则："1986 年的版本，更像是一本充满大量图表、附录、严格的脚注以及广泛征引文献的博士论文。原版之中包含了泾渭分明的两部分：史氏作为一个南宋士大夫家族的政治史的故事，和在史氏家族际遇的基础之上展开的社会史的分析。对于中文版，我决定聚焦于前者。"这就决定了该书的叙述重心是在史氏家族的政治史方面。又由于译者采取的是"尽量意译"的原则，"补充了一些新观点和新材料，也吸纳了今天一些新的研究成果——特别是国内的成果"①，使得该书与前书相比有一定区别。

张其凡为该书作序，对其内容做有概括，认为"本书是一部较好而又通俗易懂的史学著作"。

目次：

3. 史美珩：《中华姓氏谱·史姓卷》，北京：华艺出版社，2002 年

史美珩《中华姓氏谱·史姓卷》②对古代史氏做了宏观把握与概括，尤详于宋代四明史氏。该书第三章梳理了四明史氏的世系、迁徙情况，探讨了其兴衰过程及原因，对史浩、史弥远、史嵩之、史宇之等史氏家族代表人物的论述则散见于各章。其对于史氏家训的讨论，亦有独到见解。为了编著此书，史美珩曾有相关成果刊出，如《评为岳飞平反的宰相——史

① 刘广丰：《译后记》，（美）戴仁柱著，刘广丰、惠冬译：《丞相世家：南宋四明史氏家族研究》，北京：中华书局，2014 年。

② 史美珩：《中华姓氏谱·史姓卷》，北京：华艺出版社，2002 年。

浩》[①]一文。

4. 史美露:《四明史氏》,内部资料,2001 年

编者史美露女士,四川成都人,为四明史氏后裔。在寻祖过程中,她访得《四明古藤史氏宗谱》《史氏家谱》《鄞东下水史氏家乘》等书,遂产生了汇辑史氏资料的想法,故有是书。

该书共五个部分。第一部分《"南京人"史久华》为作者回忆、记录其爷爷的若干文章;后四个部分则是四明史氏相关资料的汇辑,内容如下:第二部分《史氏资料汇辑》是从谱牒及正史中采录的史氏谱序、墓志、传记、敕命、祭文、诗文等125篇;第三部分《史氏画册光芒永存》分别影印了《史家祖宗画像、传记及题跋》及史浩墨迹一幅,最具资料价值。前者包括史简、叶氏、史诏、史师仲、史师才、史师木、史师光、史浩、史渐、史浤、史弥大、史弥正、史弥远、史弥坚、史弥忠、史弥[illegible]、史弥谨、史弥巩、史守之、史定之、史宽之、史宅之、史宇之、史宾之、史嵩之、石岩之、史肯之、史司卿、史吉卿、史蒙卿、史芳卿31位史氏祖宗的画像及小传,并包括19则清人题跋。此资料被国家档案局、中央档案馆列入"中国档案文献遗产"。后者为史浩上宰相札子的墨迹,不见于史浩《鄮峰真隐漫录》及《全宋文》;第四部分《宁人研究史氏》,包括今人曹厚德、杨古城两位先生的15篇史氏研究文章;第五部分《四明史氏遗迹实物佐证》收录10余篇史氏遗迹文物考证之文。

5. 史美露:《南宋四明史氏》,成都:四川美术出版社,2006 年

由于前书未公开出版发行,史美露女士遂有该书。该书共分为以下几个部分:一、南宋四明史氏人物画册及石刻;二、遗迹缘由;三、庆传源流;四、家训、家范及文化传承;五、古今论南宋史氏;六、历代史氏现存谱目。与前书相比,该书资料搜集更为丰富,如在《史家祖宗画像、传记及题跋》之外,增补若干石刻文物图像;在传记序跋之外,又有《历代史氏现存谱目》介绍历代史氏谱牒编撰及现存情况;《古今论南宋史氏》所收十余篇史氏家族研究文章大多为前书所未收。

四明史氏家族资料散见于家谱、史志及报刊诸处,该书将之萃于一编,确实有功于学林。由于编者意在普及史氏家族资料,该书尚存在一些问题,如未能一一注明所收资料的原始出处、文献断句存在错误等,在使用时应加以注意。

① 史美珩:《评为岳飞平反的宰相——史浩》,《浙江师大学报》(社会科学版)2001 年第 6 期。

6. 俞信芳:《帝师丞相史浩》，宁波：宁波出版社，2009 年

俞信芳，1941 年生，鄞县（今宁波市）人。曾任杭州大学古籍研究所所长姜亮夫先生助手，后任宁波大学图书馆副研究员。有《张寿镛先生传》《王安石与鄞县》《四明尊者教行录校注》等专著，发表论文 70 余篇。俞信芳长期从事史浩研究，较早发表有《鄞籍中兴宰相史浩二三事》[①]等文，又致力于史浩文集《鄮峰真隐漫录》的校点工作，近已由浙江古籍出版社出版。

作为《鄞州地方文化丛书》之一，《帝师丞相史浩》是俞信芳关于史浩研究的重要专著。在材料运用上，该书从近百部古文献尤其《鄮峰真隐漫录》中广泛征引材料，对于史浩的生平行实进行了细大不捐地排比、考证，非常扎实、深入；而在行文次序上，既依据时间线索梳理史浩一生，又以专题形式突出史浩的宗教观念、文学艺术成就等，使得该书性质介于年谱与传记之间。总之，此书是了解史浩生平的重要参考著作。

目次：

7. 陈恩黎:《四明史氏家族》，宁波：宁波出版社，2010 年

该书是研究四明史氏家族的专门著作，从所言史实来看，多是对学界已有相关研究成果的吸收与改写，创见不多；更为严重的是，该书存在部分章节截取、袭用他人论述而未加以说明的情况，如胡梦昱案为笔者博士学位论文首先关注，该书作者在袭用此论题时，却未有任何注明，不符合学术规范。

目次：

① 俞信芳:《鄞籍中兴宰相史浩二三事》,《宁波师院学报》（社会科学版）1991 年第 3 期。

第二节 宋代家族史研究概况
第三节 宋代四明史氏家族的研究意义和现状
第一章 四明史氏家族兴起的时代背景
第一节 宋代选拔官员的机制
第二节 宋代四明地区综合实力概述
第二章 追溯四明史家的源头
第一节 从溧阳到明州
第二节 史简与叶氏的生平
第三章 从民间走向庙堂
第一节 史诏
第二节 第四代：早期的岁月
第四章 扎根临安：史浩崛起
第一节 史浩生平
第二节 初入仕途
第三节 作为丞相的史浩
第四节 作为地方官的史浩
第五节 再度为相
第六节 作为文人的史浩
第七节 史浩对家族的影响
第八节 史浩对地方文化的影响
第九节 史氏家族第五代概况
附录一 太师忠定王行略
附录二 宋史·史浩传
附录三 史浩的舞曲
附录四 史浩年谱
第五章 巅峰：史弥远时代
第一节 12 世纪末到 13 世纪初的南宋王朝
第二节 史弥远的权力之路
第三节 问鼎相位
第四节 制造一位平民皇帝
第五节 胡梦昱案
第六节 江湖诗案
第七节 史弥远的对外政策
第八节 最后的岁月

第九节 “弥”字辈概况
第十节 小结
附录一 宋史·史弥远传
附录二 史弥宁的诗
第六章 从繁华走向衰落
第一节 理宗亲政后的时局
第二节 史嵩之的仕途之路
第三节 史氏家族的其他第八代成员
第四节 第九代的代表人物
附录一 宋史·史嵩之传
余论
第一节 史氏家族繁荣的原因
第二节 史氏家族衰落的原因
第三节 史氏家族对地方文化的影响
参考文献
后记

8. 郑传杰，郑昕:《史氏家族》，宁波：宁波出版社，2011 年

郑传杰，1956 年生，宁波人。《鄞州区志》编辑，著有《宋儒王应麟》《二登相位郑清之》等书。该书以史浩、史弥远、史嵩之三人为中心，叙述史氏家族的兴衰，具有较强的可读性。虽然该书不是专门的史氏家族研究著述，但亦有不少创见，如认为史弥远与杨后结好，是其夫人潘氏与杨后“年相仿，少相识，是上虞老乡”的缘故；又对流传的“育王一块地，常冒天子气。丞相要做坟，不知主何意？”的故事做了辨析。附录“南宋史氏事记”记载史氏家族大事，具有一定参考价值。

目次：
第一章 重人伦史氏奠基业
一、觅得适我乐土
二、唱响至孝悲歌
三、创立八行家风
四、踏上科举仕途
第二章 得人和史浩见贤能
一、润改少年岁月
二、养成持重性格
三、通融佛道两教

9. 史美珩:《是奸相还是能臣：史弥远历史真相研究》，太原：山西人民出版社，2010 年

史美珩，1937 年生，浙江东阳人。1961 年毕业于北京大学哲学系，就职于浙江师范大学。发表论文 60 余篇，著有《中华姓氏谱 · 史姓卷》等。作为南宋执政 26 年之久的权相，史弥远备受争议，不仅在当时受到公议指摘，后来的记载也存在失实、歪曲之处，遂影响了后世对史弥远的客观评价。为此，史美珩创作该书，力图还史弥远的历史真相。该书分为七篇，其中《家世篇》是对史弥远家世、生平的介绍，多取诸常识，理据有所不足;《诛韩篇》《抗金篇》《立理篇》《谈谬篇》《杂议篇》等部分针对《宋史》《宋史纪事本末》《续资治通鉴》等史书、一些笔记如周密《齐东野语》《癸辛杂识》等的记载失实甚至有意歪曲之处，以及今人史著如白寿彝主编之《中国通史》的错误评价进行了辩驳，涉及史弥远诛韩、抗金、废立等重大问题，对史弥远是奸相、主和派的传统认识加以纠正，有正本清源之功。陈玉屏认为，“本书论史弥远是能臣而非权奸是站得住脚的。因而本书为一个长期被妖魔化的历史人物洗清污名，实事求是地恢复其应有的历史地位，是历史研究中的一项杰出成果”[①]。当然，该书也存在一些问题，“近年来虽然出现肯定史弥远的著作，其中特别以发掘“历史真相研究”为名的专书，实为为先人辩诬之作，则有矫枉过正，过度回护之嫌”[②]。黄宽重所言“实为为先人辩诬之作”不免臆测，而矫枉过正、过度回护的看法则有一定道理。如《行政篇》所论“以民为本　赈灾救急”“拨乱反正　平反昭雪”“选贤任能　按制办事”等条目，单就个别事例而言，该书所言不差，但能否以一概全，涵括史弥远的整个执政生涯，则有待商榷。

目次：

① 陈玉屏:《一部有见地的史学新著——评史美珩新著〈是奸相还是能臣——史弥远历史真相研究〉》,《西南民族大学学报》2011 年第 7 期。

② 黄宽重:《“嘉定现象”的研究议题与资料》,《中国史研究》2013 年第 2 期。

诛杀韩侂胄的主谋是史弥远吗
韩侂胄是史弥远“骗”来上朝，然后在路上伏击致死的吗
“函侂胄首于金”是史弥远个人决定的吗
嘉定和议是史弥远降金乞和的产物吗
真德秀反对过诛杀韩侂胄和嘉定和议吗
开禧北伐战争能继续打下去吗
史弥远和韩侂胄之间的分歧是主战派与主和派之间的分歧吗
抗金篇
南宋最辉煌的抗金战争
八年抗金后的形势与顺阳之战
八年抗金的历史经验与教训
八年抗金胜利的意义
八年抗金是蒙古人的胜利吗
史弥远为相期间的民族精神
立理篇
所谓史弥远“擅自废立”的真相
济王赵竑是“太子”吗
理宗赵昀是一个身世不明的皇族外人吗
皇子赵竑为什么要反对杨皇后与史弥远
胡梦昱的“狂悖”之言告诉人们什么
真德秀的两句“名言”说明什么
杨石为什么要力劝太后撤“垂帘听政”
理宗并非史弥远“擅自废立”的铁证
行政篇
以民为本　赈灾救急
严于责己　招谕安民
拨乱反正　平反昭雪
兼容并包　尊道隆儒崇佛
江湖诗案
选贤任能　按制办事
黄干、李燔等道学名流是受史弥远迫害的吗
能否把政见异同作为划分君子小人的标准
探谬篇
从《宋史·张浚传》看《宋史》对历史人物的神化和魔化

10. 仇国华主编:《宁波东钱湖历史文化·四明史氏篇》，香港：天马出版有限公司，2011 年

该书为“宁波东钱湖历史文化”丛书之一，共 119 页，收录今人史氏研究文章 24 篇，具有一定资料价值。

目次:

八、“八行”精神对四明史氏六代影响初探

九、简论史浩为岳飞平反的永恒价值

十、淡泊名利的南宋藏书家史守之

十一、六朝古刹大慈禅寺与四明史氏初探

十二、宋代的文官制度和史弥远执政

十三、四明史家叶氏太君

十四、八行高士史诏

十五、治国能臣史浩

十六、两朝宰相史弥远

十七、出将入相史嵩之

十八、清代状元史大成

十九、史氏宗祠与“八行堂”

二十、不平则鸣、奋起抗争

二十一、七里香街脂粉香

二十二、论南宋石刻的历史价值和现状

二十三、鄞县东钱湖的史氏墓葬

二十四、南宋史氏望族官职、墓葬简表

11. 蒋义斌:《史浩研究——兼论南宋孝宗朝政局及学术》，台北：花木兰文化出版社，2009 年

蒋义斌，1952 年生于台湾南投，1984 年获得中国文化大学史研所博士学位，现任职于台北大学历史学系。著有《宋代儒释调和论及排佛论之演进》《宋儒与佛教》等。

该书原是作者在中国文化大学史学所的硕士学位论文，完成于 1980 年，是最早的专门以史浩为研究对象的论著。2009 年，被列入王明荪主编的《古代历史文化研究辑刊》二编第二二册出版。该书旨在借史浩研究，以窥探南宋孝宗朝政局与学术之大要，共九章，引录要点如下：

第一章《绪论》阐述明州史氏于南宋之重要性与本书研究主旨、研究范围及史料之抉择；第二章《史浩之家世与其早年生平》叙述史浩家世及史浩早年生平；第三章《史浩与南宋孝宗之即位》叙述孝宗受禅前后及史浩的调护之功；第四章《史浩初相与荐、阻张浚考实》检考后代史家多着墨于史浩、张浚之异议而略史浩曾荐张浚一事的相关史料；第五章《史浩与孝宗朝诸臣和战之争》旨在分析张、史之异议，及太上皇高宗对金态度，明其对和战之影响力；第六章《史浩晚年与孝宗朝政局》对孝宗之不久相与孝宗之任用近臣，有所讨论。除此之外，亦述史浩任地方官之治绩和史浩归里荐士一事；第七章《孝宗朝学术背景及孝宗、史浩与释氏之交往》，孝宗乾淳之际，义理之学讲求益精，唯诸儒对佛学多有所涉及，而孝宗、史浩与释氏大德亦有交往，本章亦有讨论；第八章《史浩之交游与学术》述史浩与象山学派诸儒之交往外，复述及史浩之学术著作。第九章《结论》。

12. （宋）史浩撰，俞信芳点校：《史浩集》（全三册），杭州：浙江古籍出版社，2016 年

该书是俞信芳先生对史浩《鄮峰真隐漫录》全面整理点校的成果，“以乾隆四十二年刻本为底本，校以北京大学图书馆藏《四库全书》底本、天一阁藏‘明抄本’、《影印文渊阁四库全书》本（简称‘《四库》本’），以及《永乐大典》《彊村丛书》《全宋文》等相关部分”，并增补佚文、佚诗，计 52 篇。作者校点此书，历时数年，用力甚巨，终为学界提供了一部可靠的史浩文集整理本。

二、学位论文

1. 赵晓涛：《史浩其人其词初探》，武汉：湖北大学硕士学位论文，2000 年

该论文共分两个部分：第一部分引用方志、史浩文集中的材料叙述史浩的出处行实，于史浩与张浚之争有客观评价；第二部分在钩稽史浩的文学思想之外，主要从社会文化学角度分不同题材（如节序时令、寿词、酒词、咏物、乡居、恋情）论述了史浩的词作。

目次：

引言

一、史浩之生平行实

（一）贤良仁厚的家族之风

（二）从乡间读书到王府近侍

（三）积极稳健的治国之举

（四）两典巨藩和再度入相

二、史浩之诗词创作

（一）节序时令词

（二）寿词

（三）酒词

（四）咏物词

（五）乡居词

（六）恋情词

2. 叶伟华:《南宋四明史氏家族研究》,广州:华南师范大学硕士学位论文,2007 年

该论文分兴盛、鼎盛、衰落三个阶段论述了史氏家族的发展历程,主要论及人物包括史才、史浩、史弥远、史嵩之、史宅之等人,并探讨了史氏家族兴盛与衰落的原因。要之,该论文在史氏家族的资料搜集、人物生平事迹的梳理及兴衰历程的勾勒等方面都是有创获的。

目次:

3. 蔡如意:《南宋明州史氏家族文学与文化研究》，南京：南京师范大学硕士学位论文，2009 年

该论文论述了史氏家族的文学价值和文化内涵。第一章梳理和论述了史氏家族各字辈的文学作品；第二章分别就史浩、史弥宁的文学创作进行了具体研究，并总结了明州史氏家族文学的承袭变化；第三章对史氏家族与南宋明州地域文化关系进行了研究，涉及佛教文化、儒学及明州士绅群体文化三方面。

目次：

4. 郑国画:《南宋四明史氏三相政治活动及其比较研究》，宁波：宁波大学硕士学位论文，2009 年

该论文通过分析史氏家族三相之间的关系、异同来显示个人在整个家族和社会发展中的实际作用、地位和影响，同时认为三相的政治现象是孱弱的朝代需要的结果。

目次：

2.1.4 对归正人的态度
2.2 史浩的外交政策与态度
2.2.1 外固疆圉
2.2.2 在北伐上的矛盾
3 史弥远的政绩和是非
3.1 史弥远的政治态度与作为
3.1.1 对外态度保守
3.1.2 对内崇尚理学，重用人才
3.1.3 用人不私亲
3.2 史弥远受非议的事件及原因
3.2.1 弑韩政变
3.2.2 扶持理宗
4 史嵩之的政治作为
4.1 史嵩之卓越战绩
4.2 史嵩之为相政绩
4.2.1 重用人才
4.2.2 楮币政策
4.2.3 专卖政策
4.3 起复失败及原因
4.3.1 起复失败
4.3.2 起复失败原因
5 史氏三相比较
5.1 原因考察
5.1.1 四明地区文化教育繁盛
5.1.2 家族成员间相互影响
5.1.3 政治策略保守
5.1.4 与统治者的关系
5.2 性情迥异
5.2.1 温和沉稳
5.2.2 霸气专制
5.2.3 固执理性
5.3 时势各异
5.3.1 “恢复”与自治的矛盾
5.3.2 无能与强权的消长

5. 夏令伟:《南宋四明史氏家族及其文学研究》，广州：暨南大学博士学位论文，2009 年

该论文对史氏家族的发展历程、历代评价、政治与文学表现进行了论述，重视突出史氏家族的政治性，并以之观照史氏家族的文学创作与文学活动。

目次：

第二节 史、张之争
一 国是之争
二 职权之争
三 处事之争
四 影响简论
第三节 王十朋论史浩
一 时议所归 坚决主战
二 论浩八罪 虚实互存
三 刚而不中 有未纯处
第四节 史弥远与胡梦昱案
一 背景与过程
二 特征与性质
三 影响与评价
第三章 史浩的文集与诗词创作
第一节 《鄮峰真隐漫录》总论
一 编集与流传
二 版本差异
三 内容特色
四 文集价值
第二节 宫廷供奉诗
一 阶段之一：1159.6—1160.2
二 阶段之二：1160.2—1162.5
三 阶段之三：1163.1—1183.8
第三节 酬唱诗及其意义
一 西湖酬唱诗
二 从驾酬唱诗
三 余论
第四节 退隐生活与诗词主题
一 取法陶裴 荣归故里
二 自然之亲 仙隐之思
三 乡友之睦 天伦之乐
第四章 史浩《鄮峰真隐大曲》
第一节 王国维论史浩大曲辨
一 以摘遍为大曲

6. 王东：《史浩〈鄮峰真隐漫录〉中的表演文体研究》，成都：四川师范大学硕士学位论文，2012 年

该论文将史浩《鄮峰真隐漫录》中的大曲、致语口号、上梁文、撒帐文等归入表演文体进行研究，认为“只有《采莲（寿乡词）》可以称为大曲，或者更准确地说，是曲破”，又认为“史浩创作中被朱祖谋归入大曲的《采莲舞》《太清舞》《柘枝舞》《花舞》《剑舞》《渔父舞》等作品是队舞歌辞”，所见颇有颠覆性。至于成立与否，尚有待进一步讨论。此外，该论文虽提到或引证了笔者的若干论文，但对笔者《王国维论史浩大曲辨——兼论两宋大曲之变》（《黄钟 · 武汉音乐学院学报》2011 年第 1 期）这一与本论题密切相关的论文却未见参考，不免令人遗憾。

目次：

第一节 史浩生平简述
第二节 《鄮峰真隐漫录》的编撰与流传
第二章 《鄮峰真隐漫录》与宋代大曲
第一节 《鄮峰真隐漫录》中的大曲
第二节 宋代大曲的结构与内容
（一）宋代大曲的结构
（二）宋代大曲的内容
第三章 《鄮峰真隐漫录》与宋代队舞
第一节 宋代的“小儿”“女童”队舞
第二节 《鄮峰真隐漫录》中的队舞
第三节 宋代队舞与大曲、曲破的关系
第四章 《鄮峰真隐漫录》中的致语、上梁文与撒帐文
第一节 《鄮峰真隐漫录》中的致语
第二节 《鄮峰真隐漫录》中的上梁文与撒帐文
结论
参考文献

7. 乔东山:《南宋名臣史浩研究》，保定：河北大学硕士学位论文，2012 年

该论文将史浩的主要政治活动分为三个时期：供职潜邸时期、孝宗即位初年、任地方官和第二次在朝为宰相时期。主要论述了史浩调和两宫、德顺之战等问题。该论文对史浩政治思想的分析有一定发明，但也有不少陈陈相因之处。

目次：
绪论
一、选题目的和意义
二、研究现状
三、创新与不足
第一章 史浩家世、时代背景与早年事迹
一、史浩家世
二、时代背景
三、史浩早年事迹
第二章 史浩与宋孝宗即位
一、孝宗之入宫
二、史浩辅翼孝宗之功

8. 徐美超：《史弥远的政治世界：南宋晚期的政治生态与权力形态的嬗变（1208—1259）》，上海：复旦大学硕士学位论文，2014 年

该论文以史弥远的政治活动、关系及影响为线索，考察宁宗朝晚期（开禧三年）至理宗朝晚期（开庆元年）这一政治单元内南宋的政治生态及权力运作。视野宏阔，引证丰富，堪称非常优秀的学位论文。

目次：

四、皇帝：后史弥远时代的“独断”局面

（一）充满矛盾的端平更化

（二）端平入洛与襄阳之叛

（三）理宗“独断”政治

五、结论

附表一、嘉定道学先贤封谥状况（据李心传《道命录》整理）

附表二、嘉定道学先贤封谥状况（据黄震《黄氏日抄》整理）

参考文献

9. 林啸：《史弥远与南宋中后期政局》，杭州：杭州师范大学硕士学位论文，2015 年

该论文重点研究了史弥远与宁宗、理宗，以及理学人士的关系，借以展现史弥远的特征及南宋中后期的政治状况。

目次：

绪论

一、选题缘由及其意义

二、相关研究学术史之回顾

三、本文之研究内容及其方法

第一章　史弥远家族及其身世

第一节　史氏家族的兴衰

一、史氏家族的缘起

二、史氏家族的崛起和兴盛

三、家族的衰落

第二节　史弥远成长的家庭环境及其时代背景

一、史弥远成长的家庭环境

二、史弥远生活的时代背景

第二章　史弥远的执政生涯

第一节　史弥远的出仕

第二节　史弥远与诛韩事件及仕宦中期

第三节　嘉定年间（1208—1224）史弥远的执政活动

一、嘉定年间的中央政治运行

二、宋金关系的发展及李全之乱

第四节　史弥远与帝位废立

第三章　史弥远与理学家的关系

第一节　史弥远嘉定年间对理学的崇黜

参 考 文 献

一、古籍

（唐）白居易著，朱金城笺注：《白居易集笺注》，上海：上海古籍出版社，1988 年。
（汉）班固：《汉书》，北京：中华书局，1962 年。
蔡东藩：《宋史演义》，北京：文化艺术出版社，2004 年。
（宋）蔡絛撰，李梦生校点：《铁围山丛谈》，上海古籍出版社编：《宋元笔记小说大观》第三册，上海：上海古籍出版社，2001 年。
（明）曹学佺：《蜀中广记》，《景印文渊阁四库全书》第 592 册，台北：商务印书馆，1986 年。
（宋）曹彦约：《昌谷集》，《景印文渊阁四库全书》第 674 册，台北：商务印书馆，1986 年。
（宋）陈鹄撰，郑世刚校点：《西塘集耆旧续闻》卷七，上海古籍出版社编：《宋元笔记小说大观》第五册，上海：上海古籍出版社，2001 年。
（宋）陈骙、佚名著，张富祥点校：《南宋馆阁录 续录》，北京：中华书局，1998 年。
（元）陈栎：《历代通略》，《景印文渊阁四库全书》第 688 册，台北：商务印书馆，1986 年。
（宋）陈模：《东宫备览》，《丛书集成初编》第 683 册，北京：中华书局，1985 年。
（宋）陈起编：《江湖小集》，《景印文渊阁四库全书》第 1357 册，台北：商务印书馆，1986 年。
（宋）陈起编：《前贤小集拾遗》，《丛书集成三编》第 34 册，台北：新文丰出版公司，1997 年。
（宋）陈思编，（元）陈世隆补：《两宋明贤小集》，《景印文渊阁四库全书》第 1362 册，台北：商务印书馆，1986 年。
陈文新译注：《雅趣四书》，武汉：崇文书局，2004 年。
（宋）陈岩肖：《庚溪诗话》，《丛书集成初编》第 2552 册，北京：中华书局，1985 年。
（宋）陈旸：《乐书》，《景印文渊阁四库全书》第 211 册，台北：商务印书馆，1986 年。
（宋）陈郁：《藏一话腴》，《丛书集成续编》第 88 册，上海：上海书店出版社，1994 年。
（宋）陈振孙：《直斋书录解题》，《丛书集成初编》第 47 册，北京：中华书局，1985 年。
（明）程敏政：《篁墩文集》，《景印文渊阁四库全》第 1252 册，台北：商务印书馆，1986 年本。
（明）陈邦瞻编：《宋史纪事本末》，北京：中华书局，1955 年。
（明）崔铣：《洹词》，《景印文渊阁四库全书》第 1267 册，台北：商务印书馆，1986 年。
（元）戴表元：《剡源集》，《丛书集成初编》第 2057 册，北京：中华书局，1985 年。
（明）董斯张：《吴兴备志》，《丛书集成续编》第 49 册，上海：上海书店出版社，1994 年。
（宋）范成大：《范石湖集》，上海：上海古籍出版社，1981 年。

（宋）范成大：《吴郡志》，中华书局编辑部编：《宋元方志丛刊》第一册，北京：中华书局，1990 年。
（宋）方逢辰：《蛟峰文集》，《景印文渊阁四库全书》第 1187 册，台北：商务印书馆，1986 年。
（元）方回：《桐江集》，《宛委别藏》第 105 册，台北：商务印书馆，1981 年。
（元）方回：《桐江续集》，《景印文渊阁四库全书》第 1193 册，台北：商务印书馆，1986 年。
（元）方回选评，李庆甲集评校点：《瀛奎律髓汇评》，上海：上海古籍出版社，2005 年。
（宋）方万里，罗濬纂：《宝庆四明志》，中华书局编辑部编：《宋元方志丛刊》第五册，北京：中华书局，1990 年。
（明）方孝孺：《方孝孺集》，季羡林总编：《传世藏书》集库别集第 8 册，海口：海南国际新闻出版中心，1996 年。
（唐）房玄龄等：《晋书》，北京：中华书局，1974 年。
（宋）费衮撰，金圆校点：《梁溪漫志》，上海古籍出版社编：《宋元笔记小说大观》第三册，上海：上海古籍出版社，2001 年。
（元）富大用：《古今事文类聚》，《景印文渊阁四库全书》第 982 册，台北：商务印书馆，1986 年。
（宋）葛立方：《韵语阳秋》，《丛书集成初编》第 2553 册，北京：中华书局，1985 年。
光绪《奉化县志》，台北：成文出版社，1975 年。
（清）郝玉麟：《福建通志》，《景印文渊阁四库全书》第 529 册，台北：商务印书馆，1986 年。
（明）何乔新：《椒邱文集》，《四库明人文集丛刊》，上海：上海古籍出版社，1991 年。
（宋）洪迈撰，何卓点校：《夷坚志》，北京：中华书局，1981 年。
（宋）洪适：《盘洲文集》，《景印文渊阁四库全书》第 1158 册，台北：商务印书馆，1986 年。
（清）胡文学：《甬上耆旧诗》，《景印文渊阁四库全书》第 1474 册，台北：商务印书馆，1986 年。
（宋）胡仔纂集，廖德明校点：《苕溪渔隐丛话》，北京：人民文学出版社，1962 年。
（宋）胡知柔：《象台首末》，《景印文渊阁四库全书》第 447 册，台北：商务印书馆，1986 年。
（宋）黄震：《黄氏日钞》，《景印文渊阁四库全书》第 708 册，台北：商务印书馆，1986 年。
（清）黄宗羲著，（清）全祖望补修：《宋元学案》，北京：中华书局，1986 年。
（清）嵇曾筠等：《浙江通志》，《景印文渊阁四库全书》第 519 册，台北：商务印书馆，1986 年。
（清）李慈铭：《越缦堂读书记》上海：上海书店出版社，2000 年。
（宋）李昉等：《太平广记》，北京：中华书局，1961 年。
（清）李光坡：《周礼述注》，《景印文渊阁四库全书》第 100 册，台北：商务印书馆，1986 年。
（宋）李流谦：《澹斋集》，《景印文渊阁四库全书》第 1133 册，台北：商务印书馆，1986 年。
（清）李清馥《闽中理学渊源考》，《景印文渊阁四库全书》第 460 册，台北：商务印书馆，1986年。
（宋）李清照著，王仲闻校注：《李清照集校注》，北京：人民文学出版社，1979年。
（宋）李石：《方舟集》，舒大刚主编：《宋集珍本丛刊》第43册，北京：线装书局，2004年。
（宋）李焘：《续资治通鉴长编》，北京：中华书局，2004年。
（宋）李心传：《建炎以来系年要录》，赵铁寒主编：《宋史资料萃编》第二辑，台北：文海出版社，1980年。
（宋）李心传撰，徐规点校：《建炎以来朝野杂记》，北京：中华书局，2000年。
（宋）李廌：《师友谈记》，北京：中华书局，2002年。
（宋）林希逸：《竹溪鬳斋十一稿续集》，舒大刚主编：《宋集珍本丛刊》第83册，北京：线装书局，2004年。
（明）凌迪知：《万姓统谱》，《中华族谱集成·万姓统谱》第2册，成都：巴蜀书社，1995年。
（宋）刘邠：《彭城集》，《丛书集成初编》第1907册，北京：中华书局，1985年。
（宋）刘克庄：《后村集》，《景印文渊阁四库全书》第1180册，台北：商务印书馆，1986年。
（宋）刘克庄：《后村先生大全集》，舒大刚主编：《宋集珍本丛刊》第82册，北京：线装书局，2004年。
（宋）刘时举：《续宋编年资治通鉴》，《景印文渊阁四库全书》第328册，台北：商务印书馆，1986年本
（后晋）刘昫等：《旧唐书》，北京：中华书局，1975年。
（元）刘埙：《隐居通议》，《丛书集成初编》第214册，北京：中华书局，1985年。
（元）刘一清：《钱塘遗事》，《景印文渊阁四库全书》第408册，台北：商务印书馆，1986年。
（宋）刘爚：《云庄集》，《景印文渊阁四库全书》第1157册，台北：商务印书馆，1986年。
（唐）刘知几：《史通》，《景印文渊阁四库全书》第685册，台北：商务印书馆，1986年。
（宋）楼钥：《攻媿集》，《丛书集成初编》第2017册，北京：中华书局，1985年。
（宋）陆游撰，高克勤校点：《老学庵笔记》，上海古籍出版社编：《宋元笔记小说大观》第四册，上海：上海古籍出版社，2001年。
（宋）陆游：《陆放翁全集》，北京：中国书店，1986年。
（宋）罗大经撰，穆公校点：《鹤林玉露》，上海古籍出版社编：《宋元笔记小说大观》第五册，上海：上海古籍出版社，2001年。
（宋）吕祖谦：《东莱别集》，《景印文渊阁四库全书》第1150册，台北：商务印书馆，1986年。
（宋）孟元老等：《东京梦华录（外四种）》，北京：文化艺术出版社，1998年。
（元）欧阳玄：《圭斋文集》，《景印文渊阁四库全书》第1210册，台北：商务印书馆，1986年。
（明）彭大翼：《山堂肆考》，《景印文渊阁四库全书》第975册，台北：商务印书馆，1986年。
（清）钱大昕：《嘉定钱大昕全集》，南京：江苏古籍出版社，1997年。

（宋）潜说友：《咸淳临安志》，中华书局编辑部编：《宋元方志丛刊》第四册，北京：中华书局，1990 年。
《钦定词谱》，北京：中国书店，1983 年。
（清）全祖望著，朱铸禹汇校集注：《全祖望集汇校集注》，上海：上海古籍出版社，2000 年。
（清）阮元校刻：《十三经注疏》，北京：中华书局，1980 年。
（宋）邵伯温：《邵氏闻见录》，北京：中华书局，1983 年。
（宋）邵博：《邵氏闻见后录》，北京：中华书局，1983 年。
（宋）沈括：《梦溪笔谈》，《丛书集成初编》第 281 册，北京：中华书局，1985 年。
（梁）沈约：《宋书》，北京：中华书局，1974 年。
（宋）沈作宾修，施宿等纂：《嘉泰会稽志》，中华书局编辑部编：《宋元方志丛刊》第七册，北京：中华书局，1990 年。
（宋）施德操撰，王根林校点：《北窗炙輠录》，上海古籍出版社编：《宋元笔记小说大观》第三册，上海：上海古籍出版社，2001 年。
（宋）施枢：《芸隐倦游稿》，《景印文渊阁四库全书》第 1182 册，台北：商务印书馆，1986 年。
（宋）史浩：《鄮峰真隐漫录》，舒大刚主编：《宋集珍本丛刊》第 42—43 册，北京：线装书局，2004 年。
（宋）史浩：《鄮峰真隐漫录》，《景印文渊阁四库全书》第 1141 册，台北：商务印书馆，1986 年。
（宋）史浩：《尚书讲义》，《景印文渊阁四库全书》第 56 册，台北：商务印书馆，1986 年。
（宋）史浩著，俞信芳校注：《史浩集》，杭州：浙江古籍出版社，2016 年。
（宋）史弥宁：《友林乙稿》，舒大刚主编：《宋集珍本丛刊》第 70 册，北京：线装书局，2004 年。
（宋）史弥宁：《友林乙稿》，《景印文渊阁四库全书》第 1178 册，台北：商务印书馆，1986 年。
（宋）司马光：《传家集》，《景印文渊阁四库全书》第 1094 册，台北：商务印书馆，1986 年。
（宋）司马光：《续诗话》，《景印文渊阁四库全书》第 1478 册，台北：商务印书馆，1986 年。
（宋）司马光：《资治通鉴》，北京：中华书局，1956 年。
（汉）司马迁：《史记》，北京：中华书局，1959 年。
（明）宋濂：《文宪集》，《景印文渊阁四库全书》第 1223 册，台北：商务印书馆，1986 年。
（宋）宋敏求：《唐大诏令集》，北京：商务印书馆，1959 年。
（宋）宋祁：《景文集》，《丛书集成初编》第 1883 册，北京：中华书局，1985 年。
（宋）苏辙著，陈宏天、高秀芳校点：《苏辙集》，北京：中华书局，1990 年。
（宋）孙觌：《鸿庆居士集》，《景印文渊阁四库全书》第 1135 册，台北：商务印书馆，1986 年。
（宋）孙逢吉：《职官分纪》，北京：中华书局，1988 年。
（宋）孙光宪：《北梦琐言》，上海：上海古籍出版社，1981 年。
（宋）孙应时：《烛湖集》，《景印文渊阁四库全书》第 1166 册，台北：商务印书馆，

1986年。
唐圭璋：《词话丛编》，北京：中华书局，1986年。
唐圭璋：《全宋词》，北京：中华书局，1965年。
陶福履，胡思敬原编：《豫章丛书》，南昌：江西教育出版社，2004年。
（元）陶宗仪：《说郛》，《景印文渊阁四库全书》第877册，台北：商务印书馆，1986年。
（明）田汝成：《西湖游览志余》，北京：中华书局，1960年。
（元）脱脱等：《宋史》，北京：中华书局，1977年。
（清）万树：《词律》，上海：上海古籍出版社，1984年。
（宋）汪应辰：《文定集》，《景印文渊阁四库全书》第1138册，台北：商务印书馆，1986年。
（明）王鏊：《姑苏志》，《景印文渊阁四库全书》第493册，台北：商务印书馆，1986年。
（明）王鏊：《震泽集》，《景印文渊阁四库全书》第1256册，台北：商务印书馆，1986年。
（清）王夫之：《宋论》，北京：中华书局，1964年。
（清）王迈：《臞轩集》，舒大刚主编：《宋集珍本丛刊》第79册，北京：线装书局，2004年。
（清）王鸣盛：《蛾术编》，顾廷龙主编：《续修四库全书》第1150册，上海：上海古籍出版社，2002 年。
（宋）王溥：《唐会要》，北京：中华书局，1955年。
（宋）王十朋：《王十朋全集》，上海：上海古籍出版社，1998年。
（明）王士性：《广志绎》，北京：中华书局，1981年。
（清）王士禛：《带经堂诗话》，北京：人民文学出版社，1963年。
（明）王世贞：《弇州四部稿》，《景印文渊阁四库全书》第1282册，台北：商务印书馆，1986年。
（宋）王应麟：《玉海》，扬州：广陵书社，2003年。
（宋）王应麟著，（清）翁元圻注，栾保群、田松青、吕宗力校点：《困学纪闻》，上海：上海古籍出版社，2008年。
（宋）王与之：《钦定周官义疏》，《景印文渊阁四库全书》第98册，台北：商务印书馆，1986年。
（宋）王与之：《周礼订义》，《景印文渊阁四库全书》第93册，台北：商务印书馆，1986年。
（宋）王之望：《汉滨集》，《景印文渊阁四库全书》第1139册，台北：商务印书馆，1986年。
（宋）王质：《诗总闻》，《景印文渊阁四库全书》第72册，台北：商务印书馆，1986年。
（宋）王灼著，岳珍校正：《碧鸡漫志校正》，成都：巴蜀书社，2000年。
（元）危素：《危太仆文续集》，《元人文集珍本丛刊》第7册，台北：新文丰出版公司，1985年。
（元）韦居安：《梅磵诗话》，《丛书集成初编》第2572册，北京：中华书局，1985年。
（宋）魏了翁：《鹤山集》，《景印文渊阁四库全书》第1172册，台北：商务印书馆，1986年。
（明）文征明：《甫田集》，《景印文渊阁四库全书》第1273册，台北：商务印书馆，1986年。
（清）翁方纲撰，沈津辑：《翁方纲题跋手札集录》，桂林：广西师范大学出版社，2002年。

（宋）吴处厚:《青箱杂记》，上海古籍出版社编:《宋元笔记小说大观》第二册，上海：上海古籍出版社，2001 年。

（宋）吴子良:《林下偶谈》,《景印文渊阁四库全书》第 1481 册，台北：商务印书馆，1986 年。

（清）谢旻等:《江西通志》,《景印文渊阁四库全书》第 513 册，台北：商务印书馆，1986 年。

（宋）谢维新:《古今合璧事类备要》,《景印文渊阁四库全书》第 939 册，台北：商务印书馆，1986 年。

（唐）徐坚等:《初学记》，北京：中华书局，1962 年。

（宋）徐松:《宋会要辑稿》，北京：中华书局，1957 年。

（宋）徐自明:《宋宰辅编年录》，赵铁寒主编:《宋史资料萃编》第二辑，台北：文海出版社，1967 年。

许慕羲:《宋代宫廷演义》，西安：三秦出版社，1996 年。

（宋）薛季宣:《浪语集》,《景印文渊阁四库全书》第 1159 册，台北：商务印书馆，1986 年。

（宋）杨简:《慈湖遗书》,《景印文渊阁四库全书》第 1156 册，台北：商务印书馆，1986 年。

（明）杨慎:《升庵集》,《景印文渊阁四库全书》第 1270 册，台北：商务印书馆，1986 年。

（明）杨士奇:《历代名臣奏议》,《景印文渊阁四库全书》第 436 册，台北：商务印书馆，1986 年。

（宋）杨万里:《杨万里集》，季羡林总编:《传世藏书》集库别集第 6 册，海口：海南国际新闻出版中心，1996 年。

（宋）叶梦得撰，穆公校点:《避暑录话》，上海古籍出版社编:《宋元笔记小说大观》第三册，上海：上海古籍出版社，2001 年。

（宋）叶梦得撰:《石林诗话》,《丛书集成初编》第 2551 册，北京：中华书局，1985 年。

（宋）叶绍翁撰，尚成校点:《四朝闻见录》，上海古籍出版社编:《宋元笔记小说大观》第五册，上海：上海古籍出版社，2001 年。

（宋）叶适:《水心先生文集》，舒大刚主编:《宋集珍本丛刊》第 66 册，北京：线装书局，2004 年。

（元）佚名:《排韵增广事类氏族大全》,《景印文渊阁四库全书》第 952 册，台北：商务印书馆，1986 年。

（元）佚名:《宋季三朝政要》，王民信主编:《宋史资料萃编》第三辑，台北：文海出版社，1981 年。

（元）佚名著，李之亮校点:《宋史全文》，哈尔滨：黑龙江人民出版社，2005 年。

（元）佚名:《续编两朝纲目备要》，北京：中华书局，1995 年。

（清）永瑢等:《四库全书简明目录》，上海：上海古籍出版社，1985 年。

（清）永瑢等:《四库全书总目》，北京：中华书局，1965 年。

（元）俞德邻:《佩韦斋辑闻》,《丛书集成初编》第 323 册，北京：中华书局，1985 年。

（宋）俞文豹撰，张宗祥校订:《吹剑录全编》，上海：古典文学出版社，1958 年。

（宋）喻良能:《香山集》，舒大刚主编:《宋集珍本丛刊》第 56 册，北京：线装书局，2004 年。

（宋）袁甫:《蒙斋集》,《丛书集成初编》第 2034 册，北京：中华书局，1985 年。

（元）袁桷：《清容居士集》，《丛书集成初编》第2071册，北京：中华书局，1985年。
（元）袁桷：《延祐四明志》，中华书局编辑部编：《宋元方志丛刊》第六册，北京：中华书局，1990年。
（宋）袁燮：《絜斋集》，《丛书集成初编》第2030册，北京：中华书局，1985年。
（宋）岳珂撰，黄益元校点：《桯史》，上海古籍出版社编：《宋元笔记小说大观》第四册，上海：上海古籍出版社，2001年。
（宋）曾极：《金陵百咏》，《丛书集成续编》第51册，上海：上海书店，1994年。
曾枣庄，刘琳主编：《全宋文》，上海、合肥：上海辞书出版社、安徽教育出版社，2006年。
（宋）曾慥：《乐府雅词》，《丛书集成初编》第2634册，北京：中华书局，1985年。
（清）张伯行：《小学集解》，《丛书集成初编》第983册，北京：中华书局，1985年。
（宋）张端义撰，李保民校点：《贵耳集》，上海古籍出版社编：《宋元笔记小说大观》第四册，上海：上海古籍出版社，2001年。
（宋）张淏：《宝庆会稽续志》，中华书局编辑部编：《宋元方志丛刊》第七册，北京：中华书局，1990年。
（宋）张侃：《张氏拙轩集》，《景印文渊阁四库全书》第1181册，台北：商务印书馆，1986年本。
（明）张栻：《新刊南轩先生文集》，舒大刚主编：《宋集珍本丛刊》第60册，北京：线装书局，2004年。
（宋）张孝祥：《于湖集》，《景印文渊阁四库全书》第1140册，台北：商务印书馆，1986年。
（宋）章如愚：《群书考索》，《景印文渊阁四库全书》第937册，台北：商务印书馆，1986年。
（宋）赵升：《朝野类要》，《丛书集成初编本》第844册，北京：中华书局，1985年。
（宋）赵彦卫：《云麓漫钞》，《景印文渊阁四库全书》第864册，台北：商务印书馆，1986年。
（清）赵翼著，王树民校证：《廿二史札记校证》，北京：中华书局，1982年。
（宋）真德秀：《西山文集》，《景印文渊阁四库全书》第1178册，台北：商务印书馆，1986年本。
（宋）郑清之：《安晚堂集》，《丛书集成续编》第106册，上海：上海书店，1994年。
（宋）周必大：《周必大文集》，舒大刚主编：《宋集珍本丛刊》第50册，北京：线装书局，2004年。
（宋）周淙：《乾道临安志》，中华书局编辑部编：《宋元方志丛刊》第四册，北京：中华书局，1990年。
（宋）周煇：《清波杂志（附别志）》，《丛书集成初编》第2774册，北京：中华书局，1985年。
（宋）周麟之：《海陵集》，《景印文渊阁四库全书》第1142册，台北：商务印书馆，1986年。
（宋）周密撰，王根林校点：《癸辛杂识》，上海古籍出版社编：《宋元笔记小说大观》第六册，上海：上海古籍出版社，2001年。
（宋）周密：《浩然斋雅谈》，《景印文渊阁四库全书》第1481册，台北：商务印书馆，1986年。
（宋）周密撰，王根林校点：《齐东野语》，上海古籍出版社编：《宋元笔记小说大观》

第五册，上海：上海古籍出版社，2001 年。
（宋）周密编：《绝妙好词笺》，《景印文渊阁四库全书》第 1490 册，台北：商务印书馆，1986 年。
（明）周清源：《西湖二集》，《古本小说集成》，上海：上海古籍出版社，1990 年。
（宋）周应合纂：《景定建康志》，中华书局编辑部编：《宋元方志丛刊》第二册，北京：中华书局，1990 年。
（宋）周紫芝：《竹坡诗话》，《丛书集成初编》第 2558 册，北京：中华书局，1985 年。
（宋）朱熹：《朱子全书》，上海、合肥：上海古籍出版社、安徽教育出版社，2002 年。
（清）朱彝尊：《曝书亭集》，《景印文渊阁四库全书》第 1318 册，台北：商务印书馆，1986 年。
（宋）朱彧撰，李伟国校点：《萍州可谈》，上海古籍出版社编：《宋元笔记小说大观》第二册，上海：上海古籍出版社，2001 年。
朱祖谋辑校：《彊村丛书》，扬州：广陵书社，2005 年。

二、研究著作

陈恩黎：《四明史氏家族》，宁波：宁波出版社，2010 年。
陈来：《朱子书信编年考证》，上海：上海人民出版社，1989 年。
仇国华主编：《宁波东钱湖历史文化 · 四明史氏篇》，香港：天马出版有限公司，2011 年。
戴不凡：《小说见闻录》，南京：江人民出版社，1980 年。
（美）戴仁柱著，刘广丰、惠冬译：《丞相世家：南宋四明史氏家族研究》，北京：中华书局，2014 年。
邓乔彬：《古代文艺的文化观照》，上海：上海教育出版社，2003 年。
何忠礼，徐吉军：《南宋史稿》，杭州：杭州大学出版社，1999 年。
黄宽重：《宋代的家族与社会》，北京：国家图书馆出版社，2006 年。
蒋义斌：《史浩研究——兼论南宋孝宗朝政局及学术》，台北：花木兰文化出版社，2009 年。
欧阳光：《宋元诗社研究丛稿》，广州：广东高等教育出版社，1996 年。
漆侠主编：《宋史研究论文集——国际宋史研讨会暨中国宋史研究会第九届年会编刊》，保定：河北大学出版社，2002 年。
任半塘：《唐戏弄》，上海：上海古籍出版社，2006 年。
沈松勤：《北宋文人与党争——中国士大夫群体研究之一》增订本，北京：人民出版社，2004 年。
沈松勤：《南宋文人与党争》，北京：人民出版社，2005 年。
史美珩：《是奸相还是能臣：史弥远历史真相研究》，太原：山西人民出版社，2010 年。
史美珩：《中华姓氏谱 · 史姓卷》，北京：华艺出版社，2002 年。
史美露主编：《南宋四明史氏》，成都：四川美术出版社，2006 年。
史美露：《四明史氏》，内部资料，2001 年。
四川大学古籍整理研究所，四川大学宋代文化研究中心：《宋代文化研究》第八辑，成都：巴蜀书社，1999 年。
四川大学古籍整理研究所，四川大学宋代文化研究中心：《宋代文化研究》第十三辑，成都：四川大学出版社，2005 年。
孙望，常国武：《宋代文学史》，北京：人民文学出版社，1996 年。

王国维:《宋元戏曲考》,上海:上海古籍书店,1983年。
王国维:《唐宋大曲考》,上海:上海古籍书店,1983年。
吴熊和:《唐宋词通论》,杭州:浙江古籍出版社,1989年。
俞信芳:《帝师丞相史浩》,宁波:宁波出版社,2009年。
张宏生:《江湖诗派研究》,北京:中华书局,1995年。
张剑,吕肖奂,周扬波:《宋代家族与文学研究》,北京:中国社会科学出版社,2009年。
张剑:《宋代家族与文学——以澶州晁氏为中心》,北京:北京出版社,2006年。
张如安:《汉宋宁波文学史》,北京:中国文联出版社,2001年。
张如安:《浙东文史论丛》,北京:中国文联出版社,2000年。
章国庆编著:《宁波历代碑碣墓志汇编》,上海:上海古籍出版社,2012年。
郑传杰,郑昕:《史氏家族》,宁波:宁波出版社,2011年。
诸葛忆兵:《宋代宰辅制度研究》,北京:中国社会科学出版社,2000年。
祝尚书:《宋代科举与文学考论》,郑州:大象出版社,2006年。
祝尚书:《宋人别集叙录》,北京:中华书局,1999年。
宗白华:《美学散步》,上海:上海人民出版社,1981年。
Richard L.Davis,*Court and Family in Sung China,960-1279:Bureaucratic Success and Kinship Fortunes for the Shih of Ming-choy*,Durbam:Duke University Press,1986.

三、学位论文

赵晓涛:《史浩其人其词初探》,武汉:湖北大学硕士学位论文,2000年。
叶伟华:《南宋四明史氏家族研究》,广州:华南师范大学硕士论文,2007年。
蔡如意:《南宋明州史氏家族文学与文化研究》,南京:南京师范大学硕士学位论文,2009年。
郑国画:《南宋四明史氏三相政治活动及其比较研究》,宁波:宁波大学硕士学位论文,2009年。
乔东山:《南宋名臣史浩研究》,保定:河北大学硕士学位论文,2012年。
王东:《史浩《〈鄮峰真隐漫录〉中的表演文体研究》,成都:四川师范大学硕士学位论文,2012年。
徐美超:《史弥远的政治世界:南宋晚期的政治生态与权力形态的嬗变(1208—1259)》,上海:复旦大学硕士学位论文,2014年。
林啸:《史弥远与南宋中后期政局》,杭州:杭州师范大学硕士学位论文,2015年。

四、论文

曾维刚:《史浩诗辑佚四首》,《江海学刊》2012年第3期。
陈玉屏:《一部有见地的史学新著——评史美珩新著〈是奸相还是能臣——史弥远历史真相研究〉》,《西南民族大学学报》2011年第7期。
陈良中:《史浩〈尚书讲义〉思想研究》,中国历史文献研究会编:《历史文献研究》第33辑,上海:华东师范大学出版社,2014年。
丁建军,贾亚方:《宋朝丁忧制度与政治斗争——以“李定匿丧”与“史嵩之起复事件”为例》,《保定学院学报》2013年第6期。
杜兴梅:《史浩〈采莲舞〉的多圆结构》,《文艺研究》2001年第5期。

何忠礼：《从对张浚和史浩的评价看民族心理对历史研究的影响》，杨渭生主编：《徐规教授从事教学科研工作五十周年纪念文集》，杭州：杭州大学出版社，1995 年。
何忠礼：《试论南宋孝宗朝初年与金人的和战——兼论对张浚和史浩的评价》，《浙江学刊》1998 年第 6 期。
黄宽重：《"嘉定现象"的研究议题与资料》，《中国史研究》2013 年第 2 期。
黄敏枝：《南宋四明史氏家族与佛教的关系》，漆侠主编：《宋史研究论文集——国际宋史研讨会暨中国宋史研究会第九届年会编刊》，保定：河北大学出版社，2002 年。
刘恒武，王力军：《宁波〈史家祖像、传记及题跋〉探析》，《南方文物》2008 年第 2 期。
刘晓：《美国学者戴仁柱教授与中国史研究》，《中国史研究动态》1998 年第 2 期。
吕洪静：《宋时"法曲"音乐结构样式辨识及对人文关照的质疑》，《交响——西安音乐学院学报》2004 年第 1 期。
乔东山：《北宋时期四明史氏家族考论》，姜锡东主编：《宋史研究论丛》第 74 辑，保定：河北大学出版社，2013 年。
乔东山：《从〈鄮峰真隐漫录〉看史浩的政治思想》，《保定学院学报》2010 年第 6 期。
史美珩：《评为岳飞平反的宰相——史浩》，《浙江师大学报》（社会科学版）2001 年第 6 期。
史美珩：《南宋史家三相的国家战略思想》，《浙江师范大学学报》（社会科学版）2007 年第 6 期。
史美珩：《史嵩之起复问题探》，《宁波大学学报》（人文科学版）2003 年第 4 期。
孙虹：《吴梦窗与史宅之交游辨证》，马兴荣，邓乔彬主编：《词学》第 28 辑，上海：华东师范大学出版社，2012 年。
杨宇勋：《史弥远年谱——以宫廷政争、宋蒙金三国关系、崇扬道学为中心》，《文史论集》1990 年创刊号。
汤梓顺：《南宋名臣周必大、史浩、虞允文及第年月考》，《河南大学学报》（社会科学版）1998 年第 2 期。
汪圣铎，乔东山：《史浩与宋金和战——以德顺之败和隆兴北伐为中心》，《浙江学刊》2011 年第 2 期。
魏峰，郑嘉励：《新出〈史嵩之圹志〉、〈赵氏圹志〉考释》，《浙江社会科学》2012 年第 10 期。
吴蓓：《吴文英与史宅之关系考论》，马兴荣等主编：《词学》第 21 辑，上海：华东师范大学出版社，2009 年。
吴文光，赵晓楠：《关于大曲〈柘枝令歌头〉、〈柘枝令〉俗字谱及其考、译》，《中国音乐学》2000 年第 4 期。
武锋：《史浩父子所睹普陀山观音灵异事件探微》，《浙江海洋学院学报》（人文科学版）2013 年第 5 期。
杨古城：《南宋史氏祖像的绘制年代与冠服考》，《浙江纺织服装职业技术学院学报》2007 年第 1 期。
余辉：《史弥远与"韩熙载夜宴图"》，《收藏家》1994 年第 4 期。
俞信芳：《鄞籍中兴宰相二三事》，《宁波师院学报》（社会科学版）1991 年第 3 期。
詹飘飘：《浅论史浩之宁波山水旅游诗词》，《现代语文》2010 年第 4 期。
张如安、周芬：《关于史浩词与道教关系的若干问题》，《宁波大学学报》（人文科学版）2005 年第 3 期。

张扬:《史浩〈鄮峰真隐漫录〉看宫廷歌舞的发展》,《兰台世界》2014年第23期。
赵晓岚:《论史浩〈鄮峰真隐大曲〉及唐宋宫廷大曲之别》,《文学遗产》1999年第5期。
赵晓岚:《论史浩的词》,邓乔彬主编:《词学》第13辑,上海:华东师范大学出版社,2001年。
周芬,张如安:《论宋代鄞县史氏家族的文学创作》,《宁波服装职业技术学院学报》2004年第4期。
朱燕青:《史浩〈昌国保増青词〉和〈昌国保増道场疏〉摭谈》,《浙江海洋学院学报》(人文科学版)2014年第2期。
诸葛忆兵:《老成谋国的南宋宰相史浩》,《文史知识》1999年第11期。
庄剑:《〈四库全书总目提要〉订误三则》,《河北学刊》1990年第5期。

后　记

这本小书即将付梓，我对四明史氏家族的研究也将告一段落。

大约十年前，我开始了对史氏家族的研究。2009 年，以之为研究对象的博士学位论文通过答辩。2016 年，我以修订后的博士学位论文申请国家社会科学基金后期资助项目，获得立项。又经过一年的增补，最终才完成定稿。

我是在 2006 年拜入先师邓公乔彬先生门下攻读博士学位的。先生堂庑大，治学勤，有仁者风。正所谓“能亲仁，无限好”，愚鲁如我，不论是做学问，还是做人，都深受先生沾溉。还记得选题时，先生认为史浩大曲很有价值，值得一做，这极大地坚定了我的研究信心；及至论文完成，先生阅后，始有“放心”之表示。遗憾的是，先生已于年初驾鹤西去，不及见这本小书出版了。

我在暨南大学度过了六年时光，有幸遇到了很多老师。赵维江先生是我的硕士生导师，也是第一位引导我走上学术之路的人；魏中林先生、张海沙先生、张玉春先生、徐国荣先生、程国赋先生、史小军先生给我们上过课，留下了难忘的记忆。在博士论文答辩时，华南师范大学戴伟华先生，中山大学张海鸥、孙立两位先生皆曾出席答辩会，并给予了中肯的评价。师恩如海，在此，我谨向各位老师表达衷心的谢意！

当然，我要特别感谢我的博士后合作导师彭玉平先生。这些年来，一直追随先生学习、工作，感沐先生恩泽，常有咏而归之想。此次承蒙先生为小书作序，幸何如之，荣光之至！所作勖勉之言，谆谆然，若三冬暖，若春不寒。

本书之成，还得到过很多前辈、同学的襄助。大学同学李晟光曾从北京大学图书馆为我复制美国学者戴仁柱先生的论文；史氏后人史美露女士不但惠赠她所编纂的《四明史氏家族》等著作，还在去年寄来《四明古藤史氏宗谱》，使我免去了奔波搜罗之苦；台湾杨宇勋教授亦在收到我的求助邮件后，慨然寄来了他的研究论文。对此，我都铭记在心，时刻不忘。

感谢国家社会科学基金后期资助项目给予本项研究的支持，感谢匿名评审们给予了这本小书入选的机会。科学出版社为本书的顺利出版提供了各种支持，责任编辑任晓刚先生更是付出了辛勤的工作。在此，谨奉上我最为衷心的谢意！

夏令伟

2018 年 10 月 1 日于广州